Edition
Dienstleistungsmanagement

Herausgegeben
von
Professor Dr. Stefan Gewald

Bisher erschienene Werke:

Gewald, Hotel-Controlling
Gewald (Hrg.), Handbuch des Touristik- und Hotelmanagement, 2. Auflage
Schmidt, Handbuch Airlinemanagement

Handbuch des Touristik- und Hotelmanagement

Herausgegeben
von
Prof. Dr. Stefan Gewald

2., unwesentlich veränderte Auflage

R. Oldenbourg Verlag München Wien

Die Deutsche Bibliothek - CIP-Einheitsaufnahme

Handbuch des Touristik- und Hotelmanagement / hrsg. von Stefan Gewald. – 2., unwes. veränd. Aufl. – München ; Wien : Oldenbourg, 2000
(Edition Dienstleistungsmanagement)
ISBN 3-486-25389-1

Rosenheimer Straße 145, D-81671 München
Telefon: (089) 45051-0, Internet: http://www.oldenbourg.de

Gedruckt auf säure- und chlorfreiem Papier
Gesamtherstellung: Druckhaus „Thomas Müntzer“ GmbH, Bad Langensalza

ISBN 3-486-25389-1

Vorwort

Dieses Handbuch ist von dem Bemühen um die Realisierung einer Idee getragen, deren Neuartigkeit in der Zusammenführung bisher getrennt berücksichtigter Ausrichtungen besteht. So ist der Versuch unternommen worden, ein Buch zu erstellen, das sowohl die Interessen der Führungskräfte, der Mitarbeiter und der Auszubildenden touristischer Leistungsträger als auch die der Studierenden berücksichtigt und zudem die Eigenschaft eines Lexikons mit der eines Kompendiums verbindet.

Die zentrale Zielsetzung dieses Handbuches kann mit dem Versuch beschrieben werden, eine möglichst ganzheitliche Betrachtung der Problemfelder des modernen Management touristischer Leistungsträger zu erreichen.

Mein Dank gebührt insbesondere allen Co-Autoren. Ohne deren Bereitschaft, Beiträge zur Verfügung zu stellen, wäre dieses Management-Handbuch nicht zustandegekommen.

Zudem bedanke ich mich bei Herrn Michael Friebel, Frau Martina Heu, Herrn Gusztáv Nyáry, Herrn Tobias Voßberg und Frau Nicola Zenkner, allesamt Studierende am Fachbereich Tourismus der Fachhochschule München, die mich unterstützt haben. Des weiteren bedanke ich mich bei Herrn Diplom-Volkswirt Martin M. Weigert, der die Entstehung des Buches fachkundig begleitet hat. Zudem bedanke ich mich bei meinem Vater Herrn Diplom-Kaufmann Klaus Gewald, der sich für das Korrekturlesen des Buches viel Zeit genommen hat.

Prof. Dr. Stefan Gewald

Inhaltsverzeichnis

Verzeichnis der Co-Autoren

Prof. Dr. Djamal Benhacine

Fachhochschule München, Fachbereich Tourismus

Themen: Sprachkompetenz; Sprachpolitik

Prof. Dr. Thomas Bieger

Institut für öffentliche Dienstleistungen im Tourismus, Kompetenzzentren Tourismus und Verkehr, Regionalwirtschaft, Öffentliches Management, Universität St. Gallen

Thema: Destinationsmanagement

Dr. Wolfgang Blindow

Geschäftsführer und Schulleiter der Hotelfachschule Stadthagen

Thema: Personalfluktuation in Hotellerie und Gastronomie

Prof. Dr. Franz Josef Brenneis

Fachhochschule München, Fachbereich Betriebswirtschaft

Thema: Datenschutz und Datensicherheit in der Hotellerie

Jürgen Büchy

Vorsitzender der Geschäftsleitung der START Holding GmbH

Thema: START AMADEUS

Prof. Dr. Manfred Busche

Vorsitzender der Geschäftsführung der Messe Berlin GmbH

Thema: Internationale Tourismus-Börse ITB Berlin

Martin Dannenmann

Leiter der Hotelfachschule Heidelberg

Thema: Hotelfachschulen

Prof. Dr. Harald Dettmer

Fachhochschule Stralsund, Fachbereich Wirtschaft

Thema: Changemanagement

Prof. Dr. Axel Dreyer

Fachhochschule Harz, Fachbereich Wirtschaftswissenschaften

Thema: Kundenzufriedenheit

Susanne Droux

Bayerischer Hotel- und Gaststättenverband e.V.

Thema: Verkaufsorientierte Mitarbeitermotivation im Gastgewerbe

Prof. Dr. Patricia East

Fachhochschule München, Fachbereich Tourismus

Thema: Sustainable Tourism

Erich W. Eisenhut

Unternehmensberater für Mitarbeitermotivation, Incentives und Veranstaltungsorganisation, Lehrbeauftragter an der Fachhochschule München, Fachbereich Tourismus

Thema: Incentives

Dr. Klaus Ennemoser

Inhaber der Dr. Klaus Ennemoser Wirtschaftsberatung

Themen: Eigenkapitalfunktionen; Kreditverhandlungsführung

Otto Flimm

Präsident des ADAC e.V.

Thema: Mobilität

Dieter Gauf

Hauptgeschäftsführer des RDA Internationaler Bustouristik Verband e.V.

Thema: RDA Internationaler Bustouristik Verband e.V.

Claudia Gilles

Hauptgeschäftsführerin des Deutschen Tourismusverbandes e.V.

Themen: Deutscher Tourismusverband e.V.; Trends im Tourismus

Barbara Groß

Personalleiterin des Kempinski Hotels Vier Jahreszeiten, München

Thema: Motivation von Mitarbeitern

Ulrich Grothues

Dozent für Marketing an der Wirtschaftsfachschule für das Hotel- und Gaststättengewerbe in Dortmund

Thema: Vorteile der Direktwerbung im Hotel- und Gaststättengewerbe

Hans Gumpinger

Product Manager, Sport-Scheck Reisen

Thema: Sportreisen

Prof. Karl Heinz Hänssler

Fachleiter der Fachrichtung Hotelmanagement der Berufsakademie Ravensburg

Themen: Betriebsarten und Betriebstypen der Hotellerie; Standortentscheidungen in der Hotellerie

Ludwig Hagn

Präsident des Bayerischen Hotel- und Gaststättenverbandes e.V.

Thema: Gastronomie

Thomas Hausmann

Wissenschaftlicher Angestellter der Fachhochschule Stralsund, Fachbereich Wirtschaft

Thema: Yield-Management

Tasso von Heintschel

Direktor Deutschland, Österreich und Schweiz von SABRE und Geschäftsführer der SABRE Deutschland Marketing GmbH

Thema: SABRE

Willi Hermsen

Hauptgeschäftsführer der Flughafen München GmbH

Thema: Flughafenmanagement

Dietmar Hertel

Leiter der Abteilung Personal der NUR Touristic GmbH

Thema: Karriere in der Touristik

Gerd Hesselmann

Präsident des Deutschen Reisebüro und Reiseveranstalter Verbandes e.V.

Themen: Deutscher Reisebüro und Reiseveranstalter Verband e.V.; Entwicklungen im Reisebürobereich

Prof. Dr. Hans H. Hinterhuber

Universität Innsbruck, Institut für Unternehmensführung

Thema: Strategische Unternehmensführung

Gunther Holzschuh

Geschäftsführer der Galileo Deutschland GmbH

Thema: Galileo International

Prof. Dr. Waldemar Hopfenbeck

Fachhochschule München, Fachbereich Betriebswirtschaft

Themen: Ökologische Aspekte des Tourismus; Sustainable Tourism

Karin Hoyler

Direktorin des Mövenpick Hotels, Frankurt / Oberursel

Thema: Sales Management in der Hotellerie

Frank Jüttner

Leiter Marketing und Vertrieb, Bucher Reisen GmbH

Thema: Last Minute-Reisen

Ulrich Jungk

Chefredakteur der Allgemeinen Hotel- und Gaststätten-Zeitung, Matthaes Verlag GmbH

Thema: Deutsche Hotelklassifizierung

Uwe Kattwinkel

Leiter Public Relations, Robinson Club GmbH

Thema: Clubreisen

Dr. Erich Kaub

Präsident des Deutschen Hotel- und Gaststättenverbandes e.V., Präsident des Bundesverbandes der Deutschen Tourismuswirtschaft e.V., Präsident des Verwaltungsrates der Deutschen Zentrale für Tourismus e.V.

Themen: Bundesverband der Deutschen Tourismuswirtschaft e.V.; Deutsche Zentrale für Tourismus e.V.; Deutscher Hotel- und Gaststättenverband e.V.

Dr. Christoph Kirschner

Präsident des Deutschen Bäderverbandes e.V.

Thema: Kur- und Bäderwesen

Prof. Dr. Torsten H. Kirstges

Fachhochschule Wilhelmshaven, Fachbereich Wirtschaft, Studiengang Tourismuswirtschaft

Thema: Strategiealternativen von Reiseveranstaltern

Rudolf Kollmannsberger

Vereidigter Buchprüfer und Steuerberater, München, Lehrbeauftragter an der Fachhochschule München, Fachbereich Tourismus

Themen: Einkommensteuer; Gewerbesteuer; Grunderwerbsteuer; Grundsteuer; Kirchensteuer; Körperschaftsteuer; Solidaritätszuschlag; Steuern; Umsatzsteuer

Peter-Mario Kubsch

Geschäftsführer von Studiosus Reisen München GmbH

Thema: Studienreisen

Dr. Heiko Lange

Mitglied des Vorstands der Deutschen Lufthansa AG

Thema: Zukünftige Entwicklungen im Personalmanagement

Ines Larsen-Schmidt

Personalleiterin des Kempinski Hotels Airport München

Thema: Anforderungen an Führungskräfte in der Hotellerie

Prof. Dr. Gerd Lederer

Fachhochschule München, Fachbereich Tourismus

Themen: Insolvenz des Unternehmens und Insolvenzverwaltung; Wirtschaftsprivatrecht

Johann Logins

Inhaber von Logins & Partner, Consulting für Hotellerie und Gastronomie

Thema: Standardsoftware

Wigand Maethner

Brand-Manager, TUI Deutschland GmbH & Co. KG

Thema: Zielgruppenmarketing in der Touristik

Dr. Joachim Maschke

Geschäftsführendes Vorstandsmitglied des Deutschen Wirtschaftswissenschaftlichen Instituts für Fremdenverkehr an der Universität München

Thema: Betriebsvergleich

Gerhard P. Mayrhofer

Selbständiger Personal- und Ausbildungsfachmann, Verantwortlicher Betreuer für Personalagenden im Hotel Sacher, Wien

Thema: Karriere

Prof. Dr. Alfred Merl

Fachhochschule München, Fachbereich Tourismus

Themen: Denkmodell des ganzheitlichen Management; Management; Management im Tourismus

Ingo Meyr

Geschäftsführender Gesellschafter der Nova Reisen Unterhaching GmbH

Thema: Golfreisen

Joachim Mezger

Regionaldirektor der Interval International GmbH

Thema: Timesharing

Carl Michel

Hauptgeschäftsführer der Deutschen BA Luftfahrtgesellschaft mbH

Thema: Zielgruppenorientiertes Airlinemanagement

Prof. Dr. Hansruedi Müller

Direktor des Forschungsinstituts für Freizeit und Tourismus (FIF) der Universität Bern

Thema: Tourismuspolitik: Das Beispiel Schweiz

Dr. Axel Nawrocki

Vorstandsvorsitzender der DB Reise&Touristik AG

Thema: Bahnmanagement im Tourismus

Prof. Dr. Irmela Neu

Fachhochschule München, Fachbereich Tourismus, Mitglied der Deutschen UNESCO-Kommission

Themen: Interkulturelles Management; UNESCO-Programme

Dr. Irmtraud Nies

Leiterin der Abteilung Recht und Schaden der Elvia Reiseversicherungs-Gesellschaft

Thema: Reisevertragsrecht

Prof. Dr. Horst W. Opaschowski

Universität Hamburg, Fachbereich Erziehungswissenschaft, Institut für Sozialpädagogik, Erwachsenenbildung und Freizeitpädagogik

Thema: Event-Tourismus

Ralph Osken

Vorsitzender der Geschäftsführung der DERPART Reisevertrieb GmbH

Thema: Kooperation als Betriebsform im Reisebürobereich

Roger Paeth

Direktor Personal Konzern, TUI Deutschland GmbH & Co. KG

Thema: Anforderungen an Führungskräfte in der Touristik

Marc R. Pasture

Geschäftsführer der LTU Touristik GmbH

Thema: Markenbildung in der Pauschaltouristik

Prof. Annemarie Pircher-Friedrich

Fachhochschule München, Fachbereich Tourismus

Themen: Human Resource Management; Leadership; Unternehmensleitbild; Vision

Prof. Dr. Wilhelm Pompl

Fachhochschule Heilbronn, Studiengang Tourismusbetriebswirtschaft

Thema: Erfolgsfaktoren im Management von Fluggesellschaften

Joseph-Georg Rauch

Senior Consultant der Pannell Kerr Forster PKF Euroconsult GmbH

Thema: Real Estate Investment Trust

Prof. Dr. Felizitas Romeiß-Stracke

Fachhochschule München, Fachbereich Tourismus

Thema: Soziologische Aspekte des Tourismus

Prof. Peter Roth

Fachhochschule München, Fachbereich Tourismus

Thema: Tourismus-Marketing

Prof. Edgar E. Schaetzing

Fachhochschule München, Fachbereich Tourismus

Themen: Beherbergungsmanagement; Food & Beverage Management; Hotel-Marketing

Dr. Heinz Rico Scherrieb

Geschäftsführer des Verbandes Deutscher Freizeitunternehmen e.V.

Themen: Erlebnispark; Freizeitpark; Themenpark

Otto E. Schirmer

Herausgeber und Chefredakteur der Zeitschrift Conference & Incentive Management, CIM, und Gründer der Zeitschrift TW Tagungs-Wirtschaft, Convention Industry mit ICCA-News

Thema: Kongreßmanagement

Rudolf Schmid

Leiter des Rechnungswesens der Ringhotels e.V.

Thema: Hotelkooperation

Eberhard Schmidt

Lehrbeauftragter an der Fachhochschule München, Fachbereich Tourismus

Thema und Begriffe: Luftverkehrsmanagement; Begriffe im Themenbereich Luftverkehrsmanagement

Nico Schoenecker

Geschäftsführer der Autobus Oberbayern GmbH

Thema: Busreisemanagement

Axel Schrand

Lehrbeauftragter an der Fachhochschule München, Fachbereich Tourismus und an der Berufsakademie Ravensburg

Thema: Touristen-Typologien

Prof. Dr. Erwin Seitz

Fachhochschule München, Fachbereich Tourismus

Themen: Marktforschung im Tourismus; Reservierungssysteme

Lutz Stammnitz

Leiter der Abteilung Travel Management der Siemens AG

Thema: Travel Management

Dr. Peter Stein

Regierungsrat, Bayerisches Staatsministerium für Wirtschaft, Verkehr und Technologie

Thema: Tourismusförderung

Prof. Dr. Rüdiger Sterzenbach

Fachhochschule Heilbronn, Studienschwerpunkt Personenverkehr

Thema: Strategische Allianzen im Luftverkehr

Paul Tschurtschenthaler

Institut für Wirtschaftstheorie und Wirtschaftspolitik der Universität Innsbruck

Thema: Tourismus und Umwelt

Prof. Dr. Uwe Weithöner

Fachhochschule Wilhelmshaven, Fachbereich Wirtschaft, Studiengang Tourismuswirtschaft

Thema: Informationstechnologische Systeme

Michael Widmann

Geschäftsführer der Pannell Kerr Forster PKF Euroconsult GmbH

Thema: Hotelkette

Benjamin Wolber

Hapag-Lloyd Seetouristik GmbH

Thema und Begriffe: Seetouristik; Begriffe im Themenbereich Seetouristik

Manfred Wutzlhofer

Hauptgeschäftsführer der Messe München GmbH

Thema: Management im Messewesen

Jutta Zedelmaier

Präsidentin des asr Bundesverband Mittelständischer Reiseunternehmen e.V.

Thema: asr Bundesverband Mittelständischer Reiseunternehmen e.V.

Hans-Dieter Zollondz

Schulungsleiter der Elvia Reiseversicherungs-Gesellschaft, Lehrbeauftragter an der Ludwig-Maximilians-Universität, München, an der Fachhochschule München, Fachbereich Tourismus und an der Berufsakademie Ravensburg

Thema: Reiseversicherungen; Total Quality Management

Prof. Dr. Karlheinz Zwerenz

Fachhochschule München, Fachbereich Tourismus

Themen: Gesundheit und Tourismus; Statistische Analyse; Volkswirtschaftliche Aspekte des Tourismus

Verzeichnis der Beiträge der Co-Autoren

Anforderungen an Führungskräfte in der Hotellerie: Ines Larsen-Schmidt, Personalleiterin des Kempinski Hotels Airport München

Anforderungen an Führungskräfte in der Touristik: Roger Paeth, Direktor Personal Konzern, TUI Deutschland GmbH & Co. KG

asr Bundesverband Mittelständischer Reiseunternehmen e.V.: Jutta Zedelmaier, Präsidentin des asr Bundesverband Mittelständischer Reiseunternehmen e.V.

Bahnmanagement im Tourismus: Dr. Axel Nawrocki, Vorstandsvorsitzender der DB Reise&Touristik AG

Beherbergungsmanagement: Prof. Edgar E. Schaetzing, Fachhochschule München, Fachbereich Tourismus

Betriebsarten und Betriebstypen der Hotellerie: Prof. Karl Heinz Hänssler, Fachleiter der Fachrichtung Hotelmanagement der Berufsakademie Ravensburg unter Mitarbeit von Arndt Moritz Jaeschke

Betriebsvergleich: Dr. Joachim Maschke, Geschäftsführendes Vorstandsmitglied des Deutschen Wirtschaftswissenschaftlichen Instituts für Fremdenverkehr an der Universität München

Bundesverband der Deutschen Tourismuswirtschaft e.V.: Dr. Erich Kaub, Präsident des Deutschen Hotel- und Gaststättenverbandes e.V., Präsident des Bundesverbandes der Deutschen Tourismuswirtschaft e.V., Präsident des Verwaltungsrates der Deutschen Zentrale für Tourismus e.V.

Busreisemanagement: Nico Schoenecker, Geschäftsführer der Autobus Oberbayern GmbH

Changemanagement: Prof. Dr. Harald Dettmer, Fachhochschule Stralsund, Fachbereich Wirtschaft

Clubreisen: Uwe Kattwinkel, Leiter Public Relations, Robinson Club GmbH

Datenschutz und Datensicherheit in der Hotellerie: Prof. Dr. Franz Josef Brenneis, Fachhochschule München, Fachbereich Betriebswirtschaft

Denkmodell des ganzheitlichen Management: Prof. Dr. Alfred Merl, Fachhochschule München, Fachbereich Tourismus

Destinationsmanagement: Prof. Dr. Thomas Bieger, Institut für öffentliche Dienstleistungen im Tourismus, Kompetenzzentren Tourismus und Verkehr, Regionalwirtschaft, Öffentliches Management, Universität St. Gallen

Deutsche Hotelklassifizierung: Ulrich Jungk, Chefredakteur der Allgemeinen Hotel- und Gaststätten-Zeitung, Matthaes Verlag GmbH

Deutsche Zentrale für Tourismus e.V.: Dr. Erich Kaub, Präsident des Deutschen Hotel- und Gaststättenverbandes e.V., Präsident des Bundesverbandes der Deutschen Tourismuswirtschaft e.V., Präsident des Verwaltungsrates der Deutschen Zentrale für Tourismus e.V.

Deutscher Hotel- und Gaststättenverband e.V.: Dr. Erich Kaub, Präsident des Deutschen Hotel- und Gaststättenverbandes e.V., Präsident des Bundesverbandes der Deutschen Tourismuswirtschaft e.V., Präsident des Verwaltungsrates der Deutschen Zentrale für Tourismus e.V.

Deutscher Reisebüro und Reiseveranstalter Verband e.V.: Gerd Hesselmann, Präsident des Deutschen Reisebüro und Reiseveranstalter Verbandes e.V.

Deutscher Tourismusverband e.V.: Claudia Gilles, Hauptgeschäftsführerin des Deutschen Tourismusverband e.V.

Eigenkapitalfunktionen: Dr. Klaus Ennemoser, Inhaber der Dr. Klaus Ennemoser Wirtschaftsberatung

Einkommensteuer: Rudolf Kollmannsberger, Vereidigter Buchprüfer und Steuerberater, München, Lehrbeauftragter an der Fachhochschule München, Fachbereich Tourismus

Entwicklungen im Reisebürobereich: Gerd Hesselmann, Präsident des Deutschen Reisebüro und Reiseveranstalter Verbandes e.V.

Erfolgsfaktoren im Management von Fluggesellschaften: Prof. Dr. Wilhelm Pompl, Fachhochschule Heilbronn, Studiengang Tourismusbetriebswirtschaft

Erlebnispark: Dr. Heinz Rico Scherrieb, Geschäftsführer des Verbandes Deutscher Freizeitunternehmen e.V.

Event-Tourismus: Prof. Dr. Horst W. Opaschowski, Universität Hamburg, Fachbereich Erziehungswissenschaft, Institut für Sozialpädagogik, Erwachsenenbildung und Freizeitpädagogik

Flughafenmanagement: Willi Hermsen, Hauptgeschäftsführer der Flughafen München GmbH

Food & Beverage Management: Prof. Edgar E. Schaetzing, Fachhochschule München, Fachbereich Tourismus

Freizeitpark: Dr. Heinz Rico Scherrieb, Geschäftsführer des Verbandes Deutscher Freizeitunternehmen e.V.

Galileo International: Gunther Holzschuh, Geschäftsführer der Galileo Deutschland GmbH

Gastronomie: Ludwig Hagn, Präsident des Bayerischen Hotel- und Gaststättenverbandes e.V.

Gesundheit und Tourismus: Prof. Dr. Karlheinz Zwerenz, Fachhochschule München, Fachbereich Tourismus

Gewerbesteuer: Rudolf Kollmannsberger, Vereidigter Buchprüfer und Steuerberater, München, Lehrbeauftragter an der Fachhochschule München, Fachbereich Tourismus

Golfreisen: Ingo Meyr, Geschäftsführender Gesellschafter der Nova Reisen Unterhaching GmbH

Grunderwerbsteuer: Rudolf Kollmannsberger, Vereidigter Buchprüfer und Steuerberater, München, Lehrbeauftragter an der Fachhochschule München, Fachbereich Tourismus

Grundsteuer: Rudolf Kollmannsberger, Vereidigter Buchprüfer und Steuerberater, München, Lehrbeauftragter an der Fachhochschule München, Fachbereich Tourismus

Hotel-Marketing: Prof. Edgar E. Schaetzing, Fachhochschule München, Fachbereich Tourismus

Hotelfachschulen: Martin Dannenmann, Leiter der Hotelfachschule Heidelberg

Hotelkette: Michael Widmann, Geschäftsführer der Pannell Kerr Forster PKF Euroconsult GmbH

Hotelkooperation: Rudolf Schmid, Leiter des Rechnungswesens der Ringhotels e.V.

Human Resource Management: Prof. Annemarie Pircher-Friedrich, Fachhochschule München, Fachbereich Tourismus

Incentives: Erich W. Eisenhut, Unternehmensberater für Mitarbeitermotivation, Incentives und Veranstaltungsorganisation, Lehrbeauftragter an der Fachhochschule München, Fachbereich Tourismus

Informationstechnologische Systeme: Prof. Dr. Uwe Weithöner, Fachhochschule Wilhelmshaven, Fachbereich Wirtschaft, Studiengang Tourismuswirtschaft

Insolvenz des Unternehmens und Insolvenzverwaltung: Prof. Dr. Gerd Lederer, Fachhochschule München, Fachbereich Tourismus

Interkulturelles Management: Prof. Dr. Irmela Neu, Fachhochschule München, Fachbereich Tourismus, Mitglied der Deutschen UNESCO-Kommission

Internationale Tourimus-Börse ITB Berlin: Prof. Dr. Manfred Busche, Vorsitzender der Geschäftsführung der Messe Berlin GmbH

Karriere: Gerhard P. Mayrhofer, Selbständiger Personal- und Ausbildungsfachmann, Verantwortlicher Betreuer für Personalagenden im Hotel Sacher, Wien

Karriere in der Touristik: Dietmar Hertel, Leiter der Abteilung Personal der NUR Touristic GmbH

Kirchensteuer: Rudolf Kollmannsberger, Vereidigter Buchprüfer und Steuerberater, München, Lehrbeauftragter an der Fachhochschule München, Fachbereich Tourismus

Körperschaftsteuer: Rudolf Kollmannsberger, Vereidigter Buchprüfer und Steuerberater, München, Lehrbeauftragter an der Fachhochschule München, Fachbereich Tourismus

Kongreßmanagement: Otto E. Schirmer, Herausgeber und Chefredakteur der Zeitschrift Conference & Incentive Management, CIM, und Gründer der Zeitschrift TW Tagungs-Wirtschaft, Convention Industry mit ICCA-News

Kooperation als Betriebsform im Reisebürobereich: Ralph Osken, Vorsitzender der Geschäftsführung der DERPART Reisevertrieb GmbH

Kreditverhandlungsführung: Dr. Klaus Ennemoser, Inhaber der Dr. Klaus Ennemoser Wirtschaftsberatung

Kundenzufriedenheit: Prof. Dr. Axel Dreyer, Fachhochschule Harz, Fachbereich Wirtschaftswissenschaften

Kur- und Bäderwesen: Dr. Christoph Kirschner, Präsident des Deutschen Bäderverbandes e.V.

Last Minute-Reisen: Frank Jüttner, Leiter Marketing und Vertrieb, Bucher Reisen GmbH

Leadership: Prof. Annemarie Pircher-Friedrich, Fachhochschule München, Fachbereich Tourismus

Luftverkehrsmanagement: Eberhard Schmidt, Lehrbeauftragter an der Fachhochschule München, Fachbereich Tourismus

Management: Prof. Dr. Alfred Merl, Fachhochschule München, Fachbereich Tourismus

Management im Messewesen: Manfred Wutzlhofer, Hauptgeschäftsführer der Messe München GmbH

Management im Tourismus: Prof. Dr. Alfred Merl, Fachhochschule München, Fachbereich Tourismus

Markenbildung in der Pauschaltouristik: Marc R. Pasture, Geschäftsführer der LTU Touristik GmbH

Marktforschung im Tourismus: Prof. Dr. Erwin Seitz, Fachhochschule München, Fachbereich Tourismus

Mobilität: Otto Flimm, Präsident des ADAC e.V.

Motivation von Mitarbeitern: Barbara Groß, Personalleiterin des Kempinski Hotels Vier Jahreszeiten, München

Ökologische Aspekte des Tourismus: Prof. Dr. Waldemar Hopfenbeck, Fachhochschule München, Fachbereich Betriebswirtschaft

Personalfluktuation in Hotellerie und Gastronomie: Dr. Wolfgang Blindow, Geschäftsführer und Schulleiter der Hotelfachschule Stadthagen

RDA Internationaler Bustouristik Verband e.V: Dieter Gauf, Hauptgeschäftsführer des RDA Internationaler Bustouristik Verband e.V.

Real Estate Investment Trust: Joseph-Georg Rauch, Senior Consultant der Pannell Kerr Forster PKF Euroconsult GmbH

Reiseversicherungen: Hans-Dieter Zollondz, Schulungsleiter der Elvia Reiseversicherungs-Gesellschaft, Lehrbeauftragter an der Ludwig-Maximilians-Universität, München, an der Fachhochschule München, Fachbereich Tourismus und an der Berufsakademie Ravensburg

Reisevertragsrecht: Dr. Irmtraud Nies, Leiterin der Abteilung Recht und Schaden der Elvia Reiseversicherungs-Gesellschaft

Reservierungssysteme: Prof. Dr. Erwin Seitz, Fachhochschule München, Fachbereich Tourismus

SABRE: Tasso von Heintschel, Direktor Deutschland, Österreich und Schweiz von SABRE und Geschäftsführer der SABRE Deutschland Marketing GmbH

Sales Management in der Hotellerie: Karin Hoyler, Direktorin des Mövenpick Hotels, Frankurt / Oberursel

Seetouristik: Benjamin Wolber, Hapag-Lloyd Seetouristik GmbH

Solidaritätszuschlag: Rudolf Kollmannsberger, Vereidigter Buchprüfer und Steuerberater, München, Lehrbeauftragter an der Fachhochschule München, Fachbereich Tourismus

Soziologische Aspekte des Tourismus: Prof. Dr. Felizitas Romeiß-Stracke, Fachhochschule München, Fachbereich Tourismus

Sportreisen: Hans Gumpinger, Product Manager, Sport-Scheck Reisen

Sprachkompetenz: Prof. Dr. Djamal Benhacine, Fachhochschule München, Fachbereich Tourismus

Sprachpolitik: Prof. Dr. Djamal Benhacine, Fachhochschule München, Fachbereich Tourismus

Standardsoftware: Johann Logins, Inhaber von Logins & Partner, Consulting für Hotellerie und Gastronomie

Standortentscheidungen in der Hotellerie: Prof. Karl Heinz Hässler, Fachleiter der Fachrichtung Hotelmanagement der Berufsakademie Ravensburg unter Mitarbeit von Arndt Moritz Jaeschke

START AMADEUS: Jürgen Büchy, Vorsitzender der Geschäftsleitung der START Holding GmbH

Statistische Analyse: Prof. Dr. Karlheinz Zwerenz, Fachhochschule München, Fachbereich Tourismus

Steuern: Rudolf Kollmannsberger, Vereidigter Buchprüfer und Steuerberater, München, Lehrbeauftragter an der Fachhochschule München, Fachbereich Tourismus

Strategiealternativen von Reiseveranstaltern: Prof. Dr. Torsten H. Kirstges, Fachhochschule Wilhelmshaven, Fachbereich Wirtschaft, Studiengang Tourismuswirtschaft

Strategische Allianzen im Luftverkehr: Prof. Dr. Rüdiger Sterzenbach, Fachhochschule Heilbronn, Studienschwerpunkt Personenverkehr

Strategische Unternehmensführung: Prof. Dr. Hans H. Hinterhuber, Universität Innsbruck, Institut für Unternehmensführung

Studienreisen: Peter-Mario Kubsch, Geschäftsführer von Studiosus Reisen München GmbH

Sustainable Tourism: Prof. Dr. Patricia East, Prof. Dr. Waldemar Hopfenbeck, Fachhochschule München, Fachbereich Tourismus, Fachbereich Betriebswirtschaft

Themenpark: Dr. Heinz Rico Scherrieb, Geschäftsführer des Verbandes Deutscher Freizeitunternehmen e.V.

Timesharing: Joachim Mezger, Regionaldirektor der Interval International GmbH

Total Quality Management: Hans-Dieter Zollondz, Schulungsleiter der Elvia Reiseversicherungs-Gesellschaft, Lehrbeauftragter an der Ludwig-Maximilians-Universität, München, an der Fachhochschule München, Fachbereich Tourismus und an der Berufsakademie Ravensburg

Tourismus und Umwelt: Paul Tschurtschenthaler, Institut für Wirtschaftstheorie und Wirtschaftspolitik der Universität Innsbruck

Tourismus-Marketing: Prof. Peter Roth, Fachhochschule München, Fachbereich Tourismus

Tourismusförderung: Dr. Peter Stein, Regierungsrat, Bayerisches Staatsministerium für Wirtschaft, Verkehr und Technologie

Tourismuspolitik: Das Beispiel Schweiz: Prof. Dr. Hansruedi Müller, Direktor des Forschungsinstituts für Freizeit und Tourismus (FIF) der Universität Bern

Touristen-Typologien: Axel Schrand, Lehrbeauftragter an der Fachhochschule München, Fachbereich Tourismus und an der Berufsakademie Ravensburg

Travel Management: Lutz Stammnitz, Leiter der Abteilung Travel Management der Siemens AG

Trends im Tourismus: Claudia Gilles, Hauptgeschäftsführerin des Deutschen Tourismusverbandes e.V.

Umsatzsteuer: Rudolf Kollmannsberger, Vereidigter Buchprüfer und Steuerberater, München, Lehrbeauftragter an der Fachhochschule München, Fachbereich Tourismus

UNESCO-Programme: Prof. Dr. Irmela Neu, Fachhochschule München, Fachbereich Tourismus, Mitglied der Deutschen UNESCO-Kommission

Unternehmensleitbild: Prof. Annemarie Pircher-Friedrich, Fachhochschule München, Fachbereich Tourismus

Verkaufsorientierte Mitarbeitermotivation im Gastgewerbe: Susanne Droux, Bayerischer Hotel- und Gaststättenverband e.V.

Vision: Prof. Annemarie Pircher-Friedrich, Fachhochschule München, Fachbereich Tourismus

Volkswirtschaftliche Aspekte des Tourismus: Prof. Dr. Karlheinz Zwerenz, Fachhochschule München, Fachbereich Tourismus

Vorteile der Direktwerbung im Hotel- und Gaststättengewerbe: Ulrich Grothues, Dozent für Marketing an der Wirtschaftsfachschule für das Hotel- und Gaststättengewerbe in Dortmund

Wirtschaftsprivatrecht: Prof. Dr. Gerd Lederer, Fachhochschule München, Fachbereich Tourismus

Yield-Management: Thomas Hausmann, Wissenschaftlicher Angestellter der Fachhochschule Stralsund, Fachbereich Wirtschaft

Zielgruppenmarketing in der Touristik: Wigand Maethner, Brand-Manager, TUI Deutschland GmbH & Co. KG

Zielgruppenorientiertes Airlinemanagement: Carl Michel, Hauptgeschäftsführer der Deutschen BA Luftfahrtgesellschaft mbH

Zukünftige Entwicklungen im Personalmanagement: Dr. Heiko Lange, Mitglied des Vorstands der Deutschen Lufthansa AG

Abfertigungsagent

Gesellschaft, die aufgrund einer vertraglichen Vereinbarung die Passagierabfertigung für eine → Fluggesellschaft übernimmt. Für solche Vereinbarungen wird im allgemeinen der IATA-Standardvertrag (→ IATA) gewählt.

Ablauforganisation

→ Organisation

Abschreibung

Begriff des → Rechnungswesens, der eine buchhalterisch erfaßte Wertminderung von Vermögensgegenständen kennzeichnet. Abschreibungen stellen → Aufwand dar und vermindern somit den Jahresüberschuß des touristischen Leistungsträgers.

ACI

Abkürzung für → Airports Council International.

Adoption

Bezeichnung für die Übernahme von Neuerungen in sozialen Systemen.

ADV

Abkürzung für → Arbeitsgemeinschaft Deutscher Verkehrsflughäfen.

Advance Purchased Excursion Fare

Sondertarif (→ Tarif) für Linienflüge (→ Linienflug), die zu einem bestimmten Zeitpunkt vor dem Abflugsdatum gebucht und bezahlt werden müssen. Abkürzung: APEX. → PEX

Advanced Seat Reservation

Bezeichnung für eine im voraus getätigte Fluggastbuchung mit Platzreservierung. Abkürzung: ASR.

AEA

Abkürzung für → Association of European Airlines.

Affinitätsgruppe

Reisegruppe, die einen ermäßigten Flugreisepreis erhält.

Affinity Charter

Sonderflugreise zu reduzierten Preisen.

AG

Abkürzung für → Aktiengesellschaft.

AGB

Abkürzung für → Allgemeine Geschäftsbedingungen.

Agenturvertrag

Vertragsverhältnis zwischen → Reiseveranstalter und → Reisemittler.

Air Operator Certificate

Das Air Operator Certificate, abgekürzt AOC, ist die Bezeichnung für die Unternehmens- und Betriebsgenehmigung für → Fluggesellschaften.

Air Registration Board

→ Civil Aviation Authority

Air-Sea-Agreement

Bezeichnung für zwischen → Fluggesellschaften und → Reedereien geschlossene Abkommen, deren Gegenstand die gegenseitige Anerkennung und der Austausch von Passage-Beförderungsdokumenten ist.

Air-Sea-Travel

Kombination von → Linienflug und → Kreuzfahrt.

Aircraft Exchange

→ Strategische Allianzen im Luftverkehr

Airline

International übliche Bezeichnung für → Fluggesellschaft. → Erfolgsfaktoren im Management von Fluggesellschaften; → Luftverkehrsmanagement; → Strategische Allianzen im Luftverkehr; → Zielgruppenorientiertes Airlinemanagement

Airline-Code

Abkürzung des Namens von → Fluggesellschaften. Es liegt ein sogenannter Two-Letter-Code vor. So wird die Lufthansa etwa mit LH abgekürzt. → Flight Number

Airports Council International

Der Airports Council International, abgekürzt ACI, mit Sitz in Genf, wurde 1991 gegründet. Sein vorrangiger Zweck ist die Förderung der Zusammenarbeit zwischen den Flughäfen (→ Flughafen) mit dem Ziel, den Luftverkehr global sicherer, effizienter und umweltverträglicher zu machen.

Airwaybill

Bezeichnung für einen Frachtbrief im Luftverkehr. Der Airwaybill wird mit AWB abgekürzt.

Akkreditiv

Zahlungsversprechen eines Kreditinstituts, unter bestimmten Bedingungen an einen Begünstigten für Rechnung eines Dritten Zahlungen zu leisten.

Aktie

→ Aktiengesellschaft

Aktiengesellschaft

Rechtsform, die dadurch gekennzeichnet ist, daß die Gesellschafter mittels Anteilsscheinen am Grundkapital des Unternehmens beteiligt sind. Diese Anteilsscheine werden als Aktien bezeichnet. Die Gesellschafter werden Aktionäre genannt. Rechtliche Grundlage der Aktiengesellschaft, die eine → Kapitalgesellschaft darstellt, ist das Aktiengesetz. Die Aktiengesellschaft verfügt über die drei Organe Vorstand, Aufsichtsrat und Hauptversammlung. Der Vorstand führt die laufenden Geschäfte der Gesellschaft in eigener Verantwortung. Der Aufsichtsrat ist das Kontrollorgan der Aktiengesellschaft. Er bestellt und entläßt den Vorstand und überwacht die Geschäftsführung. Der Aufsichtsrat besteht aus Aktionärsvertretern und Arbeitnehmervertretern. Die Hauptversammlung ist die Versammlung der Aktionäre. Sie entscheidet über wichtige Fragen, wie beispielsweise über die Verwendung des Gewinns, die Entlastung von Vorstand und Aufsichtsrat, die Fusion mit anderen Gesellschaften und über Kapitalerhöhungen. → Geschäftsführungsbefugnis und → Vertretungsmacht liegen beim Vorstand. Der Vorstand einer Aktiengesellschaft besteht in der Regel aus mehreren Personen. Die Mitglieder des Vorstands verfügen über → Gesamtgeschäftsführungsbefugnis und → Gesamtvertretungsmacht. Wenn von dieser gesetzlichen Regelung abgewichen wird, ist eine Eintragung in das Handelsregister erforderlich. Für die Schulden der Aktiengesellschaft haftet nur das Gesellschaftsvermögen. Der einzelne Gesellschafter haftet nur mit seinem Kapitaleinsatz. Eine darüber hinausgehende Haftung besteht nicht.

Allgemeine Geschäftsbedingungen

Für eine Vielzahl von Verträgen vorformulierte Vertragsbedingungen, die von einem Vertragspartner gestellt worden sind, ohne im einzelnen ausgehandelt worden zu sein. Die allgemeinen Geschäftsbedingungen werden mit AGB abgekürzt. → Wirtschaftsprivatrecht

Allgemeine Luftfahrt

Unter dem Begriff der Allgemeinen Luftfahrt, die als General Aviation bezeichnet wird, versteht man den Betrieb von Flugzeugen unter 5,7 Tonnen Gewicht (→ Maximum Takeoff Weight), die zumeist als Firmen- oder Privatflugzeuge verwendet werden. Da die Bodenabfertigung dieser → Flugzeuge und Passagiere andere Anforderungen stellt als dies bei größeren → Flugzeugen der Fall ist, sind auf den Verkehrsflughäfen (→ Flughafen) im allgemeinen separate Terminals, sogenannte General Aviation Terminals, und möglichst in unmittelbarer Nähe befindliche separate Abstellflächen für die → Flugzeuge eingerichtet.

Allgemeine Reisebedingungen

Form der → Allgemeinen Geschäftsbedingungen im Bereich der Reiseverträge (→ Reisevertragsrecht). Abkürzung: ARB.

American Society of Travel Agents

Name des Amerikanischen Reisebüroverbandes. American Society of Travel Agents wird mit ASTA abgekürzt.

Amortisationsrechnung

→ Investitionsrechenverfahren

Anforderungen an Führungskräfte in der Hotellerie

Hotellerie und Gastronomie zählen in der deutschen Gesellschaft nicht unbedingt zu den sehr angesehenen Branchen, gehören sie doch dem Sektor Dienstleistung an und das kommt ja bekanntlich von "dienen". Deutschland gilt als Dienstleistungswüste. Alle schwärmen von den Asiaten und den Amerikanern, aber niemand von den Mitteleuropäern unternimmt einen Ansatz, diese Einstellung bei uns zu ändern.

Und damit sind wir schon mitten im Thema, denn wer könnte es besser versuchen als die Führungskräfte in der Hotellerie, den Dienstleistungsgedanken zu verbreiten, wie er eigentlich sein sollte?

Bereits in der Ausbildung beginnt es; der Auszubildende, der zu fast 90 % in seinen Bewerbungsunterlagen angibt, "mit Menschen arbeiten zu wollen", findet sich häufig als billige Arbeitskraft wieder und verliert schnell die Lust am Metier, haben wir doch nicht immer mit

Anforderungen an Führungskräfte in der Hotellerie

den gutgelaunten Gästen zu tun, die wir uns alle wohl wünschen würden. Hier stellt die Führungskraft als Ausbilder die Weichen für die Zukunft: Sie sollte als Respektsperson den jungen Menschen an die Hand nehmen und ihm zeigen, daß es ein einmaliges Erfolgserlebnis sein kann, gerade den mißgestimmten Gast davon zu überzeugen, wie gut er es bei uns getroffen hat. Dadurch, daß auch der Auszubildende die Firma nach innen und außen repräsentiert, bekommt er das Gefühl, wichtig zu sein und die Vorbildfunktion des Vorgesetzten trägt maßgeblich dazu bei, ihn in das Räderwerk des Hotels einzubinden.

Wie in kaum einem anderen Unternehmen präsentiert sich dem Gast eine Gesamtleistung eines Teams, dessen Einzelteile nicht ohne dramatische Konsequenzen entfernt werden können. Kooperation sollte daher besonders groß geschrieben werden. Praktische Erfahrung ist essentiell für die Führungsebene, die genau wie Intuition und Improvisationstalent die Gruppenatmosphäre fördert. Dabei findet ein Abteilungsleiter dann hohe Akzeptanz, wenn gesagt werden kann, daß man selbst weiß, wie es ist zu spülen, zu putzen, einzuchecken oder vergleichbares. Graue Theoretiker haben kaum eine Chance.

So geht denn der Hotelier den Weg von → Kommunikation und → Partizipation besonders konsequent. Jeder Mitarbeiter wird Entscheidungen treffen müssen; und er muß es schnell tun, denn der Gast steht im Zweifel vor ihm und er hat keine Möglichkeit, noch lang und breit zu fragen, ob etwas geht oder nicht. Also muß durch → Delegation erreicht werden, daß der Mitarbeiter bereit ist, die Verantwortung zu übernehmen und für seine Entscheidungen einzustehen. Gute Einarbeitung, lebhafter Informationsaustausch und hohe Multifunktionalität tragen dazu bei. Die Führungskraft sollte hier richtungsweisend mit klaren Linien zur Seite stehen, hat sie doch auch dafür zu sorgen, daß die Standards eines Hauses eingehalten werden. Fünf Sterne oder drei Sterne? Garni oder Gourmet? Jedoch muß sie eines vorleben und exerzieren: Es darf keine Minimalstandards geben, im Gegenteil: Sollten nicht die Erwartungen der Gäste übertroffen werden? Sie muß Wünsche identifizieren und dem Mitarbeiter zeigen, sie muß die Ziele

Anforderungen an Führungskräfte in der Hotellerie

stets vorgeben, sie muß der größte Idealist im Unternehmen sein. Nur dann wird sie die Mitarbeiter auch zu einer Portion Idealismus verleiten können, die nötig ist, sich diesem Beruf zu verschreiben, der immerhin mit Arbeitszeiten glänzt, die jedem Normalverbraucher einen Schauer über den Rücken jagen.

Eine der Herausforderungen der Zukunft wird es sein, die aufstrebenden Hoteller in der Branche zu halten. Abwanderung gibt es genug, aus finanziellen Gründen, aus Streßbelastung heraus, aus privaten → Motiven (→ Personalfluktuation in Hotellerie und Gastronomie). Fast hat es nämlich den Eindruck, als wären alle Führungskräfte, die mit Leib und Seele dabei sind, mit den Betrieben verheiratet, in denen sie tätig sind. Ständige Präsenz, enormes Organisationstalent und Initiative gehören als Attribute zu den Großen im Metier, die dem Mitarbeiter zeigen, daß sie nicht nur zur Budgeterreichung da sind, sondern mit ihrer Menschenkenntnis und ihrem diplomatischen Geschick eine wandelnde Philosophie des Hotels darstellen. Das können die Patriarchen sein, die Charismatischen oder die Showstars - Hauptsache, sie vermögen es, Mitarbeiterziele mit Unternehmenszielen optimal zu verbinden. Dies ist nicht die Softwarebranche, die händeringend nach Arbeitskräften sucht und boomt und immer höhere Gehälter zahlt, nicht die Industrie, in der Mitarbeiter vor allem verwaltet werden, dies ist eine Branche ganz an der Front, mit Höhen und Tiefen, Internationalität und viel Freiheit und Spielraum für den Einzelnen.

So sollte jeder, der hier in der Führung tätig ist, eine Toleranzbreite und ein ausgeglichenes Wesen besitzen, um die Persönlichkeit des Gastgebers in jedem einzelnen Mitarbeiter zu fördern. Nicht der perfekte Service ist entscheidendes Kriterium für den Erfolg, vielmehr die ehrliche Freundlichkeit und Natürlichkeit. Vorurteilsfrei innere Werte erkennen und diese nutzen, erklären, daß es wichtig ist, die "Batterien" aufzuladen, um dem Gast niemals das Gefühl zu geben, er sei gerade unerwünscht, kann dem Betriebsergebnis sehr zuträglich sein. Anerkennung und Kritik in ausgewogener Form sowie ständige → Motivation sind Daueraufgaben in der Führungsriege, die sich dem Stiefkind Schulungen gerne widmen darf, aber bitte nicht nach dem Salzstreuerprinzip, sondern ge-

Anforderungen an Führungskräfte in der Hotellerie

zielt der Talente des Mitarbeiters entsprechend (→ Motivation im Arbeitsprozeß; → Motivation von Mitarbeitern; → Verkaufsorientierte Mitarbeitermotivation im Gastgewerbe).

Hohe Fluktuation (→ Personalfluktuation in Hotellerie und Gastronomie) macht den Hotels zu schaffen, daneben der immer stärkere Mangel an qualifizierten Leuten. Der Arbeitsmarkt spiegelt zum Teil in beängstigender Form wider, daß der Ruf der Hotellerie von einer gewissen Unprofessionalität geprägt ist. Die Führung sollte sich dieser Problematik stellen, indem sie sich als potenter Arbeitgeber präsentiert mit sicheren Arbeitsplätzen, indem sie den veränderungswilligen Mitarbeitern eine Chance gibt, ein neues Arbeitsfeld zu erobern, indem sie Personalarbeit in ihrer ganzen Bandbreite betreibt und den Mittler zwischen Arbeitgeber und Arbeitnehmer darstellt.

Zusätzlich ist Verschwiegenheit elementar in der Hotellerie, haben wir es doch mit einer Flut an persönlichen Daten zu tun. Der Gast hat das Recht, Vertraulichkeit vorauszusetzen. Was ist mit der Loyalität? Gegenüber der Klientel ist es selbstverständlich. Gegenüber dem Mitarbeiter genauso, denn dieser erwartet die Rückendeckung in schwierigen Situationen von seinem Vorgesetzten, der ihn so lehrt, persönliche Kompetenz zu erlangen. Neben der fachlichen Seite ist es nämlich oft die reine Fähigkeit, argumentativ überzeugend, mit einer Portion Sensibilität und vertrauensvollem, hilfsbereitem Umgang mit den Mitmenschen zu sein, die der → Karriere förderlich ist. Integrative Konzepte in der Organisation zu entwikkeln sowie Lösung von Konfliktpotential gehören zu den Ongoing Projects der Führungskräfte, die sich daneben noch effizient in sowohl analytischem als auch konzeptionellem und kombinatorischem Denken auszeichnen sollten. Nur auf der Gefühlsebene zu arbeiten, führt zu einem geschäftlichen Desaster.

Eine abenteuerliche Mischung? Nein. Aber ich habe hier absichtlich nicht die Klassiker der Personalführung zitiert, denn die Facetten der Hotellerie brechen das Licht manchmal etwas stärker. Natürlich sind die Instrumentarien der Führungsstile und Führungstechniken auch hier typisch für die Führungslehre, nur treffen wir auf Merkmale der

Branche, die uns ein wenig flexiblere, mobilere, innovativere und kreativere Denkweisen abverlangen. Personalmarketing ist die Werbung für uns, die wir forcieren müssen, stolz soll das Personal sein, das für uns arbeitet! Teamgeist ist gefragt. Aktivitätspotentiale müssen wir mitbringen. Selbständiges Arbeiten ohne permanenten Anweisungsbedarf, eigenständige Formulierung neuer Aufgaben und Ziele, → Qualitätsmanagement, Bereitschaft, Neues zu erkunden und Erlernen statt Erstarren in Regularien hält Top, Middle und Lower Management in Bewegung. Zeit müssen wir haben, Interessen müssen wir kanalisieren, Rücksicht müssen wir nehmen können. Denn die Arbeit mit Menschen - und damit schließen wir den Bogen zum Beginn, als es um die Ausbildung ging - stellt höchste Anforderungen an den Einzelnen, der auf dem schmalen Drahtseil balanciert, das zwischen sachlichen und gefühlsbetonten Elementen gespannt ist.

Unsere Zukunft liegt in den Händen fähiger Leute in der Führung, die begriffen haben, daß der Azubi von heute der General Manager von morgen sein kann, wenn sie ihm das richtige Rüstzeug mitgeben, das sein Selbstvertrauen stärkt, indem es die richtige Mischung von Kontrolle und Freiheit im Handeln ermöglicht. → Anforderungen an Führungskräfte in der Touristik

Ines Larsen-Schmidt

Personalleiterin des Kempinski Hotels Airport München

Anforderungen an Führungskräfte in der Touristik

Die dynamische Entwicklung der Touristik weltweit und der immer härtere Wettbewerb auf den Quellmärkten und in den Zielgebietsmärkten Europas zwingt die Unternehmen der Branche zur Veränderung. Die veränderten Rahmenbedingungen haben notwendigerweise auch Auswirkungen auf die Erwartungen der Tourismusunternehmen an ihre Führungskräfte. Neben soliden touristischen Fachkenntnissen und steigenden Anforderungen an die formale Ausbildung werden von Bewerbern immer stärker internationale Erfahrung, unternehmerische Kompetenz, persönliche Kompetenz und Führungskompetenz erwartet.

Skizziert man die Entwicklung des europäischen Branchenführers TUI der letzten Jahre, wer-

Anforderungen an Führungskräfte in der Touristik

den die Veränderungen und ihre Auswirkungen auf die Anforderungsprofile der Führungskräfte deutlich: starkes, aber kontrolliertes Unternehmenswachstum, Wandel vom nationalen zum europäischen Unternehmen und ein kontinuierlicher Ausbau der Aktivitäten in der touristischen Wertschöpfungskette auf der Grundlage von Produktqualität, Innovation und konsequenter Kundenorientierung als zentrale Erfolgsfaktoren. Vor diesem Hintergrund ergeben sich folgende Anforderungen an Führungskräfte:

Eine gute formale Ausbildung ist hervorragende Basis - nicht mehr, aber auch nicht weniger! Zu den gefragten Hochschulabsolventen gehören im Veranstalter- und Hotelgeschäft vorrangig Betriebswirte. Abhängig von der zu besetzenden Position sind eine einschlägige Berufsausbildung oder ein touristischer Studiengang vorteilhaft. Neben einem überdurchschnittlichen Studienabschluß, fließenden Englischkenntnissen und der Beherrschung einer weiteren Fremdsprache (→ Sprachkompetenz) - vorzugsweise Spanisch - sind solide internationale Erfahrungen wichtig. Diese können durch eine Berufstätigkeit im Ausland, aber auch in längeren Auslandspraktika oder im Auslandstudium erworben worden sein. Erfahrungen im Umgang mit Menschen unterschiedlicher Kulturen (→ Interkulturelles Management) und die Fähigkeit, sich in verschiedenartigen Umfeldern sympathisch und sicher zu bewegen, sind Schlüsselfähigkeiten im internationalen Business. Ein strategischer Erfolgsfaktor im touristischen Geschäft ist das Informationsmanagement. Damit wächst auch der Bedarf an Informatikern kontinuierlich (→ Informationstechnologische Systeme; → Reservierungssysteme).

Persönlichkeit entscheidet! Eigeninitiative und Lernbereitschaft in einem sich permanent verändernden Umfeld sind ebenso wichtig wie eine positive Einstellung zum Wandel, Entscheidungsfreude und die Fähigkeit, sich selbst zu führen und zu organisieren. Die Bereitschaft, die eigene Person hinter die Aufgabe zurückzunehmen, ist entscheidend für den Erfolg im internationalen Umfeld. Breite Interessen und Weltoffenheit runden das Persönlichkeitsprofil ab.

Vom Kunden her denken und handeln - wer am besten dient,

Anforderungen an Führungskräfte in der Touristik

verdient auch am besten! Tourismus ist Dienstleistung und ist damit von besonderer Markt- und Kundennähe geprägt. Erfolg wird nur haben, wer seine Gäste und Kunden mag. Seine Kunden zu kennen, die eigenen Arbeitsabläufe am Kundeninteresse auszurichten und die Maxime "Customer first" zu leben, sind entscheidende Managementfähigkeiten in der Touristik (→ Management).

Kundenorientierung ohne Mitarbeiterorientierung funktioniert nicht! Erfolg im Tourismus kann - wie in anderen Branchen auch - auf Dauer nur der haben, dem es gelingt, bei seinen Mitarbeitern Identifikation mit der Aufgabe und dem Produkt zu erzeugen. Kundenorientierung und breites unternehmerisches Denken im Unternehmen braucht Begeisterung und Eigenmotivation der Mitarbeiter. Die Mitarbeiter als "Human Capital" zu begreifen und sie zu fördern, ist Voraussetzung für eine erfolgreiche Mitarbeiterführung. Die Fähigkeiten, Ziele zu vereinbaren, die Identifikation mit Aufgabe und Zielen zu erreichen, Information und → Delegation als Führungsmittel sicher einzusetzen und die Mitarbeiter angemessen in Entscheidungen einzubeziehen (→ Partizipation), sind grundlegende Anforderungen, die sowohl das Unternehmen als auch die Mitarbeiter an ihre Vorgesetzten stellen. Nicht mehr der "Vor-Gesetzte", sondern der "Enabler", der "Coach" seiner Mitarbeiter bestimmt das Bild der Führungskraft.

Wirtschaftlicher Erfolg im Zentrum aller Aktivitäten - Unternehmer sind gefragt! Nicht allein die Fähigkeit, umfangreiche Analysen oder Strategien zu erarbeiten, wird benötigt, sondern vor allem die Fähigkeit, diese in operationalisierbare Teilziele herunterzubrechen und die notwendigen Maßnahmen anschließend mit anderen erfolgreich umzusetzen. Unternehmerische Kompetenz heißt sowohl innovationsbereit zu sein, als auch die Wettbewerbsfähigkeit der Kosten im Blick zu behalten, überlegt kalkulierbare Risiken einzugehen und im Interesse der Qualitätssicherung des Ergebnisses aktiv die Kooperation mit anderen Stellen im Unternehmen zu suchen. → Anforderungen an Führungskräfte in der Hotellerie

Roger Paeth

Direktor Personal Konzern, TUI Deutschland GmbH & Co. KG

Anhang

→ Jahresabschluß

Animation

Form der Betreuung von Gästen in deren Urlaub, die darauf abzielt, den Gast zur Eigenaktivität zu bewegen.

Anlagendeckungsgrad I

Kennzahl, die als das prozentuale Verhältnis von → Eigenkapital und → Anlagevermögen definiert ist.

Anlagendeckungsgrad II

Kennzahl, die als das prozentuale Verhältnis der Summe aus → Eigenkapital und langfristigem → Fremdkapital und → Anlagevermögen definiert ist.

Anlagenintensität

Kennzahl, die als das prozentuale Verhältnis von → Anlagevermögen und → Gesamtvermögen definiert ist.

Anlagevermögen

Gesamtheit der Vermögensgegenstände, die dazu bestimmt sind, dauernd dem Geschäftsbetrieb zu dienen. → Jahresabschluß

AOC

Abkürzung für → Air Operator Certificate.

APEX

Abkürzung für → Advance Purchased Excursion Fare.

ARB

Abkürzung für → Allgemeine Reisebedingungen sowie Abkürzung für Air Registration Board (→ Civil Aviation Authority).

Arbeitsgemeinschaft Deutscher Verkehrsflughäfen

Die Arbeitsgemeinschaft Deutscher Verkehrsflughäfen, abgekürzt ADV, ist eine voll institutionalisierte Organisation mit Sitz in Stuttgart, die alle deutschen Verkehrsflughäfen (→ Flughafen) und die überwiegende Zahl der Verkehrslandeplätze vertritt.

Arbeitszeitflexibilisierung

Schaffung von Arbeitszeitsystemen, mit denen Dispositionsspielräume hinsichtlich Dauer und Lage der Arbeitszeit innerhalb bestimmter zeitlicher Bandbreiten einhergehen. Die durch Arbeitszeitflexibilisierung entstandenen Dispositionsspielräume können allein dem Arbeitgeber, allein den Arbeitnehmern oder auch beiden gemeinsam zustehen. Im Rahmen der Arbeitszeitflexibilisierung sind verschiedene Arbeitszeitmodelle entwickelt worden. → Jahresarbeitszeitvertrag; → Kapazitätsorientierte variable Arbeitszeit; → Sabbatical

Arbeitszeitgestaltung

Begriff der → Personaleinsatzplanung, der alle die zeitliche Organisation beruflicher Tätigkeit betreffenden Problemfelder umfaßt. Hierunter fallen auch Fragen der → Arbeitszeitflexibilisierung.

ASR

Abkürzung für → Advanced Seat Reservation.

asr Bundesverband Mittelständischer Reiseunternehmen e.V.

Über Jahrzehnte gab es in Deutschland einen Verband, der als Interessenvertretung der → Reisebüros und → Reiseveranstalter galt, den → Deutschen Reisebüro Verband, DRV. Mitte der 70er Jahre gab es innerhalb dieses Verbandes eine Bewegung von selbständigen Reiseunternehmern, die ihre Interessen nicht ausreichend berücksichtigt sahen. Die Gruppe nannte sich "Arbeitskreis selbständiger Reisebüroinhaber (asr)". Am 31. Mai 1976 gründeten diese Unternehmer in Frankfurt einen eingetragenen Verein (e.V.), wobei dieser e.V. zunächst ebenso Mitglied im DRV (→ Deutscher Reisebüro und Reiseveranstalter Verband e.V.) blieb, wie viele seiner Repräsentanten. 1986 benannte sich diese Vereinigung um in "asr Bundesverband Mittelständischer Reiseunternehmen e.V.". Das Logo asr war inzwischen so eingeführt, daß man es in der Namensführung beibehalten wollte und auch mehrfache Versuche, das Kürzel aufzugeben, in der Mitgliedschaft nicht durchsetzbar waren. Der sich immer mehr abzeichnende Interessenskonflikt im DRV (→ Deutscher Reisebüro und Reiseveranstalter Verband e.V.) zwischen Großveranstalter und → Reisemittler führte 1993 zur endgültigen Trennung zwischen den beiden Reiseverbänden, indem der asr die außerordentliche Mitgliedschaft kündigte, um nach außen den Vertretungsanspruch der Selbständigen in der Branche zu dokumentieren. Branchenversuche, eine Fusion der Verbände DRV (→ Deut-

asr Bundesverband Mittelständischer Reiseunternehmen e.V.

scher Reisebüro und Reiseveranstalter Verband e.V.) und asr durchzuführen, scheiterten 1991 und 1997 am Votum der asr-Mitglieder. Der asr ist Gründungsmitglied des BTW (→ Bundesverband der Deutschen Tourismuswirtschaft e.V.), dessen Satzung er wesentlich miterarbeitet und geprägt hat. Weitere Mitgliedschaften bestehen in der DZT (→ Deutsche Zentrale für Tourismus e.V.) und DIRG (→ Deutschland Informations- und Reservierungsgesellschaft). Darüber hinaus besteht bei verschiedenen Verbänden der Branche eine Mitgliedschaft auf Gegenseitigkeit.

Kommerzielle Interessen für asr-Mitglieder werden seit 1991 durch die asr-Vertriebs GmbH wahrgenommen.

Vertretungsberechtigter Vorstand im Sinne des § 26 BGB ist ein dreiköpfiges Präsidium, in welchem der Präsident als primus inter pares fungiert. Nur in der Außenvertretung steht der Präsident als Vertreter des Verbandes an erster Stelle, im Verhinderungsfalle vertritt einer der beiden Vizepräsidenten diese Position. Der erweiterte Vorstand besteht zusätzlich aus acht Vorstandspositionen in Person der Ausschußvorsitzenden, die sich nach der Zahl der in der Wahlmitgliederversammlung festgelegten Ausschüsse bestimmt. Derzeit sind folgende Ausschüsse installiert: → Reisemittler, → Reiseveranstalter, Luftfahrt (zuständig für alle Fragen im Zusammenhang mit → IATA und → Charter), Land- und Seeverkehr (zuständig für Bahn-, Bus- und Schiffsreisen), Deutschlandtourismus (zuständig für Reisen in und nach Deutschland und DIRG (→ Deutschland Informations- und Reservierungsgesellschaft)), Unternehmenssicherung (zuständig für Recht und Betriebswirtschaft), Bildung (zuständig sowohl für Ausbildung, als auch für Fort- und Weiterbildung), Kommunikation (zuständig für alle Fragen im Zusammenhang mit EDV, Kommunikationsmitteln und neuen Medien (→ Informationstechnologische Systeme)). Umgesetzt werden die Politiken der Ausschüsse und des Präsidiums von der Geschäftsstelle mit Sitz in Frankfurt. Die Geschäftsstelle betreut darüber hinaus die Mitglieder, bearbeitet deren Anfragen, leitet solche bei Bedarf an die Ausschüsse weiter, erarbeitet rechtliche Stellungnahmen, vertritt den Verband in verschiedenen Gremien der Branche und

asr Bundesverband Mittelständischer Reiseunternehmen e.V.

organisiert Veranstaltungen.

Der asr vertritt als Verband ausschließlich die Interessen des selbständigen Mittelstandes in der Tourismuswirtschaft. Ziel ist es, sowohl auf Reisemittlerseite (→ Reisemittler), wie auch im Bereich → Reiseveranstalter eine möglichst große Vielfalt im Markt zu erhalten. Deshalb legt der asr Wert auf beide Seiten der Verbandsarbeit. Einerseits muß ein Verband als Servicestation für seine Mitglieder dienen. Das heißt kompetente Rechtsberatung in Problemfällen, Hilfe und Rat bei betriebswirtschaftlichen Fragen oder Entscheidungen, finanziell spürbare Sonderkonditionen oder Sonderleistungen, wie zum Beispiel die Möglichkeit, sich an eine vom Verband gesponserte Internetplattform (→ Informationstechnologische Systeme) anzuhängen, Vermittlung von Know-how in sich ändernden Wettbewerbs- und Arbeitsbedingungen, Fortbildungsangebote etc. Zum anderen ist ebenso wichtig das Lobbying innerhalb der Branche und auf allen politischen Ebenen. Dies wird zwar von den Mitgliedern häufig nicht so stark wahrgenommen oder gar honoriert, allerdings ist es Voraussetzung dafür, daß die politischen Rahmenbedingungen im Sinne der mittelständischen Tourismuswirtschaft geschaffen werden oder erhalten bleiben. Zu diesem Zweck unterhält der asr ständige und gute Kontakte zu Parlamentariern, Ministerialverwaltungen, EU-Administration und Kartellbehörden.

Der asr legt größten Wert auf konstruktive Zusammenarbeit mit allen im Tourismus tätigen Verbänden und Organisationen, jedoch ohne den Kampf für die Interessen der Mitglieder dem unterzuordnen. Deshalb werden auch in branchenwichtigen Auseinandersetzungen Musterprozesse unter Übernahme der Prozeßkosten vom Verband initiiert oder gutachterliche Stellungnahmen finanziert. Als ein wichtiges Ziel erachtet der Verband die Sensibilisierung der Öffentlichkeit vor allem auch über die allgemeinen Medien für die Notwendigkeit der Erhaltung mittelständischer Strukturen auch in der Tourismuswirtschaft aus Arbeitsmarkt-, Wettbewerbs- und volkswirtschaftlichen Gründen.

Jutta Zedelmaier

Präsidentin des asr Bundesverband Mittelständischer Reiseunternehmen e.V.

Assessment-Center

Verfahren der zur → Personalbeschaffung gehörigen Personalauswahl und der → Personalentwicklung. Die Besonderheit des Verfahrens besteht darin, daß mehrere Beurteilungsverfahren, wie etwa Tests und Gruppendiskussionen, zur Anwendung kommen, und zudem mehrere zu Beurteilende und mehrere Beurteilende teilnehmen.

Association of European Airlines

Die Association of European Airlines ist der Verband der europäischen → Fluggesellschaften mit Sitz in Brüssel. Sie vertritt die Interessen ihrer Mitglieder gegenüber der EU sowie der Öffentlichkeit und bemüht sich um die Verbesserung der Zusammenarbeit zwischen den → Fluggesellschaften. Die Association of European Airlines wird mit AEA abgekürzt.

ASTA

Abkürzung für → American Society of Travel Agents.

ATB

Abkürzung für → Automated Ticket and Boarding Pass.

Attraktionspunkt

→ Destinationsmanagement

Aufbauorganisation

→ Organisation

Aufgabenbereicherung

→ Job Enrichment

Aufgabenerweiterung

→ Job Enlargement

Aufwand

Begriff des Rechnungswesens, der eine Größe beschreibt, die zu einer Verringerung des → Gesamtvermögens führt.

Ausbooten

Überführung von Passagieren von Seeschiffen auf → Reede mit → Tendern an Land.

Ausflaggen

Austragung eines Schiffes aus dem Register des jeweiligen Landes verbunden mit der Eintragung in das Register eines anderen Landes. Mit Ausflaggen werden zumeist Kostenvorteile angestrebt.

Ausgabe

Begriff des Rechnungswesens,

der eine Größe beschreibt, die zu einer Verringerung des → Geldvermögens führt.

Ausschiffung

Auschecken der Passagiere am Ende der → Kreuzfahrt. Üblicherweise wird zuerst das Gepäck an Land gebracht, dann erst verlassen die Fahrgäste, an der → Gangway normalerweise vom Kapitän (→ Kapitän des Seeverkehrs) verabschiedet, das Schiff. Vor der Verladung in die Transferbusse müssen die einzelnen Gepäckstücke von den Fahrgästen identifiziert werden.

Außenfinanzierung

→ Finanzierung

Außenverhältnis

Gesellschaftsrechtlicher Begriff für das Verhältnis zwischen Gesellschaft und Dritten.

Auszahlung

Begriff des Rechnungswesens, der eine Größe beschreibt, die zu einer Verringerung des → Zahlungsmittelbestandes führt.

Authentizität

→ Reisemotivation

Automated Ticket and Boarding Pass

Dies ist die Bezeichnung für ein Dokument, das im Luftverkehr verwendet wird. Es soll die Abfertigung und die Verkehrsabrechnung erleichtern. Abkürzung: ATB.

Average Room Rate

→ Durchschnittlicher Hotelzimmerpreis

AWB

Abkürzung für → Airwaybill.

Bahnmanagement im Tourismus

Die Deutsche Bahn spielt im Reisemarkt der Bundesrepublik eine bedeutende Rolle. Alle bedeutenden Städte sind stündlich oder häufiger mit dem Hochgeschwindigkeitszug InterCityExpress (ICE) oder dem InterCity im Stundentakt miteinander verknüpft, während abseits der Ballungsräume der InterRegio für schnelle und komfortable Verbindungen sorgt, zumeist im Zwei-Stunden-Takt. EuroCitys fahren direkt in 13 ausländische Hauptstädte.

In einer mobilen Gesellschaft, die zunehmend unter Kapazitäts-

Bahnmanagement im Tourismus

engpässen im Straßen- und Luftverkehr leidet, haben die Verkehrspolitiker in Deutschland und der Europäischen Union die Bedeutung und das Potential der Eisenbahn erkannt. Neubaustrekken und Hochgeschwindigkeitszüge beschleunigen Reisen auf der Schiene und steigern die Konkurrenzfähigkeit der Bahn gegenüber anderen Verkehrsmitteln.

Größere Marktanteile am Verkehrsaufkommen im Geschäfts- und Privatreiseverkehr kann die Eisenbahn jedoch nicht allein mit höherem Tempo gewinnen. Der Wettbewerb mit Auto, Bus und → Flugzeug verlangt von der Deutschen Bahn mehr denn je die Entwicklung marktfähiger Produkte, bei denen die Faktoren Pünktlichkeit, Präzision und Preis eine zentrale Rolle spielen.

Eingeleitet und forciert wird dieses unternehmerische Denken von der Bahnreform, die die frühere Bundesbahn (und die Reichsbahn der ehemaligen DDR) seit 1994 in mehreren Schritten von staatsbürokratischen Fesseln befreite. Die daraus hervorgegangene Deutsche Bahn AG entwickelt neue Strukturen, die die Basis für einen auf nationaler und internationaler Ebene agierenden, marktwirtschaftlich orientierten Verkehrskonzern schaffen werden.

Die unternehmerische Verantwortung für den Personenfernverkehr liegt von 1999 an bei der "DB Reise&Touristik AG". Diese zunächst noch bundeseigene → Aktiengesellschaft unter dem Dach des DB-Konzerns betreibt sämtliche ICE, InterCity, EuroCity, InterRegio, Autozüge und Nachtzüge. In diesem Geschäftsbereich wurden 1997 knapp 5,5 Milliarden DM erwirtschaftet.

Die DB Reise&Touristik AG verfolgt das Ziel, einer wachsenden Zahl von Kunden auf hohem Qualitätsniveau komfortable und preiswerte Lösungen für ihre individuellen Reisbedürfnisse zu bieten. Für zahlreiche Zielgruppen gibt es inzwischen spezielle Angebote, beispielsweise die BahnCard für Vielfahrer, besonders günstige SuperSparpreise für Familien oder das FerienTikket für Bahnurlauber. Tageszeitabhängige Sondertarife wie das Guten-Abend-Ticket sorgen für eine bessere Auslastung der Züge während verkehrsschwacher Zeiten.

Hohe Priorität genießt auch die

Entwicklung neuer Dienstleistungen, die über die reine Bahnfahrt hinaus gehen. Die Mobilitätskette verbessert für Bahnreisende durch innovative Angebote "von Haustür zu Haustür". Beispiele für bereits verwirklichte oder geplante Glieder der Mobilitätskette sind

- der Gepäckträger-Service auf großen Bahnhöfen,
- der KurierGepäck-Service als schneller und bequemer Gepäckservice von Haus zu Haus,
- das BahnTaxi für den bequemen Transfer zwischen Bahnhof und Wohnung beziehungsweise Hotel sowie
- der Ausbau der telefonischen Bahnauskunft zu einer umfassenden Reiseinformation durch die Einrichtung moderner → Call Center.

Entscheidende Bedeutung für den langfristigen Erfolg der Deutschen Bahn kommt aber auch der Vernetzung der Verkehrsträger auf verschiedenen Ebenen zu. Dazu zählen

- die Entwicklung integrierter Tickets, die in verschiedenen Verkehrsmitteln anerkannt werden,
- die Verknüpfung von Schienen- und Flugverkehr durch Fernbahnhöfe in → Flughäfen, beispielsweise in Frankfurt, Berlin-Schönefeld und die geplanten Projekte in Köln, Düsseldorf und München,
- die Kooperation mit → Fluggesellschaften, mit dem Ziel, unwirtschaftliche Kurzstrekkenflüge auf die Schiene zu verlagern,
- der Ausbau attraktiver Autozug-Angebote für Reisende mit PKW sowie
- die Optimierung der Bahnhöfe als "Schnittstelle" zwischen Bahn und Individualverkehr, beispielsweise durch Mietwagenstationen und spezielle Angebote wie das BahnTaxi.

Dr. Axel Nawrocki

Vorstandsvorsitzender der DB Reise&Touristik AG

Bare Boat Charter

→ Charter eines Schiffes ohne Besatzung.

Barwert

→ Investitionsrechenverfahren

Basis-Route

Kürzeste Luftverkehrsverbindung zwischen zwei Orten.

Basisprovision

→ Provisionssysteme im Reisebürobereich

BDO

Abkürzung für → Bundesverband Deutscher Omnibusunternehmen e.V.

Bedarfsluftverkehr

Bezeichnung für den nicht regelmäßigen Flugverkehr zur gewerbsmäßigen Beförderung von Personen und Gütern.

Beherbergungsmanagement

Beherbergungsmanagement oder Management der Logisabteilung schließt nicht nur die traditionelle Empfangsabteilung eines Hotels ein, sondern auch das → Housekeeping Department. Im amerikanisch orientierten Hotelmanagement heißt der hauptverantwortliche Bereichsleiter "Rooms Division Manager" (→ Rooms Division). Unter ihm arbeiten gleichgestellt der Empfangschef (Frontoffice Manager) und die Hausdame (→ Housekeeping Department). Einige große Hotelkonzerne konzentrieren die vielen Spezialisten in die vier "D's-Verantwortlichkeiten" Director of Operations (→ Frontoffice und → Food & Beverage), Director of Development and Incoming (Marketing, Rooms & F & B Sales), Director of Controlling (Finance & Accounting) und Director of Human Resources (Personnel & Training). So wird wohl zukünftig in großen → Hotelketten der "Director of Operations" den ganzen Beherbergungs- und Food & Beverage-Bereich leiten können. Der deckungsbeitragsfreudigste (→ Deckungsbeitrag) Bereich im Hotel ist schon immer der Logisbereich (→ Rooms Division) gewesen. Mit der Zimmervermietung können und müssen Gewinne erwirtschaftet werden, während der Food & Beverage-Bereich aufgrund der hohen Personalkosten oft nur kostendekkend arbeitet. Planung, Durchführung und Kontrolle des gesamten Beherbergungsbereichs beginnt bei der "Informationszentrale", dem Hotelempfang. Der Empfangschef untersteht als Abteilungsleiter in großen Hotels dem Leiter des Logisbereichs, der auch als Rooms Division Manager (→ Rooms Division) bezeichnet wird oder in kleineren Hotels direkt dem Generaldirektor. Ihm untersteht das gesamte Empfangspersonal, die Portierloge, die Reservierungs- und Telefonabteilung. Der gleichgestellten Hausdame (→ Housekeeping

Department) unterstehen die Etagenhausdamen, die Zimmerfrauen, die Wäscherei und sonstiges Reinigungspersonal. Beherbergungsmanagement hat also sowohl für die Koordination der Empfangsabteilung zu sorgen, wie auch für Reinigung, Wartung und Qualitätssicherung der "Immobilie Hotel" Verantwortung zu tragen. Dabei muß Beherbergungsmanagement zur Durchführung der geschäftspolitischen Richtlinien des Hotels alle Managementaufgaben des Logisbereichs (→ Rooms Division) wahrnehmen. Hierzu zählen die Zimmerdisposition, die Kontrolle der EDV-gesteuerten → Reservierungssysteme (→ Informationstechnologische Systeme), Zimmerbelegungskontrollen, Gästestatistik, Yield-Management-Systeme (→ Yield-Management), optimaler Mitarbeitereinsatz am Empfang und in der Hausdamenabteilung, Budget- und Prognoseverfahren, → Check-In, → Check-Out, Gästebetreuung und Information, Entwicklung und Verbesserung von Qualitätsstandards im Logisbereich (→ Rooms Division), Auswertung von Kennzahlen im Logisbereich (→ Rooms Division) als "Frühwarnsystem", Überwachung der Außer-Haus-Verträge, Produktivitätskontrollen für den Beherbergungsbereich, Verbesserung des relativen Marktanteils, No-Show-Management (→ No Show), Einsatz und Kontrolle flexibler Zimmerpreispolitik, Qualitätssicherung mit permanenten Zimmerzustandskarteien, deckungsbeitragsorientierte (→ Deckungsbeitrag) Kapazitätsauslastungen, Kostenkontrollen für den gesamten Logisbereich (→ Rooms Division) und aktive Mitarbeit beim → Total Quality Management (TQM) für das gesamte Hotel. Beherbergungsmanagement muß sich permanent mit zeitgemäßen betriebswirtschaftlichem Know-how fortbilden, um kreative und wirtschaftliche Qualitäts- und Serviceleistungen nachfrageorientiert vermarkten zu können. → Food & Beverage Management

Literatur: Schaetzing, 1996 (b); Internationales Institut für Hotel & Restaurant Administration (IHRA), 1998

Prof. Edgar E. Schaetzing

Fachhochschule München, Fachbereich Tourismus

Belegungsquote

Kennzahl, die als das prozentuale Verhältnis der Anzahl belegter

Zimmer und der Anzahl verfügbarer Zimmer definiert ist. Die Kennzahl wird in der Hotellerie verwandt.

Bellcaptain

Bezeichnung für Hausdiener im Hotel. Der Bellcaptain ist Vorgesetzter der Pagen und der Gepäckträger.

Benchmarking

Benchmarking ist eine Technik des → Controlling, deren Zielsetzung darin besteht, unternehmensinterne Untersuchungsobjekte mit ausgewählten Bezugsobjekten zu vergleichen, um hieraus Schlußfolgerungen zu ziehen, die qualitätserhöhend umzusetzen sind. Als Untersuchungsobjekte kommen sowohl Prozesse als auch Funktionen in Betracht. Zu beachten ist, daß der Vergleich, welcher der kritischen Analyse dient, nur ein Bestandteil des Benchmarking ist und nicht mit der Methode gleichgesetzt werden darf.

Benchmarking kann in drei verschiedenen Formen durchgeführt werden. Die erste Form des Benchmarking ist das interne Benchmarking. Diese Benchmarkingvariante ist dadurch gekennzeichnet, daß unternehmensinterne Bezugsobjekte ausgewählt werden. Die zweite Form des Benchmarking ist das wettbewerbsorientierte Benchmarking. Hier liegt das Bezugsobjekt in einem Konkurrenzunternehmen. Die dritte Form des Benchmarking ist das branchenübergreifende Benchmarking. Hier befindet sich das Bezugsobjekt in einem Unternehmen außerhalb der Branche des touristischen Leistungsträgers. Diese Benchmarkingform liegt etwa vor, wenn der → Check-In eines Hotelbetriebs mit dem einer → Fluggesellschaft verglichen wird.

Literatur: Töpfer, 1997; Gewald, 1999

Benutzeroberfläche

Begriff der EDV, der die für den Anwender auf dem Bildschirm sichtbare Darstellung eines → Betriebssystems oder eines Programms beschreibt. Modern sind derzeit graphische Benutzeroberflächen, welche die Arbeit mit elektronischen oder optoelektronischen Zeigegeräten erlauben. → Standardsoftware

Beschwerdemanagement

Beschwerdemanagement ist der aktive, systematische und organisierte Umgang mit Reklamationen des Kunden. Ziel des Beschwerdemanagement ist es, die Zufriedenheit des Kunden herzustellen. Darüber hinaus besteht das Ziel, durch Auswertung der im Rahmen des Beschwerdemanagement gewonnenen Informationen, Erkenntnisse zu erzielen. Zudem dient Beschwerdemanagement der Verbesserung der Qualität des touristischen Leistungsträgers. Das Beschwerdemanagement des touristischen Leistungsträgers ist ein Prozeß. Die erste Phase dieses Prozesses ist die Beschwerdeannahme. Hieran schließt sich die Beschwerdebearbeitung an. Die dritte Phase ist die Beschwerdeanalyse. Die vierte und letzte Phase besteht in dem Ergreifen von Maßnahmen, die der Qualitätserhöhung dienen.

Literatur: Dreyer, Dehner, 1998; Gewald, 1999

Beteiligungsfinanzierung

→ Finanzierung

Betriebsarten und Betriebstypen der Hotellerie

Betriebsarten und Betriebstypen sind Kategorien von gastgewerblichen Betrieben, die in wesentlichen Merkmalen so weit übereinstimmen, daß sie als Einheit gesehen werden können. Betriebsarten der Hotellerie sind Hotels, Gasthöfe, Pensionen und Hotels garni. Die einzelnen Betriebsarten der Hotellerie werden laut Statistischem Bundesamt wie folgt charakterisiert: Hotels sind Beherbergungsstätten, die jedermann zugänglich sind und in denen ein Restaurant - auch für Passanten - vorhanden ist, sowie in der Regel weitere Einrichtungen oder Räume für unterschiedliche Zwecke (Konferenzen, Seminare, Sport, Freizeit, Erholung) zur Verfügung stehen. Gasthöfe unterscheiden sich von Hotels dadurch, daß außer dem Gastraum keine weiteren Aufenthaltsräume für die Hausgäste zur Verfügung stehen. Der Umsatz aus Bewirtung übersteigt deutlich den Beherbergungsumsatz. Pensionen sind Beherbergungsstätten, in denen Speisen und Getränke nur an Hausgäste abgegeben werden. In Hotels Garni wird höchstens Frühstück abgegeben.

Diese Definitionen werden allerdings nicht einheitlich verwendet. Sie werden teilweise stärker konkretisiert beziehungsweise erweitert. So sollte nach einer von der Fachgruppe Hotel des → Deutschen Hotel- und Gaststättenverbandes festgelegten Definition ein Hotel folgende Mindestvoraussetzungen erfüllen: Es werden 20 Gästezimmer angeboten. Ein erheblicher Teil der Zimmer ist mit eigenem Bad / Dusche und WC ausgestattet. Ein Hotelempfang steht zur Verfügung.

Ein Hotel soll sich durch einen angemessenen Standard seines Angebotes und durch entsprechende Dienstleistungen auszeichnen. Auch aus der Sicht des Nachfragers wird die Unterkunft Hotel mit einem gehobenen Standard gesehen.

Die weitere Untergliederung einzelner Betriebsarten in Betriebstypen kann nach unterschiedlichen Kriterien erfolgen. Eines dieser Kriterien ist der Standort (→ Standortentscheidungen in der Hotellerie). Hiernach werden beispielsweise Berghotels, Seehotels, Landhotels, Bahnhofshotels unterschieden. Ein weiteres Kriterium bilden die angebotenen Leistungen beziehungsweise der Aufenthaltszweck. Hiernach unterscheidet man etwa Luxus-, First Class-, Komfort-, Standard- und Touristhotels beziehungsweise Kur-, Geschäftsreise-, Urlaubshotels. Hinzu kommt das Kriterium Grad der wirtschaftlichen Selbständigkeit, wobei hier Einzelbetriebe, Kooperationsbetriebe (→ Hotelkooperation), Franchisebetriebe (→ Franchising) und Konzernbetriebe (→ Hotelkette; → Konzern) unterschieden werden. Zudem kann nach den Eigentumsverhältnissen differenziert werden, womit sich eine Einteilung in Eigentümerbetriebe, Pachtbetriebe und Managementbetriebe ergibt.

Literatur: Hänssler, 1998

Prof. Karl Heinz Hänssler unter Mitwirkung von Arndt Moritz Jaeschke

Fachleiter der Fachrichtung Hotelmanagement der Berufsakademie Ravensburg

Betriebsergebnis I

Kennzahl, die als die Differenz zwischen Umsatz und betriebsbedingten Aufwendungen (→ Aufwand) definiert ist. Die Kennzahl wird in der Hotellerie verwandt.

Betriebsergebnis II

Kennzahl, die als die Differenz zwischen → Betriebsergebnis I und anlagebedingten Aufwendungen (→ Aufwand) definiert ist. Die Kennzahl wird in der Hotellerie verwandt.

Betriebssystem

Begriff der EDV, der ein Programm beschreibt, welches dem Anwender die Grundfunktion eines Computers zur Verfügung stellt (→ Software). Es ermöglicht somit erst den Betrieb von EDV-Anlagen. Die zur Verfügung gestellten Grundfunktionen sind Eingabe-, Ausgabeoperationen, interner Datenfluß, Speicherbelegung und Speicherfreigabe, Festplattenoperationen etc. Die bekanntesten Betriebssysteme sind DOS, UNIX, OS/2 und Apple-OS. Mit Einschränkungen gehören auch Windows 95, Windows 98 und Windows NT zu den Betriebssystemen. Sie greifen bei vielen Operationen auf Befehle des DOS-Systems zurück und simulieren das Betriebssystem als graphische → Benutzeroberfläche.

Betriebsvergleich

Betriebsvergleiche haben eine lange Tradition. So erstellt das → Deutsche Wirtschaftswissenschaftliche Institut für Fremdenverkehr e.V. an der Universität München (DWIF) bereits seit Ende der 50er Jahre Vergleichsanalysen für tourismusrelevante Branchen. Derzeit werden für das Gastgewerbe, für Kurortunternehmungen (→ Kur- und Bäderwesen) und für Campingplätze regelmäßige Analysen ausgearbeitet. Aber auch andere mittelständisch orientierte Branchen wie das Reisebürogewerbe (→ Reisebüro), der Einzelhandel oder das Handwerk bedienen sich dieses Instruments für Betriebskontrolle und Planung.

Wenn der heute so häufig benutzte Begriff → Benchmarking bedeutet, von anderen und besonders natürlich von den "Guten" oder gar den "Besten" der jeweiligen Branche zu lernen, dann läßt sich ohne große Schwierigkeiten eine Verbindung zum Betriebsvergleich herstellen. Zumindest das DWIF (→ Deutsches Wirtschaftswissenschaftliches Institut für Fremdenverkehr e.V. an der Universität München) begnügt sich schon seit vielen Jahren nicht mehr damit, die Situation einer Branche anhand von Durchschnittswerten zu dokumentieren. Vielmehr werden auch sogenannte Orientierungswerte ausgewiesen, die auf der Basis der besten Betriebe der jeweiligen Teilbranche oder Gruppe ermittelt werden. Diese anspruchsvollen Richtwerte sind ohne Einschränkung Benchmarks für die erfolgsorientierte Betriebsführung. Sie bieten Voraussetzungen für die kritische Analyse des eigenen Betriebes, denn sie liefern die notwendigen Grundlagen für die Leistungskontrolle, die Kostenkontrolle, die Erfolgskontrolle sowie die Bilanz- und Finanzierungskontrolle.

Bei zeitmäßigen Betriebsvergleichen wird der teilnehmende Betrieb ganz konsequent in den Mittelpunkt des Interesses gestellt. Er soll mit umfassenden, qualitativ anspruchsvollen Vergleichszahlen versorgt werden, die sich möglichst gut zur Beurteilung seiner individuellen Situation eignen. Damit hat sich auch die Zweckbestimmung der Vergleichsarbeit verändert. Die erarbeiteten Kennziffern, Struktur- und Orientierungswerte müssen die Grundlage für strategische Entscheidungen liefern, die geeignet sind, die Ertrags- und Innenfinanzierungskraft (→ Finanzierung) sowie die Zahlungsfähigkeit (→ Liquidität) der Betriebe langfristig zu optimieren. Diese Zielrichtung ist in hohem Maße gerechtfertigt, denn die Erfahrung zeigt, daß die wirtschaftlichen Schwierigkeiten von Hotels meist nicht aus kurzfristigen Veränderungen der Marktsituation resultieren, sondern ihre Ursachen in Strukturproblemen haben, die nur mittel- oder langfristig bereinigt werden können.

Am Anfang der Problemkette steht bei den mittelständisch orientierten Betrieben des Tourismussektors (Gaststätten, Hotels, Campingplätze, → Reisebüros etc.) zumeist die Betriebsgröße beziehungsweise die Umsatzerwartung. Selbst bei Hotelbetrieben (→ Betriebsarten und Betriebstypen der Hotellerie), die praktisch die Königsklasse dieser Branche darstellen, liegt der Durchschnittsumsatz pro Betrieb in Deutschland nur bei rund 1,5 Millionen DM und weit über 90 % aller gastgewerblichen Betriebe haben deutlich niedrigere Jahresumsätze.

Diese kleinbetrieblichen Strukturen haben natürlich Auswirkungen auf die Ertragserwartung (→ Ertrag) und vor allem auf die Innenfinanzierungskraft (→ Finanzierung). So liegt der mittlere → Cash Flow, als Summe von Gewinn und → Abschreibungen, selbst beim oben definierten "Durchschnittshotel" nur zwischen 100.000 und 200.000 DM pro Jahr, bei der Masse der Betriebe jedoch noch weit darunter.

Aus dem → Cash Flow müssen oder besser müßten die Lebenshaltung der Inhaberfamilie, die

Betriebsvergleich

einkommensabhängigen Steuern, die Rückzahlung von → Fremdkapital und die notwendigen Ersatz- beziehungsweise Modernisierungsinvestitionen bestritten werden. In sehr vielen, ja sogar in den meisten Fällen, reicht der → Cash Flow nicht aus, alle oben genannten Zahlungsverpflichtungen zu erfüllen. Die Folgen dieses Tatbestands sind seit vielen Jahren zu beobachten und haben bei den Tourismusbetrieben in Deutschland ihre Spuren hinterlassen:

Die Investitionsneigung beziehungsweise -fähigkeit ist sehr gering ausgeprägt. Nominale oder gar qualifizierte Substanzerhaltung ist nicht gewährleistet und es kommt zu einem permanenten Abbau des abschreibungsfähigen (→ Abschreibung) Vermögens. Dies wiederum hat negative Auswirkungen auf die Zusammensetzung des → Cash Flows, denn der Anteil der steuerfreien → Abschreibungen an den Innenfinanzierungsmitteln (→ Finanzierung) nimmt stetig ab. Aber auch die Wettbewerbsfähigkeit leidet unter dem Substanzverzehr, so daß sich eine Art Teufelskreis aufbaut. Die zu geringe Innenfinanzierungskraft (→ Finanzierung) führt dazu, daß Ersatz- oder gar Neuinvestitionen unterlassen werden, womit abnehmende Chancen im Wettbewerb einhergehen, welche ihrerseits zu Ertragseinbußen (→ Ertrag) führen, womit der → Cash Flow weiter absinkt.

Erschwerend kommt hinzu, daß parallel zu obigen Substanzverzehr auch die Verschuldung der Betriebe permanent zunimmt. Selbst bei den Eigentümerbetrieben arbeiten heute schon große Teile der Hotels, Gaststätten, Campingplätze etc. ohne jedes → Eigenkapital und weisen immer häufiger so viel Minuskapital auf, daß sich die Frage stellt, ob die sprichwörtlichen → stillen Reserven der Betriebe noch ausreichende Deckung bieten und die Kreditwürdigkeit (→ Kreditverhandlungsführung) sicherstellen können.

Der Betriebsvergleich deckt diese Strukturprobleme schonungslos auf. Im Rahmen von sogenannten "Kurzanalysen", die das DWIF (→ Deutsches Wirtschaftswissenschaftliches Institut für Fremdenverkehr e.V. an der Universität München) im Rahmen der Vergleichsarbeit ebenfalls ausarbeitet, wird die Notwendigkeit von einschneidenden Maßnahmen dargestellt und eine fachmännische Beratung durch qualifizierte Büros empfohlen. Auch hieraus wird deutlich, daß zeitgemäße Vergleichsarbeit weit über die reine Dokumentation der wirtschaftlichen Situation der Branche hinausgeht und immer mehr zu einem echten Managementinstrument für die Betriebe selbst wird.

Literatur: Maschke, Möller, Scherr, 1997

Dr. Joachim Maschke

Geschäftsführendes Vorstandsmitglied des Deutschen Wirtschaftswissenschaftlichen Instituts für Fremdenverkehr an der Universität München

BGB-Gesellschaft

Abkürzung für → Gesellschaft des bürgerlichen Rechts.

Bilanz

→ Jahresabschluß

Billing and Settlement Plan

Der Billing and Settlement Plan, abgekürzt BSP, ist ein Abrechnungsverfahren der → Fluggesellschaften mit den → IATA-Agenturen. Auch NON-IATA-Fluggesellschaften können am BSP teilnehmen.

Binnenschiffahrt

Bezeichnung für die Personen- und Güterschiffahrt auf Binnengewässern.

Blaue Europaflagge

Auszeichnung für vorbildliche Umweltleistungen, die seit 1987 jeweils für ein Jahr an Urlaubsorte und Sportboothäfen verliehen wird.

Blocked Space

→ Strategische Allianzen im Luftverkehr

Blockzeit

Die Blockzeit ist die Zeit vom Schließen der Türen des → Flugzeugs vor dem Entfernen der Blöcke zum Losrollen bis zum Öffnen der Türen nach der Landung. Hiervon ist die → Flugzeit zu unterscheiden.

Boarding

Bezeichnung für das Einsteigen der Passagiere in ein → Flugzeug oder ein Schiff.

Boarding-Haus

Bezeichnung für ein Haus, das Apartments enthält, die von Geschäftsleuten angemietet werden können.

Boarding Pass

International übliche Bezeichnung für Bordkarte. Dieses Dokument berechtigt zum Einsteigen in → Flugzeuge und Schiffe.

Bodenbetriebshandbuch

→ Ground Operations Manual.

Bonität

Begriff, der Kreditwürdigkeit beschreibt.

Bordguthaben

Bestimmter Betrag, der im Kreuzfahrtenpreis (→ Kreuzfahrt) enthalten ist und dem Kreuzfahrtpassagier an Bord zur Bezahlung von Getränken, → Landausflügen und ähnlichem zur Verfügung steht.

Bordpersonal

Das Bordpersonal einer → Fluggesellschaft besteht aus dem Cockpitpersonal und dem Kabinenpersonal. Das Cockpitpersonal setzt sich aus den Mitarbeitern zusammen, die als Mitglieder der → Flugbesatzung eingesetzt werden. Das Kabinenpersonal setzt sich aus den Mitarbeitern zusammen, die als → Flugbegleiter eingesetzt werden.

Bordshop

Boutique an Bord eines → Kreuzfahrtschiffes. Im Angebot sind zumeist Drogerieartikel, Parfum, Mode, Schmuck und Souvenirs.

Break-Even-Analyse

Verfahren des → Controlling, dessen Gegenstand die Ermittlung derjenigen Absatzmenge ist, bei welcher der erzielte Umsatz den zur Erzielung des Umsatzes notwendigen → Kosten entspricht. Die Absatzmenge, bei der die gesuchte Identität gilt, wird als Break-Even-Punkt bezeichnet.

Break-Even-Punkt

→ Break-Even-Analyse

Browser

→ Software, die mittels einer graphischen → Benutzeroberfläche den Zugang zum Internet (→ Informationstechnologische Systeme) ermöglicht. Browser beinhalten sowohl Verbindungsfunktionen via Datenleitung oder Telefon wie auch History- oder Druckfunktionen für den Benutzer. Gleichzeitig gestatten sie das Versenden und Empfangen von → E-Mails.

BRT

Abkürzung für Bruttoregistertonnen. Meßzahl für die Größe eines Schiffes. Eine BRT entspricht 2,83 m³. Mit BRT wird nach Abzug einiger Ausnahmen der gesamte umbaute Raum eines Schiffes angegeben. Die erst vor verhältnismäßig kurzer Zeit eingeführte Größe → BRZ, Abkürzung für Bruttoraumzahl, gibt den gesamten umbauten Raum ohne Ausnahmen an. Die Größe eines Schiffes bildet unter anderem die Grundlage für die Berechnung der → Hafengebühren oder Kosten für Kanalpassagen. Aussagekräftig ist auch das Verhältnis von BRT / BRZ zur Anzahl der Fahrgäste. Je höher die Kennzahl ist, desto größer ist das Raumangebot pro Passagier.

Brücke

Kommandostand des Kapitäns (→ Kapitän des Seeverkehrs) auf Schiffen.

Brunch

Mahlzeit, die eine Kombination aus Frühstück und Mittagessen darstellt.

BRZ

Abkürzung für Bruttoraumzahl. → BRT

BSP

Abkürzung für → Billing and Settlement Plan.

BTW

Abkürzung für → Bundesverband der Deutschen Tourismuswirtschaft e.V.

Budget

Plan, der Wertgrößen, wie Umsatz, → Kosten und Gewinn umfaßt. Budgets werden in aller Regel abteilungsbezogen aufgestellt.

Budgetierung

Bezeichnung für die Erstellung eines → Budgets.

Bürotel

Bezeichnung für ein Hotel, dessen Einrichtung den spezifischen Bedürfnissen von Geschäftsreisenden entspricht.

Bullauge

Bezeichnung für ein rundes Fenster auf Schiffen.

Bulletin

In Hotels eingesetztes Anmeldeformular.

Bundesverband der Deutschen
Tourismuswirtschaft e.V.

Bundesverband der Deutschen Tourismuswirtschaft e.V.

Der Bundesverband der Deutschen Tourismuswirtschaft e.V. (BTW) ist ein Verband, in dem starke Tourismusverbände und bedeutende Tourismusunternehmen vereinigt sind, um die übergreifenden Interessen der vielschichtigen Reisebranche gegenüber Politik, Wirtschaft und Gesellschaft mit einer gemeinsamen gewichtigen Stimme zu vertreten. Dies gilt für Deutschland, Europa und weltweit.

Der Dachverband rückt den hohen volkswirtschaftlichen und sozialpolitischen Stellenwert des Tourismus ins öffentliche Bewußtsein. Sein Ziel ist es angesichts der hohen Relevanz der Tourismusbranche, die Tourismuswirtschaft in Deutschland zu sichern und ihr zu wettbewerbsfähigen Rahmenbedingungen zu verhelfen.

So erwirtschaftet der Tourismus in Deutschland, mit über 230 Milliarden Mark Umsatz jährlich rund 7 % des gesamten Volkseinkommens. Im Tourismus sind etwa 7 % aller Erwerbstätigen beschäftigt. Damit stellt er derzeit über zwei Millionen Arbeitsplätze und ist stärkster Vertreter der Dienstleistungsbranche.

Der Bundesverband der Deutschen Tourismuswirtschaft e.V. arbeitet mit einem klar umrissenen Forderungskatalog. Die erste Forderung besteht in der Bereitstellung wettbewerbsfähiger Rahmenbedingungen. Hinzu kommt die Forderung nach unterstützenden Maßnahmen in der Beschäftigungspolitik. Des weiteren bedarf es einer Stärkung und Sicherung des Tourismusstandorts Deutschland sowie der Anerkennung seiner sozialökonomischen Bedeutung. Weitere hier beispielhaft genannte Forderungen sind die Vermeidung und der Abbau von europäischer Überregulierung bei gleichzeitigem Bewußtsein der Notwendigkeiten des europäischen Binnenmarktes, die Harmonisierung von Steuern und Abgaben innerhalb der Europäischen Union sowie die Durchsetzung globaler Umweltschutzprogramme.

Dr. Erich Kaub

Präsident des Deutschen Hotel- und Gaststättenverbandes e.V., Präsident des Bundesverbandes der Deutschen Tourismuswirtschaft e.V., Präsident des Verwaltungsrates der Deutschen Zentrale für Tourismus e.V.

Bundesverband Deutscher Omnibusunternehmen e.V.

Der Bundesverband Deutscher Omnibusunternehmen e.V., abgekürzt mit BDO bezeichnet, wurde in seiner jetzigen Form 1980 durch gemeinschaftlichen Beschluß der Landesverbände ins Leben gerufen. Der Bundesverband Deutscher Omnibusunternehmen vertritt die beruflichen, fachlichen und gewerbepolitischen Interessen des privaten deutschen Busgewerbes auf Bundesebene und internationaler Ebene. Vorrangige Aufgabe des Bundesverbandes Deutscher Omnibusunternehmen ist es, die Landesverbände bei der Wahrnehmung ihrer satzungsmäßigen Aufgaben in politischer Hinsicht national und europaweit zu unterstützten. → Busreisemanagement; → RDA Internationaler Bustouristik Verband e.V.

Bundling

Bezeichnung für die Zusammenfügung von bisher einzeln angebotenen Produkten zu einem neuen Gesamtangebot.

Bunker

Bezeichnung für Schiffstreibstoff.

Business-Center

Bezeichnung für ein voll ausgestattetes Sekretariat, dessen Dienstleistungen Geschäftsreisende während ihres Aufenthalts in einem Hotel nutzen können.

Business Class

Normalklasse im → Linienflugverkehr.

Business Reengineering

Bezeichnung für ein fundamentales Überdenken und Reorganisieren von Unternehmen oder wesentlichen Unternehmensprozessen.

Busreisemanagement

Die Branche der Busunternehmen ist sehr mittelständisch geprägt. Zumeist handelt es sich um Familienbetriebe, in denen mehrere Familienangehörige sowohl Führungsaufgaben, als auch ausführende Tätigkeiten bis hin zum Fahrdienst wahrnehmen. In größeren Betrieben, wie auch bei Autobus Oberbayern, kann mit einer derartigen Organisationsstruktur keine Marktpositionierung mehr erreicht werden. Hier ist wie in anderen Branchen oder größeren Unternehmen eine klare Aufgabenverteilung und Definition von Verantwortung

Busreisemanagement

erforderlich. In vielen Fällen führt dies zur Spezialisierung und Ausgliederung von gewissen Arbeitsfeldern. Die Kernkompetenz unseres Hauses ist die qualitativ hochwertige und zuverlässige Erbringung von Beförderungsleistungen. Unser Hauptaugenmerk richten wir auf das Wohlergehen der Fahrgäste im Bus. Die Gestaltung von Reisen haben wir ausgegliedert und damit Spezialabteilungen beziehungsweise sogar eigene Unternehmen geschaffen. Nur auf diese Weise erreichen wir es, daß unsere touristischen Leistungen einen hohen Standard halten können. Reisegäste, egal ob sie mit dem Bus fahren, oder ein anderes Verkehrsmittel nutzen, erwarten von Jahr zu Jahr neue Ideen. Dies erfordert eben eine intensive Beschäftigung mit der Entwicklung in den verschiedenen touristischen Zielgebieten (→ Destinationsmanagement). Die Beförderungsleistung an sich spielt beim Reiseprogramm ja zunächst keine Rolle. Busunternehmen leben aber heute nicht nur von der klassischen Busreise. Auch wenn dem Bus weiterhin ein nicht ganz positives Image anhängt - er gilt noch vielerorts als das Verkehrsmittel "armer Leute" - gibt es viele Einsatzgebiete, zu denen kein anderes Verkehrsmittel eine vernünftige Alternative darstellt. Mehr als 70 % der Auslastung unserer Reisebusse erzielen wir inzwischen durch Auftragsarten wie Kongreßtransfers, Messependler, Tagesausflüge für Spezialgruppen, Crew-Transporte, Betriebsausflüge oder Europa-Touren für ausländische Gruppen. Vor diesem Hintergrund muß man auch die Managementaufgaben in einem Busunternehmen sehen. Sie sind vielschichtiger geworden, seitdem man mit klassischen Busreisen, dies sind heute in unserem Haus meist Rund- und Studienreisen, eine alleinige Betriebsauslastung nicht mehr erreichen kann. Durch die Ausgliederung der Veranstaltertätigkeit verbleiben als Kernaufgaben in unserem Hause die professionelle Organisation von Fahrten. Dies heißt nichts anderes als die Planung und Steuerung von Fahrzeugeinsätzen und Fahrbedarf. Erste Aufgabe ist hier eine professionelle Mitarbeiterführung (→ Führung). Die zweite Aufgabe besteht in der Gestaltung und der Entwicklung von langfristigen Kundenbeziehungen. Dabei muß darauf geachtet werden, daß durch die unterschiedlichen Kundenkreise und insbesondere deren Herkunft unterschiedliche Erwartungshal-

Busreisemanagement

tungen von Kunden bestehen, und diese unterschiedlich befriedigt werden müssen.

In unserem Hause versuchen wir diesen beiden Kernbereichen dadurch Rechnung zu tragen, daß wir vier eigenverantwortliche Abteilungen geschaffen haben. Der erste Bereich "Verwaltung" erklärt sich wahrscheinlich von alleine. Hier sind auch die Personalverwaltung und die Controllingaufgaben angesiedelt. Der zweite Bereich ist die Sparte "Betrieb". Hier untergliedern wir noch in die Serviceabteilungen wie zum Beispiel die Werkstatt und die eigentlichen Auftragssparten, zum Beispiel Reise- oder Linienverkehr, in denen Fahrzeuge und Fahrer angesiedelt sind. Hauptaugenmerk in diesem Bereich wird auf die Dispositionstätigkeit gelegt. Die hier beschäftigten Mitarbeiter müssen den Spagat zwischen effizienter und damit auch kostengünstiger Einsatzplanung auf der einen Seite und einer möglichst kundenfreundlichen und damit auch wenig mitarbeiterbelastenden Planung auf der anderen Seite bewerkstelligen. Hier ist sehr viel Fingerspitzengefühl erforderlich. Diese Positionen sind Schlüsselstellen in einem Unternehmen. Ein Disponent oder Einsatzleiter muß positive wie negative Nachrichten, will heißen, gute wie schlechte Aufträge, den zuständigen Fahrern übermitteln und sie trotzdem soweit bei Laune halten, daß diese, die letztlich direkt Kundenkontakt haben, die Erwartungen der Kunden an Autobus Oberbayern auch erfüllen. Durch spezielle Aus- beziehungsweise Weiterbildungsmaßnahmen versuchen wir, diesen Anspruch zu erfüllen.

Die zwei weiteren Abteilungen der Autobus Oberbayern sind "Verkauf" und "Marketing / Werbung". Oft sind diese Bereiche innerhalb einer Abteilung zusammengefaßt, wir haben diese bewußt vor ungefähr eineinhalb Jahren getrennt. Vom Verkauf wird in erster Linie ein Erreichen der Umsatzziele erwartet. Über den dortigen täglichen Kundenkontakt versuchen wir, eine Optimierung unserer Auslastung durch unterschiedliche Preisgestaltungen zu erreichen. Wir arbeiten dabei mit dem Instrument unterschiedlicher Saisonszeiten, ähnlich wie beispielsweise in der Hotellerie. Die Aufgabe von "Marketing / Werbung" stellt sich anders. Hier versuchen wir, die Grundlage für eine langfristige Kundenbeziehung aufzubauen, aber auch die

Marke Autobus Oberbayern stärker zu positionieren. Zur Unterstützung aller Bereiche der Unternehmensgruppe Autobus Oberbayern werden in Absprache Maßnahmen zur Kundenbindung und Kundengewinnung organisiert. Sämtliche Werbe- und PR-Aktivitäten werden hier koordiniert und im Rahmen von Studien die Zufriedenheit der Kunden mit unseren Produkten regelmäßig überprüft. Selbstverständlich ist auch die Zusammenarbeit mit unseren externen Werbeagenturen hier angesiedelt. → Bundesverband Deutscher Omnibusunternehmen e.V.; → RDA Internationaler Bustouristik Verband e.V.

Nico Schoenecker

Geschäftsführer der Autobus Oberbayern GmbH

CAA

Abkürzung für → Civil Aviation Authority.

Cabin Attendants

→ Flugbegleiter

Cabin Crew

→ Flugbegleiter

Cafeteria-System

Personalwirtschaftliches (→ Personalwirtschaft) Verfahren, das darin besteht, dem Mitarbeiter die Möglichkeit zu geben, aus vorgegebenen geldlichen und nicht-geldlichen Vergütungsbestandteilen auszuwählen.

Call Center

Bezeichnung für die Zusammenfassung von Telefonarbeitsplätzen zu einer organisatorischen Einheit, welche dem Vertrieb und dem Service dient. → Tourismus-Marketing

Cancellation

Bezeichnung für Stornierung.

Cancellation Fee

Bezeichnung für die bei einer Stornierung fällige Gebühr.

Cargo

Internationale Bezeichnung für Luftfracht.

Carrier

Bezeichnung für Verkehrsträger, wobei in erster Linie → Fluggesellschaften gemeint sind. Hinzu kommen Bus, Bahn und Schiffsunternehmen.

Cash Flow

Kennzahl, die als die Differenz zwischen → Einzahlungen und → Auszahlungen definiert ist.

Catering

Gastronomische Tätigkeit, die darin besteht, Speisen oder Getränke an Orte zu liefern, an denen üblicherweise keine Speisen oder Getränke abgegeben werden oder an denen die Zubereitung nicht möglich ist. Unternehmen, die Catering betreiben, werden als Caterer bezeichnet.

Changemanagement

Ein touristisches Unternehmen ist erfolgreich, sofern es seinen Gästen mehr Nutzen bietet als vergleichbare Mitbewerber. Dementsprechend hat es sich den ständig wandelnden Märkten und Gästebedürfnissen anzupassen. Nur wenn ein Tourismusunternehmen die ständig am Markt abzufragenden Informationen zielgerichtet verarbeitet und mit entsprechenden Strategien reagiert, wird es seine Umsätze ausweiten, Marktanteile hinzugewinnen und Erträge steigern können. Dies wiederum setzt eine ständige Veränderung der Organisation (Change) mit dem Ziel einer kontinuierlichen Verbesserung voraus. Wenn das Management also Veränderungen prozessual umsetzt, so spricht man vom Changemanagement. Letzteres ist bei der heute vorherrschenden Umweltsituation ein Eckpfeiler für zukunftsorientiertes Erfolgsmanagement.

Um derartige Veränderungsprozesse in Tourismusorganisationen voranzutreiben, müssen eine Reihe von Prämissen erfüllt sein: Es bedarf einer umfassenden Problemanalyse, die den Handlungsbedarf und die Chancen der Erneuerung aufzeigt. Changemanagement in Tourismusorganisationen hat → Strategie, Struktur und Kultur (→ Unternehmenskultur) nach dem Grundsatz zu erfassen, daß die Struktur der → Strategie folgt. Die → Strategie und die angestrebte neue Positionierung sind systematisch zu entwickeln und klar festzulegen. Die Konsequenz in der Realisierung des Changemanagement erfordert die Bereitschaft, Altes und Bewährtes systematisch aufzugeben, zu entrümpeln und zu entschlacken.

Jedes erfolgreiche Management von Tourismusunternehmen hat sich künftig immer mehr daran messen zu lassen, inwieweit es

Changemanagement

den ständigen Veränderungen am Markt und in unserer Umwelt adäquat nachkommt, also nicht nur reagiert, sondern agiert. Kreatives respektive aktives Handeln des Unternehmens sowie seiner Mitarbeiter ist jedoch nur in einer lernenden Organisation möglich und gestattet den mit Chancen und Risiken behafteten Wandel. Dementsprechend läßt sich Changemanagement nach Scholz definieren als "Handlung und Aktivität in einer lernenden Organisation, die das Ziel hat, eine kontinuierliche Verbesserung von Strukturen und Prozessen in der gesamten Organisation und unter aktiver Beteiligung der in ihr arbeitenden Führungskräfte und Mitarbeiter zu erreichen". Daraus ist abzuleiten, daß zuerst die Einstellung, die Werte und Verhaltensweisen der Mitglieder des touristischen Unternehmens zu ändern sind, bevor sich ein System selbst wandeln kann. Dabei wird ein Menschenbild vorausgesetzt, das vom entwicklungs- und lernfähigen sowie verantwortungsvollen ganzheitlich denkenden Mitarbeiter ausgeht. Das gesamte Personal muß darin übereinstimmen, dem vorliegenden, ungenügenden Ist-Zustand abzuhelfen, und durch strategischen Wandel einen verbesserten Zustand des Unternehmens zu schaffen. Alle Betroffenen sind daher rechtzeitig über Ziele und Ursachen des notwendigen Wandels zu informieren und angemessen an der Planung und Implementierung zu verändernder Strukturen zu beteiligen. In diesem Zusammenhang gilt es, feinfühlig eventuelle Akzeptanzprobleme und potentielle Konfliktfelder frühzeitig wahrzunehmen, um Zeit für mögliche Gegenmaßnahmen zu gewinnen.

Die weltweite Dynamik mit den vielschichtigen Regulierungen zwingt das Management, → Strategien vorzusehen, welche sowohl dieser Dynamik als auch dem steten Wandel gerecht werden. Schließlich ist es Zweck einer solchen Strategieentwicklung, langfristig den Erfolg von Tourismusunternehmen zu sichern sowie deren Wettbewerbsfähigkeit zu erhalten, und zwar dadurch, daß die Bedürfnisse der Gäste und die gesellschaftlichen wie ökologischen Ansprüche so weit wie möglich zur Deckung gebracht werden.

Changemanagement ist auf der Prozeßebene, der Mitarbeiterebene sowie der Unternehmens- und Strategieebene durchzuführen. Innerhalb des Tourismusun-

Changemanagement

ternehmens sind durch Changemanagement veraltete Strukturen aufzubrechen sowie Hierarchien abzuflachen, ohne bewährte Arbeits- und Sozialbeziehungen vollständig zu zerstören. Dabei sind Kriterien, wie beispielsweise Tradition, Beständigkeit und Dauerhaftigkeit im Tourismus, auf keinen Fall außer Acht zu lassen, denn Aktionismus mit Innovationswut gepaart, wird kaum den gewünschten Erfolg erbringen.

Die richtige Mischung zwischen Lernfähigkeit und Stabilität eines touristischen Unternehmens muß das Ziel sein. Daher gilt es, das Bewußtsein für → Lean Management zu schaffen sowie relevante Elemente wie Teamgeist, → Total Quality Management, Gästeorientierung in der → Unternehmenskultur zu verankern. All dieses muß sich immer in einem ganzheitlich-vernetzten und unternehmerisch-gastorientierten Denken entwickeln.

Am wichtigsten ist jedoch, vorhandene mentale Hürden bei den Betroffenen zu überwinden und Vertrauen gegenüber den Maßnahmen des Management zu schaffen. Schließlich zeigt sich erst bei der praktischen Umsetzung aller geplanten Maßnahmen, ob Veränderungen überhaupt sinnvoll sind.

Im Tourismus ist "kreative Unruhe" zugunsten von Routine und Tradition angesagt. Der Change-Agent (Manager der Veränderung) hat als Trainer oder Coach beziehungsweise Berater zusammen mit seinen kreativ wirkenden Mitarbeiterinnen und Mitarbeitern den angestrebten Wandel zu gestalten, was das Schaffen von Flexibilität und permanenter Lernbereitschaft für alle bedeutet.

Ein touristisches Unternehmen hat den ersten Schritt zum Erfolg zurückgelegt, wenn es jeden Wandel als selbstverständlich anerkennt sowie die Prinzipien der Kooperation und des Lernens im Team bei allen anfallenden Arbeiten anwendet. Nur eine lernende Organisation kann also die Ziele einer positiven Veränderung erreichen, da sie und ihre Humanressourcen permanent damit beschäftigt sind, alte Gewohnheiten und Aktivitäten zu hinterfragen und Verhalten ohne Beitrag zur Wertschöpfung zu verlernen.

Aus den vorstehenden Ausführungen lassen sich als zentrale Elemente des Changemanagements für Tourismusorganisationen ableiten:

- Tourismusorganisationen verstehen sich als lernende Unternehmen.
- In ihnen entwickelt sich und lebt die unternehmerische Mission, wie zum Beispiel Festsetzen der Wettbewerbsposition, Wertvorstellungen und Verhaltensnormen.
- Es wird ein innerer Halt im Rahmen des Wandels vermittelt, zum Beispiel durch den sozialen Austausch und das Begründen einer → Vision sowie deren Verankerung im Unternehmen.

→ Denkmodell des ganzheitlichen Management; → Management; → Management im Tourismus

Literatur: Bieger, 1997 (a); Dettmer, Hausmann, Kaspar, Oppitz, Schneid, 1999; Hopfenbeck, 1998; Kaspar, 1997; Kaspar, 1998; Müller-Stewens, Spieckers, 1995; Schaetzing, E.E. 1996 (d); Schaetzing, E.E. 1997 (b); Scholz, J.M. 1995

Prof. Dr. Harald Dettmer

Fachhochschule Stralsund, Fachbereich Wirtschaft

Chapter II

→ Flugzeug

Chapter III

→ Flugzeug

Charter

Bezeichnung für die vollständige und entgeltliche Anmietung von Beförderungsmitteln, insbesondere Schiffen oder → Flugzeugen, oder von Beförderungskapazitäten. → Charterflugverkehr; Charterkette; → Strategische Allianzen im Luftverkehr

Charterflugverkehr

Im Luftverkehrsgesetz § 22 wird der Charterflugverkehr, der als Gelegenheitsverkehr im Luftverkehr bezeichnet wird, als derjenige gewerbliche Luftverkehr definiert, der sich nicht dem → Linienflugverkehr nach § 21 zuordnen läßt. Zwar trifft auf Charterflugverkehr wie auf → Linienflugverkehr die Gewerbsmäßigkeit zu, die Öffentlichkeit jedoch nicht, denn das Angebot steht nicht allen potentiellen Kunden zu gleichen Bedingungen zur Verfügung. Die gesetzlichen Verpflichtungen bezüglich Regelmäßigkeit, → Linienbindung, Betriebspflicht und Beförderungspflicht treffen unbeschadet möglicher vertraglicher Verpflichtungen gegenüber → Reiseveranstaltern oder Reisenden ebenfalls nicht zu. Im Charterflugverkehr ist es nicht gesetzlich verboten, Flüge oder ganze Ketten (→ Charterkette) zu streichen, Flüge umzurouten, Zeiten zu ändern, die Beförderung nur für bestimmte Personenkreise anzubieten oder den Kunden bei gleichen Bedingungen höchst unterschiedliche Preise abzuverlangen. → Charter; → Charterkette; → Strategische Allianzen im Luftverkehr

Charterkette

Als Charterkette wird eine Serie von Hin- und Rückflügen zwischen einem bestimmten → Flugplatz und einem touristischen Flugziel bezeichnet, über welche insbesondere die Pauschalreisenden (→ Pauschalreise) an festen Wochentagen hin- und zurückbefördert werden. Naturgemäß sind insbesondere der erste Rückflug und der letzte Hinflug einer Charterkette Leerflüge. Charterketten können je nach Programm des → Reiseveranstalters über eine ganze Saison oder auch nur über einen kürzeren Zeitraum laufen. Bei einem kürzeren Zeitraum ist die Fixkostenproblematik (→ Kosten) der Leerflüge zu beachten. Muß ein Flug innerhalb der Charterkette beispielsweise aus technischen Gründen storniert werden, so ist auf alle Fälle für Ersatztransport zu sorgen, da sonst das gesamte Programm des → Reiseveranstalters durcheinander geraten würde. → Charter; → Charterflugverkehr; → Strategische Allianzen im Luftverkehr

Check-In

Bezeichnung für die Abfertigung vor dem Flug beziehungsweise Bezeichnung für die Anmeldung an einer Hotelrezeption.

Check-In-Deadline

Spätester Zeitpunkt für den Flugpassagier, sich am Abfertigungsschalter der → Fluggesellschaft zu melden, um den → Check-In vorzunehmen.

Check-Out

Bezeichnung für die Abfertigung nach dem Flug. Zudem Bezeichnung für die Abmeldung an einer Hotelrezeption.

Checklisten-Technik

Verfahren des → Controlling, welches versucht, Entscheidungen auf der Basis eines vorgegebenen Katalogs relevanter Aspekte abzuleiten. Die Checklisten-Technik hat sich insbesondere in der Hotellerie bewährt. Hier sind vor allem die von Schaetzing entwickelten Checklisten zu erwähnen, die umfassende hotelbetriebliche Entscheidungshilfen geben.

City Hopping

Bezeichnung für ein spezielles Reiseveranstalterangebot (→ Reiseveranstalter), das darin besteht, daß mehrere Städte mit dem → Flugzeug bereist werden.

Civil Aviation Authority

Die Civil Aviation Authority, abgekürzt CAA, ist die britische Luftfahrtbehörde und hat ihren Sitz in London. Als Nachfolgeorganisation des Air Registration Board, abgekürzt ARB, hat sie ab 1972 die staatlichen Aufgaben für die gesamte Zivilluftfahrt übernommen und ist auch für wirtschaftliche Fragen, Streckenrechte, Sicherheit und Flugsicherung zuständig. Die CAA stellte in der Vergangenheit ein gewisses Gegengewicht gegenüber der mächtigen → Federal Aviation Agency dar. Diese Rolle kann künftig den → Joint Aviation Authorities zukommen.

CLIA

Abkürzung für → Cruise Lines International Association.

Clubreisen

"Nette, neue Menschen kennenlernen". Dieses Motiv ist für deutsche Urlauber eine der wichtigsten Erwartungen an einen gelungenen Urlaub. Das seit den 50er Jahren existierende Cluburlaubskonzept war offensichtlich eine gelungene Antwort auf dieses Bedürfnis, denn das entsprechende Angebotsprodukt expandiert seit den 70er Jahren in einem rasch anwachsenden Maße.

Seit der belgische Spitzenschwimmer Gérard Blitz mit einem Zeltlager aus amerikanischen Armeebeständen auf Mallorca diese Tradition eröffnete, war die Idee eines naturnahen, zivilisationsfernen Urlaubs mit seinen besonderen Regeln und Symbolen von medienwirksamem Interesse. Dabei wurden allerdings auch Mißverständnisse produziert. So hält sich hartnäkkig das Vorurteil, der Cluburlaub würde den Ansprüchen eines wirklichen individuellen Reisens zuwiderlaufen. Tatsächlich aber weisen die geistigen Wurzeln des Clubkonzepts auf lebensphiloso-

Clubreisen

phische Ideen zurück, in denen es um die Verwirklichung von Prinzipien wie Selbsttätigkeit, Abenteuerlust und Gemeinschaftsverbundenheit geht.

Das klassische Clubkonzept versucht, diese Kernidee durch Herstellung einer entspannten und beziehungsfreundlichen Atmosphäre umzusetzen, in der Möglichkeiten zu sportlicher, künstlerischer, handwerklicher und kommunikativer Selbstverwirklichung geboten werden. Es handelt sich also um eine spezifische Urlaubsform für besonders erlebnisoffene Menschen.

Die drei großen Anbieter von Cluburlaub in Deutschland, der Robinson Club, der Club Méditerranée und der Club Aldiana, unterscheiden sich auf Grund der durchdachten Geschlossenheit ihres Konzepts und des dafür notwendigen planerischen und praktischen Aufwands deutlich von den sich in jüngster Zeit mehrenden Angeboten sogenannter Ferienclubs und Clubhotels. Bei den Anbietern existieren allerdings unterschiedliche Akzentsetzungen in der Berücksichtigung und Ausgestaltung der Elemente Komfort, Sportequipment, → Animation / Entertainment und Internationalität.

Marktführer unter den Veranstaltern in Deutschland ist der Robinson Club. Bei ihm tritt heute die Idee des "einfachen Lebens" zugunsten einer Steigerung des Komforts etwas in den Hintergrund. So hat sich der Robinson Club mit seinem Konzept der 5-Sterne-Select-Clubs und speziellen Gourmet Restaurants den gewachsenen Ansprüchen der Gäste an das Ausstattungsniveau gestellt. Überdies wurde im Laufe der Jahre das gesamte Angebot verbessert und erweitert beziehungsweise durch neue Elemente wie Ausflugs- und Rundreiseangebot ergänzt.

Am eigentlichen Konzept hat sich dadurch jedoch nichts grundlegend geändert: im Mittelpunkt steht die Schaffung einer kommunikationsoffenen Szene, bei der → Animation und Entertainment als wesentliche Bestandteile des Cluburlaubkonzepts einen wichtigen Beitrag zu leisten haben. Dabei wird mit unterschiedlichen Mitteln gearbeitet, wobei Sport, Spiel, Tanz, szenische Events (→ Event-Tourismus) und Bühnenshows nur begrenzt der reinen Unterhaltung dienen sollen. Wesentlicher ist die davon ausgehende Anregung zur Entfaltung eigener Aktivität und Kreativität.

Zur besonderen Clubatmosphäre trägt auch die kontaktfördernde Funktion des sogenannten "Achtertisches" im Clubrestaurant bei. An ihm, einem Kernelement des Clubkonzeptes, wird ebenso festgehalten wie an der bargeldlosen Zahlungsform, die sich früher durch bunte Perlen vollzog und heute über Kreditkarten geregelt wird.

Die Clubanlage stellt ein wesentliches Unterscheidungsmerkmal der Cluburlaubsform zum normalen Urlaub dar. Die Anlagen sind meist der landestypischen Architektur entsprechend gebaut und weitläufig ausgelegt. Die Abgegrenztheit der Anlage ermöglicht das angestrebte Gemeinschaftsgefühl und die Kommunikation der Clubgäste. Diese können unter sich sein, sich treffen, miteinander sprechen, gemeinsam Sport treiben und Spaß haben. An einem zentralen Punkt sind im Club Gemeinschaftseinrichtungen angesiedelt, so daß es eine Art Treffpunkt für die Gäste gibt. Hier sind alle Informationen über das Clubleben zu finden, und an Anschlagtafeln wird über das Tages- und Wochenprogramm informiert.

Es werden Sportkurse und Sportwettkämpfe, kunsthandwerkliche Arbeiten und Filmvorführungen, Shows, Ausflüge und ähnliches angeboten. Restaurants, Bars, ein Amphitheater, Diskotheken und andere Gemeinschaftseinrichtungen befinden sich ebenfalls meist in diesem zentralen Bereich. Außerdem gibt es kleinere Geschäfte, in denen man die Dinge des täglichen Bedarfs und Urlaubskleidung kaufen kann. Die Anlage bietet neben diesen Zonen der zwanglosen Geselligkeit aber auch die Möglichkeit zum Rückzug, zur Ruhe und Besinnlichkeit, zum Beispiel bei klassischer Musik, durch Yoga oder durch ein autogenes Trainingsprogramm. Im Theater im Zentrum der Anlage finden allabendlich Veranstaltungen statt. Die Wohn- und Gemeinschaftsräume sind in der Regel voneinander getrennt, so daß es nicht zu Lärmbelästigungen kommt. Obwohl aus den anfänglichen Hütten mit Strohdächern mit den steigenden Komfortansprüchen der Gäste Bungalows und zweistöckige Häuser wurden, existieren dem dörflichen Charakter entsprechend im Club meist nur kleinere Wohneinheiten.

Das Entertainment ist eine der zentralen Leistungen des Club-

Clubreisen

urlaubs. Sie ist eine seiner Besonderheiten, die aber inzwischen von vielen Hotels kopiert wird. Entertainment steht für individuelle Betreuung der Gäste und den persönlichen Kontakt mit den Clubmitarbeitern, die der sonst im Pauschaltourismus vorherrschenden Anonymität entgegenwirken soll. Die Kontaktaufnahme mit anderen Cluburlaubern soll unterstützt werden. Das Interesse an verschiedenen Aktivitäten soll ebenso geweckt werden wie der Mut, Neues auszuprobieren. Um möglichem Konsumverhalten der Urlauber entgegenzuwirken, bedient sich die → Animation verschiedener Mittel: Sport, Spiel, Unterhaltung, Kunst, Kultur, Ausflüge etc.

Ziel des Cluburlaubes ist es, daß die Gäste sich in der Gemeinschaft wohl fühlen, im Club eine lockere, fröhliche "Familien-Atmosphäre" herrscht und das Clubleben als abwechslungsreich und interessant empfunden wird.

Die Mitarbeiter sind gleichzeitig die Organisatoren und Durchführenden des Unterhaltungs- und Showprogramms sowie zuständig für den Sportunterricht, für die Kinderbetreuung etc. Sie sollen den Gästen bei den Aktivitäten helfen, sie motivieren und unterrichten. Die Animateure sind in der Regel ausgebildete Fachkräfte in ihrem Tätigkeitsbereich. Gemäß den zunehmend anspruchsvoller werdenden Abenddarbietungen und Shows gibt es Mitarbeiter, die als Choreographen, Kostümbildner, Maskenbildner, Dekorateure unter anderem tätig sind. Sie wohnen und leben während der Saison im Club.

Die angebotenen Sportarten haben sich in den letzten Jahren stark den Bedürfnissen der Urlauber angepaßt. Anfangs wurden vor allem Wasser- und Landsportarten wie Fußball, Volleyball oder Basketball angeboten, später kamen Trendsportarten wie Tennis, Golf und Skilaufen etc. hinzu. Mittlerweile gibt es immer mehr Schwerpunktbildung bei den einzelnen Clubs. Die bei allen etablierten Clubs angebotene Kinderbetreuung läßt den Cluburlaub zu einer idealen Urlaubsform für Familien werden. Für die Kinder sind speziell ausgebildete Betreuer zuständig, die je nach Altersgruppe ein besonderes Programm ausgearbeitet haben. So werden auch die kleineren Gäste früh an Sportarten herangeführt, sie nehmen an den verschiedensten Turnieren teil, haben ihre eigenen Vorführungen bei den Shows sowie eigene Tischzeiten mit eigens zubereiteten Kindermenüs.

Essen wird in jedem Club sehr groß geschrieben. Morgens, mittags und abends gibt es reichhaltige Büffets mit Selbstbedienung. Die Mahlzeiten werden an den schon erwähnten Achtertischen eingenommen, was den Kontakt unter den Gästen fördern soll. Als Alternative zu dieser bisher typischen Sitzordnung werden immer mehr Spezialitätenrestaurants mit Zweiertischen angeboten.

Den typischen Cluburlauber gibt es nicht: Der Cluburlaub bietet Möglichkeiten für Menschen verschiedener Altersgruppen mit unterschiedlichen Interessen. Es lassen sich jedoch die folgenden soziodemographischen Merkmale feststellen: Das Durchschnittsalter der Cluburlauber liegt um die 40. Der Anteil der Familien beträgt rund 50 bis 60 % des Gesamtaufkommens. Das Bildungsniveau der Cluburlauber ist in der Regel hoch und sie verfügen über ein gehobenes Haushaltsnettoeinkommen (→ Zielgruppenmarketing in der Touristik).

Die Wünsche der deutschen Urlauber gehen in zwei Richtungen. Einerseits möchten sie die Sicherheit und Bequemlichkeit von → Reisebüros und → Reiseveranstaltern in Anspruch nehmen, andererseits wollen sie die Freiheit und Unabhängigkeit der Individualreisenden genießen. Sie wollen ihren eigenen Urlaubsstil finden und werden anspruchsvoller in der Zusammenstellung und Nutzung organisierter Reisen. Der Cluburlaub entspricht mit seiner großen Angebotspalette sowie anderen Zusatzleistungen diesen neuen Anforderungen. Von den Reiseorganisatoren erwarten die Urlauber ein individuell zusammengestelltes Urlaubspaket, das flexibel ist und den Raum für persönliche Wünsche offen läßt. Der Trend geht eindeutig zur Urlaubsgestaltung nach dem Baukastensystem.

Es wird großer Wert auf persönliche Bewegungsfreiheit gelegt und das Urlaubserlebnis in intakter Landschaft wird immer wichtiger. Der Cluburlaub ist eine der Möglichkeiten zur Realisierung des → sanften Tourismus, da er durch seine landestypische Architektur nicht wie viele Hotels die Landschaft zerstört. Die Clubs verfügen über umweltfreundliche Technologien, zum Beispiel Wasserentsalzungsanlagen, eigene Kläranlagen etc., um so die Belastung der Umwelt zu minimieren (→ Tourismus und Umwelt).

Im Falle des Cluburlaubs verspricht der aufgedruckte Firmenname Prestige und Lebensgefühl, was für die Veranstalter bedeutet, daß sie sich in diesem Bereich nicht auf den ruinösen Preiswettbewerb des übrigen Pauschalreisemarktes (→ Pauschalreise) einlassen müssen - so haben sie bei der Preisbildung einen größeren Spiel- und Gestaltungsfreiraum.

Neben den Spezialanbietern Club Méditerranée, Robinson Club und Club Aldiana, versuchen mittlerweile die meisten Veranstalter, durch vereinzelte Cluburlaubsangebote im Katalogprogramm an den großen Zuwächsen in diesem Urlaubssegment teilzuhaben. In einigen Fällen wurden vom Clubschema gewisse Teile, wie beispielsweise die Kinderbetreuung, die → Animation oder andere Leistungen, übernommen.

Die Spezialanbieter von Cluburlaub offerieren dagegen nicht nur vereinzelt ein paar Cluburlaubsangebote, sondern eine ganze Palette von Clubs in einem eigenständigen Katalog. Diese Anbieter experimentieren inzwischen mit immer neuen Varianten, um die Cluburlaubsidee zeitgemäß umzusetzen, zum Beispiel mit einem eigenen Event-Katalog (→ Event-Tourismus) und diversen Special-Interest-Wochen in verschiedenen Clubs.

1970 wurde das erste deutsche Clubunternehmen (als Tochtergesellschaft der Steigenberger Hotelgesellschaft KGaA und der TUI GmbH & Co KG), die Robinson Club GmbH, gegründet. Die Verbindung der größten deutschen → Hotelkette mit dem größten deutschen → Reiseveranstalter eröffnete Robinson den Weg zum Marktführer im Segment Cluburlaub in Deutschland. Am Anfang stand ein Vertragshotel der TUI im Süden Fuerteventuras, das wenig lukrativ war, da es keine touristische Infrastruktur gab. Mit einem für die TUI neuen Konzept wurde aus diesem abgelegenen Hotel der erste Robinson Club. Heute ist ROBINSON, der sich seit 1989 im 100 %-igen Besitz der TUI befindet, auf 25 Clubs in 11 Ländern und ein Clubsegelschiff angewachsen.

Das Potential der Cluburlauber auf dem deutschen Markt ist längst nicht erschöpft, die Wachstumsmöglichkeiten für diese Art von Urlaub sind enorm hoch. Für die Zukunft gilt der Trend zu Sport- und Erlebniswochen. Es zeichnen sich verschiedene Clubformen ab, wie sie auch heute schon in Form von speziellen Zielgruppenangeboten bestehen.

Zusammenfassend läßt sich feststellen, daß der Hauptgrund für den Erfolg des Cluburlaubes wohl in der Angebotsfülle, der guten Organisation, den umfassenden und attraktiven Inklusivpreisen und insbesondere in der ihm zugrundeliegenden Kommunikations-Philosophie liegt. Die weitere Entwicklung geht eindeutig hin zu mehr Komfort und Luxus bei dieser Art des All-Inclusive-Urlaubs.

Uwe Kattwinkel

Leiter Public Relations, Robinson Club GmbH

Coach Service

Bezeichnung für den Zubringerdienst zwischen einem Stadtbüro einer → Fluggesellschaft und einem → Flughafen.

Coaching

Verfahren der → Personalentwicklung, das dadurch gekennzeichnet ist, daß eine Führungskraft oder eine externe Person einem Mitarbeiter mit der Aufgabe zugeordnet wird, diesen zu beraten und zu fördern.

Cockpit Crew

→ Flugbesatzung

Cockpitpersonal

→ Bordpersonal

Code-Sharing

→ Strategische Allianzen im Luftverkehr

Commander

Bezeichnung für den → Kapitän des Luftverkehrs.

Company Rate

In der Hotellerie übliche Bezeichnung für einen reduzierten Preis, der Unternehmen angeboten wird.

Complimentary Upgrade

Kostenlose Aufwertung einer gebuchten Leistung durch den touristischen Leistungsträger.

Computer Reservation System

→ Informationstechnologische Systeme; → Reservierungssysteme

Computer-Reservierungssysteme

→ Informationstechnologische Systeme; → Reservierungssysteme

Concierge

Bezeichnung für den in einem Hotel tätigen Chefportier.

Confidential Rate

Bezeichnung für einen Hotelzimmerpreis, der nicht veröffentlicht wird und in besonderen Fällen gewährt wird.

Consolidator

Bezeichnung für einen Großhändler, der Sonderabkommen über Flüge, Hotelkapazitäten, Kreuzfahrten und Mietwagen vereinbart und zu eigenen Preisen an seine Kunden abgibt.

Continental Plan

Bezeichnung für ein aus Übernachtung und Frühstück bestehendes Hotelangebot. Abkürzung: CP. → European Plan

Controlling

Unter dem Begriff Controlling wird neben anderen Begriffsinhalten die Gewinnung und Verarbeitung betriebswirtschaftlicher Informationen zur Unterstützung von Managemententscheidungen verstanden.

Das Controlling touristischer Leistungsträger bewegt sich sowohl auf einer operativen als auch auf einer strategischen Ebene.

In seiner operativen Ausrichtung dient Controlling vor allem der Gewinnsteuerung. Des weiteren ist das operative Controlling dadurch gekennzeichnet, daß hier unternehmensinterne Betrachtungen vorherrschen. Zudem werden vor allem quantitative Größen ermittelt. Kennzeichnend ist darüber hinaus, daß die zu bearbeitenden Probleme relativ gut definiert sind. Ein weiteres Merkmal ist, daß der den einzelnen Untersuchungen zugrundeliegende Zeithorizont kurz- bis mittelfristig ist.

Gegenstand der strategischen Ausrichtung von Controlling sind vor allem Fragen der dauerhaften Unternehmenssicherung. Hierzu wird die Umwelt in die jeweiligen Analysen einbezogen. Hinzu kommt, daß die strategische Ausrichtung von Controlling den Führungskräften des touristischen Leistungsträgers überwiegend qualitative Informationen als Entscheidungshilfe bereitstellt. Die Probleme, die hier betrachtet werden, sind eher schlecht definiert, der Zeithorizont ist langfristig.

Literatur: Horváth, 1996; Preißler, 1996; Gewald, 1999

Convenience

Begriff aus der Gastronomie, der als Oberbegriff für Schnell- und Fertiggerichte verwendet wird. Vorteilhaft bei der Verwendung von Convenience-Produkten ist die Möglichkeit, mit einem geringen zeitlichen und technischen Aufwand zu arbeiten. Hinzu kommt die Umwandlung von Fixkosten (→ Kosten) in variable Kosten (→ Kosten).

Convention

Bezeichnung für eine Tagung oder einen Kongreß. → Kongreßmanagement

Convention Service Manager

Bezeichnung für eine Person, deren Aufgabe es ist, eine Organisation zu unterstützen, die einen Kongreß oder eine Tagung veranstaltet. Der Convention Service Manager ist unter anderem für die technische Ausstattung der Kongreß- beziehungsweise Tagungsräume verantwortlich. Der Convention Service Manager wird mit CSM abgekürzt. → Kongreßmanagement

Copilot

Zweiter Flugzeugführer an Bord eines → Flugzeugs. Er ist Vertreter des Kapitäns (→ Kapitän des Luftverkehrs) und führt alle an ihn delegierten Aufgaben im Rahmen der Vorbereitung, Durchführung und Nachbereitung des Fluges selbstverantwortlich durch.

Corporate Behaviour

→ Corporate Identity

Corporate Communication

→ Corporate Identity

Corporate Design

→ Corporate Identity

Corporate Identity

Die Corporate Identity ist die Persönlichkeit des touristischen

Leistungsträgers. Sie ist durch sein Verhalten, seine Unternehmenskommunikation und sein Erscheinungsbild gekennzeichnet. Diese sind die Komponenten der Corporate Identity, die bisweilen als CI abgekürzt wird.

Das erste Merkmal der Corporate Identity, das Unternehmensverhalten, welches auch Corporate Behaviour genannt wird, bezeichnet den Stil des Verhaltens nach innen und außen. Das nach außen gerichtete Verhalten besteht in der Art und Weise, mit der die Dienstleistungen erbracht und verkauft werden. Das nach innen gerichtete Verhalten bezieht sich auf die Art und Weise, mit welcher der touristische Leistungsträger gegenüber seinen Mitarbeitern und Führungskräften handelt und wie diese miteinander umgehen.

Das zweite Merkmal der Corporate Identity, die Unternehmenskommunikation, die auch Corporate Communication genannt wird, bezeichnet die Gesamtheit aller verbalen und non-verbalen Austauschformen. Hierunter fällt sowohl die unternehmensinterne → Kommunikation als auch die nach außen gerichtete → Kommunikation, die in der Marketing-Mix-Komponente (→ Marketing; → Tourismus-Marketing) Kommunikationspolitik ihren Ausdruck findet.

Das dritte Merkmal der Corporate Identity, das Unternehmenserscheinungsbild, das auch als Corporate Design bezeichnet wird, ist der optische Auftritt des Unternehmens. Hierunter fallen beispielsweise die Innen- und Außenarchitektur des touristischen Leistungsträgers und das äußere Erscheinungsbild des Personals.

Literatur: Hopfenbeck, 1998; Preißler, 1996

Counter

Verkaufstresen von touristischen Leistungsträgern.

CP

Abkürzung für → Continental Plan.

Crew

Bezeichnung für die Besatzung von → Flugzeugen und Schiffen.

Cross Selling

Prozeß des Verkaufs von Produkten an Kunden, die bisher andere Produkte des Unternehmens gekauft haben.

Crowding

Begriff der Sozial- und Umweltpsychologie, der die Erfahrung sozialer Dichte beschreibt. Dabei wird angenommen, daß Crowding im Gegensatz zu → Privacy negativ empfunden wird. Das Crowding-Erlebnis wird als Streßerfahrung aufgefaßt, die auf dem Gefühl der Reizüberflutung beruht. Das Ausmaß der mit einem Crowding-Erlebnis einhergehenden negativen Erfahrung hängt vom Typ des Touristen (→ Touristen-Typologien) und von der Art des touristischen Zielgebiets ab.

CRS

Abkürzung für Computer Reservation System. → Informationstechnologische Systeme; → Reservierungssysteme

Cruise Director

International übliche Bezeichnung für den Reiseleiter an Bord eines → Kreuzfahrtschiffes. In den Aufgabenbereich des Cruise Director fallen sowohl die allgemeine Gästebetreuung als auch die Planung und Durchführung des Unterhaltungsprogramms. Hinzu kommt die Organisation der → Landausflüge.

Cruise Lines International Association

Name des Verbandes nordamerikanischer Kreuzfahrtreedereien (→ Kreuzfahrt; → Reederei). Abkürzung: CLIA.

Cruise Match II

Buchungssystem für → Kreuzfahrten in den USA. → Cruise Vision

Cruise Vision

PC-Version von → Cruise Match II mit hinterlegten Videosequenzen und Deckplänen der angebotenen Schiffe.

CSM

Abkürzung für → Convention Service Manager.

Daily Report

Tagesabrechnung im Hotel, die bis Mitternacht eingetretene Vorgänge erfaßt.

Datei

Oberbegriff für eine Sammlung zusammengehörender Informationen, die im Computer als eine Einheit unter einem Namen gespeichert werden. → Informationstechnologische Systeme; → Standardsoftware

Datenschutz und Datensicherheit in der Hotellerie

Datenschutz und Datensicherheit in der Hotellerie

Belange des Datenschutzes sind in der Hotellerie deshalb so bedeutsam, weil in diesem Bereich eine relativ große Zahl von personenbezogenen Daten verarbeitet wird. Das Bundesdatenschutzgesetz (BDSG) schützt den Einzelnen und damit auch den Gast eines Hotels, damit er durch den Umgang mit seinen personenbezogenen Daten in seinen Persönlichkeitsrechten nicht beeinträchtigt wird. Personenbezogene Daten sind Einzelangaben über persönliche und sachliche Verhältnisse einer bestimmten oder bestimmbaren natürlichen Person, wie zum Beispiel Name des Gastes, Anreise- und Abreisetag, Zimmernummer etc. Derartige personenbezogene Daten befinden sich in zahlreichen Programmen eines Hotels, etwa beispielsweise in der Reservierung.

Das Bundesdatenschutzgesetz gilt nicht nur für die Verarbeitungen, sondern für die Erhebungen und Nutzungen von personenbezogenen Daten. Personenbezogene Daten, die in einem Hotel- beziehungsweise Gastronomiebetrieb verwendet werden, sind jedoch nur dann geschützt, wenn diese personenbezogenen Daten in oder aus → Dateien geschäftsmäßig oder für berufliche oder gewerbliche Zwecke verarbeitet oder genutzt werden. Dies bedeutet, daß personenbezogene Daten in einem Hotel nur dann geschützt sind, wenn sie in einer → Datei eingespeichert sind. Die Verarbeitung geschützter, also dateiorientierter personenbezogener Daten, ist jedoch in einem Hotel- oder Gastronomiebetrieb in vielen Fällen notwendig.

Aus diesem Grunde bestimmt das BDSG, daß die Verarbeitung und Nutzung von personenbezogenen Daten generell zulässig ist, wenn es das BDSG oder eine andere Rechtsvorschrift erlaubt oder wenn der Betroffene der Verarbeitung seiner personenbezogenen Daten schriftlich zustimmt. Das Speichern, Verändern oder Übermitteln personenbezogener Daten in einem Hotel ist im wesentlichen dann möglich, wenn die Daten aus allgemein zugänglichen Quellen entnommen werden können oder sie im Zusammenhang mit der Zweckbestimmung eines Vertragsverhältnisses oder eines vertragsähnlichen Vertrauensverhältnisses mit dem Betroffenen stehen. Dies bedeutet, daß

Datenschutz und Datensicherheit in der Hotellerie

von Hotel- und Gastronomiebetrieben alle personenbezogenen Daten, die zur Abwicklung des Beherbergungsvertrages in den verschiedensten Hotelbereichen benötigt werden, verarbeitet werden können. Den bei der Datenverarbeitung beschäftigten Personen ist es untersagt, personenbezogene Daten unbefugt zu verarbeiten oder zu nutzen. Dieser Personenkreis unterliegt deshalb dem sogenannten Datengeheimnis und ist bei der Aufnahme seiner Tätigkeit auf dieses Datengeheimnis, das auch nach Beendigung der Tätigkeit fortbesteht, zu verpflichten.

Von großer Bedeutung sind auch die Vorschriften des Bundesdatenschutzgesetzes über den sogenannten innerbetrieblichen Datenschutzbeauftragten. Ein Datenschutzbeauftragter ist bei Privatunternehmen, die personenbezogene Daten mit Hilfe von Datenverarbeitungssystemen verarbeiten und hierbei in der Regel mindestens fünf Arbeitnehmer ständig beschäftigen, zu bestellen. Der Datenschutzbeauftragte hat darüber hinaus eine Reihe von Aufgaben zu erfüllen. So ist er zum Beispiel für die Ausführungen des BDSG sowie anderer Vorschriften über den Datenschutz zuständig. Im BDSG wird auf die Verbindungen zwischen Datenschutz und Datensicherheit dadurch hingewiesen, daß bei Betrieben, die personenbezogene Daten verarbeiten, sogenannte technische und organisatorische Maßnahmen zu treffen sind. Hierbei handelt es sich um Maßnahmen der Datensicherheit. In einer eigenen Anlage zu § 9 des BDSG werden zehn solche technische und organisatorische Maßnahmen dargestellt, die zu beachten sind. So sind beispielsweise durch geeignete Maßnahmen der Zugangskontrolle Unbefugten der Zugang zu Datenverarbeitungsanlagen, mit denen personenbezogene Daten verarbeitet werden, zu verwehren. Durch die sogenannte Zugriffskontrolle ist zu gewährleisten, daß die zur Benutzung eines Datenverarbeitungssystems Berechtigten ausschließlich auf die ihrer Zugriffsberechtigung unterlegenen Daten zugreifen können. Zur Realisierung dieser zehn Maßnahmen zur Datensicherheit gibt es eine Vielzahl von Einzelmaßnahmen, so zum Beispiel die Vergabe von Paßwörtern zur Gewährleistung der Zugriffskontrolle. Erforderlich sind Maßnahmen der Datensicherheit jedoch nur, wenn ihr Aufwand in einem angemessenen Verhältnis zu dem angestrebten Schutzziel steht. Abschließend sei darauf hingewiesen, daß nach dem BDSG Verstöße gegen dessen Bestimmungen sowohl Bußgelder als auch Strafen nach sich ziehen können.

Prof. Dr. Franz Josef Brenneis

Fachhochschule München, Fachbereich Betriebswirtschaft

Deboarding

Bezeichnung für das Aussteigen der Passagiere aus einem → Flugzeug oder einem Schiff.

Deck

Bezeichnung für ein Stockwerk eines Schiffes. Auf → Kreuzfahrtschiffen und → Fähren steigt im allgemeinen der Preis für eine → Kabine, je höher das Deck liegt.

Deckungsbeitrag

Begriff der Kostenrechnung, der in drei verschiedenen inhaltlichen Fassungen gebraucht wird. So bezeichnet der Begriff Dekkungsbeitrag die Differenz zwischen Umsatz und Einzelkosten (→ Kosten). Zudem wird mit dem Begriff Deckungsbeitrag die Differenz zwischen Umsatz und variablen Kosten (→ Kosten) bezeichnet. Darüber hinaus wird mit dem Begriff Deckungsbeitrag die Differenz zwischen Umsatz und relevanten Kosten (→ Kosten) bezeichnet. → Kostenrechnung

DEHOGA

Abkürzung für → Deutscher Hotel- und Gaststättenverband e.V.

Delegation

Bezeichnung für die Weitergabe von Entscheidungsrechten. Es ist zu beachten, daß Delegation keine Teilung, sondern eine Addition von Verantwortung mit sich bringt. → Personalführung

Delphi-Methode

Schriftliche Befragung von Experten, wobei eine Besonderheit des Verfahrens darin besteht, daß die Befragung mehrstufig aufgebaut ist. Die in einer Befragungsrunde ermittelten Ergebnisse werden allen Experten zugänglich gemacht, woraufhin die Experten in die nächste Befragungsrunde mit dem Wissen um die Ergebnisse der vorhergehenden Befragungsrunde gehen. Die Delphi-Methode kann etwa zu Zwecken der Prognose eingesetzt werden.

Denkmodell des ganzheitlichen Management

Denkmodell des ganzheitlichen Management

Im folgenden soll es darum gehen, sich mit der inhaltlichen Dimension des → Management zu beschäftigen. → Management ist ein ebenso faszinierendes wie komplexes Bündel von Aufgaben, das zu systematisieren in einer Vielzahl von Konzepten, Modellen und Lehrmeinungen auf unterschiedlichsten Abstraktionsniveaus versucht wird. Die folgenden Ausführungen orientieren sich am St. Gallener Managementkonzept. Dieses Konzept entstammt der systemorientierten Managementlehre, welche die enge ökonomische Orientierung der Betriebswirtschaftslehre mit seiner Öffnung zu anderen Disziplinen in Richting Ganzheitlichkeit und Integration zu überwinden sucht.

Im ganzheitlich orientierten → Management besteht die Herausforderung darin, vielfältige Einflüsse des Unternehmensgeschehens ganzheitlich zu betrachten und dabei ein Denkmodell für den Umgang mit Systemen bereitzustellen. Manager sollen befähigt werden, die Problemfelder bei der Führung von Unternehmungen zu sehen und mehr ganzheitlich und integrativ zu meistern. Dabei werden drei Dimensionen - normativ, strategisch und operativ - des → Management unterschieden. Damit lassen sich Problemfelder identifizieren, die durch unterschiedliche Ziel- und Steuerungsgrößen bestimmt sind. Aufgabe des → Management ist es, die Zusammenhänge zwischen den Ziel- und Steuerungsgrößen auf den drei miteinander verkoppelten Ebenen und den unterschiedlichen Zeithorizonten zu erkennen. Normatives, strategisches und operatives → Management sind nicht drei für sich selbständige Sytemteile, sondern ergänzen sich zu einem Ganzen und müssen auch in dieser Ganzheit gesehen werden.

Im Rahmen des operativen → Management sind die → Liquidität und der Erfolg als Bezugsgrößen zu erkennen. Die kurzfristige Ziel- und Steuerungsgröße ist die → Liquidität, die durch die laufenden → Auszahlungen und → Einzahlungen bestimmt wird. Der Erfolg ergibt sich aus der Differenz zwischen → Erträgen (→ Ertrag) und Aufwendungen (→ Aufwand). Der Unterschied zwischen diesen beiden Größen ergibt sich aus dem zeitlichen Auseinanderfallen des Entstehens von → Einzahlungen

Denkmodell des ganzheitlichen Management

und → Auszahlungen einerseits sowie von → Aufwendungen (→ Aufwand) und Erträgen (→ Ertrag) andererseits. Je länger in einem Unternehmen der Erfolg (Gewinn) ausbleibt, desto schwieriger wird es, die → Liquidität aufrecht zu erhalten. Der Erfolg hat eine vorsteuernde Wirkung auf die → Liquidität und ist somit eine Frühwarngröße in Bezug auf die Zahlungsfähigkeit oder -unfähigkeit.

Erfolgspotentiale sind die Bezugsgrößen des strategischen → Management. Aloys Gälweiler definierte den Begriff des Erfolgspotentials als "das gesamte Gefüge aller jeweils produkt- und marktspezifischen erfolgsrelevanten Voraussetzungen". Diese Definition wurde durch Cuno Pümpin unter der Bezeichnung "strategische Erfolgsposition" über die reine Betrachtung von produkt- und marktspezifischen Aspekten hinaus und in Beziehung zu wesentlichen wettbewerbsrelevanten Aspekten eines Unternehmens erweitert. Strategische Erfolgspositionen (SEP) bezeichnen gegenüber den Mitbewerbern überdurchschnittliche Fähigkeiten, die dadurch Voraussetzung für die Sicherstellung langfristig positiver Ergebnisse sind. Die Sicherung und Schaffung nachhaltiger Erfolgspotentiale ist Aufgabe des strategischen → Management und bedeutet auch eine systematische Vorsteuerung der operativen Steuerungsgrößen Erfolg und → Liqudität. Bestehende Erfolgspotentiale können anhand der Marktposition im Wettbewerb und ihrer geschäftsspezifischen Erfahrung beurteilt werden. Die Stärke der wettbewerbsrelevanten Marktposition drückt sich im relativen Marktanteil (im Vergleich zu den maßgeblichen Mitbewerbern) aus. Die Stärke einer Marktposition ist aber nicht ausschließlich durch den relativen Marktanteil, sondern durch eine Vielzahl von weiteren Faktoren wie Qualität, Kundennutzen, Preis- / Leistungsverhältnis etc. bestimmt. Eine starke Marktposition und ein hohes Maß an Erfahrung bedeuten nicht automatisch, daß die Konkurrenzfähigkeit auch in Zukunft erhalten bleibt. Durch neue und bessere Lösungen können Marktanteile sehr schnell verloren gehen. Es sind daher weitere Orientierungsgrundlagen im Sinne einer zeitgerechten Vorsteuerung durch das → Management zu beachten. Neue Erfolgspotentiale sind bestimmt durch die Fähigkeit der Unternehmung, neue Lösungen für bestehende oder neue Kundenprobleme effektiver auf den Markt zu bringen als die Konkurrenz. Das Kundenproblem stellt somit die strategische Orientierungsgrundlage mit dem weitesten Horizont dar und bildet den Schlüssel zur Beurteilung von Erfolgspotentialen. Die Erhaltung der Wettbewerbsfähigkeit bestehender beziehungsweise zukünftiger Erfolgspotentiale wird damit zu einer Herausforderung des strategischen → Management.

Die Dimension des normativen Management beschäftigt sich mit der Lebensfähigkeit und der Entwicklung der Unternehmung, das heißt mit Gegebenheiten, die das Unternehmen als Ganzes betreffen. Für die Sicherung der Lebensfähigkeit ist es notwendig, daß die Unternehmung sich in einer rasch wandelnden Umwelt seine Existenz durch eindeutige Definition festlegt, welchen Nutzen es für maßgebliche Bezugsgruppen (Stakeholder) zu stiften beabsichtigt. Die Entwicklung kann als die Fähigkeit des Unternehmens verstanden werden, sich in Richtung eines positiven und sinnvollen Wandels zu verändern. → Management; → Management im Tourismus

Literatur: Bleicher 1992; Gälweiler, 1987; Pümpin, 1986; Schwanninger, 1989

Prof. Dr. Alfred Merl

Fachhochschule München, Fachbereich Tourismus

Destination

→ Destinationsmanagement

Destinationsmanagement

Eine wesentliche Besonderheit, die die touristische Leistung gegenüber anderen Dienstleistungen auszeichnet, ist die dezentrale, partikuläre Leistungserstellung. Der Gast konsumiert typischerweise wie bei anderen persönlichen Dienstleistungen eine eigentliche Dienstleistungskette. Die einzelnen Leistungselemente innerhalb dieser Dienstleistungskette werden jedoch innerhalb eines geographischen Raumes von verschiedenen unabhängigen Unternehmen erbracht, beispielsweise der Transport durch eine Bahngesellschaft, der Transport zwischen dem Bahnhof und dem Hotel durch ein privates Taxiunternehmen, die Beherbergung durch eine private Hotelleriegesellschaft etc.

Destinationsmanagement

Den größten Teil der touristischen Leistungen konsumiert der Gast während des Aufenthalts innerhalb eines begrenzten Raumes. Dieser Raum stellt das eigentliche Reiseziel dar, das mit anderen Reisezielen, sprich anderen räumlich definierten touristischen Leistungsbündeln, im Wettbewerb steht.

Für die Bezeichnung dieser Reiseziele hat sich in der Wissenschaft und in der Praxis der Begriff "Destination" durchgesetzt. Der Begriff wird heute definiert als ein geographischer Raum (Ort, Region, Weiler, Nation), den der jeweilige Gast beziehungsweise ein Gästesegment als Reiseziel auswählt. Sie enthält sämtliche für einen Aufenthalt notwendigen Einrichtungen für Beherbergung, Verpflegung, Unterhalt und Beschäftigung. Destinationen können somit vereinfacht umschrieben werden als umfassendes Leistungsbündel für ausgewählte Gästesegmente.

Sie sind räumlich vereinfacht einzugrenzen als die eigentlichen Bewegungsräume des Gastes. Sie weisen bezüglich Produkt und Markt eine hohe zeitliche Stabilität auf und können so auch als eigentliche strategische Geschäftsfelder im Tourismus bezeichnet werden.

Wirtschaftswissenschaftlich gesehen sind Destinationen Unternehmensnetzwerke, die quasi als virtuelle Unternehmen selbständige Wettbewerbseinheiten darstellen. Sie müssen deshalb übergreifend gemanagt werden. Von besonderer Bedeutung ist insbesondere auch, wie bei allen Dienstleistungen, das strategische Management (→ Denkmodell des ganzheitlichen Management). Aufgrund der Intransparenz der touristischen Leistungen und der aufgrund der Mitwirkung des Gastes bei der Leistungserstellung großen Qualitätsschwankung ist die Positionierung sowie aufgrund der Standortgebundenheit der Produktion das Management der strategischen Prozesse, einschließlich Wissensmanagement, von besonderer Bedeutung. Davon zeugt nicht zuletzt auch die an vielen Beispielen nachvollziehbare Entwicklung der Wettbewerbskraft von Destinationen in eigentlichen Destinationslebenszyklen.

Eine besondere Herausforderung für das Destinationsmanagement ist wie bei allen Unternehmensnetzwerken die Durchsetzung von Konzepten und Entscheiden.

Destinationsmanagement

Da keine eigentlichen Weisungsbefugnisse bestehen, muß häufig auf der Basis von Aushandlungen oder Überzeugungsarbeit mit einer gewissen Manipulation gearbeitet werden. Viel einfacher haben es viele ausländische Destinationen und destinationsähnliche Produkte, die wie beispielsweise Ferienparks (→ Freizeitpark) oder amerikanische Skiresorts im Besitze einer Unternehmung sind und deshalb relativ zentral geführt werden können. Auf der anderen Seite haben die traditionellen Destinationen beispielsweise in den europäischen Alpenländern oder an europäischen Küstengebieten den Vorteil einer größeren Vielfalt und nicht zuletzt mehr Spannung durch authentische Entwicklung und Kultur.

Betrachtet man das virtuelle Unternehmen Destination abstrakt als Leistungseinheit, so wird leicht ersichtlich, daß zur Sicherstellung der Funktionsfähigkeit dieser Leistungseinheit verschiedene kooperative Aufgaben zu erfüllen sind. Diese lassen sich direkt aus den Besonderheiten des Tourismusproduktes ableiten. Diese Aufgaben sind durch kooperative Tourismusorganisationen zentral und unabhängig zu erbringen. Diese kooperativen Tourismusorganisationen existieren in den meisten traditionellen Tourismusgebieten bereits in Form von Verkehrsvereinen oder Gemeindeämtern. In den meisten traditionellen Tourismusgebieten besteht im Moment ein Bedarf zu einer Neustrukturierung dieser kooperativen Tourismusstrukturen. Es geht insbesondere darum, die richtigen Trägerschaftsstrukturen (möglichst politisch unabhängig, beispielsweise als privatrechtlicher Verein oder allenfalls sogar als → Kapitalgesellschaft) zu finden, die Aufgaben möglichst präzise, klar und erfüllbar zu definieren (zum Beispiel sind verschiedene Tourismusorganisationen in traditionellen Tourismusgebieten durch Infrastrukturaufgaben so überlastet, daß sie ihre Kernaufgaben, wie beispielsweise Gästebetreuung, Information und → Marketing, nicht mehr mit genügend Mitteln erfüllen können), die geeigneten Wirkungsgebiete festzulegen (in sehr vielen insbesondere alpinen Regionen bestehen zu viele Verkehrsvereine, die relativ große administrative Kosten verschlingen) und die Zusammenarbeit mit der Branche sinnvoll zu regeln sowie die geeignete überlagerte Tourismusstruktur zu bestimmen (in sehr vielen traditionellen Tourismusgebieten bestehen zu viele Strukturen in Form lokaler, subregionaler, regionaler und nationaler Tourismusorganisationen mit zum Teil überlagernden Aufgaben).

Der Destinationsmanagement-Approach, das heißt der Ansatz, Tourismusgebiete marktorientiert quasi als virtuelle Unternehmen zu managen, ist ein neues Konzept im → Incoming-Tourismus, das noch zahlreiche interessante Entwicklungs- und Erweiterungspotentiale beinhaltet. So wird es insbesondere auch darum gehen, das Destinationsmanagement noch enger mit dem eigentlichen Standortmanagement zu verknüpfen. Standorte stehen im Rahmen der Globalisierung in einem verstärkten internationalen Wettbewerb. Auch Standorte sind Netzwerke verschiedenster Unternehmen, aber auch ergänzender Elemente wie Kultur, Bevölkerung, Natur etc., die überwiegend übergreifend gemanagt werden müssen. Innerhalb dieser Standortnetzwerke hat das touristische Destinationsnetzwerk eine wesentliche Bedeutung. So geht es beispielsweise auf operativer Stufe auch um die Nutzung optimaler Synergien zwischen allgemeinem Standortmarketing und → Tourismus-Marketing. Ähnliche Begriffe wie "Destination" sind Resort (Ferienziele, die oft weitgehend als geschlossene Anlagen von meist einem Unternehmen geführt werden) und Attraktionspunkt (auf einem engen Raum definierte multioptionale Erlebnismöglichkeit verbunden unter anderem mit Dienstleistungen, wie Shopping, Gastronomie etc., die durch Konzentration der einzelnen Elemente Zusatznutzen wie Multioptionalität, soziale Interaktionsstimmung etc. bieten).

Literatur: Beritelli, 1997; Bieger, 1997 (b); Bieger, Laesser, 1998; Inskeep, 1991; Kaspar, 1996; Kotler, Haider, Rein, 1993; World Tourism Organisation (WTO), 1993

Prof. Dr. Thomas Bieger

Institut für öffentliche Dienstleistungen im Tourismus, Kompetenzzentren Tourismus und Verkehr, Regionalwirtschaft, Öffentliches Management, Universität St. Gallen

Deutsche Flugsicherung GmbH

Die Deutsche Flugsicherung GmbH, abgekürzt DFS, deren alleiniger Gesellschafter die Bundesrepublik Deutschland ist, übt in Deutschland die hoheitliche Aufgabe der Flugsicherung aus.

Deutsche Hotelklassifizierung

"Per aspera ad astra" - Seneca konnte nicht wissen, daß der Weg der deutschen Hotellerie zur Sterne-Klassifizierung so lang und mühevoll sein würde.

Seit Herbst 1996 steht mit dem Markenprodukt "Deutsche Hotelklassifizierung" allen Mitgliedsverbänden im → Deutschen Hotel- und Gaststättenverband ein bundesweit einheitliches Modell zur Klassifizierung von Beherbergungsbetrieben zur Verfügung.

Die Vorteile überwiegen so deutlich und klar, daß es in der Rückschau unverständlich erscheint, warum erst jetzt die Kategorien "Tourist" (1 Stern), "Standard" (2 Sterne), "Komfort" (3 Sterne), "First Class" (4 Sterne) und "Luxus" (5 Sterne) langsam und regional noch sehr schwankend eingeführt werden.

Durch die Klassifizierung selbst und dem mit ihr verbundenen → Marketing hat jeder klassifizierte Betrieb einen beachtlichen Wettbewerbsvorteil, das heißt letzten Endes mehr Gäste. Die Mehrfachnutzung der Sterne - innerbetriebliches → Marketing (Hausprospekte etc.), regionales → Marketing (Veröffentlichung der Fremdenverkehrsämter und Fremdenverkehrsorganisationen) und bundesweite Marketingaktivitäten - sollen der Vollständigkeit wegen hier nicht verschwiegen werden.

Die Sterne schaffen die dringend notwendige Marktakzeptanz, sind eine gute Argumentationshilfe für die Preisakzeptanz und nicht nur, aber vor allem für ausländische Gäste, eine bevorzugte Entscheidungshilfe. Darüber hinaus erfordern leistungsfähige, computerunterstützte Reservierungs- und Informationssysteme (→ Informationstechnologische Systeme) die Verwendung prägnanter und einheitlicher Kurzbotschaften zur Charakterisierung des Hotel-Dienstleistungsangebots. Die Hotelklassifizierung macht endlich auch Schluß mit der "Selbstklassifizierung".

Es werden in jedem Einzelfall Plausibilitätskontrollen und zusätzlich ausreichende Stichproben nach dem Zufallsprinzip durch eine eigens gebildete Kommission durchgeführt. Aus

Deutsche Hotelklassifizierung

Neutralitätsgründen gehören den entsprechenden Kommissionen in der Regel sowohl Vertreter der zuständigen Tourismusverbände als auch des Gastgewerbes an. Verbleibende Unstimmigkeiten werden letztendlich in einem Schlichtungsverfahren ausgeräumt. Einer Eigenvergabe von Sternen wird durch die Klassifizierung ein wirksamer Riegel vorgeschoben.

Wenn es um die Bewertung rein gastronomischer Leistung der Küche geht, dann scheut man weder Mühe noch Kosten, um in den Besitz von Mützen, Kochlöffeln, Sternen und möglichst hohen Punktzahlen zu kommen und unterwirft sich (fast) klaglos nicht immer ganz objektiven Kriterien.

Sehr viel klarer und unmißverständlicher hingegen sind die 22 obligatorischen Kriterien (Muß-Kriterien), die mit zunehmender Anzahl der Sterne schärfere Anforderungen stellen. Hinzu kommen zusätzliche fakultative Kriterien (Kann-Kriterien) aus den Bereichen Allgemeine Hausbeschreibung / Einrichtung, zusätzliche Dienstleistung, Freizeit- und Fitneßeinrichtungen, Konferenz- und Bankettmöglichkeiten. Hier müssen für die einzelnen Kategorien Mindestpunktzahlen erreicht werden.

Warum aber sollte sich ein Hotel der Spitzenklasse klassifizieren lassen? Renommée und Bekanntheitsgrad sind damit sicher kaum zu steigern. Richard Schmitz, Hausherr im Brenner´s Park Hotel & Spa in Baden-Baden ist überzeugter Protagonist der Klassifizierung. Sein Haus gehört zu den "Leading Hotels of the World" und zur Kooperation "Deutsche Luxushotels. Die Selection." (→ Hotelkooperation), und sofort entschloß er sich zur Teilnahme an der Klassifizierung, weil sie zum einen längst überfällig und zum anderen eine permanent propagierte Befürwortung von Transparenz und Kundennähe ohne einheitliche Klassifizierung ein Widerspruch in sich sei. Zwar vertritt er die Auffassung, daß die Kriterien noch nicht ausgereift sind, weil der Serviceaspekt, die → Software, gegenüber der → Hardware noch etwas zu kurz komme, aber die Klassifizierung steht eben noch am Anfang.

"Jede Klassifizierung schafft im Endergebnis Grenzen und ist aus diesem Grund auch immer angreifbar für die Kritiker. Aber die Klassifizierung ist eine Orientierungshilfe für den Konsumenten". So bewertet André Witschi, der für Ibis zuständige Generaldirektor bei der Accor-Gruppe seine Entscheidung, alle Ibis-Hotels in Deutschland klassifizieren zu lassen und sorgt damit für einen Schub, der das Unternehmen Deutsche Hotelklassifizierung mit einem Schlag ein gutes Stück voran bringt. Das ist schon deshalb bemerkenswert, weil die Ibis-Häuser voraussichtlich alle in der sonst gar nicht so beliebten Zwei-Sterne-Kategorie eingestuft werden. Accor - so Witschi - bräuchte keine Sterne, man ist durch Ibis bekannt genug - aber man stellt sich in den Dienst der Klassifizierung. Eher treibt den Accor-Macher die Sorge um, mit einem Ibis-Hotel drei Sterne zu bekommen, obschon seine wirtschaftlich orientierte Klientel den Zwei-Sterne-Bereich gut kennt und bevorzugt.

Die Deutsche Hotelklassifizierung ist kein Wettbewerb, sondern eine Einstufung. Und nichts wäre auf lange Sicht für das Gesamtprojekt schädlicher, als wenn der Eindruck entstünde, es gäbe den Ein- und Zwei-Sterne-Bereich nicht. Wenn diese Denkbarriere abgebaut werden kann, dann ist die Deutsche Hotelklassifizierung auf dem richtigen Weg.

Deutsche Hotelklassifizierung

Ein ganzes Bündel an flankierenden Marketingmaßnahmen wird hier für den weiteren Schub sorgen: Zunächst ist die Durchführung einer repräsentativen Bevölkerungsbefragung zur permanenten Fortentwicklung der Kriterien, nach denen die Hotelklassizierung durchgeführt wird, zu nennen. Hinzu kommt die Marketingkooperation des → Deutschen Hotel- und Gaststättenverbandes mit der Deutschen Bahn AG. Im Rahmen der Kooperation mit der Deutschen Bahn AG werden zum Beispiel in den Fahrplaninformationen der IC / ICE-Züge Informationen über die Deutsche Hotelklassifizierung geschaltet. Eine weitere Maßnahme ist die Auslandswerbung im Zusammenhang mit der → Deutschen Zentrale für Tourismus. Die Deutsche Hotelklassifizierung wird in die aktuellen Informationen der → Deutschen Zentrale für Tourismus im Ausland integriert (Infoflyer, Anzeigen). Darüber hinaus sind die Informationen über die Fremdenverkehrsorganisationen anzuführen. Ziel dieser bundesweiten Aktion ist es, vor Ort über die Klassifizierung zu informieren und gleichzeitig die Möglichkeit zur Nutzung von Arbeitshilfen und einheitlichen Kurzaussagen zu geben. Damit erhält die Deutsche Hotelklassifizierung Eingang in die kommunalen und regionalen Druckerzeugnisse unter einem einheitlichen Corporate Design (→ Corporate Identity). Zudem ist auf die bundesweite Pressekonferenz zu themenbezogenen Aussagen hinzuweisen.

Ulrich Jungk

Chefredakteur der Allgemeinen Hotel- und Gaststätten-Zeitung, Matthaes Verlag GmbH

Deutsche Zentrale für Tourismus e.V.

Die Deutsche Zentrale für Tourismus e.V. (DZT) ist das nationale und internationale Tourist Board Deutschlands. Sie wurde am 25. Mai 1948 mit dem Ziel gegründet, das Reiseaufkommen aus dem Ausland nach Deutschland zu steigern. Von einer Organisation, die zunächst auf reine Imagewerbung ausgerichtet war, hat sich die DZT zu einer modernen Marketingorganisation (→ Marketing) entwickelt. Sie versteht sich heute als kompetenter und professioneller Marketing-Dienstleister für das Reiseland Deutschland. Nach 50 Jahren erfolgreicher weltweiter Vermarktung des touristischen Angebotes Deutschlands übernimmt die DZT ab 1999 auch das überregionale Inlandsmarketing. Hiermit ist es in Deutschland erstmals gelungen, Inlands- und Auslandsmarketing unter einem gemeinsamen Dach zusammenzuführen und hierdurch die DZT als die Marketingorganisation für den Markenartikel Deutschland zu positionieren.

Im Bereich des Auslandsmarketings verfolgt die DZT vor allem die nachstehenden Ziele: Pflege des positiven Images des Reisezieles Deutschland im Ausland, Steigerung des Reiseaufkommens nach Deutschland, Erhöhung der Deviseneinnahmen, Stärkung des Wirtschaftsfaktors Tourismus.

Im Bereich des Inlandsmarketing liegt ein Zielkatalog vor, der sich wie nachstehend beschreiben läßt: Generierung zusätzlicher Nachfrage für Urlaub und Reisen in Deutschland, Imageverbesserung und Akzeptanzsteigerung von Urlaub und Reisen in Deutschland, Ausrichtung der Kampagne an zielgruppen- und kundengerechten Erlebnisthemen, verstärkte Nutzung des → Reisebüros als Vertriebsweg für

Urlaubsangebote, Förderung der flächendeckenden Bereitstellung von marktgerechten Pauschalen und Leistungselementen, Integration der Auslandsmarketingmaßnahmen für Kurorte und Heilbäder (→ Kur- und Bäderwesen).

Dr. Erich Kaub

Präsident des Deutschen Hotel- und Gaststättenverbandes e.V., Präsident des Bundesverbandes der Deutschen Tourismuswirtschaft e.V., Präsident des Verwaltungsrates der Deutschen Zentrale für Tourismus e.V.

Deutscher Fremdenverkehrsverband e.V.

→ Deutscher Tourismusverband e.V.

Deutscher Hotel- und Gaststättenverband e.V.

Der Deutsche Hotel- und Gaststättenverband e.V. (DEHOGA) ist ein Verband, der sich aller Fragen annimmt, die das Gastgewerbe direkt oder indirekt betreffen. Hierbei vertritt er die beruflichen und wirtschaftlichen Interessen seiner Mitglieder auf Bundesebene. Der DEHOGA ist Lobbyist und aktiver Mitgestalter bei wirtschaftlichen und gesellschaftlichen Fragen. Seine Aufgabe besteht dabei vor allem im Kontakt zu Ministerien und in der Interessenartikulation bei Anhörungen. Ziel ist es, vernünftige Rahmenbedingungen für Hotellerie und Gastgewerbe zu schaffen und zu halten.

Der DEHOGA ist föderativ aufgebaut. Er setzt sich aus 18 Landesverbänden und einem Fachverband zusammen. Die Organe des DEHOGA sind die Delegiertenversammlung, das Präsidium und der Große Vorstand. Die Delegiertenversammlung, die jährlich stattfindet und auf der aktuelle Themen diskutiert werden sowie verbandsinterne Beschlüsse gefaßt werden, stellt ein wichtiges Verbindungsglied zur gastgewerblichen Basis dar. Das Präsidium leitet die Geschäfte des DEHOGA. In den Aufgabenbereich des Großen Vorstandes fallen alle wichtigen Verbandsangelegenheiten, wozu zum Beispiel Finanzentscheidungen gehören.

Dr. Erich Kaub

Präsident des Deutschen Hotel- und Gaststättenverbandes e.V., Präsident des Bundesverbandes der Deutschen Tourismuswirtschaft e.V., Präsident des Verwaltungsrates der Deutschen Zentrale für Tourismus e.V.

Deutscher Reisebüro und
Reiseveranstalter Verband e.V.

Deutscher Reisebüro und Reiseveranstalter Verband e.V.

Im Umfeld der Reisebranche und in der Reisebranche selbst finden tiefgreifende Veränderungen statt. Man denke nur an das politische und wirtschaftliche Umfeld, den EU-Binnenmarkt mit dem Übergang zum Euro, die Konzentrationsprozesse (→ Unternehmensverbindungen) in der Reisebranche und die Möglichkeiten und Auswirkungen der dynamischen Entwicklung elektronischer Medien (→ Informationstechnologische Systeme). Aus den Veränderungen ergeben sich neue Anforderungen an den Verband, nämlich das Bilden einer Plattform für ein in der Branche und in der Öffentlichkeit anerkanntes Veränderungsmanagement (→ Changemanagement). Trends und zwangsläufige Entwicklungen rechtzeitig erkennen, die Branche sensibilisieren und Lösungen entwickeln, die zu einem Ausnutzen der Chancen und zu einem Vermeiden der Risiken führen. Um dem gerecht und fit für das 21. Jahrhundert zu werden, hat sich der DRV in seiner Jahrestagung am 30. und 31. Oktober 1998 in Frankfurt neu strukturiert und den erweiterten Namen Deutscher Reisebüro und Reiseveranstalter Verband e.V. gegeben. Die Vision des "DRV neu" lautet: "Ein starker Verband, der die Stimmen aller → Reisebüros und → Reiseveranstalter bündelt und auf politischer Ebene und in der Öffentlichkeit als die Branchenvertretung handelt."

Beim Leitbild des "DRV neu" (→ Unternehmensleitbild) steht die Sicherung der Kundeninteressen im In- und Ausland zur Wahrung von Vertrauen und Wirtschaftlichkeit der Reiseindustrie an erster Stelle. Daneben geht es um die demokratische, gleichgewichtige Repräsentanz sowohl mittelständischer als auch konzerngebundener Unternehmen im DRV und um professionelle Stellungnahmen zu allen branchenrelevanten Themen.

Zu den Zielen gehören: Die Vielfältigkeit der Branche im Verband widerspiegeln, die Bedeutung der Reiseindustrie als Wirtschaftsfaktor im politischen Raum und in der Öffentlichkeit noch besser bewußt machen und die Weiterentwicklung in Richtung Qualitätsverband nach außen und nach innen. Dazu wird das Dienstleistungsangebot des DRV zur Steigerung der Wirtschaftlichkeit der Mitgliedsbetriebe ausgebaut, die Qualifikation der Betriebe und Branchenmitarbeiter gefördert und ein professionelles Clearing des Dienstleistungsangebotes für die Reiseindustrie aufgebaut.

Die Bildung von vier homogenen Säulen wird der Unterschiedlichkeit der Branchenunternehmen gerecht. Alle Mitglieder sind gleichgewichtig durch Direktwahlen ihrer Säulensprecher im Vorstand und Präsidium vertreten. Die inhabergeführten → Reisemittler bilden bundesweit sieben Regionen, um die Nähe des DRV zu seinen Mitgliedern sicherzustellen. Die Meinungsbildung funktioniert so konsequent "Bottom up" von den Regionen über die Säulen bis zum Präsidium. Die Bearbeitung von Grundsatz- und aktuellen Branchenthemen erfolgt in neun Ausschüssen und acht Expertenkreisen, in denen Praktiker, die Spezialisten der großen Unternehmen und Experten von außen zusammenarbeiten. Die Ausschüsse und Expertenkreise werden inhaltlich und organisatorisch von Mitarbeitern der DRV-Geschäftsstelle betreut. Zu zeitlich befristeten Spezialthemen können Arbeitsgruppen gebildet werden.

Assoziierte Mitglieder verfolgen primär Vertriebsinteressen, wollen Erste-Hand-Informationen über die Reisebranche, Erfahrungsaustausch und persönliche Kontakte und sind an einer Qualitätssicherung interessiert. Um dem gerecht zu werden, bindet der DRV diese Mitgliedergruppe über verschiedene Maßnahmen in die Arbeit der Verbandsgremien ein.

Der DRV hat Ende 1998 über 5.000 Mitglieder, davon 800 assoziierte Mitglieder. Er repräsentiert über 70 % des bundesdeutschen Reiseveranstalter- und Reisemittlerumsatzes.

Gerd Hesselmann

Präsident des Deutschen Reisebüro und Reiseveranstalter Verbandes e.V.

Deutscher Tourismusverband e.V.

Der Deutscher Tourismusverband e.V. (DTV), vormalig unter dem Namen Deutscher Fremdenverkehrsverband (DFV) bekannt, wurde im Jahre 1902 als Bund Deutscher Verkehrsvereine in Leipzig gegründet. Er nimmt tourismuspolitische Aufgaben auf Bundesebene wahr. Der Verband verfolgt ausschließlich gemeinnützige Zwecke und finanziert sich ausschließlich durch die Beiträge seiner Mitglieder. Der Deutsche Tourismusverband hat zur Zeit 53 ordentliche Mitglieder, davon 20 Tourismusorganisationen auf Landes- und regionaler Ebene, 30 städtische Mitglieder, drei kommunale Spitzenverbände sowie 20 fördernde Mitglieder. Die Hauptaufgabe des Deutschen Tourismusverbandes besteht darin, als Lobby- und Fachverband die Interessen seiner Mitglieder auf Bundesebene zu bündeln, zu koordinieren und zu organisieren und diese gegenüber den Entscheidungsträgern des Bundes und der Europäischen Union zu vertreten. Er nimmt im Namen seiner Mitglieder die Kontakte zu anderen touristischen Partnern wahr. Der Deutsche Tourismusverband initiiert und begleitet Grundlagenstudien und wissenschaftliche Untersuchungen zum Binnentourismus und betreibt Öffentlichkeitsarbeit. Als serviceorientierter Dachverband berät er seine Mitglieder in Rechts- und Steuerfragen und übernimmt Aufgaben, die orts-, regional- und länderübergreifenden Charakter haben (zum Beispiel Entwicklung von Qualitätskriterien, Durchführung von Wettbewerben, Auszeichnung von Tourist-Informationsstellen). Die strategischen Leitlinien der Verbandsarbeit legt der Vorstand fest. Eine große Rolle spielt der Erfahrungs- und Meinungsaustausch seiner Mitglieder zwischen den Geschäftsführern in Ausschüssen und Arbeitsgruppen.

Claudia Gilles

Hauptgeschäftsführerin des Deutschen Tourismusverbandes e.V.

Deutscher Wetterdienst

Der Deutsche Wetterdienst, abgekürzt DWD, ist eine Bundesoberbehörde im Geschäftsbereich des Bundesministeriums für Verkehr. Zu den wichtigsten Aufgaben des DWD gehört die meteorologische Sicherung der Luft- und Seefahrt.

Deutsches Wirtschaftswissenschaftliches Institut für Fremdenverkehr an der Universität München

Institut, das Forschungen im Bereich des Fremdenverkehrs durchführt. Abkürzung: DWIF.

Deutschland Informations- und Reservierungsgesellschaft

Es handelt sich hierbei um eine Gesellschaft, die auf die Entwicklung eines bundeseinheitlichen → Reservierungssystems abzielt. Abkürzung: DIRG.

DFS

Abkürzung für → Deutsche Flugsicherung GmbH.

DFV

Abkürzung für Deutscher Fremdenverkehrsverband e.V. → Deutscher Tourismusverband e.V.

Diffusion

Bezeichnung für die Ausbreitung neuer Produkte, Verfahren und Ideen im Zeitablauf. Hiermit in engem Zusammenhang steht der Begriff der → Adoption.

Direct Mailing

Anlaßbezogene Aussendung von Werbemitteln auf dem Postweg an Adressaten, die vorher anhand von Auswahlkriterien aus Datenbanken als erfolgversprechend selektiert wurden. Gleichbedeutend hierzu wird der Begriff der Direktwerbung verwandt. → Vorteile der Direktwerbung im Hotel- und Gaststättengewerbe

Direct Marketing

Oberbegriff für Marketingaktivitäten (→ Marketing), bei denen Kommunikationstechniken mit der Absicht eingesetzt werden, einen direkten Kontakt zu Zielpersonen herzustellen, um sie zu einer individuellen, meßbaren Reaktion zu veranlassen. Diese Definition entspricht dem Verständnis des Deutschen Direktmarketing Verbandes.

Directional Fares

Flugpreise, die nur für Flüge in eine Flugrichtung gelten.

Director Flight Operations

International übliche Bezeichnung für den → Flugbetriebsleiter.

Direktwerbung

→ Direct Mailing; → Vorteile der Direktwerbung im Hotel- und Gaststättengewerbe

DIRG

Abkürzung für → Deutschland Informations- und Reservierungsgesellschaft.

Diskontierung

Bezeichnung für das Abzinsen eines Zahlungsstromes. Würde man etwa eine → Einzahlung in Höhe von 110 Geldeinheiten betrachten, die in einem Jahr anfällt und würde man einen Zinssatz von 10 % zugrunde legen, wäre der auf den Betrachtungszeitpunkt diskontierte Wert der → Einzahlung 100 Geldeinheiten.

DOM

Abkürzung für → Domestic Flight.

Domestic Flight

International übliche Bezeichnung für einen Inlandsflug. Wird häufig mit DOM abgekürzt.

Doppelbelegungsrate

In der Hotellerie verwandte Kennzahl, die als das Verhältnis der Anzahl doppeltbelegter Zimmer und der Anzahl der belegten Zimmer definiert ist.

Double Occupancy

Bezeichnung für Doppelbelegung eines Hotelzimmers.

DRV

Abkürzung für → Deutscher Reisebüro und Reiseveranstalter Verband e.V.

DTV

Abkürzung für → Deutscher Tourismusverband e.V.

Durchschnittlicher Hotelzimmerpreis

Kennzahl, die als das Verhältnis zwischen Beherbergungsumsatz und Anzahl belegter Zimmer definiert ist. Die Kennzahl wird in der Hotellerie verwandt. Sie wird auch als Average Room Rate bezeichnet.

Duty Free

Steuer- und zollfreier Einkauf für Reisende, die Staatsgrenzen überschreiten. In der Regel werden in sogenannten Duty Free-Shops Hochsteuerwaren angeboten. Durch Inkrafttreten des europäischen Binnenmarktes gilt diese Regelung in den Teilnehmerländern nur noch bis 1999.

DWD

Abkürzung für → Deutscher Wetterdienst.

DWIF

Abkürzung für → Deutsches Wirtschaftswissenschaftliches Institut für Fremdenverkehr an der Universität München. Das DWIF ist unter anderem für seine → Betriebsvergleiche bekannt.

DZT

Abkürzung für → Deutsche Zentrale für Tourismus e.V.

E-Mail

Elektronische Form des Postversandes. Geeignete Programme erlauben das online Schreiben von Mitteilungen und den Versand via Datenleitung an das elektronische Postfach des Empfängers. → Informationstechnologische Systeme

ECAC

Abkürzung für → European Civil Aviation Conference.

Economies of Scale

Bezeichnung für die Gesamtheit der betriebswirtschaftlichen Vorteile, die sich aus der Größe eines Unternehmens ergeben. Hierzu zählen etwa Vorteile bei der → Finanzierung, der → Investition, beim Absatz (→ Marketing) sowie bei der → Personalbeschaffung. Besondere Economies of Scale stellen sich im Rahmen der → vertikalen Integration touristischer Leistungsträger ein. Ein wesentlicher Bestimmungsgrund für Economies of Scale ist der → Fixkostendegressionseffekt.

Economy Class

Preiswerteste Beförderungsklasse im → Linienflugverkehr.

Eigenfinanzierung

→ Finanzierung

Eigenkapital

Kapital, das entweder von den Eigentümern des touristischen Leistungsträgers zur Verfügung gestellt wurde oder im Rahmen der Selbstfinanzierung (→ Finanzierung) einbehalten worden ist. → Eigenkapitalfunktionen

Eigenkapitalfunktionen

Aufgrund verschiedener Gegebenheiten ist der Anteil des → Eigenkapitals an der im Tourismus zu beobachtenden Unternehmensfinanzierung ständig zurückgegangen. Demzufolge hat sich der Fremdkapitalanteil (→ Fremdkapital) laufend erhöht. Viele Betriebe konnten zum Beispiel nicht genügend Mittel aus dem laufenden → Cash Flow ansparen, um Verbesserungs- und Erweiterungsinvestitionen durchzuführen. Deshalb mußte dafür → Fremdkapital aufgenommen werden. Je höher jedoch der Fremdkapitalanteil (→ Fremdkapital) am Unternehmenskapital ist, desto mehr verringert sich der Liquiditätsspielraum (→ Liquidität). Gerade in dieser Situation können Umsatz- und / oder Ertragseinbrüche zu fatalen Zahlungsschwierigkeiten führen. Dementsprechend kommt dem → Eigenkapital in der Tourismusbranche eine sehr hohe Bedeutung zu.

Das → Eigenkapital weist verschiedene Funktionen auf. Zunächst ist die Finanzierungsfunktion (→ Finanzierung) zu nennen. Diese Funktion wird in der Regel langfristig erfüllt. Es können daher mit → Eigenkapital → Investitionen finanziert werden, die schwer liquidierbar sind und aus denen die Rückflüsse über den damit zu erwirtschaftenden → Ertrag nur langsam erfolgen. Hinzu kommt die Risikoübernahmefunktion. So gehen allfällige Verluste zunächst zu Lasten des → Eigenkapitals. Den Ansprüchen der Kreditgeber kann ungeschmälert Folge geleistet werden. Erst wenn die Verluste zu einer Aufzehrung des → Eigenkapitals geführt haben, berühren sie das → Fremdkapital. Des weiteren ist die Wachstumssicherungsfunktion zu nennen. So ist Unternehmensexpansion oft nur mit einer ausreichenden Eigenkapitalreserve (→ Eigenkapital) möglich. Fehlt diese, so ist es risikobedingt schwierig, zusätzliches → Fremdkapital am Kapitalmarkt zu erhalten. Darüber hinaus ist die Liquiditätssicherungsfunktion anzuführen. Diese Funktion kommt dem → Eigenkapital zu, weil seine Verzinsung in ertragsschwachen Perioden ausgesetzt werden kann und die Rückzahlung des → Eigenkapitals an die Kapitalgeber nur in besonderen Fällen erforderlich ist. Schließlich trägt das → Eigenkapital dazu bei, Unabhängigkeit und Dispositionsfreiheit zu wahren. Dies gilt, da mit steigender Verschuldungsquote der Einfluß der Gläubiger auf Fragen der Unternehmensführung wächst. → Finanzierung; → Kreditverhandlungsführung

Dr. Klaus Ennemoser

Inhaber der Dr. Klaus Ennemoser Wirtschaftsberatung

Eigenkapitalquote

Kennzahl, die als das prozentuale Verhältnis von → Eigenkapital und → Gesamtkapital definiert ist.

Eigenkapitalrentabilität

Bezeichnung für das prozentuale

Verhältnis zwischen Jahresüberschuß (→ Jahresabschluß) und → Eigenkapital. Die Größe Eigenkapitalrentabilität wird im anglo-amerikanischen Sprachraum als Return on Equity (ROE) bezeichnet.

Eigentouristik

Bezeichnung für die Reiseveranstaltertätigkeit (→ Reiseveranstalter) eines → Reisebüros.

Einkommensteuer

Das Einkommensteuerrecht ist in diversen Gesetzen und Verordnungen enthalten. Zu den wichtigsten diesbezüglichen Rechtsquellen gehören das EStG 1997, die Einkommensteuer-Durchführungsverordnung 1997 (EStDV), das Eigenheimzulagengesetz, die Lohnsteuer-Durchführungsverordnung 1990 (LStDV) etc. Hinzu kommen die Einkommensteuerrichtlinien (EStR), die Lohnsteuerrichtlinien (LStR) und zahlreiche andere Verwaltungsanweisungen und Entscheidungen der Gerichte der Finanzgerichtsbarkeit. Die EStR und LStR sind Weisungen an die Finanzbehörden zur einheitlichen Anwendung des Einkommensteuerrechts beziehungsweise Lohnsteuerrechts, zur Vermeidung unbilliger Härten und zur Verwaltungsvereinfachung. Außerdem existieren weitere Anweisungen der obersten Finanzbehörden des Bundes und der Länder sowie der Oberfinanzdirektionen an die nachgeordneten Behörden (Finanzämter), die Zweifels- und Auslegungsfragen des EStG behandeln.

Das Einkommensteuerrecht berücksichtigt die wirtschaftliche Leistungsfähigkeit der einzelnen Steuerpflichtigen durch einen progressiv gestalteten Steuertarif, durch Freibeträge aus den unterschiedlichsten Gründen sowie durch die Gewährung von Vergünstigungen für Verheiratete und Kinder.

Auch wirtschaftspolitisch ist das Einkommensteuerrecht von eminenter Bedeutung. Zahlreiche Vorschriften sind im Interesse bestimmter Wirtschaftszweige (zum Beispiel Landwirtschaft) geschaffen worden. Außerdem wird die Investitionstätigkeit der Wirtschaft durch die Gewährung von mehr oder weniger großzügigen Abschreibungsregeln (→ Abschreibung) und Rückstellungsregeln (→ Rückstellung) gefördert oder gebremst.

Steuerpflichtige im Rahmen der Einkommensteuer sind alle natürlichen Personen. Die Steuersubjektfähigkeit beginnt mit der Geburt und endet mit dem Tode. Subjektive Steuerbefreiungen bestehen nicht.

Allerdings besteht ein umfangreicher Katalog nicht steuerpflichtiger Einnahmen. → Personengesellschaften oder gleichgestellte Gemeinschaften sind als solche nach dem sogenannten Transparenzprinzip selbst nicht einkommensteuerpflichtig. Danach werden die Einkünfte zwar von der → Personengesellschaft erzielt. Die von der → Personengesellschaft erzielten Einkünfte werden jedoch ihren Gesellschaftern zugerechnet und von diesen als eigenes Einkommen versteuert.

Das EStG unterscheidet nach dem Wohnsitzprinzip zwischen unbeschränkter Einkommensteuerpflicht (Welteinkommensprinzip) von Steuerinländern und beschränkter Einkommensteuerpflicht von Steuerausländern, die hier steuerpflichtige Einkünfte erzielen (Territorialitätsprinzip). Ein umfangreiches Netz von Doppelbesteuerungsabkommen und nationalen Steueranrechnungsvorschriften verhindern in der Regel die doppelte Besteuerung von Einkünften, die Steuerinländer im Ausland und Steuerausländer im Inland erzielen. → Steuern

Rudolf Kollmannsberger

Vereidigter Buchprüfer und Steuerberater, München, Lehrbeauftragter an der Fachhochschule München, Fachbereich Tourismus

Einnahme

Begriff des Rechnungswesens, der eine Größe beschreibt, die zu einer Erhöhung des → Geldvermögens führt.

Einschiffung

Empfang der Passagiere am Anfang einer → Kreuzfahrt, Begrüßung und Geleit zur zugewiesenen → Kabine.

Einzahlung

Begriff des Rechnungswesens, der eine Größe beschreibt, die zu einer Erhöhung des → Zahlungsmittelbestandes führt.

Einzelgeschäftsführungsbefugnis

→ Geschäftsführungsbefugnis, die dadurch gekennzeichnet ist, daß ein Gesellschafter ohne vorherige Zustimmung seiner Mitgesellschafter Geschäftsführungsmaßnahmen wahrnehmen kann.

Einzelkosten

→ Kosten

Einzelplatzverkauf

→ Seat Only-Verkauf

Einzelunternehmung

Rechtsform, die dadurch gekennzeichnet ist, daß sie einer einzelnen Person gehört und von dieser geleitet wird. Das → Eigenkapital der Einzelunternehmung wird alleine von seinem Eigentümer aufgebracht. Es liegt eine → unbeschränkte Haftung vor. Gewinne aus der Unternehmertätigkeit stehen dem Unternehmer alleine zu, allerdings muß er auch Verluste alleine tragen. Zudem kann der Einzelunternehmer seinen Betrieb eigenverantwortlich und damit ohne Rücksicht auf die Interessen weiterer Gesellschafter führen.

Einzelvertretungsmacht

→ Vertretungsmacht, die dadurch gekennzeichnet ist, daß die Willenserklärung eines Gesellschafters die Gesellschaft bindet. Voraussetzung hierfür ist, daß er im Namen der Gesellschaft handelt.

Entwicklungen im Reisebürobereich

Die Reisemittlerstufe (→ Reisemittler) bildet das letzte Glied der touristischen → Wertschöpfungskette. Sie steht zwischen den Zielgebietsangeboten, den Leistungsträgern sowie den → Reiseveranstaltern auf der einen Seite und dem Verbraucher, dem potentiellen Reisenden, auf der anderen. Die → Reisemittler sind eine Vertriebsschiene der vorgelagerten Stufen. Der Anteil des Reisebürovertriebs (→ Reisebüro) ist je nach Wertschöpfungsstufe und Reiseart sehr unterschiedlich. Die Veränderung der Marktstrukturen durch die vertikalen und horizontalen Konzentrationsprozesse (→ Unternehmensverbindungen; → Vertikale Integration), sich wandelnde Kundenanforderungen und vor allem die dynamische Entwicklung auf dem Gebiet der Informations- und Kommunikationstechnologie (→ Informationstechnologische Systeme; → Reservierungssysteme) werden die Rolle der Reisemittlerstufe (→ Reisemittler) nachhaltig verändern.

In Deutschland haben wir ca. 17.500 → Reisebüros. Während die Mehrzahl der primär touri-

 Entwicklungen im Reisebürobereich

stisch orientierten Büros stagnierende Umsätze ausweist, haben die Büros mit einem starkem Firmendienst und die auf Business Travel spezialisierten Ketten Wachstum zu verzeichnen. Die stagnierenden, zum Teil rückläufigen Touristikumsätze bei den → Reisebüros werden auf die zunehmende Nutzung von Direktvertriebsmöglichkeiten, wie zum Beispiel → Call Center und Internet (→ Informationstechnologische Systeme) und auf den stark gewachsenen Last-Minute-Anteil (→ Last Minute-Reisen) zurückgeführt, der zu einem großen Teil über Flughafencounter von Spezialisten und Veranstaltern (→ Reiseveranstalter) vertrieben wird. Mit ca. 17.500 → Reisebüros ist der Markt in Deutschland übersetzt. Ca. 5.000 Einwohner pro → Reisebüro sind keine ausreichende wirtschaftliche Basis. Dazu sind mindestens 10.000 Einwohner notwendig. Bei steigenden Direktvertriebsanteilen wird sich diese Zahl weiter erhöhen. Die großen Business Travel Ketten haben eine umfassende Servicepalette und globale Partnernetzwerke entwickelt. Sie folgen damit der Globalisierung ihrer großen Kunden, den internationalen → Konzernen. Den Bestrebungen bedeutender Leistungsträger, wie zum Beispiel der Lufthansa, → Konzerne durch bilaterale Abkommen an sich zu binden, setzen sie Vereinbarungen über Sonderkonditionen mit allen wesentlichen Leistungsträgern und ausgereifte Travel Management-Systeme (→ Travel Management) entgegen. Auf diesem Geschäftsfeld haben sich neue Regeln am Handelsvertreterstatus vorbei entwickelt.

Nationale und internationale Wettbewerber, Preiswettbewerb und die Notwendigkeit, die → Kosten zu senken und die → Produktivität zu erhöhen, die Möglichkeit unabhängiger von dominierenden und fordernden Partnern zu werden, der Markteintritt neuer Big Player, wie Medienkonzerne und schließlich der Wunsch der Verbraucher zwingen auch die → Reisebüros zu einem intensiveren Einsatz neuer Technologien. Wenn der Kunde seine Reisearrangements über das Internet (→ Informationstechnologische Systeme) buchen will, dann muß auch das → Reisebüro auf diesem Vertriebskanal präsent sein. Der Ergebnisdruck durch steigende → Kosten bei stagnierenden Preisen und zum Teil rückläufigen Provisionen (→ Provisionssysteme im Reisebürobe-

Entwicklungen im Reisebürobereich

reich) macht Elektronikeinsatz zur Optimierung der Geschäftsprozesse, zur Verbesserung der Mitarbeiterproduktivität (→ Produktivität) und vor allem zur Verbesserung der Servicequalität erforderlich.

Auch bei voranschreitenden Veränderungen der Markstrukturen und der dynamischen Entwicklung beim Elektronikeinsatz (→ Informationstechnologische Systeme) haben → Reisebüros gute Chancen in der Zukunft, denn wer den Kunden hat, hat die Macht. Auch wenn die Kundenbindungswerbung der Veranstalter und Leistungsträger volle Wirkung zeigt, so hat demgegenüber das → Reisebüro die Waffe der lokalen Präsenz, die auch in der Zukunft für die meisten Reisekunden den direkten sozialen Dialog bedeutet und damit viel faßbarer ist. Dieser soziale Kontakt wird in Zukunft als Flucht aus einer total elektronischen Umwelt mit seinem "Information-Overkill" erlebt werden. Das → Reisebüro muß sich zur anerkannten Informationsquelle und zum kompetenten Berater entwickeln und bei seinem Kunden, der zum Beispiel Skiurlaub machen möchte, hinterfragen, welche Bedürfnisse er in Verbindung mit diesem Urlaub hat, welche Formen der Anreise, Typen der Unterkunft, Aktivitäten und erwartete Atmosphären, Geldwechsel und Versicherungen (→ Reiseversicherungen). Welche Dienstleistungen kann der → Reisemittler durch Kombination und Einfallsreichtum zum Nutzen des Kunden anbieten? Das → Reisebüro muß sich weg vom Agenten einzelner Leistungsanbieter hin zum Agenten seiner Kunden entwickeln, bevor es ein anderer Dienstleister tut. Das heißt nicht, daß das → Reisebüro alle Dienstleistungen selbst erbringen muß. Vielmehr geht es darum, ein professionelles Partnernetzwerk zu etablieren. Das Erlebnis professioneller Lösungskompetenz wird den Stammkundenanteil erhöhen. Die Lösungskompetenz muß Kunden, die aus Bequemlichkeit oder Zeitgründen nicht ins Büro kommen wollen oder können, auch zu Hause angeboten werden. Durch die Nutzung anderer Direktkommunikationsmöglichkeiten mit dem Kunden zu Hause läßt sich eine neue Zielgruppe erschließen. Mit Telefonmarketing und Internet (→ Informationstechnologische Systeme) erweitert das → Reisebüro außerdem seinen Radius über den lokalen Einzugsbereich hinaus.

Entwicklungen im Umfeld und in der Branche selbst bergen für die → Reisebüros Risiken, bieten auf der anderen Seite jedoch große Chancen. Wenn → Reisebüros bereit sind, umzudenken, sich von liebgewordenen Gewohnheiten zu verabschieden und die Chancen entschlossen zu ergreifen, können sie auch in Zukunft eine starke Position behaupten.

Gerd Hesselmann

Präsident des Deutschen Reisebüro und Reiseveranstalter Verbandes e.V.

EP

Abkürzung für → European Plan.

Erfolgsfaktoren im Management von Fluggesellschaften

Die gegenwärtige Marktsituation im Personenluftverkehr ist das Ergebnis nationaler und internationaler Liberalisierungsprozesse, die in vielen Verkehrsgebieten zunehmend den Wettbewerb an die Stelle staatlicher Regulierungen treten lassen. Im innereuropäischen Luftverkehr wurden durch die Schaffung des Gemeinsamen Marktes 1993 zudem nationale Regelungen durch EU-weit geltende Richtlinien und Verordnungen ersetzt. Dies zeigt sich in

- einem Abbau von Kapazitätsbeschränkungen, insbesondere durch Liberalisierung der Verkehrsrechte (Streckenzugang),
- einer Reduzierung der Auflagen zur Tarifgenehmigung,
- einer zunehmenden Privatisierung der staatlichen → Fluggesellschaften,
- einer Angleichung der Verkehrsarten Linien- und Gelegenheitsverkehr hinsichtlich Preise und Produkte sowie
- einer Lockerung der Auflagen bei der Agenturzulassung (Vertriebsliberalisierung).

Grundlegende Voraussetzungen für den Unternehmenserfolg sind nach wie vor ein mängelfreies Produkt, Präsenz in einem Computer-Reservierungssystem (→ Informationstechnologische Systeme; → Reservervierungssysteme) und ein positives Image. Da sich die einzelnen → Fluggesellschaften in ihren Grundprodukten aber immer weniger unterscheiden (zum Beispiel gleiche Flugzeugtypen, ähnliche Streckennetze und Pünktlichkeitsstandards bei den Hauptkonkurrenten), stellt die Erfüllung dieser Kundenforderungen nicht mehr länger einen Erfolgs-

Erfolgsfaktoren im Management von Fluggesellschaften

faktor für strategische Wettbewerbsvorteile dar. Dagegen zählen Konkurrenzfähigkeit auf der Preisebene, Qualitätsverbesserungen zur Erhöhung des Kundennutzens, exakte Positionierung im Wettbewerbsmarkt sowie Unternehmenswachstum zunehmend zu den Eckpfeilern von Erfolgsstrategien:

- Konkurrenzfähigkeit auf der Preisebene: Der mit dem neuen Wettbewerb einhergehende Ertragsverfall (steigender Anteil der zu Sondertarifen (→Tarif) fliegenden Passagiere) erfordert einerseits Kostensenkungen, die durch Restrukturierung und Verschlankung des Unternehmens, freiwilligen Verzicht der Mitarbeiter auf Lohnsteigerungen, → Outsourcing strategisch nicht bedeutsamer Funktionen (zum Beispiel Auslagerung von Teilen des Rechnungswesens in Niedriglohnländer) und Gründung von Low Cost-Tochterunternehmen erzielt werden; andererseits werden Ertragssteigerungen durch den verstärkten Einsatz der Instrumente Preisdifferenzierung (insbesondere Auslastungssteigerung durch kurzfristige Sondertarife) und → Yield Management erzielt. → Yield Management bedient sich einer computergestützten Preis- / Mengensteuerung, die auf der Basis von Verkaufsprognosen innerhalb der einzelnen Beförderungsklassen bei den jeweiligen Ertragsklassen (gebildet aus Ertrag des → Tarifs, der Reisestrecke und der Kundenwertigkeit) durch eine periodisch angepaßte flexible Kapazitätszuordnung sicherstellt, daß in Engpaßsituationen (Nachfrage höher als Sitzplatzzahl) nur die jeweils ertragsstärksten Buchungen vorgenommen werden können; zudem kann damit die Überbuchungssteuerung optimiert werden.

- → Qualitätsmanagement: Durch die Ausrichtung aller Unternehmensaktivitäten an den Kundenwünschen soll insbesondere eine dauerhafte Markenloyalität erreicht werden. Die notwendige hohe und konstante Qualität der Grundleistungen (fliegerische Kompetenz, Sicherheit und Pünktlichkeit) als Mußkomponente wird ergänzt durch stetige Qualitätsverbesserungen in allen Bereichen der Servicekette, die vom ersten bis zum letzten Kontakt des Kunden mit dem Unternehmen reicht (Sollkom-

Erfolgsfaktoren im Management von Fluggesellschaften

ponente). Typische Produkterweiterungen sind Vielfliegerprogramme (Frequent Flyer Programs (→ Frequent Flyer), zum Beispiel Miles & More der Lufthansa) zur Kundenbindung, Zusatzleistungen vor und nach dem Flug (Sitzplatzreservierung schon bei der Buchung, Vorabend-Check-In oder Mietwagenreservierung) oder die kontinuierliche Verbesserung des Inflight-Services. Da die Kundenzufriedenheit in hohem Maße von der Qualität der persönlichen Dienstleistungen abhängt, kommt der Gestaltung der "Moments of truth" (Carlzon), in denen die Mitarbeiter mit Kundenkontakt sowohl Serviceleistungen erbringen als auch die → Fluggesellschaft repräsentieren, besondere Bedeutung im → Qualitätsmanagement zu.

- Positionierung: Der Verlust des Status des wettbewerblich geschützten und gegebenenfalls subventionierten nationalen Flag Carriers erfordert eine Neudefinintion der Wettbewerbsposition. Als typische Erfolgspositionen werden angesehen: Global Player durch strategische Allianzen (→ Strategische Allianzen im Luftverkehr), Spezialisierung auf ein bestimmtes Nachfragesegment, zum Beispiel Geschäftsreiseverkehr, Ferienflugverkehr im Chartermodus (→ Charter; → Charterflugverkehr) (aufkommensstarke Punkt-zu-Punkt-Verbindungen statt Netzorientierung, Vertrieb vorwiegend über Pauschalreiseveranstalter), regionale Spezialisierung entweder durch Beschränkung auf einen starken Heimatmarkt oder auf regionale Nischen, das heißt Märkte mit beschränktem Verkehrsaufkommen, zum Beispiel Interregionalverkehr; Produktpositionierung als hochwertiger Quality-Carrier oder preisgünstiger Low Cost-Carrier (geringer Service, nur Direktvertrieb, Verbindungen zwischen kostengünstigen → Flughäfen, keine Netzbildung).

- Unternehmenswachstum: Wachstumsstrategien sind notwendig, um auf expandierenden Märkten nicht verdrängt zu werden. Die Alternative "Wachstum aus eigener Kraft" scheint gegenwärtig nur für Nischenanbieter gangbar zu sein. Unternehmensbeteiligungen setzen erhebliche finanzielle Mittel voraus und werden, wenn überhaupt, nur für

Erfolgsfaktoren im Management von Fluggesellschaften

den Erwerb von Potentialen, die bisher als Engpaßfaktor eine Expansion erschwerten (zum Beispiel Verkehrsrechte), eingegangen; darüber hinaus zeigt sich, daß die mit einer Unternehmensbeteiligung verbundenen Vorteile hinsichtlich → Wirtschaftlichkeit, Wettbewerbsfähigkeit und Stärkung der Marktmacht auch ohne Kapitaleinsatz durch das Eingehen strategischer Allianzen (→ Strategische Allianzen im Luftverkehr) erzielt werden können. Solche → Unternehmensverbindungen zur Sicherung strategischer Wettbewerbspositionen reichen von der Kooperation (→ Unternehmensverbindungen) auf regionaler / kontinentaler Ebene (Zubringerverkehr zu den → Hubs and Spokes) über interkontinentale Allianzen (→ Strategische Allianzen im Luftverkehr), welche die Nachfrage auf den einzelnen Kontinenten zu den Endpunkten der Interkontinentalstrekken führen bis hin zu globalen Allianzen (→ Strategische Allianzen im Luftverkehr) im Sinne strategischer Netze, die durch die Kooperation (→ Unternehmensverbindungen) von → Fluggesellschaften aus unterschiedlichen Kontinenten ein gemeinsames weltumspannendes Strecken- und Vertriebsnetz ergeben, wie zum Beispiel die Star Alliance (Lufthansa, United Airlines, SAS, THAI-International etc.), One World (British Airways, American Airlines, Canadian Airlines etc.) oder Wings (KLM, Alitalia, Kenya Airways etc.). Zentrales Element strategischer Allianzen (→ Strategische Allianzen im Luftverkehr) sind Code Share-Vereinbarungen (→ Strategische Allianzen im Luftverkehr). Damit erlaubt die → Fluggesellschaft A der Partnergesellschaft B, einen Flug unter einer eigenen Flugnummer (→ Flight Number) zu vermarkten, obwohl er ganz oder teilweise von A durchgeführt wird. Vorteile von Code Share-Abkommen (→ Strategische Allianzen im Luftverkehr) sind: Ausweitung des Streckennetzes und der Marktpräsenz, verringerte Wettbewerbsintensität im Innenverhältnis, vorteilhaftere Darstellung in den Computer-Reservierungssystemen (→ Informationstechnologische Systeme; → Reservierungssysteme) sowie Produktverbesserungen für den Kunden durch Koordinierung der Anschlußflüge, Nutzung der → Lounges, Ausweitung der Vielfliegerprogramme, Single Check-In und Sitzplatzvergabe bei Umsteigeverbindungen. Weitere Vorteile der Allianzen können im gemeinsamen Einkauf, in der gemeinsamen Produktentwicklung und im Tausch von → Slots liegen. Probleme strategischer Allianzen (→ Strategische Allianzen im Luftverkehr), die auch zum Scheitern führen können, sind vor allem die Angleichung der → Unternehmenskulturen, das Entstehen von ungleichen Abhängigkeitsverhältnissen sowie die Einschränkung der unternehmerischen Dispositionsfreiheit.

- Absatzsicherung: Im Rahmen des indirekten Vertriebs über unternehmensfremde → Reisebüros soll eine Stärkung der Agenturbindung insbesondere durch leistungsgebundene Provisionen erreicht werden. Im Eigenvertrieb sollen durch die Gründung von Franchise-Ketten (→ Franchising), zum Beispiel Lufthansa City Center, die Tätigkeit als → Reiseveranstalter (direkt oder über Beteiligungen), den Ausbau des telefonischen Verkaufs durch → Call Center und zukünftig insbesondere durch den elektronischen Vertrieb über Online-Dienste strategische Erfolgspotentiale geschaffen werden. Großabnehmer werden durch ein besonderes → Key Account Management gefördert.

→ Luftverkehrsmanagement; → Strategische Allianzen im Luftverkehr; → Zielgruppenorientiertes Airlinemanagement

Literatur: Carlzon, 1988; Pompl, 1996; Pompl, 1998; Teuscher, 1994

Prof. Dr. Wilhelm Pompl

Fachhochschule Heilbronn, Studiengang Tourismusbetriebswirtschaft

Erlebnispark

Unter einem Erlebnispark versteht man alle unter freiem Himmel fest installierten Anlagen, die umzäunt sind und bei deren Betreten ein Entgelt zu entrichten ist. Auf diesem Gelände werden Spieleinrichtungen, Großmodelle, Tiere und technische Einrichtungen sowie Fahrgelegenheiten entweder zusammen oder Teile davon zur Schau gestellt oder zur Benutzung überlassen. Einzelne Einrichtungen können dabei auch in festen Gebäuden untergebracht sein. Gastronomiebetriebe und Verkaufseinrichtungen sind in Erlebnisparks in der Regel eingegliedert. Der Begriff Erlebnispark wurde geprägt, als immer mehr Freizeitunternehmen begannen, sich als → Freizeitparks zu bezeichnen, ohne die Betriebscharakteristika zu erfüllen. Die Einführung der Betriebsbezeichnung Erlebnispark sollte den ursprünglichen → Freizeitparks ermöglichen, sich von der Inflation der Verwendung des Begriffs → Freizeitpark, insbesondere bei kommunalen Anlagen und Sporteinrichtungen, abzugrenzen und durch den warenzeichenrechtlichen Schutz dieses Begriffes einen Markencharakter zu entwickeln. Der historische Ursprung der Erlebnisparks geht nicht allein auf Disneyparks zurück. Die vergnügliche Entspannung in Parks beruht auf einer alten Tradition in Europa, die bis in die Römerzeit zurückreicht und in höfischen, meist adelig-herrschaftlichen Park- und Gartenanlagen, die in späterer Zeit der Öffentlichkeit zugänglich gemacht wurden, ihre Fortsetzung fanden. Auch die Schützen- und Festwiesen im städtischen Umland sind Komponenten dieser Entwicklung. Erlebnisparks wurden oft als bewußtes Gegenstück zu den herrschaftlichen Anlagen durch die Initiative des Adels und des Bürgertums gegründet. 1661 eröffnete der Londoner Vauxhall Gardens. Ihm folgten eine Reihe von Duplikaten in Großbritannien und auf dem Kontinent. In einer weiteren "Evolutionsstufe" wurden eine Reihe von "Pleasure Gardens" in Betrieb genommen. Der berühmteste, der Tivolipark in Kopenhagen, nannte sich noch in Anlehnung an den Urvater der → Freizeitparks (Londoner Vauxhall Gardens) Tivoli-Vauxhall. Sein durchschlagender Erfolg, der bis heute anhält (mehr als 5 Millionen Besucher jährlich), hat Kommunen und Privatinitiatoren überall in der Welt angeregt, weitere "Tivolis" zu schaffen. Die deutsche Ausprägung dieses Vergnügungsparks war der einst in Berlin existierende "Lunapark", der von 1904 bis 1934 bestand. Nach dem Zweiten Weltkrieg fand in der Bundesrepublik Deutschland und auf dem übrigen Gebiet des ehemaligen Deutschen Reiches keine Wiederbelebung der Vergnügungsparks wie des "Lunaparks" statt. Vielmehr konnten im Zuge der Motorisierung Ausflugsgaststätten mit Vogelvolieren, Tiergarten und später Märchenfiguren das Publikumsinteresse wecken. Die ehemals als Beiwerk zur Gastronomie gedachten Einrichtungen wurden durch konsequenten Ausbau bald zum Hauptangebot, die Gastronomie zur Serviceleistung.

In der Bundesrepublik gibt es relativ wenig Neugründungen von Erlebnisparks. Lediglich der Europapark in Rust, der Heide-Park in Soltau, Das Hansaland und der Eulenspiegelpark Sottrum sind ohne Vorläufer entstanden. Die anderen Erlebnisparks gehen auf die genannten historischen Ursprünge zurück. Eine Ausnahme bilden dabei die Safariparks, deren konzeptionelle Idee aus Großbritannien kam und die aufgrund ihres enormen Geländebedarfes, unabhängig von gastronomischen Einrichtungen, nach den frei zur Verfügung stehenden Flächen geplant werden mußten. → Freizeitpark; → Themenpark

Dr. Heinz Rico Scherrieb

Geschäftsführer des Verbandes Deutscher Freizeitunternehmen e.V.

Ertrag

Begriff des Rechnungswesens, der eine Größe beschreibt, die zu einer Erhöhung des → Gesamtvermögens führt.

Ertragswert

→ Investitionsrechenverfahren

Etagenservice

→ Room Service

Eurocontrol

Bezeichnung für die europäische Organisation für Flugsicherung.

European Civil Aviation Conference

Die European Civil Aviation Conference (ECAC) wurde 1954 von den nationalen europäischen Luftfahrtbehörden gegründet und hat ihren Sitz in Neuilly-sur-Seine bei Paris (35 Mitgliedsstaaten 1998). Sie sieht sich als europäischer Teil der → International Civil Aviation Organisation. Sie arbeitet dieser mit Schwerpunkt auf Fragen der Flugsicherheit und Luftsicherheit aus europäischer Sicht zu.

European Plan

Bezeichnung für ein nur aus Übernachtung bestehendes Hotelangebot. Abkürzung: EP. → Continental Plan

Event

→ Event-Tourismus

Event-Tourismus

In der modernen Marketingforschung gelten Events als inszenierte Ereignisse und Veranstaltungen, die multisensitiv, also mit starken emotionalen und physischen Reizen, dargeboten werden und den Teilnehmern besondere und nichtalltägliche, vielfach spannende oder gar einmalige Erlebnisse vermitteln. Im Gegensatz zu permanenten Veranstaltungen und natürlichen Angeboten haftet Events etwas Einmaliges, Besonderes, Seltenes, Kurzfristiges, Vergängliches und Künstliches an. Als zusätzliche Attraktion ergänzen sie das natürliche Angebot eines Ortes und sorgen für entsprechende touristische Ausstrahlung.

Event ist also nicht nur ein neues Zauberwort des → Marketing für eine alte Sache nach der Devise "Alles ist Event". Vielmehr verbirgt sich dahinter ein Wandel in der Bedürfnisstruktur der Konsumenten: Die Erlebnisqualität wird zum wichtigsten Kriterium für Konsumprioritäten. In Zeiten gesättigter Märkte triumphiert das Erlebnis über die Bedarfsdeckung, der Erlebniskonsum über den Versorgungskonsum. Die Konsumenten kaufen zunehmend Gefühle und Erlebnisse (und nicht nur Güter und Dienstleistungen). Erlebnisqualität wird als Lebensqualität empfunden.

Events schaffen neuartige Erlebniswelten - explorative, soziale, biotische, virtuelle etc. Dabei ist das Erleben des Originalgefühls wie das Erleben eines Ereignisses als Original. Neu am Event-Tourismus ist vor allem die professionelle Vermarktung und ihre massenhafte Kommerzialisierung.

Zum Event-Tourismus gehört der Charakter des Einmaligen und Einzigartigen, auf jeden Fall Seltenen, das nicht jederzeit reproduzierbar ist. So stellt etwa Schulze fest: "Im Fernsehen, auf Viedeokassette oder Online gibt es keine Events, sondern nur Berichte darüber": Auch eine Erklärung dafür, warum zum Beispiel die Berliner Love Parade trotz außergewöhnlichen medialen Aufwands unterschiedliche Einschaltquoten erzielte. "Dabei gewesen" zu sein ist etwas qualitativ anderes als "davon gehört" oder etwas "darüber gesehen" zu haben.

Übersättigte Erlebniskonsumenten verlangen nach immer Neuem, nach nie Dagewesenem. So werden Ereignisse in Serie inszeniert und zum Reiseanlaß und Reiseanreiz für Millionen - getrieben von der Suche und Sucht nach Superstars und Superlativen, bei denen Steigerungen kaum mehr möglich erscheinen. Die Verhüllung des Berliner Reichstages hat beispielsweise fünf Millionen Menschen in Bewegung gesetzt. Das Luther-Jahr zum 450. Todestag des Reformators hat für 250.000 zusätzliche Übernachtungen gesorgt und den Veranstaltern gleichzeitig Einnahmen in Höhe von rund 50 Millionen DM beschert.

Die Event-Reise macht sich bezahlt, wenn ein "ultimatives Match" (Boris Becker) geboten wird, an das die Besucher noch lange zurückdenken. Aus Zu-Schauern werden Teil-Nehmer, die sich glücklich schätzen, daß sie "das" erleben dürfen und sich selbst als Teil des gelungenen Ereignisses fühlen können. 1984 gab es beispielsweise beim Tennis-Davis-Cup-Spiel Deutschland gegen Rumänien in Berlin 200 Zuschauer, 1996 beim ATP-Turnier in Hannover über 90.000. "Wer wußte denn vor zehn Jahren in Deutschland, was ein Event ist" (Ion Tiriac, Manager der ATP-Weltmeisterschaft).

Erfolgreich verlaufene Events lassen sich nicht einfach wiederholen oder konservieren, nur steigern oder überbieten. Die anspruchsvollen Event-Touristen sind unerbittlich: Sie wollen jedes Jahr ein neues Ereignis oder zumindest eine Steigerung des Ereignisses - ein Event, von dem die Menschen berichten, bevor es überhaupt stattgefunden hat. Massen von Menschen setzen sich in Bewegung, werden mobil, um dabeizusein. Die Folge ist: Event-Tourismus. Was die Markt- und Rummelplätze in früheren Jahrhunderten waren, werden in Zukunft Massenveranstaltungen und Top-Ereignisse sein.

Event-Tourismus gleicht einer Mischung aus Erlebnishunger und Bewegungslust, Sensation und Happening zugleich. 43 % der Bevölkerung ab 14 Jahren strömen mindestens einmal im Jahr zu solchen Massenspektakeln, die Erlebnisse versprechen und "Wir"-Gefühle vermitteln. Am meisten sind derzeit Openair-Konzerte gefragt.

Die Philosophie des Event-Touristen lautet: "Ich will. Ich

will es haben. Ich habe es mir verdient." Die entscheidende Motivation ist nicht mehr der Bedarf, sondern der Wunsch nach intensiverem Erleben. Dieser Wunsch hat etwas "aggressiv Forderndes" - so wie man sein Recht einklagt. Dahinter verbirgt sich ein ausgeprägtes Anspruchs- und Prestigedenken.

Dem Event-Touristen vermittelt das Bericht- und Erzählbare über das Einmal-Ereignis mehr Sozialprestige als das Sicht- und Vorzeigbare, wie zum Beispiel bei der Kleidung oder dem Auto. Events entwickeln sich zu "den" touristischen Statussymbolen an der Schwelle zum 21. Jahrhundert. Vielleicht wird es im Tourismus der Zukunft Eventplaner genauso geben müssen wie Umweltbeauftragte.

Hier kannst Du das Leben erleben! Auf die Inszenierung kommt es an. Eine neue Erlebnisgeneration, die fast alles schon bereist, gesehen und konsumiert hat, will in inszenierten Erlebnissen geradezu baden. Urlaubserleben heißt immer mehr: Das ausleben, was zu Hause und im Alltag zu kurz kommt.

Die Welt und das Leben sind schon immer voller Überraschungen. Deshalb kommt es auch im Event-Tourismus mehr darauf an, überraschende Highlights zu bieten, die noch in keinem Reiseprospekt zu finden sind - in jedem Fall eine ständige touristische Herausforderung, für manche sogar eine fast unlösbare Aufgabe für die Zukunft. → Soziologische Aspekte des Tourismus

Literatur: Bruhn, 1997; Freyer, Meyer, 1998; Inden, 1993; Nikkel, 1998; Opaschowski, 1993; Opaschowski, 1997; Opaschowski, 1998; Schober, 1993; Schulze, 1998; Weinberg, Nikkel, 1998

Prof. Dr. Horst W. Opaschowski

Universität Hamburg, Fachbereich Erziehungswissenschaft, Institut für Sozialpädagogik, Erwachsenenbildung und Freizeitpädagogik

Executive Housekeeper

→ Housekeeping Department

Expedient

In einem → Reisebüro tätige Fachkraft, deren Aufgabe im wesentlichen in der technisch-organisatorischen Reisevorbereitung besteht.

Expeditionskreuzfahrt

Expeditionskreuzfahrten (→ Kreuzfahrt) sind in erster Linie darauf ausgerichtet, in interessante und abgelegene Gegenden vorzudringen. In der Regel gibt es während Expeditionskreuzfahrten (→ Kreuzfahrt) kein Unterhaltungsprogramm im eigentlichen Sinn; die Natur an sich ist das Reiseziel. Klassische Expeditionsrouten sind unter anderem die Antarktis, die Nordostpassage und die Galápagosinseln.

F & B

Abkürzung für → Food & Beverage.

FAA

Abkürzung für → Federal Aviation Agency.

Factoring

Vertraglich festgelegter laufender Ankauf von Forderungen aus Lieferungen und Leistungen durch ein spezialisiertes Unternehmen.

Fähre

Schiff zur Beförderung von Personen, PKW und LKW von einem Hafen zum anderen oder zum Übersetzen über einen Fluß etc.

Fahrgastschiff

Schiff mit der Möglichkeit zur Beförderung von mindestens zwölf Fahrgästen. Für Fahrgastschiffe gelten besondere behördliche Bestimmungen insbesondere in Bezug auf Sicherheit. Zu Fahrgastschiffen zählen unter anderem → Fähren, → Kreuzfahrtschiffe und → Kombischiffe.

Fahrtgebiet

Region, in dem ein Schiff eingesetzt wird.

Fallreep

Treppenähnlicher Aufgang von der → Pier oder einem kleineren Boot zur Schiffspforte oder zu einem → Deck. Anders als die → Gangway hängt das Fallreep schräg an der Bordwand.

Fam Trip

Abkürzung für → Familiarization Trip.

Familiarization Trip

Bezeichnung für eine kostenlose Informationsreise, die Reisebüroinhabern (→ Reisebüro) oder

→ Expedienten zum Kennenlernen neuer touristischer Produkte angeboten wird.

Fare-Basis-Code

Abkürzung für verschiedene Flugtarife (→ Tarif).

Federal Aviation Agency

Die Federal Aviation Agency, die abgekürzt mit FAA bezeichnet wird, ist die Luftfahrtbehörde der USA mit Sitz in Washington DC. Ihre Aufgabe schließt neben dem Vorschriftenwesen, der Lizensierung und der Aufsicht die Flugsicherung mit ein.

Fernflug

Auch als Interkontinentalflug bezeichneter Flug zwischen verschiedenen Kontinenten.

Fernreise

Angebot eines → Reiseveranstalters, das über eine Flugreise in außereuropäische Länder führt.

Finanzierung

Bezeichnung für die Gewinnung von liquiden Mitteln. Die Formen der Finanzierung lassen sich nach zwei Kriterien systematisieren. Das erste Kriterium ist die Rechtsstellung des Kapitalgebers. Je nachdem, ob dieser die Rechtsstellung eines Eigentümers oder eines Gläubigers hat, spricht man von Eigenfinanzierung beziehungsweise Fremdfinanzierung. Das zweite Kriterium ist die Herkunft des Kapitals. Hier wird zwischen Innenfinanzierung und Außenfinanzierung unterschieden. Unter dem Begriff Innenfinanzierung werden diejenigen Finanzierungsformen zusammengefaßt, bei denen das Kapital aus unternehmensinternen Quellen stammt. Von Außenfinanzierung spricht man hingegen, wenn Kapital aus unternehmensexternen Quellen zugeführt wird.

Eigenfinanzierung tritt in den Formen Beteiligungsfinanzierung und Selbstfinanzierung auf. Von Beteiligungsfinanzierung wird gesprochen, wenn der Einzelunternehmer oder die Gesellschafter des touristischen Leistungsträgers → Eigenkapital von außen zuführen. Bei der Selbstfinanzierung des touristischen Leistungsträgers ist zwischen offener Selbstfinanzierung und stiller Selbstfinanzierung zu unterscheiden. Offene Selbstfinanzierung liegt vor, wenn der touristische Leistungsträger Gewinne einbehält. Man spricht in diesem Zusammenhang auch von Gewinnthesaurierung. Stille Selbstfinanzierung liegt vor, wenn der touristische Leistungsträger → stille Reserven bildet. Damit kommt es zu einer Bindung von Mitteln, die ansonsten den touristischen Leistungsträger über Steuerzahlungen und Gewinnausschüttungen verlassen hätten. Selbstfinanzierung ist stets Innenfinanzierung. Fremdfinanzierung tritt in den Formen Kreditfinanzierung und Finanzierung durch Bildung von → Rückstellungen auf. Kreditfinanzierung liegt vor, wenn der touristische Leistungsträger Fremdkapital von außen aufnimmt. Hierunter fällt etwa die Inanspruchnahme eines Darlehens. Die Finanzierung durch Bildung von → Rückstellungen ist eine Fremdfinanzierungsform, die zugleich Innenfinanzierung darstellt. Es werden keine finanziellen Mittel von außen zugeführt. Der Finanzierungseffekt besteht hier darin, daß durch die Bildung von → Rückstellungen ein → Aufwand gebucht wird, der keine → Auszahlung darstellt. Damit kommt es zu einer auszahlungsneutralen Gewinnreduktion, mit der verringerte Steuerzahlungen und Gewinnausschüttungen einhergehen. Auf diese Weise werden Mittel im touristischen Leistungsträger gebunden, die ihn ansonsten verlassen hätten. Zu den genannten Finanzierungsalternativen kommen zwei Finanzierungsformen hinzu, die weder der Eigenfinanzierung noch der Fremdfinanzierung eindeutig zugeordnet werden können. Die erste dieser Finanzierungsformen ist die Finanzierung aus → Abschreibungen. Von einer Finanzierungsform ist hier insofern zu sprechen, als die Vornahme einer → Abschreibung ebenso wie die Bildung einer → Rückstellung die Buchung eines → Aufwands bedeutet, der keine → Auszahlung darstellt. Damit kommt es auch hier zu einer Bindung von Mitteln an den touristischen Leistungsträger. Die zweite dieser Finanzierungsformen ist die Finanzierung aus Vermögensumschichtungen. Hier besteht der Finanzierungseffekt darin, daß durch den Verkauf von Vermögenswerten Mittel frei werden. → Eigenkapitalfunktionen; → Kreditverhandlungsführung

Finanzierungsleasing

→ Leasing

Finanzinvestition

→ Investition

Firmendienst

Spezialservice von → Reisebüros für Unternehmen.

Firmenwert

Betrag, den der Käufer eines Unternehmens über den → Substanzwert hinaus zu zahlen bereit ist. Der Firmenwert, der auch als Goodwill oder Geschäftswert bezeichnet wird, ist die Differenz zwischen Marktwert und → Substanzwert.

First Class

Teuerste Klasse im → Linienflugverkehr.

Fixed Charges

Begriff des → Uniform System of Accounts for the Lodging Industry, welcher diejenigen hotelbetrieblichen Aufwendungen (→ Aufwand) beschreibt, die nicht dem operativen Geschäft zuzurechnen sind. Hierzu zählen im einzelnen die nachstehenden Aufwandsarten (→ Aufwand): Rent, Taxes, Insurance, Interest Expenses und Depreciation and Amortization.

Fixkosten

→ Kosten

Fixkostendegressionseffekt

Bezeichnung für den Effekt, daß mit steigender Anzahl produzierter Dienstleistungen die auf die einzelne Dienstleistung entfallenden Fixkosten (→ Kosten) sinken.

Flaggenstaat

Land, in dem der → Heimathafen liegt und in dem das Schiff im Schiffsregister eingetragen ist.

Flaggschiff

Bezeichnung für das "erste" Schiff einer → Reederei oder → Flotte.

Flight Crew

→ Flugbesatzung

Flight Number

Nummer eines → Linienfluges im Netz einer → Fluggesellschaft. Die Flight Number setzt sich aus dem → Airline-Code und einer Zahl zusammen, welche maximal vier Stellen aufweist.

Flight Plan

International übliche Bezeichnung für → Flugplan.

Flotte

Begriff für die Gesamtheit der Schiffe einer → Reederei beziehungsweise → Flugzeuge einer → Fluggesellschaft.

Flugbegleiter

Bezeichnung für Servicepersonal, das auf Passagierflugzeugen (→ Flugzeug) arbeitet. Die Flugbegleiter werden auch als Cabin Attendants sowie als Stewardessen beziehungsweise Stewards bezeichnet.

Flugbesatzung

Die Flugbesatzung, die als Flight Crew oder Cockpit Crew bezeichnet wird und dem → Bordpersonal einer → Fluggesellschaft zuzuordnen ist, ist für die Durchführung des Fluges verantwortlich. Die Flugbesatzung und die → Flugbegleiter bilden die Mannschaft des → Flugzeugs. Heute setzt sich die Flugbesatzung der meisten Verkehrsflugzeuge (→ Flugzeug) aus einem Kapitän (→ Kapitän des Luftverkehrs) als verantwortlichem Flugzeugführer und einem → Copiloten als zweitem Flugzeugführer zusammen.

Flugbetriebshandbuch

→ Operations Manual

Flugbetriebsleiter

Der Flugbetriebsleiter, der als Director Flight Operations bezeichnet wird, ist für den gesamten Flugbetrieb einschließlich der Führung des → Bordpersonals verantwortlich.

Fluggesellschaft

Auch als Luftfahrtunternehmen beziehungsweise als Airline bezeichnetes Unternehmen, das Personen oder Sachen durch → Luftfahrzeuge gewerbsmäßig befördert. Fluggesellschaften betreiben schwerpunktmäßig → Linienflugverkehr oder → Charterflugverkehr. → Erfolgsfaktoren im Management von Fluggesellschaften; → Luftverkehrsmanagement; → Strategische Allianzen im Luftverkehr; → Zielgruppenrientiertes Airlinemanagement

Flughafen

Flughäfen sind → Flugplätze mit einem Bauschutzbereich nach § 12 Luftverkehrsgesetz. Flughäfen können als Verkehrsflughäfen für den allgemeinen Verkehr zugelassen und damit öffentlich benutzbar sein. Weiterhin können Flughäfen als Sonderflughäfen für besondere Zwecke, etwa für die Nutzung durch ein bestimmtes Unternehmen, zugelassen sein.

Flughafenmanagement

Wie sieht der ideale Manager eines internationalen Verkehrsflughafens (→ Flughafen) am Anfang seiner Karriere aus? Er oder sie müßte wohl um die 30 Jahre alt sein, die Studien der Jurisprudenz, Betriebswirtschaftslehre, Volkswirtschaftslehre, Architektur oder Politikwissenschaft erfolgreich abgeschlossen und bereits einige Berufsjahre im Cockpit einer Boeing 747 verbracht haben. Natürlich beherrscht er beziehungsweise sie mehrere Sprachen in Wort und Schrift perfekt (→ Sprachkompetenz), ist mit allen gängigen Computerprogrammen bestens vertraut und verfügt über einschlägige Erfahrungen in der Kommunalpolitik.

So viel zur Theorie. Natürlich ist ein solches Anforderungsprofil Unsinn, weil es nicht zu erfüllen ist. Andererseits kommt jeder Flughafendirektor im Laufe seiner Amtszeit tatsächlich mit all den oben genannten Fachgebieten und Themen - und mit vielen anderen mehr - in Berührung, weil → Flughäfen nun einmal ausgesprochen komplexe und heterogene Organismen sind.

In Deutschland werden die großen → Flughäfen von unabhängigen Betriebsgesellschaften geführt, deren jeweilige Gesellschaftsanteile sich heute noch überwiegend in öffentlicher Hand befinden. So hat an der Flughafen München GmbH (FMG) der Freistaat Bayern 51 % der Gesellschaftsanteile, die Bundesrepublik Deutschland 26 % und die Stadt München 23 %. Die FMG hat als Betreiber einer internationalen Luftverkehrsdrehscheibe die Aufgabe, die technischen Einrichtungen, die zum Starten, Landen, Rollen und Abstellen von Flugzeugen sowie zur Abfertigung von Passagieren, Fracht und Post erforderlich sind, zu planen, zu errichten, zu betreiben und zu unterhalten.

Ungeachtet ihrer rechtlichen Erscheinungsform als Gesellschaft des privaten Rechts trägt die Flughafen München GmbH letztlich durch eine reibungslose Abwicklung des Luftverkehrs und durch die Bereitstellung ausreichender infrastruktureller Kapazitäten zur Daseinsvorsorge des Staates bei. Natürlich werden nicht alle mit dem Flughafenbetrieb zusammenhängenden Aufgaben und Dienstleistungen von

Flughafenmanagement

der Flughafengesellschaft selbst wahrgenommen. Am Münchener Flughafen waren 1998 insgesamt rund 400 Unternehmen und Behörden mit über 17.000 Beschäftigten tätig.

Als Betreiber des Münchener Flughafens verfolgt die FMG das strategische Ziel, das Luftverkehrsangebot in München kontinuierlich zu verbessern, um im Wettbewerb der großen europäischen Airports zu einer größtmöglichen Versorgung des Freistaates Bayern mit Luftverkehrsdiensten beizutragen. Ein modernes und effizientes Flughafenmanagement muß alle Möglichkeiten nutzen, die im Sinne dieses Zieles zum Erfolg führen. Konsequente Kostensenkung, Ertrags- und Produktivitätssteigerung gehören ebenso dazu wie alle Maßnahmen, welche die Motivation und Qualifikation der Mitarbeiter erhöhen. Ein weiterer wesentlicher Aspekt ist die Ausbauplanung. Veränderungen in der Nachfrage des Luftverkehrs müssen frühzeitig erkannt und mit einer bedarfsgerechten Erweiterung der Flughafenanlagen beantwortet werden.

Modernes Flughafenmanagement handelt kundenorientiert. Das heißt, daß der Flughafenbetreiber im ständigen Dialog mit den Passagieren, → Fluggesellschaften, → Reiseveranstaltern, Speditionen und anderen Flughafennutzern steht, um sein Angebot auf die spezifischen Kundenwünsche auszurichten. Ebenso wichtig wie der Kundenkontakt ist für den Flughafenbetreiber aber auch die enge Zusammenarbeit mit staatlichen, regionalen und kommunalen Behörden, die - etwa im Bereich der Ausbauplanung - mit ihren Entscheidungen unmittelbar auf die Flughafenentwicklung einwirken. Gegenüber diesen Entscheidungsträgern gilt es, die Bedeutung herauszustellen, die der → Flughafen für die Wirtschaft, den Arbeitsmarkt, die Infrastruktur und die Landesentwicklung hat.

Der konstruktive Dialog ist auch im nicht immer einfachen Verhältnis zwischen dem → Flughafen und seinem Umland der Schlüssel zum Erfolg. Das erkennbare Engagement für eine umweltverträgliche Abwicklung des Flugbetriebs, eine offene und transparente Unternehmenspolitik sowie die Präsenz bei Bürgerversammlungen, Messen und anderen Veranstaltungen in der Region tragen dazu bei, Mißtrauen abzubauen. Das Ziel ist eine partnerschaftliche Zusammenarbeit zwischen dem Airport und seinen Anrainern, auf deren Grundlage Interessensgegensätze - etwa beim Fluglärm - ausgeglichen und gemeinsame Projekte zum beiderseitigen Vorteil - zum Beispiel die Ansiedlung von Betrieben aus dem Umland am → Flughafen oder gemeinsame Initiativen auf dem Arbeits- und Ausbildungssektor - durchgeführt werden können.

Die Fähigkeit, Interessen zu bündeln und Synergien zu nutzen, ist eine wichtige Voraussetzung für erfolgreiches Flughafenmanagement. Nur eine Unternehmensführung, die über den Tellerrand hinausblickt und mit den Wünschen der Airlines, Behörden, Umlandgemeinden und anderen Partnern ebenso vertraut wie mit den Gegebenheiten im eigenen Betrieb ist, kann die Interessen des → Flughafens wirksam vertreten. So betrachtet ist jeder Flughafenmanager zugleich Streckenplaner, Sicherheitsexperte, Stadtbaurat und vieles andere mehr.

Was also muß - um auf die Eingangsfrage zurückzukommen - jemand mitbringen, der sich für diese Aufgabe interessiert? Vor allem die Bereitschaft, vieles zu lernen und dabei für neue und unkonventionelle Lösungen offen zu bleiben. Eines allerdings sollte jeder Berufsanfänger, der eine Karriere in diesem Bereich plant, schon von Anfang an im Gepäck haben: eine ausgeprägte Affinität zur Fliegerei, ja sagen wir es ruhig, eine ganz persönliche Liebe zur Luftfahrt. → Luftverkehrsmanagement

Willi Hermsen

Hauptgeschäftsführer der Flughafen München GmbH

Flugplan

Unter einem Flugplan wird zum einen der Flugdurchführungsplan für einen beabsichtigten Flug verstanden, der sogenannte Flight Plan, der zur Flugvorbereitung gehört und nach § 25 Luftverkehrsordnung (LuftVO) bei der Air Traffic Control anzumelden ist. Zum anderen ist ein Flugplan die Zusammenstellung planmäßiger Flüge als Informationsquelle für den Kunden, der sogenannte → Time Table. → Time Tables stellen ein wichtiges Instrument der Angebotspräsentation von → Fluggesellschaften und → Flughäfen dar. Durch die Darstellung sollen neben den An- und Abflugzeiten der einzelnen Flüge insbesondere die für den potentiellen Kunden attraktiven Bedienungshäufigkeiten und Umsteigeverbindungen herausgestellt werden. Die → Fluggesellschaften bemühen sich, bei der Gestaltung der publizierten Flugpläne möglichst viele ihrer Produktmerkmale, die Serviceleistungen vor, während und nach dem Flug betreffen, zu reflektieren, wie etwa Frequent Traveller-Programme (→ Frequent Flyer), besondere Abfertigungsleistungen, Kabinenauslegungen, Sitzabstände, Bordunterhaltung oder Beförderungsleistungen zwischen → Flughafen und Stadt.

Flugplanperiode

Die Flugplanperiode ist der Zeitraum, für den → Time Tables gelten. Das sind ungefähr sieben Monate für den Sommer- und fünf Monate für den Winterflugplan. Viele → Fluggesellschaften bringen in der laufenden Sommer- oder Wintersaison einen neuen → Flugplan heraus, weil sich Änderungen ergeben haben. Im → Linienflugverkehr beginnt und endet die Sommer-Flugplanperiode meist zeitgleich mit der Sommerzeit, beginnt also Ende März und endet Ende Oktober. Die Winter-Flugplanperiode beginnt und endet entsprechend mit der Winterzeit. Die Charterfluggesellschaften (→ Charter; → Charterflugverkehr) richten ihre → Flugpläne an den Laufzeiten ihrer → Charterketten aus, wobei die Sommersaison ungefähr von April bis Anfang November läuft. Die Laufzeit der → Flugpläne ist bei den → Fluggesellschaften unterschiedlich.

Flugplatz

Nach dem Luftverkehrsgesetz ist ein Flugplatz der Oberbegriff für → Flughäfen, Landeplätze und Segelfluggelände.

Flugzeit

Die Flugzeit ist die Zeit vom Abheben beim Start bis zum Aufsetzen bei der Landung am Zielflughafen. Hiervon ist die → Blockzeit zu unterscheiden.

Flugzeug

Flugzeuge können nach verschiedenen Kriterien differenziert werden. So können Flugzeuge etwa nach dem Transportauftrag des Fluges in Passagier-, Fracht-, Kombi- und QC-Flugzeuge eingeteilt werden. Passagier- und Frachtflugzeuge sind jeweils rein für die Beförderung von Passagieren beziehungsweise von Fracht konzipiert. Kombiflugzeuge bieten hingegen die Möglichkeit, Passagiere und Fracht gleichzeitig zu befördern. Sogenannte QC-Flugzeuge können innerhalb relativ kurzer Zeit von der Passagier- in die Frachtversion umgebaut werden und umgekehrt. Die erforderliche Frachttüre am Rumpf und die doppelte Bodenkonstruktion bedeuten zusätzliches Gewicht sowie höhere Anschaffungs- und Betriebskosten als für das entsprechende Flugzeug in reiner Passagierversion. Die QC-Methode wird angewendet, um nach einer Tagesauslastung im Passagierverkehr zusätzliche → Deckungsbeiträge durch Frachtbeförderung während der Nacht zu erzielen. Besonders wegen praktischer und logistischer Schwierigkeiten wird dieses Konzept nicht sehr häufig angewendet. Weiterhin werden Flugzeuge nach der Größe der Passagierkabine unterschieden. So werden Flugzeuge mit mehr als einem Gang als Widebodies oder Großraumflugzeuge bezeichnet. Flugzeuge mit lediglich einem Gang in der Passagierkabine werden Narrowbodies oder Single Aisle Flugzeuge genannt. Eine weitere Differenzierung wird bei Flugzeugen bezüglich der Reichweite getroffen. Zwar existiert bezüglich der Reichweite keine allgemeingültige Festlegung, gemeinhin werden allerdings Reichweiten bis zu 1.500 Kilometer, bis zu 5.000 Kilometer und mehr als 5.000 Kilometer den Bezeichnungen Kurz-, Mittel- und Langstreckenflugzeugen zugeordnet. Schließlich können Flugzeuge noch nach ihrer Geschwindigkeit und der Lärmemission differenziert werden. Bezüglich der maximalen Geschwindigkeit des Flugzeugs werden Unterschall- und Überschallflugzeuge unterschieden. Die Concorde ist zur Zeit das einzige regelmäßig eingesetzte zivile Überschallflugzeug. Überschallflugzeuge können die bestehenden Lärmvorschriften nicht erfüllen und benötigen für ihre Zulassung Ausnahmegenehmigungen. In Bezug auf die Lärmemission werden Flugzeuge in die Lärmkategorien Chapter II und III eingeteilt. Die nach ICAO (→ International Civil Aviation Organisation) Annex 16 Chapter III zugelassenen leiseren Flugzeuge, worunter heute alle neuen Verkehrsflugzeuge fallen, werden bezüglich der Landegebühren und der Nachtflugbeschränkungen gegenüber den lauteren nach Chapter II privilegiert, das heißt sie bezahlen auf vielen → Flughäfen geringere Landegebühren, und ihr Einsatz bei Nacht ist weniger eingeschränkt. Verkehrsflugzeuge sind im Gegensatz zu beispielsweise Geschäftsreiseflugzeugen durch die Teilnahme am öffentlichen Luftverkehr definiert.

Fly-and-Cruise

→ Kreuzfahrt mit An- und Abreise per → Flugzeug. → Air-Sea-Travel

Food & Beverage

Bezeichnung für Speisen und Getränke. → Food & Beverage Management

Food & Beverage Management

Food & Beverage Management wurde von den amerikanisch orientierten Hotel- und Restaurantketten entwickelt und gefördert. Während man in der traditionellen deutschen Hotellerie und Gastronomie für den Servicebereich den Maitre d`hotel, Oberkellner oder Restaurantleiter und für den Küchenbereich eben den Küchenchef kannte, sahen amerikanische → Hotelketten dabei das "Management" für das "Herz des Hotels" - den gesamten Gastronomiebereich - allein mit diesen Abteilungsleitern als zu kurz gekommen an. Es entstanden Berufe wie Food & Beverage Controller, Banquet Manager, Bar Supervisor und als Hauptabteilungsleiter der alles koordinierende "Food & Beverage Manager". Für die erwünschte Qualität des Speisenangebots braucht man einen Küchenchef, für hervorragenden Service im Restaurant einen Restaurantleiter und für angemessenen Gewinn im Gastronomiebereich einen verantwortlichen Managementspezialisten, den Food & Beverage Manager.

Im Rahmen der Fachspezialisten eines Großhotels, wie Sales- und Marketing Manager, Public Relations Manager, Operations Analyst, Auditor und Controller, Personnel- und Trainingsmanager, Frontoffice Manager, Executive Housekeeper und Chief Engineer, Purchasing Manager, Guest Relations Officer, nimmt der Food & Beverage Manager eine Schlüsselposition ein.

So ist der Food & Beverage-Bereich mit Küchen, Lager, Restaurants, Etagenservice, Bars, Bankett- und Tagungsräumen eindeutig der personalintensivste Bereich und erfordert professionelles Management in Planung, Durchführung und Kontrolle.

Zwar konzentrieren einige große

Hotelkonzerne (→ Konzern) gerade die vielen Spezialisten in die vier "D's-Verantwortlichkeiten" Director of Operations (Frontoffice und Food & Beverage), Director of Development and Incoming (Marketing, Rooms & Food & Beverage Sales), Director of Controlling (Finance & Accounting) und Director of Human Resources (Personnel & Training), aber das spezielle Fachwissen für alle Bereiche wird wohl jedem Großhotel erhalten bleiben. Es geht um die Funktion Food & Beverage Management.

Natürlich haben auch europäische Hotelbetriebe die Notwendigkeit des Managements für den Gastronomiebereich erkannt. So entstand in Deutschland eine sehr fortschrittliche und zukunftsorientierte Organisation für Hotellerie und Gastronomie, die Food & Beverage Management Association (FBMA), die überbetrieblich als → lernende Organisation eine "Vordenkerfunktion" im Management des Gastgewerbes eingenommen hat.

Der Verantwortliche für Food & Beverage Management, der Food & Beverage Manager oder zu Deutsch "Wirtschaftsdirektor", untersteht als Hauptabteilungsleiter direkt dem Generaldirektor. Ihm unterstehen die Abteilungsleiter der folgenden Abteilungen in einem Großhotel: Restaurants, Bars, Küchen, Etagenservice, Stewardingabteilung und Bankettabteilung. Die Wirtschaftsdirektion (Food & Beverage Management) ist für die Koordination der gesamten Wirtschaftsabteilung (Gastronomie) verantwortlich.

Das Food & Beverage Management hat für die Durchführung und Befolgung der geschäftspolitischen Richtlinien des Hotels im Gastronomiebereich zu sorgen. Food & Beverage Management unterstützt die Direktion in der Ausarbeitung dieser Leitlinien (Food & Beverage Policies) unter Berücksichtigung der eigenen Marktposition.

Sehr eng verbunden ist die Wirtschaftsdirektion in der Praxis mit folgenden Abteilungen in einem Großhotel: Buchhaltung und EDV, Einkaufsabteilung, Operations Analysis, Public Relationsabteilung, Verkaufsabteilung und Personalbüro. Die Schlüsselfunktion des Wirtschaftsdirektors trägt die Verantwortung für vernünftigen Einkauf für die Wirtschaftsabteilung, sorgsame Lagerung, beste Zubereitung, zuvorkommenden Service und Verkauf von Food & Beverage in Restaurants, Bars, Gästezimmern, Night Clubs, Bankett- und Veranstaltungsräumen. Die Planung, Durchführung und Kontrolle aller Food & Beverage Leistungen beinhaltet modernste Managementtechniken bei der Budgetierung und Geschäftsprognose, der Angebots- und Preispolitik, der Durchführung von Varianzanalysen, der Erstellung von Marketingplänen, der Überwachung von Kennzahlensystemen, der Entwicklung von Trainingsprogrammen, der Durchführung von Produktivitätskontrollen, der Überwachung von Lohn- und Gehaltskosten, der Kontrolle der Wareneinsatzkosten für Food & Beverage, der Entwicklung und Kontrolle von Food & Beverage-Qualitätsstandards, bei dem optimalen Mitarbeitereinsatz in allen gastronomischen Abteilungen und dem → Total Quality Management (TQM). Food & Beverage Management muß sich permanent mit zeitgemäßen betriebswirtschaftlichem Know-how fortbilden, um kreative und wirtschaftliche Food & Beverage Leistungen nachfrageorientiert vermarkten zu können.

Literatur: Schaetzing, 1987; Schaetzing, 1992; Schaetzing, 1996 (b); Internationales Institut für Hotel & Restaurant Administration (IHRA), 1998

Prof. Edgar E. Schaetzing

Fachhochschule München, Fachbereich Tourismus

Franchising

Bezeichnung für ein Vertragsverhältnis zwischen zwei Partnern, dessen Gegenstand die Nutzung einer Marke, einer Vertriebsstruktur, einer Einkaufsstruktur und anderer Leistungen ist. Das Unternehmen, welches die im Rahmen des Franchising angebotenen Leistungen nutzt, wird als Franchisenehmer bezeichnet. Das Unternehmen, welches die Leistungen anbietet, wird als Franchisegeber bezeichnet. Für die Inanspruchnahme der Leistung des Franchisegebers bezahlt der Franchisenehmer eine Franchise-Fee.

Free Lodging

Bezeichnung für die Möglichkeit einer kostenlosen Unterkunft in einem Hotelbetrieb. Diese Möglichkeit wird manchmal etwa Reiseleitern eingeräumt.

Freihafen

Hafengebiet ohne Zollbeschränkungen zur Zwischenlagerung von Waren aus anderen Ländern.

Freiheiten des Luftverkehrs

Die Freiheiten des Luftverkehrs stellen die Basis für die internationalen Verkehrsrechte im Luftverkehr dar. Sie regeln im einzelnen die abgestuften Einflugrechte in die nationalen Lufträume. So bezeichnet die 1. Freiheit das Recht zum Überfliegen eines Staates, die 2. Freiheit das Recht zur nicht kommerziellen Landung in einem anderen Staat, die 3. Freiheit das Recht, Passagiere, Fracht und Post im Heimatland aufzunehmen und in einem anderen Land abzusetzen, die 4. Freiheit das Recht zur Aufnahme von Passagieren, Fracht und Post in einem anderen Land zwecks Absetzung im Heimatland, die 5. Freiheit das Recht zur Beförderung von Passagieren, Fracht und Post zwischen zwei fremden Staaten im Rahmen eines Fluges vom oder zum Heimatland, die 6. Freiheit als Kombination der 3. und 4. Freiheit das Recht zur Beförderung von Passagieren, Fracht und Post zwischen zwei Staaten über eine Zwischenstation im Heimatstaat und die 7. Freiheit das Recht zur Beförderung von Passagieren, Fracht und Post zwischen Drittstaaten ohne Verbindung mit dem Heimatstaat. Die 8. Freiheit, die allgemein unter der Bezeichnung Kabotage bekannt ist, bezeichnet das Recht zur Beförderung von Passagieren, Fracht und Post zwischen → Flughäfen desselben ausländischen Staates.

Freizeitpark

Unternehmen, das auf einem abgegrenzten oder umzäunten Gelände der Unterhaltung, Zerstreuung, Erholung oder der körperlichen Aktivität dienende Einrichtungen verschiedener oder derselben Art anbietet, wobei diese Einrichtungen untereinander in einem engen räumlichen und funktionellen Zusammenhang stehen. Charakteristika von Freizeitparks sind des weiteren angegliederte Gastronomiebetriebe und Verkaufseinrichtungen in Kioskform. Unter der Betriebsart Freizeitparks wurden früher nur → Erlebnisparks verstanden. Aufgrund der wirtschaftlichen Prosperität dieser Betriebsart begannen daraufhin kommunale Einrichtungen und eine Reihe von Sport- und Spielanlagen sowie zoologische Gärten den Begriff Freizeitpark für den eigenen Betrieb zu übernehmen, wodurch sich der Begriff Freizeitpark zum Sammelbegriff für Anlagen verschiedenster Ausprägungen entwickelt hat. Wie auf keinem anderen Gebiet sind Freizeittätigkeiten und Freizeitbetriebsarten einem ständigen Modetrend unterworfen. In diese Entwicklung sind auch fest installierte Anlagen wie Freizeitparks einbezogen. Daher ist die Entstehung neuer Betriebsarten noch nicht abgeschlossen. → Erlebnispark; → Themenpark

Dr. Heinz Rico Scherrieb

Geschäftsführer des Verbandes Deutscher Freizeitunternehmen e.V.

Fremdenverkehrspolitik

Bezeichnung für die von staatlichen Körperschaften und privaten Organisationen durchgeführte Förderung und Gestaltung des Tourismus.

Fremdfinanzierung

→ Finanzierung

Fremdkapital

Kapital, bei welchem der Kapitalgeber die Rechtsstellung eines Gläubigers hat.

Frequent Flyers

International übliche Bezeichnung für Vielflieger. Gleichbedeutend hierzu wird der Begriff Frequent Travellers verwandt. Diesen Kunden, die als eine eigene Zielgruppe angesehen werden können, werden oft verbilligte Preise angeboten.

Frequent Travellers

→ Frequent Flyers

Front Office

Bezeichnung für den Bereich hinter dem → Counter, der von den Kunden eingesehen werden kann.

Führung

→ Anforderungen an Führungskräfte in der Hotellerie; → Anforderungen an Führungskräfte in der Touristik; → Denkmodell des ganzheitlichen Management; → Human Resource Management; → Leadership; → Management; → Management im Tourismus; → Personalführung; → Zukünftige Entwicklungen im Personalmanagement

Full Board

International übliche Bezeichnung für Vollpension.

Fun Boat

→ Kreuzfahrtschiff mit großem Spielkasino und einem ausgebauten Unterhaltungsangebot. Fun Boats werden auch als Fun Ships bezeichnet. Diese Schiffe werden zumeist in Wochentouren betrieben. Bei den zunehmend beliebter werdenden Reisen mit Fun Boats rücken → Landausflüge in den Hintergrund.

Fun Ship

Alternative Bezeichnung für → Fun Boat.

Function Room

Bezeichnung für einen Raum in einem Hotel, der bei Veranstaltungen genutzt wird.

Galileo International

Unter den weltweit operierenden elektronischen Reisevertriebssystemen (→ Informationstechnologische Systeme; → Reservierungssysteme) nimmt Galileo International eine führende Stellung ein. Der Hauptsitz des Unternehmens befindet sich in Rosemont im US-amerikanischen Bundesstaat Illinois. In Colorado betreibt Galileo International eines der größten zivilen Datenzentren der Welt, über das jährlich mehr als 300 Millionen Buchungen (etwa zehn Buchungen pro Sekunde) abgewickelt werden - bei einer Systemverfügbarkeit von über 99 Prozent.

Galileo ist an 39.000 Standorten in 88 Ländern vertreten. → Reisebüros und → Reiseveranstalter haben mit den → Reservierungssystemen Galileo und Apollo (Nordamerika) Zugriff auf über eine Milliarde Tarife von mehr als 500 → Fluggesellschaften sowie auf die Leistungen von 40.000 Hotels und 45 Mietwagenunternehmen. Daneben sind regionalspezifisch zahlreiche weitere touristische Anbieter wie → Reiseveranstalter, → Reedereien und Eisenbahnen über Galileo verfügbar.

Galileo Deutschland wurde 1988 gegründet. Das Unternehmen etablierte sich hierzulande schnell als leistungsstarkes → Reservierungssystem für Linienflugbuchungen (→ Linienflug). Mit der Hinzunahme wichtiger Funktionalitäten und weiterer touristischer Dienstleister ist Galileo längst aus der Rolle eines Nischenanbieters herausgetreten und spricht einen weitaus breiteren Kundenkreis an, etwa Geschäftsreisestellen oder touristisch orientierte → Reisebüros.

Galileo International

Mittlerweile sind in Deutschland 1.400 Galileo-Terminals an 400 Standorten im Einsatz (Stand Oktober 1998). Die Leistungen touristischer Anbieter, wie → Reiseveranstalter, Charterfluggesellschaften (→ Charter; → Charterflugverkehr), Mietwagenvermittler oder → Reiseversicherungen, werden über ein eigens für den deutschen Markt entwickeltes Verfahren dargestellt. Allerletzte Lücken im Angebotsportfolio von Galileo Deutschland wie die Buchbarkeit der Deutschen Bahn oder der TUI werden in Kürze geschlossen. Der Realisierung wichtiger Produktinnovationen, wie das TOD-Verfahren für Flüge der Deutschen Lufthansa, folgt demnächst die Einführung elektronischer Flugtickets in Deutschland.

Es ist die Philosophie von Galileo International, Kunden stets Produkte auf höchstmöglichem technischen Niveau zu bieten. Dies gilt sowohl für Leistungsträger als auch für → Reisemittler. Gerade → Reisebüros bietet Galileo zahlreiche Funktionalitäten und Tools, die sie von zeitraubenden und fehleranfälligen Routinen entlasten, Arbeitsprozesse optimieren und dadurch spürbar zur Kostenentlastung beitragen. Dem → Expedienten am → Counter wird kein übermäßiges technisches Know-how abverlangt, sondern er kann sich auf Beratung und Verkauf konzentrieren. Automatisierungssoftware wie der TicketMaster, der die Flugscheinerstellung und den manuellen Tarifaufbau bei Nettotarifen automatisiert, haben einen großen Rationalisierungseffekt, der im Beispiel des TikketMasters bei mehr als einem Drittel liegt.

Die jüngste Entwicklung von Galileo International ist die intuitive Nutzeroberfläche Viewpoint. In einem vollkommen graphischen Umfeld, das vollständig auf die Eingabe kryptischer Codes verzichtet, können Reisebüroangestellte dank des von Microsoft Windows bekannten "Point and Click-Verfahren" ohne besondere Vorkenntnisse detaillierte Informationen aus dem Galileo-System abrufen und Buchungen vornehmen. Selbst Buchungen selten genutzter Leistungen sind damit am → Counter kein Problem mehr und erschließen dem → Reisebüro zusätzliche Einnahmequellen. Auch der Aufwand für Mitarbeiterschulungen wird auf ein Minimum reduziert. Mit der Markteinführung von Viewpoint wurde eine lange

Reihe technischer Innovationen fortgeführt, die Galileo International in dem harten globalen Wettbewerb der → Reservierungssysteme auszeichnet. Viewpoint ist die erste graphische GDS-Oberfläche (→ Global Distribution Systems) der Welt, über die Flug-, Hotel- und Mietwagenleistungen zu buchen sind. Die Oberfläche wurde eigens für den Einsatz in → Reisebüros konzipiert und - wie bei Galileo üblich - in enger Zusammenarbeit mit Reisebüroexpedienten (→ Expedient) entwickelt.

Bereits in der Vergangenheit bewies Galileo zukunftsorientiertes Handeln. So stellte Galileo 1993 als erstes GDS (→ Global Distribution Systems) überhaupt → Reisebüros Produkte zur Verfügung, die auf der Basis von Microsoft Windows entwikkelt wurden. 1995 führte das Unternehmen als erstes GDS (→ Global Distribution Systems) weltweit elektronisches Ticketing - damals in den USA für Flüge von United Airlines - ein. Das Galileo-System ist seitdem in der Lage, den Anforderungen der → Fluggesellschaften zu entsprechen und während des gesamten Ticketingprozesses bis hin zur Abrechnung vollständig auf Ausdrucke zu verzichten - ein zuverlässiges System, dem heute zahlreiche → Fluggesellschaften in Nordamerika, Australien und Europa vertrauen.

Die Weichen, daß Galileo International sich auch in Zukunft stark positionieren wird, sind bereits gestellt. Nach Viewpoint stehen weitere auf TCP/IP-basierende Produktentwicklungen kurz vor dem Abschluß. Dieser neue technische Standard erlaubt es Galileo, in noch kürzerer Zeit auf die Bedürfnisse der Kunden zu reagieren und ihnen leistungsfähige Technologie auf modernstem Stand an die Hand zu geben. → Informationstechnologische Systeme; → Reservierungssysteme; → SABRE; → START AMADEUS

Gunther Holzschuh

Geschäftsführer der Galileo Deutschland GmbH

Galley

Bezeichnung für die Bordküche in einem → Flugzeug.

Gangway

Bezeichnung für eine Treppe, die dem Besteigen beziehungsweise dem Verlassen eines Schiffes beziehungsweise eines → Flugzeuges dient.

Gastronomie

Erste Erwähnungen von Gasthäusern reichen bis in die Antike zurück. Besonders entlang der Handels- und Pilgerwege, in Ägypten und Griechenland, entstanden bedeutende Karawansereien. Bereits bei den Römern hatten sich die Wirtshäuser zu multifunktionalen Zentren entwickelt. Speisen, Getränke und Übernachtung waren ebenso zu erhalten wie Waren und Geld.

Jedoch erst durch die Reiseberichte und Nachrichten, die man mündlich von Gasthaus zu Gasthaus trug, wurden die Wirtshäuser zu wichtigen Treffpunkten und Kommunikationszentren ihrer Zeit. Schon die Römer führten ein Meldewesen, Getränkesteuer, ein Maß- und Gewichtssystem sowie ein vorgeschriebenes Preisgefüge ein, an das sich der Wirt zu halten hatte. Bei den Germanen dagegen galt das Prinzip der Gastfreundschaft, aus dem sich das heutige Gastrecht und Gastgewerbe entwikkelten.

Das deutsche Gastgewerbe mit seinen vielseitigen Betriebsformen unterteilt in drei Hauptgruppen: Beherbergungsbetriebe, wie Hotels, Pensionen, Motels, Kurhotels, deren Schwerpunkt auf Logis, also Übernachtung liegt, Bewirtungsbetriebe, wie Wirtshäuser, Gaststätten, Restaurants, Cafés, Eisdielen, Imbißhallen und Betriebe der Systemgastronomie, die sich vorrangig auf Speisen und Getränke konzentrieren und Unterhaltungsbetriebe, wie Bars, Nachtlokale und Discotheken, die Musik oder Showprogramme und meist nur Getränke zu nächtlicher Stunde anbieten. Derzeit zählen wir in Deutschland 177.745 meist mittelständisch geprägte Gaststättenbetriebe.

In den vergangenen zwanzig Jahren hat sich auf dem gastgewerblichen Markt sowohl im Hinblick auf Angebot als auch auf die Nachfrage ein starker Wechsel vollzogen. Das traditionelle Dorfwirtshaus bekam Konkurrenz durch klassische Restaurants mit internationaler Küche und Service, Spezialitätenrestaurants, wie Steakhäuser oder Fischrestaurants, Restaurants europäischer und nichteuropäischer Küche, wie italienisch, französisch, griechisch, kroatisch, serbisch, türkisch, asiatisch, etc., Szenerestaurants mit

Themen, zum Beispiel Ethnofood, Kolonialstil, Hollywood, Pubs, Bistrostil, Kaffeehaus, Hausbrauereien, Biergärten, Cocktailbars, etc. und Fastfoodbetriebe, wie Hamburger-Restaurants, Selbstbedienungsrestaurants, Raststätten, Imbißbetriebe. Die reichhaltige Palette gastronomischer Angebote wurde durch das veränderte Konsumverhalten der Gäste, die durch Reisen in ferne Länder fremdartige Küchen kennenlernten, überhaupt erst möglich. Gleichzeitig entwickelte sich dadurch die gastgewerbliche Branche weg vom Verkäufermarkt hin zum Käufermarkt. Auf Grund der Vielzahl an gastronomischen Angeboten und seiner steigenden Mobilität konnte der Gast nun wählen.

Betrachtet man das Problemfeld der beruflichen Qualifizierung, ist festzustellen, daß der Wirt lernen mußte, daß nur ein marktgerechtes Angebot, ein überzeugendes Konzept und Ambiente, kompetente und freundliche Mitarbeiter und vor allem ein betriebswirtschaftliches Management eine Existenzsicherung garantieren. Da es grundsätzlich keine gesetzlichen Zulassungsbestimmungen für Wirte gibt, kann jeder unbescholtene Bürger des In- und Auslands ohne einschlägige Vorbildung eine gastgewerbliche Existenz gründen, also eine Konzession erlangen. Die Voraussetzungen hierfür sind, neben einem eintägigen Seminar, Unterrichtungsnachweis genannt, lediglich verwaltungstechnischer Art. Sie stellen keine Bedingung an das fachliche Können des Betreibers. In der Praxis können jedoch die meisten Wirte und Wirtinnen auf eine Ausbildung in den gastronomischen Berufen Fachkraft im Gastgewerbe, Koch / Köchin, Restaurantfachmann / Restaurantfachfrau und Fachmann / Fachfrau für Systemgastronomie verweisen. Dennoch ist gerade in dieser Branche, die im besonderen Maße Trends und dem Geschmack der Gäste unterliegt, ständige Weiterbildung durch Seminare, Messen und Fachliteratur nötig, um Stillstand und Betriebsblindheit entgegenzuwirken.

Ob gelernter Gastronom oder Seiteneinsteiger, für beide gilt als Erfolgsrezept mehr denn je: Gutes Essen allein genügt heute nicht mehr, um sich am Markt zu behaupten.

→ Marketing, also die klare Positionierung des gastronomischen Betriebes auf dem Markt, wird auch für Klein- und Mittelbetriebe überlebenswichtig. Hierbei ist von Bedeutung, daß das Konzept in sich schlüssig ist, der Gast die Philosophie erkennt, spürt und annimmt. Ein Wirt, der allen etwas bieten will, wird niemandem gerecht. → Food & Beverage Management

Ludwig Hagn

Präsident des Bayerischen Hotel- und Gaststättenverbandes e.V.

GAT

Abkürzung für General Aviation Terminals. → Allgemeine Luftfahrt

Gate

Bezeichnung für eine Fläche am → Flughafen, auf der die Passagiere nach dem → Check-In warten, bis sie ins → Flugzeug steigen dürfen.

Gateway

Bezeichnung für → Flughäfen, bei denen eine Vielzahl von Langstreckenverbindungen beginnt oder endet.

GbR

Abkürzung für → Gesellschaft des bürgerlichen Rechts.

GDS

Abkürzung für → Global Distribution Systems.

Gelbes Lager

In der Touristik gängige Bezeichnung für einen Unternehmensverbund (→ Unternehmensverbindungen), in dessen Zentrum die C&N Touristik AG steht. → Rotes Lager

Geldvermögen

Begriff des Rechnungswesens, welcher die Summe aus → Zahlungsmittelbestand und Forderungen abzüglich der vom Unternehmen eingegangenen Verbindlichkeiten bezeichnet.

Gemeinkosten

→ Kosten

General Aviation

International übliche Bezeichnung für → Allgemeine Luftfahrt.

Gesamtgeschäftsführungsbefugnis

→ Geschäftsführungsbefugnis, die dadurch gekennzeichnet ist, daß die Wahrnehmung von Geschäftsführungsmaßnahmen von einer gemeinsamen Willensbildung der Gesellschafter abhängt.

Gesamtkapital

Begriff des Rechnungswesens, welcher die Summe aus → Eigenkapital und → Fremdkapital des Unternehmens bezeichnet.

Gesamtschuldnerische Haftung

Gesellschaftsrechtlicher Begriff für eine Haftungsform, die dadurch gekennzeichnet ist, daß alle Gesellschafter für die gesamten Schulden der Gesellschaft haften.

Gesamtvermögen

Begriff des Rechnungswesens, welcher die Summe aus → Geldvermögen und Sachvermögen des Unternehmens bezeichnet.

Gesamtvertretungsmacht

→ Vertretungsmacht, die dadurch gekennzeichnet ist, daß alle vertretungsberechtigten Gesellschafter gegenüber Dritten eine Willenserklärung abgeben müssen.

Geschäftsführungsbefugnis

Bezeichnung für die im → Innenverhältnis bestehende Befugnis, Geschäftsführungsmaßnahmen wahrnehmen zu dürfen.

Geschäftsreiseflugzeug

→ Flugzeug

Geschäftswert

Bezeichnung für den → Firmenwert eines Unternehmens.

Gesellschaft des bürgerlichen Rechts

Bei der Gesellschaft des bürgerlichen Rechts, die auch als BGB-Gesellschaft bezeichnet wird und in den §§ 705 bis 740 des Bürgerlichen Gesetzbuches geregelt ist, handelt es sich um die vertragliche Vereinigung von Personen zur Erreichung eines gemeinsamen Zweckes. Dabei können die Gesellschafter sowohl eine vorübergehende als auch eine dauerhafte Beziehung eingehen. Bei der Gesellschaft des bürgerlichen Rechts, die eine → Personengesellschaft ist, wird das gesamte → Eigenkapital von den Gesellschaftern aufgebracht. Nach dem Gesetz besteht → Gesamtgeschäftsführungsbefugnis und → Gesamtvertretungsmacht. Wie bei der Einzelunternehmung haften die Gesellschafter einer Gesellschaft bürgerlichen Rechts unbeschränkt (→ Unbeschränkte Haftung). Des weiteren haften sie gesamtschuldnerisch (→ Gesamtschuldnerische Haftung) und unmittelbar (→ Unmittelbare Haftung). Sowohl die Gewinne als auch die Verluste werden nach Köpfen verteilt. Jeder Gesellschafter bekommt den gleichen Anteil am Gewinn und muß auch bei Verlusten den gleichen Teil übernehmen. Die jeweilige Höhe der Kapitaleinlage bleibt somit als Verteilungsmaßstab unberücksichtigt.

Gesundheit und Tourismus

Gesundheit und Tourismus, das ist eine Verbindung mit unterschiedlichsten Aspekten (→ Kur- und Bäderwesen). So entsteht touristische Nachfrage unter anderem deshalb, weil als Ziel einer Reise oder eines Aufenthalts die Gesundheitsförderung, eine Kurbehandlung, Rehabilitation oder Prävention angestrebt wird. Das touristische Angebot beinhaltet daher auch Kurorte, Kurhotels, Gesundheitsparks und ähnliche Einrichtungen.

Gesundheit und Tourismus kann sich aber auch auf die Betrachtung gesundheitlicher Aspekte im Tourismus beziehen: von der Impfprophylaxe vor Fernreisen über die gesundheitsverträgliche Gestaltung eines Urlaubs bis hin zur Auslandsreise-Krankenversicherung. Und schließlich kann auch der Gesundheitstourismus speziell angesprochen sein: Die private Zweitagesreise nach Tschechien oder Ungarn, um dort eine Zahnbehandlung durchführen zu lassen, oder der zweiwöchige - von der Krankenkasse finanzierte - Aufenthalt am Roten Meer zur Heilung einer Hauterkrankung.

Gesundheitsmanagement im Tourismus basiert auf der Bereitstellung des Gutes Gesundheit im Rahmen der Problemlösung durch Führungskräfte im Tourismus. Dies betrifft zum einen Institutionen, die hier eine besondere Spezialisierung vornehmen und zum anderen Prozesse der Leistungserstellung und des gesamten Managements: Welche Besonderheiten zeichnet das Management eines Kurhotels im Vergleich zu einem herkömmlichen Hotel aus? Wie kann das Leitbild (→ Unternehmensleitbild) eines Kurortes (→ Kur- und Bäderwesen) positioniert und entwickelt werden? Wie kann die persönliche Zahlungsbereitschaft von Kurgästen aktiviert werden, nachdem die gesetzliche Krankenversicherung in diesem Bereich starke Einschränkungen vornimmt? Wie wirkt sich die demografische Veränderung (immer mehr ältere, gesundheitsbewußte, aber auch gesundheitlich beeinträchtigte Menschen) auf die Nachfrage im Tourismus aus? Welcher Organisations- und Produktionsprozeß beschreibt die Leistungserstellung von Gesundheit?

Gesundheitsmanagement im Tourismus hat Berührungs- und Überschneidungspunkte mit einer Reihe anderer Spezialgebiete, insbesondere mit Hotel- oder Krankenhausmanagement, Freizeitforschung, Versicherungswirtschaft und Gesundheitsökonomie. Konkret befaßt sich das Gesundheitsmanagement mit einer eingehenden Analyse des Bedürfnisses und des Gutes Gesundheit. Hier sind aber nicht nur ökonomische Aspekte zu berücksichtigen, sondern in einer interdisziplinären und ganzheitlichen Betrachtung zusätzlich medizinische, psychologische oder soziologische Fragen (→ Soziologische Aspekte des Tourismus). Ein wesentlicher Teilbereich ist das Management in Einrichtungen und auch in Regionen, in denen das Angebot an Gesundheitsleistungen einen Schwerpunkt darstellt. Führungskräfte müssen sensibilisiert und dazu befähigt werden, die Gestaltung des Gesundheitsangebots im Rahmen ihrer Aufgaben erfolgreich vorzunehmen.

Insgesamt ist zu beobachten, daß Gesundheitsmanagement als ein Kompetenzfeld in der Tourismusausbildung an den Hochschulen eingerichtet und gefördert wird. Ein wichtiges Bedürfnis, ein ständig wachsender Bedarf, ein Zukunftsmarkt sowie ein beachtliches Potential für den Arbeitsmarkt wollen und müssen bearbeitet und erschlossen werden. → Kur- und Bäderwesen

Prof. Dr. Karlheinz Zwerenz

Fachhochschule München, Fachbereich Tourismus

Gewerbesteuer

Die maßgebenden Rechtsgrundlagen sind das Gewerbesteuergesetz (GewStG) 1991 und die Gewerbesteuer-Durchführungsverordnung (GewStDV) 1991, jeweils mit späteren Änderungen. Die Gewerbesteuer-Richtlinien (GewStR) 1990 behandeln Zweifels- und Auslegungsfragen von allgemeiner Bedeutung, um eine einheitliche Anwendung des Gewerbesteuerrechts durch die Verwaltungsbehörden sicherzustellen. Sie geben außerdem zur Vermeidung unbilliger Härten und aus Gründen der Verwaltungsvereinfachung Anweisungen, wie in bestimmten Fällen verfahren werden soll. Außerdem existieren weitere Anweisungen der obersten Finanzbehörden des Bundes und der Länder sowie der Oberfinanzdirektionen an die nachgeordneten Verwaltungsbehörden, die Zweifels- und Auslegungsfragen des GewStG behandeln. Besteuerungsgegenstand ist das Objekt Gewerbebetrieb; Bemessungsgrundlage ist der Gewerbeertrag. Die Gewerbesteuer wird damit gerechtfertigt, daß den Gemeinden durch die Gewerbebetriebe unmittelbare und mittelbare Lasten entstehen (Bau und Unterhalt von Straßen, Kanalisation, öffentliche Verkehrsmittel etc.). In der steuerpolitischen Diskussion wird schon seit langem die Abschaffung der Gewerbesteuer aus Gründen der Steuerharmonisierung in der Europäischen Union und wegen der steuerlichen Wettbewerbsneutralität gefordert. Als Teilschritt wurde mit Wirkung vom Veranlagungszeitraum 1998 durch das Gesetz zur Fortsetzung der Unternehmenssteuerreform lediglich die Gewerbekapitalsteuer abgeschafft. Deutschland ist neben Luxemburg in der EU das einzige Land, das → Gewerbesteuer erhebt.

Besteuerungsgrundlage für die Gewerbesteuer ist, von Ausnahmen abgesehen, der Gewerbeertrag. Gewerbeertrag ist der nach den Vorschriften des EStG (→ Einkommensteuer) zu ermittelnde Gewinn aus dem Gewerbebetrieb oder das nach dem KStG (→ Körperschaftsteuer) zu versteuernde Einkommen, der beziehungsweise das um bestimmte im Gewerbesteuergesetz bezeichnete Beträge vermehrt oder vermindert wird. → Steuern

Rudolf Kollmannsberger

Vereidigter Buchprüfer und Steuerberater, München, Lehrbeauftragter an der Fachhochschule München, Fachbereich Tourismus

Gewinn- und Verlustrechnung

→ Jahresabschluß

Gewinnthesaurierung

→ Finanzierung

Gewinnvergleichsrechnung

→ Investitionsrechenverfahren

Global Distribution Systems

Elektronische Reisevertriebssysteme mit weltweitem Zugang. Abkürzung: GDS. → Galileo International; → Informationstechnologische Systeme; → START AMADEUS; → Reservierungssysteme

Globale Reisevertriebssysteme

Deutschsprachiger Begriff für → Global Distribution Systems.

GmbH

Rechtsform, die dadurch gekennzeichnet ist, daß die Gesellschafter durch Anteile am Stammkapital beteiligt sind. Die Bezeichnung GmbH ist die Abkürzung für Gesellschaft mit beschränkter Haftung. Das Stammkapital entspricht dem Grundkapital der → Aktiengesellschaft. Die gesetzliche Grundlage dieser Unternehmensform ist das GmbH-Gesetz. Die Struktur der GmbH, welche eine → Kapitalgesellschaft darstellt, ist durch zwei beziehungsweise drei Organe gekennzeichnet. In jeder GmbH gibt es einen oder mehrere Geschäftsführer sowie die Gesellschafterversammlung. Die Bildung eines Aufsichtsrats ist erst ab einer gewissen Größenordnung zwingend. Die Geschäftsführer führen die laufenden Geschäfte. Sie werden von der Gesellschafterversammlung gewählt und können selbst Gesellschafter sein. Die Gesellschafterversammlung ist die Versammlung der Eigentümer. Sie ist das oberste Organ der GmbH. Zu ihren Aufgaben zählen unter anderem die Wahl, die Abberufung und die Entlastung der Geschäftsführer, die Feststellung des → Jahresabschlusses und die Entscheidung über die Gewinnverwendung. Die Geschäftsführer sind an Weisungen der Gesellschafterversammlung gebunden. Der Aufsichtsrat ist das Kontrollorgan. → Geschäftsführungsbefugnis und → Vertretungsmacht stehen den Geschäftsführern zu. Die gesetzlichen Regelungen sehen → Gesamtgeschäftsführungsbefugnis und → Gesamtvertretungsmacht vor. Für die Verbindlichkeiten der Gesellschaft haftet nur das Gesellschaftsvermögen. Der einzelne Gesellschafter haftet nur mit seinem Kapitaleinsatz, also mit seiner Stammeinlage.

GmbH & Co. KG

Besondere Form der → Kommanditgesellschaft, deren einziger Komplementär (→ Kommanditgesellschaft) eine → GmbH ist. Das → Eigenkapital der GmbH & Co. KG wird wie bei jeder → Kommanditgesellschaft von den Komplementären (→ Kommanditgesellschaft), hier von der → GmbH, und den

Kommanditisten (→ Kommanditgesellschaft) aufgebracht. → Geschäftsführungsbefugnis und → Vertretungsmacht stehen der GmbH zu. Für diese handeln ihre Organe. Die Gesellschafter der Komplementär-GmbH haften entsprechend der Rechtsform ihres Unternehmens beschränkt. Die Kommanditisten (→ Kommanditgesellschaft) haften ohnehin nur in der Höhe ihrer Einlage. Die Verteilung von Gewinnen und Verlusten ist genauso geregelt wie bei der → Kommanditgesellschaft.

Go Show

Bezeichnung für kurzfristige Nachfrage nach Leistungen, ohne daß für diese Leistung zuvor eine Bestellung aufgegeben wurde. Go Show stellt das Spiegelbild von → No Show dar. → Go Show-Rate

Go Show-Rate

Die Go Show-Rate ist der Anteil der Passagiere, die kurzfristig buchen oder ohne Vorausbuchung direkt zum Flug erscheinen, an der Gesamtzahl der gebuchten Passagiere einschließlich der → Go Show Passagiere. Go Show Passagiere sind im Grunde willkommen, wenn sie auch möglicherweise Zusatzkosten durch den Fixkostenanteil (→ Kosten) für die nachträgliche Anlieferung im Rahmen des → Catering verursachen. Die regelmäßige Go Show-Rate jedes einzelnen Fluges muß im Rahmen des → Yield Management berücksichtigt werden.

Golfreisen

Golfreisen und speziell der Golfer sind etwas Besonderes. Der Golfer ist unternehmenslustig, flexibel, gut betucht und verreist im Durchschnitt sieben mal pro Jahr. Ein permanentes und zentrales Thema in Golfkreisen ist daher Reisen, was vor allem mit unseren miserablen klimatischen Bedingungen in Deutschland zu tun hat und den Golfer mit dem Fall ersten Herbstlaubes vor die jährlich wiederkehrende Frage stellt: "Wie halte ich mein Handicap über die Wintersaison?"

Der Anspruch ist hoch, man will das Beste und das möglichst zum halben Preis oder weniger! Aus diesem Grund sucht der Golfer ständig den → Reiseveranstalter seines Vertrauens, der ihn und seine Bedürfnisse versteht und über ein entsprechendes Angebot verfügt. Nachdem der Golfer in der Regel exzellent informiert ist, muß der Reiseexpedient (→

Expedient) ein hohes Maß an Wissen mitbringen und selbst Golfer sein. Denn selbst die Sprache dieses verschworenen Kreises (der allerdings immer größer wird) ist nur dem Eingeweihten zugänglich. Bei Birdie handelt es sich nicht etwa um ein niedliches Exemplar der Vogelgattung, wie der versierte Anglistiker vermuten möchte, sondern um ein mit einem Schlag besser gespieltes Loch als vorgegeben. Ein Driver ist kein Fahrer, sondern der größte Schläger für den Abschlag und bei Tee-Times handelt es sich nicht um die so liebevoll zelebrierte Tee-Stunde des früheren Commonwealth, sondern ganz profan um den Beginn des Spiels.

Sind etwaige Sprachbarrieren beseitigt, kann die Beratung beginnen. Dies ist die optimale Flugverbindung mit Ausnutzung der Reisetage (Denn merke: Der Golfer hat nie Zeit), geeignete Hotelunterbringung, eine Anzahl von mindestens drei 18-Loch Golfplätzen in der Nähe, Buchung von optimalen Startzeiten (ein sehr trickreiches Unterfangen, denn hier müssen klimatische und landestypische Gegebenheiten sowie die individuellen Präferenzen unseres potentiellen Kunden berücksichtigt werden) sowie entsprechende Empfehlungen der besten Restaurants (Denn merke: Golfschläger und Kochlöffel schwingen im gleichen Takt).

Der Golfer sucht immer etwas Neues: Die spektakulärsten Plätze oder gerade eröffnete Luxushotels, denn beim Après-Golf muß man doch den neuesten Lifestyle-Trend erkennen oder ihn möglichst selbst setzen. Uns Reiseveranstalter hält dies immer in Bewegung und motiviert uns, ständig auf der Suche nach neuen Zielen zu sein. → Sportreisen

Ingo Meyr

Geschäftsführender Gesellschafter der Nova Reisen Unterhaching GmbH

GOM

Abkürzung für → Ground Operations Manual.

Goodwill

Bezeichnung für den → Firmenwert eines Unternehmens.

Grand-Hotel

Hotel, das durch seine großzügige Gestaltung gegenüber dem Durchschnitt der im regionalen Umkreis befindlichen Hotels herausragt. Das Grand-Hotel verfügt über mindestens 100 sehr gut eingerichtete Zimmer und hat ein erstklassiges Restaurant.

Ground Operations Manual

Das Ground Operations Manual, abgekürzt mit GOM bezeichnet, ist das Bodenbetriebshandbuch einer → Fluggesellschaft. Hierin werden alle Themen im Zusammenhang mit dem Einchecken der Passagiere, Flugunregelmäßigkeiten, Gepäckbeanstandungen, Betankung und Enteisung der → Flugzeuge, Abfassen und Absetzen von Meldungen, Notfällen, Passagier- und Frachtbeladungen sowie Sicherheitsbedrohungen behandelt. Das GOM ist die Arbeitsgrundlage für eigenes und fremdes Personal, das die Flugzeug-, Passagier-, Gepäck- und Frachtabfertigung ausführt.

Grunderwerbsteuer

Rechtsgrundlage der Grunderwerbsteuer (GrESt) ist das Grunderwerbsteuergesetz 1983 (GrEStG) in der Fassung der Bekanntmachung vom 26.2.97. Außerdem existieren diverse Anweisungen der obersten Finanzbehörden des Bundes und der Länder sowie der Oberfinanzdirektionen an die Finanzämter, die Zweifels- und Auslegungsfragen des GrEStG behandeln.

Die Grunderwerbsteuer knüpft an Rechtsvorgänge an, die sich auf inländische Grundstücke beziehen. Grundstück im Sinne des GrEStG ist dabei der Grund und Boden einschließlich seiner wesentlichen Bestandteile. Zubehör und Scheinbestandteile gehören nicht zum Grundstück. Abweichend vom BGB gehören auch Betriebsvorrichtungen nicht zum Grundstück. Das GrEStG erfaßt nur Rechtsvorgänge, die auf einen Rechtsträgerwechsel an Grundstücken gerichtet sind. Es müssen immer zwei Rechtsträger beteiligt sein. Daher unterliegt zum Beispiel nicht der GrESt die Überführung eines Grundstücks eines Steuerpflichtigen aus seinem Betriebsvermögen in das Privatvermögen und umgekehrt. Rechtsträger im Sinne des GrEStG sind neben den natürlichen und juristischen Personen auch die Gesamthandsgemeinschaften, wie etwa die → Offene Handelsgesellschaft und die → Kommanditgesellschaft. Rechtsvorgänge zwischen den Mitgliedern und der Gesamthandsgemeinschaft unterliegen somit der GrESt. Ein Wechsel im Personenstand einer Gesamthandsge-

Grunderwerbsteuer

meinschaft löst demgegenüber grundsätzlich keine GrESt aus. Das GrEStG erfaßt Rechtsvorgänge, die auf einen zivilrechtlichen Eigentumswechsel abzielen. Obwohl letztlich der Eigentumsübergang besteuert werden soll, knüpft das GrEStG bereits an das Verpflichtungsgeschäft (Abschluß des Kaufvertrags etc.) an, das den Anspruch auf Übereignung begründet. Erfolgt ein Eigentumsübergang, ohne daß ein den Anspruch auf Übereignung begründendes Rechtsgeschäft vorherging, unterliegt der Eigentumsübergang selbst der GrESt. Die GrESt erfaßt auch Rechtsvorgänge, die ohne Eigentumsübertragung einem anderen als dem Eigentümer die rechtliche oder wirtschaftliche Verwertungsbefugnis über ein Grundstück verschaffen. Außerdem wird auch die Vereinigung aller Anteile an einer Gesellschaft mit Grundbesitz in der Hand des Erwerbers oder in der Hand von herrschenden und abhängigen Personen zur Verhütung von Umgehungen dem Erwerb eines Grundstücks gleichgestellt.

Die GrESt bemißt sich bei Vorhandensein einer Gegenleistung nach dem gemeinen Wert der Gegenleistung. Zur Gegenleistung gehört jede Leistung, die der Erwerber dem Veräußerer und anderen Personen für den Verzicht auf den Erwerb gewährt und Leistungen Dritter an den Veräußerer mit Rücksicht auf die Veräußerung. Beim Kauf und Tausch gehören neben dem Kaufpreis auch die vom Veräußerer übernommen Kosten zur Bemessungsgrundlage. Bei umsatzsteuerpflichtigen Veräußerungen ist auch die → Umsatzsteuer ein Teil der Gegenleistung. Wenn eine Gegenleistung nicht vorhanden oder nicht zu ermitteln ist (zum Beispiel bei der Abtretung der Rechte aus einem Kaufangebot oder bei einem bloß symbolischen Kaufpreis von zum Beispiel DM 1) ist als Gegenleistung der Grundbesitzwert nach §§ 138 ff. BewG anzusetzen.

Der Steuersatz beträgt seit dem 1.1.1997 3,5 v.H. der Bemessungsgrundlage. Steuerschuldner sind der Veräußerer und der Erwerber als Gesamtschuldner. → Steuern

Rudolf Kollmannsberger

Vereidigter Buchprüfer und Steuerberater, München, Lehrbeauftragter an der Fachhochschule München, Fachbereich Tourismus

Grundsteuer

Das derzeit gültige Grundsteuerrecht ist im Grundsteuergesetz (GrStG) vom 7.8.1973 (mit nachfolgenden Änderungen) geregelt. Zudem wurden nach Art. 108 Abs. 7 GG Grundsteuer-Richtlinien 1978 erlassen. Diese behandeln Zweifelsfragen und Auslegungsfragen von allgemeiner Bedeutung, um eine einheitliche Anwendung des Grundsteuerrechts durch die Verwaltungsbehörden sicherzustellen. Sie geben außerdem Anweisungen, wie aus Gründen der Verwaltungsvereinfachung in bestimmten Fällen verfahren werden soll. Die Berechtigung zur Erhebung der Grundsteuer steht den Gemeinden zu. In den Ländern Berlin und Hamburg, in denen keine Gemeinden bestehen, steht die Berechtigung dem Land zu. Die Verwaltung der Grundsteuer obliegt zum Teil den Finanzbehörden der Länder, zum Teil den Gemeinden. In den Ländern Berlin und Hamburg wird die Grundsteuer nur von den Finanzbehörden verwaltet. Für die Feststellung der Einheitswerte sowie für die Festsetzung und Zerlegung der Steuermeßbeträge sind die Finanzämter zuständig. Die Festsetzung und Erhebung der Grundsteuer einschließlich der Stundung, der Niederschlagung und des Erlasses obliegt dagegen den hebeberechtigten Gemeinden.

Besteuerungsgegenstand ist der Grundbesitz im Sinne des Bewertungsgesetzes. Dazu gehören die Betriebe der Land- und Forstwirtschaft, Grundstücke und Betriebsgrundstücke. Die Grundsteuer der Betriebe der Land- und Forstwirtschaft wird als Grundsteuer A bezeichnet, die der übrigen Grundstücke als Grundsteuer B. Zu den Grundstücken gehören auch Erbbaurechte, das Wohnungseigentum und das Teileigentum, das Wohnungserbbaurecht und das Teilerbbaurecht auf Gebäude auf fremdem Grund und Boden.

Die Steuerbefreiungstatbestände umfassen zwei Gruppen. Danach sind bestimmte Rechtsträger von der Grundsteuer befreit, zum Beispiel der Grundbesitz der öffentlichen Hand, der für hoheitliche Zwecke genutzt wird. Unabhängig von der Rechtsträgerschaft sind Grundstücke steuerbefreit, wenn sie für bestimmte, im öffentlichen Interesse liegende Zwecke genutzt werden (zum Beispiel Befreiung der dem öffentlichen Verkehr dienenden Straßen, Wege, Plätze, Wasserstraßen, Häfen und Schienenwege) und die Grundstücke der diplomatischen oder konsularischen Vertretungen.

Schuldner der Grundsteuer ist derjenige, dem der Grundbesitz bei der Feststellung des Einheitswerts zugerechnet ist. Ist der Steuergegenstand mehreren Personen zugerechnet, haften sie als Gesamtschuldner. Außerdem haften noch der Nießbraucher und derjenige, dem ein nießbrauchsähnliches Recht zusteht. Die Grundsteuer ruht auf dem Steuergegenstand als öffentliche Last (dingliche Haftung). → Steuern

Rudolf Kollmannsberger

Vereidigter Buchprüfer und Steuerberater, München, Lehrbeauftragter an der Fachhochschule München, Fachbereich Tourismus

Guaranteed Booking

Bezeichnung für eine Hotelzimmerbuchung, bei der die Bezahlung auch bei ausbleibender Inanspruchnahme des Zimmers gewährleistet ist.

Guest-Check

Rechnung für den Hotelaufenthalt eines Gastes.

Guest History

Von einem Hotelbetrieb geführtes Verzeichnis, das den Namen des Gastes, seine Adresse sowie weitere individuelle Informationen enthält.

Guest Relations Manager

Bezeichnung für eine in einem Hotel tätige Person, deren Aufgabe es ist, besonders wichtige Gäste zu betreuen.

Hafenagentur

Die Hafenagentur ist der "verlängerte Arm" von → Reedereien in anderen Häfen. Der Agent reserviert den Liegeplatz des Schiffes im Hafen und organisiert das Festmachen, die Übernahme von Frischwasser und → Bunker. Bei allen anfallenden Problemen ist der Agent der erste Ansprechpartner vor Ort für die Schiffsleitung. Hafenagenturen werden ebenfalls als Nachsendeadresse für Schiffs- und Passagierpost genutzt. Manche Hafenagenten fungieren gleichzeitig als → Incoming Agenturen und organisieren → Landausflüge für Kreuzfahrtteilnehmer (→ Kreuzfahrt).

Hafengebühr

Gebühr für die Nutzung der Hafeninfrastruktur. Die Abgabe berechnet sich nach der Größe eines Schiffes (→ BRT). Hafengebühren werden von Kreuzfahrtreedereien (→ Kreuzfahrt; → Reederei) oftmals an die Passagiere weitergegeben und auf der Rechnung separat ausgewiesen.

Hafenliegezeit

Zeit, in der das Schiff im Hafen liegt. Je länger die Hafenliegezeit, desto höher die → Hafengebühren.

Haftungsformen

→ Gesamtschuldnerische Haftung; → Unmittelbare Haftung; → Unbeschränkte Haftung

Half board

Bezeichnung für Halbpension.

Handle with care

Hinweis, den Gast zuvorkommend zu behandeln. Dies ist eine im Reservierungsformular vorgenommene Angabe. Abkürzung HWC.

Handling Agreement

→ Strategische Allianzen im Luftverkehr

Hardware

Der Begriff Hardware weist zwei verschiedene Bedeutungsinhalte auf. So beschreibt der Begriff Hardware zum einen die Gesamtheit der physischen Elemente eines Computers. Zum anderen meint der Begriff der Hardware die Gesamtheit der technischen Ausstattung eines Hotels. Dem steht die → Software des Hotelbetriebs gegenüber.

Hausdame

→ Housekeeping Department

Hausdamenabteilung

→ Housekeeping Department

Heimathafen

Hafen, in dem ein Schiff registriert ist.

Holding

Gesellschaft, die keine am Markt zu verkaufenden Güter produziert, sondern Kapitalanteile von ihr beherrschter Unternehmen verwaltet.

Hotel-Marketing

Die Definition der Deutschen Marketing Vereinigung "Marketing ist Planung, Koordination

Hotel-Marketing

und Kontrolle aller auf die aktuellen und potentiellen Märkte ausgerichteten Unternehmensaktivitäten mit dem Zweck einer dauerhaften Befriedigung der Kundenbedürfnisse einerseits und der Erfüllung der Unternehmensziele andererseits" bedarf der Überprüfung und Gewichtung für die speziellen Marketingaktivitäten in Hotellerie und Gastronomie. Beim Hotel-Marketing dominiert heute noch in der Praxis die einseitige Verkaufsfunktion. In → Hotelketten spricht man vom Sales Manager (→ Sales Management in der Hotellerie), dem Verkaufsleiter, und nur selten vom Marketingleiter. Ohne Zweifel können auch im Hotel-Marketing Erkenntnisse des Konsumgüter-, Handels- oder zumindestens des Dienstleistungsmarketing Anwendung finden. Es gilt, die spezifischen Besonderheiten der Dienstleistungsbranche Hotellerie zu berücksichtigen. Das hohe Maß an Individualität und die geringen Möglichkeiten der Standardisierbarkeit von Hotelleistungen verdeutlichen die Abweichungen des Hotel-Marketing vom Konsumgütermarketing. Qualität und Nutzen der persönlich erbrachten Dienstleistungen in der Hotellerie sind am Markt durch ihre Immaterialität nur schwer meß- und bewertbar und dementsprechend erschwert zu vermarkten. Die Handlungsalternativen des Hotel-Marketing gelten auch für Kleinbetriebsformen der Hotellerie. Die größere Flexibilität, das heißt das schnelle Reagieren am Markt, der Klein- und Mittelbetriebe des Gastgewerbes bringt Managementvorteile bei der Anwendung von Hotel-Marketingtechniken. Marketingtechnik als System basiert mit den Marketingmitteln Planung und Kontrolle und dem Handwerkszeug des Marketing-Mix (→ Tourismus-Marketing) auf einem detaillierten Marketing-Informationssystem. Die informationshungrigen Marketingentscheidungen in der Hotellerie fallen bei der langfristigen Gestaltung des Hotel-Marketing zu vorhersehbaren Zeiten an. Der hier notwendige Informationskatalog läßt sich also rechtzeitig, regelmäßig und zielorientiert sammeln. Je nach anstehendem Entscheidungsspektrum müssen zu verschiedenen Terminen Markt- und Konkurrenzanalysen (einschließlich Standortbedingungen und Marktpotential), Nachfrageanalysen (mit Gästestatistik), Angebotsanalysen und vor allen Dingen ein permanentes Qualitätsüberprüfungspro-

Hotel-Marketing

gramm als Informationsdaten abrufbar zur Seite stehen.

Der Koordinationsfaktor Marketingplanung zeigt an, daß nur in der Kombination und der zukunftsorientierten Festlegung der einzelnen absatzwirtschaftlichen Aktivitäten der gastronomischen Betriebe eine erfolgreiche Marketingpolitik begründet werden kann.

Eindeutig formulierte Marketingziele (zum Beispiel Umsatzziele, Gewinnziele, Marktanteilsziele, Imageziele, Qualitätsziele und Saisonerweiterungsziele etc.) und deren Realisierbarkeit am Markt stehen am Anfang jeglicher Marketingplanung. Das Marketinginformationssystem wird die Erreichbarkeit dieser Zielsetzung aufgrund der eigenen Marktstellung, der Markttendenzen und Aufnahmefähigkeit sowie der gegebenen Wettbewerbssituation befriedigend beantworten müssen. Zur Erreichung der festgelegten Zielsetzungen wird die langfristige Marketinggestaltung mit dynamischen Strategien festgelegt. Alternative Marketingstrategien, bezogen auf den Einsatz der unterschiedlich zu gewichtenden Marketinginstrumente, müssen anpassungsfähig auf potentielle Gästekreise hin maßgeschneidert werden. Die eher langfristig zu entwickelnde Gestaltung wird mit konkreten Aktionen in einer kurzfristigen Maßnahmentaktik (Zeitraum: ein Jahr) in dem sogenannten Marketingplan (Maßnahmenkatalog) schrittweise geplant und verwirklicht. Nur eine permanente Marketingkontrolle der im Marketingplan festgelegten absatzpolitischen Maßnahmen, detailliert nach Zielsetzungen, durchzuführenden Aktionen, festgelegten Zeiträumen, spezifiziertem Einsatz der Marketinginstrumente, Kostenprognose und Festlegung der Verantwortungsbereiche, läßt im Soll-Ist-Vergleich Planabweichungen erkennen. Nur hierdurch werden auf Ursachenanalysen basierende marktgerechte Anpassungsmaßnahmen möglich.

Die Marketinginstrumente als "Handwerkszeug der Marketingtechnik" in der Hotellerie müssen in ihrer Kombination, im hotelbetrieblichen Marketing-Mix (→ Tourismus-Marketing), feinfühlig gewichtet, aufeinander abgestimmt und koordiniert werden. Die kreativen oder gestaltenden Marketinginstrumente, wie Produktpolitik, Preispolitik, Service, Gästebetreuung und Absatzmethode, verdeutlichen

Hotel-Marketing

den besonderen Charakter des Hotel-Marketing. Die Möglichkeiten, um im Gastgewerbe zu einem besseren, billigeren, schnelleren oder einmaligen Leistungsangebot zu kommen, verlangen nach Kreativität und sorgfältigster Planung. Auf die unterschiedlichen Kooperationsformen im Hotel-Marketing sei unter Verweis auf das unlängst vom Verfasser thematisierte Problemfeld "Target Costing und Destinationsmanagement" an dieser Stelle hingewiesen.

Der anspruchsvolle, vielgereiste, verwöhnte, kritische und bestens informierte Gast will zum Beispiel in seiner gewünschten Urlaubsform bequeme, "anwenderfreundliche und leicht konsumierbare Individualität" über Information, Buchung, Anreise, Logis, → Gastronomie, Erlebnisse in Spiel und Sport (→ Sportreisen), Unterhaltung (→ Event-Tourismus), Kultur und Bildung (→ Studienreisen), Aktivität und Gesundheit (→ Gesundheit und Tourismus), Zahlung und Rückreise als gastorientierte Leistungskette genießen. Gerade klein- und mittelbetrieblich strukturierte Regionen werden wohl in Zukunft zur Sicherung und Stärkung ihrer Wettbewerbsfähigkeit mit Kooperation und Koordination von Hotel-Marketingmaßnahmen zusammenrücken müssen. Ohne Zweifel lassen sich auch die Stärken der sonst nebeneinander oder gar gegeneinander agierenden kleineren Hotelbetriebe mit wohlverstandenem → Destinationsmanagement schlagkräftig am Markt bündeln, um auch insgesamt als "ein Unternehmen" gegenüber der "Marken-Kettenhotellerie" bestehen zu können.

Das Packaging (→ Package) einer ganzen Dienstleistungskette (→ Destinationsmanagement) wird dabei nicht so verstanden, daß der heutige Gast seinen Urlaub wie ein früherer Massentourist in den Betonburgen des sonnigen Auslands als "Einheitspaket von der Stange" kaufen möchte. Baukastenartig kann der multioptionale Gast in seiner gewählten Urlaubsform sich seine gewünschten Dienstleistungsqualitäten leicht zusammenstellen und muß dabei auf die persönliche Betreuung, ja Individualität, der mittelständischen Familienhotellerie nicht verzichten. Grundsätzlich soll aber die ganze Dienstleistungskette für den Kurz- oder Langzeiturlaub komfortabel erlebbar sein.

Hotel-Marketing

Die auf die Nachfrage abgestimmten Dienstleistungen der Hotellerie repräsentieren dabei ohne Zweifel das Herzstück des Gesamtleistungsbündels in der gewünschten Angebotsvielfalt einer attraktiven Destination (→ Destinationsmanagement). Aus der Sicht des Hotel-Marketing wird → Destinationsmanagement verstanden als Vermarktungsnetzwerk, das Angebote der touristischen Kerngeschäfte organisiert, entwickelt und zu "einem Marken-Unternehmen" verbindet. Ohne individuelles Hotel-Marketing wird es trotz aller Lobgesänge auf das gemeinsame → Destinationsmanagement nicht gehen. So dient das sehr individuelle und kreative Marketinginstrument "Service und Gästebetreuung" einerseits als Ergänzung zur Produktpolitik und andererseits als direkte Kommunikation zum Markt. Bei ähnlichem oder vereinheitlichtem Preisniveau in der Hotellerie entscheidet der Service, die Gästebetreuung, als eine Art Zusatznutzen, der Dienst am Kunden, über das vom nachfragenden Gast vorgezogene Leistungsangebot.

Zum Marketinginstrument Gästebetreuung gehören auch Beratung bei gastronomischen Veranstaltungen, touristische und veranstaltungsorientierte Informationen aller Art, die Beantwortung von Gästeanfragen und professionelle Abwicklung von Reklamationen (→ Beschwerdemanagement).

Die kommunikativen Marketinginstrumente (→ Tourismus-Marketing), wie Verkauf, Werbung, Verkaufsförderung und Öffentlichkeitsarbeit, müssen im Hotel-Marketing aus einem Guß, vor allem in einer Sprache, die Hotel-Unternehmensidentität (→ Corporate Identity) nach innen und außen verstärken. Die Substitutionsmöglichkeiten und die Komplementarität der verschiedenen Marketinginstrumente läßt in der Praxis mehrere optimale Kombinationen des kreativen und kommunikativen Marketinginstrumentariums zu. Zu erreichen ist eine Optimierung des Marketing-Mix. → Tourismus-Marketing

Literatur: Schaetzing, 1980; Schaetzing, 1997 (a); Schaetzing, 1998; Barth, Benden, Theis, 1994; Paul, 1983; Waak, 1978

Prof. Edgar E. Schaetzing

Fachhochschule München, Fachbereich Tourismus

Hotelfachschulen

Hotelfachschulen sind öffentliche oder private Bildungseinrichtungen für die schulische Weiterbildung aufstiegsorientierter Beschäftigter in Hotellerie und Gastronomie. Sie vermitteln also - im Gegensatz zu Hotelberufsfachschulen - keine Erstausbildung direkt nach dem allgemeinen Schulabschluß, sondern bauen auf einer Berufsausbildung in Gastronomie und Hotellerie und mehrjähriger Berufserfahrung auf. Im Sinne der Schulgesetze der einzelnen Bundesländer sind sie als Fachschulen der Fachrichtung Hotel- und Gaststättengewerbe Teil des beruflichen Schulwesens und damit hinsichtlich ihrer Fächerstruktur, Notenbildung und Abschlußprüfung schulisch organisiert. Da es sich nicht um Pflichtschulen handelt, wird teilweise auch für den Besuch der öffentlichen Schulen Schulgeld erhoben. Hotelfachschulen haben die Aufgabe, ihre Absolventen für die Übernahme gehobener, anspruchsvoller Tätigkeiten in Hotellerie, Gastronomie und verwandten Bereichen vorzubereiten und dabei auch das Rüstzeug für die Selbständigkeit zu vermitteln. Traditionell liegt der Schwerpunkt des Unterrichtsangebots auf kaufmännischen Inhalten und Fremdsprachen (→ Sprachkompetenz), die durch eine vertiefte Fachbildung ergänzt werden. Die Vorkenntnisse der Fachschüler aus ihrer Erstausbildung in einem der sechs Berufe des Hotel- und Gaststättengewerbes und die Erfahrung aus ihrer anschließenden Berufstätigkeit bilden dabei das Fundament des unterrichtlichen Geschehens. Zielsetzung und Grundausrichtung der Hotelfachschulen entsprechen damit immer noch den Intentionen, die 1925 zu Einrichtung der ersten deutschen Hotelfachschule in Heidelberg führten. Führende Hoteliers um Fritz Gabler, langjähriger Präsident des Internationalen Hotelierverbandes, gaben damals den Anstoß zur Gründung einer Weiterbildungseinrichtung, an der sich bewährte und befähigte Mitarbeiter für höhere Aufgaben qualifizieren konnten. Es begann mit einem einjährigen Bildungsgang mit unterrichtsfreien Zeiten zur Hochsaison, damit die Fachschüler ihren Lebensunterhalt verdienen konnten. Während die Ziele der Hotelfachschule über die Jahre dieselben blieben, wurden die Wege dahin, die Inhalte und organisatorischen Regelungen, stetig den sich verändernden Anforderungen angepaßt. Seit

Anfang der 70er Jahre ist eine zweijährige vollschulische Weiterbildung mit dem Abschluß "Staatlich geprüfter Betriebswirt (Fachrichtung Hotel- und Gaststättengewerbe)" oder kurz "Hotelbetriebswirt" vorherrschend. Sie richtet sich nach der seit damals fortgeschriebenen Rahmenvereinbarung der Kultusministerkonferenz, die mindestens 2.400 Unterrichtsstunden in drei Lernbereichen vorsieht. Das wöchentliche Pflichtprogramm liegt meist zwischen 30 und 35 Stunden und umfaßt zum Beispiel an der Hotelfachschule Heidelberg die Fächer Deutsch / Betriebliche Kommunikation, Englisch, Französisch, Hotelbetriebswirtschaftslehre mit Recht, Rechnungswesen / Controlling, Datenverarbeitung, Wirtschaftsmathematik, Technologie im Hotel- und Gaststättengewerbe und europabezogene Volkswirtschaftslehre mit Politik. Im zweiten Schuljahr ist aus vier Fächern (Finanzierung und Investition, Marketing, Organisation und Datenverarbeitung, Personalwesen und Arbeitsrecht) ein Profilfach, aus vier weiteren Fächern (Catering, Existenzgründung, Steuern, Tourismus) ein Zusatzfach zu wählen. Dazu kommt eine selbständig anzufertigende Betriebswirtarbeit. Der Pflichtunterricht kann durch Wahlangebote und Arbeitsgemeinschaften, durch Einzelseminare, Exkursionen und Studienfahrten ergänzt werden. Die Abschlußprüfung setzt sich aus schriftlichen und mündlichen Prüfungsleistungen zusammen und dauert meist zwischen zehn und zwölf Stunden. An vielen Hotelfachschulen können darüber hinaus weitere Bildungsnachweise erworben werden. Für die Fachhochschulreife ist zum Teil der Besuch von Zusatzunterricht und eine Zusatzprüfung notwendig, zum Teil verleiht der Betriebswirt-Abschluß gleichzeitig eine landesgebundene Fachhochschulreife. Unterschiedlich sind auch die Regelungen zur Ausbildereignung, die teilweise als eigenes (Wahl-) Unterrichtsfach vermittelt wird, teilweise mit dem Betriebswirt-Abschluß verknüpft ist. Neben der Betriebswirte-Ausbildung finden sich unter dem Dach mancher Schulen auch weitere Fachschul-Weiterbildungsgänge, so zum Beispiel in Heidelberg eine einjährige Fachschule für Gastronomie, die eine staatliche Abschlußprüfung als "Staatlich geprüfter Gastronom" verbindet mit der Möglichkeit, die Meisterprüfung im Gastgewerbe vor der Industrie- und Handelskammer abzulegen, oder eine einjährige Fachschule für → Sommeliers, ein getränkeorientiertes Weiterbildungsangebot für Beschäftigte in Gastronomie oder Weinwirtschaft. Bedingt durch die mittelständischen Strukturen des Hotel- und Gaststättengewerbes und das geringe Angebot universitärer Studiengänge spielt der Aufstiegsweg über Fachschulen in der Hotellerie und Gastronomie im Vergleich zu anderen Branchen eine gewichtige Rolle. Über viele Jahrzehnte führte der Weg in die Leitungsebene von Hotel- und Gastronomieunternehmen vorrangig über eine Hotelfachschule. Nach Heidelberg folgte Leipzig als zweite Einrichtung, die allerdings zu Zeiten der DDR eine Sonderentwicklung durchlief. Zwischen dem Ende der 50er Jahre und Anfang der 70er Jahre kamen Hotelfachschulen in Dortmund, Hamburg, Hannover und Berlin hinzu. Ende der 80er Jahre setzte eine neue Gründungswelle ein, so daß gegenwärtig an knapp 40 Einrichtungen in Deutschland jährlich von schätzungsweise 1.200 bis 1.500 Absolventen der Abschluß "Hotelbetriebswirt" erworben wird. Die bisher im Branchenvergleich recht gute Aufnahmefähigkeit des Arbeitsmarktes unterstützte diese Entwicklung. Gegenläufig wirkt sich die Einschränkung der staatlichen Weiterbildungsförderung aus. Generell zeigt sich, daß Hotelfachschulabsolventen zunehmend auch in verwandten Berufsfeldern, insbesondere in gastronomienahen Bereichen wie der Zulieferindustrie, erfolgreich Fuß fassen und sich bewähren. Für die Hotelfachschulen bedeutet dies, daß sie dem breiteren Einsatzspektrum ihrer Absolventen durch differenzierte Unterrichtsangebote, durch Vertiefungs- und Spezialisierungsmöglichkeiten, wie zum Beispiel in Richtung → Catering oder Tourismus, Rechnung zu tragen haben. In methodischer Hinsicht erweisen sich handlungsorientierte Unterrichtsformen als besonders geeignet, die Vorkenntnisse und Berufserfahrung der Fachschüler für einen fundierten Lernerfolg zu nutzen.

Martin Dannenmann

Leiter der Hotelfachschule Heidelberg

Hotelgesellschaft

→ Hotelkette

Hotelgruppe

→ Hotelkette

Hotelkette

Als Hotelkette, Hotelgesellschaft oder Hotelgruppe werden alle Unternehmen bezeichnet, die mindestens zwei Hotels betreiben oder einen wesentlichen Einfluß auf die Betriebsführung, zum Beispiel im Rahmen eines Franchisevertrages (→ Franchising), ausüben.

Grundsätzlich kann man die folgenden Betriebsarten (→ Betriebsarten und Betriebstypen der Hotellerie) unterscheiden: Hotelgesellschaften, die eigene Hotels betreiben, Hotelgesellschaften, die Hotels, die sich im Eigentum Dritter befinden, im Rahmen eines Betreibervertrages (zum Beispiel → Managementvertrag oder Pachtvertrag) betreiben, sowie Hotelgesellschaften, die ihr Know-how abgeben und / oder das Management eines Hotels kontrollieren, wie zum Beispiel mittels eines Franchisevertrages (→ Franchising). Viele Hotelgruppen nutzen alle drei genannten Möglichkeiten. Das Wachstum der international operierenden Hotelgruppen stützt sich in erster Linie auf → Managementverträge und Franchiseverträge (→ Franchising).

Im Gegensatz zu Hotelgruppen basieren → Hotelkooperationen auf einer weniger weitgehenden Zusammenarbeit. Die Kooperation beschränkt sich meistens auf gemeinsame Marketingmaßnahmen und / oder gemeinsame Reservierungszentralen.

Betrachtet man die Geschichte von Hotelgruppen, so ist als erstes Conrad Hilton zu nennen, der 1919 das Mobley Hotel in Cisco Texas mit 40 Zimmern kaufte. In den folgenden zehn Jahren kaufte und baute er acht weitere Hotels in Texas und gründete damit die erste Hotelgruppe moderner Prägung, das heißt mit zum Teil zentralisierten Managementfunktionen. 1952 gründete Kemmons Wilson Holiday Inn, die erste Motel-Kette, um der wachsenden Übernachtungsnachfrage durch die zunehmende Motorisierung Amerikas gerecht zu werden. Das rasante Wachstum von Holiday Inn wurde vor allem durch die konsequente Anwendung des Franchising-Konzeptes (→ Franchising) ermöglicht. Ende der Vierziger Jahre begann mit einem Hilton in Puerto Rico und einem Inter·Continental in Brasilien die globale Ausdehnung der Hotelkonzerne. In den 50er Jahren wurde in den USA der Grundstein für viele große Hotelkon-

Hotelkette

zerne gelegt, deren Markennamen zum Teil noch heute weit verbreitet sind: zum Beispiel Howard Johnson, Ramada, Marriott und Hyatt.

Laut einer Untersuchung der Zeitschrift Hotels gab es 1997 weltweit 288 Hotelgesellschaften mit jeweils mindestens 2.000 Zimmern, davon 28 Gesellschaften mit jeweils mehr als 20.000 Zimmern und sieben Gesellschaften mit jeweils mehr als 200.000 Zimmern. 1997 waren in Deutschland 80 in- und ausländische Hotelgesellschaften mit insgesamt über 1.000 Hotels und 158.000 Zimmern vertreten. Innerhalb der letzten zehn Jahre hat sich damit die Zahl der auf Hotelgesellschaften entfallenden Zimmer mehr als verdreifacht. Dennoch liegt der Anteil der Gruppen am gesamten deutschen Hotelzimmerangebot bei unter 20 %. Im Vergleich dazu liegt in den USA der Anteil der auf Hotelgruppen entfallenden Zimmer bei über 80 %. Schätzungen gehen weltweit von einem Anteil der Hotelgruppen an der Gesamtzahl der angebotenen Hotelzimmer von rund 30 % aus. Experten rechnen damit, daß spätestens im Jahr 2010 die Hotelgesellschaften mehr als 50 % der deutschen und der weltweiten Hotelkapazitäten stellen. Die Bedeutung der Hotelgruppen zeigt sich auch darin, daß im Jahr 1997 acht der zehn umsatzstärksten deutschen Hotels einer Hotelgruppe angehörten. In der Rangliste der weltbesten Hotels waren 1997 die zehn höchstplazierten Betriebe Kettenhotels. Die fünf größten Hotelkonzerne der Welt (Cendant, Bass, Best Western, Choice und Marriott) haben ihren Hauptsitz in den USA. Erst an sechster Stelle folgt mit der französischen Accor-Gruppe ein europäisches Unternehmen. Accor ist zugleich - vor Maritim und Treff - das größte in Deutschland vertretene Hotelunternehmen. Die meisten großen Gesellschaften versuchen, durch eine Multi-Branding-Strategie verschiedene Marktsegmente anzusprechen (zum Beispiel Accor mit den Marken: Sofitel, Mercure, Novotel, Ibis, Etap und Formule 1).

Der Trend von individuellen Privathotels zu großen Hotelketten beruht auf mehreren Faktoren, die vor allem bei größeren Hotelgruppen zum Tragen kommen. Als erster Faktor ist die intensive Nutzung moderner Managementmethoden und der Einsatz moderner Technologien zu nennen. Ein weiterer Faktor ist das professionelle Marketing unter Ausnutzung von Synergieeffekten. Zudem sind Kosteneinsparungen durch zentralisierte Funktionen (zum Beispiel Einkauf) als Vorteil von großen Hotelgruppen aufzuführen. Große Hotelgruppen zeichnen sich weiterhin durch eine geringere Anfälligkeit gegenüber Nachfragerückgängen und konjunkturellen Schwankungen in einzelnen Märkten aus und haben hierdurch einen größeren finanziellen Spielraum sowie bessere Möglichkeiten der Liquiditätssteuerung (→ Liquidität). Schließlich können Hotelgruppen im allgemeinen bessere Wachstumschancen zuerkannt werden (geringere Abhängigkeit von einzelnen Personen, professionelles Development, mehr Möglichkeiten der Kapitalbeschaffung, größere Attraktivität für potentielle Mitarbeiter). Aus der Sicht des Gastes ergeben sich weitere Vorteile von Hotelketten, die vor allem in einer gleichbleibenden Qualität, der Anbindung an Vielflieger- und ähnliche Bonus-Programme und einfacheren Buchungsmöglichkeiten zu sehen sind. Als Nachteile von kettengebundenen Hotels sind die teilweise geringe Individualität der einzelnen Hotels und die oft langwierige und bürokratische Entscheidungsfindung anzuführen.

Die beiden Schlüssel für den Erfolg im Dienstleistungsbereich sind → Marketing und → Controlling. Beide Bereiche können durch Zentralisierung optimiert werden. Professionelles Management und konsequentes → Controlling sind die Grundlagen für den Erfolg vieler Kettenhotels. Der entscheidende Vorteil gegenüber individuell geführten Häusern liegt jedoch meist im → Marketing. Hotelgruppen können unter anderem die folgenden Marketinginstrumente nutzen: Zentralisierte Koordinierung und Steuerung auch von überregionalen Marketingaktivitäten, gemeinsame Werbe- und PR-Aktivitäten von Hotels der Gruppe, gemeinsame Reservierungzentrale und -büros, Hotelverzeichnis (Directory), Anbindung an ein existierendes Vielflieger- oder sonstiges Bonus-Programm oder Schaffung eines eigenen Programms zur Kundenbindung sowie → Cross Selling, das heißt die Gäste eines Hotels der Gruppe werden animiert, auch in anderen Gruppenhotels zu buchen.

Das Wachstum der großen Hotelgesellschaften ist insbesondere auf zwei Faktoren zurückzuführen: → Franchising und Übernahmen. Der weltgrößte Hotelkonzern Cendant illustriert dies besonders gut: Alle 5.600 Hotels (mit insgesamt rund 500.000 Zimmern) sind Franchise-Betriebe (→ Franchising). Nachdem seit dem Zweiten Weltkrieg vor allem die Übernahme bisher unabhängiger Privathotels durch Ketten zu beobachten war, ist in den letzten Jahren die zweite Phase des Konzentrationsprozesses (→ Unternehmensverbindungen) eingetreten: Die Übernahme kleiner und mittelgroßer Hotelgesellschaften durch noch größere → Konzerne. So hat zum Beispiel Marriott Ritz-Carlton und Ramada Renaissance gekauft, Starwood hat Westin und Sheraton übernommen. Neben Firmenübernahmen und Fusionen gibt es einen dritten Weg zur Konsolidierung: Kooperationen (→ Hotelkooperation) beziehungsweise → strategische Allianzen. Diesen Weg haben in den letzten Jahren unter anderem Arabella (mit Sheraton) und Dorint (mit Inter·Continental) gewählt.

Es ist mit einer weiteren Konzentration (→ Unternehmensverbindungen) zu rechnen, so daß es in einigen Jahren voraussichtlich nur noch zwei bis fünf große international operierende Hotelgesellschaften geben wird. Doch wie in anderen Branchen auch, schafft die Konzentration (→ Unternehmensverbindung) und die damit einhergehende Standardisierung auch Nischen für neue Anbieter. Während die Hotels zunehmend von wenigen Gesellschaften betrieben werden, steht auf Seiten der Hoteleigentümer der Konzentrationsprozeß (→ Unternehmensverbindungen) erst am Anfang. Starwood (Hotelmarken: Sheraton, Westin etc.), das bekannteste Beispiel der als REIT (→ Real Estate Investment Trust) bezeichneten US-amerikanischen Variante des Immobilienfonds, zeigt die Tendenz: Zusammenfassung von Hoteleigentum und -management unter einem Konzerndach. Auch in Deutschland ist durch verschiedene Immobilienfonds eine weitere Belebung der Hotelbauaktivitäten zu erwarten. Ein weiteres Finanzierungsinstrument mit wachsender Bedeutung - insbesondere für die Konzernhotellerie - ist das → Timesharing-Konzept.

Michael Widmann

Geschäftsführer der Pannell Kerr Forster PKF Euroconsult GmbH

Hotelklassifizierung

Bezeichnung für die mit einer Einstufung verbundene Bewertung von Hotelbetrieben. → Deutsche Hotelklassifizierung

Hotelkooperation

Kooperationen (→ Unternehmensverbindungen) tauchten im deutschen Hotelmarkt verstärkt zu Beginn der 70er Jahre auf. Die älteste deutsche Kooperation (→ Unternehmensverbindung) ist der Verein christlicher Hotels, VCH, gegründet vor 94 Jahren. Ausgehend von einer regionalen Zusammenarbeit bildeten sich bundesweit tätige Organisationen. Während dieser Zeit rollte eine große Expansionswelle von international tätigen → Hotelketten und Hotelkonzernen und man spürte die davon ausgehende Macht. Die Überlegenheit der → Konzerne, die sich in der Flächendeckung, der gegenseitigen Vermarktung, des professionell organisierten Verkaufs und der finanziellen Kraft abzeichnete, stellte viele traditionelle Hotelbetriebe vor neue ungewohnte Probleme. Der zukunftsorientierte Hotelier erkannte die Vorteile und die Stärke eines Verbundes in Kombination mit der wirtschaftlichen Eigenständigkeit sowie der im Laufe der Zeit gewachsenen Individualität. Genau das war die Abgrenzung zur Uniformität von Ketten in der Hotellerie. Man lehnte sich an den bereits in USA praktizierten Konzepten an (zum Beispiel Best Western, gegründet vor 52 Jahren) und suchte nach gleichgesinnten Hoteliers, die sich zielgruppenorientiert in Kooperationen (→ Unternehmensverbindungen) zusammenschlossen. In dieser Zeit liegt auch die Begründung verschiedener namhafter Kooperationen (→ Unternehmensverbindungen), wie zum Beispiel Romantik Hotels oder Ringhotels. Inzwischen hat sich ein breites Spektrum von etwa 50 mittleren bis größeren Kooperationen (→ Unternehmensverbindungen) gebildet und jedes Jahr kommen weitere Verbindungen dazu. In den vergangenen 5 Jahren nahm die Bettenkapazität bei Kooperationen (→ Unternehmensverbindungen) um rund 15 % zu.

Allgemein kann man sagen, daß es sich von der → Hotelkette über Franchisekonzepte (→ Franchising) zur Kooperation (→ Unternehmensverbindungen) um einen stufenartigen Übergang handelt. Im Gegensatz zu Kooperationen (→ Unternehmensverbindungen) basiert das Prinzip

Hotelkooperation

von → Hotelketten auf der Expansion eines erfolgreichen Unternehmenskonzeptes. Innerhalb eines → Konzerns wird diese Idee auf weitere eigene Betriebe übertragen. Die Unternehmensphilosophie (→ Unternehmenskultur) und interne Ziele sowie die Konzernpolitik werden von der Zentrale definiert und sind Vorgaben, die jedes einzelne Hotel verfolgt. Die Möglichkeit zur individuellen Entfaltung oder Anpassung an örtliche Gegebenheiten ist nur bedingt gegeben oder soll in verschiedenen Bereichen zum Beispiel auf Grund der → Corporate Identity nicht wahrgenommen werden. Ein Zwischenstück zwischen → Konzern und Kooperation (→ Unternehmensverbindungen) bildet das → Franchising. Eine wirtschaftlich erfolgreiche Geschäftsidee wird als umfassendes Konzept formuliert und als Lizenz angeboten. Der Franchisegeber (→ Franchising) erleichtert mit seinem eingeführten und etablierten Markennamen sowie klar definierten Rechten und Pflichten den relativ einfachen Einstieg in den Markt. Ein rechtlich und wirtschaftlich selbständiges Einzelunternehmen kann dieses erfolgreiche Konzept zeitlich begrenzt nutzen. Es wird vom Franchisegeber (→ Franchising) mit Know-how unterstützt und an meist eigene weltweite → Reservierungssysteme angeschlossen. Der Franchisegeber (→ Franchising) profitiert über eine erfolgsabhängige Franchise-Fee (→ Franchising), die vom Lizenznehmer abgeführt wird. Damit das → Franchising erfolgreich umgesetzt werden kann, wird von den angeschlossenen Unternehmen eine gewisse Passivität beziehungsweise der Verzicht auf eine eigene unternehmerische Identität verlangt. Klar und detailliert definierte Vorgaben und eine strikte Umsetzung der Standards in den Betrieben stärken das geschlossene Erscheinungsbild nach außen und ist Grundlage für den unternehmerischen Erfolg. Dies hat zur Folge, daß der Gast eine bekannte und gleichbleibende Qualität empfindet und aus diesem Grund eine Markentreue entwickeln kann. Lockert man die Maßstäbe ein weiteres Mal, so kommt man zu einer Form der Kooperation (→ Unternehmensverbindungen), die einen Zweckverband von Einzelunternehmen mit gleicher Zielsetzung darstellt, viel unternehmerischen Freiraum bietet und versucht nach außen als Marke eine Einheit zu vermitteln.

Hotelkooperation

Die einfachste und unverbindlichste Form einer Zusammenarbeit sind sogenannte ERFA-Gruppen zum gegenseitigen Erfahrungsaustausch. Diese Formen findet man in fast allen Bereichen. Baut man den Kooperationsgedanken (→ Unternehmensverbindungen) weiter aus, so findet man Institutionen, die sich als Aufgabenfeld auf einzelne Unternehmensbereiche konzentrieren. Der Unternehmer gliedert also einzelne Funktionen aus beziehungsweise arbeitet nur in Teilbereichen mit Dienstleistungspartnern zusammen. Ein bekanntes Beispiel hierfür wäre der Einkauf. Gesellschaften, wie zum Beispiel Progros oder HGK, bieten bei Eintritt in diese Gemeinschaft Einkaufsvorteile an. Die klassische Hotelkooperation bietet neben meist langjähriger Erfahrung und professionellem Management Hilfestellungen und Dienstleistungen in allen wesentlichen Bereichen der Vermarktung an. Eine konsequente und strenge Markenpolitik bewirkt die gewünschte Vertrauensbildung beim Gast.

Die richtige Wahl der Kooperation (→ Unternehmensverbindungen) bringt für ein einzelnes Hotel eine Vielzahl von Vorteilen mit sich. Zu diesen Vorteilen zählen: Je nach Leistungskraft der Marke repräsentiert ein qualifizierter Verkäuferstab die Interessen der Kooperation (→ Unternehmensverbindungen) sowie der Hotels. Hinzu kommt, daß Auslandsrepräsentanten die Interessen der Kooperation (→ Unternehmensverbindungen) in wichtigen Auslandsmärkten vertreten und neue Gästekreise akquirieren. Zudem ist zu beachten, daß Reservierungszentralen mit international buchbaren → Reservierungssystemen neue Kunden- beziehungsweise Gästekreise eröffnen. Der Anschluß an die namhaften → Global Distribution Systems ist in den meisten Fällen ebenfalls gegeben. Weiterhin vermitteln einheitliche Printmedien wie zum Beispiel Directories, Hausprospekte oder ähnliches sowie ein gemeinsamer Internetauftritt (→ Informationstechnologische Systeme) dem Interessenten die Gemeinsamkeiten der Hotels, die Vorteile für den Gast und die Flächendeckung im bundesdeutschen Markt. Die Teilnahme an wichtigen touristischen Fachmessen mit einem markanten Messeauftritt stellt einen weiteren Pluspunkt dar. Ein weiterer Vorteil einer Kooperation (→ Unternehmensverbindungen) ist die Pressearbeit der jeweiligen Zen-

Hotelkooperation

trale, welche die Leistungen und Aktivitäten der Hotels und der Kooperation (→ Unternehmensverbindungen) nach außen unterstreicht. Weiterhin vermittelt die Verfolgung einer einheitlichen → Corporate Identity nach außen in Verbindung mit einer straffen Qualitätspolitik (→ Qualitätsmanagement), Glaubwürdigkeit und Kontinuität. Kundenbindungsprogramme fördern zudem das Markenbewußtsein beim Gast und helfen beim Gewinnen und beim Austausch von Stammgästen. Aus der Summe der obigen Argumente resultieren positive Auswirkungen auf die Zimmerauslastung, die je nach Lage und Konzeption des Hauses mittelfristig zwischen 5 und 15 %, langfristig sogar zwischen 10 und 20 % verbesserte Zimmerauslastung ausmachen können. Häufig werden von Kooperationen (→ Unternehmensverbindungen) weiterhin vorteilhafte Einkaufskonditionen angeboten.

Der Anschluß an eine Kooperation (→ Unternehmensverbindungen) ermöglicht jedem Haus dieses große Spektrum an Marketingaktivitäten (→ Marketing). Die Solidargemeinschaft Kooperation teilt sich die Kosten, die über Beiträge finanziert werden, für alle notwendigen Kosten und bietet dafür die Eintrittskarte in neue Märkte. Die Erhebung dieser Gelder ist von Kooperation zu Kooperation (→ Unternehmensverbindungen) verschieden. Neben einmaligen Kosten für die Aufnahme teilen sich die → Kosten in Fixkosten (→ Kosten) und in variable Kosten (→ Kosten) auf. Die Fixkosten (→ Kosten) werden meist über die Zimmerkapazität des Hotels ermittelt. Hierfür hat fast jede Kooperation (→ Unternehmensverbindungen) einen eigenen Abrechnungsmodus. Für die Weiterbelastung von Buchungsgebühren oder Provisionen hinsichtlich der Vermittlung von Zimmerreservierungen fallen variable Kosten (→ Kosten) an, die erfolgsabhängig entstehen. Daneben werden häufig innerhalb der Kooperation (→ Unternehmensverbindungen) Arbeitsgruppen gebildet, die freiwillig zusätzliche Aktionen, wie etwa zusätzliche Eintragungen in speziellen Führern, durchführen. Diese teilen sich die anfallenden → Kosten für diese Sonderaktionen.

→ Kooperation als Betriebsform im Reisebürobereich

Rudolf Schmid

Leiter des Rechnungswesens der Ring Hotels e.V.

Hotelschiff

→ Fahrgastschiff, das zu bestimmten Anlässen als schwimmendes Hotel zur vorübergehenden Erweiterung der Übernachtungskapazität einer Stadt eingesetzt wird. Als Hotelschiffe werden im allgemeinen Sprachgebrauch auch auf Schwimmplattformen installierte Wohncontainer bezeichnet, die über keinen eigenen Antrieb verfügen.

Housekeeping Department

Dem Housekeeping Department, das auch als Hausdamenabteilung oder Hausdamenbereich bezeichnet wird, obliegt die Aufgabe der Reinigung und Pflege des Hotels. In den Verantwortungsbereich der Hausdamenabteilung fallen die Zimmer, die Flure auf den Etagen und die sonstigen öffentlichen Bereiche wie etwa das Restaurant und das Schwimmbad. Die Küche gehört nicht zum Verantwortungsbereich der Hausdamenabteilung. Das Housekeeping Department wird von der Hausdame geleitet. Diese wird auch als Executive Housekeeper bezeichnet.

Hovercraft

→ Luftkissenboot

Hubs and Spokes

Bezeichnung für die internationalen Drehscheiben im Luftverkehr.

Human Resource Management

Der Begriff Human Resource Management, der in einer inhaltlichen Nähe zum Begriff → Personalmanagement steht, umfaßt nach Rühli alle funktionellen, institutionellen und instrumentellen Aspekte der Unternehmensführung, die mit den Fragen des Humanpotentials verbunden sind. Dabei wird mit Humanpotential die Gesamtheit menschlicher Arbeitskraft bezeichnet, aus der das Unternehmen besteht.

Für die Praxis des Human Resource Management in touristischen Unternehmungen eignet sich nach Ansicht der Verfasserin die von Martin Hilb vorgenommene Gliederung besonders gut. Dieser nimmt eine Einteilung in die Bereiche direkte Lenkung, indirekte Gestaltung und ständige Entwicklung vor.

Direkte Lenkung meint Führung des Personals im Sinne von Verhaltenssteuerung und der Handhabung der Personalsysteme. Indirekte Gestaltung zielt auf eine Führungshilfe für das Per-

Human Resource Management

sonal im Sinne der Entwicklung, Einführung und Erfolgsevaluation von Konzepten zur Gewinnung, Beurteilung, Honorierung und Entwicklung von Mitarbeitern ab. Ständige Entwicklung ist gleichbedeutend mit Organisationsentwicklung. Hier geht es um eine Förderung der Lernfähigkeit im Sinne des ständigen Verbesserns der Systemgestaltung und Systemlenkung.

Das Human Resource Management muß in enger Vernetzung mit der Unternehmensstrategie und der Organisation stehen und die Strategie- und Organisationsentwicklung unterstützen. Über die wachsende Bedeutung des Human Resource Management und des menschlichen Potentials als Erfolgsfaktor für die Zukunft schlechthin sind sich Trendforscher und Managementlehre einig. Dies gilt insbesondere für die Tourismusbranche, deren Erfolg noch mehr als in anderen Branchen von der Qualität, dem Engagement, der Herzlichkeit, der Kommunikationsfähigkeit und der Begeisterungsfähigkeit der Mitarbeiter abhängt. Doch, um mit Thomas Sattelberger, dem Leiter der Konzernführungskräfte- und Personalentwicklung der Deutschen Lufthansa AG zu sprechen, sind wir zwar Wissensriesen aber Realisierungszwerge. So ermittelte das Münchner Geva-Institut in mehr als 250 deutschen und schweizer Unternehmen, daß unfähige Chefs den Krankenstand in die Höhe treiben. 60 % der Mitarbeiter in Unternehmen mit hohen Fehlzeiten sind mit dem Führungsstil unzufrieden. 80 % der Mitarbeiter halten ihren Chef für unfähig, sie zu motivieren. Winfried Panse und Wolfgang Stegmann führten über 1.200 Interviews mit Mitarbeitern und Führungskräften durch und kamen hierbei zu alarmierenden Ergebnissen: "Ängste sind auf allen Hierarchiestufen eines Unternehmens zu finden. In einem Betriebsklima das von Angst und Anpassung geprägt ist, gedeihen nur Frust und Mißmut, nicht aber Kreativität und Motivation. Führungsdefizite verhindern neue Produkte und Dienstleistungen. Letztendlich gefährden sie die Wettbewerbsfähigkeit eines Unternehmens." Immer mehr Menschen gehen in die innere Kündigung. Mobbing und Neid am Arbeitsplatz nehmen zu. Proportional dazu sinken Engagement, Begeisterung und Kreativität. Viel zu viele Führungskräfte sind aufgrund ihrer mangelnden Sozial- und Persönlichkeitskompetenz nicht nur ein Hemmschuh

Human Resource Management

für die Motivation ihrer Mitarbeiter, indem sie mit treffsicherem "Killerinstinkt" Macht über sie ergreifen und jeglichen Funken an Begeisterung und Kreativität zerstören, sie stehen vielmehr dem gesamten betrieblichen Veränderungsprozeß und damit jeglichem Innovationsprozeß im Wege. Die Wurzel des Übels liegt nicht selten in der Führungsspitze. Viele Manager und Unternehmensberater, die in Zeiten der Prosperität mit dem Strom geschwommen sind, sehen "die Kunst des Führens" derzeit in einer drastischen Kostenreduktion in Form von Entlassungen. "80 % aller Probleme und Fragen eines Unternehmens sind Menschenfragen." So zitiert die Welt am Sonntag den Aufsichtsratsvorsitzenden der BMW AG, Eberhard von Kuenheim. Thies Claussen, der Leiter der Hauptabteilung Organisations- und Personalentwicklung der Flughafen München GmbH meint, daß jedes Unternehmen gut beraten ist, wenn es die Mitarbeiter nicht nur als Kostenfaktor, sondern als den entscheidenden Erfolgsfaktor des Unternehmens sieht. Gleichzeitig aber ist der Mitarbeiter mitverantwortlich für den finanziellen Erfolg seines Arbeitsplatzes. Die Differenz zwischen Kosten des jeweiligen Arbeitsplatzes und den an diesem Arbeitsplatz geschaffenen Werten muß ständig optimiert werden. Nur Arbeitsplätze, die einen Mehrwert für das Unternehmen schaffen, sichern auf Dauer den finanziellen Erfolg des Unternehmens. Bestseller-Autor Tom Peters meint: "Wer möchte, daß die Kunden in der ersten Reihe sitzen, der muß seinen Mitarbeitern einen Logenplatz freihalten." In der Tat kann im Tourismus der Kundennutzen vorwiegend durch Mitarbeiterorientierung, das heißt durch die permanente Optimierung der spezifischen Begabungen, Neigungen und Verhaltensweisen der Mitarbeiter verbessert werden und zu einem relativen Wettbewerbsvorteil in globalen Märkten führen. Mitarbeiter, welche die → Software des Unternehmens darstellen, sind im Tourismus weit wichtiger als die Ausstattung der Betriebe, das heißt die → Hardware. Sie sind diejenigen, die Gäste binden oder vertreiben, die den Umsatz ankurbeln oder verhindern. Keine andere Branche lebt so vom emotionalen Eindruck ihrer Mitarbeiter, denn alle unternehmerischen Ziele fallen und steigen mit der individuellen Dienstleistung. Gerade hier liegt noch ein großes Potential zur Qualitätsverbesserung. Folgende

Human Resource Management

Hauptanforderungen an das Human Resource Management sind für den zukünftigen Erfolg touristischer Unternehmungen unerläßlich:

- Neben der fachlichen Kompetenz sind permanent Persönlichkeitskompetenz und Sozialkompetenz der Mitarbeiter und der Führungskräfte zu verbessern.
- Der Faktor Arbeit ist nicht aus einer funktionalistischen, sondern aus einer humanistischen Perspektive zu sehen. Das Wohlbefinden des Menschen ist die Basis für Arbeitsfreude.
- Die Mitarbeiter müssen einen Sinn in ihrer Arbeit sehen. Sinn ist die Quelle echter Motivation.
- Es gilt, Ängste abzubauen und ein Klima der Furchtlosigkeit und des Vertrauens zu schaffen.
- Thomas Sattelberger meint, daß das Muster mittelmäßiger Leistungen, der Selbstgefälligkeit und der Apathie zu brechen sind. Wir benötigen → Visionen und Werte von Hochleistungen, Prosperität und Qualität. Wir benötigen eine neue Kultur und Stimuli für selbstverantwortetes, lebenslanges Lernen.
- Wir müssen ein Klima des "Fehler machen Dürfens" und der Lernfreude schaffen.
- Wir müssen unsere Einstellung und Freude am und zum Dienen radikal verbessern.
- Die Mitarbeiter verlangen nach mehr: Spielräume, größere Selbständigkeit, Mitsprache, sinnvollere Arbeit, Förderung und Unterstützung von seiten der Führungskraft, Teamarbeit, gerechte Entlohnung, Weiterbildungsmöglichkeiten, Offenheit in der Kommunikation, gutes Betriebsklima, Sicherheit des Arbeitsplatzes. Zudem verlangen sie danach, als Mensch ernst genommen zu werden.
- Dies ist jedoch nur dann erfüllbar, wenn die Mitarbeiter auch ihren Beitrag dazu leisten! Dies sei besonders erwähnt, weil man darüber eigentlich nur selten spricht! Aber die obigen Erwartungen können nur dann erfüllt werden, wenn die Mitarbeiter bereit und fähig sind, mehr Eigenverantwortung zu übernehmen, sich ständig zu verbessern, unternehmerisch zu denken, sich für den Erfolg des Unternehmens einzusetzen und im Hinblick auf Leistung und Dienstleistungsqualität Spitzenleistungen zu bringen.

Abschließend ist der deutsche Bundespräsident Roman Herzog zu zitieren, der meint, daß wir eine neue Kultur der Selbständigkeit und der Verantwortung brauchen. → Denkmodell des ganzheitlichen Management; → Management; → Management im Tourismus; → Personalführung; → Personalmanagement; → Zukünftige Entwicklungen im Personalmanagement

Literatur: Dubs, 1997; Hilb, 1998; Panse, Stegmann, 1997; Peters, 1995

Prof. Annemarie Pircher-Friedrich

Fachhochschule München, Fachbereich Tourismus

Hurtigruten

Ganzjährig operierende Küsten-Express-Linie mit festem Fahrplan in Norwegen. Die Hauptaufgabe dieser Schiffe ist der Transport von Personen, Post und Handelswaren zu den Ortschaften an der Küste. Der regelmäßige Schiffsverkehr auf dieser Strecke wurde 1893 aufgenommen. Derzeit besteht die Flotte aus sechs regelrechten → Kreuzfahrtschiffen neueren Baujahrs und einer Kapazität von ca. 450 Passagieren sowie fünf älteren und kleineren Schiffen. 1994 hat die Schiffahrtsgesellschaft auf der insgesamt 4.000 km langen Strecke mit 35 Anlaufhäfen ca. 286.000 Passagiere befördert.

HWC

In der Hotellerie übliche Abkürzung für → Handle With Care.

Hydrofoil

Bezeichnung für Tragflächenboot.

IATA

Abkürzung für International Air Transport Association. Die International Air Transport Association ist die weltweite Vereinigung der im Passagier- und Fracht-Linienflugverkehr (→ Linienflugverkehr) tätigen → Fluggesellschaften. Sie wurde 1945 in Havanna gegründet. Die Zentrale befindet sich in Montreal, das European Office in Genf. Die IATA ist der direkte Gesprächspartner der → International Civil Aviation Organisation. Auch die Regierungen beachten die von der IATA als Empfehlung veröffentlichten Dokumente und ihre konkreten Stellungnahmen bei den luftverkehrspolitischen Entscheidungen. Die IATA bemüht sich um die laufende Verbesserung der Sicherheits- und Qualitätsstandards sowie um die weltweite Standardisierung von Verfahren und zugehöriger Dokumente. Beispielsweise basieren die Standardbeförderungsbedingungen auf den Flugscheinen, ebenso wie der international gebräuchliche Frachtbrief (→ Airwaybill) auf einem Vorschlag der IATA. Die IATA hat für die meisten Strecken der Welt Fracht- und Passage-Tarife (→ Tarif) entwickelt und pflegt diese. Zwar werden sie nicht immer direkt angewendet, sie dienen jedoch häufig als Orientierung. Formale Voraussetzung für die volle IATA-Mitgliedschaft einer → Fluggesellschaft ist neben der Zugehörigkeit des Heimatlandes zur → International Civil Aviation Organisation ein internationales Streckennetz, das heißt im Extremfall also mindestens eine grenzüberschreitende Strecke. Praktisch alle Linienfluggesellschaften (→ Linienflug) sind heute IATA-Mitglied und nehmen die Leistungen des → IATA-Clearing House wahr.

IATA-Agentur

Von der → IATA für den Verkauf von Dienstleistungen der IATA-Fluggesellschaften (→ IATA) lizenzierte Agentur. In Deutschland ist das IATA Agency Service Office in Frankfurt für die Zulassung und Überwachung der Verkaufsagenturen zuständig. Die Zulassungskriterien sind in der IATA-Resolution 814 festgelegt. Insbesondere müssen die Bewerber eine gewisse Finanzkraft, geschultes Personal und die physischen Voraussetzungen für die sichere Handhabung des → Ticketing für IATA-Fluggesellschaften (→ IATA) nachweisen. Im Zuge der generellen Liberalisierung der Märkte wurde die Handhabung der Kriterien in den vergangenen Jahren etwas gelockert. Dennoch ist der Anteil der Non-IATA-Agenturen unter den → Reisebüros noch immer ziemlich hoch. Er liegt bei rund 70 %.

IATA-Clearing House

Gegründet 1947 mit Sitz in Genf, dient das IATA-Clearing House als Verrechnungsstelle für verbundene Leistungen von Linienfluggesellschaften (→ Linienflug) aufgrund eines Flugscheines. Basis der Verrechnung ist das → Interlining. Auch ohne IATA-Mitgliedschaft (→ IATA) können → Fluggesellschaften die Dienste des IATA-Clearing

House in Anspruch nehmen. Diejenigen IATA-Fluggesellschaften (→ IATA), die nicht die Leistungen des IATA-Clearing House wahrnehmen, rechnen mit ihren Partnern im → Interlining ab.

ICAO

Abkürzung für → International Civil Aviation Organisation.

Immaterielle Investition

→ Investition

IMO

Abkürzung für → International Maritime Organization. Untergesellschaft der Vereinten Nationen zur Regelung der internationalen Seefahrt. Die Vorgaben der IMO bilden den internationalen Maßstab bezüglich Sicherheit von → Kreuzfahrtschiffen und → Fähren.

Implant-Reisebüro

→ Reisebüro, das in einem Unternehmen angesiedelt ist und ausschließlich für dessen Belange tätig ist.

Inbound Tourismus

Alternative Bezeichnung für → Incoming-Tourismus.

Incentive-Reisen

→ Incentives

Incentives

Incentive-Reisen - ein heute vielzitierter Begriff, dessen Bedeutung dennoch oft sehr verschwommen ist - sind nicht nur eine bestimmte Art von Reisen, sondern in erster Linie ein Instrument zur besseren Motivierung von Mitarbeitern, Kunden und Geschäftspartnern.

Deshalb ist es richtiger, von Incentive-Aktionen zu sprechen, deren letztes Glied die Incentive-Reise ist. Die Teilnehmer an einer Incentive-Aktion sollen in den meisten Fällen nicht durch die Incentive-Reise motiviert werden, sondern durch die Aussicht, als Gewinner der Incentive-Aktion an der Reise teilnehmen zu können. Ein Regelwerk bestimmt in eindeutig präzisierter Form die Voraussetzungen und Vorgaben, die zur Qualifizierung für die ausgelobte Prämie zu erfüllen sind.

Incentive-Aktionen sind als Personalführungs- und Marketinginstrumente anzusehen.

Um effizient zu sein, müssen sie in die Gesamtmarketingstrategie des Unternehmens eingebunden sein und mit der → Corporate Identity in Einklang stehen. Sie sollen bei vorher genau bestimmten Gruppen von Mitarbeitern oder Geschäftspartnern schlummernde Leistungsreserven wecken und die Teilnehmer zu noch größerer Einsatzbereitschaft und Loyalität motivieren.

Diese Forderung nach Mehrleistung kann allerdings den Eindruck erwecken, das Unternehmen sei mit der bisherigen Leistungserbringung nicht zufrieden. Jede Motivationsaktion ist deshalb von vornherein problembehaftet und bedarf einer sorgfältigen Planung. Diese muß den drei Faktoren Mensch, das heißt die mit der Aktion anzusprechende Zielgruppe, Absicht, das heißt die zu erreichenden Aktionsziele, und Mittel, das heißt die zur Verfügung stehenden Etatmittel, Manpower und Know-how, Rechnung tragen.

Einfühlungsvermögen und Fingerspitzengefühl sind die beiden Grundvoraussetzungen für das Gelingen einer Incentive-Aktion. Was die eine Gruppe von Menschen begeistert, kann für eine andere Gruppe enttäuschend sein. Frust statt Lust wäre dann das Resultat einer solchen Aktion.

Wenn es auch keine Patentrezepte für die Gestaltung einer effizienten Incentive-Aktion gibt, so sollte man doch diese vier Grundforderungen erfüllen:

- Nachdenken: Die passende Idee ist wichtiger als der Realwert der zu gewinnenden Prämie. Sie muß auf die latent vorhandenen Wünsche der Gewinner abgestimmt sein und deren Besitzstreben wecken.
- Darüber sprechen: Regelmäßige Nachfaß-Aktionen, sogenannte Follow-ups, verbunden durch die spannende Aktions-Story, sollen das Interesse der Teilnehmer wecken und hochhalten. Der rote Faden des Aktionsmottos zieht sich durch die gesamte Aktion. Assoziation zu Produkt, Aktionszielen, Prämie und → Unternehmenskultur sollen in der Story Aufnahme finden.
- Mehr Halten als Versprechen: Mit der Gesamtaktion und vor allem mit der Prämie ist den Gewinnern zu bestätigen, daß sich deren Einsatz auch wirklich gelohnt hat. Die eine oder andere Überraschung kann diesen Effekt verstärken.

Incentives

- Nicht am falschen Platz sparen: Wenn der Etat für eine Fernreise nicht ausreicht, dann sollte man eben ein nähergelegenes Ziel wählen und dort aber alle Register des Einfallsreichtums ziehen. Nicht "Kenia mit Frühstück" ist die Lösung, sondern lieber "in Salzburg die Puppen tanzen lassen". Außerdem sind da noch die vielen Kleinigkeiten, welche die Gewinner von der Masse der übrigen Reisenden unterscheiden und ihnen das Gefühl geben, besondere Reisende zu sein: Cocktail am Abflugsteig, Begrüßung durch die Firmenleitung, persönliche Gepäckanhänger, Treffen mit prominenten Persönlichkeiten im Verlauf der Reise, passendes Gastgeschenk auf dem Hotelzimmer etc.

Wenn die richtige Reiseprämie gewählt, das Interesse der Teilnehmer durch Follow-up-Aktionen wachgehalten und die Incentive-Aktion in die Gesamtstrategie des Marketing eingebaut wird, kann eine Incentive-Aktion ein effizientes Instrument sein, Mitarbeiter kurzfristig für bestimmte Firmenziele zu begeistern.

Incentives können aber nicht personalpolitische, firmenstrategische oder produktpolitische Fehler korrigieren.

Bei der Wahl des Bewertungssystems für die Incentive-Aktion ist zu bedenken, daß nicht nur die Mitarbeiter mit Spitzenleistung, sondern auch das verhältnismäßig große Mittelfeld der Mitarbeiter mit durchschnittlicher Leistung stärker motiviert werden soll, ohne daß sich deshalb die Mitarbeiter mit Spitzenleistung vor den Kopf gestoßen fühlen. An rechtlichen Bestimmungen und Einschränkungen sind steuerliche Vorschriften, das Gesetz gegen unlauteren Wettbewerb und die Vorstellungen des Betriebsrats zu berücksichtigen.

Als nächster Schritt sollen in einem Briefinggespräch, möglichst im Beisein der Abteilungsleiter Marketing, Vertrieb, Controlling und des Betriebsrates, die nachstehenden Aspekte im Detail besprochen und festgelegt werden:

Strategie der Gesamtaktion, Budget, Aktionsziel und eventuelle Nebenziele, Dauer und Termine, Meßbarkeit und Erfolgskontrolle, Präferenzen für die Prämie unter Berücksichtigung aller produkt- und unternehmensspezifischen Assoziationen sowie flankierende Marketingmaßnahmen.

Um eine optimale Lösung bei der Gestaltung einer Incentive-Aktion zu erreichen, empfiehlt sich in vielen Fällen die Einschaltung einer Agentur oder eines externen Beraters.

Die Incentive-Reise bildet den logischen und sowohl strategischen als auch psychologischen Schluß- und Höhepunkt der gesamten Aktion. Der Vorlauf oder Wettbewerb ist gewissermaßen das Versprechen, die Incentive-Reise die Einlösung des Versprechens. Alle im Vorlauf angesprochenen Themen und Assoziationen sollen in der Reise als wichtige Bestandteile und Höhepunkte enthalten sein.

Diese folgerichtige Weiterführung des Aktionsmottos, zum Beispiel Segelregatta, gipfelt etwa in einem Segeltörn während der Reise.

Unvergeßliche Erlebnisse, die man normalerweise nicht kaufen kann, unterscheiden die Incentive-Reise von einer normalen Reise. So ein Erlebnis, sei es sportlicher, künstlerischer oder persönlicher Art, muß auf die Interessen der Teilnehmer abgestimmt sein, ihnen eine innere Befriedigung verschaffen und ihnen das Gefühl vermitteln, selbst eine wichtige Persönlichkeit zu sein.

Erich W. Eisenhut

Unternehmensberater für Mitarbeitermotivation, Incentives und Veranstaltungsorganisation, Lehrbeauftragter an der Fachhochschule München, Fachbereich Tourismus

Incoming-Agentur

Agentur, deren Aufgabe darin besteht, aus dem Ausland stammenden Gästen beziehungsweise ausländischen → Reisemittlern Informationen zur Verfügung zu stellen beziehungsweise für sie Reiseprogramme zusammenzustellen sowie ihnen andere Dienstleistungen anzubieten.

Incoming-Tourismus

Bezeichnung für den aus dem Ausland hereinkommenden Tourismus. Incoming-Tourismus wird auch als Inbound Tourismus bezeichnet.

Individualreise

Reise, bei welcher der Reisende

keine oder nur einzelne Leistungen eines → Reiseveranstalters oder → Reisemittlers nutzt. Die Reise wird weitgehend selbst organisiert.

Information

Bezeichnung für eine zweckorientierte Nachricht.

Informationstechnologische Systeme

Die tourismuswirtschaftlichen Absatz- und Beschaffungsprozesse erfordern Informations- und Kommunikationsprozesse, die ausgerichtet sind auf die spezifischen Erfordernisse der Tourismusmärkte und -produkte (Internationalität und Immaterialität). Die computer-basierte Informationstechnologie (IT) ermöglicht, Informationen international, aktuell und automatisiert zu beschaffen, zu verarbeiten und weiterzuleiten. Die Medien zur Darstellung der Informationen können zielgruppenorientiert, multimedial und erlebbar gestaltet werden. Information ist ein Produktions- und Wettbewerbsfaktor, dessen planvoller und wirtschaftlicher Einsatz bedeutend ist für die Existenzsicherung eines Unternehmens. Das Informationsmanagement ist daher insbesondere in tourismuswirtschaftlichen Unternehmen integriert mit dem Marketing-Management zu betrachten. Es hat folgende Aufgaben:

- Ein unternehmensweites IT-System mit Kommunikationsverbindungen zur relevanten Umwelt des Unternehmens ist aufzubauen. Die Systemkonzeption ist auf Basis der zukunftsorientierten Anforderungen und Unternehmensziele und damit im Einklang mit dem strategischen Marketing-Management zu entwickeln.
- Das zielgerichtete Zusammenwirken der Systemelemente ist zu organisieren, regelmäßig zu kontrollieren und zu steuern. Die Anforderungen und Entscheidungen des instrumentellen, operativen Marketing-Managements und die informationstechnologischen Einsatzbedingungen sind kontinuierlich abzustimmen.

IT-Systeme sind die Basis der tourismuswirtschaftlichen Marketing-Prozesse (→ Tourismus-Marketing). Um sachgerecht und zielorientiert entscheiden und handeln zu können, sind Kenntnisse über die informationstechnologischen Entwicklungen der Systeme erforderlich. Grundsätzlich sind

- betriebliche Systeme in den Tourismusunternehmen (Inhouse-Systeme),
- örtliche und regionale Systeme (im Fremdenverkehr und Stadttourismus) sowie
- internationale / globale Systeme (Computer-Reservierungssysteme (CRS) (→ Reservierungssysteme), Internet)

zu unterscheiden. Die Tourismusunternehmen sind mit ihren betrieblichen IT-Systemen in internationale Systeme eingebunden. Grundsätzlich wird bezüglich der Distribution touristischer Leistungen zwischen Vertrieb über → Reisemittler und Vertrieb in direkter Kommunikation zwischen Leistungsanbietern und Reisekunden (Direktvertrieb) unterschieden. Insbesondere in den Marktsegmenten der internationalen → Pauschalreisen und der Geschäftsreisen hat der Vertrieb über → Reisemittler (noch) eine herausragende Bedeutung. Traditionell nutzen die → Reisemittler die Dienste der global agierenden CRS (→ Reservierungssysteme), um aktuelle Informationen über Verfügbarkeiten und Preise zu recherchieren und im Kundenauftrag Reiseleistungen zu buchen und abzuwickeln. Die CRS (→ Reservierungssysteme) stellen internationale Netzwerke und Distributionssysteme (GDN - Global Distribution Network) branchenbezogen zur Verfügung. Die Tourismusunternehmen können im Sinne einer internationalen, nicht-öffentlichen Benutzergruppe an diesen Systemen kostenpflichtig teilnehmen.

Der CRS-Verbund (→ Reservierungssysteme) → START AMADEUS ist in Deutschland zur Zeit marktführend, da durch unternehmensrechtliche Verbindung und technischen Zusammenschluß den → Reisebüros ein Komplett-System angeboten wird. START (→ START AMADEUS) stellt insbesondere die Kommunikationsverbindungen zu den deutschen → Reiseveranstaltern zur Verfügung, und AMADEUS bietet als → Reservierungssystem die Leistungen internationaler → Fluggesellschaften, → Hotelketten und Mietwagengesellschaften an. Zur Standardisierung der Kommunikation von → Reiseveranstaltern und Reisebüros hat START (→ START AMADEUS) das TOMA-Verfahren (Touristik-Maske) entwickelt. Der TOMA-Standard definiert die technischen Abläufe und Komponenten, er beschreibt die Formate der zu übertragenden Daten und die

Informationstechnologische Systeme

Anwendung in den → Reisebüros. Der TOMA-Standard wird zunehmend auch von Organisationen des deutschen Fremdenverkehrs und Städtetourismus genutzt, um mit ihren Unterkunfts- und Pauschalangeboten in den Reisebüros via START (→ START AMADEUS) buchbar zu sein. Die im Wettbewerb stehenden globalen Computer-Reservierungssysteme (→ Reservierungssysteme), zum Beispiel → SABRE und GALILEO (→ Galileo International), konnten bis vor wenigen Jahren den → Reisebüros nur eine Alternative zu AMADEUS (→ START AMADEUS), nicht aber den Zugriff zu den Systemen der deutschen → Reiseveranstalter und der Bahn anbieten. Diese Situation hat sich durch aktuelle Entwicklungen geändert, zum Beispiel:

- Kartellrechtlich ist die Deutsche Bahn verpflichtet, ihre Systeme nicht mehr nur exklusiv an START (→ START AMADEUS), sondern auch an die im Wettbewerb stehenden CRS (→ Reservierungssysteme) anzuschließen.
- Die TUI ist 1997 als Gesellschafter der START-Holding ausgeschieden und hat ihr Reiseveranstalter-System (IRIS) auch mit den anderen internationalen CRS (→ Reservierungssysteme) verbunden.
- Umbrella-Systeme, wie zum Beispiel Robin, sind mit dem Ziel aufgebaut worden, die Anschlußkosten an das START-CRS (→ Reservierungssysteme; → START AMADEUS) für → Reiseveranstalter zu reduzieren. Die technischen Kommunikationswege der an Robin im TOMA-Verfahren angeschlossenen Reiseanbieter (ca. 70) werden im Robin-Rechenzentrum gebündelt und von dort über eine im Verbund genutzte Leitung mit START (→ START AMADEUS) verbunden. Ein START-Anschluß via Robin war damit für einen → Reiseveranstalter wesentlich kostengünstiger als ein direkter Anschluß an START (→ START AMADEUS), wodurch START (→ START AMADEUS) sich veranlaßt sah, seine Anschlußkosten erheblich zu reduzieren. Dieser Robin-Verbund ist nicht mehr nur an START (→ START AMADEUS) angeschlossen. Da das TOMA-Verfahren nicht rechtlich geschützt ist, konnten andere diesen Standard nachbilden, so daß heute zum Beispiel an → SABRE

Informationstechnologische Systeme

oder GALILEO (→ Galileo International) angeschlossene → Reisebüros auch Zugriff auf die Angebote einer Vielzahl von → Reiseveranstaltern im TOMA-Verfahren haben. Darüber hinaus hat das Robin betreibende Unternehmen ein eigenes Reisebüro-System aufgebaut (Merlin). Die über Merlin angeschlossenen Reisebüros haben damit Zugriff auf die Systeme der an Robin angeschlossenen Veranstalter, auf das TUI-System und auf ein mit Merlin verbundenes globales CRS (→ Reservierungssysteme).

Durch diese Entwicklungen ist ein Wettbewerb der Computer-Reservierungssysteme (→ Reservierungssysteme) auf Basis vergleichbarer Leistungsangebote entstanden. → Reisebüros haben Alternativen und können im Rahmen ihrer Investitionsentscheidungen (→ Investition) auswählen (95 % der 17.000 → Reisebüros in Deutschland sind an ein CRS (→ Reservierungssysteme) angeschlossen). Da Merlin, → SABRE und GALILEO (→ Galileo International) ihre Marktanteile in Deutschland erheblich erhöhen werden, wird es für die Reiseanbieter wichtig, ihre → Reservierungssysteme nicht mehr nur an START (→ START AMADEUS), sondern ergänzend auch an die anderen internationalen Systeme anzuschließen (im TOMA-Standard), wenn sie die entsprechenden → Reisebüros nicht als Kunden verlieren wollen.

Die Computer-Reservierungssysteme (→ Reservierungssysteme) sind in ihrer traditionellen Form brancheninterne, kostenpflichtige Distributionssysteme für ausgebildete Spezialisten. Sie unterstützen nicht den Direktvertrieb und kaum die Marketinginstrumente der Verkaufsförderung, Werbung, und Produktinformation. Sie sind gekennzeichnet durch zentrale Strukturen, durch proprietäre, alte Großrechner-Technologie, die nicht übergreifend standardisiert ist und die nur alphanumerische Datenverarbeitung zuläßt. Diesen Merkmalen steht die weltweit offene und standardisierte, dezentral kommunizierende, multimediale und tendenziell kostengünstige Internet-Technologie als Basis eines globalen und direkten Kommunikations-, Informations- und Distributionssystems gegenüber. Tourismusunternehmen, die basierend auf zukunftssicheren Technologien an internationalen → Reservie-

 Informationstechnologische Systeme

rungssystemen teilnehmen wollen, haben grundsätzlich zu hinterfragen, ob die Computer-Reservierungssysteme (→ Reservierungssysteme) in der traditionellen Form auch langfristig geeignete Dienstleister bleiben werden. Die Tourismusunternehmen haben zu analysieren, welche Reisearten für den Direktvertrieb geeignet und in Bezug zum Internet technologietauglich sind und zu welchen Reisearten welche Kundengruppen auch langfristig Beratungs- und Vermittlungsdienste nachfragen werden. Die Tourismusunternehmen sind gefordert, ihre Geschäftsfelder festzulegen und darauf abgestimmt ihre IT-Systeme aufzubauen beziehungsweise weiterzuentwickeln. Durch das Internet haben Reiseanbieter und Reisekunden die Möglichkeit, direkt zu kommunizieren. Die Reisebuchung kann vom Kunden selbst ohne Vermittlung vorgenommen werden, und der Kunde kann durch direkte Kommunikation mit den Leistungsträgern seine Reiseleistungen selbst bündeln.

Die Geschichte des Internets geht auf die 60er Jahre zurück. Das U.S.-Militär strebte ein zerstörungssicheres Kommunikationssystem an. Es wurde ein Netzwerk ohne zentrale Steuerung und mit redundanten Verbindungswegen entwickelt, so daß bei Zerstörung von Netzknoten die verbleibenden Computerknoten ihre Kommunikation aufrecht erhalten konnten. Wichtigstes Merkmal eines solchen dezentralen Netzwerkes ist, daß die Datenübermittlungen nach einem einheitlichen Standard erfolgen, den alle kommunizierenden Computer erfüllen müssen. Dabei wird jede Nachricht in mehrere Datenpakete jeweils mit Empfänger- und Absenderadresse aufgeteilt. Die Datenpakete finden unabhängig voneinander über die alternativen Verbindungswege ihren Empfänger, und dort werden sie wieder zur vollständigen Nachricht zusammengesetzt. Diese Netzwerktechnologie wurde später den Hochschulen zur wissenschaftlichen Kommunikation überlassen. Die Kommunikationsstandards (TCP/IP) stehen seither öffentlich zur Verfügung. Seit Beginn der 90er Jahre haben sich mit der explosionsartig zunehmenden Leistungsfähigkeit der PC-Technologie grafische Benutzeroberflächen und multimediale Datenverarbeitung zum Standard entwickelt. Damit sind zwei elementare Voraussetzungen gegeben, um mit privaten Kunden

Informationstechnologische Systeme

direkt elektronisch kommunizieren und handeln zu können:

- Allgemein verfügbare Standards der elektronischen Kommunikation sowie
- Vorhandensein verbreiteter Endgeräte, die über grafische Bildschirmoberflächen intuitiv bedienbar sind.

Seit Mitte der 90er Jahre wird das Internet mit seinem multimedialen Informations- und Kommunikationsdienst WorldWideWeb (www) zunehmend kommerziell als Basis des elektronischen Handels (Electronic commerce) genutzt. Das Internet wird als "Netz der Netze" bezeichnet, weil es durch seine technischen Standards weltweit die Kommunikation mehrerer Millionen Netzwerke ermöglicht. Es ist folglich dezentral organisiert und allgemein zugänglich. Weltweit sind im Rahmen der Einzelnetze viele Millionen Rechner an das Internet angeschlossen (vgl. www.nic.de). Da über einen angeschlossenen Computer mehrere Personen Zugriff zum Internet erhalten können, beträgt die Anzahl der potentiellen Internet-Nutzer ein Mehrfaches. Das Internet ist weltweit in hierarchisch strukturierte Verwaltungsgebiete (Domains: subdomain.domain.top-level-domain) aufgeteilt. Die Domains werden von Providern mit den Dienstleistungen betrieben:

- Routing und Domain-Name-Server sowie
- technische Anbindung der Internet-Teilnehmer und kontrollierter Zugang zu den Internet-Diensten, zum Beispiel Anschluß an das multimediale WorldWideWeb als Informationsnachfrager (www-Client) oder als Informationsanbieter (www-Server).

Die Fachhochschule Wilhelmshaven ist beispielsweise als Provider für die Subdomain "fh-wilhelmshaven.de" zuständig. Hierbei steht "de" für die Top-Level-Domain "Deutschland", "fh-wilhelmshaven" steht für die Subdomain im Rahmen der Domain des deutschen Wissenschaftsnetzes. Die Einzelnetze werden jeweils einer Domain zugeordnet und erhalten weltweit eindeutige Adressen (IP-Adresse - Internet-Protocol), die von Domain-Name-Servern vergleichbar einem Telefonbuch verwaltet werden. Der "sprechenden" Adresse der Domain "fh-wilhelmshaven.de" (URL - Unified Ressource Locator) ist

Informationstechnologische Systeme

beispielsweise die IP-Adresse "139.13" zugeordnet. Zuständig für die eindeutige Vergabe und zentrale Kontrolle der Domain-Namen im Rahmen einer Top-Level-Domain sind Network Information Center (NIC, zum Beispiel DE-NIC eG für die Top-Level-Domain ".de", vgl. www.nic.de). Die Datenpakete werden durch Vermittlungsrechner (Router) übertragen, die in den Netzwerken der Provider betrieben werden. Diese Router kennen die Adressen der ihnen angeschlossenen Computer, die Adressen benachbarter, über- oder untergeordneter Router und die entsprechenden Übertragungswege. Sie steuern den Datenfluß automatisch. Abhängig von der Belastung und der Verfügbarkeit der weiterleitenden Router auf der "Wegstrecke" wählen sie unter alternativen Übertragungswegen aus. Der Datensender kennt also nicht die Stationen und den Weg zum Datenempfänger. Die Datenübertragung erfolgt nach dem technischen Standard-Regelwerk TCP/IP (Transmission Control Protocol / Internet Protocol, das HyperText Transfer Protokoll (HTTP) ist eine Teilmenge des TCP/IP-Regelwerkes zur Übertragung von HTML-Dateien). Das Internet bietet mehrere Informations- und Kommunikationsdienste. Für die kommerzielle Nutzung steht das multimediale WorldWideWeb (www) im Vordergrund, in das andere relevante Dienste wie zum Beispiel Electronic Mail (E-Mail) und Datei-Transfer gemäß File-Transfer-Protocol (FTP) integriert werden können. Die www-Kommunikationen erfolgen nach dem Client-Server-Prinzip. Der Client-PC des Anwenders arbeitet mit einer Software (Browser), die dem Anwender die Eingabe von Server-Adressen (Informationsanbieter) ermöglicht und anschließend die Kommunikation einleitet. Der Informationswunsch des Clients wird zum adressierten Server übertragen (Routing). Der Server antwortet, indem er dem Client gemäß seiner Anfrage vorgefertigte Dateien überträgt, die im HTML-Standard (Hyper-Text Markup Language) erstellt worden sind. In den HTML-Texten können Verweise (Hyper-Links) auf weitere Informationsquellen (Dateien desselben Servers oder www-Adressen anderer Server), multimediale Objekte, Funktionenaufrufe (zum Beispiel E-Mail), Programme (Java-Skripts) und Programmaufrufe (CGI, Plug-Ins, Applets) enthalten sein. Die Browser-Software des Clients empfängt diese Da-

Informationstechnologische Systeme

teien und stellt sie am Bildschirm dar. Durch Eingabe einer neuen www-Adresse oder durch Anklicken der im Text enthaltenen Verweise kann der Anwender seine Informationssuche interaktiv fortsetzen, oder er kann gegebenenfalls durch Ausfüllen im Text vorgesehener Eingabefelder Daten an den adressierten Server übermitteln. Grundsätzlich basiert das WorldWideWeb auf der Übertragung von statischen HTML-Dokumenten. Damit können einem Interessenten aber nur Informationen gegeben werden, die zu einem früheren Zeitpunkt vorbereitet / geschrieben worden sind und die nicht automatisiert durch die laufenden Unternehmensprozesse und Wertebewegungen (zum Beispiel Reisereservierungen und Verfügbarkeiten) aktualisiert werden. Um die Interessenten zum Zeitpunkt ihrer Anfrage aktuell, in Echtzeit, informieren zu können, werden HTML-Seiten zunehmend mit dynamischen Elementen erstellt. Das heißt, sie enthalten Kommandos zum automatischen Aufruf von Schnittstellen-Programmen (zum Beispiel Common Gateway Interface - CGI). Wird ein HTML-Dokument mit dynamischen Elementen von einem Client angefordert (zum Beispiel Vakanzanzeige), wird auf dem www-Server das entsprechende Programm ausgeführt, das Zugriff nimmt auf die Unternehmensdatenbank (zum Beispiel Reservierungsdatenbank) und aktuelle Daten (zum Beispiel Vakanzen) abfragt. Diese ermittelten Daten werden in HTML-Text umgewandelt und in das angeforderte Dokument eingefügt. Anschließend wird diese dynamisch angepaßte HTML-Datei an den anfragenden www-Client übertragen und durch seinen Browser dargestellt. Diese Technik ist eine Voraussetzung, um im Internet echte Online-Buchungen anbieten zu können.

Das Internet ist grundsätzlich für jedermann offen. Das schließt aber nicht aus, daß kooperierende Teilnehmer dieses Verbundes sich zu einer Benutzergruppe zusammenschließen, zum Beispiel entfernte Betriebsstellen eines Unternehmens. Eine definierte Benutzergruppe und ihre technischen Systeme, die auf Basis der Internet-Technologie kommunizieren, aber gegen unberechtigte Zugriffe geschützt werden, wird als Intranet bezeichnet. Die eingehenden, abgehenden und internen Kommunikationen eines Intranets werden bezüglich ihrer Berechtigun-

Informationstechnologische Systeme

gen kontrolliert und bei fehlenden Rechten abgewiesen (Firewall). Auf Basis einer einheitlichen Technologie kann damit sowohl global und offen als auch intern und abgeschirmt in einer definierten Benutzergruppe kommuniziert werden. Vielfach wird darüber hinaus unterschieden zwischen Intranet und Extranet. Unter einem Intranet wird dabei ein unternehmensinternes und gegebenenfalls Unternehmensstandorte verbindendes Netzwerk verstanden, während der Begriff Extranet für Netzwerkverbindungen kooperierender Unternehmen steht (zum Beispiel Kunden und Lieferanten, → Reisemittler und Reiseanbieter).

Folgende Probleme haben in der Vergangenheit eine Nutzung des WorldWideWeb nur als Informations- und Kommunikationssystem, nicht aber als Distributionssystem zugelassen:

- große Datenmengen und langsame Übertragungsgeschwindigkeiten,
- mangelnde Sicherheit der Datenübertragung und möglicher Datenmißbrauch (siehe oben "Routing"), fehlende Überprüfbarkeit der Authentizitäten der Anbieter und Nachfrager (siehe oben "IP- und www-Adressen") sowie
- fehlender abgesicherter Zugriff auf die dynamischen Unternehmensdaten (siehe oben: "statische HTML-Texte").

Da diese Probleme technisch weitgehend gelöst sind und die entsprechenden Lösungen die notwendige Akzeptanz und Verbreitung erlangen werden, ergeben sich folgende Merkmale, die das www als eine geeignete Basis des elektronischen Handels erscheinen lassen:

- globale Verfügbarkeit, zeitliche Unabhängigkeit und ständige Aktualität,
- Multimedialität und Interaktivität,
- Transaktionsfähigkeit (vollständige Geschäftsprozesse inklusive Zahlungsverkehr),
- Integration der Marketinginstrumente (Information, Kommunikation und Distribution),
- dezentrale und redundanzfreie Verwaltung der Angebote,
- Kontrollierbarkeit sowie
- tendenziell geringe Kosten der Technologie durch offene Standards.

Inwieweit dieses Potential, das den Besonderheiten der touristischen Produkte und Märkte gerecht wird, erfolgreich durch Tourismusunternehmen ausgeschöpft wird, hängt von der konkreten Ausgestaltung der informationstechnologischen Möglichkeiten und der Marketinginstrumente ab.

Analysen der Marktforschungsinstitute belegen das große zukünftige Potential des elektronischen Handels via WorldWideWeb. Unternehmen der Touriswirtschaft und branchenfremde Unternehmen betreiben und entwickeln Travel-Malls (Merchandise Halls) im www, wie zum Beispiel die TUI - www.tui.de und Lufthansa - www.lufthansa.com.

Die Computer-Reservierungssysteme (→ Reservierungssysteme) bauen in Ergänzung ihrer traditionellen Systeme Travel-Malls im WorldWideWeb auf, die den Direktvertrieb ermöglichen, die Reisebüros aber in die Abwicklung der Direktbuchungen integrieren und den → Reisebüros Möglichkeiten einer eigenen Web-Präsenz bieten. Die Computer-Reservierungssysteme (→ Reservierungssysteme) und die großen Reiseanbieter erachten den Direktvertrieb für strategisch bedeutungsvoll, wollen aber den traditionellen Reisemittlervertrieb nicht gefährden.

Die im WorldWideWeb angebotenen Produkte und ihre Zielgruppen müssen "technologietauglich" sein, um die Transaktionen automatisieren zu können. Das Produkt und das Produktimage, der elektronische Vertriebsweg und die relevanten Zielgruppen müssen zueinander passen. Diese Beziehungen sind nicht statisch, sie werden sich langfristig weiterentwickeln. Das Vertrauen in die elektronischen Vertriebssysteme wird langsam wachsen. Reisende werden sich als Kunden in Travel-Malls registrieren lassen, und es werden sich Stammkunden-Beziehungen entwickeln. → Galileo International; → Reservierungssysteme; → START AMADEUS

Prof. Dr. Uwe Weithöner

Fachhochschule Wilhelmshaven, Fachbereich Wirtschaft, Studiengang Tourismuswirtschaft

Literatur: Ehbrecht, Weithöner, 1998; Weithöner, 1998 (a); Weithöner, 1998 (b); Weithöner, 1998 (c); Weithöner, 1999

Innenfinanzierung

→ Finanzierung

Innenverhältnis

Gesellschaftsrechtlicher Begriff für das Verhältnis von Gesellschaftern zueinander.

Insolvenz des Unternehmens und Insolvenzverwaltung

Ein Unternehmen ist insolvent, wenn es zahlungsunfähig geworden ist oder zu werden droht oder überschuldet ist (vgl. §§ 17 - 19 Insolvenzordnung). Es ist nicht länger in der Lage, die Ansprüche seiner Gläubiger zu erfüllen. Aus diesem Grunde kommt es zur Verwertung und damit zur Zerschlagung des Vermögens des Schuldners oder aber zur Fortführung des Unternehmens, sofern darin die bessere Verwertung liegt und der Insolvenzplan den Erhalt des Unternehmens vorsieht. Im auch möglichen Erhalt des Unternehmens liegt die neue Qualität der ab dem 01.01.1999 gültigen Insolvenzordnung (InsO) mit gravierenden rechtlichen und praktischen Implikationen und Folgerungen.

Die neu geltende InsO wendet sich von der über hundertjährigen Zerschlagungsautomatik des Konkursrechts ebenso wie von der Starrheit des Vergleichverfahrens ab. Sie stellt in der Bundesrepublik Deutschland mit der zugleich erfolgten Ablösung der Gesamtvollstreckungsordnung die Rechtseinheit her.

Die neue InsO gibt dem wirtschaftlichen Interesse der Gläubiger (und betroffenen Arbeitnehmer) Vorrang: Nicht länger geht es um die Ausmerzung des insolvent gewordenen Unternehmens, sondern um dessen bestmögliche Verwertung. Das Insolvenzverfahren gibt hierzu den rechtlichen Rahmen, der zugleich die gerichtliche Begleitung auf das Nötigste beschränkt. Die bestmögliche Verwertung stellt das Einfallstor der Betriebswirtschaft in ein deutsches Wirtschaftsgesetz (erstmals) dar, mit der Konsequenz einer völlig neuen Qualität von Insolvenzverwaltung und Insolvenzverwalter.

Künftig stehen drei gleichrangige Wege zur Verwirklichung der Vermögenshaftung des Schuldnerunternehmens zur Wahl, nämlich die Liquidation des Schuldnervermögens (Zerschlagung), die Sanierung des Unternehmens (investive Verwertung) sowie die übertragende Sanierung (sanierende Liquidation). Grundlage jeder Sanierungsentscheidung ist dabei das für das

Insolvenz des Unternehmens und Insolvenzverwaltung

deutsche Recht neue Institut des Insolvenzplans. Ohne Insolvenzplan ist weder die Stillegung (und Zerschlagung) des Unternehmens noch dessen Fortführung plausibel begründbar. Schon um die eigene Haftung zu vermeiden, kommt - der auch nur vorläufige - Insolvenzverwalter nicht umhin, diesen Insolvenzplan zu erstellen, den er zu erstellen hat, sofern die Gläubiger aus den Erträgen des fortgeführten Unternehmens befriedigt werden sollen. Der Insolvenzverwalter muß daher in jedem Fall künftig nicht nur Jurist, sondern zugleich Kaufmann, besser noch Unternehmer sein. Er muß die Planrechnungen des Unternehmens unter den Bedingungen der Insolvenz erarbeiten oder zumindest überprüfen, da nunmehr betriebswirtschaftliche Instrumente wie Planrechnung, Gewinn- und Verlustrechnung (→ Jahresabschluß), Planbilanz und Liquiditätsplanung (→ Liquidität) zwingende Grundlage für das rechtliche Verfahren werden. Um dieses Zahlenwerk zu erarbeiten oder zu verstehen, ist regelmäßig eine intime Kenntnis der Marktzusammenhänge, die jeweiligen Geschäftsfelder und der betrieblichen Praxis des betroffenen Unternehmens unerläßlich. Ursachenanalyse der Unternehmenskrise, → Kostenrechnung, Investitionsrechnung (→ Investitionsrechenverfahren), finanzielle und leistungswirtschaftliche Sanierungspotentiale, Produktstrategie, → Benchmarking, Goodwill (→ Firmenwert), Beurteilung von Markt- und Ertragspotentialen wie Bewertungsfragen sind Beispiele für das erforderliche "Vorverständnis" zur Planaufstellung.

Beachtlich ist, daß als Planverfasser lediglich der Insolvenzverwalter oder aber der Schuldner, nicht jedoch die Gläubiger zugelassen sind. Die neue InsO bietet dem Schuldner damit erstmals die Chance der Eigensanierung des Unternehmens und der Eigenverwaltung. Zugleich sind konkurrierende Planvorstellungen grundsätzlich denkbar. Es kommt hinzu, daß sämtliche Entscheidungen unter enormen Zeitdruck stehen: Der vorläufige Insolvenzverwalter ist zwar zur Fortführung des Unternehmens ohnehin verpflichtet, bis die Gläubigerversammlung im Berichtstermin möglicherweise anders entscheidet, der aber in der Regel sechs Wochen nach Eröffnung des Insolvenzverfahrens bereits statttzufinden hat. Ohne Fortführung des Unter-

Insolvenz des Unternehmens und Insolvenzverwaltung

nehmens bliebe den Gläubigern keine Entscheidungsalternative zur Liquidation und Zerschlagung des Einzelunternehmens. Bis dahin muß der Insolvenzverwalter mindestens einen plausiblen Planansatz entwickelt haben, der zum Beispiel die übertragende Sanierung, nämlich die Fortführung des Unternehmens in einer Auffanggesellschaft nachvollziehbar darstellt. Branchenkenntnis, wenigstens Branchennähe, sichere Bewältigung der Rechtsfragen und unternehmerische Entscheidungskompetenz kennzeichnen somit die künftige Insolvenzverwaltung. Um diesen Ansprüchen gerecht zu werden, werden sich - stärker als bisher schon üblich - fachübergreifende Teams um den Insolvenzverwalter bilden, die neben allgemeinen Disziplinen wie → Steuern, → Finanzierung, → Rechnungswesen und → Controlling, EDV und Personal (→ Personalmanagement) vor allem die unternehmensspezifischen Arbeitsbereiche abdecken müssen.

Mit der neuen Insolvenzordnung hat der Gesetzgeber die Konsequenz aus den desolaten Ergebnissen des bisherigen kollektiven Vollstreckungsrechts gezogen und unter Anlehnung an das amerikanische Vorbild in Chapter 11 BC der ökonomischen Vernunft der Beteiligten Vorrang gegeben. Es steht eine spannende Entwicklung um die bestmögliche Verwertung insolventer Unternehmen bevor. Wenn es gelingt, → Anlagevermögen und → Umlaufvermögen insolvent gewordener Unternehmen, immaterielle Wirtschaftsgüter, die gerade in der Tourismusbranche hohen Wert haben können, bestmöglich zu verwerten, das Know-how der Arbeitnehmer zu erhalten, insgesamt das Unternehmen in einer gesunden, reorganisierten und ertragreichen Grundstruktur zu erhalten, sei es im Wege der investiven Verwertung oder der sanierenden Liquidation, ist allen Beteiligten, den Gläubigern in erster Linie, aber auch den betroffenen Arbeitnehmern gedient. Die neue InsO wäre zu einem Wendepunkt im → Wirtschaftsprivatrecht geworden, die schon wegen dieser Chance große Aufmerksamkeit verdient, aber darüber hinaus gesamtwirtschaftlich erstrangige Bedeutung hat.

Prof. Dr. Gerd Lederer

Fachhochschule München, Fachbereich Tourismus

Institut für Seeverkehrswirtschaft und Logistik

In Bremen ansässiges Institut, welches das nationale Schiffsregister führt. Abkürzung: ISL.

INT

Abkürzung für → International Flight.

Interchange Agreement

→ Strategische Allianzen im Luftverkehr

Interkontinentalflug

→ Fernflug

Interkulturelles Management

Der Begriff des interkulturellen Management ist jüngeren Datums und vor allem durch Erfahrungen im internationalen Management bei multinationalen Unternehmen entstanden. Nach einer häufig verwendeten Bezeichnung handelt es sich hierbei um Unternehmen oder um Unternehmensgruppen, die mindestens in zwei Ländern Produktionsstätten besitzen oder kontrollieren.

Allerdings umfaßt diese Definition nur Unternehmen, die über Export und Direktinvestitionen im Ausland tätig sind. Da jedoch auch zunehmend andere Unternehmensbereiche wie Beschaffung, → Finanzierung, Distribution, Forschung und Entwicklung internationalisiert werden, bezieht sich der Begriff international tätiges Unternehmen zunehmend auf solche grenzüberschreitenden Unternehmen, die folgende Bereiche im Produktions- und Personalbereich umfassen: Exporttätigkeit und Einkauf im Ausland, Produktionsstätten und Niederlassungen im Ausland, internationale Unternehmenszusammenschlüsse (→ Unternehmensverbindungen) und Kooperationen (→ Unternehmensverbindungen) und internationale Projektteams.

In dem Maße, wie sich Unternehmen in Marktorientierung (→ Tourismus-Marketing) und Personalbereich (→ Personalmanagement) internationalisieren, werden Managementstrategien in globaler Dimension entwickelt.

Bei ihrer Umsetzung hat sich bereits in der Vergangenheit gezeigt, daß die Kulturprägung von Produzenten und Konsumenten in ihrer Auswirkung weitreichender ist als im Planungsprozeß angenommen. Dies gilt ebenso für die Zusammenar-

Interkulturelles Management

beit der Mitarbeiter auf und zwischen allen Ebenen eines Unternehmens. Wenn die kulturellen Wahrnehmungsmuster nicht auch im buchstäblichen Sinne bei der Bilanzierung als ökonomischer Faktor in Rechnung gestellt werden, schlägt dies für ein Unternehmen ökonomisch negativ zu Buche. Beispiele hierfür wären hohe Mitarbeiterfluktuation (→ Personalfluktuation in Hotellerie und Gastronomie), diffuse Entscheidungsprozesse, abgelehnte Hierarchien und Mißverständnisse aller Art. Die positive Konsequenz aus solcherlei Erfahrungen zieht der Ansatz des interkulturellen Management. Es geht darum, in der unternehmerischen Gesamtplanung interkulturell brisante Prozesse vorherzusehen und vorausschauend zu integrieren, was besonders für die zwischenmenschliche Domäne der Gestaltung von Mitarbeiterteams eine besondere Herausforderung darstellt. Aus diesem Grunde hat sich vor allem in den letzten Jahren das interkulturelle → Personalmanagement als Forschungsbereich und als betrieblich relevanter Bereich entwickelt. Es zeichnet sich durch Interdisziplinarität aus, denn die Ergebnisse der Betriebswirtschaftslehre, Psychologie, Kommunikationsforschung, Linguistik, Philosophie und Ethnologie fließen gleichermaßen in das interkulturelle → Personalmanagement ein. Es hat sich vor allem dann als wesentlich erwiesen, wenn sich die Kulturkreise der Mitarbeiter stark voneinander unterscheiden, wie dies etwa bei asiatischen Partnern der Fall ist. Aber auch innerhalb Europas kommen allen Einigungsbestrebungen zum Trotz oder gerade deswegen erhebliche Kulturunterschiede nach wie vor zum Tragen.

Die strategische Grundorientierung des interkulturellen Personalmanagement hängt von mehreren Faktoren ab. Hierzu zählen die Produktionsbranche, die Größe des Unternehmens und die Zusammensetzung der Belegschaft. Es lassen sich verschiedene Grundtypen zumindest idealtypisch voneinander unterscheiden: Häufig überträgt die Unternehmensleitung des Stammhauses seine Managementstrategien insgesamt auf die ausländischen Niederlassungen, so daß eine in der Forschung als "ethnozentrisch" bezeichnete Orientierung überwiegt. Alternativ hierzu basiert ein "polyzentrisch" geführtes Unternehmen auf der Annahme, daß ein dezentralisiertes Management den

Interkulturelles Management

spezifischen Anforderungen in den Ländern besser gerecht wird. Führungspositionen werden hauptsächlich mit einheimischem Personal besetzt, das ein hohes Maß an Entscheidungs- und Eigenkontrollbefugnis erhält. Die "geozentrische Orientierung" wiederum ist eher bei großen multinationalen Unternehmen anzutreffen. Sie basiert auf einer Unternehmensphilosophie, die von Synergieeffekten der gleichberechtigten Zusammenarbeit über Ländergrenzen hinweg ausgeht. Damit ist gemeint, daß die eigene → Unternehmenskultur zum Maßstab für interkulturelles Management und interkulturelles → Personalmanagement werden soll, die geographisch bestimmte Kulturräume gleichsam wie geologische Formationen miteinander verschmilzt. Der interkulturelle Ansatz wird in einen überkulturellen transformiert.

Welches sind nun die Punkte, an denen sich kulturbedingte Konflikte entzünden können und deshalb besonders im Blickfeld von interkulturellem Management und interkulturellem → Personalmanagement stehen?

Auf einen allgemeinen Nenner gebracht ist es immer ein unterschiedliches Wertesystem, das in der Lebensgestaltung insgesamt, in der Wirtschaft und in Alltagshandlungen zum Ausdruck kommt. So ist die Stellung des Individuums in der Gesellschaft und im Unternehmen maßgebend für die Frage, welchen Raum Arbeit überhaupt im Leben einnimmt. Dies gilt ebenso für das Verhältnis zur Freizeit wie für die Gestaltung des Arbeitsverhältnisses selbst.

Während im asiatischen Kulturraum zum Beispiel die Treue zum Betrieb eher paternalistisch in einem gegenseitigen Verpflichtungsverhältnis geprägt ist, überwiegt im amerikanischen und europäischen Kulturkreis das Ideal der Flexibilität durch Arbeitsplatzwechsel.

Es besteht auch ein enger Zusammenhang zwischen religiösen Werten und Arbeitsethik. Exemplarisch hat dies der Soziologe Max Weber für die Verflechtung zwischen Protestantismus und Industrialisierung nachgewiesen. Im Erscheinungsbild des Alltags sichtbar schlagen sich religiöse Werte in Kleidungsnormen, Essensnormen und gesellschaftlichen Normen nieder, die zum Teil auch gesetzlich fixiert sind. Ein weiteres Beispiel für die Präsenz von allgemein ethischen

Interkulturelles Management

Werten in einem Kulturraum bildet die Rolle der Frau in Gesellschaft und Staat, die sich auch daran ablesen läßt, wie hoch der Anteil von Frauen namentlich in den Chefetagen ist, welches Ansehen Frauen in Führungspositionen haben etc.

Hochgradig kulturell geprägt - wenn auch nicht im engeren Sinne religiös, wohl aber in die metaphysische Dimension eines Kulturkreises einzuordnen - ist das Verhältnis zum zentralen Wert der Zeit. Dies zeigt sich in vielfältiger Weise: In einem Kulturraum, der Zeit in ein kosmisches Geschehen einbindet, das ohnehin nur bedingt durch den menschlichen Willen seinen Stempel erhält, werden Vergangenheit, Gegenwart und Zukunft als miteinander verwoben angesehen. Werte wie Geduld und Warten gelten als Qualitäten, die wiederum keinen Platz haben im Denkuniversum des effizienzfixierten Anhängers der ökonomischen Meßbarkeit von Zeit. Dieses wiederum kommt exemplarisch in dem Wert "Time is money" zum Ausdruck. Hiermit verbunden ist das Ansehen, das der Gesprächsaustausch genießt. Es kann die symbolische Dimension der Herstellung von Gruppenidentität, der Freude und des Gedankenaustausches im Vordergrund stehen. Hiervon zu unterscheiden sind Kulturen, die sich eher an Werten wie Pünktlichkeit, Einhalten von Vereinbartem und Orientierung an oft schriftlich fixierten Vorgaben halten. In gewisser Weise kommen Kulturunterschiede zum Tragen, die sich den Werten von schriftsprachlichem und mündlich orientiertem Denken zuordnen lassen.

Der Kernunterschied besteht in der Art der Entscheidungsfindung: Geschieht dies in mündlich ausgerichteten Gesellschaften von der Tradition her durch Aushandeln von Beschlüssen in einem Gremium, dessen Mitglieder gesellschaftlich anerkannt sind, verfahren Mitglieder einer dem schriftsprachlichen Denken verhafteten Kultur eher umgekehrt: Es werden Ziele und Ergebnisse fixiert, die als unmittelbar erreich- und umsetzbar gelten. Je kürzer und geradliniger der Weg, um so kostensparender. Der Weg der Konsensfindung findet durch Einschwören auf Ziele und nicht durch gemeinsames Aushandeln von Zielen statt.

Auch die Bedeutung, die der persönliche Kontakt und das gemeinsam aufgebaute Vertrau-

Interkulturelles Management

ensverhältnis hat, ist im weitesten von der Dominanz mündlicher oder schriftlicher Werte abhängig: In vielen Gesellschaften überwiegt der persönliche Kontakt und Eindruck, den der zukünftige Geschäftspartner macht. Dies ist nicht nur in persönlicher Hinsicht zu verstehen, sondern auch in kultureller. Es geht dann darum zu prüfen, ob es sich bei dem möglichen Partner um einen Repräsentanten von Kultur handelt. Während bei dem Begriff des interkulturellen Management Kultur als Gesamtheit eines Werte- und Orientierungssystems verstanden wird, das auch den Alltag prägt, geht es auf der Ebene von persönlichen Kontakten auch um Verständigung und Austesten, inwieweit mögliche Partner aus einer anderen Kultur diese auch so verkörpern, wie es erwartet wird. Ein Beispiel hierfür etwa könnte die hohe Wertschätzung sein, die zum Beispiel Japaner der deutschen Literatur, Musik und Philosophie des 18. und 19. Jahrhunderts entgegenbringen. Es ist keine Seltenheit, daß Japaner das Lied der Lore-Lei von Heinrich Heine von der ersten bis zur letzten Strophe auswendig singen, während die anwesenden Deutschen schon bei der ersten Strophe ins Stottern kommen. Ähnliches gilt auch zum Beispiel für Spanien, speziell Katalonien. Der Hyperion von Hölderlin ist zum Beispiel ins Katalanische übersetzt und wird dort auch von Jugendlichen begeistert gelesen. Diese euphorische Aufnahme, die als ungebrochene Tradition weiterlebt, könnte daran liegen, daß sowohl bei Japanern wie auch zum Beispiel bei Katalanen ein hohes Maß an eigener kultureller Tradition und Identität besteht. In der Forschung zur Interkulturalität besteht weitgehend Einigkeit in der Beziehung, die zwischen der eigenen kulturellen Identität und der Fähigkeit besteht, sich mit anderen Kulturen auseinanderzusetzen, sie zu verstehen und anzunehmen.

Während in einigen Kulturen der eventuelle Geschäftspartner als Träger einer - manchmal durchaus fast stereotyp fixierten - Kultur wahrgenommen und überprüft wird, spielt auch der persönliche Eindruck eine wichtige Rolle. Berufliches und Privates sind weniger strikt voneinander getrennt. In romanischen Ländern etwa nehmen das Gespräch, das gemeinsame Essen, die Einbindung von persönlichen Verhältnissen wie Familienstand einen wichtigen Platz ein, um Vertrauenswürdigkeit herzustel-

Interkulturelles Management

len. Dies wiederum sehen von der angelsächsischen und amerikanischen Kultur Geprägte eher als neugierigen Einbruch in ihren Privatbereich an.

Ein unterschiedliches Verständnis von privat und öffentlich zeigt sich auch im Verhalten zwischen Männern und Frauen: das, was auf der einen Seite als sexistisch gebrandmarkt wird, gehört auf der anderen Seite vielleicht noch zu einem Kommunikationsritual, dessen Spielregeln beide genau kennen und einhalten.

→ Kommunikation vollzieht sich vielschichtig. Dies gilt auch für die sprachliche → Kommunikation, die selten nur eine Mitteilung bezweckt, sehr viel häufiger aber eine symbolische Ebene enthält.

So läßt sich zwischen Gesagtem und Gemeintem unterscheiden. Die Interpretation eines Satzes wie "Es zieht hier" kann je nach Status der Gesprächspartner, Ort, Situation und Vorgeschichte als Information, Aufforderung zum Handeln oder Vorwurf interpretiert werden. Häufig haben Gesprächspartner kein Repertoire, vielfältig und souverän auf das Gemeinte zu reagieren. Die Symbolebene von Sprache kann auch in der Tatsache zum Ausdruck kommen, daß in Verhandlungssituationen Reden und Gespräche zur Herstellung von Gruppenidentitäten dienen können, zur Demonstration, über eine gewisse, in dem Kulturraum anerkannte und von den Gesprächspartnern geteilte Bildung zu verfügen. Dies ist zum Beispiel vor allem in Frankreich der Fall. Es nimmt deshalb kaum wunder, wenn sich Kulturkonflikte zwischen Franzosen und Deutschen zum Beispiel genau da entzünden, wo die einen das Gesagte als Mitteilung zur Information ansehen, die anderen jedoch die Tastatur des Symbolcharakters von Sprache zur Herstellung von kultureller Identität zum Klingen bringen. Zwischen den Effizienzfanatikern sprachlicher Mitteilungen sowie den in Sprachästhetik Selbstverliebten ist oft nur mühsam ein Dialog herzustellen.

Neu zu entdecken wären zur interkulturellen Auswertung die alten Rhetoriklehren, die das sprachliche, logische und kommunikationstheoretische Handwerkszeug vermitteln, um die verschiedenen Ebenen sprachlicher Mitteilungen erkennen und in ihrem Reichtum ausschöpfen

Interkulturelles Management

zu können.

Die Regelung des Verhältnisses von Gesagtem und Nicht-Gesagtem kommt vor allem in Höflichkeitsformen zum Ausdruck. Im Namen von Werten wie Klarheit und Ehrlichkeit äußert ein deutscher oder amerikanischer Gesprächspartner Ablehnungen direkt durch ein "Nein", was im romanischen und noch mehr im asiatischen Sprachraum brüskierend wirkt. Ebenso werden lange Reden von den einen als "Geschwafel" eingeschätzt, von den anderen als Herstellung eines Vertrauensklimas der Höflichkeit erachtet. Die Reihe der kulturbedingten Mißverständnisse ließe sich noch lange fortsetzen und um Unterschiede in sprach- und außersprachlichen Ritualen in verschiedenen Situationen wie Begrüßung, Vorstellung, Essen etc. ebenso erweitern wie um die Bereiche der Körpersprache und Gesten.

Aufgrund des hohen Ausbildungsbedarfs, zukünftigen Mitarbeitern in einem ihnen fremden Kulturraum das entsprechende Kulturwissen zu vermitteln, ist ein eigener Berufszweig entstanden - der des interkulturellen Trainers. So werden die Mitarbeiter, meistens Manager eines Unternehmens, die zumindest einige Zeit in der Niederlassung im Ausland arbeiten sollen, auf diesen Aufenthalt in einem eigens abgestimmten Trainingsprogramm vorbereitet. Auch nach der Rückkehr haben sich entsprechende Trainingsprogramme als sinnvoll erwiesen. Gerade in den letzten Jahren sind zahlreiche Methoden entstanden, die zum Ziel haben, den eigenen Wahrnehmungshorizont als kulturell bedingt zu erkennen und zu relativieren. Manche Publikationen gleichen Handbüchern, die einem Benimm-ABC für andere Kulturen oder auch einem Schnellkurs zum Erlernen philosophisch untermauerter Werte gleichen. Sie erfüllen den Zweck, eigenes Verhalten in seiner Tragweite einzuordnen und das Verhaltensrepertoire zu erweitern.

Die Basis für ein zukunftsorientiertes interkulturelles Management scheint der Verfasserin im wesentlichen darin zu liegen, Werte zur Anwendung zu bringen, die in der neueren Unternehmensphilosophie und in Ansätzen wie dem → Total Quality Management ihren Niederschlag gefunden haben: Respekt im Umgang miteinander sowie Entwicklung einer gemeinsamen Unternehmens- und Kommunikationskultur. Respekt bedeutet als Handlungsmaxime auch im Alltag die Entfaltung von Aufmerksamkeit, Hinhören und Hinsehen, genaue Wahrnehmung und Reaktion im sprachlichen und außersprachlichen Bereich. Ein Mensch, dessen Handeln von Respekt getragen ist, der sich für seine eigene Kultur und andere Kulturen interessiert und begeistert, weil sie sein Leben bereichern, wird sich als kulturell gebildeter Weltbürger verhalten können. Die Schaffung einer → Unternehmenskultur sowie einer Kommunikationskultur meint den stetigen Prozeß der Umsetzung von Zielen und → Visionen, die den gemeinsamen Fundus für kreatives Handeln darstellen.

Interkulturelles Management wird im Zuge der Globalisierung einen immer breiteren Raum einnehmen.

Das gilt besonders für den Tourismus, der per definitionem eine internationale Dimension aufweist.

Die Kenntnis von interkulturellem Management und interkulturellem → Personalmanagement wird in diesem Berufsfeld nicht nur eine zusätzliche Qualifikation sein, sondern wichtiger Bestandteil des Berufsbildes eines Diplombetriebswirtes und Masters mit internationaler Ausrichtung.

Prof. Dr. Irmela Neu

Fachhochschule München, Fachbereich Tourismus, Mitglied der Deutschen UNESCO-Kommission

Interkulturelles Personalmanagement

→ Interkulturelles Management

Interline Agreement

→ Strategische Allianzen im Luftverkehr

Interlining

Vertragsvereinbarung zwischen → Fluggesellschaften über die gegenseitige Unterstützung bei Wartung und → Ticketing sowie die wechselseitige Anerkennung von Dokumenten. Teilweise umfassen die Vertragsvereinbarung eine Abstimmung der jeweiligen → Flugpläne.

International Air Transport Association

→ IATA

International Civil Aviation Organisation

Die International Civil Aviation Organisation, die abgekürzt mit ICAO bezeichnet wird, wurde 1944 in Chicago gegründet und hat ihren Sitz in Montreal. Ihr gehören über 180 Mitgliedsstaaten an. Ihr Ziel ist die Entwicklung und Einführung einheitlicher Richtlinien auf allen technischen Gebieten der Zivilluftfahrt, um weltweit die Sicherheit und Regelmäßigkeit des Luftverkehrs zu gewährleisten. Die Arbeitsgebiete umfassen Technik, Wirtschaft und Recht. Während das Basisabkommen für alle Mitgliedsstaaten zwingend ist, werden die Sachpunkte im allgemeinen als Standards, Recommended Procedures oder Practices niedergelegt. Die beteiligten Nationen haben sich jedoch stets bemüht, diese nicht verbindlichen Vorgaben in verbindliche nationale Regelungen umzusetzen, weshalb heute der Weltluftverkehr nach fast einheitlichen Grundsätzen und Verfahren abgewickelt werden kann.

International Flight

International übliche Bezeichnung für einen Auslandsflug. Abkürzung: INT.

International Maritime Organization

Untergesellschaft der Vereinten Nationen zur Regelung der internationalen Seefahrt. Die Vorgaben der International Maritime Organization, die mit IMO abgekürzt bezeichnet wird, bilden den internationalen Maßstab bezüglich Sicherheit von → Kreuzfahrtschiffen und → Fähren.

Internationale Tourismus-Börse ITB Berlin

Die internationale Tourismus-Börse ITB Berlin existiert seit 1966. Sie ist zugleich eine Fachmesse und eine Publikumsausstellung. Sie gilt als weltweit größte touristische Fachveranstaltung und führt alljährlich Unternehmen und Institutionen, Spitzenvertreter, Führungskräfte und Mitarbeiter aus allen Teilbereichen des Tourismus zusammen. Es treffen sich auf der regelmäßig an fünf Tagen in der ersten Märzhälfte stattfindenden ITB Berlin → Reiseveranstalter, → Reisemittler, Verkehrsträger, Hoteliers, Tourismusämter, Fachverlage, Reisejournalisten etc. aus inzwischen praktisch allen Ländern der Erde.

Angesichts der vom internationalen Tourismus inzwischen

Internationale Tourismus-Börse ITB
Berlin

erreichten Größenordnungen verwundert es auch kaum, daß auch die Weltmesse des Tourismus, eben die ITB Berlin, inzwischen erstaunliche Größenordnungen erreicht hat. Im Jahre 1998 trafen sich über 7.000 Aussteller, über 55.000 Fachbesucher, 5.900 Fachjournalisten und über 63.500 Privatbesucher. Die Ausstellungsfläche beträgt ab 1999 160.000 qm brutto Hallenfläche.

Begleitet wird die ITB Berlin seit Anbeginn von einer Fülle von Fachkongressen, Seminaren, Tagungen, Pressekonferenzen etc. Dazu wird insbesondere das dem Messegelände benachbarte Internationale Congress Centrum ICC Berlin genutzt.

Die vielfältigen gesellschaftlichen Verknüpfungen des Tourismus werden besonders in diesem begleitenden Tagungs- und Kongreßprogramm sichtbar. Seit vielen Jahren gibt es das Kirchenforum auf der ITB Berlin; viele Jahre gab es hier die Tagungen und Studienkreise für Tourismus zum Thema → Tourismus und Umwelt und die UNESCO (→ UNESCO-Programme) äußert sich zum Thema Kultur und Tourismus.

Die politische Relevanz des Bereichs Tourismus wird an Tagungen der Umweltminister und natürlich der Tourismusminister deutlich. Ansonsten hat die ITB Berlin erfolgreich ihren Status als unpolitische Fachveranstaltung verteidigt.

Selbstverständlich ist die ITB Berlin auch Treffpunkt für die weltweiten Spitzenorganisationen des Tourismus, wie die bisher mehr staatlich orientierte → World Tourism Organisation und der ausschließlich unternehmensorientierte → World Travel and Tourism Council.

Wenn auch die Öffentlichkeit der ITB Berlin weltweit und national außerordentlich groß ist, so stehen doch Marketingziele (→ Tourismus-Marketing) und Kommunikationsziele der Tourismuswirtschaft im Mittelpunkt der Bemühungen der ITB-Teilnehmer. Somit werden von den ITB-Teilnehmern auch vornehmlich die im Messegeschäft (→ Management im Messewesen) üblichen Instrumente und Verfahren eingesetzt. Das heißt, daß die Strategie einer erfolgreichen ITB-Beteiligung sowohl auf der Ausstellerseite wie auf der Fachbesucherseite auch eine umsichtige, umfassende und frühzeitige

Messevorbereitung ebenso einschließen muß wie einen durchdachten Messeauftritt und eine systematische Messenachbereitung. Daraus wird auch erkennbar, daß die ITB Berlin in wichtigen Bereichen nicht nur eine Informationsmesse, sondern sehr wohl auch eine Ordermesse ist. → Management im Messewesen

Prof. Dr. Manfred Busche

Vorsitzender der Geschäftsführung der Messe Berlin GmbH

Internet

→ Informationstechnologische Systeme

Intranet

→ Informationstechnologische Systeme

Investition

→ Auszahlung, die in Erwartung zukünftiger → Einzahlungen getätigt wird. Man unterscheidet verschiedene Investitionsarten, welche nach den Kriterien Art des Investitionsprojekts und zugrundeliegender Investitionsanlaß unterschieden werden können. Die erste Gruppierung beinhaltet Sachinvestitionen, Finanzinvestitionen und immaterielle Investitionen. Sachinvestitionen sind Auszahlungen, die der touristische Leistungsträger zur Anschaffung von Sachgütern leistet. Hierunter würde etwa der Erwerb einer neuen EDV-Anlage fallen. Finanzinvestitionen sind Auszahlungen, die für den Erwerb von Finanzanlagen getätigt werden. Ein Beispiel hierfür ist der Erwerb von Wertpapieren. Immaterielle Investitionen sind Auszahlungen, die der touristische Leistungsträger tätigt, um nicht-körperliche Wirtschaftsgüter außerhalb des Finanzbereichs zu erwerben. Ein Beispiel hierfür ist der Kauf von → Software. Die zweite Gruppierung umfaßt die Investitionsformen Gründungsinvestition, Ersatzinvestition, Erweiterungsinvestition und Rationalisierungsinvestition. Eine Gründungsinvestition ist eine Investition, deren Anlaß die Aufnahme eines Geschäftsbetriebs ist. Hierzu rechnen alle Auszahlungen, die getätigt werden müssen, um den touristischen Leistungsträger in einen betriebsbereiten Zustand zu versetzen. Ersatzinvestitionen sind Auszahlungen, die der touristische Leistungsträger tätigt, um einen Vermögensgegenstand durch einen anderen zu ersetzen, wobei es zu keiner Erhöhung der Leistungsfähigkeit des Unternehmens kommt. Ein Beispiel hierfür ist der Erwerb eines neuen Reisebusses, dessen Leistungsfähigkeit der des bisher genutzten Reisebusses entspricht. Erweiterungsinvestitionen sind Investitionen, die zu einer Erhöhung der Leistungsfähigkeit des touristischen Leistungsträgers führen. Beispiele hierfür sind der Erwerb eines neuen und besseren Computers sowie die Anschaffung eines zusätzlichen Fahrzeugs. Rationalisierungsinvestitionen sind → Auszahlungen, deren Zielsetzung darin besteht, eine qualitative Verbesserung der bisherigen Vermögensgegenstände zu bewirken. Investitionsentscheidungen können durch den Einsatz von → Investitionsrechenverfahren unterstützt werden.

Investitionsrechenverfahren

Quantitative Methoden zur Unterstützung von Investitionsentscheidungen (→ Investition). Der touristische Leistungsträger kann zwischen statischen und dynamischen Investitionsrechenverfahren wählen. Der Unterschied zwischen den beiden Gruppen besteht darin, daß statische Investitionsrechenverfahren den Faktor Zeit entweder überhaupt nicht oder nur unvollständig berücksichtigen, wohingegen dynamische Investitionsrechenverfahren dem Faktor Zeit explizit Rechnung tragen. Zu den statischen Investitionsrechenverfahren zählen die Kostenvergleichsrechnung, die Gewinnvergleichsrechnung, die Rentabilitätsvergleichsrechnung und die Amortisationsrechnung. Zu den dynamischen Investitionsrechenverfahren zählt vor allem die Kapitalwertmethode. Die Kostenvergleichsrechnung ist ein Investitionsrechenverfahren, welches Investitionsalternativen nach Maßgabe der mit ihnen verbundenen → Kosten beurteilt. Die Gewinnvergleichsrechnung ist ein Investitionsrechenverfahren, welches diejenige Investitionsalternative zur Durchführung empfiehlt, die den höchsten Gewinn verspricht. Die Rentabilitätsvergleichsrechnung ist ein Investitionsrechenverfahren, das die Güte einer Investition nach dem prozentualen Verhältnis von jährlichem Gewinn und durchschnittlich gebundenem Kapital bemißt. Die Amortisationsrechnung ist ein Investitionsrechenverfahren, das die Amortisationszeiten der zu vergleichenden Investitionsalternativen einander gegenüberstellt und diejenige Investitionsalternative empfiehlt, welche die geringste Amortisationszeit aufweist. Die Amortisationszeit ist das in Jahren ausgedrückte Verhältnis zwischen Anschaffungspreis und durchschnittlichem Rückfluß pro Jahr. Die Kapitalwertmethode ist ein Investitionsrechenverfahren, das die Güte einer Investition nach Maßgabe ihres Kapitalwertes bemißt. Der Kapitalwert, der auch als Barwert oder Ertragswert bezeichnet wird, ist die Summe aller auf den Zeitpunkt der Betrachtung diskontierten (→ Diskontierung) → Cash Flows der Zukunft.

Involvement

Bezeichnung für die psychologische Selbsteinbindung eines Mitarbeiters in ein soziales System. Mitarbeiter, die mit einem hohen Involvement für ihren touristischen Leistungsträger arbeiten, zeigen eine hohe → Motivation.

ISL

→ Institut für Seeverkehrswirtschaft und Logistik

Ist-Kostenrechnung

→ Kostenrechnung

ITB Berlin

→ Internationale Tourismus-Börse ITB Berlin

JAA

Abkürzung für → Joint Aviation Authorities.

Jahresabschluß

Bezeichnung für eine im Rahmen des → Rechnungswesens zu erstellendes Informationsinstrumentarium, das sich an externe Adressaten wendet und einen auf Rechnungslegungsbestimmungen basierenden Bericht über ein Geschäftsjahr darstellt.

Sein Umfang richtet sich nach der Rechtsform des touristischen Leistungsträgers. Der ausführlichste nach deutschem Recht (HGB) basierend erstellte Jahresabschluß enthält die Komponenten Bilanz, Gewinn- und Verlustrechnung und Anhang.

Die Bilanz ist eine in Kontoform zu erstellende Gegenüberstellung von Vermögen und Kapital. Das Vermögen wird auf der sogenannten Aktivseite, das Kapital auf der sogenannten Passivseite abgebildet. Beide Abbildungsobjekte sind Bestandsgrößen. Die Bilanz kann man als Gegenüberstellung von Kapitalverwendung und Kapitalherkunft auffassen.

Die Gewinn- und Verlustrechnung ist eine Jahresabschlußkomponente, die darstellt, welche → Erträge und welche Aufwendungen (→ Aufwand) während des Geschäftsjahres entstanden sind. Die Differenz zwischen → Erträgen und Aufwendungen (→ Aufwand) ergibt das Jahresergebnis.

Der Anhang ist eine Jahresabschlußkomponente, deren Aufgabe im wesentlichen darin besteht, die Bilanz und die Gewinn- und Verlustrechnung, zu ergänzen und erläutern.

Jahresarbeitszeitvertrag

Arbeitsvertrag, bei dem die zu leistende Arbeitszeit jeweils für ein Jahr vereinbart wird, wobei der Mitarbeiter unter Berücksichtigung bestimmter Restriktionen frei entscheiden kann, wann er seine auf den Zeitraum eines Jahres bemessene Arbeitszeit erfüllt. Es liegt eine Form der → Arbeitszeitflexibilisierung vor.

Job Enlargement

Form der Arbeitsgestaltung, die darin besteht, daß der Mitarbeiter innerhalb seiner Stelle verschiedene Tätigkeiten ausübt, die bislang von mehreren stärker spezialisierten Mitarbeitern ausgeführt wurden. Das Job Enlargement wird auch als Aufgabenerweiterung bezeichnet.

Job Enrichment

Form der Arbeitsgestaltung, die darin besteht, daß der Mitarbeiter eine Erweiterung seines Entscheidungs- und Kontrollspielraums erfährt. Das Job Enrichment wird auch als Aufgabenbereicherung bezeichnet.

Job Rotation

Form der Arbeitsgestaltung, die darin besteht, daß verschiedene Personen, die spezialisierte Tätigkeiten ausüben, ihre jeweiligen Tätigkeiten tauschen. Das Job Rotation wird auch als geplanter Arbeitsplatzwechsel bezeichnet.

Joint Aviation Authorities

Die Joint Aviation Authorities, die abgekürzt mit JAA bezeichnet werden, sind ein Zusammenschluß europäischer Luftaufsichtsbehörden mit Sitz im niederländischen Hoofdorp.

Joint Venture

Vereinbarung zu einer auf Kapitalbeteiligung beruhenden und zumeist grenzüberschreitenden Zusammenarbeit zwischen zwei oder mehr Institutionen, wobei die Gründung eines Gemeinschaftsunternehmens vorgenommen wird. → Unternehmensverbindungen

Jumbo-Fähre

Fähre mit einer Kapazität von mehr als 2.000 → Kojen und 500 PKW. Den Passagieren stehen mehrere Restaurants und Bars zur Verfügung. Ein umfangreiches Unterhaltungsangebot gehört ebenso zum Standard wie Konferenzeinrichtungen.

Jungfernfahrt

Erste Fahrt eines Schiffes nach der Probefahrt.

Kabine

Unterkunft auf einem Schiff, das Zimmer der Passagiere. Man unterscheidet zwischen Außenkabinen (mit Fenster oder → Bullauge) und Innenkabinen (nur mit künstlichem Licht).

Kabinenpersonal

→ Bordpersonal

Kabotage

→ Freiheiten des Luftverkehrs

Kai

→ Pier

Kaje

→ Pier

Kapazitätsorientierte variable Arbeitszeit

Form der → Arbeitszeitflexibilisierung, die dadurch gekennzeichnet ist, daß die Lage und Dauer der Arbeitszeit an den Arbeitsanfall angepaßt werden kann. Abkürzung: KAPOVAZ.

Kapitän des Luftverkehrs

Der Kapitän des Luftverkehrs, der als Commander oder Captain bezeichnet wird, ist der verantwortliche Flugzeugführer und besitzt Weisungsbefugnis gegenüber dem übrigen → Bordpersonal, aber auch gegenüber den Passagieren. Er trägt die letzte Verantwortung für die Sicherheit der Passagiere und Besatzungsmitglieder, für das → Flugzeug und gegebenenfalls für das Leben und Eigentum Dritter.

Kapitän des Seeverkehrs

Der Kapitän des Seeverkehrs ist der Herr eines Schiffes mit absoluter Autorität an Bord. Er trägt die Verantwortung für alle Entscheidungen. Auf modernen → Kreuzfahrtschiffen sind neben nautischen auch repräsentative Fähigkeiten gefragt. So verbringt der Kapitän etwa ein Viertel seiner Zeit an Bord im Passagierbereich.

Kapitalgesellschaft

Bezeichnung für eine Gesellschaft, bei der nicht wie bei einer → Personengesellschaft die Gesellschafter als Personen im Vordergrund stehen, sondern die Kapitalbeteiligung. Zu den Kapitalgesellschaften zählen die → Aktiengeselllschaft, die → GmbH und die → KGaA.

Kapitalwert

→ Investitionsrechenverfahren

Kapitalwertmethode

→ Investitionsrechenverfahren

KAPOVAZ

Abkürzung für → Kapazitätsorientierte variable Arbeitszeit

Karriere

Die amerikanische Klischeevorstellung von "Karriere", nämlich der unaufhaltsame und kometenhafte Aufstieg eines Menschen aus ärmsten Verhältnissen vom Tellerwäscher zum Tycoon eines weltumspannenden Wirtschaftsimperiums, läßt sich nur in den allerseltensten Fällen verwirklichen. Der Begriff "Karriere" an sich ist auch stets individuell zu betrachten. Setzt der Eine sein Berufsziel - und "Karriere" markiert ja den Weg dorthin - ehrgeizig an, gibt sich der Andere mit weniger hochgesteckten Zielen zufrieden. Allein das Gefühl, die richtige Berufswahl getroffen zu haben und seine Pflichten gerne auszuüben, und noch dazu quasi am richtigen Platz zu sein, ist oft die von der Umwelt wahrgenommene positive Initialzündung für eine weitere Entwicklung des Lebensweges.

Einige praktische Tips zum Nach- und Überdenken:

- Machen Sie sich realistisch klar, welches Berufsziel sie erreichen wollen.
- Beraten Sie sich mit Freunden und Personen Ihres Vertrauens, zum Beispiel Vorgesetzten, Lehrern oder "Leitbildern".
- Bilden Sie sich aus Eigeninitiative weiter. Warten Sie nicht, bis sich jemand findet, der Sie bittet, dies zu tun.
- Übernehmen Sie Verantwortung, und nicht erst dann, wenn man Sie darum ersucht. Denn erstens könnte dies sonst nie geschehen und zweitens nur wer dosiert riskiert, hat die

Nase vorne.

- Machen Sie sich das Motto "Wer befehlen will, muß auch dienen können" zum Grundprinzip. Jeder fängt mal unten an, und selbst einem Direktor steht hin und wieder Demut gut an.
- Das Wort "Es gibt keine Probleme, sondern nur Herausforderungen" sollte das Ihre sein. Auch über den Ausspruch "Sehen Sie den Käse, nicht die Löcher darin" empfiehlt es sich, nachzudenken. – Nur wenn man Dinge positiv anpackt, besteht die Chance, sie durchzusetzen.
- Unterwerfen Sie nicht Ihre eigenen Bedürfnisse und die Ihrer Umwelt bedingungslos Ihrer Karriere. Halten Sie sich vor Augen, daß Ihre Familie Sie mit 65 mit einiger Wahrscheinlichkeit noch liebt. Ihr Unternehmen mit Sicherheit nicht mehr.
- Seien Sie "Sie selbst". Das betrifft Ihr Verhalten genauso wie die Standpunkte, die Sie vertreten. Sagen Sie es, wenn Sie mit etwas nicht einverstanden sind, zollen Sie aber Ideen, Vorschlägen oder Strategien anderer Respekt.
- Bei einem Stellenwechsel empfiehlt es sich, eine neue Position danach zu beurteilen, wieviel Sie durch Ihre Vorgesetzten und die Aufgabenstellung dazulernen können.
- Wechseln Sie in jüngeren Jahren öfter den Arbeitsplatz und den Aufgabenbereich. Erfahrung kann Ihnen niemand nehmen. Reduzieren Sie den Stellenwechsel jedoch ab dem 30. Lebensjahr.
- Mit mehr Verantwortung erhöht sich im Regelfall die Zeit der Einarbeitung. Keine Sorge, das ist normal. Sichern Sie sich die Unterstützung Ihrer Mitarbeiter und akzeptieren Sie, daß Ihre Umgebung mehr Einblick hat als Sie.
- Erledigen Sie Ihre Aufgaben bestmöglich. Füllen Sie Ihre derzeitige Position umfassend aus. Wer glaubt, am Stuhl des Vorgesetzten sägen zu müssen, ist selbst vor "Abstürzen" nicht gefeit.
- Behandeln Sie Ihre Mitarbeiter so, wie Sie selbst behandelt werden möchten. Fragen Sie um ihre Meinung und geben Sie Fehler zu. Nobody is perfect. Sie auch nicht!
- Am Gipfel ist die Luft dünn. Gipfelstürmer - besonders wenn sie untrainiert sind - leben daher meist ungesund. Erst wenn Sie - und hier ist Ehrlichkeit sich selbst gegenüber angesagt - tatsächlich über ge-

nügend Kondition verfügen, sollten Sie sich "on the top" wagen. Denn erst dann haben Sie die Kraft, das zu tun, was wirkliche Spitzenkräfte auszeichnet: Selbstmotivation, positives Denken und Achtung vor sich und jenen Menschen, mit denen und für die man arbeitet und manchmal auch lebt.

Last but not least: Wer Karriere machen will, muß sich auch auf Enttäuschungen und Rückschläge gefaßt machen. Bevor Sie jedoch globale Schuldzuweisungen dafür an Dritte äußern, fragen Sie sich, was Sie selbst falsch gemacht haben und handeln Sie danach. Aber das würden Sie - besonders nach der Lektüre des Vorangegangenen - ohnedies tun, oder ? → Karriere in der Touristik

Gerhard P. Mayrhofer

Selbständiger Personal- und Ausbildungsfachmann, Verantwortlicher Betreuer für Personalagenden im Hotel Sacher, Wien

Karriere in der Touristik

Die Touristik, weltweit einer der größten Arbeitgeber, in der Bundesrepublik Deutschland als Branche immerhin an sechster Stelle mit ca. 200 Milliarden DM Umsatz und ca. 2 Millionen Beschäftigten, läßt sich grob in die fünf großen Segmente → Reiseveranstalter, → Reisemittler, Personenbeförderung, Fremdenverkehrswirtschaft und Gastgewerbe gliedern.

Im folgenden sollen vor allem die Perspektiven und Entwicklungsmöglichkeiten für karriereorientierte Mitarbeiter aus Sicht der C&N Touristic, eines integrierten Touristikunternehmens (→ Vertikale Integration), beschrieben werden.

Der Begriff → Karriere stammt aus dem französischen und bedeutet wörtlich "Laufbahn". In Anlehnung an diesen Begriff soll Karriere hier als aufstiegsorientierter Prozeß vor allem im engeren touristischen Umfeld verstanden werden. Fach- wie Spezialistenlaufbahnen sollen hier nicht näher beleuchtet werden. Basis jedes pauschaltouristischen Produktes ist die Zusammenfassung verschiedener Produkte in Form von Katalogen, nach verschiedenen Kriterien zusammengefaßt, und der anschließende Vertrieb über die → Reisebüros. Die Kenntnis dieses Prozesses, vor allem seiner zum Teil sehr komplizierten Details und die

Karriere in der Touristik

Kenntnisse der unterstützenden EDV-technischen Prozesse (→ Informationstechnologische Systeme; → Reservierungssysteme) sind Voraussetzung für jeden, der in der engeren Touristik den Karrierepfad beschreiten will.

Der Einstieg in das Unternehmen erfolgt nach einem guten Schulabschluß (Abitur oder Fachabitur) über eine Ausbildung zum Reiseverkehrskaufmann mit Schwerpunkt Veranstalter. Aufgrund der sehr hohen Bewerberzahlen (bis zu 100 Bewerber pro Veranstalterausbildungsplatz) sind mehrstufige Auswahlverfahren die Regel. Die Ausbildung, angereichert um interne Weiterbildungsmaßnahmen, einen Auslandsaufenthalt und Durchläufe in allen wesentlichen Teilen des Unternehmens (inkl. Carrier) wird in der Regel nach zweieinhalb Jahren abgeschlossen. Der erste berufliche Schritt erfolgt dann entweder in eine touristische Sachbearbeiterposition oder (ein zunehmend hoher Anteil) in den Außendienst als Reiseleiter. Nach ein- bis zweijähriger praktischer Erfahrung hat jeder Mitarbeiter, gute fachliche Leistungen vorausgesetzt, die Möglichkeit, in einem internen → Assessment-Center seine Fähigkeiten und sein Eignungsprofil im Hinblick auf künftige Führungsaufgaben zu überprüfen. Beobachter bei diesem → Assessment Center sind Mitglieder der ersten und zweiten Führungsebene. Bei positivem Ergebnis erfolgt eine ca. 18-monatige berufsbegleitende Weiterbildung, die neben internen fachlichen vor allem verhaltensbezogene Seminare, Projektarbeit sowie den IHK-Abschluß zum touristischen Fachwirt vorsieht. So gerüstet übernehmen diese Mitarbeiter im Anschluß Führungsaufgaben als Teamleiter. Gezielte Weiterbildungsmaßnahmen, vor allem im Führungsbereich, begleiten die Führungskräfte auf ihrem beruflichen Weg. Der nächste Karriereschritt, nach erfolgreicher Tätigkeit möglichst in mehreren touristischen Verantwortungsbereichen (planvolle Wechsel mit dem Ziel, Kaminaufstiege zu reduzieren), in Richtung Hauptabteilungsleiter wird durch eine individuelle Vorbereitung und Begleitung in den ersten Monaten der neuen Aufgabe begleitet. Führungskräfte, die in dieser Position ihr Potential für weiterführende Aufgaben bewiesen haben, erhalten die Gelegenheit, durch den Einsatz diagnostischer Instrumente ihr Eignungsprofil für die zweite Unternehmensebene zu überprüfen. Stimmt dieses in den Kernbereichen mit dem Anforderungsprofil überein, erhält die Führungskraft die Möglichkeit auf der Basis eines Stärken- / Schwächenprofils einen individuellen Entwicklungsfahrplan, der neben Coaching am Arbeitsplatz, auch die Übernahme zusätzlicher Aufgaben wie Projekte, Teilnahme an Steuerungsteams oder Entwicklungsaufgaben beinhaltet.

Der starke Fokus auf die Entwicklung interner Führungskräfte gründet auf der dringend erforderlichen fachlichen Basis. Natürlich steigt auch in der Touristik der Anteil an Hochschulabsolventen, die in oben genanntem Laufbahnplan integriert werden, häufig aber Fachlaufbahnen anstreben. Auch die Mitarbeiter, die in der Reiseleiterorganisation ihre Karriereschritte hinter sich gebracht haben, werden in das beschriebene Laufbahnmodell integriert. Die weiteren Karrierechancen dieser Mitarbeiter sind besonders gut, weil sie im Außendienst verschiedene touristische Kernmärkte kennengelernt haben, in der Regel zweibis dreisprachig sind und die gesamten Anforderungen an eine touristische Serviceeinheit kennengelernt und sich erfolgreich darin bewegt haben.

Nach Schätzungen des → World Travel and Tourism Council wird die Touristik in den nächsten zehn Jahren ca. 40 % mehr Arbeitsplätze haben als heute und neben der Informations- und Kommunikationstechnologie (→ Informationstechnologische Systeme; → Reservierungssysteme) die Wirtschaft des 21. Jahrhunderts prägen. Gute Aussichten für karriereorientierte Mitarbeiter. → Karriere

Dietmar Hertel

Leiter der Abteilung Personal der NUR Touristic GmbH

Katamaran

Bezeichnung für ein Doppelrumpf-Schiff.

Key Account Management

Bezeichnung für die gezielte und von der Betreuung anderer Kunden abgegrenzte Betreuung besonders wichtiger Kunden. Das Key Account Management wird von einem Key Account Manager durchgeführt, der für die Key Accounts, das heißt für die Schlüsselkunden, verantwortlich ist.

KG

→ Kommanditgesellschaft

KGaA

Besondere Form der → Kommanditgesellschaft, bei der mindestens ein Gesellschafter unbeschränkt haftet. Dieser heißt Komplementär. Die übrigen Gesellschafter, die als Kommanditaktionäre bezeichnet werden, sind mit Einlagen auf das in Aktien (→ Aktiengesellschaft) zerlegte Grundkapital beteiligt. Die gesetzliche Grundlage der Kommanditgesellschaft auf Aktien (→ Aktiengesellschaft) bildet das zweite Buch des Aktiengesetzes. → Geschäftsführungsbefugnis und → Vertretungsmacht sind wie bei der → Kommanditgesellschaft geregelt. Die Haftung der Komplementäre ist gesamtschuldnerisch (→ Gesamtschuldnerische Haftung), unbeschränkt (→ Unbeschränkte Haftung) und unmittelbar (→ Unmittelbare Haftung). Die Kommanditaktionäre haften nur mit ihrem Anteil.

Kirchensteuer

Kirchen und Religionsgemeinschaften sowie weltanschauliche Gemeinschaften, die Körperschaften des öffentlichen Rechts sind, dürfen aufgrund der Kirchensteuergesetze der Länder und Stadtstaaten zur Deckung ihres Finanzbedarfs, Kirchensteuern (Kirchenumlagen) erheben.

Diese Berechtigung ergibt sich aus Art. 140 GG, der den Artikel 137 der Weimarer Reichsverfassung als vollgültiges Verfassungsrecht inkorporiert hat. Das Steuererhebungsrecht wird in einigen Landesverfassungen eigens selbständig gewährleistet. In anderen Landesverfassungen ist Art. 140 GG zum Bestandteil der Regelung gemacht. In sämtlichen alten Bundesländern und Stadtstaaten gibt es eigene Landeskirchensteuergesetze. In den neuen Bundesländern gilt das Gesetz zur Regelung der Kirchensteuer der ehemaligen DDR ganz oder teilweise durch landesgesetzliche Regelungen fort.

Beispielhaft wird hier auf die im Freistaat Bayern gültigen Vorschriften Bezug genommen.

Als landesrechtliche Vorschriften in Bayern sind Art. 143 Abs. 3 der Verfassung des Freistaates Bayern, das Bayer. Kirchensteuergesetz i.d.F. vom 21.11.1994 und die Verordnung zur Ausführung des Kirchensteuergesetzes vom 15.3.1967 mit nachfolgenden Änderungen maßgeblich. Steuerschuldner der Kirchensteuern sind die Angehörigen der kirchensteuerberechtigten Kirchen und Religionsgemeinschaften etc. Steuergläubiger der Kirchensteuer sind die gemeinschaftlichen Steuerverbände. Gemeinschaftliche Steuerverbände sind die kirchensteuerberechtigten Gemeinschaften. Als gemeinschaftlicher Steuerverband gelten zum Beispiel für die Römisch-Katholische Kirche die Diözese und für das israelitische Bekenntnis der Landesverband der Israelitischen Kultusgemeinde in Bayern. Erhebungszeitraum der Kircheneinkommen- und der Kirchenlohnsteuer ist das Kalenderjahr. Die Kircheneinkommensteuer- und die Kirchenlohnsteuer werden nach einem einheitlichen Umlagesatz erhoben. Die umlageerhebenden Steuerverbände bestimmen gemeinsam die Höhe des Umlagesatzes. Der Umlagesatz darf zehn v.H. der Einkommen- und Lohnsteuer nicht übersteigen. Er beträgt im Freistaat Bayern derzeit acht v.H. Die Kirchenlohnsteuer wird durch Abzug vom Arbeitslohn erhoben. Für konfessionsverschiedene oder glaubensverschiedene Ehegatten gelten Besonderheiten. Die Vorschriften über den Lohnsteuerabzug gelten entsprechend. Die Kirchensteuer wird von eigenen Kirchensteuerämtern der umlageerhebenden Kirchen und Gemeinschaften erhoben und verwaltet. Soweit es sich um die Kirchenlohnsteuer handelt, führen die Arbeitgeber die Kirchenlohnsteuer zusammen mit der Lohnsteuer (→ Einkommensteuer) an das zuständig Finanzamt ab. Die Finanzverwaltung führt die erhobene Kirchenlohnsteuer an die umlageberechtigten Steuerverbände ab. Soweit die Umlagen von den gemeinschaftlichen Steuerverbänden selbst verwaltet werden, obliegt auf deren Ersuchen die Beitreibung der Umlagerückstände den Finanzämtern. Für den bei der Finanzverwaltung beim Einzug der Kirchensteuer anfallenden Verwaltungsaufwand wird diese von den umlageberechtigten Kirchen und Gemeinschaften pauschal entschädigt. Neben der Kircheneinkommensteuer und der Kirchenlohnsteuer dürfen die umlageberechtigten Steuerverbände auch eine Kirchengrundsteuer erheben. Außerdem dürfen die gemeindlichen Steuerverbände für ihre ortskirchlichen Zwecke mit Zustimmung des gemeinschaftlichen Steuerverbands auch Kirchgeld erheben. Die gezahlte

Kirchensteuer ist im Rahmen der → Einkommensteuer unbeschränkt als Sonderausgabe bei der Ermittlung des Einkommens abzugsfähig. → Steuern

Rudolf Kollmannsberger

Vereidigter Buchprüfer und Steuerberater, München, Lehrbeauftragter an der Fachhochschule München, Fachbereich Tourismus

Klassische Kreuzfahrt

Mehrtägige → Kreuzfahrt mit identischem Ziel- und Ausgangspunkt. Die Anlaufhäfen mit → Landausflügen sind ein fundamentaler Bestandteil der Reise.

Knoten

Einheit, mit der die Geschwindigkeit eines Schiffes ausgedrückt wird. Ein Knoten bedeutet die Geschwindigkeit von einer Seemeile pro Stunde, das sind 1,85 Stundenkilometer.

Körperschaftsteuer

Die von einer → Personengesellschaft erzielten Einkünfte werden nach dem Transparenzprinzip nicht der Gesellschaft, sondern den Gesellschaftern zugerechnet und bei ihnen der Einkommensteuer unterworfen. → Kapitalgesellschaften sind selbst steuerpflichtig. Sie unterliegen mit ihrem Einkommen der Körperschaftsteuer.

Die Körperschaftsteuer ist die → Einkommensteuer der → Kapitalgesellschaften. Zusätzlich haben die Gesellschafter einer → Kapitalgesellschaft die von der Gesellschaft erhaltenen Ausschüttungen als Einnahmen aus Kapitalvermögen im Rahmen ihrer Einkommensbesteuerung zu versteuern. Dadurch entsteht eine Doppelbesteuerung nur einmal erwirtschafteter Gewinne. Thesaurierte Gewinne unterliegen derzeit einem Körperschaftsteuersatz von 45 v.H., während ausgeschüttete Gewinne nur mit 30 v.H. belastet (Ausschüttungsbelastung) werden. Beim Anteilseigner (Gesellschafter) werden die empfangenen Gewinnausschüttungen im Rahmen seiner Einkommensbesteuerung (→ Einkommensteuer) brutto (also einschließlich der Körperschaftsteuergutschrift) als Einkünfte aus Kapitalvermögen erfaßt. Sodann wird auf seine geschuldete → Einkommensteuer die Körperschaftsteuer, die auf die empfangene Ausschüttung entfällt, in voller Höhe angerechnet, auch wenn es dadurch zu einer Steuererstattung an den

Anteilseigner kommt.

Die maßgebenden Rechtsgrundlagen sind derzeit das Körperschaftsteuergesetz (KStG) 1996 mit späteren Änderungen sowie die Körperschaftsteuer-Durchführungsverordnung (KStDV) 1994 in der Fassung der Bekanntmachung vom 22.2.1996. Die Körperschaftsteuer-Richtlinien (KStR) 1995 in der Fassung der Bekanntmachung vom 6.1.1996 behandeln Zweifelsfragen und Auslegungsfragen von allgemeiner Bedeutung, um eine einheitliche Anwendung des Körperschaftsteuerrechts durch die Behörden der Finanzverwaltung sicherzustellen. Sie geben außerdem zur Vermeidung unbilliger Härten und aus Gründen der Verwaltungsvereinfachung Anweisungen an die Finanzämter, wie in bestimmten Fällen verfahren werden soll. Außerdem existieren weitere Anweisungen der obersten Finanzbehörden des Bundes und der Länder sowie der Oberfinanzdirektionen an die nachgeordneten Behörden (Zollämter / Finanzämter), die Zweifels- und Auslegungsfragen des KStG behandeln.

Unbeschränkt körperschaftsteuerpflichtig sind die folgenden Körperschaften, Personenvereinigungen und Vermögensmassen, die ihre Geschäftsleitung oder ihren Sitz im Inland haben: → Kapitalgesellschaften, Erwerbs- und Wirtschaftsgenossenschaften, Versicherungsvereine auf Gegenseitigkeit, sonstige juristische Personen des privaten Rechts, nicht rechtsfähige Vereine, Anstalten, Stiftungen und andere Zweckvermögen des privaten Rechts und Betriebe gewerblicher Art von juristischen Personen des öffentlichen Rechts.

Die unbeschränkte Körperschaftsteuerpflicht erstreckt sich auf sämtliche Einkünfte. Beschränkt körperschaftsteuerpflichtig sind im wesentlichen Körperschaften, Personenvereinigungen und Vermögensmassen, die weder ihre Geschäftsleitung noch ihren Sitz im Inland haben, mit ihren inländischen Einkünften. Daneben gibt es eine Reihe von Körperschaften, die von der Körperschaftsteuer befreit sind.

Die Körperschaftsteuer bemißt sich nach dem zu versteuernden Einkommen. Was als Einkommen gilt und wie das Einkommen zu ermitteln ist, bestimmt sich nach den Vorschriften des Einkommensteuergesetzes sowie ergänzend nach den Vorschriften des Körperschaftsteuergesetzes. → Steuern

Rudolf Kollmannsberger

Vereidigter Buchprüfer und Steuerberater, München, Lehrbeauftragter an der Fachhochschule München, Fachbereich Tourismus

Koje

Bett beziehungsweise Schlafstelle an Bord eines Schiffes.

Kombiflugzeug

→ Flugzeug

Kombischiff

Schiff, das gleichermaßen Güter und Passagiere befördert. Kombischiffe stellen dem Passagier in der Regel zwar weniger Komfort als normale → Kreuzfahrtschiffe zur Verfügung, bieten aber das besondere Erlebnis der Frachtschiffahrt.

Kommanditgesellschaft

Rechtsform, die dadurch gekennzeichnet ist, daß sich mindestens zwei Personen zum Betrieb eines Handelsgewerbes zusammenschließen, wobei die Besonderheit dieser → Personengesellschaft darin liegt, daß mindestens ein Gesellschafter unbeschränkt haftet (→ Unbeschränkte Haftung) und mindestens ein Gesellschafter beschränkt haftet. Die unbeschränkt haftenden Gesellschafter werden als Komplementäre bezeichnet. Die beschränkt haftenden Gesellschafter heißen Kommanditisten. Die gesetzliche Grundlage der Kommanditgesellschaft sind die §§ 161 bis 177a HGB. Das → Eigenkapital setzt sich aus der Summe der von den Gesellschaftern eingebrachten Kapitaleinlagen zusammen. Ein Mindestkapital ist nicht vorgesehen. Zur Geschäftsführung sind nur die Komplementäre berechtigt und verpflichtet. Die Komplementäre haben → Einzelgeschäftsführungsbefugnis. Die Kommanditisten sind zwar von der Geschäftsführung ausgeschlossen, dafür stehen ihnen aber Kontrollrechte zu. Sie können den Jahresabschluß einsehen und dessen Richtigkeit prüfen. Die Vertretung nehmen ebenfalls die Komplementäre wahr. Sie haben → Einzelvertretungsmacht. Die Kommanditisten verfügen über keine → Vertretungsmacht. Jeder Komplementär haftet gesamtschuldnerisch (→ Gesamtschuldnerische Haftung), unbeschränkt (→ Unbeschränkte Haftung) und unmittelbar (→ Unmittelbare Haftung). Die Haftung der Kommanditisten ist beschränkt. Sie haften nur mit ihrer in das Handelsregister eingetragenen Einlage. Ist im Gesellschaftsvertrag nichts anderes bestimmt, sind im Falle entstandener Gewinne die Einlagen der Gesellschafter mit 4 % zu verzinsen. Ein vorhandener Restgewinn soll "angemessen" verteilt werden. Ebenso wird ein vorhandener Verlust in "angemessenem" Verhältnis aufgeteilt und von den Kapitalkonten der Gesellschafter abgezogen.

Kommanditist

→ Kommanditgesellschaft

Kommunikation

Bezeichnung für den Prozeß der Übertragung von → Informationen zwischen Personen. Man unterscheidet verschiedene Kommunikationsformen. Diese lassen sich als Gegensatzpaare darstellen. Das erste Gegensatzpaar wird durch die Kommunikationsformen der direkten und der indirekten Kommunikation gebildet. Die direkte Kommunikation ist dadurch gekennzeichnet, daß eine unmittelbare Informationsübertragung stattfindet, wohingegen bei der indirekten Kommunikation Sender und Empfänger der Information über Zwischenstufen miteinander verbunden sind. Das zweite Gegensatzpaar stellen die Kommunikationsformen der offenen und der gebundenen Kommunikation dar. Offene Kommunikation liegt vor, wenn sich Kommunikation vollzieht, ohne daß sie sich an die Vorgabe bestimmter Kommunikationspartner beziehungsweise Kommunikationsmittel halten muß. Gebundene Kommunikation ist hingegen durch die Einbindung des Prozesses der Informationsübertragung in ein vorgegebenes System von Kommunikationspartnern und Kommunikationsmitteln gekennzeichnet. Das dritte Gegensatzpaar wird durch die Kommunikationsformen der digitalen und der analogen Kommunikation gebildet. Digitale Kommunikation liegt vor, wenn eindeutige und verbindliche Sprachen beziehungsweise Sprachcodierungen zur Anwendung kommen. Analoge Kommunikation liegt hingegen vor, wenn sich der Prozeß der Informationsübertragung auf bildhafte, symbolische oder assoziative Weise vollzieht. Durch analoge Kommunikation können Stimmungen vermittelt werden. Hierbei spielt unter anderem die Tonlage, die Mimik und die Gestik eine Rolle. Das vierte Gegensatzpaar besteht aus den

Kommunikationsformen der formalen und der informellen Kommunikation. Formale Kommunikation liegt vor, wenn sich der Prozeß der Informationsübertragung in den Bahnen vollzieht, die durch die Unternehmensorganisation vorgegeben sind. Informelle Kommunikation ist Kommunikation, die außerhalb der durch die Unternehmensorganisation vorgegebenen Bahnen stattfindet. → Interkulturelles Management

Komplementär

→ Kommanditgesellschaft

Kongreßmanagement

Das Managen eines Kongresses oder einer Tagung - beide Begriffe werden in der Praxis synonym verwendet - unterscheidet sich im Prinzip nicht vom Managen einer Firma und ihrer Produkte. Es ist nur etwas schwieriger, weil an dem Produkt so viele voneinander unabhängige "Zulieferer" mitwirken.

Simpel gesagt, ist der Kongreß ein Unternehmen auf Zeit. Der Begriff des → Management als Führung von Institutionen respektive Unternehmungen der verschiedensten Art darf gerade im Kongreßwesen nicht nur als rein betriebswirtschaftliche Funktion angesehen werden. Der Kongreß als Produkt ist nämlich etwas, dessen Qualität nicht nur der Veranstalter allein bestimmt. Eine ganze Reihe von Zulieferern wirken mit, deren Zuverlässigkeit sowohl vom nichtmeetingrelevanten Tagesgeschehen abhängt, noch häufiger aber von der psychisch-physisch individuellen Tagesform aller Beteiligten.

Zählen wir doch einmal auf, wer da alles mitwirkt: Der Kongreßveranstalter als ideeller Inhaltsproduzent, Referenten, Gastsprecher, Dolmetscher und Techniker vor Ort etc. Dazu kommen Transporteure wie → Fluggesellschaften, Bahn- und Busunternehmen, zum Teil auch → Reedereien; ferner Hoteliers und Gastronomen mit einer ganzen Schar von Bediensteten vom Koch bis zum Kellner, Empfangs-, Registrier- und Sicherheitspersonal sowie Garderobieren. Nicht zu vergessen sind unter anderen die echten Profis, die Kongreßorganisatoren, PCOs, oder die nicht ganz so neutralen Inhouse-PCOs der Kongreßzentren.

Apropos Kongreßzentren und Kongreßhotels: Ihre zentrale

Kongreßmanagement

Lage und optimale Verkehrsanbindung ist in der Regel von entscheidender Bedeutung - nicht zuletzt bei der möglichen Teilnehmerzahl. Je komplizierter und zeitraubender die An- und Abfahrt zu einem Kongreß sind, um so geringer die Bereitschaft, an einem Meeting teilzunehmen. Abhilfe schafft bis zu einem gewissen Grad ein perfekter und regelmäßiger Transfer. Der aber erhöht in jedem Fall die Kosten. Je höher aber die Kosten und der Zeitaufwand, desto geringer wiederum die Zahl der Kongreßteilnehmer - besonders dann, wenn es sich um wissenschaftliche Kongresse handelt, an denen auch Finanzschwächere partizipieren sollen.

In diesem Zusammenhang wird oftmals übersehen, daß Kongresse eben nicht nur einen betriebswirtschaftlichen Zweck verfolgen, sondern auch einen volkswirtschaftlichen. Der Wissensimport als Innovationspotential kommt letztlich früher oder später auf unterschiedlichste Weise der Wirtschaft und Gesellschaft zugute. Ein Aspekt übrigens, der, seltsam genug, bei der allgemeinen Subventionierung des Kongreßwesens vor allem in den Ministerien konträr zur Touristik bis dato kaum Beachtung findet. Darüber gibt bisher auch keine einschlägigen Untersuchungen. Wer sich mit dem Management des Kongreßwesens beschäftigt, und das geht bereits aus dem bisher Gesagten hervor, muß sich im Zeitalter der Vernetzung und Globalität mehr denn je mit den interdisziplinären Aspekten und Kosten auseinandersetzen. Das gilt vor allem für die internationalen wissenschaftlichen Kongresse ebenso wie für die Manager-Telekonferenzen über große Distanzen hinweg. Die psychologischen, soziologischen, juristischen, besonders die kommunikationswissenschaftlichen Aspekte werden dabei noch gewaltig unterschätzt - soweit sie bei der Vorplanung überhaupt Beachtung finden. Die Folge: Die Kongresse werden zu wenig oder kaum optimiert, oder der Veranstalter kapituliert vor den Herausforderungen. Das tut er vor allem dann, wenn er keinen Profi, das heißt einen wirklich hochqualifizierten PCO zur Seite hat, der auch etwas von der internationalen Vernetzung versteht. In der Regel gesellt sich zum Ganzen zunehmend auch noch der gesamte Bereich "Entertainment", verschiedentlich auch etwas schwammig als "Event" (→ Event-Tourismus) deklariert. Egal, ob es sich um Veranstaltungen während des Kongresses handelt oder auch nur um sogenannte Pre- und Postconventiontouren, immer steht die Kardinalfrage im Raum: Deckt der → Ertrag den → Aufwand, wie ist das Verhältnis von Soll und Haben? Sobald aber Entertainment angesagt ist - meist aber schon viel früher - muß auch die Frage der "Dramaturgie" geklärt werden. Auch dazu gehören wie beim Theater, Film oder Fernsehen Profis, die das Metier der Beeinflussung und Showeffekte beherrschen. Sie kosten Geld, aber noch mehr Geld kostet in der Regel das Vorgehen im Do-it-yourself-Verfahren. Last but not least wollen die Kongreßteilnehmer ganz à la Goethe das Gehörte und Gesehene gedruckt oder auf Disketten etc. auch noch mit nach Hause tragen. Kostet nochmals einen Happen. Kongresse haben in der Regel lange bis sehr lange Vorlaufzeiten, im Minimum ein Jahr, meist aber drei bis vier, manche zehn Jahre und länger. In dieser Zeit kann viel passieren. Gefürchtet sind Absagen mit entsprechenden Stornierungen. Sind die Kosten für Rechtsstreitigkeiten einkalkuliert? Sind Ausfallversicherungen in entsprechender Höhe abgeschlossen? All das muß in den Kosten-, aber auch in den Zeitplänen enthalten sein. Nicht zuletzt aber müssen hieb- und stichfeste Verträge geschlossen werden, was wiederum fachkundige Anwälte voraussetzt. Sie sind im Kongreß- und Veranstaltungswesen nicht allzu dicht gesät. Rechtzeitiger Kontakt zu den Meetingverbänden wie dem Deutschen Kongreßbüro, GCB, dem Europäischen Verband der Kongreßcentren, EVVC, oder den Meeting Planners International, MPI, respektive der International Congress and Convention Association, ICCA, ist daher empfehlenswert. Neben manch anderen Faktoren ist beim Kongreßwesen ein nicht zu unterschätzender Faktor die planvolle Presse- und Medienarbeit. Und zwar sowohl vor, während und nach einem Kongreß. Auch sie kostet Geld, bringt aber bei richtiger PR-Arbeit auch enorm viel in die Kasse, vor allem aber beschert sie Image, und zwar sowohl dem Veranstalter als auch dem Kongreß selbst - wenn er denn erfolgreich war. Multiplikatorarbeit nennt man so etwas, von der freilich die wenigsten Veranstalter den richtigen Gebrauch machen. Vor allem fehlt es am "Dolmetschen" komplizierter Vorgänge, dem Übersetzen des Fachchinesisch in eine allgemein verständliche Sprache.

Wobei wiederum übersehen wird, daß kein Presse- oder Medienerzeugnis dem anderen gleicht, daß jedes unterschiedliche Leserschaften hat und folglich auch unterschiedliche Informationen voraussetzt. Daraus ist der Schluß zu ziehen, daß es auch hier nicht ohne den Profi geht. Das Problem schlechthin: Es gibt kaum kongreßkundige oder einfühlsame Journalisten und schon gar nicht Veranstalter, die sie entsprechend "briefen". Generell läßt sich zum Kongreßmanagement sagen, daß es sich in nichts vom Management eines Unternehmens unterscheidet. Jeder Kongreß ist nämlich ein Unternehmen auf Zeit. Das Produkt und der einschlägige Service müssen entsprechend der Marketinggegebenheiten marktfähig sein, die → Finanzierung gesichert, Werbung, Verkauf, Vertrieb, Schulung und die Sales Promotion nach den Marketing-Mix-Elementen (→ Tourismus-Marketing) systematisch und methodisch geplant, durchgeführt und immer wieder kontrolliert werden. Das wiederum setzt eine zuverlässige Markterkundung ebenso voraus wie am Ende der Prozeduren eine professionelle Erfolgskontrolle plus neuerlicher Markterkundung. Das alles und noch einiges mehr trifft vor allem dann zu, wenn der Kongreß zu einem nationalen und internationalen Markenartikel ausgebaut werden soll. Ergo kann das Ganze nie und nimmer mit der linken Hand von einem Laien oder - wie es auch noch geschieht - von der Chefsekretärin abgespult werden. Auch Werbeagenturen und → Reisebüros sind damit schlicht überfordert. Schließlich soll die "Fee" nicht nur die Kosten in Höhe mehrerer Millionen decken, sondern auch noch einen maximalen Gewinn einbringen.

Otto E. Schirmer

Herausgeber und Chefredakteur der Zeitschrift Conference & Incentive Management, CIM, und Gründer der Zeitschrift TW Tagungs-Wirtschaft, Convention Industry mit ICCA-News

Konzentration

→ Unternehmensverbindungen

Konzern

→ Unternehmensverbindung, die dadurch gekennzeichnet ist, daß ein herrschendes und ein oder mehrere abhängige Unternehmen unter der einheitlichen Leitung des herrschenden Unternehmens zusammengefaßt sind.

Kooperation

→ Hotel-Kooperation; → Kooperation als Betriebsform im Reisebürobereich; → Unternehmensverbindungen

Kooperation als Betriebsform im Reisebürobereich

Die effektive und erfolgreiche Reisebürokooperation (→ Unternehmensverbindungen) hat sich in den letzten fünf Jahren entweder vom lockeren Kooperationsverbund zur kettengesteuerten Organisation entwickelt oder es handelt sich um "Provisionssammelvereine", die kurz- bis mittelfristig keine Existenzchance haben. Mit der Feststellung, daß im Rahmen der drastischen Konzentration in der deutschen Reisebranche der "mittelständische Einzelkämpfer" keine mittelfristige Zukunft haben wird, ist die klare Zielsetzung von erfolgreichen Reisebürokooperationen die Gleichstellung ihrer Vertriebspartner im Wettbewerb mit den Großketten. Deshalb entscheiden sich immer mehr zukunftsorientierte Reisebürounternehmen (→ Reisebüro) unter einem "großen Dach" zu operieren. Vertriebspartner einer Kooperation (→ Unternehmensverbindungen) zu werden, heißt allerdings auch, gewisse Restriktionen in der unternehmerischen Gestaltungsfähigkeit zu akzeptieren und damit "Teile der Selbständigkeit aufzugeben, um selbständig zu bleiben". Der Kooperationspartner geht vertragliche Verpflichtungen ein, die im wesentlichen die nachstehenden Punkte umfassen:

- Vertrieb eines gestrafften und ausgewählten Sortiments,
- Erfüllung der Vorgaben der elektronischen Sortimentssteuerung,
- Einhaltung einheitlicher Qualitätsstandards,
- Einhaltung einheitlicher Back-Office-System-Vorgaben,
- Umsetzung einer nationalen → Corporate Identity,
- Umsetzung einer nationalen Dienstleistungsmarke im Firmengeschäft,
- einheitlicher Internet-Auftritt (→ Informationstechnologische Systeme)

Die Kooperationszentrale hat die Aufgabenstellung, die Optimierung aller Potentiale in perfekter Symbiose zwischen Zentrale und Reisebüropartner zu realisieren. Dabei stehen die Kernthemen Erlösmaximierung und Kostenminimierung im Vordergrund.

Während Kostensynergien vor

allem durch Gemeinschaftseinkauf, Zentralmarketing und Produktivitätsoptimierung in Gestalt zentraler Back-Office-Lösungen oder in Form der Zusammenlegung von Organisationseinheiten mehrerer → Reisebüros, zum Beispiel im Firmengeschäft, entstehen, wird Erlösmaximierung auf der Grundlage von Kettenverhandlungen mit Leistungsträgern in der Durchführung einer professionellen, kettengesteuerten Vertriebspolitik erzielt. Dies bedingt ein schnell und gut funktionierendes Kommunikationssystem zwischen Kooperationszentrale und Vertriebspartnern, über das alle Steuerungsinformationen empfängergesteuert und so schnell wie möglich zugänglich gemacht werden. Grundlage dafür ist ein Intranet im Internet (→ Informationstechnologische Systeme).

Einheitliche Qualitätsstandards, die vertraglich definiert sind, sowie ein flächendeckendes Corporate Design (→ Corporate Identity) sichern Service und Qualifikation und den wichtigsten Wiedererkennungseffekt für den Kunden. In der Kooperationsform sollen weder die unternehmerische Kreativität vor Ort, noch die eingeführte Darstellung regional bekannter Reisebürounternehmen (→ Reisebüro) ersetzt werden.

Diese Ausgangsbasis und die dargestellten Vorteile einer Großformation führen im Ergebnis dazu, daß Vertriebspartner von Profikooperationen in der Regel bessere Ergebnisse erzielen als Einzelbüros und in Teilen auch Filialisten.

Voraussetzung ist in der Regel eine gesellschaftliche Bindung mit der Kooperationszentrale und der Abschluß eines Vertriebspartner-(Franchise)vertrages (→ Franchising). Die Gebühren sind umsatzbezogen nach Betriebstypen orientiert. → Hotelkooperation

Ralph Osken

Vorsitzender der Geschäftsführung der DERPART Reisevertrieb GmbH

Kosten

Werteverzehr, der durch die Erstellung des regulären Dienstleistungsprogramms des touristischen Leistungsträgers bedingt ist. Die Kosten des touristischen Leistungsträgers sind Rechnungsobjekt der von ihm unterhaltenen → Kostenrechnung. Der so definierte Kostenbegriff ist

Oberbegriff für verschiedene Kostenarten. So unterscheidet man im wesentlichen die Kostenarten variable Kosten, Fixkosten, Einzelkosten, Gemeinkosten sowie relevante Kosten. Variable Kosten sind Kosten, die sich mit der Beschäftigung des touristischen Leistungsträgers verändern. Fixkosten sind Kosten, die unabhängig von der Höhe der Beschäftigung des Unternehmens anfallen. Einzelkosten sind Kosten, die den Bezugsobjekten Kostenstelle, das heißt unternehmensindividuell definierten Orten der Kostenentstehung, beziehungsweise Kostenträger, dies sind die vom touristischen Leistungsträger erstellten Dienstleistungen, direkt zurechenbar sind. Dementsprechend unterscheidet man Kostenstelleneinzelkosten und Kostenträgereinzelkosten. Kostenstelleneinzelkosten sind Kosten, die einer Kostenstelle direkt zurechenbar sind. Kostenträgereinzelkosten sind Kosten, die einem Kostenträger direkt zurechenbar sind. Gemeinkosten sind Kosten, die den Bezugsobjekten Kostenstelle beziehungsweise Kostenträger nicht direkt zurechenbar sind. Dementsprechend unterscheidet man Kostenstellengemeinkosten und Kostenträgergemeinkosten. Kostenstellengemeinkosten sind Kosten, die einer Kostenstelle nicht direkt zurechenbar sind. Kostenträgergemeinkosten sind Kosten, die einem Kostenträger nicht direkt zugerechnet werden können. Relevante Kosten sind Kosten, die von einer bestimmten Entscheidung abhängen.

Literatur: Heinen, 1991; Wöhe, 1996; Horváth, 1996; Holleis, 1993; Gewald, 1999

Kostenführerschaft

→ Strategie

Kostenrechnung

Teilgebiet des → Rechnungswesens, dessen Ziel es ist, im Rahmen des touristischen Dienstleistungsprozesses entstandene → Kosten zu erfassen sowie zur Erstellung zukünftiger touristischer Leistungsangebote aufzuwendende → Kosten zu planen.

Die Kostenrechnung ist in ein mehrstufiges Verfahren eingebettet. Dieses besteht aus den aufeinander aufbauenden Kostenrechnungsstufen Kostenartenrechnung, Kostenstellenrechnung und Kostenträgerrechnung. Die Aufgabe der Kostenartenrechnung ist es, alle Kosten zu erfassen sowie diese in die Kostenkategorien Kostenträgereinzelkosten (→ Kosten) und Kostenträgergemeinkosten (→ Kosten) aufzuteilen. Die Kostenstellenrechnung dient der Verteilung von Kostenträgergemeinkosten auf die Kostenstellen des touristischen Leistungsträgers. Gegenstand der Kostenträgerrechnung ist die Ermittlung der → Kosten, die zur Erstellung der vom Unternehmen erbrachten Dienstleistungen angefallen sind beziehungsweise die zur Erstellung in der Zukunft zu erbringender Dienstleistungen voraussichtlich anfallen werden.

Im Rahmen der Kostenrechnung werden verschiedene Kostenrechnungssysteme unterschieden. Diese lassen sich nach den beiden Kriterien Kosteninhalt und Verrechnungsumfang einordnen. Legt man das Kriterium Kosteninhalt zugrunde, sind die Kostenrechnungssysteme Ist-Kostenrechnung, Normalkostenrechnung und Plankostenrechnung zu unterscheiden. Die Ist-Kostenrechnung ist eine Kostenrechnungsform, die ausschließlich die in der Vergangenheit angefallenen → Kosten betrachtet, wobei die → Kosten im Gegensatz zur Normalkostenrechnung, welche Durchschnittsbetrachtungen vornimmt, so erfaßt werden, wie sie angefallen sind. Die Plankostenrechnung ist ein Kostenrechnungssystem, das die zukünftigen → Kosten plant. Legt man das Kriterium Verrechnungsumfang zugrunde, sind Vollkostenrechnungssysteme und Teilkostenrechnungssysteme zu unterscheiden. Ein Vollkostenrechnungssystem ist dadurch gekennzeichnet, daß sämtliche → Kosten auf die Kostenträger verteilt werden. Ein Teilkostenrechnungssystem verzichtet hingegen auf eine vollständige Verteilung der → Kosten auf die Kostenträger und weist diesen nur den Teil der → Kosten zu, der dem Kriterium direkte Zurechenbarkeit genügt beziehungsweise dem Verursachungsgedanken entspricht. Zentrale Rechengröße ist hierbei der → Deckungsbeitrag.

Literatur: Heinen, 1991; Wöhe, 1996; Horváth, 1996; Holleis, 1993; Gewald, 1999

Kostenrechnungssysteme

→ Kostenrechnung

Kostenstelle

→ Kosten

Kostenstelleneinzelkosten

→ Kosten

Kostenstellengemeinkosten

→ Kosten

Kostenträger

→ Kosten

Kostenträgereinzelkosten

→ Kosten

Kostenträgergemeinkosten

→ Kosten

Kostenvergleichsrechnung

→ Investitionsrechenverfahren

Kreditfinanzierung

→ Finanzierung; → Kreditverhandlungsführung

Kreditverhandlungsführung

Wesentlich im Sinne einer guten Partnerschaft zwischen Unternehmer und Finanzierungsinstitut ist der sattsam bekannte Wirtschaftsgrundsatz, daß ein Geschäft nur dann gut ist, wenn alle Geschäftspartner "etwas davon haben". Aus diesem Grund sollte der Kreditwerber nicht vergessen, daß es die ureigenste Aufgabe einer Bank ist, Kredite zu vergeben. Die Kreditverhandlung verläuft um so erfolgreicher für den Kreditwerber, je besser er über den eigenen Betrieb, über Kredite und aktuelle Finanzierungskonditionen informiert ist. Im Falle einer größeren Investition sollte sich der Kreditwerber bereits vor Beginn der → Investition verbindliche Kreditzusagen gesichert haben. Auf jeden Fall sollte das Bankgespräch zu einem Zeitpunkt erfolgen, zu dem der Kredit noch nicht unbedingt gebraucht wird. Als Nicht-Schuldner kann der Unternehmer in der Kreditverhandlung aus einer Position der Stärke heraus argumentieren!

Beim Umgang mit Banken sollten einige Verhaltensregeln beachtet werden. Hier ist zum einen die Aneignung von Marktkenntnissen beziehungsweise Einbindung eines Fachmannes (Unternehmensberater, Steuerberater etc.) zu nennen, da kompetente Gesprächspartner stärker respektiert werden und angebotene Konditionen besser verglichen werden können. Weiterhin sind Forderungen immer nach ihrer Erfüllbarkeit zu hinterfragen. Zudem sollte sich der Kreditwunsch durch eine optimale Präsentation auszeichnen. Hierzu sind anschauliche und übersichtliche, schriftliche Unterlagen ("Feasibility-study") sowie eine sachliche Argumentation beim

Kreditverhandlungsführung

Vortrag hilfreich. Schließlich sollten hinreichende Unterlagen des bestehenden Betriebes, wie etwa Bilanzen, Grundbuchauszüge und Kontenübersicht vorgelegt werden. Bevor der Unternehmer mit seinem Kreditwunsch an Finanzierungsinstitute herantritt, sollte er sich über die grundlegenden Parameter Klarheit verschaffen. Diese Parameter, die Kredithöhe, die Tilgungsart, die Laufzeit, der Zinssatz, die Rückzahlungsbedingungen sowie die Sicherheiten sollen im folgenden näher betrachtet werden.

Die Kredithöhe ergibt sich aus der Differenz der gesamten Projektkosten und des vorhandenen Eigenkapitals. Unabdingbare Voraussetzung zur Feststellung des Finanzierungsbedarfs ist eine exakte Feststellung der Gesamtinvestitionskosten.

Die Wahl der Tilgungsart hat oft weitreichende Konsequenzen im Hinblick auf die resultierende Gesamtbelastung für das Unternehmen und letztlich auch auf dessen Liquiditätssituation. So sieht ein Annuitätendarlehen die regelmäßige Zahlung von Annuitäten, das heißt die Summe aus Zinsen und Tilgung, in gleicher Höhe vor. Die Tilgungsanteile nehmen im Zeitablauf zu, die Zinsanteile der Annuitäten werden im Zeitablauf geringer. Beim sogenannten Abzahlungsdarlehen bleiben die regelmäßig gezahlten Tilgungsbeträge (starre Tilgung) gleich. Die Annuitäten werden im Zeitablauf geringer, da die Zinsanteile sinken. Das Festdarlehen zeichnet sich dadurch aus, daß während der Laufzeit des Darlehens lediglich die Zinsen gezahlt werden, die Tilgung jedoch erst mit Ende der Laufzeit erfolgt. Hiervon ist das sogenannte Balloon Payment zu differenzieren. Hier wird vertraglich vereinbart, daß der Kreditnehmer berechtigt ist, während der Laufzeit - im Regelfall bis zu zwei - Tilgungsraten auszusetzen. Der Vertrag wird also von vornherein um ein Jahr länger abgeschlossen. Wenn es einmal zu Zahlungsschwierigkeiten kommt, teilt der Kreditnehmer der Bank mit, daß er die Tilgungsrate auszusetzen wünscht und zahlt nur die Zinsen ein. Die ausgesetzte Rate wird am Laufzeitende nachgeholt.

Die Laufzeit eines Kredits soll sich an der durchschnittlichen Lebensdauer des angeschafften Gutes orientieren (fristenkongruente Finanzierung).

Kreditverhandlungsführung

Das Angebot einer Bank bezüglich des Zinssatzes hängt von der Höhe des Kredites, der persönlichen (Ausbildung, Unternehmerpersönlichkeit etc.) und wirtschaftlichen Kreditwürdigkeit (wirtschaftliche und finanzielle Situation des Unternehmens, Vermögensverhältnisse, Aussichten etc.) des Kunden, Bedeutung des Kunden für die Bank, den Geldbeschaffungsmöglichkeiten der Bank sowie von dem zu erwartenden Zusatzgeschäft mit dem Kreditnehmer ab. Banken sind verpflichtet, für jeden Kredit den aktuellen Effektivzinssatz auszuweisen. Der Zinssatz kann als Fixzinssatz vereinbart werden, das heißt die Höhe des Zinssatzes bleibt für eine vertraglich festgelegte Zeit gleich. Weiterhin kann der Zinssatz variabel durch das Anhängen an einen veröffentlichten Referenzzinssatz vereinbart werden. Bei den Rückzahlungsbedingungen sind speziell für Tourismusunternehmen folgende Punkte zu beachten: Vereinbarung einer ausreichenden tilgungsfreien Zeit in der Anlaufphase des Betriebs, die in der Regel mindestens zwei Jahren betragen sollte, Vereinbarung von Pauschalraten, das heißt gleichbleibende Annuitäten, Vereinbarung der Möglichkeit einer vorzeitigen Rückführung des Kapitals ohne Einhaltung von Kündigungsfrist und ohne zusätzliche Spesen (keine Rückzahlungsprämie), Abstimmung der Zahlungszeitpunkte auf die Liquiditätssituation des Unternehmens (zum Beispiel am Saisonende) sowie das bereits erwähnte Balloon Payment.

Grundsätzlich stellt eine ausreichende Besicherung von Krediten ein wesentliches Vergabekriterium für eine Bank dar. Besicherungen können durch Eintragungen ins Grundbuch, Bürgschaften sowie Haftungsübernahmen begeben werden. Bei der Aufnahme eines Kredites sollte unbedingt darauf geachtet werden, daß die verlangte Besicherung in einem akzeptablen Verhältnis zur Kredithöhe steht. Als Richtwert kann ein 30 %-iger Aufschlag auf die Kredithöhe angesehen werden. So sollte zum Beispiel ein Grundstück, das zur Besicherung dienen soll, aber einen wesentlich höheren Wert als die Kredithöhe repräsentiert, parzelliert werden. Wenn sich die Möglichkeit ergibt, sollten Sicherstellungsmöglichkeiten freigehalten werden, weil gegebenenfalls nötige Nachfinanzierungen dann wesentlich problemloser verlaufen werden.

Kreditverhandlungsführung

Im folgenden sollen die wichtigsten Tips für ein Kreditgespräch mit der Bank dargestellt werden:

- Wählen Sie einen möglichst günstigen Zeitpunkt für Ihre Kreditverhandlung. Achten Sie vor allem darauf, daß Sie nicht unter Zeitdruck verhandeln müssen!
- Mit aussagekräftigen Unterlagen und einer fundierten vorausschauenden Wirtschaftlichkeitsberechnung erleichtert man der Bank die Bonitätsbeurteilung.
- Nehmen Sie vorgedruckte Kreditverträge nicht als etwas Unveränderliches hin. Jeder Filialleiter beziehungsweise Kreditsachbearbeiter hat einen gewissen Verhandlungsspielraum und sollte bei der derzeit herrschenden großen Konkurrenz am Bankensektor bemüht sein, dem Kreditwerber entgegenzukommen. Dies gilt speziell für Bearbeitungsgebühren und Verzugszinsen.
- Man sollte sich nicht mit halben Informationen abspeisen lassen und eine alle Spesen inkludierende Gesamtbelastung einfordern.
- Auch bei Kosten, die sich "nur" in Bruchteilen von Prozenten ausdrücken lassen, sollte man keine übermäßige Großzügigkeit an den Tag legen. Wenige Promille ergeben bei langen Laufzeiten und höheren Kreditsummen schnell Beträge von mehreren tausend DM.
- Es sollte stets ein höherer Kreditrahmen beantragt werden, als man momentan eigentlich benötigt. Das sichert eine wichtige Bewegungsfreiheit.
- Übersichern Sie Ihre Kredite nicht. Man sollte immer Besicherungs-Reserven zur Verfügung haben. Qualitativ interessante Sicherheiten sollten mit entsprechenden Konditionen honoriert werden. Nach Möglichkeit sollten auch alle Versuche abgewehrt werden, Familienmitglieder oder Freunde als Bürgen miteinzubeziehen.
- Der Kreditvertrag sollte von beiden Vertragspartnern mit gleichen Kündigungsfristen versehen und jederzeit aufgekündigt werden können. Ein "Balloon Payment" sollte in den Kreditvertrag aufgenommen werden.
- Eine vorzeitige Rückzahlungsvereinbarung sollte nach Möglichkeit in den Kreditvertrag aufgenommen werden. Eine Rückzahlungsprämie bei vorzeitiger Rückzahlung muß ausdrücklich ausgeschlossen werden.

Kreditverhandlungsführung

- Achten Sie auf alle Bedingungen eines Kredites. Über Sicherheiten und Nebenkosten sollte genau so zäh wie über Zinskonditionen verhandelt werden. Lassen Sie sich detailliert über die Art der Verzinsung und Tilgung und die daraus für Sie tatsächlich resultierenden Kreditkosten informieren.
- Die mit der Bank getroffenen Abmachungen sollten stets eingehalten werden. Bei eventuell notwendigen Überziehungen sollte im vorhinein stets die Zustimmung des Filialleiters beziehungsweise Kreditsachbearbeiters eingeholt werden. Ein ständiger Kontakt zur Bank ist immer von Vorteil.
- Der Geldmarkt sollte von jedem Unternehmer stets beobachtet werden. Wenn die Zinsen nach unten gehen, sollten auch entsprechend günstigere Zinskonditionen von Ihrer Bank geboten werden.
- Die regelmäßige Information über den Geld- und Kapitalmarkt ist unerläßlich. Die Lektüre der Bankberichte und des Wirtschaftsteils einer seriösen Tageszeitung ist für die Beurteilung der augenblicklichen Verhandlungsposition unerläßlich.
- Hinsichtlich Zinskondition sollte nach Möglichkeit ein Fixzinssatz (bessere Kalkulationsmöglichkeit) beziehungsweise mindestens eine Zinsbindung an einen externen Bezugspunkt eingeräumt werden. Damit erspart man sich eine im sonstigen Fall notwendige permanente Zinskonditionsverhandlung mit der kreditgewährenden Bank.
- Der Status als Stammkunde sollte sich in einer besseren Kondition niederschlagen. Die besseren Konditionen von Konkurrenzbanken können in Gesprächen immer wieder erwähnt werden.
- Die Dienste eines guten Finanzberaters kosten ein einmaliges Honorar; überhöhte Zinssätze begleiten Sie über die gesamte Laufzeit. Das in den Experten investierte Geld sollte sich augenblicklich amortisieren, indem er als gewiefter Verhandler bei der Bank für Sie bessere Konditionen erreicht. Er kennt nämlich die aktuell besten Konditionen und auch die bei den Kreditverträgen zu beachtenden Fallen. Selbstverständlich macht ein externer Berater auch eine bessere Kreditaufbereitung möglich.

Der Beziehung zu einer Bank kommt bei Geldnöten entscheidende Bedeutung zu. Engpässe in der Liquidität gibt es in jedem Betrieb. Wichtig hierbei ist jedoch, die Bank rechtzeitig zu informieren, bevor diese aus anderen Quellen von den Schwierigkeiten erfährt. Jede seriöse Bank hat Verständnis für vorübergehende Schwächephasen eines Unternehmens. Sie kann hierauf mit einer Stundung fälliger Zins- und Tilgungsraten reagieren. Falls eine baldige Bedienung des Fremdkapitals gewährleistet ist, wird die Bank die Kredite weiter laufen lassen. Bei einer frühzeitigen Information der Bank, kann diese oft als Partner, der engagiert an der Verbesserung der Situation mitarbeitet, fungieren.

Banken empfehlen ihren Kunden in Krisensituationen oft Unternehmensberater als unabhängige Fachleute zur Prüfung der wirtschaftlichen Situation, vor allem zur Analyse möglicher bislang ungenutzter Entwicklungspotentiale des betreffenden Betriebes. Die relevante Verbesserung einer wirtschaftlichen Krisensituation ist jedoch oft nur durch den Einsatz zusätzlicher Geldmittel möglich. Die reine Neuordnung der Finanzierung ist häufig zu wenig, um das Unternehmen tragfähig zu sanieren. → Finanzierung

Dr. Klaus Ennemoser

Inhaber der Dr. Klaus Ennemoser Wirtschaftsberatung

Kreuzfahrt

Mehrtägige Urlaubsreise mit einem Schiff, bei der verschiedene Häfen angelaufen werden. Hier besteht in der Regel die Möglichkeit, an organisierten → Landausflügen teilzunehmen. An Bord wird ein Unterhaltungsprogramm geboten. Der Preis schließt im allgemeinen neben der Unterbringung und den Mahlzeiten auch die An- und Abreise sowie den Transfer mit ein. Man unterscheidet mehrere Arten und Stile von Kreuzfahrten. Neben der → Klassischen Kreuzfahrt wird eine große Auswahl unterschiedlichster → Themenkreuzfahrten angeboten. Je nach Art der Kreuzfahrt werden die Schwerpunkte gesetzt: So wird auf Clubschiffen Wert auf → Animation und sportliche Aktivitäten gelegt. Auf authentischen Segelkreuzfahrtschiffen lassen sich Urlaubsreisen der abenteuerlichen Art erleben. → Kreuzfahrtschiff; → Seetouristik

Kreuzfahrtschiff

→ Fahrgastschiff, das in der Regel speziell für Urlaubs- und Vergnügungsfahrten konzipiert ist. Neben Restaurants, Bars und → Bordshops wird ein ausgebautes Sport- und Unterhaltungsprogramm geboten. Die Ausstattung und Größe der Schiffe variiert je nach Kategorie und Art der → Kreuzfahrt sowie nach → Fahrtgebiet. Neben dieselgetriebenen Schiffen gibt es auch Segelkreuzfahrtschiffe.

Küstenkreuzfahrt

Im Gegensatz zu den meisten → Kreuzfahrten operieren die Schiffe hier nicht auf hoher See (Hochseekreuzfahrten), sondern entlang der Küste. Küstenkreuzfahrten werden vor allem in Skandinavien (→ Hurtigruten), rund um die britischen Inseln und in den USA angeboten.

Kulturschock

Bezeichnung für die Wirkung einer plötzlichen und unangenehmen Konfrontation mit bislang unbekannten oder unerwarteten Merkmalen fremder Kulturen.

Kundenwert

Aus der Unternehmensperspektive gesehener Wert eines Kunden, der sich nach dem Kapitalwert (→ Investitionsrechenverfahren) der → Cash Flows bemißt, die er dem Unternehmen in der Zukunft bringen wird.

Kundenzufriedenheit

Kundenzufriedenheit ist ein eigenständiger und wahrscheinlich der zentrale Erfolgsfaktor von Unternehmen, weil ohne sie ein langfristiger Markterfolg nicht möglich ist. Durch den rein subjektiven Vergleich zwischen den eigenen Erwartungen an eine zu erbringende Leistung mit der Wahrnehmung der dann tatsächlich erlebten Leistung entsteht das Ausmaß an Zufriedenheit oder Unzufriedenheit. Die Erwartungshaltung bei Kunden beziehungsweise Gästen entsteht sowohl durch Einflußnahme der Leistungsträger, als auch durch den Kunden immanente Faktoren sowie durch Einflüsse Dritter. Dabei betreffen die Einflüsse des Leistungsträgers das Produkt in allen seinen Bestandteilen, den Preis und die direkte Kommunikation über die Unternehmensleistung. Die Produktkomponenten und deren Zusammensetzung beeinflussen die Erwartung des Kunden über Art und Ausmaß der Bedürfnisbefriedigung.

Kundenzufriedenheit

So wird ein Gast einen größeren Umfang an Serviceleistungen von einem 4-Sterne-Hotel gegenüber einem 2-Sterne-Haus erwarten. Kunden nehmen zusätzlich den Preis einer Dienstleistung als Indikator für deren Qualität. Das Produkt spielt dabei insofern eine Rolle, als die zu erwartenden Leistungen mit dem geforderten Preis ins Verhältnis gesetzt werden, so daß eine Erwartung bezüglich der Angemessenheit des Preis-Leistungs-Verhältnisses entsteht. Weiterhin werden die Erwartungen des Kunden wesentlich durch den Auftritt des Unternehmens in der Öffentlichkeit bestimmt. Versprechungen beziehungsweise zugesicherte Leistungen, die sich aus Katalogbeschreibungen, Werbeanzeigen oder persönlichen Gesprächen mit Mitarbeitern (zum Beispiel Reservierungsmitarbeiter bei der Buchung des Zimmers) ergeben, möchte der Kunde bei der Leistungserstellung auch erfüllt bekommen. Auf dem schmalen Grat zwischen der akquisitorischen Wirkung eines Katalogtextes und der Genauigkeit der Aussage - auch bei der Beschreibung weniger kundenfreundlicher Aspekte eines Angebotes - wird den Kunden häufig abverlangt, "zwischen den Zeilen zu lesen" (zum Beispiel bedeutet "beheizbarer Pool" noch nicht unbedingt, daß er tatsächlich beheizt wird, also das Wasser auch warm ist). Die jeweiligen Einflüsse beim Kunden können sein: Individuelle Bedürfnisse, bisherige Erfahrungen, Kenntnisse von Alternativen. Jeder Kunde stellt gemäß seiner Bedürfnisse eigene Anforderungen an die zu erhaltende Dienstleistung. Ein Kunde, der ein Hotel für einen geschäftlich bedingten Aufenthalt bucht, hat andere Ansprüche an das Leistungsspektrum als ein Kunde, der einen Urlaub verbringen möchte. Hat ein Kunde zuvor in vergleichbaren oder identischen Dienstleistungsbereichen Erfahrungen gesammelt, so haben diese einen starken Einfluß auf die Erwartungshaltung des Kunden. Ein Kunde, der regelmäßig in Hotels des 5-Sterne Segments logiert, stellt andere Erwartungen an den Service als ein Kunde, der noch nie die Eingangshalle eines solchen Luxushotels betreten hat. Nicht nur gemachte Erfahrungen, sondern auch die Kenntnis konkurrierender Angebote, die bei der Entscheidung für eine Alternative in Frage kamen, beeinflussen die Erwartungshaltung in bezug auf die zu treffende Wahl. Dritte beeinflussen die Erwartungshal-

Kundenzufriedenheit

tung durch interpersonelle Kommunikation und indirekte Kommunikation über die Unternehmensleistung. Das Gespräch mit Verwandten, Freunden und Bekannten gilt als wichtigste Informationsquelle für Reiseentscheidungen. Untersuchungen zum Informationsverhalten weisen aus, daß "Berichte von Verwandten und Bekannten" und "bekannt aus eigener Erfahrung" die meist genannten Informationsquellen bei der Entscheidung für ein Reiseziel sind. Neben der von dem Unternehmen direkt steuerbaren Kommunikation über die Unternehmensleistung existiert die indirekte, von dem Unternehmen nicht direkt beeinflußbare. Dabei handelt es sich unter anderem um die Kommunikation unabhängiger Medien (zum Beispiel Stiftung Warentest, Hotel- und Restaurantführer). Diese Medien nimmt der Kunde gerne in Anspruch, um sich im Vorfeld der Entscheidungsfindung eine hohe Chance zur Bedürfnisbefriedigung zu sichern. Ob die Realität mit den Ergebnissen der eigenen Nachforschungen übereinstimmt, wird er erst während der Reise feststellen können. Die Inanspruchnahme der Leistung unterliegt der subjektiven Wahrnehmung des Kunden. Hier wird unterschieden in Einflüsse des Leistungsträgers, Einflüsse beim Kunden sowie nicht beeinflußbare Faktoren. Der Leistungsträger hat direkten Einfluß auf das Produkt und dessen Qualität, das Ausmaß und die Qualität des Service sowie die Kommunikation mit dem Kunden während der Leistungserstellung. Der Service wird oft nur als Zusatzleistung eines umfassenden Produkts angesehen. Zum Beispiel wird das Kernprodukt im Hotel in der Bereitstellung der originären Hauptleistungen Beherbergung und Verpflegung gesehen, die dann je nach Qualitätsniveau mit weiterem Service ausgestaltet werden. Zur Differenzierung im Wettbewerb kommt den Zusatzleistungen aber eine sehr wesentliche Rolle zu, da die Kernleistungen sich immer stärker ähneln. Eine Abhebung kann vornehmlich mit bedeutendem Serviceumfang und / oder guter Servicequalität gelingen. Außerordentlich wichtig für die Beurteilung der Dienstleistungsqualität sind die persönlichen Kontakte zwischen dem Dienstleister und dem Gast, wobei die "Stellschrauben" für gute Qualität in dem physischen Umfeld der Dienstleistung und in den Leistungsanforderungen an das Personal liegen. Neben Faktoren wie der Verläßlichkeit, der Fähigkeit auf spezifische Kundenwünsche einzugehen und der Leistungskompetenz sind insbesondere die Freundlichkeit und das Einfühlungsvermögen von maßgeblicher Bedeutung, da Urlaub ein besonders emotionales Produkt ist. Von den Mitarbeitern wird erwartet, daß sie die Fähigkeit haben, sich in die Lage eines Gastes hineinzuversetzen. Menschlichkeit, die von Herzen kommt, ist gefragt. Zu den Einflüssen auf der Kundenseite zählen die individuellen Bedürfnisse, bisherige Erfahrungen, interpersonelle Kommunikation sowie die Kenntnis von Alternativen. Sie sind nicht nur für die Bildung der Erwartungshaltung, sondern auch für die subjektive Wahrnehmung von Leistungen relevant. Einzelne Leistungen haben für verschiedene Gäste unterschiedlich wichtige Bedeutung. Je bedeutsamer ein Ereignis erscheint (High involvement), desto stärker beeinflußt die Wahrnehmung seiner Qualität das Gesamturteil über das Tourismusunternehmen. So achten zum Beispiel Personen mit Schlafstörungen stärker auf Ruhe im Hotel oder gute Verdunkelung der Fenster als Gäste mit gutem Schlaf. Zu den durch die Tourismusunternehmen nicht selbst beeinflußbaren situativen Faktoren zählen verschiedene Rahmenbedingungen, wie zum Beispiel Verkehrsbehinderungen bei der Anreise, das Wetter oder Baulärm vom Nachbargrundstück. Dem Tourismusunternehmen bleibt die Möglichkeit, mit geeigneten Maßnahmen (ein Glas Sekt zum Frühstück etc.) von ihm nicht zu vertretende Mißstände zu überspielen oder zu mildern. Das Streben nach Kundenzufriedenheit muß alles in allem ökonomisch sinnvoll sein. Tatsächlich kann es zu deutlichen Kosteneinsparungen führen, da die Pflege loyaler Kunden nur 15 - 20 % der Aufwendungen erfordert, die die Akquisition von Neukunden zur Folge hätte. Stammkunden gelten als wesentlich preisunempfindlicher im Gegensatz zu Neukunden und eine hohe Kundenzufriedenheit führt oft auch zu einer höheren Wiederverkaufsrate, einer höheren Cross Selling-Rate (→ Cross Selling) und errichtet Barrieren für den Eintritt neuer Wettbewerber in den Markt. Das Ausmaß von Zufriedenheit ist differenziert zu betrachten. Die Skala reicht von "äußerst zufrieden", was auf eine Übererfüllung der Erwartungen schließen läßt, bis zu "sehr unzufrieden".

Kundenzufriedenheit

- Progressive Zufriedenheit: Die Ansprüche werden erfüllt und der Kunde erhöht sukzessive seine Erwartungshaltung.
- Stabilisierte Zufriedenheit: Die Ansprüche werden erfüllt und der Kunde hält seine Erwartungshaltung in gleichem Ausmaß aufrecht.
- Resignative (Un-) Zufriedenheit: Die Ansprüche werden nicht zur vollen Zufriedenheit erfüllt und der Kunde senkt sein Anspruchsniveau, um die Differenz zwischen seiner Erwartung und Wahrnehmung gering zu halten.
- Pseudo- (Un-) Zufriedenheit: Die Ansprüche werden nicht zur vollen Zufriedenheit erfüllt. Der Kunde senkt jedoch sein Anspruchsniveau nicht, sondern verfälscht im Zuge der Vermeidung kognitiver Dissonanzen seine Wahrnehmung im positiven Sinne, um zu einer größeren Zufriedenheit zu gelangen. Er redet sich die Leistung "schön".
- Konstruktive Unzufriedenheit: Die Erwartungen werden nicht erfüllt, aber der Kunde beschwert sich. Das Unternehmen erhält daher die Möglichkeit der Nachbesserung. Hier zeigt sich, was ein gutes → Beschwerdemanagement wert ist.
- Fixierte Unzufriedenheit: Die Erwartungen werden nicht erfüllt und der Kunde äußert seine Beschwerde nicht. Dieser Zustand ist für ein Unternehmen fatal, denn der Kunde ist verloren und wird darüber hinaus möglicherweise auch noch Negatives kommunizieren.

Nachstehend ist auf die Besonderheiten bei der Entstehung von Zufriedenheit einzugehen.

→ Reiseveranstalter befinden sich in der Situation, daß sie die Produkte verschiedener Leistungsträger zu Pauschalreisen bündeln. An jeder einzelnen Reise sind mehrere Unternehmen beteiligt, die ihre Leistungen - meistens deutlich für den Kunden sichtbar - unter dem eigenen Markennamen erbringen und sich selbst darum bemühen, ihr Unternehmen ins rechte Licht zu rücken. Beispiel: Ein Gast fliegt mit Hapag Lloyd nach Mallorca, nimmt dort seinen Hertz-Mietwagen in Empfang, wohnt im RIU-Hotel und macht einen Ausflug mit Ultramar. Daß er alles zusammen bei der TUI gebucht hat, sieht er vor allem an seinen Reiseunterlagen und an der Zielgebiets-Reiseleitung. Ist die TUI der Veranstalter, steht sie hier vor der Problematik, zufriedenen Gästen klarzumachen, daß sie auch einen Anteil an dem positiv verlaufenen Urlaub hat, unter anderem indem sie die Partnerunternehmen sehr sorgfältig auswählt. Wenn also die Gesamtzufriedenheit mit einer → Pauschalreise sozusagen das Ergebnis vieler Teil-Zufriedenheiten ist, muß ein → Reiseveranstalter versuchen, möglichst großen Einfluß auf die Qualität der Leistungserstellung der einzelnen Partner zu nehmen (zum Beispiel durch Hotelbeteiligungen).

Kundenzufriedenheit ist als Folge von Dienstleistungsqualität anzusehen und wird durch hohe Dienstleistungsqualität erreicht. Dabei ist Dienstleistungsqualität die Fähigkeit eines Anbieters, die Beschaffenheit einer Leistung aufgrund von Kundenerwartungen auf einem bestimmten (der Erwartung entsprechenden) Anforderungsniveau zu erstellen. Es gibt folglich verschiedene Qualitätsniveaus, die durchaus alle zu Zufriedenheit führen können (zum Beispiel Qualität eines Schnellrestaurants und eines Ein-Sterne-Hauses). Das Ziel eines jeden Tourismusbetriebes muß es auf jeden Fall sein, die Qualitätserwartungen seiner Gäste zu erfüllen und vielleicht ein wenig zu übertreffen. Dabei sollte es aus Kostengründen und wegen übersteigerter Erwartungen bei einer erneuten Inanspruchnahme der Leistung jedoch nicht zu einem sogenannten "Quality Overkill" kommen, der entsteht, wenn die Gästeerwartungen in zu hohem Maße übertroffen werden.

Unzufriedenheit beim Kunden entsteht durch eine negative Differenz zwischen den Leistungserwartungen einerseits und der subjektiven Leistungswahrnehmung andererseits.

Tritt der Fall der Unzufriedenheit ein, wird der Kunde sich, im für das Unternehmen günstigsten Fall, beschweren (→ Beschwerdemanagement). Damit räumt er dem Anbieter die Möglichkeit ein, den Grund der Unzufriedenheit zu erfahren und zu beseitigen. Die Mehrzahl der Unzufriedenen wandert jedoch mitteilungslos ab. Das Unternehmen wird daher nie den Grund der Umorientierung erfahren und kann sich so dem Kunden gegenüber nicht rehabilitieren. Diese Gründe sprechen für ein professionelles → Beschwerdemanagement.

Tourismusunternehmen beginnen erst allmählich, ihre Bemühungen um ein → Beschwerdemanagement zum Zwecke der Kundenbindung zu verstärken. → Tourismus-Marketing

Literatur: Bastian, Born, Dreyer, 1998; Dreyer, Dehner, 1998; Dreyer, Flentge, 1998

Prof. Dr. Axel Dreyer

Fachhochschule Harz, Fachbereich Wirtschaftswissenschaften

Kur- und Bäderwesen

Das Kur- und Bäderwesen kann als Urform des Tourismus bezeichnet werden. Neben Bildungsreisen intellektueller und begüterter Kreise im ausgehenden 18. Jahrhundert bildete sich vor allem die Reise in ein Heilbad, an die See oder in "Sommer- und Winterfrischen" in den Mittelgebirgen und in den Alpen als eine Tradition heraus, die vor allem im Adel und Großbürgertum in ganz Europa rasche Verbreitung fand. Hier trafen sich in exklusivem Ambiente ganze Regentenhöfe, Fürstenfamilien, Diplomaten und Künstler, um mit Hilfe der teilweise bereits aus der Römerzeit bekannten natürlichen Heilquellen, durch das Seeklima oder unter den günstigen Klimabedingungen der Gebirgslandschaften ihre Krankheiten zu lindern und häufig auch, um abseits der Metropolen Politik zu betreiben, Familienbande zu pflegen oder neue zu knüpfen und sich unter seinesgleichen im Müßiggang, auf Bällen und durch das Glücksspiel zu vergnügen.

Mit der zunehmenden Macht des industriellen Bürgertums und den Reiseerleichterungen durch die Erfindung der Eisenbahn adaptierten sich immer weitere Gesellschaftsschichten an die Lebens- und Freizeitgewohnheiten des Adels. Zu Ende des 19. Jahrhunderts waren die Heilbäder und Kurorte zu Kristallisationspunkten des gesellschaftlichen Lebens avanciert. In ihnen bildete sich sogar eine eigene "Bäderarchitektur" heraus, die mit ihrer historisierenden Verspieltheit unterschiedlichster Baustile noch heute den klassischen Heilbädern einen unvergleichlichen, nostalgischen Charme verleiht. Er vermittelt auch heute noch den aufgeklärten Gästen unserer Zeit einen tiefen Eindruck von Tradition und Kultur und ist weiterhin ein prägender Teil des "Kurort-Charakters".

Der wirtschaftliche Erfolg der traditionsreichen Kurorte war für zahlreiche Gemeinden Anlaß und

Vorbild, gerade in wirtschaftlich weniger begünstigten Regionen, aber in einer zumeist schönen und ökologisch noch intakten Natur die Entwicklung zu einem medizinisch orientierten Kurort anzutreten, mit den Vorteilen, eine positive Wirtschaftsentwicklung zu begründen und von industriellen Umweltbelastungen verschont zu bleiben. Nach den "Begriffsbestimmungen für Kurorte, Erholungsorte und Heilbrunnen", in denen der Deutsche Bäderverband e.V. und der → Deutsche Tourismusverband e.V. die Richtlinien für die "Prädikatisierung" festgelegt haben, kommen hierfür folgende Varianten ("Artbezeichnungen" von Kurorten und Heilbädern) in Betracht: Mineral- und / oder Moorheilbad, Seeheilbad oder Seebad, Heilklimatischer Kurort, Kneippheilbad oder Kneippkurort, Luftkurort sowie Erholungsort.

Die ersten vier Artbezeichnungen werden nur verliehen, wenn diese Orte über ein ortsgebundenes natürliches Kurheilmittel (Heilquelle, Moor, Meerwasser sowie therapeutisch anwendbares Klima) verfügen und entsprechende Therapieverfahren anbieten beziehungsweise in ortsprägendem Umfang Einrichtungen zur Durchführung der Kneipptherapie besitzen. Die Verleihung der Artbezeichnung erfolgt nach Landesrecht (Kurortgesetze) und berechtigt unter anderem zur Erhebung von Kurtaxe. Den Mineral-, Moor- und Kneippheilbädern mit ausgeprägtem Kurortcharakter kann nach dem Kommunal-Namensrecht eine Änderung des Ortsnamens durch die Zusatzbezeichnung "Bad" eingeräumt werden.

Die Aufgabenfelder der kurörtlichen Medizin liegen vor allem in der Versorgung und Linderung chronischer Krankheitszustände, der Verhütung akuter Krankheiten, wenn bereits entsprechende Risiken bestehen, der Wiedereingliederung in das Alltagsleben und Anleitung zur Vermeidung von Rückfällen nach einer schweren Akuterkrankung (Rehabilitation) sowie der Vermeidung von Pflegebedürftigkeit durch Aufklärung, therapeutisches Training zur Selbsthilfe und Vermittlung von Kompetenzen zur eigenständigen Bewältigung altersbedingter Defizite.

In allen Stadien spielen die Aufklärung über die Krankheitsursachen und die Motivierung der Patienten zur aktiven Veränderung der "ungesunden" Lebensgewohnheiten eine entscheidende Rolle. Deshalb sind vor allem bei privat finanzierten Aufenthalten die Grenzen zwischen strenger medizinischer Indikation, Gesundheitsvorsorge, Fitneß und Wellness fließend.

In der DDR war das Bäderwesen nach dem 2. Weltkrieg in ähnlicher Weise wie in den westlichen Bundesländern auf den rechtlichen und medizinischen Fundamenten der Vorkriegszeit wiederbelebt und als Teil des gesundheitlichen Versorgungssystems mit systematischer Anbindung an die medizinwissenschaftliche Hochschulforschung fortentwickelt worden. Nach der sozialrechtlichen Angleichung der Gesundheitssysteme zum 1. Januar 1991 konnten die Sozialleistungsträger deshalb ein kompatibles, wenngleich reformbedürftiges System von Kureinrichtungen zur Prophylaxe, Behandlung chronischer Krankheiten und Rehabilitation nutzen und weiter ausbauen.

Dennoch besteht zwischen dem früheren Kurwesen der DDR und den Kurorten in den westlichen Bundesländern ein gravierender Unterschied in der wirtschaftlichen Kraft: Die Kurorte in der BRD waren neben ihrer Funktion als Leistungserbringer medizinisch-therapeutischer Kurverfahren immer gleichzeitig auch Zentren des touristischen Urlaubs-, Erholungs-, Sport- und Kongreßverkehrs. Von den rund 9,3 Millionen Gästen, die zum Beispiel im Jahre 1996 in einem westdeutschen Kurort einen Aufenthalt mit mehr als vier Übernachtungen absolviert haben, waren 7,7 Millionen Gästen, die ihren Aufenthalt privat bezahlt haben, während der Anteil der von Sozialleistungsträgern ganz oder teilweise finanzierten Aufenthalte 1,6 Millionen Patienten umfaßte.

Diese Mischung aus Sozialkurpatienten und ihren Aufenthalt selbst bezahlenden Gästen - aus unterschiedlichsten Motiven - war stets die Grundlage der wirtschaftlichen Stärke der Heilbäder und Kurorte in den westlichen Bundesländern. Nur in der Symbiose medizinisch fundierter und von der Sozialpolitik anerkannter Heilverfahren einerseits und der individuellen, privaten Akzeptanz des Gesundheits-, Erholungs- und Urlaubsangebotes der Kurorte andererseits konnten ein Flair und ein Ambiente gedeihen, in dem der Kranke ohne Krankenhausatmosphäre gesünder

Kur- und Bäderwesen

und gesund werden und der noch nicht Kranke unspezifisch oder auch gezielt und doch zwanglos etwas für seine Gesundheit tun konnte. Diese für die Wirtschaftskraft der Kurort-Gemeinden außerordentlich wichtige Verbindung von Sozialkuren und Privataufenthalten konnte in den neuen Bundesländern - mit Ausnahme der Seebäder - in den meisten Orten noch nicht wieder aus- und aufgebaut werden.

Mit rund 107 Millionen Übernachtungen von Patienten und Privatgästen (1996) und weiteren geschätzten 22 Millionen Kurzaufenthaltstagen haben die 265 Heilbäder und Kurorte in den westlichen Bundesländern über 40 % des gewerblichen Übernachtungsaufkommens im Deutschlandtourismus auf sich konzentriert. Neben den großstädtischen Messeplätzen verfügt allein eine Reihe von Heilbädern und Kurorten über Beherbergungs- und Konferenzkapazitäten, um Kongresse, Meetings großer Firmen oder gesellschaftliche Großveranstaltungen auf internationalem Niveau ausrichten zu können.

In allen Heilbädern und Kurorten der Bundesrepublik Deutschland wurden im Jahre 1996 bei insgesamt rund 112 Millionen Übernachtungen bei Langzeit- und ca. 22 Millionen Übernachtungen bei Kurzaufenthalten pro Tag rund 150 DM, insgesamt mehr als 20 Milliarden DM umgesetzt. Aus dieser Wirtschaftsstruktur haben rund 330.000 Menschen in direkter oder indirekter Abhängigkeit vom "Bäderwesen" ihr Arbeitsauskommen bezogen.

Mit den Spargesetzen "zur Förderung der Wirtschaft und zur Schaffung von Arbeitsplätzen" hat der Bundesgesetzgeber im Jahre 1996 rund 3,6 Milliarden DM für Kur- und Rehabilitationsmaßnahmen der gesetzlichen Sozialleistungsträger gestrichen. Die Zahl der Sozialkuren ist daraufhin im Jahre 1997 um über 500.000 Fälle zurückgegangen. Mindestens 200 mittelständische Kureinrichtungen müssen schließen, 40.000 qualifizierte, medizinisch-therapeutische Arbeitskräfte verlieren ihre Beschäftigung. Die Heilbäder und Kurorte setzen verstärkt auf ein neues gesundheits-, beauty- und wellness-orientiertes Gästesegment. Bereits im Jahre 1997 stieg die Zahl der Selbstzahler (in den westlichen Bundesländern) um fast 280.000 Gäste. Gleichwohl sank die Zahl der privat finanzierten Übernachtungen um 1,6

Millionen Nächtigungen.

Aus betriebswirtschaftlicher Sicht ist es für die langfristige Perspektive von entscheidender Bedeutung, ob die Heilbäder und Kurorte mit ihrer Konzeption einer Heil- und Gesundheitskultur als medizinisch kompetente und ökologische Gesundheitszentren weiterhin die sozialpolitische und gesellschaftliche Anerkennung bewahren und stärken können. → Gesundheit und Tourismus

Dr. Christoph Kirschner

Präsident des Deutschen Bäderverbandes e.V.

Kurzkreuzfahrt

→ Kreuzfahrt mit mindestens einer Übernachtung und einer maximalen Dauer von fünf Tagen.

Landausflug

Organisierte Tour für Kreuzfahrtpassagiere an Zielorten. Die auf der Reiseroute besuchten Häfen sind für die überwiegende Mehrzahl der Passagiere ein wichtiger Faktor bei der Auswahl einer → Kreuzfahrt.

Last Minute Change

Last Minute Change, abgekürzt als LMC bezeichnet, ist der Begriff für alle Veränderungen gegenüber der Flugplanung, die nach dem eigentlichen Abschluß der Planung und nach den routinemäßigen Meldungen, Berechnungen und Maßnahmen eingetreten sind. Dabei kann es sich beispielsweise um Passagiere handeln, die nach Abschluß der Flugvorbereitungen hinzukommen, nun von der → Flugbesatzung manuell zu berücksichtigen sind, und für die eventuell → Catering nachbestellt werden muß. Es kann auch eilige Fracht sein oder zusätzlicher Treibstoff, der auf Veranlassung des Kapitäns (→ Kapitän des Luftverkehrs) aufgrund der neuesten Wetterinformation als Treibstoffvorrat nachgetankt wird.

Last Minute-Reisen

Im deutschen Tourismusgeschäft hat die Last Minute-Reise inzwischen einen nicht unwesentlichen Platz eingenommen, wobei sich sowohl die Beschaffung der Angebote, als auch die Art der Vermarktung in sehr großem Maße von einer normalen → Pauschalreise abheben. Hier muß das Zusammenspiel einer ganzen Kette von Beteiligten so genau

Last Minute-Reisen

abgestimmt sein, daß dieses sensible System in keiner Phase gestört werden kann. Dabei spielen vor allem Schnelligkeit, Spontaneität sowie Flexibilität eine ganz wichtige Rolle, wobei das perfekt organisierte Einkaufs- und Vertriebssystem sowie die Darstellung und Vermarktung des Produkts Last Minute-Reise absolut reibungslos funktionieren müssen. Sowohl der Weg vom Zielgebietspartner und vom Verkehrsträger zum Veranstalter, als auch der Weg vom Veranstalter zum Vermittler und zum Endverbraucher, sind hier von ganz entscheidender Bedeutung. Als ideales Vertriebsmedium hat sich hierbei neben den wöchentlichen Angebotsblättern ein funktionierendes EDV-System (→ Informationstechnologische Systeme; → Reservierungssysteme) bewährt, das in kürzester Zeit und mit größter Präzision jeweilige Angebotsveränderungen darstellen kann. Es hat sich allerdings auch gezeigt, daß nur wenige der Spezialanbieter es schaffen, ihre EDV-Systeme (→ Informationstechnologische Systeme; → Reservierungssysteme) auf die hohen Anforderungen einer Last Minute-Reise einzustellen. Hier ist neben einer klaren optischen Darstellung auf einer benutzerfreundlichen Oberfläche und der Funktionalität für den → Reisemittler vor allem auch eine schnelle und optimale Aktualisierung der Angebote notwendig.

Betrachtet man die Erwartungshaltung des Endverbrauchers an eine Last Minute-Reise, so hat sich gezeigt, daß für eine solche Reise ganz verschiedene Aspekte in Betracht gezogen werden. Zum einen gibt es den Kunden, der den einzigen Vorteil einer Last Minute-Reise darin sieht, daß er, im Vergleich zu Katalogangeboten von Pauschalreiseveranstaltern, einen Preisvorteil erhält, ohne dabei auf die gewohnt umfassende Beratung sowie auf die Abwicklung und Betreuung am Urlaubsort verzichten zu müssen. Das zeigt auch ganz deutlich die Tatsache, daß Last Minute-Angebote teilweise schon Monate vor dem Abflugtermin angefragt werden. Die Intention der Aussage "Last Minute" für den potentiellen Reisenden ist also in erster Linie darin zu sehen, daß er einen Preisvorteil für sich erwirken kann.

Eine ganz andere Frage ist es, ob die Verbraucher mit dem Begriff "Last Minute" die Vorstellung verbinden, bei derartig beworbe-

Last Minute-Reisen

nen Reisen würden sie stets nur solche finden, bei denen zwischen dem Angebot und dem Reisebeginn ein bestimmter oder gar ein kurzer Zeitraum liegt. In der Branche wird diese Meinung vereinzelt vertreten, und zwar bei Annahme eines Zeitraums von höchstens 14 Tagen. Diese Auffassung ist auch von einzelnen Gerichten bestätigt worden. So hat zum Beispiel zuletzt das OLG Düsseldorf einem Anbieter von Last Minute-Reisen verboten, Urlaubsreisen unter "Last Minute" anzubieten, wenn zwischen dem Zeitpunkt der erstmaligen Bewerbung einer konkreten Reise und deren Abreisetermin mehr als 14 Kalendertage liegen. Dieses Urteil ist allerdings nicht rechtskräftig, so daß der Bundesgerichtshof in dieser Sache das letzte Wort haben wird. Es wird abzuwarten sein, ob der Bundesgerichtshof den Entwicklungen der letzten Jahre in der Reisebranche Rechnung trägt, denn es ist ganz unzweifelhaft, daß es Last Minute-Anbieter gibt, die schon vier bis sechs Wochen oder gar noch früher vor Abflugtermin in der Lage sind, den Verbrauchern besonders günstige Pauschalreisen, also Last Minute-Reisen im Verständnis der Verbraucher anzubieten. Da die Erfahrung zeigt, daß die Verbraucher Last Minute-Reisen nicht nur ein bis zwei Wochen vor Abflugtermin nachfragen, sondern mit einem sehr viel größeren zeitlichen Vorlauf, gibt es auch keinen Grund für eine Befristung von Last Minute-Reisen, solange dem besonderen Preisaspekt einheitlich Rechnung getragen wird. Die Zeiten, in denen "Last Minute" von den Verbrauchern gleichbedeutend mit "Stand-by" verstanden wurde, sind lange vorbei. Dies zeigt sich auch daran, daß der Begriff "Last Minute" inzwischen geradezu inflationär für Sonderangebote aller Art benutzt wird.

Es besteht daher sowohl in Reihen der Spezialveranstalter, als auch der Reisebürobranche die begründete Hoffnung, daß bei der in Kürze anstehenden Beurteilung dieser 14 Tage-Regelung durch den Bundesgerichtshof, auf diese Fristsetzung verzichtet wird. Dies würde auch dem Wunsch der → Expedienten entsprechen, die sowohl durch solche Fristsetzungen, als auch durch Androhung von Strafgeldern verunsichert werden.

Frank Jüttner

Leiter Marketing und Vertrieb, Bucher Reisen GmbH

LBO

Abkürzung für → Leveraged-Buy-Out.

Leadership

Die Literatur über Leadership ist inzwischen sehr vielfältig und vielschichtig. Aufgrund der Anforderungen, die man an erfolgreiche Unternehmungen im Tourismus stellt, wie zum Beispiel Freude am Dienen, hohe Dienstleistungsqualität, Respekt vor dem Menschen, echtes Eingehen auf die Bedürfnisse von Gästen, Mitarbeitern und den übrigen Anspruchsgruppen, Gastlichkeit und Herzlichkeit, sieht die Verfasserin den Leadership-Ansatz von Hinterhuber und Krauthammer als für diesen Unternehmenstyp sehr geeignet an. Danach besteht Leadership aus den drei Säulen: → Vision: Überzeugen und Dienen, Vorbild sein: Kommunizieren und Bewegen und Schaffen von Werten: Gewinn- und Kostenbewußtsein.

Hinterhuber und Krauthammer formulieren: "Führende sind diejenigen, die durch ihr Wort und / oder Beispiel das Verhalten, die Gedanken und Gefühle anderer signifikant beeinflussen und diese im positiven Sinne in Bewegung setzen."

Bezogen auf die Unternehmungen des Tourismus sind folgende Aussagen zu treffen.

Die Zukunft des Unternehmens muß durch eine → Vision klar gestaltet werden. Nur wenn sich die oberste Führungsspitze als oberster Dienstleister begreift, kann im Unternehmen eine von allen Mitarbeitern getragene Dienstleistungskultur entwickelt und gelebt werden, die das Unternehmen einmalig und unverwechselbar macht. Der emotionale Mehrwert, der für den Gast aufgrund einer echten Dienstleistungskultur entsteht, ist umsatz- und erfolgsrelevant. Die Orientierungslosigkeit der heutigen Zeit verlangt vermehrt nach Leadern, nach echten Vorbildern. Vorbildfunktion bedeutet, daß das Verhalten der Mitarbeiter durch Vorleben und damit im positiven Sinne verbessert wird. So kann zum Beispiel Freundlichkeit gegenüber dem Gast von oben verordnet werden, aber wenn der Mitarbeiter selbst nicht davon überzeugt ist, wird diese Verordnung nicht greifen. Gelangt hingegen der Mitarbeiter aufgrund des Vorlebens durch die Führungsspitze zur Einsicht, daß Freundlichkeit Sinn macht, wird er davon überzeugt sein. Mitarbeiter, die in ihrer Arbeit

Sinnerfüllung erleben, setzen weitere Kräfte frei, die zu Kernkompetenzen der Unternehmungen führen. Das Schaffen einer echten und offenen Kommunikations- und Vertrauenskultur gibt den Mitarbeitern Sicherheit und erhöht damit die Freude an der Arbeit, die wiederum an den Gast weitergegeben wird. Wird der Mitarbeiter von seinen Vorgesetzten respektvoll behandelt, begegnet er auch dem Gast respektvoll. Werte, die aufgrund der sich verändernden Gästebedürfnisse zu Wettbewerbsvorteilen führen sind: Echtheit, Herzlichkeit, Selbstvertrauen, Freude an und mit Menschen, Dienen als höchstes Seinniveau, Begeisterungsfähigkeit, Freude am Lernen und Selbstverantwortung.

Diese Werte müssen von oben nach unten gelebt und immer wieder kritisch und gemeinsam mit den Mitarbeitern diskutiert werden.

Auf die Frage, warum Unternehmungen erfolgreich am Markt sind, während andere von Krise zu Krise wandern, gibt Tichy, Professor in Michigan, folgende Antwort: "Erfolgreiche Unternehmungen leben Leadership als Erfolgsrezept. Erfolgreiche Unternehmungen haben Leader auf allen Ebenen. Sie haben Ideen und → Visionen."

Es ist festzuhalten, daß eine Betonung des Leadership-Gedankens dringend geboten ist.

→ Strategische Unternehmensführung

Literatur: Hinterhuber, Krauthammer, 1997; Tichy, 1997

Prof. Annemarie Pircher-Friedrich

Fachhochschule München, Fachbereich Tourismus

Lean Management

Bezeichnung für eine Form der Unternehmensführung, die das Ziel der Produktivitätserhöhung (→ Produktivität) in den Vordergrund der Bemühungen stellt. Dem Lean Management liegen verschiedene Arbeitsprinzipien zugrunde. So bemüht sich ein touristischer Leistungsträger, der Lean Management betreibt, zunächst einmal um eine hohe Teamorientierung. Hinzu kommt das Prinzip der Eigenverantwortung. Des weiteren beinhaltet Lean Management die Forderung nach intensivem Feedback. Zudem gilt das Prinzip der Kundenorientierung. Die übrigen Prinzipien des Lean Management lassen sich kurz wie nachstehend wiedergegeben kennzeichnen: Wertschöpfung hat Priorität, Standardisierung, ständige Verbesserung, sofortige Fehlerabstellung an der Wurzel, Vorausdenken und kleine Schritte.

Leasing

Bezeichnung für ein Mietverhältnis, das für einen bestimmten Zeitraum besteht, und innerhalb dessen der Leasinggeber dem Leasingnehmer Vermögensgegenstände zur Nutzung überläßt. Unterschieden werden das Operating Leasing, das kurzfristig und jederzeit kündbar ist, sowie das Finanzierungsleasing, das auf einer innerhalb einer Grundmietzeit nicht kündbaren Nutzung beruht.

Leitbild

→ Unternehmensleitbild

Lernende Organisation

→ Changemanagement

Leveraged-Buy-Out

Form des → Management-Buy-Out, die dadurch gekennzeichnet ist, daß die Übernahme in einem hohen Ausmaße fremdfinanziert ist. Leverage-Buy-Out wird mit LBO abgekürzt.

Linienbindung

Im → Linienflugverkehr besteht nach den Bestimmungen des § 21 Luftverkehrsgesetz die gesetzliche Verpflichtung, die im voraus festgelegten Streckenführungen und Zwischenlandungen einzuhalten.

Linienflug

Flug mit → Fluggesellschaften, die entsprechend veröffentlichter → Flugpläne und Tarifen regelmäßig ein bestimmtes Netz bedienen. → Linienflugverkehr

Linienflugverkehr

Der Linienflugverkehr ist in § 21 Luftverkehrsgesetz geregelt. Seine Eigenschaften sind Gewerbsmäßigkeit, Öffentlichkeit, Regelmäßigkeit, → Linienbindung, Betriebspflicht, Beförderungspflicht und Tarifpflicht im Luftverkehr. Gewerbsmäßigkeit bedeutet, daß der Luftverkehr auf entgeltliche, geschäftsmäßige Beförderung ausgerichtet ist. Unter Öffentlichkeit ist zu verstehen, daß das Verkehrsangebot jedermann und für alle Nachfrager zu gleichartigen Tarifen und Beförderungsbedingungen zur

Verfügung stehen muß. Vom Linienverkehr ist der → Charterflugverkehr zu unterscheiden. → Linienflug

Linienschiffahrt

Nach einem festen Fahrplan operierende Schiffahrt.

Liquidität

Begriff, der vier unterschiedliche Inhalte aufweist. Die erste Vorstellung von Liquidität beschreibt Liquidität als positiven → Zahlungsmittelbestand. Je größer der → Zahlungsmittelbestand ist, desto liquider ist der touristische Leistungsträger. Des weiteren wird Liquidität auch als Eignung von Vermögensgegenständen verstanden, in Geld transformiert werden zu können. Die so verstandene Liquidität kann unterschiedlich groß sein. Hinzu kommt ein Verständnis von Liquidität, das Liquidität relativ interpretiert. So wird hier Liquidität als Deckungsverhältnis von Vermögensgegenständen und Verpflichtungen verstanden. Schließlich ist noch die Definition von Liquidität aufzuführen, die diesen betriebswirtschaftlichen Begriff als die Eigenschaft eines touristischen Leistungsträgers auffaßt, seinen Zahlungsverpflichtung uneingeschränkt und zu jedem Zeitpunkt nachkommen zu können.

Liquidität 1. Grades

Kennzahl, die als das prozentuale Verhältnis zwischen flüssigen Mitteln und kurzfristigen Verbindlichkeiten definiert ist. → Liquidität

Liquidität 2. Grades

Kennzahl, die als das prozentuale Verhältnis zwischen der Summe aus flüssigen Mitteln und Forderungen und kurzfristigen Verbindlichkeiten definiert ist. → Liquidität

Liquidität 3. Grades

Kennzahl, die als das prozentuale Verhältnis von → Umlaufvermögen und kurzfristigen Verbindlichkeiten definiert ist. → Liquidität

LMC

Abkürzung für → Last Minute Change.

Lobby

Bezeichnung für Hotelhalle.

Logisabteilung

→ Rooms Division

Lounge

Bezeichnung für eine Hotelhalle beziehungsweise für einen Aufenthaltsraum einer → Fluggesellschaft in einem → Flughafen, der von Fluggästen der → First Class und von → Frequent Flyers genutzt werden kann.

Luftfahrtunternehmen

Alternative Bezeichnung für → Fluggesellschaft.

Luftfahrzeuge

Luftfahrzeuge sind nach dem Luftverkehrsgesetz → Flugzeuge, Hubschrauber, Motorsegler, Segelflugzeuge, Luftschiffe, Frei- und Fesselballone, Drachen, Rettungsfallschirme, Flugmodelle, Luftsportgeräte und sonstige für die Benutzung des Luftraumes bestimmte Geräte. Luftfahrzeuge dürfen nur betrieben werden, wenn sie zum Verkehr zugelassen sind und - soweit dies durch Rechtsverordnung gefordert ist - in das Verzeichnis der deutschen Luftfahrzeuge, die Luftfahrzeugrolle, eingetragen sind. Die Verkehrszulassung setzt voraus, daß das Luftfahrzeug eine Musterzulassung besitzt, verkehrssicher und versichert ist sowie keinen nach dem Stand der Technik vermeidbaren Lärm erzeugt. Wer ein Luftfahrzeug führt oder bedient, ein sogenannter Luftfahrer, bedarf der Erlaubnis zum Führen solcher Luftfahrzeuge und der Berechtigung für das jeweilige Luftfahrzeugmuster.

Luftkissenboot

Auch als Hovercraft bezeichnetes schnelles Wasserfahrzeug, das mit Hilfe eines Luftpolsters über der Wasseroberfläche schwebt. Luftkissenboote werden insbesondere im Fährverkehr über den Ärmelkanal eingesetzt.

Luftverkehrsmanagement

Unter Luftverkehrsmanagement werden alle Entscheidungen und Handlungen im Zusammenhang mit der Planung, → Organisation, → Personalführung, Leitung und Kontrolle im gewerblichen Transport von Personen und Gepäck durch → Flugzeuge verstanden. Eingeschlossen sind insbesondere die Aktivitäten der Staaten, → Fluggesellschaften, → Flughäfen, Flugsicherung, → Reiseveranstalter und → Reisemittler. Hingegen fallen die Entwicklung und Herstellung von Gerät und Infrastruktur für die Luftfahrt, wie → Flugzeuge und → Flughäfen, nicht darunter.

Luftverkehrsmanagement

Primäre Aufgabe der Staaten ist es, durch Gesetzgebung, Infrastruktur-Investitionen und Überwachung sicherzustellen, daß der Luftverkehr im eigenen Hoheitsgebiet in Übereinstimmung mit ihrer Luftverkehrspolitik und sonstigen Kriterien, etwa der Flugsicherheit und der Luftsicherheit, abgewickelt wird. Durch bilaterale oder multilaterale zwischenstaatliche Vereinbarungen werden die für den internationalen Luftverkehr erforderlichen Regelungen getroffen. Vor Anwendung sind sie in entsprechende Verordnungen oder Gesetze der beteiligten Länder umzusetzen. Neben den erwähnten Sachverhalten betreffen internationale Vereinbarungen häufig die Standardisierung luftfahrtspezifischer Betriebsverfahren und Dokumente sowie die Klärung von Rechtsfragen des internationalen Luftverkehres. Erst durch solche Verträge wird internationaler Luftverkehr rechtlich und praktisch durchführbar. Der Bundesminister für Verkehr mit seiner Abteilung Luft- und Raumfahrt ist für die deutsche Luftverkehrspolitik verantwortlich. Ihm sind unter anderem das Luftfahrtbundesamt, der → Deutsche Wetterdienst und die → Deutsche Flugsicherung GmbH zugeordnet. Das Luftverkehrsgesetz stellt die wichtigste Rechtsgrundlage für das Management im Luftverkehr dar. Die für Verkehr zuständigen Ministerien der Bundesländer besitzen Referate für Angelegenheiten der Luftfahrt. Neben der Vertretung der Länderinteressen gegenüber der Bundesrepublik Deutschland gehören zu den Aufgaben der Länder die auf ihrem Gebiet liegenden Verkehrsflughäfen (→ Flughafen) und Verkehrslandeplätze, der Lärmschutz und andere Umweltfragen, die regionale Verkehrsentwicklung, baurechtliche Verfahren, der Fliegerärztliche Dienst, bestimmte Erlaubnisse für Luftfahrer sowie die Betriebsgenehmigung für → Flugzeuge unter 5,7 Tonnen → Maximum Takeoff Weight.

Wichtige internationale staatliche Institutionen sind die → International Civil Aviation Organisation, die → Joint Aviation Authorities, die → Federal Aviation Agency, die → Civil Aviation Authority und → Eurocontrol. Als bedeutende privatwirtschaftliche Institutionen sind auf nationaler Ebene die → Arbeitsgemeinschaft Deutscher Verkehrsflughäfen sowie international die → IATA, die → European Civil Aviation Conference, die →

Association of European Airlines und das → Airports Council International zu nennen. Das → Warschauer Abkommen zur Vereinheitlichung von Regeln im internationalen Luftverkehr mit seinen Zusatzabkommen bildet die Grundlage für die Schadenshaftung im internationalen Luftverkehr. Die auf Inlandsflüge anzuwendenden Bestimmungen unterliegen allein der jeweiligen nationalen Gesetzgebung und sind für die Bundesrepublik Deutschland im Luftverkehrsgesetz geregelt. In den Beförderungsbedingungen der deutschen Gesellschaften für den → Charterflugverkehr und → Linienflugverkehr muß das Verhältnis zwischen Luftfrachtführer und Passagier für Inlandsflüge und für internationale Flüge, je nach bilateraler Vertragssituation für einzelne Länder unterschiedlich, als Teil des Beförderungsvertrages klargestellt sein.

Der europäische Luftverkehr ist seit dem 01.04.1997 voll liberalisiert. Die Freiheiten des Luftverkehres wurden verwirklicht. Dies hat die Gründung der → Joint Aviation Authorities als Zusammenschluß europäischer Luftaufsichtsbehörden gefördert. Mit den dort erarbeiteten und herausgegebenen Joint Aviation Requirements soll die Luftverkehrsgesetzgebung in Europa vereinheitlicht werden. Die → Fluggesellschaften müssen zunächst im Besitz eines gültigen → Air Operator Certificate sein, um im Rahmen dieser Genehmigung Passagiere, Fracht und Post befördern zu dürfen. Aufgrund der einheitlichen Vorgaben weisen die Organisationen von → Fluggesellschaften in Aufbau und Ablauf übereinstimmende Kernstrukturen auf. So besitzen sie neben einer Geschäftsführung, welche die unternehmerische Verantwortung trägt, aber auch letztlich gegenüber dem Bundesministerium für Verkehr beziehungsweise dem Luftfahrtbundesamt voll für den Betrieb verantwortlich ist, bestimmte Funktionsträger, die als Nominated Post Holder bezeichnet werden. Diese tragen die direkte betriebliche Verantwortung, stehen in dauerndem Kontakt zum Luftfahrtbundesamt und dürfen in ihren fachlichen Entscheidungen nicht beeinflußt werden, so daß etwa durch wirtschaftliche Vorgaben der Geschäftsführung die Flugsicherheit beeinträchtigt würde. Es liegt auf der Hand, daß hier insbesondere bei schlechter Geschäftsentwicklung Konflikte entstehen können. Solche Führungskräfte müssen sich durch

Luftverkehrsmanagement

fachliche Kompetenz, Führungs- und Integrationsstärke auszeichnen. Alle → Fluggesellschaften müssen ein Qualitätssystem besitzen, und ein Qualitätsmanager hat die Anwendung der Regelungen zur Gewährleistung sicherer Verfahren und lufttüchtiger → Flugzeuge zu überwachen sowie ihre Angemessenheit laufend zu überprüfen. Das Luftfahrtbundesamt auditiert die → Fluggesellschaften in allen betrieblichen Teilen und auch hinsichtlich der wirtschaftlichen Situation sowie deren voraussichtlicher Entwicklung über die nächsten 24 Monate. Wesentliches Kriterium ist dabei die Liquiditätsentwicklung (→ Liquidität). Dahinter steht der Gedanke, daß mangelnde → Liquidität trotz aller organisatorischer Vorkehrungen letztlich doch zu mangelhafter Flugzeuginstandhaltung führen könnte. Das Bundesministerium für Verkehr beziehungsweise das Luftfahrtbundesamt können einem Unternehmen das → Air Operator Certificate nicht nur wegen Mängeln in den betrieblichen Bereichen Flugbetrieb, Flugzeuginstandhaltung oder Bodenabfertigung entziehen, sondern gegebenenfalls auch aus wirtschaftlichen Gründen. Dies kommt selten vor, ist aber bereits geschehen.

Grundsätzlich existieren auch in → Fluggesellschaften die üblichen Managementfunktionen für Planung, → Organisation, → Personalführung, Leitung und Kontrolle sowie das entsprechende → Controlling zur Prozeßsteuerung. Wegen der hohen Unsicherheiten im Aufwands- und Ertragsbereich sind im Luftverkehr bei allen Planungsrechnungen jedoch Sensitivitätsanalysen und Risikobetrachtungen zu empfehlen. Ausgehend vom aktuellen Produktionsprogramm wird kontinuierlich untersucht, welche Veränderungen oder Ergänzungen im Sinne der Zielsetzung des Unternehmens vorteilhaft sein könnten. Dies ist im Grunde auch ein Thema des → Qualitätsmanagements, bezieht sich auf alle Aktivitäten des Unternehmens und dient vorrangig der organisatorischen und wirtschaftlichen Optimierung auf der Grundlage des aktuellen Programmes.

Von grundlegender Bedeutung für eine → Fluggesellschaft ist die Auswahl des Fluggerätes als wichtigstes Betriebsmittel, da es sich dabei um eine sehr kapitalintensive und langfristige Investition handelt. Diese Entscheidung muß aufgrund einer wirtschaftlichen Bewertung von →

 Luftverkehrsmanagement

Flugzeugen vor dem Hintergrund des geplanten Geschäftsfeldes erfolgen. Im Rahmen der Produktgestaltung gewinnt weltweit die Vergrößerung des Angebotes bezüglich der bedienten Strecken und der Bedienungsfrequenzen an Bedeutung. Die durch Kooperationen (→ Strategische Allianzen im Luftverkehr; → Unternehmensverbindungen) bereits gesetzten Maßstäbe übersteigen selbst die Möglichkeiten der größten → Fluggesellschaften, so daß nun Kooperationen (→ Unternehmensverbindungen) bis hin zu Allianzen im Luftverkehr (→ Strategische Allianzen im Luftverkehr) überall zu beobachten sind. Eine völlig unabhängig und dennoch wirtschaftlich operierende → Fluggesellschaft ist heute kaum noch vorstellbar. Die Planung solcher Kooperationen (→ Strategische Allianzen im Luftverkehr; → Unternehmensverbindungen) fällt in den Bereich der strategischen Unternehmensplanung. Während viele große → Fluggesellschaften Kapitalbeteiligungen zwischen den Partnern gewählt haben, hat die Deutsche Lufthansa AG für den → Linienflugverkehr den besseren Weg in Kooperationsvereinbarungen ohne gesellschaftliche Verflechtungen gesehen, und zwar mit großen Partnern in der Star Alliance für den weltweiten Luftverkehr und mit kleineren Partnern in dem Lufthansa Team für den europäischen Luftverkehr. Im Bereich des → Charterflugverkehrs hat sie den alternativen Weg gewählt, zusammen mit der Karstadt AG die C & N Touristik AG gegründet, in der die NUR Touristik GmbH und die Condor Flugdienst GmbH zusammengefaßt sind.

Wird von einer → Fluggesellschaft aufgrund von Marktinformationen die Bedienung einer neuen Strecke erwogen und nach Untersuchung auf Realisierbarkeit sowie Vorliegen einer erfolgversprechenden Streckenplanungsrechnung konkret eingeleitet, müssen die für Flugbetrieb, Technik, Rechtsfragen, Bodenabfertigung, Marketing und Finanz- / Rechnungswesen zuständigen Fachbereiche zur Bereitstellung der notwendigen Ressourcen aktiv werden. Auch hierbei handelt es sich für → Fluggesellschaften um einen Routineprozeß. Er läuft regelmäßig während einer → Flugplanperiode ab, zur Vorbereitung auf die nächste oder bei mittelfristig zu realisierenden Projekten auf eine spätere. Die einzelnen Unternehmensbereiche haben dabei unterschiedliche Planungsaufga-

Luftverkehrsmanagement

ben zu erfüllen. Zunächst werden für das neue Streckenprogramm in Zusammenarbeit zwischen → Marketing, Flugbetrieb und Technik Flugzeugumlaufpläne entworfen, aus denen die an den einzelnen Tagen von einem → Flugzeug zu fliegenden Strecken mit allen Start- und Landezeiten, → Flugzeiten sowie → Blockzeiten zu ersehen sind. Der Bereich Flugbetrieb erarbeitet aufgrund der Flugzeugumlaufpläne die Crewumlaufpläne, in denen die Einsatzschichten des erforderlichen → Bordpersonals für alle geplanten Flüge unter Beachtung der gesetzlichen Regelungen zu Flugdienst- und Ruhezeiten sowie etwaiger weitergehender tarifvertraglicher Beschränkungen dargestellt werden. Nun hat der Bereich Flugbetrieb zu prüfen, ob das vorhandene → Bordpersonal nach Anzahl und Qualifikation ausreicht. Die Qualifikation betrifft insbesondere die Musterberechtigung für das betreffenden Flugzeugmuster und die bisherige Erfahrung als Voraussetzung für den Einsatz als Kapitän (→ Kapitän des Luftverkehrs). Werden weitere → Flugbegleiter benötigt, ist die Auswahl und Schulung nach dem jeweiligen Programm des Unternehmens zu planen. Auf der Grundlage des endgültigen Flugprogrammes werden die Flugzeugumlaufpläne laufend für den nächsten Tag und eine gewisse Zeit voraus nach den Anforderungen der Flugzeuginstandhaltung mit bestimmtem Gerät (Kennzeichen) erstellt und die Besatzungen in namentlicher Zusammensetzung zugeordnet. Sind kurzfristig einzelne Besatzungsmitglieder nicht einsetzbar, muß Ersatz aus dem Stand-by geholt werden. Bei der konkreten Planung eines Fluges, sei es ein Einzelflug, ein über einen bestimmten Zeitraum an einem bestimmten Wochentag vorgesehener Flug als Teil einer → Charterkette oder ein Flug, der ein- oder mehrmals täglich während einer ganzen → Flugplanperiode durchgeführt werden soll, sind die Überflug- und Landerechte über das Bundesministerium für Verkehr mit den betreffenden Ländern vorab zu klären. Sofern der Luftverkehr mit dem betreffenden Staat auf der Grundlage eines bilateralen staatlichen Abkommens abzuwickeln ist, kann es bei geplantem → Linienflugverkehr sein, daß schon bestimmte → Fluggesellschaften im Abkommen designiert, das heißt vorläufig benannt und Beförderungskapazitäten festgelegt sind. Dies trifft auf osteuropäische Länder häufig

Luftverkehrsmanagement

zu und kann eine beachtliche Planungsrestriktion darstellen. Auf den Flugplankonferenzen werden die Anforderungen der teilnehmenden oder durch andere Unternehmen vertretenen → Fluggesellschaften im Hinblick auf die bestehenden Engpässe am Boden und auf den Luftstraßen koordiniert. In Deutschland sind dies in erster Linie die internationalen Verkehrsflughäfen (→ Flughafen) Frankfurt, Düsseldorf und Tegel, in Europa im Sommer der südfranzösische Luftraum und der Verkehrsflughafen (→ Flughafen) Palma de Mallorca.

Bei der Planung neuer Flugzeugumläufe hat der verantwortliche Bereich Technik unter Beachtung der → Wirtschaftlichkeit zu entscheiden und mit dem Luftfahrtbundesamt abzustimmen, wie die Flugzeuginstandhaltung im Einsatzzeitraum durchzuführen ist. Werden mehrere zusätzliche → Flugzeuge eingesetzt, können Veränderungen der Instandhaltungsprogramme in Frage kommen. Dies kann umfangreiche Detailarbeit verursachen und alle Bereiche der Logistik tangieren, also unter anderem Ausbildung, Zahl und Stationierung von Personal, Vorschriften, Verträge und Ersatzteilwesen. Die für die Bodendienste und das → Catering verantwortlichen Bereiche haben zu untersuchen, wie die Abfertigung der Passagiere, des Gepäcks und der → Flugzeuge sowie das → Catering für jeden neu geplanten Flug erfolgen soll. Für die Passagierabfertigung einschließlich der Gepäckannahme existieren bei der Planung meist die Alternativen Eigenabfertigung oder Fremdabfertigung durch die Flughafengesellschaft beziehungsweise ein dort ansässiges Unternehmen. Bei der Entscheidung sind neben der → Wirtschaftlichkeit die Fragen des Image und des Kundenservice abzuwägen. Die Gepäckbeförderung innerhalb des → Flughafens und die Gepäckbeladung des → Flugzeugs kann im Normalfall nur der → Flughafen übernehmen, ebenso die Entladung, Umladung bei Umsteigeverbindungen und die Bereitstellung des Gepäcks zur Abholung durch den Fluggast. Diejenige Gesellschaft, die von einer → Fluggesellschaft an einem → Flugplatz mit der Passagierabfertigung beauftragt worden ist, fungiert dann im allgemeinen auch als deren örtliche Stelle für Lost and Found zur Annahme und Verfolgung von Gepäckbeanstandungen. Die Entscheidungen zum → Catering hängen von den spezi-

Luftverkehrsmanagement

ellen Anforderungen für den betreffenden Flug ab, den lokalen Lieferanten und den Möglichkeiten, welche die → Galley im Flugzeug für warme Mahlzeiten und hinsichtlich Stauraum bietet. Auf alle Fälle müssen die Lieferungen spezifiziert, verhandelt und vertraglich vereinbart werden. Die Entsorgung und Zulieferung erfolgt dann nach → Flugplan und angegebener aktueller Passagierzahl. Die Cateringunternehmen haben oft Zugang zu den Buchungszahlen im → Reservierungssystem und können sich so schon am Vortag auf die ungefähre Produktionsmenge einstellen. Andernfalls müssen die benötigten Mengen rechtzeitig vorher durch die → Fluggesellschaft gemeldet werden.

Die verkehrsmäßige Flugzeugabfertigung nach der Landung und vor dem Start lag in der Vergangenheit nahezu ausschließlich bei den → Flughäfen, die auf räumliche Engpässe verwiesen und als Hausherren keine Konkurrenz duldeten. Insofern bestand kein Spielraum für Entscheidungen der Gesellschaften. Soweit künftig aufgrund der 1998 in § 19c des Luftverkehrsgesetz aufgenommenen Verpflichtung der Unternehmer von → Flugplätzen mit gewerblichem Luftverkehr, sonstige Anbieter von Bodenabfertigungsdiensten zuzulassen, Alternativen bestehen, muß die → Fluggesellschaft entscheiden, wie und durch wen im einzelnen die verschiedenen Leistungen zu erbringen sind. Dabei werden organisatorische und wirtschaftliche Kriterien im Vordergrund stehen.

Die Aufnahme neuer Flugverbindungen geht im allgemeinen auf die Initiative der für Marketing und Vertrieb verantwortlichen Unternehmensbereiche zurück. Teil ihrer Vorüberlegungen werden bereits die Marketing- und Verkaufsstrategien (→ Tourismus-Marketing) incl. der Distributionswege, der Unternehmenskommunikation (→ Corporate Identity) und der Preispolitik gewesen sein, die dann nach der Entscheidung zur Streckeneröffnung planerisch und praktisch umzusetzen sind.

Der Treibstoffeinkauf im Zusammenhang mit neuen Strecken muß ebenfalls geplant werden. Je nach Vertragsstand muß die Gesellschaft mit dem bisherigen Lieferanten auf diesem Platz über die neuen voraussichtlichen Abnahmemengen und den Preis verhandeln, oder als neuer Kun-

Luftverkehrsmanagement

de auf diesem → Flugplatz unter den dort anbietenden Treibstofflieferanten eine Ausschreibung machen. Die Entscheidung zugunsten eines bestimmten Lieferanten kann wegen des absolut gleichartigen und wohldefinierten Produktes Jetfuel, das oftmals sogar für unterschiedliche Lieferanten aus demselben Tank kommt, allein aufgrund des Preises getroffen werden.

Soll für die geplante Streckenbedienung ein weiteres → Flugzeug eingesetzt und die Flotte somit erweitert werden, muß die Gesellschaft rechtzeitig beim Bundesministerium für Verkehr beziehungsweise beim Luftfahrtbundesamt eine Ergänzung ihres → Air Operator Certificate beantragen und um Überprüfung und Feststellung der Unbedenklichkeit in flugbetrieblicher, technischer und wirtschaftlicher Hinsicht als Voraussetzung für die Erweiterung der Genehmigung nachsuchen. Liegt das neue Einsatzgebiet außerhalb des bislang genehmigten Operationsgebietes, ist diese Erweiterung ebenfalls Gegenstand der Überprüfung. Liegt das ergänzte → Air Operator Certificate mit der Betriebsgenehmigung vor, muß das Unternehmen vor Inbetriebnahme eines weiteren → Flugzeugs noch dessen Verkehrszulassung durchführen.

Dem Personalwesen kommt bei → Fluggesellschaften nicht nur wegen des Gewichtes der Personalaufwendungen eine herausragende Bedeutung zu. Viele Tätigkeiten sind hochqualifiziert und spezialisiert, besonders in den Bereichen Flugbetrieb und Technik. Der Gesetzgeber hat für Ausbildung, Qualifikation und Einsatz des → Bordpersonals strenge Vorschriften erlassen, so daß die → Personalentwicklung und der Personaleinsatz sorgfältig geplant und gesteuert werden müssen. Die Arbeitsumstände und Anforderungen an das → Bordpersonal unterscheiden sich ganz wesentlich von denjenigen des übrigen Personals, was sich beispielsweise in unterschiedlichen Tarifverträgen beziehungsweise in den Arbeitsverträgen geregelten Arbeitsbedingungen ausdrückt. Das Betriebsverfassungsgesetz ist an sich für das → Bordpersonal nicht anzuwenden. Nach § 117 (2) Betriebsverfassungsgesetz kann aber "für im Flugbetrieb beschäftigte Arbeitnehmer von Luftfahrtunternehmen (→ Fluggesellschaft) ... durch Tarifvertrag eine Vertretung errichtet werden." Es bedarf also eines speziellen Tarifvertrages als Voraussetzung für die Einrichtung einer Personalvertretung für das → Bordpersonal. Traditionell nimmt das → Bordpersonal engagiert an der Mitbestimmung über seine Personalvertretung und den im Betriebsverfassungsgesetz verankerten Wirtschaftsausschuß teil. Die Vereinigung Cockpit e. V. ist eine berufsständische Interessenvertretung des Cockpitpersonals (→ Bordpersonal), die als solche nach dem Tarifvertragsgesetz selbst keine Tarifvertragspartei sein kann, aber ihrerseits eng mit der Deutschen Angestelltengewerkschaft zusammenarbeitet. Ein Betriebsrat wird ausschließlich vom Bodenpersonal gewählt und agiert unabhängig von einer möglicherweise daneben bestehenden Personalvertretung des → Bordpersonals. Interne Vereinbarungen für gemeinsame Aktivitäten sind möglich. Zwei verschiedene Mitarbeitervertretungen, zweifache Tarifverhandlungen, die Stationierung des → Bordpersonals an verschiedenen Orten, wodurch Reisen bei allen Sitzungen und Versammlungen erforderlich werden, bewirken, daß der Zeitaufwand und die Kosten der → Fluggesellschaften für die Mitbestimmung und das Tarifvertragswesen ceteris paribus mehr als doppelt so hoch sind als in anderen Branchen.

Die Koordination des planmäßigen Einsatzbetriebes der → Fluggesellschaft erfolgt durch → Operations Control, die Leitzentrale. Schon vor Beginn des täglichen Betriebes liegen dort die geplanten Umläufe der einzelnen → Flugzeuge zur Erfüllung des Tagesprogrammes vor, eventuelle Genehmigungen für Sonderflüge, die Dienste der einzelnen Besatzungsmitglieder, Namen und Erreichbarkeit der Besatzungen auf Stand-by, die Passagierbuchungen für alle Flüge und Klassen, Wetterberichte und Wettervorhersagen und die von der → Deutschen Flugsicherung GmbH herausgegebenen Nachrichten für die Luftfahrt. Die Flugvorbereitung einschließlich einer Beratung zur Strecke erfolgt bei großen Gesellschaften und auf Verkehrsflughäfen (→ Flughafen) mit Hilfe von Flugberatern. Falls sich ein Besatzungsmitglied nicht bis zur festgelegten Zeit vor dem Start zum Dienstantritt gemeldet hat, muß → Operations Control Ersatz aus dem Stand-by rufen. Die → Flugbesatzungen werden über eventuelle Besonderheiten ihrer individuellen Flugaufträge informiert. Kapitän (→ Kapitän

 Luftverkehrsmanagement

des Luftverkehrs) und / oder → Copilot bereiten das → Flugzeug für den Einsatz vor und führen eine Vorflugkontrolle durch. Die → Flugbesatzung bereitet den → Flugplan vor, der der → Flugsicherung zur Genehmigung weitergeleitet wird und die Grundlage für die Führung des Fluges darstellt. Der Caterer (→ Catering) bekommt den letzten Passagierstand einschließlich der → Last Minute Changes und erhält abschließende Aufträge, etwa für → Last Minute Changes nachzucatern. Die Verfolgung der tatsächlichen Starts und Landungen, die Zahl der beförderten Passagiere in den einzelnen Klassen und die Information über Unregelmäßigkeiten erfolgt dann durch Aircraft Movement Messages, die nach IATA-Standard (→ IATA) formuliert und über das SITA-Netzwerk (→ Société Internationale de Télécommunications Aéronautiques) versandt werden. Der Nachweis der tatsächlich geleisteten Passagierbeförderungen ist gegenüber Dritten nur über die Coupons zu führen, die den Tickets bei der Passagierabfertigung entnommenen werden. Alle Flüge müssen unter Einhaltung der gesetzlichen Bestimmungen für den Flugbetrieb geplant und durchgeführt werden. Die für die jeweilige → Fluggesellschaft im Hinblick auf deren Fluggerät und Operation zugeschnittenen Vorschriften müssen in dem → Operations Manual festgelegt sein. Sie betreffen unter anderem die Beladung des → Flugzeugs, den Treibstoffvorrat, Gewichtsbegrenzungen, den Start, den Flugweg, den Anflug auf den Zielflughafen (→ Flughafen) und die Landung. Die Handhabung des → Flugzeugs am Boden muß in einem → Ground Operations Manual niedergelegt sein, das auch für den → Abfertigungsagenten bindend ist. Die → Fluggesellschaft kann die Transportleistung, die sie aufgrund eines durch eine → IATA-Agentur verkauften Flugscheines erbracht hat, über → Billing and Settlement Plan abrechnen. Coupons von Flugscheinen anderer → Fluggesellschaften werden entweder mit jener Gesellschaft direkt oder über das → IATA-Clearing House abgerechnet, sofern beide → Fluggesellschaften dort Mitglied sind. Für jede Art der externen Abrechnung werden die Coupons der Flugscheine als Belege benötigt, die daher vom → Abfertigungsagenten unverzüglich und vollzählig, getrennt nach Flügen, an die Abrechnungsstelle der → Fluggesellschaft zu senden sind.

Die Prüfung auf Eingang sowie Vollständigkeit und Richtigkeit ist ebenso wichtig wie die anschließende korrekte Abrechnung. Durch den Verlust von Coupons kann hoher Schaden entstehen.

→ Flugplätze, insbesondere die internationalen Verkehrsflughäfen (→ Flughafen), stellen die infrastrukturelle Basis des Luftverkehres dar. Sie besitzen bodenständige technische Einrichtungen und bieten Dienstleistungen an, die für die Abwicklung des Luftverkehres benötigt werden. Während in der Vergangenheit → Flugplätze mehr oder weniger als behördliche Einrichtungen betrachtet und geführt wurden, haben sie sich jüngst im Zuge der Liberalisierung zu Wirtschaftsunternehmen entwikkelt, die Dienstleistungen vermarkten. So werden aus Gebühren nach und nach Leistungsentgelte. Nachdem die EU-Kommission entschieden hat, daß → Flughäfen auch bei den Bodenabfertigungsdiensten Mitanbieter und Wettbewerb zulassen müssen und dies im Luftverkehrsgesetz verankert wurde, ist Bewegung bei den bislang ziemlich starren Preisen für diese Dienstleistungen zu erwarten. Der auf die Verkehrsflughäfen (→ Flughafen) verstärkt zukommende Kostendruck hat Kooperationen zwischen verschiedenen Verkehrsflughäfen (→ Flughafen) entstehen lassen, die sich in erster Linie auf die Zusammenarbeit bei der → Personalentwicklung, im Einkauf und bei der EDV erstrecken.

Die Liberalisierung in der europäischen Luftfahrt und der gesamten Wirtschaft führt dazu, daß heute mehr und mehr Verkehrsflughäfen (→ Flughafen) zueinander in Konkurrenz stehen und durch Qualität und Preis ihres spezifischen Dienstleistungsangebotes versuchen, Reisende zur Nutzung zu motivieren und → Fluggesellschaften für die Aufnahme neuer Flugverbindungen zu gewinnen.

Die Verkehrsflughäfen (→ Flughafen) arbeiten mit den großen → Fluggesellschaften eng zusammen, um im Interesse der Passagiere, ihrer gemeinsamen Kunden, Verbesserungen auf den Gebieten Luftsicherheit, Effizienz und Kosten zu erzielen und dies in der Kundenwerbung zu kommunizieren. Das Flughafenmarketing (→ Flughafenmanagement) gewinnt an Bedeutung und wird auch von den Gesellschaftern der Flughafenbetreiber

Luftverkehrsmanagement

forciert, die an einer möglichst weitgehenden wirtschaftlichen Unabhängigkeit von den öffentlichen Kassen interessiert sind.

Zunehmende Bedeutung gewinnt die Flugpassage als Teil touristischer Dienstleistungsketten, die von → Reiseveranstaltern angeboten werden. Im Zusammenhang mit einer Tendenz zu vertikaler Konzentration (→ Unternehmensverbindung) in der Tourismuswirtschaft ist zu beobachten, daß → Fluggesellschaften sich an → Reiseveranstaltern beteiligen oder vice versa. In welcher Weise und in welchem Umfang dies auch geschieht, immer steht die Absicht der Einflußnahme auf das Produkt und die Preise des anderen Unternehmens mit dem Ziel dahinter, die Konkurrenzfähigkeit, Planungssicherheit und → Wirtschaftlichkeit des eigenen Unternehmens zu stärken. In gleichem Maß, wie dies geschieht, werden aber die Kräfte des Marktes gehemmt, indem beispielsweise ein → Reiseveranstalter irgendwann, wenn die Flugpreise im Markt durch Angebotssteigerung gefallen sind, dennoch die eigene → Fluggesellschaft beschäftigen muß und im Vergleich zur eigenen Konkurrenz teurer einkauft. Kooperationsvereinbarungen (→ Strategische Allianzen im Luftverkehr; → Unternehmensverbindungen) anstelle von Kapitalbeteiligungen könnten diese Nachteile vermeiden und bei entsprechender Gestaltung dennoch die notwendige Planungssicherheit für beide Partner schaffen. Wenngleich noch immer der größte Anteil der Flugpassagen durch → Reisebüros als → Reisemittler verkauft wird und dieser indirekte Vertriebsweg wegen der Erklärungsbedürftigkeit des Produktes voraussichtlich auch weiterhin unverzichtbar bleibt, werden die direkten Vertriebswege, durch welche die → Fluggesellschaften Provisionen einsparen können, für diese immer attraktiver. → Flughafenmanagement

Literatur: Arbeitsgemeinschaft Deutscher Verkehrsflughäfen, 1996; Deutsche Lufthansa AG, 1998 (a); Deutsche Lufthansa AG, 1998 (b); Grabherr, 1997; Pompl, 1998; Reuss, 1998; Sabathil, 1998; Schulz, 1996; Schwenk, 1996; Statistisches Bundesamt, 1998; Sterzenbach, 1999

Eberhard Schmidt

Lehrbeauftragter an der Fachhochschule München, Fachbereich Tourismus

M & A

→ Mergers & Acquisitions

Magazin

Bezeichnung für die Stelle in einem Hotel, an der Waren gelagert und verwaltet werden.

Make-or-Buy-Entscheidung

Entscheidung zwischen den Alternativen Selbsterstellung und Fremdbezug von Leistungen. Ein Beispiel für eine Make-or-Buy-Entscheidung ist die in der Hotellerie zu treffende Entscheidung, eine eigene Wäscherei zu unterhalten oder die Dienstleistung Wäscherei von außen zuzukaufen. Entscheidet sich der touristische Leistungsträger für die Variante Kauf, geht damit eine Variabilisierung von Fixkosten (→ Kosten) einher. Bisherige Fixkosten (→ Kosten) werden gegen variable → Kosten getauscht.

Management

Wir alle glauben, unter Management uns etwas vorstellen zu können. Die Vorstellungen sind im allgemeinen nicht einfach in Worte zu fassen - zumindest erzeugen sie aber bildhafte Assoziationen. Dazu gehören: interessante und herausfordernde Tätigkeit, Einkommen, Macht, 60-Stundenwoche, Herzinfarkt etc. Vielfach sind die Vorstellungen, die wir mit Management in Verbindung bringen, auch negativ besetzt. Management hat mit etwas zu tun, aber was ist es eigentlich?

Seit Management an Hochschulen und Universitäten gelehrt wird, haben sich Wissenschaftler im Bemühen um eine Lehre des Management mit Begriffsbildungen auseinandergesetzt. Management wird gegenwärtig in zwei Begriffsgruppen definiert: Management als institutionaler Ansatz sowie Management als funktionaler Ansatz. Mit Management als "Institution" sind alle Personen oder Personengruppen der Unternehmenshierarchie gemeint, die Träger der Managementtätigkeiten sind. Neben dem institutionellen Begriffsverständnis wird Management "funktional" definiert. Management wird dabei - unabhängig von der vorherigen Zuschreibung auf bestimmte Positionen und Managementebenen - als ein Bündel von Funktionen verstanden, die für die Erfüllung bestimmter Aufgaben des Managementprozesses notwendig sind und die auch in sich verschlungen sind. Diese Handlungen können planender, organisierender, kontrollierender oder auch führender (im Sinne der → Personalführung) Art sein.

Die Managementfunktionen stehen zu den originären betrieblichen Funktionen wie Beschaffung, Produktion, Absatz, → Finanzierung und Verwaltung in einem komplementären Verhältnis. Management kann als komplexe Verknüpfungsaktivität von Sach- und Managementfunktionen beschrieben werden. Sie wirkt auf alle Sachfunktionen auf allen Ebenen des Unternehmens ein und schlägt sich in Steuerungshandlungen nieder, die für die Leistungserstellung notwendig sind.

Die bisher dargestellten Managementfunktionen können nicht nur für sich, sondern müssen auch prozeßhaft und in ihrem Systemzusammenhang verstanden werden. Da die Erfüllung der Managementfunktionen das Treffen von Entscheidungen erfordert, wird Management mit der logisch-genetischen Abwicklung von Entscheidungsvorgängen gleichgesetzt.

Die Darstellung verdeutlicht aus einer Systemsicht heraus die zentrale Stellung des Entscheidens, das heißt die Ausübung der sich gegenseitig durchdringenden Managementfunktionen des Planens, Organisierens, Führens und Kontrollierens erfordert fortlaufend Entscheidungsprozesse. Zur Wahrnehmung aller Funktionen sind Informationen notwendig. Die Managementfunktionen bilden miteinander verbundene Phasen eines sich wiederholenden Managementprozesses, der durch Vor- und Rückkopplungen im Sinne des kybernetischen Regelkreises charakterisiert ist. Diese idealtypische Darstellung von abzulaufenden Managementtätigkeiten darf nicht darüber hinwegtäuschen, daß in der Realität diese geplanten und transparent gesteuerten Managementprozesse nicht stattfinden, sondern daß die Führungshandlungen vielmehr nach dem Muster des "Muddling through" stattfinden. → Bahnmanagement im Tourismus; → Beherbergungsmanagement; → Busreisemanagement; Changemanagement; → Denkmodell des ganzheitlichen Management; → Destinationsmanagement; Erfolgsfaktoren im Management von Fluggesellschaften; → Flughafenmanagement; → Food & Beverage Management; → Human Resource Management; → Interkulturelles Management; →

Kongreßmanagement; → Luftverkehrsmanagement; → Management im Messewesen; → Management im Tourismus; → Personalführung; → Sales Management in der Hotellerie; → Strategische Unternehmensführung; → Total Quality Management; → Travel Management; → Zukünftige Entwicklungen im Personalmanagement

Literatur: Hopfenbeck 1998; Steinmann, Schreyögg, 1991

Prof. Dr. Alfred Merl

Fachhochschule München, Fachbereich Tourismus

Management Accounting

→ Controlling

Management-Buy-In

Bezeichnung für die Übernahme eines Unternehmens durch Führungskräfte eines anderen Unternehmens. Management-Buy-In wird mit MBI abgekürzt.

Management-Buy-Out

Bezeichnung für die Übernahme eines Unternehmens durch Führungskräfte des Unternehmens. Management-Buy-Out wird mit MBO abgekürzt.

Management by Delegation

→ Delegation; → Personalführung

Management by Exception

→ Personalführung

Management by Motivation

→ Personalführung

Management by Objectives

→ Personalführung

Management im Messewesen

Das Endprodukt eines Messeveranstalters - die Messe - ist eine komplexe Dienstleistung und hat keinen Anspruch auf eigenen Erfolg, sondern muß die Qualitätsmerkmale aus der Zufriedenheit der Messeteilnehmer - Aussteller und Besucher - ableiten lassen. Mit anderen Worten, das Endergebnis ist nicht nur von der eigenen Arbeit, sondern auch vom Zutun vieler anderer abhängig. Der Aufbau und die Durchführung einer Messe setzen eine Vielfalt unterschiedlicher Aktivitäten voraus, und zwar kaufmännischer, werblicher und organisatorisch-technischer Art. Automatisierungs- und Standardisierungsmöglichkeiten sind daher auf ganz wenige Teilbereiche des Messebetriebs beschränkt. Jedenfalls steht und fällt die Qualität einer Veranstaltung mit den Mitarbeitern der Messegesellschaft und zahlreicher Servicefirmen, die im Auftrag des Veranstalters ein ganzes Bündel an Dienstleistungen erbringen. Die Messe ist also ein Produkt gut koordinierter und synchronisierter Einzelleistungen, sozusagen zusammengefügter individueller "Handarbeit" und optimalem persönlichen Einsatz, der die klassisch geregelte Arbeitswoche oder tägliche Arbeitszeit nicht kennt. Es ist klar, daß unter diesen Bedingungen der Erfolg der Messegesellschaft überwiegend von der Qualität und der Einsatzbereitschaft des Personals abhängig ist. Um so bedeutender und sensibler ist die Frage der Unternehmensführung im Messewesen insgesamt und bei der Messe München im besonderen.

Vereinfacht dargestellt beginnt der Aufbau einer Messe mit der Akquisition der Aussteller und der Flächenaufplanung. Möglichst frühzeitig sollen auch Marketingmaßnahmen (→ Marketing) der Aussteller in das Gesamtkonzept der Veranstaltung mit einbezogen werden. Es folgen Maßnahmen der Öffentlichkeitsarbeit, dann kommt das Rahmenprogramm, der Standaufbau bis hin zur Zuführung und Betreuung der Messeteilnehmer. Obwohl nicht mal annähernd alle Maßnahmen aufgezählt wurden, kann man sich vorstellen, daß es sich um eine lange Kette von Leistungen handelt, in der jede Abteilung der Veranstaltergesellschaft beteiligt ist. Fehlende → Motivation, das heißt, schwache Leistung an einer Stelle, würde die gesamte Leistungskette im schlechten Lichte erscheinen lassen. Vor allem in extremen Situationen ist die Mitarbeitermotivation (→ Motivation im Arbeitsprozeß; → Motivation von Mitarbeitern) von entscheidender Bedeutung. In der letzten Aufbaunacht oder in der Hektik der Messe selbst reicht weder die Autorität des Vorgesetzten noch der finanzielle Anreiz, wenn es darum geht, unter Zeitdruck und sonstiger Belastung den Aussteller oder Besucher zuvorkommend und gut zu bedienen. Die Erfahrung am Messeplatz München spricht dafür, daß unter den Bedingungen des Messebetriebs die Einsicht des mit zahlreichen und unterschiedlichen Einzelfällen konfrontierten Mitarbeiters entscheidend ist und nicht der bis in alle Einzelheiten reglementierte Arbeitsablauf.

Management im Messewesen

Daher plädieren wir für das kooperative Führungsverhalten, und zwar als unabdingbare Voraussetzung für den erfolgversprechenden Arbeitsablauf. Denn im Endeffekt wird die Qualität des Arbeitsergebnisses durch die Qualität des Arbeitserlebnisses aller am Messeprojekt mitwirkenden Mitarbeiter bestimmt. Nur eine längerfristig angelegte und wohldurchdachte Personalpolitik wie auch ein kooperatives Management können eine entsprechende Manpower auch für Extremsituationen des Messewesens sicherstellen. Dies setzt sowohl eine kontinuierliche Fortbildung und gezielte Qualifizierung des Personals voraus, und zwar im Sinne der zu erbringenden Dienstleistung, wie auch ein gutes Betriebsklima, sozusagen als stabilen Boden im immer turbulenten Messegeschehen. Die Identifikation mit dem Produkt, der eigene Anteil am Erfolg oder Mißerfolg wie auch die persönlichen Chancen im Unternehmen müssen möglich beziehungsweise deutlich erkennbar sein. Eine Art "Gemeinsamkeit der Messemacher", von unten bis ganz nach oben, ist als Thema der gelebten Unternehmensphilosophie (→ Unternehmenskultur) dringend zu empfehlen.

Viele Jahre mußte das Messemanagement in München die Diskrepanz zwischen der starken internationalen Nachfrage und dem umfangreichen Messeprogramm einerseits und der unzulänglichen Infrastruktur und Hallenkapazität andererseits überbrücken. Diese Nachteile konnten weitgehend durch den besonderen Einsatz der Mitarbeiter kompensiert werden, so daß im Laufe der Zeit der Begriff "Münchner Art" zum Qualitätsmerkmal der Serviceleistungen am Messeplatz München geworden ist. Mit der Planung, dem Bau und der Inbetriebnahme des neuen Messegeländes und des Internationalen Congress Center München (ICM) in München-Riem wurden das Management und jeder einzelne Mitarbeiter der Messe München einer Mehrfachbelastung ausgesetzt, die in der Geschichte des internationalen Messewesens einmalig war. Sowohl das umfangreiche laufende Messeprogramm wie auch die komplexen Vorgänge bei der Realisierung des Großmesseprojektes der Neuen Messe München, der Umzug, die Inbetriebnahme und nicht zuletzt der zeitweilige Doppelbetrieb auf dem alten und auf dem neuen Messegelände erforderten nicht nur außerordentliche Anstren-

Management im Tourismus

gungen, sondern eine besondere Kompetenz im Umgang mit zwei vollkommen unterschiedlichen Messezentren und ihren Räumlichkeiten und technischen Ausstattungen. Die "Münchner Art" kam offensichtlich mit dem Umzug vom alten auf das neue Messegelände: Das modernste Messegelände der Welt bekam schon bei den ersten Veranstaltungen von Ausstellern und Besuchern ausgezeichnete Noten. Die herrlichen Einrichtungen wurden von engagierten und kompetenten Mitarbeitern der Unternehmensgruppe Messe München International ihrer Funktion zugeführt. Die Neue Messe München lebt durch ihre Aussteller, Besucher und Mitarbeiter. → Internationale Tourismus-Börse ITB Berlin

Manfred Wutzlhofer

Hauptgeschäftsführer der Messe München GmbH

Management im Tourismus

Der Beitrag der modernen Betriebswirtschaftslehre zur Lösung von Führungsproblemen besteht darin, daß eine veränderte Betrachtungsweise zum Objekt der Führung gesucht wurde. Das Objekt der Führung "Unternehmung" wird dabei nicht nur in ökonomischer Dimension, sondern als vieldimensionales Problem betrachtet. Eine Abkehr von einer einseitigen Betrachtung und die Umsetzung eines integrierenden, vernetzten Denkens in interdisziplinären Dimensionen wurde durch das Methodenverständnis der Systemtheorie gefördert. Die Betriebswirtschaftslehre versteht sich als systemorientierte Unternehmensführungslehre, wobei die Unternehmung als ein zweckgerichtetes soziales System definiert wird. Die Unternehmung wird als gesellschaftliche Institution verstanden, die aus einer Vielzahl von Subsystemen besteht und gleichzeitig Bestandteil eines übergeordneten Supersystems Umwelt ist. Die Unternehmung erfüllt im Rahmen der menschlichen Gesellschaft eine leistungserstellende, das heißt produktive Funktion.

Aufgabe des → Management ist das Gestalten, Lenken und Entwickeln von zweckorientierten Systemen. Dafür sind Managementhandlungen erforderlich, wie sie das funktional verstandene → Management interpretiert, das heißt die Ausübung von sich gegenseitig durchdringenden Managementfunktionen des Ent-

Management im Tourismus

scheidens, Planens, Organisierens, Führens und Kontrollierens.

Auch der Tourismus kann aus der Sicht des Systemansatzes interpretiert werden. Demnach kann die Gesamtheit der Beziehungen und Erscheinungen des Tourismus als System Tourismus bezeichnet werden.

Damit wird ein Bezugsrahmen geschaffen, in welchem Unternehmungen und Organisationen des Tourismus und das → Management derselben einzuordnen ist. Das System Tourismus gliedert sich in die Subsysteme Tourismussubjekt und Tourismusobjekt. Unter dem Subsystem Tourismussubjekt verstehen wir den Touristen als Träger spezifisch touristischer Bedürfnisse. Die von ihm nachgefragten Leistungen werden von dem Subsystem Tourismusobjekt angeboten. Das Subsystem Tourismusobjekt besteht aus den Institutionen, die spezifisch touristische Leistungen anbieten. Dazu zählen Tourismusorte, Tourismusunternehmungen und Tourismusorganisationen. Auch der Tourismusort kann als zweckorientiertes Subsystem definiert werden, das der Reisende zum Zwecke des Konsums von Leistungsbündeln aufsucht. Unter den Tourismusunternehmungen sind Wirtschaftseinheiten zu verstehen, die durch die Leistungen, die sie bereitstellen, der Befriedigung von touristischen Bedürfnissen dienen. Unter Tourismusorganisationen verstehen wir Organisationsstrukturen, welche die Teilfunktionen von Tourismusunternehmungen und Tourismusorten koordinieren.

Das System Tourismus steht mit marktlichen und gesellschaftlichen Teilöffentlichkeiten in einer wechselseitigen Austauschbeziehung. Es ist somit ein offenes System, da es mit der Umwelt durch ein Netz von Transaktionen ständig in Beziehung steht. Die Umwelt beeinflußt Aktion und Reaktion jedes Systems und stellt eine maßgebliche Herausforderung für das → Management dar. Die Unternehmung ist daher eine offene, gesellschaftsbezogene Institution und muß sich der notwendigen Außenorientierung bewußt sein, das heißt die Unternehmung ist in ihrer Einbettung in einem viel größeren Netzwerk zu begreifen. Die Tourismuswirtschaft ist ein Netzwerk vielfältiger Dienstleistungsangebote. Oder aus der Sicht des Sytemansatzes interpretiert: das System Tourismus und die Subsysteme des Tourismus können als zweckorientierte, offene und soziale Systeme charakterisiert werden. Es ist Aufgabe des → Management, diese Systeme entsprechend den sich dynamisch ändernden Umweltgegebenheiten zu gestalten, zu lenken und zu entwickeln. → Denkmodell des ganzheitlichen Management; → Management

Literatur: Kaspar, 1990; Kaspar, 1995; Ulrich, 1968

Prof. Dr. Alfred Merl

Fachhochschule München, Fachbereich Tourismus

Manifest

Verzeichnis der Ladung und Passagiere eines Schiffes. → Kreuzfahrtschiffe sind verpflichtet, ein Manifest mit den wichtigsten Personalien der Passagiere zu führen. In jedem angelaufenen Hafen erhalten die entsprechenden Behörden eine Ausfertigung des aktuellen Manifests. Es dient sowohl der Kontrolle als auch der Sicherheit der Passagiere.

Margenbesteuerung

→ Umsatzsteuer

Marina

Hafenanlage, die auf die Bedürfnisse von Sportbooten ausgelegt ist. Segelyachten und Motorboote haben hier meist die Möglichkeit zur Übernahme von Frischwasser und Treibstoff. Bootstouristen und Freizeitkapitänen stehen Wasch- und Aufenthaltsräume ebenso wie Restaurants und Lebensmittelläden zur Verfügung. Meist sind Werften für Schiffsreparaturen, Geschäfte für Schiffsbedarf und Möglichkeiten zur Einlagerung kleinerer Boote über Winter angeschlossen.

Markenbildung in der Pauschaltouristik

Die Entwicklung des Pauschaltourismus seit 1991 ist geprägt von verschiedenen Tendenzen, die den Reiseveranstaltermarkt (→ Reiseveranstalter) nachhaltig beeinflussen. Nach Jahren starken Wachstums verzeichnet der Markt erstmals rückläufige Wachstumsraten. Daraus ergibt sich, daß Wachstum nur noch durch Verdrängung stattfinden kann. Zunehmende Preisaggressivität führt zu einem Wettbewerbsshake-out vor allem im mittleren Preisbereich, wohingegen das preisaggressive und das Hochpreis-Segment immer noch

Markenbildung in der Pauschaltouristik

wachsen. Im deutschen Markt findet eine Internationalisierung statt, wobei sowohl deutsche → Reiseveranstalter ins Ausland expandieren (TUI, Neckermann) als auch ausländische Veranstalter (Airtours UK / FTI) hinein drängen. Die Gründe hierfür sind in der Bettensicherung und Zielgebietsausschöpfung, aber vor allem in der Erschließung neuer Marktpotentiale zu sehen. Die Veranstalterlandschaft spaltet sich in verschiedene Lager, innerhalb derer es zu einer Abdekkung über die gesamte horizontale Wertschöpfung kommt. Die touristischen Produkte werden immer homogener und somit austauschbarer, wohingegen der Kunde seine Bedürfnisse stärker individualisiert und nach geeigneten speziellen Produkten für sich sucht.

Angesichts dieser Tendenzen entscheidet in zunehmendem Maße die starke Positionierung beziehungsweise spitze Profilierung der Marke über den Erfolg eines → Reiseveranstalters.

Als Teil der Produktpolitik (→ Tourismus-Marketing) nimmt die Markenpolitik und die Positionierungspolitik eine große Rolle in der Kommunikation (→ Tourismus-Marketing) eines Veranstalters ein. Die Besonderheit des touristischen Produktes als immaterielles Gut setzt die Schaffung einer Vertrauensbasis und einer Sicherheitskompetenz voraus, denn das eigentliche Produkt, die Reise, kann erst nach dem Kauf beziehungsweise "Konsum" beurteilt werden. Besonders der hohe emotionale Wert, den der Kunde mit dem "Traumprodukt" Urlaub verbindet, verschärft diesen Aspekt.

Eine starke Markenpositionierung verschafft dem Kunden eine Identifikation mit dem Produkt. Sie mindert also das Entscheidungsrisiko und übt Einfluß auf die Kaufentscheidung aus. Markenpolitik in Verbindung mit Positionierungspolitik erfüllt im wesentlichen die Aufgabe der Kennzeichnung von Leistungen, um sie unternehmensspezifisch identifizieren zu können. Sie dient dem Kunden als Entscheidungshilfe in der Abgrenzung zu anderen Anbietern.

In der Touristik leiten sich daraus drei Hauptaufgaben der Marken ab:

- Zielgruppenansprache, die entweder eng und differenziert oder breit und undifferenziert stattfinden kann,

Markenbildung in der Pauschaltouristik

- Sortimentskompetenz, die aussagt, ob ein Veranstalter als Generalist oder Spezialist agiert,
- Beeinflussung des Buchungsverhaltens, wobei die entsprechende Positionierung von entsprechenden Kundentypen nachgefragt wird.

In der klassischen Markenpolitik wird generell von drei Grundstrategien gesprochen, wobei die eingangs erwähnten Tendenzen die Entwicklung verschiedener Strategiekombinationen oder gar neuer, innovativer Strategien fördern:

- Einzelmarkenstrategie: Diese auch Monomarkenstrategie genannte Strategie ordnet einzelnen Leistungen oder Produkten eine Marke zu, wobei jedes weitere Produkt einen eigenen Markennamen erhält und mit eigenen Marketingmaßnahmen (→ Tourismus-Marketing) unterstützt wird. Die Marke steht nicht in Zusammenhang mit dem Unternehmensnamen, der losgelöst im Hintergrund bleibt. Eine Einführung mehrerer Marken dient einer spezifischen Marktsegmentierung.
- Markenfamilienstrategie: Bei der Markenfamilienstrategie beinhaltet eine Marke mehrere Produkte, zusammengefaßt zu einer Produktgruppe. Gemeinsame Marketingaktivitäten (→ Tourismus-Marketing) können also ohne weiteres ergriffen werden.
- Dachmarkenstrategie: Kennzeichnend für die Dachmarkenstrategie ist die übergreifende Markenbezeichnung, die Einzelmarken verbindet und das komplette Leistungsangebot des Unternehmens zusammenfaßt. Diese Strategie findet vor allem bei großen Veranstaltern mit einer breiten Leistungspalette Verwendung. Marketingmaßnahmen (→ Tourismus-Marketing) können sowohl separat in Richtung verschiedener Untermarken als auch in Bezug auf die Dachmarke ergriffen werden.

Die Segmentierung des Marktes mit immer schneller entstehenden Nischen und Zielgruppensegmenten erfordert innovative Strategien, um den rasanten Marktentwicklungen Rechnung tragen zu können. Diese Problematik hat die TOURISTIK-GRUPPE LTU auf eine dynamisch innovative Art gelöst. Die seit 1997 eingeleitete "Matratzenstrategie" verleiht der übergreifenden Markenbezeichnung

Markenbildung in der Pauschaltouristik

"TOURISTIK-GRUPPE LTU" die Funktion eines Sicherheits- und Kompetenzsiegels. Der Vorteil der Gruppe liegt darin, daß die TOURISTIK-GRUPPE LTU in ihrer Eigenschaft als "tragende Absendermarke" einen Transfer von Glaubwürdigkeit und Sicherheit auf die einzelnen Marken MEIER'S WELTREISEN, JAHN REISEN, TJAEREBORG und THR bewirkt.

Historisch gewachsen verfügen die Marken über die Kompetenz in ihren Segmenten und werden durch die Matratze mit Glaubwürdigkeit unterlegt.

Auch TUI und Neckermann treten diesen Weg an, um den Marktanforderungen gerecht zu werden:

Beispiel TUI: Die Marken Scharnow, Hummel, Touropa und Dr. Tigges fusionieren 1967 zur Touristik Union International. Heute, rund 30 Jahre später führen Sie mehr Marken als vor der Fusion:

- Transeuropa mit 1,2 fly: Preisgünstig-Segment,
- Dr. Tigges: Wieder eigene Marke, Studienreisesegment (→ Studienreisen),
- Robinson Club: Clubsegment (→ Clubreisen),
- Airtours: Hochwertiges Segment,
- HIT: Individualisten-Segment,
- Seetours: Seereisensegment (→ Seetouristik)
- etc.

Beispiel Neckermann: 1965 wird die Marke NUR - Neckermann und Reisen GmbH gegründet. Über 30 Jahre danach bedient sich Neckermann wieder verschiedener Einzelmarken, um die entstandenen Segmente erfassen zu können:

- Bucher: Preisgünstig-Segment,
- terramar: Hochwertiges Segment,
- Club Aldiana: Clubsegment (→ Clubreisen),
- Family: Familiensegment,
- Kreutzer, Fischer Reisen: Regionales Segment (Süddeutschland).
- etc.

Da diese über ihr Vollsortiment (TUI und NUR) bereits ein breites Segment abdecken, verfügen sie über keine derart ausgeprägte Glaubwürdigkeit in den Einzelsegmenten, wie die Marken der TOURISTIK-GRUPPE LTU, die historisch bedingt bereits stark positioniert sind. Umgekehrt befindet sich die Absendermarke

"TOURISTIK-GRUPPE LTU" noch in der Profilierungsphase. In der beschriebenen Marktsituation werden jedoch auftretende Segmente nur noch abgefangen werden können durch stark profilierte Einzelmarken mit einer Matratze, die Sicherheit und Kompetenz signalisiert.

Welche Strategie am Ende des Prozesses die bessere ist, wird die weitere Entwicklung des Marktes zeigen. Nach einem Jahr Erfahrung ist die TOURISTIK-GRUPPE LTU sicher, mit der Matratzenstrategie die beste Lösung gefunden zu haben, um flexibel und schnell auf die Marktverhältnisse reagieren zu können. → Tourismus-Marketing

Marc R. Pasture

Geschäftsführer der LTU Touristik GmbH

Marketing

Der Begriff Marketing ist mit verschiedenen Inhalten belegt. Um eine bekannte Definition zu nennen, sei eine Begriffsfassung aufgeführt, die auf Meffert zurückgeht: Marketing ist die Planung, Koordination und Kontrolle aller auf die aktuellen und potentiellen Märkte ausgerichteten Unternehmensaktivitäten. → Direct Marketing; → Hotel-Marketing; → Kundenzufriedenheit; → Markenbildung in der Pauschaltouristik; → Marktforschung im Tourismus; → Tourismus-Marketing; → Zielgruppenmarketing in der Touristik; → Zielgruppenorientiertes Airlinemanagement

Marketing-Mix

→ Tourismus-Marketing

Marktforschung im Tourismus

Touristische Marktforschung ist die systematische Erforschung all jener Faktoren, die den Besuch bestimmter Reiseziele beeinflussen und den Absatz der Sach- und Dienstleistungen, die für Touristen erbracht werden, analysieren. Die für die Praxis sinnvollste Gliederung ist die Unterteilung der touristischen Marktforschung in Primär- und Sekundärforschung. Diese Gliederung richtet sich nach der Art, wie die Daten erhoben werden.

Die quantitative Marktforschung im Bereich Tourismus bemüht sich um Zahlen, Mengen, Häufigkeiten und Verteilungen (Statistische Analyse). Quantitative Forschung ist für eine allgemeine Marktbeobachtung und Markt-

Marktforschung im Tourismus

analyse unerläßlich. Als längerfristige Planungsgrundlage hat sie allerdings nur begrenzten Wert, da sie sich auf einen abgeschlossenen Zeitraum bezieht, meist ein Jahr, und keinerlei qualitative Informationen liefert. Bei den großen repräsentativen Reisebefragungen in der Bundesrepublik Deutschland und Europa handelt es sich um Untersuchungen, die vorwiegend quantitative Daten erheben.

Bei der qualitativen Marktforschung stehen Einstellungen und Meinungen von Personen im Vordergrund, sie sucht nach Begründungen und Motiven für Verhalten und analysiert Reaktionen und Wirkungsweisen. Man spricht in diesem Zusammenhang auch von psychologischer Marktforschung, da die meisten angewandten Verfahren aus dem soziologischen und psychologischen Bereich stammen. Die qualitative touristische Marketingforschung beschäftigt sich vor allem mit Motiv- und Imageuntersuchungen. Sie umfaßt jedoch auch Katalog- und Plakatanalysen, Anzeigen- und Werbespottests sowie Untersuchungen zur gesamtheitlichen Wirkweise von kommunikationspolitischen Maßnahmen.

Primärforschung, auch als Field Research bezeichnet, ist für das → Tourismus-Marketing nichts anderes als angewandte empirische Sozialforschung. Sekundärforschung, auch als Desk Research bezeichnet, liegt vor, wenn bereits vorhandene statistische Daten und Unterlagen, die ursprünglich anderen Zwecken dienten, für Zwecke der Marktforschung ausgewertet und verwendet werden. Dabei stehen sowohl interne als auch externe Quellen, insbesondere Datenbanken, zur Verfügung. Gerade durch den weiteren Siegeszug des Internet (→ Informationstechnologische Systeme) kommt diesem Bereich der Marktforschung in Zukunft weiter steigende Bedeutung zu. Primärforschung beinhaltet demgegenüber Untersuchungen, bei denen Informationen speziell für Zwecke der Marktforschung durch neue statistische Erhebungen (→ Statistische Analyse) unmittelbar gewonnen werden. Dies kann in Form von touristischen Beteiligungsuntersuchungen oder als eigene Erhebung, sowohl quantitativ als auch qualitativ geschehen. Eine Datenerhebung kann in Form von Befragungen, durch Experiment oder durch Beobachtung erfolgen.

Marktforschung im Tourismus

Die Befragungsformen werden unterschieden in persönliche Befragung (Interview), schriftliche Befragung, telefonische Befragung, in der auch die Befragung via Internet (→ Informationstechnologische Systeme) enthalten ist, oder in die computergestützte Befragung, bei der Daten direkt über eine Tastatur in ein Computersystem eingegeben werden. Neben der Einsparung von Kosten für den Interviewerstab ist dabei vor allem eine schnelle und methodisch einwandfreie Datenerhebung gewährleistet. Eine Weiterentwicklung stellen Bildschirmbefragungssysteme (Monitoring) dar.

Auch das Experiment stellt eine Form der Datenerhebung dar, sowohl als Laboratoriumsexperiment, also unter künstlich geschaffenen Bedingungen; oder Feldexperiment, unter normalen sozialen Umweltbedingungen in Form des Testmarktes.

Die Beobachtung ist ebenfalls eine Erhebungsmethode der Marktforschung und damit auch der touristischen Marktforschung: Beobachtungen am Counter (→ Point of Sale) oder in Form der teilnehmenden Beobachtung beim Testkauf, das heißt der Beobachter nimmt aktiv auf der gleichen Ebene wie der Beobachtete am Ablauf des Geschehens teil.

Von Sekundärforschung oder Desk research spricht man, wenn bereits vorhandene statistische Daten und Unterlagen, die ursprünglich anderen Zwecken dienten, für Ziele der touristischen Marketingforschung ausgewertet und verwendet werden. Zu unterscheiden sind dabei interne und externe Quellen.

Als interne Informationsquellen können alle Aufzeichnungen und Statistiken betrachtet werden, die intern, also innerhalb eines touristischen Unternehmens oder einer touristischen Organisation angelegt und gewonnen wurden. Ihre Nutzung sollte vor der Inanspruchnahme außerbetrieblicher Informationsquellen stehen. Externe Informationsquellen liefern Daten, die bereits erstellt wurden, die aber dennoch zur Beschaffung von Sekundärmaterial genutzt werden können.

Die großen Verlage unterstützen die Media- und Marketingplaner mit neutralen Marktuntersuchungen, Mediaanalysen und Mediavergleichen. Diese Informationen werden von den Anzeigenabtei-

Marktforschung im Tourismus

lungen meist kostenlos zur Verfügung gestellt. Die Verlage verfolgen mit diesen Untersuchungen das Ziel, ihren (potentiellen) Anzeigenkunden mitteilen zu können, was von deren Zielgruppen wie oft gelesen und beachtet wird. Daher führen sie Gemeinschaftsuntersuchungen durch, kaufen fremde Untersuchungen an und betreiben auch selbst Primärforschung für zahlreiche touristische Fragestellungen.

Neben den Mediadaten enthalten diese Erhebungen auch soziodemographische oder psychologische Merkmale der Bevölkerung. Untersucht wird nicht nur das Konsum-, Freizeit- und Urlaubsverhalten, sondern auch die privaten Interessen der Befragten. Das Angebot der großen Verlage umfaßt in der Regel auch den EDV-Service für Zielgruppen-Zählungen, Segmentierungen und Typologien. Zu den Untersuchungen der Verlage zählen beispielsweise: Media-Analyse (MA) der Arbeitsgemeinschaft MA, Allensbacher Werbeträger-Analyse (AWA) des Instituts für Demoskopie, Allensbach, Verbraucheranalyse (VA) des Axel Springer- und des Bauer Verlages, "Typologie der Wünsche" des Burda Verlages und "MarkenProfile 2" des Verlages Gruner + Jahr. Auch die Analyse touristischer Fachzeitschriften leistet einen wichtigen Beitrag zur sekundärstatistischen Marktforschung im Tourismus.

Unter Datenbanken werden computergestützte Informationssysteme verstanden, die der Speicherung, Verteilung und dem Abruf von Informationen dienen. Die Datenbank Genios beispielsweise bietet unter anderem Markt-, Marketing-, Branchen-, Firmen-, Presse-, Finanz-, Außenhandels- und Auslandsinformationen an, beispielsweise die Fachzeitschriften Absatzwirtschaft und FVW im Volltext. Bei allen Anbietern finden sich Informationen zum touristischen Bereich.

Nachstehend werden einige touristische Marktuntersuchungen vorgestellt: Zunächst zu "Die Reiseanalyse" der Forschungsgemeinschaft Urlaub und Reisen (F.U.R.). Die Forschungsgemeinschaft ist weder ein Marktforschungsinstitut noch eine Unternehmensberatung. Sie ist vielmehr die neutrale Interessengemeinschaft der Nutzer von Tourismusforschung in Deutschland und daher der größte nichtkommerzielle Orga-

Marktforschung im Tourismus

nisator und Auftraggeber von Tourismusforschung. Die Neutralität der F.U.R. ergibt sich sowohl aus der Zusammensetzung der Mitglieder als auch aus der Besetzung des Vorstandes, dem - wie in der Satzung gefordert - Vertreter aller im Tourismus tätigen Sparten angehören. Mit der Reiseanalyse erbringt die Forschungsgemeinschaft jährlich Forschungsleistungen in Höhe von etwa einer Million DM, die nicht nur ihren Mitgliedern, sondern auch den zahlreichen weiteren Beziehern der RA zugute kommen, wie zum Beispiel TUI, NUR, Lufthansa, LTU, Spiegel-Verlag, Bundeswirtschaftsministerium, Bundesumweltministerium, Bayerisches Wirtschaftsministerium etc. Ungefähr die Hälfte der abgefragten Informationen der "alten" Reiseanalyse wurde überarbeitet beziehungsweise neu gestaltet. Die Fragen zur Haupturlaubsreise blieben allerdings im Großen und Ganzen unverändert. Neu und stärker betont wird die Umweltthematik, Urlaubssensibilität und Sozialverträglichkeit durch eine breiter angelegte Fragenformulierung.

Damit U+R nicht nur mit eigenen Ergebnissen aus vorangegangenen Jahren vergleichbar ist, sondern auch mit anderen Untersuchungen in Verbindung gebracht werden kann, sind vergleichbare Definitionen zugrunde gelegt. Beispielsweise wird unter einer Urlaubsreise auch in U+R eine Reise verstanden, "die nicht beruflichen Zwecken dient und mindestens fünf Tage dauert". Erfolgreiche Methoden und bewährte Fragestellungen sind also beibehalten worden, um vergleichbare Ergebnisse auf repräsentativer Basis fortzuschreiben. Die Themenfelder gliedern sich in ein Grundfragenprogramm und in Module, das heißt Schwerpunktthemen, die jährlich gewechselt werden können. Für jede Reise wird Ziel, Zeitpunkt, Dauer, Organisationsform, Verkehrsmittel, Unterkunftsart, Reisebegleitung und Stellenwert der Reise abgefragt. Zum Grundfragenprogramm gehören außerdem Urlaubserwartungen und Urlaubsmotive, Kenntnisse über die Urlaubsdestinationen und zukünftiges Interesse an Urlaubsdestinationen sowie Interesse an Urlaubsarten. Gefragt wird also beispielsweise nach dem Interesse an einem Urlaub in verschiedenen Ländern oder Regionen für die kommenden drei Jahre. Vergleicht man die Erfahrungen mit den Interessen, so kann man Aussagen über denkbare künftige Entwicklungen machen.

Marktforschung im Tourismus

Ein weiteres Beispiel ist der Deutsche Reisemonitor (DRM). Er erhebt seit 1988 kontinuierlich Daten zum Reiseverhalten der Westdeutschen und seit 1990 zusätzlich zum Reiseverhalten der Bevölkerung in den Neuen Bundesländern. Konzipiert wurde die Untersuchung von IPK International in München mit dem Ziel einer möglichst zeitnahen Erfassung des bundesdeutschen Reisemarktes in seiner Gesamtheit als Übernachtungsreisen. Der Deutsche Reisemonitor erfaßt alle Reisen der Bundesbürger im In- und Ausland mit mindestens einer Übernachtung, unabhängig vom Reiseanlaß. Somit werden also neben den Urlaubsreisen auch Geschäftsreisen und alle sonstigen Privatreisen erhoben. Zu letzteren zählen zum Beispiel Verwandten- und Bekanntenbesuche.

Hinzu kommt TouristScope. TouristScope wurde 1986 von der Infratest Sozialforschung zusammen mit führenden Vertretern der Tourismusbranche entwickelt und 1987 erstmalig durchgeführt. Grundgesamtheit ist die deutsche Wohnbevölkerung ab 14 Jahren in den Alten und Neuen Bundesländern. Durch dieses Konzept werden auch deutschsprechende Ausländer mitberücksichtigt. Zentraler Untersuchungsgegenstand im TouristScope ist die Urlaubsreise. Bei jeder Befragungswelle werden die langen Reisen (fünf Tage und länger) des vergangenen Jahres, die Kurzreisen (zwei bis vier Tage) der letzten drei Monate sowie die geplanten Reisen in den kommenden zwölf Monaten ermittelt.

Zudem ist das Deutsche Kundenbarometer zu nennen. Das Deutsche Kundenbarometer ist die umfassendste Untersuchung zum Thema → Kundenzufriedenheit und Kundenbindung in Deutschland. Es steht als Frühindikator für die Wettbewerbsfähigkeit von Branchen, die Markt- und Kundenorientierung und das Qualitätsniveau auch der touristischen Marketingforschung zur Verfügung. Das Kundenbarometer kann für internationale Vergleiche, für nationale Inter-Branchen-Vergleiche und aus wettbewerbs- und verbraucherpolitischer Sicht auch als Kennziffer für den Grad der Verbraucherorientierung von Branchen generell genutzt werden. Für die touristische Marketingforschung ist diese Untersuchung deshalb besonders wichtig, weil sie Kundenorientierung und Kundenbindung in den Mittelpunkt stellt. Die Studie wird jährlich durchgeführt und untersucht die → Kundenzufriedenheit und Kundenbindung in insgesamt 38 Branchen aus den Bereichen Industrie, Handel und Dienstleistung. Dabei werden nicht nur Branchen im erwerbswirtschaftlichen Bereich, sondern auch "Branchen" im öffentlichen und sozialwirtschaftlichen Bereich untersucht. Für den touristischen Marketingforscher sind dabei folgende Branchen von besonderem Interesse: Automobilclubs, Deutsche Bahn AG, → Fluggesellschaften, Hilfs-, Spenden- und Umweltorganisationen, Öffentlicher Personennahverkehr, → Reiseveranstalter, Stadt- und Kreisverwaltungen und Urlaubsregionen (→ Destinationsmanagement).

Abschließend ist noch kurz auf touristische Marktuntersuchungen in Europa einzugehen. In den einzelnen europäischen Ländern begann die Entwicklung der Tourismusforschung zum Teil schon in den frühen 50er Jahren, in den Niederlanden 1947, Frankreich begann im Jahre 1950 mit "Konjunkturerhebungen". 1951 wurde in Großbritannien erstmals die Untersuchung "The British National Travel Survey" durchgeführt. 1968 folgte Norwegen mit "Ferieundersokelsen", 1969 Österreich mit den "Reisegewohnheiten der Österreicher", 1970 die Schweiz mit dem "Reisemarkt", um nur einige wichtige Beispiele zu nennen. Der European Travel Monitor ist ein touristisches Informationssystem und erhebt seit 1988 kontinuierlich die wichtigsten Daten zum Auslandsreiseverhalten in allen europäischen Ländern.

Literatur: Seitz, Meyer, 1995

Prof. Dr. Erwin Seitz

Fachhochschule München, Fachbereich Tourismus

Marshalling

Bezeichnung für die Flugzeugabfertigung.

Maximum Takeoff Weight

Bezeichnung für das höchstzulässige Startgewicht eines → Flugzeugs. Abkürzung: MTOW.

MBI

Abkürzung für → Management-Buy-In.

MBO

Abkürzung für → Management-

Buy-Out.

Me-too-Veranstalter

→ Reiseveranstalter, deren Produkte sich nur wenig von den Produkten der großen Veranstalter abheben.

Megaschiff

→ Kreuzfahrtschiff mit über 70.000 → BRT. Ein Megaschiff kann zumeist über 2.000 Gäste aufnehmen.

Mentoring

Form der → Personalentwicklung, deren Gegenstand die Schaffung einer Beziehung zwischen einer erfahrenen Führungskraft und einer Nachwuchsführungskraft ist, wobei die erfahrene Führungskraft der Nachwuchsführungskraft dabei helfen soll, ihre Fähigkeiten zu entwickeln.

Mergers & Acquisitions

Oberbegriff für die Gesamtheit von Tätigkeiten, die im Zusammenhang mit dem Erwerb beziehungsweise der Veräußerung von Unternehmen beziehungsweise Unternehmensteilen stehen. Mergers & Acquisitions wird mit M & A abgekürzt.

Messe

→ Internationale Tourismus-Börse ITB Berlin; → Management im Messewesen

Michelin

Französischer Hotel- und Restaurantführer.

Miles & More

Bonusprogramm der Deutschen Lufthansa AG, das darin besteht, daß der Fluggast, der an dem Programm teilnimmt, geflogene Meilen auf einem Konto sammeln kann, die in Form von freien Flügen beziehungsweise in Form von Leistungen verschiedener Partner des Unternehmens eingelöst werden können.

Mobilität

Der Ruf nach Mobilität ist groß in einer Zeit, wo die Aufbruchstimmung der 90er Jahre zum Ende des Jahrzehnts zu erlahmen droht. Bevölkerungswachstum, Technikboom und gesellschaftlicher Wandel: Ist der Anspruch an eine größtmögliche Individualität noch zu .halten oder müssen wir auf einen niedrigeren Gang zurückschalten? Ich bin überzeugt, daß auch künftig nur dort Chancen wahrgenommen werden können, wo

Mobilität

Individualität und Flexibilität sichergestellt sind. Erfolg setzt Mobilität voraus.

Diese Erkenntnis ist 2000 Jahre alt. Handel, Wandel und Wohlstand entstanden dort, wo die zu jeder entsprechenden Zeit passende Verkehrsinfrastruktur vorhanden war. Einige Politiker scheinen das heute nicht zu wissen oder nicht wissen zu wollen. Hier sieht sich der ADAC als Interessenvertreter besonders gefordert. Wir stehen unseren Mitgliedern mit Hilfe, Rat und Schutz rund um die Mobilität zur Seite.

In wenigen Jahren, im Jahr 2003, wird der ADAC einhundert Jahre alt. In dieser Zeit hat sich der Club von der Idee der Gründung zunächst eines Motorradclubs zu einer multifunktionalen, modernen Einheit mit mehr als 6.000 Mitarbeitern entwickelt. Über all die Jahre stand der Mobilitätsanspruch seiner inzwischen fast 14 Millionen Mitglieder im Mittelpunkt seines Handelns und hat ihm einen ungebrochenen Mitgliederzulauf beschert. Und diese Anforderungen an uns werden weiter zunehmen.

Denn gerade durch den zunehmenden grenzüberschreitenden Verkehr als Folge des politischen Zusammenschlusses Europas werden sich die Wanderungsbewegungen der Bevölkerung verstärken, sowohl bei der Auswahl des Arbeitsplatzes als auch im Freizeitverkehr. Daneben deuten die Tendenzen der technischen und gesellschaftlichen Entwicklung auf eine Individualisierung des Verhaltens, der Lebensweise und der Mobilität gerade im Straßenverkehr hin. Droht uns dann der Verkehrsinfarkt?

Ich bin zuversichtlich, daß wir dem Problem Nr. 1 im Straßenverkehr, dem Stau, in der Zukunft effektiv begegnen können.

Neben einem unbedingt notwendigen Ausbau des Straßennetzes wird sowohl die technische Entwicklung bei den Verkehrsmitteln wie auch bei den Informations- und Lenkungssystemen helfen, die Mobilitätssteigerung zu bewältigen. Dabei spielen telematische Techniken im Straßenverkehr eine unterstützende Rolle. Ein besseres Verkehrsmanagement soll schon in wenigen Jahren dazu beitragen, das Verkehrsaufkommen besser zu steuern und die dramatisch zunehmenden Stau-Probleme zu lindern.

Der ADAC wird seinen Mitgliedern auch hier mit Rat und Tat zur Seite stehen. Wir haben uns entschlossen, auf diesem neuen Zukunftsmarkt von Anfang an eine führende Position einzunehmen und unser in Millionen von Pannenhilfeeinsätzen gewonnenes Wissen sowohl in der Verkehrstechnik wie in der Verkehrsinformation und im Service für eine zeitsparende Mobilität unserer Mitglieder einzusetzen. Bereits heute tragen telematikgesteuerte Verkehrsleitsysteme dazu bei, Staus und Unfälle zu verringern. Nur, eines muß klar gesagt werden: Technik allein kann keine Wunder vollbringen. Was wir ebenso dringend brauchen sind neue und bessere Straßen. Allein der volkswirtschaftliche Schaden durch Stauzeiten und Mehrverbrauch wird auf 200 Milliarden DM geschätzt.

Vor großen Herausforderungen steht natürlich auch die Automobilindustrie, die sich auf eine zunehmende Nachfrage nach individuellen Fahrzeugen einstellen muß. Hier zeichnen sich evolutionäre Entwicklungen ab, die dem Marktdruck zu verdanken sind. Denn die technische Entwicklung wird dazu führen, daß der spezifische Energieverbrauch des Einzelfahrzeugs nur noch 50 % des heutigen Bedarfs ausmacht und damit die doppelte Verkehrsleistung bei gleichem Energieverbrauch bewältigt werden kann. Hierbei sind ja auch in den letzten Jahren erhebliche Verbrauchsreduzierungen erreicht worden. Ich bin überzeugt, daß im Jahr 2030 keine Autos mehr hergestellt werden, die Umweltbelastungen nach heutigem Muster hervorbringen.

Wir werden also in eine Zukunft gehen, die unsere persönliche Mobilität erhält und dabei die Umwelt merklich entlastet. Natürlich geht das nur im engen Schulterschluß mit unseren europäischen Nachbarn. Und hier befindet sich der ADAC in guter Gesellschaft mit den Automobilclubs Europas, die bereits eine gemeinsame Dienstleistungspalette für die motorisierte Öffentlichkeit aufgebaut haben. Sie sehen, wir halten Sie auch weiterhin mobil.

Otto Flimm

Präsident des ADAC e.V.

Motivation

Bezeichnung für die Gesamtheit der Bedingungen, die zu einer

Motivation im Arbeitsprozeß

Handlung führen. Überlegungen zum Problemfeld der Motivation betreffen im Rahmen des Touristik- und Hotelmanagement vor allem zwei Problemfelder. Das erste Problemfeld ist die → Motivation im Arbeitsprozeß. Dieses ist dem → Human Resource Management zugehörig. Das zweite Problemfeld ist die dem Verhalten von Kunden zugrundeliegende Motivation. → Motivation im Arbeitsprozeß; → Motivation von Mitarbeitern; → Verkaufsorientierte Mitarbeitermotivation im Gastgewerbe

Motivation im Arbeitsprozeß

Bezeichnung für die Gesamtheit der Bedingungen, die zu dem Erhalt beziehungsweise der Steigerung von Leistung arbeitender Menschen führen.

Dem Arbeitsprozeß liegen verschiedene → Motive zugrunde. Die Arbeitsmotive lassen sich in intrinsische und extrinsische → Motive einteilen. Intrinsische → Motive sind dadurch gekennzeichnet, daß sie durch die Arbeit selbst befriedigt werden. Extrinsische → Motive werden hingegen durch die Folgen der Arbeit oder durch deren Begleitumstände befriedigt. Zu den intrinsischen → Motiven zählen das Leistungsmotiv, das Kompetenzmotiv und das Kontaktmotiv. Das Leistungsmotiv äußert sich dadurch, daß der arbeitende Mensch einen inneren Nutzen daraus zieht, daß er selbst gesetzte Leistungsziele erreicht. Für den leistungsmotivierten Mitarbeiter geht vor allem von der Aufgabenstellung ein Reiz aus. So bewegen ihn insbesondere schwierige Aufgaben, Leistungen zu erbringen. Das Kompetenzmotiv stellt den Wunsch des arbeitenden Menschen dar, seine Umwelt zu beherrschen. Das Kontaktmotiv ist der Wunsch des arbeitenden Menschen, in einer sozialen Gruppe integriert zu sein. Zu den extrinsischen → Motiven zählen das Geldmotiv, das Sicherheitsmotiv und das Prestigemotiv. Das Geldmotiv äußert sich in den finanziellen Anreizen, die von Arbeit ausgehen. Das Sicherheitsmotiv ist das Bestreben des Menschen, Gefahren und Hindernissen aus dem Weg zu gehen. Das Prestigemotiv basiert auf dem Streben nach Differenzierung von anderen Menschen und bedeutet das Bemühen um soziale Anerkennung.

Das Problemfeld der → Motivation im Arbeitsprozeß wird anhand verschiedener Motivations-

Motivation im Arbeitsprozeß

theorien beleuchtet. Diese lassen sich in Inhaltstheorien und Prozeßtheorien einteilen. Die Inhaltstheorien sind dadurch gekennzeichnet, daß sie sich auf Motivinhalte konzentrieren und versuchen, diese zu klassifizieren. Die Prozeßtheorien sind dadurch gekennzeichnet, daß sie unabhängig von den Motivinhalten versuchen, eine Erklärung für die Aktivierung von Verhalten zu finden.

Zu den Inhaltstheorien zählen die Motivationstheorie von Maslow, die ERG-Theorie von Alderfer, die Zweifaktorentheorie von Herzberg und die Theorie der gelernten Bedürfnisse von Mc Clelland. Die Kernaussage der Motivationstheorie von Maslow ist, daß sich die menschlichen Bedürfnisse in fünf Gruppen aufteilen lassen, die zueinander in einem hierarchischen Verhältnis stehen. Dabei wird davon ausgegangen, daß die einzelnen Bedürfnisstufen nacheinander verhaltenswirksam werden. Die nächsthöhere Bedürfnisstufe wird immer dann angestrebt, wenn die Bedürfnisse der vorangegangenen Stufe als ausreichend befriedigt wahrgenommen werden. Maslow unterscheidet physiologische Bedürfnisse, Sicherheitsbedürfnisse, soziale Bedürfnisse, Achtungsbedürfnisse sowie das Bedürfnis nach Selbstverwirklichung. Die ERG-Theorie von Alderfer basiert auf der Kernaussage, daß es sinnvoll ist, lediglich die drei Bedürfnisebenen Existence Needs, das heißt Existenzbedürfnisse, Relatedness Needs, das heißt soziale Bedürfnisse, und Growth Needs, das heißt Wachstums- und Selbstverwirklichungsbedürfnisse, zu unterscheiden. Kennzeichnend ist zudem, daß hier keine strenge Hierarchie der Bedürfnisse vorliegt. Hierauf aufbauend werden verschiedene Thesen formuliert. Die Zweifaktorentheorie von Herzberg basiert auf der Annahme, daß sich die Bedürfnisse der arbeitenden Menschen in zwei Kategorien einteilen lassen. Die erste Kategorie sind die Hygienefaktoren. Sie entsprechen weitgehend den extrinsischen → Motiven. Von diesen wird angenommen, daß ihre Befriedigung Unzufriedenheit verhindert, nicht aber unbedingt zur Arbeitszufriedenheit führt. Die zweite Kategorie sind die Motivatoren, die intrinsischer Art sind. Von diesen wird angenommen, daß nur deren Befriedigung Arbeitszufriedenheit bewirken kann, wobei ihre Nicht-Befriedigung nicht dazu führt, daß Unzufriedenheit eintritt. Die

Motivation im Arbeitsprozeß

Theorie der gelernten Bedürfnisse von Mc Clelland ist eine Motivationstheorie, welche die drei Schlüsselbedürfnisse Achievement, das heißt Leistungsbedürfnis, Affiliation, das heißt Angliederungsbedürfnis, und Power, das heißt Machtbedürfnis unterscheidet, wobei sich weitergehende Überlegungen auf das Leistungsbedürfnis konzentrieren. Eine wesentliche Grundaussage der Theorie ist es, daß der Mensch im Laufe seiner Entwicklung lernt, daß mit dem Einsatz einer bestimmten Leistung eine entsprechende Bedürfnisbefriedigung verbunden ist. Die Neigung zur Bedürfnisbefriedigung ist dabei abhängig von der Stärke der Anregung, der subjektiven Wahrscheinlichkeit eines Erfolgs und dem Attraktivitätswert eines Erfolgs. Diese drei Komponenten werden als miteinander multiplikativ verknüpft angesehen.

Zu den Prozeßtheorien zählen der Path-Goal-Ansatz von Georgopoulus, Mahoney und Jones, die VIE-Theorie von Vroom und die Anreiz-Beitrags-Theorie von March und Simon. Kerngedanke des Path-Goal-Ansatzes ist es, daß Mitarbeiter zur Arbeit motiviert werden, wenn sie in ihrer Arbeitsleistung einen Weg sehen, welcher ihnen die Erreichung persönlicher Ziele ermöglicht, wobei dieser Ansatz, der als Basis für alle anderen Prozeßtheorien anzusehen ist, des weiteren darauf abzielt, daß Mitarbeiter ihr Handeln nach der persönlich gemachten Erfahrung des oben beschriebenen Zusammenhangs nachhaltig ausrichten. Das heißt sie werden versuchen, einen einmal erlernten Prozeß immer wieder ablaufen zu lassen. Die VIE-Theorie von Vroom ist als eine Weiterentwicklung des Path-Goal-Ansatzes anzusehen. Ihr liegt die Annahme zugrunde, daß sich der Faktor → Motivation nach den miteinander multiplikativ verknüpften Faktoren Valenz, Instrumentalität und Erwartung bestimmt. Valenz ist die Belohnung, die mit der Zielerreichung verbunden ist. Instrumentalität beschreibt, inwieweit eine bestimmte Handlung und deren Ergebnis als geeignetes Mittel zur Zielerreichung angesehen wird. Erwartung stellt die durch den Mitarbeiter vorgenommene Einschätzung der Wahrscheinlichkeit dar, mit der eine bestimmte Handlung auch zu einem erfolgreichen Ergebnis führt. Die Anreiz-Beitrags-Theorie ist eine Theorie, die auf der grundlegenden Annahme beruht, daß die Mit-

Motivation von Mitarbeitern

glieder einer Organisation ihre von der Organisation erhaltenen Anreize nach den Beiträgen bewerten, die sie selbst für die Organisation leisten. Das Ergebnis des beschriebenen Bewertungsvorgangs ist nicht nur für das Verhalten des einzelnen Mitarbeiters im Unternehmen bestimmend, sondern beeinflußt auch Entscheidungen, wie die Entscheidung, überhaupt in die Organisation einzutreten beziehungsweise diese zu verlassen.

Eine praxisbezogene Betrachtung des Problemfelds der → Motivation im Arbeitsprozeß zeigt, daß eine Besonderheit der Tourismusbranche darin besteht, daß angesichts der im Vergleich zu manch anderen Branchen relativ schwierigen Entlohnungssituation die Bedeutung intrinsischer → Motivation sehr hoch ist. → Motivation; → Motivation von Mitarbeitern; → Verkaufsorientierte Mitarbeitermotivation im Gastgewerbe

Motivation von Mitarbeitern

Antoine de Saint-Exupéry hat die Definition auf den Punkt gebracht: "Wenn du ein Schiff bauen willst, dann trommle nicht einfach Menschen zusammen, um Holz zu beschaffen, die Aufgaben zu verteilen und die Arbeit einzuteilen, sondern lehre sie die Sehnsucht nach dem weiten endlosen Meer."

→ Visionen sind in der täglichen Praxis ebenso bedeutend wie Träume im privaten Bereich. Und sie sind der erste Schritt, um Mitarbeiter für das gemeinsame Vorhaben "Erfolge zu erzielen" zu begeistern. Wesentlich dazu trägt auch die Kenntnis über das Unternehmens- / Abteilungsziel bei. Um dies auch den einzelnen Mitarbeitern zu vermitteln beziehungsweise mit ihnen erarbeiten zu können, ist das Weitergeben von Informationen (von oben nach unten wie auch von unten nach oben) ein absolutes Muß. Dies wiederum mit funktionierendem Leben zu füllen, ist eine wirkliche Herausforderung, die systematisch geplant, umgesetzt und immer wieder überarbeitet, hinterfragt und kontrolliert werden muß. Regelmäßige Meetings, Aushänge, hausinterne (Mitarbeiter-) Zeitschriften und Transparenz auf der ganzen Linie sind hier gefragt. Auch Betriebsfeste, die in ungezwungener Atmosphäre stattfinden (losgelöst aus dem Alltag), tragen ihren besonderen Part hierzu bei und leisten darüber hinaus noch ihren Beitrag zu sozialen / privaten

Motivation von Mitarbeitern

Kontakten. Denn Mitarbeiter sind das Kapital und höchste Gut eines Unternehmens und genau dies muß gelebt und vermittelt werden.

Dies beginnt bereits bei neuen Mitarbeitern. Der erste Eindruck ist oft entscheidend. So auch der Eindruck, den neue Mitarbeiter von ihrem neuen Unternehmen erhalten. Eine gute Einführung in und über das Unternehmen, um sich auf diesem Weg schon näher kennenzulernen, und eine systematische Einarbeitung sind wichtige Bausteine für einen positiven Start und die Entwicklung der Identifikation mit dem Unternehmen. So gilt es, Mitarbeiter vom ersten Tag an ernst zu nehmen, sie regelmäßig nach ihrer Meinung, ihrem Input oder ihren Ideen zu befragen und stets Feedback - sei es negativ wie auch positiv - zu geben.

Wichtig ist es in der heutigen Zeit, Mitarbeiter "wachsen zu lassen", ihnen Zukunftschancen zu geben, Karrierepläne zu erarbeiten und Unterstützung bei der Umsetzung zu geben (→ Karriere; → Karriere in der Touristik).

Damit dies auch gewährleistet ist, sind dokumentierte, regelmäßig stattfindende Personalentwicklungsgespräche von großer Bedeutung. Die hieraus gewonnenen Erkenntnisse müssen auch beharrlich umgesetzt werden, sonst wird ein Personalentwicklungssystem sehr schnell wirkungslos werden. Den Weg auf der Karriereleiter durch Training / Schulungen zu untermauern, muß professionell geplant und ebenfalls entsprechend umgesetzt werden. Denn nichts ist so frustrierend wie nicht umgesetzte Zusagen beziehungsweise nicht eingehaltene Versprechungen.

Da wir im Zusammenspiel von Vorgesetzten, Mitarbeitern und Gästen stets den Faktor Mensch beinhaltet haben, werden wir sicher immer mit einem gewissen Prozentsatz an Unwegsamkeiten zu rechnen haben, was uns wiederum motivieren sollte, daraus neue Erkenntnisse zu erlangen und dazuzulernen.

Mit der Bereitschaft allein ist es jedoch nicht getan, sondern dieser muß generell auch spürbare Aktivität und Umsetzung folgen. Dies bedeutet harte Arbeit und stetes Hinterfragen, ob das, was man tut, überhaupt noch getan werden muß beziehungsweise ob es noch in der bisherigen Art und Weise getan werden sollte.

Motivation von Mitarbeitern

Ein Vorschlagswesen kann hier beispielsweise einiges bewirken. Zum einen bezieht es Mitarbeiter mit ein und zum anderen werden sie nach einem klaren, transparenten System für ihre Mühe entlohnt und bestätigt. Auch wenn oft nachzulesen ist, daß monetäre Aspekte bei der → Motivation kaum eine Rolle spielen, so zeigt die Praxis, daß nicht nur in den unteren Gehaltsgruppen der monetäre Aspekt sehr wohl eine Rolle spielt. Incentive- / Bonusprogramme (→ Incentives) tragen hierzu ebenfalls bei. Klar definiert und meß- und nachvollziehbar motivieren sie vom "kleinen" Mitarbeiter bis zur Führungsspitze, den Erfolg eines Unternehmens zu steigern und gleichzeitig das eigene Einkommen zu erhöhen. So erhält der Mitarbeiter klar spürbar ein unverzügliches Feedback auf seine Leistung.

Aber auch ganz einfache, kleine Dinge gehören in der täglichen Praxis zur → Motivation. Speziell in der Dienstleistungsbranche, in der wir extrem viel mit Menschen aus den verschiedensten Kulturen (→ Interkulturelles Management) zusammentreffen, sind es die sogenannten weichen Faktoren, die unseren beruflichen Alltag beeinflussen. So wie Lächeln verbindet, so tut es gut, freundlich gegrüßt zu werden, egal welche Tätigkeit man ausübt und gleich welche Nationalität man hat. Das Ansprechen mit Namen in Verbindung mit persönlichen Worten signalisiert auf der einen Seite Interesse und andererseits vermittelt es Zugehörigkeit und Akzeptanz. An den Geburtstag denken, das Jubiläum ehren, dem erkrankten Mitarbeiter einen Gruß zusenden etc., alles Kleinigkeiten mit großer Wirkung, die wiederum ein Stück Zugehörigkeit erzeugen.

Mit diesen Gesten zeigt man, daß Mitarbeiter einen hohen Stellenwert haben, was sich sehr positiv auf das Verhalten der Mitarbeiter gegenüber Kunden / Gästen reflektiert. Motivierte Mitarbeiter tragen oft mehr zum Erfolg eines Unternehmens bei, als kostspielige Hochglanzprospekte bewirken können.

Auch wenn wir - speziell in der Tourismus- beziehungsweise Hotelwelt - sehr oft durch die relativ hohe Fluktuation (→ Personalfluktuation in Hotellerie und Gastronomie), die unvorhersehbaren Situationen, das hohe Maß an Flexibilität, die sich schnell ändernden Rahmbedingungen und den hohen Einsatz von vielen Menschen verschiedenster Kulturen (→ Interkulturelles Management) sehr schnell und oft wieder von vorne beginnen müssen, so lohnt es sich immer wieder, Mitarbeitern "die Sehnsucht nach dem weiten endlosen Meer zu lehren".

Barbara Groß

Personalleiterin des Kempinski Hotels Vier Jahreszeiten, München

Motive

Bestimmungsgründe des Handelns. Diese sind als psychische Dispositionen anzusehen.

MTOW

Abkürzung für → Maximum Takeoff Weight.

Multitasking

Begriff der EDV, der die Eigenschaft eines EDV-Systems beschreibt, die parallele Bearbeitung mehrerer Aufgaben zu ermöglichen.

Multiuserfähigkeit

Begriff der EDV, der die Eigenschaft eines EDV-Systems beschreibt, von mehreren Anwendern gleichzeitig benutzt werden zu können.

Naherholung

Bezeichnung für eine im näheren Umkreis des Wohnortes wahrgenommene Freizeit, die in Anspruch genommen wird, um sich zu erholen.

Narrowbodies

→ Flugzeug

Naturpark

Geschützter Landschaftsraum, der als Erholungsraum gedacht ist.

Near Miss

Bezeichnung für die gefährliche Annäherung eines → Flugzeugs an ein anderes → Flugzeug.

Nebenerwerbsreisebüro

→ Reisebüro, das Reisen überwiegend neben einer andersartigen Haupttätigkeit vermittelt.

Nischenstrategie

→ Strategie

No Show

Bezeichnung für eine bestellte, aber nicht abgeforderte Leistung. No Show stellt das Spiegelbild von → Go Show dar. → No Show-Rate

No Show-Rate

Die No Show-Rate ist der Anteil der gebuchten Passagiere, die ohne oder mit äußerst kurzfristiger Ankündigung nicht zum Flug erscheinen (→ No Show), an der Gesamtzahl der für einen bestimmten Flug gebuchten Fluggäste.

Non-Landing-Cruise

Schiffsfahrt mit identischem Abfahrts- und Ankunftshafen ohne → Landgang für die Passagiere.

Normalkostenrechnung

→ Kostenrechnung

Occupancy-List

Liste zur Erfassung der Kapazitätsauslastung touristischer Leistungsträger.

Ökologische Aspekte des Tourismus

Durch den Tourismus und seine Aktivitäten werden zahlreiche Wirkungen ausgelöst, wobei neben den erwünschten Wirkungen, primär ökonomischer Art, in den letzten Jahren zunehmend auch die negativen Effekte, insbesondere auf die natürliche Umwelt diskutiert werden:

- Der Tourist selbst leidet an den Belastungen sowohl der "unberührten Natur" (Berge, Strände etc.) als auch der "künstlichen Systeme" (Straßen, Flughäfen (→ Flughafen) etc.) und den damit verbundenen Beeinträchtigungen der Lebensqualität (Massenbetrieb, Staus, Verspätungen etc.).
- Der Tourist wird zunehmend kritischer in Bezug auf eine selbst wahrgenommene Verschlechterung der Umweltsituation in touristischen Zielgebieten (verschmutzte Strände, verbaute Landschaft, Abgase, Lärm, Bodenerosionen, Entsorgungsprobleme etc.).
- Die Grenzen der Belastbarkeit scheinen in der natürlichen Umwelt an manchen Orten / Regionen / Nationalparks entweder erreicht oder bereits überschritten (überfüllte Strände, Müll- / Abwasserprobleme, Erosion, Überfüllung der Straßen, Überlastung des Luftraumes etc.).
- Die Auswirkungen des Tourismus beziehen sich nicht nur auf die Umwelt, sondern auch auf ökonomische, gesellschaftliche oder medizinische Bereiche. In zunehmendem Maße mehren sich kritische Stimmen bei den Einheimischen. Der Widerstand beruht

Ökologische Aspekte des Tourismus

nicht nur auf ökonomischen Gründen (weniger "Nettoeffekte" als erwartet, insbesondere bei Reiseformen wie den All-Inclusive Paketen), sondern auch auf ökologischen Gründen und auf den Beschränkungen der eigenen Lebensqualität (zum Beispiel Zutritt zu den Stränden). In jüngster Zeit verdeutlichen selbst in Massendestinationen, wie etwa Mallorca mit seinem "Ballermann 6-Syndrom" und der zunehmenden Anzahl deutscher Grundbesitzer, aufgetretene Fälle das Vorhandensein latenter Probleme.

Für die Gruppe der durch den Tourismus verursachten Umweltwirkungen sollen stellvertretend die nachfolgenden Punkte genannt werden:

- Müll / Abfall (zum Beispiel in Fremdenverkehrsorten),
- Luftbelastung (zum Beispiel durch Tourismus induzierter Verkehr),
- Bodenerosion (zum Beispiel Alpen, Küsten),
- Wasserbelastung (zum Beispiel Abwässer),
- Bedrohung des natürlichen Lebensraumes (für Pflanzen, Tiere),
- Verlust an Wäldern,
- Einwirkungen auf Tierwelt (Aufschrecken, Töten etc.),
- "Visuelle" Verschmutzung der angenehmen Umgebung,
- Ersatz eines natürlichen Ökosystems durch ein technisches System,
- Landschaftsversiegelung, -zerstörung, -zersiedelung, ("Zupflastern" der Landschaft, Urbanisierung, Spekulation, Ortsbildverfremdung, Überprägung, Zweitwohnungen) sowie
- Bedrohung des ökologischen Gleichgewichts (zum Beispiel Antarktis, Korallenriffe).

In diesem Zusammenhang sollten die negativen ökonomischen Auswirkungen (Anstieg der Bodenpreise oder Lebensmittel, Importsog, Druck auf örtliche Infrastruktur, Abhängigkeit von nicht beeinflußbaren Entwicklungen im Ausland, wie etwa Rezessionen) und die politischen Auswirkungen (zum Beispiel Golfkrieg, Bürgerkrieg im ehemaligen Jugoslawien, Streiks, Terroristenaktivitäten, Flugzeugabstürze etc.) nicht übersehen werden.

Hinzu kommen die soziokulturellen Belastungen (→ Soziologische Aspekte des Tourismus).

Die Natur stellt im Vergleich zu

Ökologische Aspekte des Tourismus

Industrie oder Handel das Kapital und damit die Lebens- und Geschäftsbasis dieser Branche dar: Strände, Korallenriffe, die historischen Gebäude und Stätten, die natürliche Landschaft, Flora und Fauna, alle zusammen sind eine starke Attraktivität für den Tourismus - eine Beschädigung oder Zerstörung reduziert damit zwangsläufig die Potentiale des Tourismus. Dies wird von den Verantwortlichen erkannt.

Das "Polluter Pays Principle" ist das wichtigste Prinzip der Umweltpolitik. Die Kosten für die Beseitigung der vom Tourismus ausgehenden Schäden (Strandsäuberungen, Lawinensicherung, Abwasserreinigung, Wiederaufforstungen, Beseitigung von Erosionsschäden und ähnliches) werden aber nur zu geringen Teilen vom Verursacher selbst getragen.

Der normale Markt-Regelungsmechanismus, nämlich über den Preis, funktioniert hier schlecht, da die Umweltressourcen zum Teil den Charakter von öffentlichen Gütern haben, die von allen kostenlos genützt werden können. Eine Grenze der Belastbarkeit wird dort anzunehmen sein, wo die Regenerationsfähigkeit der Natur überfordert wird. Obwohl gerade Umweltfaktoren für den Erfolg oder Mißerfolg in vielen Bereichen des Tourismus (etwa für die Alpen) ausschlaggebend sind, lassen sich zum Schutz dieser touristischen Landschaft "Qualitätsstandards" sehr schwer quantifizieren.

Wie auch in anderen Branchen liegt einer der Hauptgründe für die Umweltschäden durch den Tourismus in der Tatsache begründet, daß Ressourcenverbrauch und Umweltbelastungen nicht mit den "ökologisch wahren Preisen" in die betriebliche Preiskalkulation eingehen. Da der Naturverbrauch betriebswirtschaftlich bei den touristischen Betrieben mit zu geringen Kosten erfaßt wird (Beispiel: Die durch internationale Verträge abgesicherte Subventionierung in Form der Steuerbefreiung für Flugbenzin!), erscheint ein exzessiver Naturverbrauch zwangsläufig. Es tritt kein Regulativ wie bei mit Preisen bewerteten knappen Gütern ein, wo ein Mehrverbrauch zu einem Preisanstieg führen würde. Eine Rückführung der bisher von der Gesellschaft insgesamt getragenen externen Kosten beim Verursacher (die sogenannte Internalisierung) könnte über verschiedene In-

Ökologische Aspekte des Tourismus

strumente wie Abgaben oder Ökosteuern geschehen.

Das Setzen erhaltenswerter Umweltstandards (weitgehend durch den Staat) wird logischerweise auch die touristische Nachfrage betreffen. Durch die dann bei umweltbelastenden touristischen Leistungen entstehenden höheren Kosten würden somit Anreize zum Vermeiden des umweltschädlichen Verhaltens gegeben sein.

Aus unserer Aufzählung der Umweltwirkungen des Tourismus ist die Notwendigkeit erkennbar, die Natur zu schützen. Hier zeigt sich aber bereits ein Dilemma und bis zu einem gewissen Grad auch ein unlösbares Problem:

- Der Tourismus ist vielerorts ein eminent wichtiger Wirtschaftsfaktor.
- Der Großstadtmensch will beim heutigen Arbeits- und Wohnstreß der Unwirtlichkeit der Städte entfliehen. Diese Sehnsucht nach Natur zerstört gleichzeitig die Natur.
- Die Basis eines Großteils des Tourismus und ein beträchtlicher Teil der Freizeit- und boomenden Trend-Sportaktivitäten (wie etwa Gleitschirm- / Drachenfliegen, Mountainbiking) sind Umweltfaktoren. In der Regel ist der Tourist ja gerade besonders angezogen von Orten mit empfindlicher Umwelt (zum Beispiel den Alpen).

Der Tourismus mit seinen Aktivitäten (im Kernbereich und den komplementären Geschäftsfeldern) steht in einem ständigen Spannungsfeld zwischen dem ökonomischen "Nutzen" und dem ökologischen "Schützen" der Natur und Umwelt. Dem Umweltschutz werden wirtschaftliches Wachstum und Arbeitsplätze ("Wir leben vom Tourismus") entgegengestellt.

In vielen strukturschwachen Regionen (dies gilt nicht nur für die Dritte Welt, sondern auch für Industrieländer) erscheint der Tourismus als einer der wenigen Wege (wenn nicht sogar der einzige Weg) für eine ökonomische Entwicklung zu sein.

In Ökologisches Reisen Special ´98 der Zeitschrift Ökologische Politik fragte die TUI, Europas größter → Reiseveranstalter, in einer eigenen Beilage: "Können Touristen die Natur retten?" Zu Recht weist der Umweltbeauftragte von TUI auf den Wunsch und das Recht von Milliarden

Ökologische Aspekte des Tourismus

von Menschen auf "nachholende Entwicklung" hin, und darauf, daß eine "Globalisierung durch nachhaltigen Tourismus eine Globalisierung von neuen Lebenschancen für ungezählte Millionen von bisher unterprivilegierten Menschen ist". Er selbst nennt folgende konkrete Problemlösungen: Schutz der Natur durch Raumordnung, Masterpläne und Schutzzonen, Steigerung der technischen Effizienz, um das Wachstum damit verträglicher zu machen, verbriefte direkte Beteiligung der lokalen Bevölkerung zur Sicherung ihrer sozialen und kulturellen Bedürfnisse sowie langfristige regionale, nationale und internationale Planungen und Abkommen zur Sicherung der Chancengleichheit für zukünftige Generationen.

Zu Recht zeigt Iwand, daß der Ökotourismus zwar als Nische für Minderheiten gut ist, aber als Lösung für 600 Millionen Urlauber nicht funktionieren kann. Er plädiert für eine perspektivische Kompetenz, für eine ökonomische Einsicht des "Schützen durch Nützen". Für Iwand müssen wir, solange die Geschwindigkeit der touristischen Entwicklung anhält, schnell ökonomische Wege finden, das Naturkapital des Tourismus zu sichern.

Für ihn heißt das Konzept eine konsequent und kontinuierlich finanzierte "InWertsetzung" als finanzieller Gegenwert von Natur (er gibt zahlreiche Beispiele wo "Naturwert" gewinnbringender ist: Bringt der Wal im Rahmen des Whale Watching mehr Einnahmen als der Walfang, dann rechnet sich diese touristische InWertsetzung; oder auch Debt-for-Nature Swaps). Naturerhaltung bei gleichzeitiger Wertschöpfung (trotz aller Abzüge von "Schadschöpfungen")!

Bei Iwand finden sich nachstehende Aussagen: "Um diese In-Wertsetzung von Natur, Landschaft und biologischer Vielfalt zu ermöglichen, müssen allerdings von den Deviseneinnahmen der Urlaubsländer definitiv und kontinuierlich ausreichende Finanzmittel für Naturschutzkonzepte eingesetzt werden - für Natur, nicht für gigantische, oftmals geradezu absurde Straßenbauprojekte in idyllischen Urlaubslandschaften. Wenn wir einmal derart weit wären in einer pro-aktiven Kapitalsicherung, würden wir schnell erkennen, daß die Tourismuswirtschaft selbst - als Stakeholder - Interessenpolitik in eigener Sache in den Urlaubsländern und bei internationalen Institutionen be-

Ökologische Aspekte des Tourismus

treiben muß." Bemerkenswerte und einsichtige Worte zur Rettung der eigenen ökonomischen Basis, doch überbrücken wir damit nicht den immanenten Gegensatz Ökonomie - Ökologie. Bekannt sind im Grunde auch die wesentlichen Ursachen ökologischer Belastungen durch den Tourismus.

Zunächst ist der quantitative Boom zu nennen. Das ökologische Problem des Tourismus ist im Kern ein quantitatives Problem. Der ständig ansteigende Besucherstrom läßt Grenzen der Belastbarkeit erreichen. Das Problem der Masse ist zwar keine sonderlich neue Erkenntnis, aber trotzdem zentral für die Probleme des Tourismus. Das Wachstum überkompensiert den Erfolg beim Einzelstück. Was nützt der langsam sinkende Benzinverbrauch beim Auto, wenn gleichzeitig jährlich neue Zulassungsrekorde zu verzeichnen sind und die Nutzungsfrequenz im Freizeit- und Urlaubsbereich ständig zunimmt? Oder wenn zwar zunehmend → Flugzeuge mit leiseren Triebwerken und weniger Verbrauch eingesetzt werden, aber immer mehr Flüge diese positiven Effekte (über-) kompensieren? (Der Flugverkehr hat sich von 1980 bis 1993 verdreifacht). Das Gesamtvolumen, die Gesamtbelastung müßte kleiner werden! Alle Trends im Tourismus zeigen zur Zeit aber genau in die andere Richtung! Statt weniger zu reisen, länger zu bleiben, in die Nähe zu reisen und unter Energiegesichtspunkten vernünftige Transportmittel zu nutzen, werden immer häufiger Kurzreisen durchgeführt (→ Last Minute-Reisen, Städtereisen), boomen die → Fernreisen und werden verstärkt Autos beziehungsweise → Flugzeuge benutzt. Der Tourismus galt in der Vergangenheit als die Wachstums- und Zukunftsbranche schlechthin, mit jahrelangen, quasi vorprogrammierten zweistelligen Zuwachsraten. Ein wirklicher (Umwelt-) Entlastungseffekt kann nur unter Einbeziehung des Phänomens Massentourismus kommen; die Nischenphilosophie des "grünen Reisesegmentes" ist von der Bedeutung her nur sekundär, auch wenn in den 90er Jahren hier zweistellige Zuwachsraten zu verzeichnen waren.

Hinzu kommt der Druck auf immer entlegenere Regionen. Die nachfrageorientierten Beziehungen in der Tourismusindustrie sind sehr dynamisch: Sie lassen manche Aktivitäten und

Ökologische Aspekte des Tourismus

Zielgebiete eine Art des klassischen Produktlebenszyklus durchlaufen. Einem Wandel des Nachfrageverhaltens entspricht die Tourismusindustrie in Form ständig neuer Angebote. Der Tourist sucht nach immer neuen Regionen, die unverdorben sind, und ebnet damit den Weg für die langfristige Entwicklung.

Zur Einschränkung der negativen Wirkungen des Tourismus sind zahlreiche Lösungswege denkbar. Angesichts der ungeheueren Anzahl von Touristen (sowohl in der Form der Individual- als auch der Pauschalreisenden) kann aber ein wirklicher Umwelt-Entlastungseffekt nur bei Einbezug der Volumina des Massentourismus gefunden werden, alles andere ist Illusion. Da jede wirtschaftliche Tätigkeit zwangsläufig zu einer Beeinträchtigung der natürlichen Umwelt führt, bedeutet also auch das Postulat eines "nachhaltigen Tourismus" nur das Ziel einer "relativen" Umweltschonung.

In vielen Fällen wird die Tourismusindustrie noch zu sehr von kurzfristigen Zielkriterien geleitet. Abgesehen von Einzelaktivitäten wird das Umweltargument gerne als kurzfristige Marketinghilfe benützt, ohne daß bisher ein grundlegender Wandel zu erkennen ist. Ein nachhaltiges Tourismusmanagement (→ Sustainable Tourism) erfordert jedoch einen wesentlich längerfristig ausgerichteten Planungshorizont, zudem ist der Einbezug der betroffenen einheimischen Bevölkerung in die Entscheidungsprozesse bei Planung und Durchführung der zukünftig gewünschten "Entwicklung" als Grundvoraussetzung anzusehen.

Die Haltung vieler touristischer Betriebe gegenüber dem Umweltschutz ist auch heute noch eher hinhaltend oder ablehnend. Während über viele Jahre entweder überhaupt kein Handlungsbedarf konstatiert wurde oder eine mehr passive Verdrängungs- und Abwehrstrategie festzustellen war, ist nun zunehmend ein Umdenken zu erkennen. So sind in den letzten Jahren Umweltgesichtspunkte regelmäßig als Schwerpunkte des Wissenschaftszentrums auf der ITB (→ Internationale Tourismus-Börse ITB Berlin) diskutiert worden.

Es wurde bereits dargelegt, daß touristische Aktivitäten zwangsläufig mit Umweltbelastungen (Bodenversiegelung durch Hotelanlagen, Emission durch Verkehrsträger etc.) verbunden sind. Da eine Forderung eines totalen

Ökologische Aspekte des Tourismus

Verhinderns von Tourismus - bis auf bestimmte Schutzzonen - illusorisch ist, sind restriktive Entscheidungen zur Verminderung der Umweltbelastungen zu treffen. Die Frage, wie den Umweltbelastungen zu begegnen ist, ist dabei nicht nur ein technologisches, sondern auch ein gesellschaftspolitisches (Wertungs-) Problem.

Das "Volumenproblem", das heißt die ungebrochen ansteigende Anzahl von Reisenden, kann auch durch Formen des nachhaltigen Tourismus nicht gelöst werden. Es besteht zudem die Gefahr, daß dieses zusätzliche Nischensegment in "traditioneller" Weise nur unter Wachstumsaspekten interpretiert wird. Eine Verlagerung auf Ökotourismusformen ist zum einen gar nicht möglich, würde andererseits das Problem auch überhaupt nicht lösen.

Das Umweltbewußtsein der Touristen (wie der Konsumenten allgemein) ist in Zeiten der Massenarbeitslosigkeit schwer einzuschätzen. Bei der Reiseanalyse 1997 nannte etwa ein Drittel der Deutschen "Natur erleben" und "aus der verschmutzten Umwelt rauskommen" als wichtigste Urlaubswünsche. Auch Befragungen des Studienkreises für Tourismus und Entwicklung im Rahmen einer Exklusivumfrage zu "Urlaubsreisen und Umwelt" bestätigten eine steigende Bedeutung von Umwelt- und Naturschutz. Es wurden vier Umwelt-Urlaubstypen herausgearbeitet: Der unsichere Ablehner (26,3 %), der Nicht-Zahlungsbereite (14,7 %), der sozialverantwortliche Befürworter (14,7 %), der naturerlebnisorientierte Befürworter (30 %).

Ein vermehrtes nachhaltiges Reisen wird vor allem durch zwei Faktoren beeinflußt: Zum einen muß der umweltbewußte Reisende auf ein nutzbares, attraktives und bezahlbares Angebot zugreifen können. Zum anderen muß sich das Öko-Bewußtsein aber auch in einem aktiven Handeln konkretisieren, das heißt zu persönlichen Verhaltensänderungen führen. Leider werden ökologische Verhaltenstendenzen häufig durch mangelnde Bereitschaft zu persönlichen Opfern begrenzt. Die Diskrepanz zwischen Wissen (oder dem in Umfragen geäußerten Umweltbewußtsein) und dem tatsächlichen Verhalten zeigt sich nicht nur bei Konsumprodukten, sondern auch in Bezug auf Urlaubsreisen. Im Tou-

Ökologische Aspekte des Tourismus

rismus bestätigt sich immer wieder, daß der Preis der Hauptwettbewerbsparameter ist, das heißt, der Kunde ist nicht bereit, mehr für den Umweltschutz zu bezahlen. Nach der oben genannten Befragung des Studienkreises wären allerdings sogar 40 % der Bundesbürger bereit, zwei DM pro Urlaubstag für den Umweltschutz im Zielgebiet zu zahlen.

Sowohl beim Angebot als auch bei der Nachfrage besteht die große Gefahr, daß gewisse Verbesserungen (zum Beispiel weniger Energie- / Ressourcenverbrauch eines Hotels) und sanfte / alternative / nachhaltige Tourismusformen als Alibi dienen, als Gewissensberuhigung beider Seiten, ansonsten aber: "Business as usual"!

Um die bei realistischer Betrachtung weiter steigenden Massen so zu "managen", daß die damit verbunden Umweltbelastungen soweit wie möglich minimiert werden, ist das anzutreffende kurzfristige Denken durch strategische Komponenten zu ergänzen, sind integrative Lösungen über die gesamte → Wertschöpfungskette zu finden und sind Umweltgesichtspunkte in alle betrieblichen Entscheidungsprozesse zu integrieren.

Zur Vermeidung der tourismusinduzierten Umweltbelastungen ist auf verschiedenen Ebenen und über den Einsatz verschiedener Instrumente einzugreifen. Während in den 70er / 80er Jahren primär über ordnungspolitische Instrumente und beim Unternehmen / der Produktion angesetzt wurde, verlagerte sich in den 90er Jahren der Focus auf das Produkt und den Verbraucher.

Auf politischer Ebene müssen durch ordnungspolitische und / oder Anreizinstrumente Preis- und Kostensignale zum Umweltschutz auch im Tourismus gesetzt werden: direkte Eingriffe des Staates, autonome Marktregelung unter Vorgabe von bestimmten Rahmenbedingungen (Beispiel: freiwillige Teilnahme am EG-Öko-Audit, freiwillige Selbstverpflichtungen der Branche), verschiedene Anreizinstrumente (Beispiel: Emissionssteuer) sowie Kompensationsmöglichkeiten (Beispiel: Wiederaufforstung). Die wirtschaftlichen Meßinstrumente müssen geändert werden, und zwar auf einzelwirtschaftlicher Ebene durch eine Internalisierung externer Kosten (mit anderen Worten: Auch touristische Betriebe werden die Kosten für

Ökologische Aspekte des Tourismus

den Erhalt der natürlichen Umwelt zunehmend als "normale" Kosten des Geschäftes zu sehen haben und in das betriebliche → Rechnungswesen integrieren). Die Reisenden und die Bereisten müssen informiert, aufgeklärt, erzogen und in Entscheidungsprozesse einbezogen werden.

Neue Instrumente, wie Öko-Audits, freiwillige Selbstverpflichtungen und Umweltgütezeichen, sind unseres Erachtens zwar gefragt, um Umweltschutzpotentiale über die gesamte betriebliche → Wertschöpfungskette besser und kosteneffizienter ausschöpfen zu können. Im Mittelpunkt der Betrachtung steht dabei die Orientierung an übergreifenden Umweltmanagementsystemen und die Sicherstellung einer in Zielen definierten Umweltqualität. Die zur Zeit gegebene Euphorie für "weiche" Instrumente sollte aber nicht die Verantwortung des Staates und der Politik für "harte" Instrumente (Gebühren, Abgaben, Steuern etc.) verdecken, die im "Instrumenten-Mix" unerläßlich bleiben.

Ein nachhaltiger Tourismus ist nicht nur eine Nischenpolitik für bestimmte Marktsegmente (etwa im Naturreisesektor, Ökosektor etc.), sondern eine Strategie, mit der alle Beteiligten im Tourismus aus ganzheitlicher Sicht ihre jeweilig spezifischen Aktivitäten (Unterkunft, Transport, Sport etc.) mit möglichst geringer Umweltbelastung durchführen, also eine Integration des "Prinzips der Umweltschonung" in alle Entscheidungsprozesse der Mitgliedern der touristischen → Wertschöpfungskette unter Einbezug auch des Reisenden.

Ein nachhaltiger Tourismus hat das Ziel, die Natur in ihrer jetzigen Form als Kulturlandschaft zukünftigen Generationen als Kapital zu hinterlassen. Ein solchermaßen nachhaltig orientierter Tourismus ist also nicht primär produktbezogen, sondern er ist ein Ansatz, eine "Philosophie": Umweltorientierung als Bestandteil der spezifischen "touristischen Kultur" des Ferienortes, des Hotels etc. Letztendlich wird aber eine absolute Reduzierung der tourismusinduzierten Naturbelastungen nur über ein verändertes Reiseverhalten möglich sein. Da das Reisen nicht immer die wahren ökologischen Kosten widerspiegelt, das heißt zu billig ist, wird eine "bewußte Verpreisung" (sprich: Kostenerhöhung durch Subventionsabbau oder über

Ökologische Aspekte des Tourismus

Ökosteuern) unumgänglich sein.

Alle Formen des Umweltschutzes greifen ohne ein entsprechendes Bewußtsein der Touristen zu kurz. Ein Öko-Marketing hat demnach auch die wesentliche Aufgabe, das Bewußtsein des Touristen für Umweltzusammenhänge zu öffnen, um langfristig bestimmte Verhaltensmuster zu ändern. Obwohl der Tourist die Auswirkungen seines eigenen Verhaltens zeitweilig zu sehen und spüren bekommt (wachsende Müllberge, verschmutzte Strände, zersiedelte Landschaften, Zerstörungen im Alpenraum aufgrund der Bedürfnisse der Touristen), leitet er direkte Konsequenzen für sein persönliches Verhalten (zum Beispiel Benutzung umweltfreundlicher Verkehrsmittel, reduzierte Sportaktivitäten) daraus nicht zwangsweise ab.

Wie bringen wir den Menschen durch Anreize und Druck zu einem umweltbewußten Freizeit- und Reiseverhalten? Umweltschutz schützt heute lediglich die natürlichen Lebensgrundlagen des Menschen (vor Lärm etc.). Schutz der Natur durch Gesetze und technische Maßnahmen wird demnach nicht um der Natur willen praktiziert, sondern allein zur Sicherung ihrer Nutzung durch den Menschen. Der Nutzen des Menschen bestimmt auch das Maß der zulässigen Eingriffe beziehungsweise Schäden.

Wissen, Sensibilisierung und Erfahrung sind die wichtigsten Möglichkeiten zur Steigerung des persönlichen Wohlbefindens durch umweltbewußteres Urlaubsverhalten:

- Bewußtmachen der durch Urlaubsaktivitäten verursachten ökologischen Schäden beziehungsweise Konfrontation mit den bisher für ihn weitgehend unbekannten Umweltkosten,
- Bereitstellung von Umweltinformationen,
- Aufklärung (etwa mit Prospekten wie "Ökologisch Reisen - Die Natur entlasten" des → Deutschen Reisebüro und Reiseveranstalter Verbandes),
- Nützen von Möglichkeiten in der Erziehung, praktisches Handeln, Maßnahmen der unmittelbaren Naturerfahrung und Umweltbildung sowie
- eine entsprechende Schulung der Beschäftigten in der Tourismusbranche.

Der Konflikt zwischen Nutzung der Natur für den Tourismus und dem Schutz der Natur als Lebensbasis bedarf auch einer anderen Beurteilung des Wertes, den wir der Natur einzuräumen bereit sind. Zwischen dem öffentlichen Gut "Urlaubs- und Freizeitmöglichkeiten" und dem öffentlichen Gut "Schutz der Natur" müssen neue Formen des Ausgleichs und der Konfliktbewältigung in ökonomischer und ökologischer Hinsicht gefunden werden. → Soziologische Aspekte des Tourismus; → Sustainable Tourism; Tourismus und Umwelt

Literatur: Hopfenbeck, Zimmer, 1993; Iwand, 1998

Prof. Dr. Waldemar Hopfenbeck
Fachhochschule München, Fachbereich Betriebswirtschaft

Offene Handelsgesellschaft

Rechtsform, die dadurch gekennzeichnet ist, daß sich mindestens zwei Gesellschafter zum Betrieb eines Handelsgewerbes zusammenschließen. Gesetzlich geregelt ist die Offene Handelsgesellschaft, die zu den → Personengesellschaften zählt und abgekürzt als OHG bezeichnet wird, in den §§ 105 bis 160 HGB. Die Gesellschafter bringen das gesamte → Eigenkapital aus ihrem Privatvermögen auf. Jeder Gesellschafter hat ein eigenes Kapitalkonto, das seiner Einlage entspricht. Die Summe der Einlagen, also die Summe der Kapitalkonten, bildet das → Eigenkapital der Offenen Handelsgesellschaft. Ein Mindestkapital ist nicht vorgesehen. Jeder Gesellschafter ist zur Geschäftsführung berechtigt und verpflichtet. Es besteht im Gegensatz zur → Gesellschaft des bürgerlichen Rechts → Einzelgeschäftsführungsbefugnis. Auch im → Außenverhältnis kann jeder Gesellschafter der Offenen Handelsgesellschaft alleine die Gesellschaft verpflichtende Willenserklärungen abgeben. Es besteht → Einzelvertretungsmacht. Die Haftung der Gesellschafter ist genauso geregelt wie bei den Gesellschaftern der → Gesellschaft des bürgerlichen Rechts. Jeder Gesellschafter haftet für die Verbindlichkeiten unbeschränkt (→ Unbeschränkte Haftung), unmittelbar (→ Unmittelbare Haftung) und gesamtschuldnerisch (→ Gesamtschuldnerische Haftung). Wenn im Gesellschaftsvertrag nichts anderes bestimmt ist, sind im Falle entstandener Gewinne die Einlagen der Gesellschafter mit 4 % zu verzinsen. Ist darüber hinaus weiterer Gewinn vorhanden, wird dieser Restbetrag nach Köpfen verteilt. Der Gewinn wird den Kapitalkonten der Gesellschafter gutgeschrieben oder auf Verlangen bar ausbezahlt. Verluste werden nach Köpfen aufgeteilt und von den Kapitalkonten abgezogen. Dadurch vermindert sich das Eigenkapital, welches aus der Summe der Kapitalkonten besteht.

OHG

Abkürzung für → Offene Handelsgesellschaft.

OM

Abkürzung für → Operations Manual.

On Behalf-Verkehr

→ Strategische Allianzen im Luftverkehr

Operating Leasing

→ Leasing

Operations Control

Bezeichnung für die Einsatzzentrale einer → Fluggesellschaft. Sie untersteht dem → Flugbetriebsleiter. Abkürzung: OPS.

Operations Manual

Bezeichnung für das Flugbetriebshandbuch. In diesem sind die Aufgaben und Verantwortlichkeiten der Funktionsträger im Flugbetrieb geregelt. Abkürzung: OM.

Operatives Controlling

→ Controlling

Opinion Leader

Bezeichnung für Meinungsführer. Der Begriff des Opinion Leader spielt vor allem in der Kommunikationsforschung (→ Kommunikation) eine Rolle. Hier wurde festgestellt, daß massenmedial vermittelte Inhalte nicht direkt von den Massenmedien zum Publikum, sondern in einer ersten Stufe von dem Medien zu den Opinion Leaders fließen, um dann weniger Aktive beziehungsweise Interessierte zu erreichen. Diese Systematik wird als Two-Step-Flow of Communication bezeichnet. Sie spielt insbesondere im Problemkreis der → Reiseentscheidung eine wichtige Rolle.

OPS

Abkürzung für → Operations Control.

Organisation

Der Begriff der Organisation wird mit zwei verschiedenen Inhalten belegt. So versteht man unter Organisation einerseits die Gesamtheit aller auf Aufgabenteilung und Koordination abzielenden Regelungen und andererseits ein zielgerichtetes soziales System. Die erst genannte Auffassung wird unter dem Begriff des instrumentellen Organisationsbegriffs zusammengefaßt. Hier könnte man formulieren: Der touristische Leistungsträger hat eine Organisation. Die zweitgenannte Auffassung wird durch den institutionellen Organisationsbegriff umschrieben. Hier könnte man sagen: Der touristische Leistungsträger ist eine Organisation.

Eine weitere Differenzierung des Organisationsbegriffs ergibt sich durch die Unterscheidung in Aufbauorganisation und Ablauforganisation. Der Begriff der Aufbauorganisation beschreibt die formale Struktur des touristischen Leistungsträgers. Der Begriff der Ablauforganisation beinhaltet die Gestaltung der Arbeitsvorgänge innerhalb des touristischen Leistungsträgers. Im Bereich der Aufbauorganisation werden verschiedene Formen der Verteilung von Weisungsrechten unterschieden. Die erste Form ist das Einliniensystem. Dieses ist dadurch gekennzeichnet, daß zu einer nachgeordneten → Stelle nur eine Anweisungslinie führt. Der Mitarbeiter erhält nur von einem Vorgesetzten Weisungen. Die zweite Form der Verteilung von Weisungsrechten ist das Stabliniensystem. Dieses stellt eine besondere Form des Einliniensystems dar, die dadurch gekennzeichnet ist, daß zusätzlich zu den → Stellen mit Weisungsbefugnis Stabsstellen eingerichtet sind. Stabsstellen sind → Stellen, die kein Weisungsrecht gegenüber der Linie haben. Sie dienen insbesondere der Entscheidungsvorbereitung. Hinzu kommt das Mehrliniensystem. Hier führen mehrere Anweisungslinien zu nachgeordneten → Stellen.

Outbound Tourismus

→ Outgoing-Tourismus

Outgoing-Tourismus

Bezeichnung für den aus einem Land herausführenden Tourismus. Outgoing-Tourismus wird auch als Outbound Tourismus bezeichnet.

Outsourcing

Bezeichnung für die Aufgabe der Produktion von bisher im Unternehmen selbst erbrachten Leistungen und den sich hieran anschließenden Einkauf der entsprechenden Leistungen. Das Outsourcing ist im Zusammenhang mit → Make-or-Buy-Entscheidungen zu sehen.

Overbooking

Bezeichnung für das von einem touristischen Leistungsträger vorgenommene Überbuchen von Kapazitäten. → Yield-Management

Overriding Commission

→ Provisionssysteme im Reisebürobereich

Package

Bezeichnung für ein aus mehreren Leistungen zusammengestelltes Leistungsbündel. Dieses wird auch als Paketangebot bezeichnet.

Paketangebot

→ Package

Parahotellerie

Bezeichnung für die Gesamtheit von Beherbergungsbetrieben, welche das Leistungsangebot der traditionellen Hotellerie ergänzen. Hierunter fallen beispielsweise Betriebe, die Ferienwohnungen vermieten.

Partizipation

Bezeichnung für das Teilhabenlassen an Entscheidungen.

Patensystem

System der Einarbeitung eines neuen Mitarbeiters, das dadurch gekennzeichnet ist, daß diesem eine Bezugsperson zur Betreuung zugeordnet wird.

Pauschalreise

Reise, die von einem → Reiseveranstalter in Form der Bündelung mindestens zweier Hauptreiseleistungen, wie Transport, Unterbringung oder Verpflegung, angeboten wird. Man unterscheidet Vollpauschalreisen und Teilpauschalreisen. Eine Vollpauschalreise ist vollständig organisiert. Sie umfaßt das ganze Bündel an Hauptreiseleistungen. Eine Teilpauschalreise ist hingegen nur teilweise organisiert. Es fehlen bestimmte Leistungselemente.

Pax

Bezeichnung für Personeneinheit.

Personalbedarfsplanung

Teilgebiet der → Personalwirtschaft, bei dem es darum geht,

dafür zu sorgen, daß dem touristischen Leistungsträger qualifizierte Mitarbeiter in der erforderlichen Anzahl unter Berücksichtigung ihrer individuellen Neigungen zum richtigen Zeitpunkt für die gewünschte Dauer am richtigen Ort zur Verfügung stehen.

Personalbeschaffung

Teilgebiet der → Personalwirtschaft, dessen Gegenstand die Beseitigung einer quantitativen, qualitativen, zeitlichen oder örtlichen personellen Unterdeckung ist.

Personalbeurteilung

Teilgebiet der → Personalwirtschaft, dessen Gegenstand die Erfassung von Leistungen, Verhalten und Potentialen der für den touristischen Leistungsträger tätigen Mitarbeiter ist.

Personaleinsatzplanung

Teilgebiet der → Personalwirtschaft, dessen Inhalt ein anforderungs- und eignungsgerechter Personaleinsatz ist. Hierzu zählen diverse Aspekte, deren Gemeinsamkeit in der Zuweisung von Mitarbeitern zu → Stellen besteht. Besonders aktuelle Aspekte sind hier die Problemfelder der → Telearbeit und der → Arbeitszeitgestaltung.

Personalentlohnung

Teilgebiet der → Personalwirtschaft, das sich auf die geldlichen und geldwerten Leistungen bezieht, die der touristische Leistungsträger seinen Mitarbeitern zukommen läßt.

Personalentwicklung

Teilgebiet der → Personalwirtschaft, das alle Maßnahmen umfaßt, die sich mit der Förderung sowie der Aus-, Fort- und Weiterbildung beschäftigen.

Personalfluktuation in Hotellerie und Gastronomie

Fluktuation von Personal in Hotellerie und Gastronomie ist der ständige Personalwechsel, mit dem sich besonders gastronomische Betriebe auseinandersetzen müssen. Die Fluktuation zieht eine Veränderung in der Personalstruktur nach sich. Viele Betriebe des Hotel- und Gaststättengewerbes weisen so hohe Fluktuationsraten aus, daß diese Branche in dieser Beziehung einen Spitzenplatz einnimmt. In der Gastronomie können zu den üblichen Fluktuationsursachen, wie konjunkturelle Lage, Bevöl-

Personalfluktuation in Hotellerie und Gastronomie

kerungsveränderungen, Änderungen der Umwelt- und Lebensbedingungen, noch jahreszeitlich abhängige Saisonschwankungen hinzukommen. Die Berechnung der Fluktuationsquote als betriebswirtschaftliche Kennzahl kann nach der von der Bundesvereinigung der deutschen Arbeitgeberverbände vorgeschlagenen Formel erfolgen. Demnach ergibt sich die Fluktuation aus dem prozentualen Verhältnis zwischen der Anzahl der Personalabgänge und dem durchschnittlichen Personalbestand. Wichtige Voraussetzungen für die Vermeidung großer Fluktuationsraten sind die richtige Auswahl des Personals, die Gestaltung der Arbeitsplätze entsprechend den Vorstellungen und Wünschen des Arbeitnehmers im Rahmen der betrieblichen Möglichkeiten, die entsprechenden vertraglichen Gestaltungen der Arbeitsverträge und die fachliche und soziale Integration aller Mitarbeiter in das Unternehmen. Besonders zu beachten ist die Einführung neuer Mitarbeiter, da die Fluktuationsrate dieser Mitarbeiter in den ersten Jahren der Betriebszugehörigkeit erfahrungsgemäß am höchsten ist. Fluktuation führt zu hohen Kosten durch Arbeitsprozesse, Abfindungen, Kapazitätseinschränkungen einerseits und Personalbeschaffungs- und Einarbeitungskosten andererseits. Neben hohen Kosten, die durch Fluktuation verursacht werden, kann das Betriebklima negativ beeinflußt werden oder auch die Leistungsbereitschaft des Personals nachlassen. Insbesondere aber leidet die personelle Kontinuität gegenüber Gästen, Lieferanten und Behörden.

Die Beschäftigung mit den möglichen Fluktuationsmotiven der Mitarbeiter stellt eine Maßnahme dar, um die Fluktuation so gering wie möglich zu halten. Durch persönliche Gespräche kann versucht werden, Fluktuationsmotive herauszufinden. Fluktuationsmotive können betriebliche Ursachen (Arbeitsbedingungen, Aufstiegsmöglichkeiten, Betriebsklima, Verdienstmöglichkeiten) oder persönliche Ursachen (Krankheit, Familienverhältnisse, Fortbildungswünsche, berufliche oder regionale Veränderungswünsche) haben. Umweltbedingte oder außerbetriebliche Ursachen, wie Anziehungskraft anderer Branchen oder anderer Regionen mit besseren Freizeitangeboten, kurzen Anfahrtzeiten oder geringeren Mieten, können zu den persönlichen Ursachen gerechnet werden, weil

Personalfluktuation in Hotellerie und Gastronomie

sie zur Wunsch- und Gedankenwelt des jeweiligen Arbeitnehmers gehören. Unter Umständen können durch besonders attraktive Angebote (Beförderung, höheres Einkommen, bessere Wohnverhältnisse) die Wünsche des Arbeitnehmers so beeinflußt werden, daß ursprüngliche Veränderungswünsche in den Hintergrund treten.

Eine wichtige Rolle spielen die persönlichen Kontakte zum Arbeitgeber und den Kollegen. Daher sind die Fluktuationsraten in kleineren Betrieben bis 20 Beschäftigten geringer als in größeren Betrieben. Wenn es dem Arbeitgeber gelingt, in einer überschaubaren Gruppe Leistungswillen und -freude der Mitarbeiter anzuspornen, ihnen Anerkennung zu verschaffen und für ein gutes Betriebsklima zu sorgen, erreicht er damit, die teuere Fluktuation gering zu halten und gleichzeitig eine optimale Versorgung der Gäste durch ihnen vertrautes Personal zu gewährleisten.

Es gibt aber auch gerade in Hotellerie und Gastronomie beträchtliche Vorteile, die durch einen Personalwechsel erreicht werden können, wobei es sich um eine "gewollte Mobilität" handeln kann. Diese ist zwar teilweise durch laufende Schulung des vorhandenen Personals zu erreichen, aber auch durch die Möglichkeit, neue Mitarbeiter einstellen zu können, die offen sind für neue Technologien, über spezielle Fachkenntnisse, Erfahrungen im EDV-Bereich, gesundheitsbewußte Küche oder über internationale Erfahrungen verfügen. Gerade in einer Zeit, in der die Welt durch Wegfall von Grenzen und verbesserter Verkehrsmöglichkeiten zusammenwächst und der Tourismus riesige Ausmaße annimmt, braucht das Hotel- und Gaststättengewerbe, das sich heute mit weltweiten Maßstäben messen lassen muß, flexible, weitgereiste Mitarbeiter mit Sprachkenntnissen und den verschiedensten betrieblichen Erfahrungen.

Während in vielen Branchen das häufige Wechseln des Betriebes als sehr negativ angesehen wird, betrachtet man saisonbedingten Wechsel in der Gastronomie ohnehin als normal und einen Wechsel in angemessenen Zeiträumen als Vorteil, der durch gewonnene, berufliche Erfahrungen das Fortkommen eines jungen Mitarbeiters steigern kann. Die Einstellung von Mitarbeitern mit vielseitigen Erfahrungen in verschiedenen Betrieben kann für den Arbeitgeber ein sehr viel größerer Vorteil sein als an vorhandenen Mitarbeitern festzuhalten.

Oft werden von Arbeitgebern Maßnahmen ergriffen, um eine gewollte Fluktuation herbeizuführen. Dies geschieht durch Kündigung ungeeigneter Mitarbeiter, durch frühzeitige Pensionierung älterer Mitarbeiter (Verjüngung der Belegschaft), durch Abschluß von befristeten Verträgen. Durch vertraglich festgelegte längere Probezeiten kann die fachliche, aber vor allem die Teamfähigkeit und die Zuverlässigkeit des neuen Mitarbeiters genauer geprüft werden. Diese und andere Maßnahmen können zu einer dauerhaften Steigerung der Qualität des Personals und der Zusammenarbeit führen. Die Kosten solcher Maßnahmen und der dadurch herbeigeführten Fluktuation werden nicht nur ausgeglichen, sondern durch bessere Betriebsergebnisse werden sich solche unpopulären und unangenehmen Eingriffe vielfach auszahlen. Besser qualifiziertes, leistungsbereites Personal, das durch geschickte Führung in einem angenehmen Betriebsklima gut zusammenarbeitet, wird in jeder Weise bessere Verhältnisse schaffen, die dann wieder zu einer geringeren Fluktuation führen.

Dr. Wolfgang Blindow

Geschäftsführer und Schulleiter der Hotelfachschule Stadthagen

Personalfreisetzung

Teilgebiet der → Personalwirtschaft, dessen Gegenstand alle Handlungen des touristischen Leistungsträgers sind, die sich mit der Beseitigung einer quantitativen, qualitativen, zeitlichen oder örtlichen Überdeckung befassen.

Personalführung

Bezeichnung für die zielorientierte Beeinflussung von Mitarbeitern durch Vorgesetzte. Die Personalführung umfaßt sowohl verschiedene Führungsstile als auch verschiedene Führungstechniken. Unter dem Begriff Führungsstil werden verschiedene grundlegende Ausrichtungen von Führung subsumiert. Der Begriff Führungstechnik kennzeichnet hingegen die Gesamtheit grundsätzlicher Verfahrensweisen, die in einem touristischen Leistungsträger zur Bewältigung der Führungsaufgaben

Personalführung

angewandt werden können.

Das Problemfeld des Führungsstils läßt sich durch eine das Kriterium der Größe des Entscheidungsspielraums des Vorgesetzten verwendende Unterscheidung verschiedener idealtypischer Führungsstile beleuchten. Das Ergebnis dieser Unterscheidung ist ein Kontinuum, das die verschiedenen Führungsstilausprägungen nach der Abnahme des Entscheidungsspielraums des Vorgesetzten beziehungsweise der Zunahme des Entscheidungsspielraums des Mitarbeiters beziehungsweise der Gruppe, für die der Vorgesetzte Verantwortung trägt, ordnet. Der erste Führungsstil, der nach der beschriebenen Art und Weise eingeordnet wird, ist der autoritäre Führungsstil. Dieser ist dadurch gekennzeichnet, daß allein der Vorgesetzte entscheidet. Hinzu kommt der patriarchalische Führungsstil. Auch hier entscheidet der Vorgesetzte alleine, ist aber bestrebt, seine Mitarbeiter von seinen Entscheidungen zu überzeugen, bevor er diese anordnet. Zudem gibt es den beratenden Führungsstil. Hier ist der Entscheidungsspielraum der Mitarbeiter im Vergleich zu den vorher genannten Führungsstilen insofern größer, als der Vorgesetzte, wenngleich er selbst entscheidet, Fragen zu seinen Entscheidungen gestattet, um durch deren Beantwortung deren Akzeptierung zu erreichen. Des weiteren ist der kooperative Führungsstil zu nennen. Dieser ist dadurch gekennzeichnet, daß die Mitarbeiter im Vorfeld der Entscheidungsfindung die Möglichkeit haben, ihre Meinung zu äußern, bevor der Vorgesetzte die endgültige Entscheidung trifft. Schließlich existieren der partizipative und der demokratische Führungsstil. Der partizipative Führungsstil ist durch die Besonderheit geprägt, daß der Vorgesetzte seine Entscheidungen auf der Basis von Entscheidungsvorschlägen trifft, die durch die Mitarbeiter erarbeitet wurden. Der demokratische Führungsstil weist die Besonderheit auf, daß hier die Gruppe entscheidet, wobei der Vorgesetzte entweder zuvor das Problem aufgezeigt hat, das die Notwendigkeit zur Entscheidungsfindung bedingt, und die Grenzen des Entscheidungsspielraums festgelegt hat oder lediglich als Koordinator nach innen und außen fungiert.

Zu den Führungstechniken zählt zunächst das Management by Delegation (→ Delegation). Der Kerngedanke dieser Führungstechnik besteht in einer möglichst weitgehenden Übertragung von Aufgaben, Entscheidungen und Verantwortung auf untergeordnete Ebenen. Hinzu kommt das Management by Exception. Dessen Besonderheit ist, daß der Vorgesetzte nur in bestimmten, vorab definierten Ausnahmefällen in das Handeln des Mitarbeiters eingreift. Des weiteren gibt es die Führungstechnik Management by Motivation. Diese Technik der Personalführung ist dadurch gekennzeichnet, daß die Arbeit mit Leistungsanreizen im Vordergrund steht. Zudem gibt es die Führungstechnik Management by Objectives. Deren Kerngedanke besteht darin, Personalführung auf der Grundlage von Zielen zu organisieren, welche der Vorgesetzte mit seinen Mitarbeitern vereinbart. → Denkmodell des ganzheitlichen Management; → Human Resource Management; → Management; → Management im Tourismus; → Personalmanagement; → Strategische Unternehmensführung; → Zukünftige Entwicklungen im Personalmanagement

Literatur: Gabele, 1992; Jung, 1995; Olfert, Steinbuch, 1995; Reber, 1992; Steinle, 1992; Welge, 1992; Wunderer, 1992

Personalmanagement

Aufgabenbereich, der sich mit personellen Aufgaben im Unternehmen befaßt. Das Personalmanagement beinhaltet Tätigkeiten der Systemgestaltung und Verhaltenssteuerung. Personalmanagement im Sinne der Systemgestaltung zielt auf Führungstätigkeiten für das Personal ab. Hier werden Regeln und Bedingungen geschaffen, welche die Beschaffung, die Fortbildung, die Versetzung, die Entlohnung von Mitarbeitern sowie weitere ähnliche Aspekte festlegen. Personalmanagement als Verhaltenssteuerung ist gleichbedeutend mit der Führung des Personals. Im anglo-amerikanischen Sprachgebrauch existiert der Begriff → Human Resource Management. Dieser Begriff ist weitgehend gleichbedeutend mit dem Begriff des Personalmanagement. Allerdings ist → Human Resource Management durch eine stärker ausgeprägte strategische Ausrichtung gekennzeichnet. → Denkmodell des ganzheitlichen Management; → Human Resource Management; → Management; → Management im Tourismus; → Strategische Unternehmensführung; → Zukünftige Entwicklungen im Personalmanagement

Personalverwaltung

Teilgebiet der → Personalwirtschaft, das alle administrativen Aufgaben umfaßt, die sich auf die Mitarbeiter des touristischen Leistungsträgers beziehen.

Personalwirtschaft

Betriebswirtschaftlicher Begriff für die Gesamtheit personalrelevanter Inhalte eines Unternehmens. Die Personalwirtschaft beinhaltet verschiedene Hauptaufgaben. Zu diesen zählen die → Personalbedarfsplanung, die → Personalbeschaffung, die → Personaleinsatzplanung, die → Personalentwicklung, die → Personalfreisetzung, die → Personalführung, die → Personalentlohnung, die → Personalbeurteilung und die → Personalverwaltung. → Personalmanagement

Personengesellschaft

Bezeichnung für eine Gesellschaft, bei der nicht wie bei einer → Kapitalgesellschaft die Kapitalbeteiligung im Vordergrund steht, sondern die Gesellschafter als Personen. Zu den Personengesellschaften zählen die → Gesellschaft des bürgerlichen Rechts, die → Offene Handelsgesellschaft (OHG), die → Kommanditgesellschaft (KG), die → GmbH & Co. KG und die → Stille Gesellschaft.

PEX

Abkürzung für → Purchased Excursion Fare.

Pier

Auch als Kai oder Kaje bezeichnete Mauer, an der ein Schiff im Hafen anlegt.

Plankostenrechnung

→ Kostenrechnung

Point of Sale

Bezeichnung für den Verkaufsort eines Produktes. Point of Sale wird oftmals mit POS abgekürzt.

Poolabkommen

→ Strategische Allianzen im Luftverkehr

Portfolio-Analyse

Die Portfolio-Analyse ist eine Technik des strategischen Controlling (→ Controlling), deren Inhalt darin besteht, Produkte oder Geschäftsfelder nach verschiedenen Dimensionen zu strukturieren und zu visualisieren.

POS

Abkürzung für → Point of Sale.

Post-Convention-Program

Bezeichnung für das Freizeitprogramm, das sich an Tagungen anschließt.

Pre-Boarding

Bezeichnung für ein frühes und nur bestimmten Personengruppen gewährtes → Boarding.

Pre-Convention-Program

Bezeichnung für das Programm, das im Vorfeld von Tagungen genutzt werden kann.

Privacy

Begriff der Umwelt- und Sozialpsychologie, der das Gefühl der Privatheit beschreibt. Es wird angenommen, daß dieses Gefühl im Gegensatz zum → Crowding positiv empfunden wird.

Produktivität

Bezeichnung für das Verhältnis von Output und Input. Die Größe Produktivität beinhaltet ausschließlich Mengeneinheiten. Sie ist im Gegensatz zur Größe → Wirtschaftlichkeit frei von Preisbewertungen. Ein touristischer Leistungsträger, der produktiv arbeitet, weist ein als positiv anzusehendes Verhältnis zwischen der Menge produzierter Dienstleistungen und der Menge hierfür erforderlicher Einsatzfaktoren auf.

Profit Center

Profit Center sind abrechnungstechnische Einheiten eines touristischen Leistungsträgers, die auf selbständige Gewinnerzielung ausgerichtet sind. → Service Center

Provisionssysteme im Reisebürobereich

→ Reisebüros werden von → Reiseveranstaltern in verschiedener Form provisioniert. Zunächst ist die Basisprovision zu nennen. Diese Provision wird, sofern ein gewisser Mindestumsatz erreicht wird, für jede Buchung bezahlt. Sie bewegt sich in der Regel in einer Größenordnung von ca. 8 - 10 %. Hinzu kommt die Zusatzprovision. Sie wird als Anreiz für den Verkauf absatzschwacher Zielgebiete und Produkte gewährt. Die Zusatzprovision liegt bei ca. 1 - 3 %. Die entsprechenden Beträge werden zusätzlich zur Basisprovision bezahlt. Des weiteren ist die Staffelprovision zu nennen. Sie wird zusätzlich zur Basisprovision bezahlt, wenn das → Reisebüro eine festgelegte Umsatzgrenze übertrifft. Zur Verdeutlichung der hier anzutreffenden Größenordnungen kann ein beispielhafter Wert von 1 % aufgeführt werden. Zudem ist die Overriding Commission zu nennen, die auch als Superprovision bezeichnet wird. Sie bezieht sich auf eine gegenüber dem Vorjahr zu erzielende Umsatzsteigerung und wird auf den entsprechenden Differenzbetrag bezahlt. Ein beispielhafter Wert ist etwa 4 %.

Prozeßkosten

→ Kosten, die einzelnen Prozessen zugeordnet werden. Sie werden durch die → Prozeßkostenrechnung erfaßt. Um ein Beispiel aus der Praxis zu geben, kann man auf eine in den TUI-Reisecentern durchgeführte und von der Zeitschrift FVW veröffentlichte Untersuchung zurückgreifen. Bei dieser Untersuchung wurden verschiedene Prozesse einer genaueren Betrachtung unterzogen. Hierzu zählten beispielsweise die Prozesse Buchung inklusive Beratung und Auskunft zu getätigten Buchungen, Beratung ohne Buchung, Auskunft ohne Buchung und Katalogausgabe. Um eine Vorstellung über bei → Reisebüros gängige Größenordnungen zu vermitteln, sei das für die Prozeßart Buchung inklusive Beratung und Auskunft zu getätigten Buchungen im Pauschalreisebereich ermittelte Ergebnis angegeben. Die Prozeßkosten bewegten sich bei einer durchschnittlichen Prozeßdauer von ca. 63 Minuten innerhalb einer Spanne von 120 DM und 140 DM.

Prozeßkostenrechnung

Form der → Kostenrechnung, deren Bezugsobjekte Prozesse sind. Sie ermittelt → Prozeßkosten. Es handelt sich hierbei um ein Vollkostenrechnungssystem (→ Kostenrechnung).

Purchased Excursion Fare

Sondertarif (→ Tarif) für Linienflüge (→ Linienflug), bei dem im Gegensatz zum → Advance Purchased Excursion Fare keine Vorausbuchungsfrist existiert.

Purser

An Bord eines → Kreuzfahrtschiffes kümmert sich der Purser in der Funktion eines Zahlmeisters um alle Geldangelegenheiten, Post, Telegramme und Telefaxe. Das Büro des Pursers ist die erste Anlaufstelle der Kreuzfahrtpassagiere für Informationen. An Bord eines → Flugzeugs bezeichnet man als Purser den Vorgesetzten der → Flugbegleiter.

Qualitätsmanagement

Bezeichnung für die Gesamtheit organisierter Handlungen, die dem Ziel dienen, die vom Unternehmen erbrachte Qualität zu erhalten beziehungsweise zu erhöhen. → Total Quality Management

Qualitätszirkel

Gruppe von Mitarbeitern, die freiwillig zusammentrifft, um Probleme ihrer Arbeit, des Arbeitsumfeldes und Konflikte bei der Zusammenarbeit zu besprechen mit dem Ziel, Veränderungen und Verbesserungen durchzuführen.

Rack Rate

Bezeichnung für den Vollzahlerpreis in der Hotellerie.

Rafting

Wildwasserfahrt mit Floß oder Schlauchboot.

Rail and Cruise

→ Kreuzfahrt mit An- und Abreise per Bahn.

Rail & Road

Bezeichnung für eine von der Deutschen Bahn AG angebotene Dienstleistung, die darin besteht, im Anschluß an eine Bahnreise die Reise mit einem Mietwagen fortzusetzen. → Bahnmanagement im Tourismus

Ramp

Bezeichnung für das Vorfeld eines → Flughafens, das zur Flugzeugabfertigung dient. → Ramp-Agent

Ramp-Agent

Bezeichnung für einen Mitarbeiter des → Flughafens, dessen Aufgabe es ist, Tätigkeiten bei der Flugzeugabfertigung zu koordinieren. → Ramp

RDA Internationaler Bustouristik Verband e.V.

Der 1951 als Reisering Deutscher Autobusunternehmungen e.V. gegründete Verband entwickelte sich in den folgenden vier Jahrzehnten zum internationalen Bustouristik Verband und nahm diese Bezeichnung konsequenterweise 1991 als offiziellen Verbandsnamen an. Die Abkürzung "RDA" wird allerdings im Hinblick auf den hohen internationalen Bekanntheitsgrad dieser

"Marke" aus gutem Grund beibehalten.

Der RDA bündelt Interessen und Leistungen von über 3.300 Mitgliedern in mehr als 35 Ländern. Er fördert durch seine heterogene, internationale Struktur Synergien in allen Bereichen sowie die Wettbewerbsfähigkeit der Bustouristik gegenüber dem wachsenden Konkurrenzdruck.

Zu den direkten Mitgliedern zählen die führenden Busreiseveranstalter, selbstveranstaltende → Reisebüros sowie Pauschal- und Paketreiseveranstalter und deren Vertragspartner. Neben den direkten Mitgliedschaften von Bustouristikunternehmen mit erheblicher eigener Reiseveranstaltertätigkeit sind durch RDA-Mitgliedschaften von Busunternehmer-Kooperationen sowie von nationalen Busverbänden und Landesverbänden des Busgewerbes über 1.000 weitere Busunternehmen dem RDA angeschlossen. Darüber hinaus partizipieren viele andere Busunternehmen als Subunternehmer von RDA-Reiseveranstaltern mittelbar an der bustouristischen Interessensvertretung und der Kommunikationsplattform RDA.

Zweite, gleichberechtigte Säule der RDA-Mitgliedschaft sind die Partner der Busreiseveranstalter aus über 70 Branchen, die an dem Leistungsbündel Bustouristik mitwirken. Dieses reicht von der Hotellerie / Gastronomie über nationale und regionale Fremdenverkehrsorganisationen sowie andere Verkehrsträger, wie etwa Fähren und Omnibushersteller, bis hin zu → Freizeitparks und Musicals.

Ziel des RDA ist es, die tourismuspolitischen Interessen der Bustouristik zu vertreten und die Geschäfte seiner Mitglieder mit deren aktuellen und potentiellen Kunden und Auftraggebern zu fördern. → Busreisemanagement; → Bundesverband Deutscher Omnibusunternehmen e.V.

Dieter Gauf

Hauptgeschäftsführer des RDA Internationaler Bustouristik Verband e.V.

Real Estate Investment Trust

Ein Real Estate Investment Trust (REIT) entspricht als Anlageinstrument einem offenen Immobilienfonds in Deutschland. REITs dürfen laut amerikanischem Gesetz den Großteil ihrer Einnahmen nur aus Vermietung und Verpachtung beziehen. Deswegen sind auch Hotel-REITs gezwungen, ihre Hotelimmobilien an Hotelbetreiber oder Hotelmanagementbetriebe zu vermieten oder zu verpachten, die wiederum verpflichtet sind, dem Fonds festgelegte Mieten beziehungsweise Pachten zu zahlen.

In Deutschland gibt es bis heute noch keinen vergleichbaren, auf Hotels spezialisierten offenen Immobilien-Fonds. 1960 wurde das Real Estate Investment Trust-Gesetz vom US-Kongreß verabschiedet. REITs waren als Investitionswerkzeuge gedacht, die ähnlich funktionieren sollten wie ein offener Investment-Fonds. Auch Kleininvestoren sollten die Möglichkeit bekommen, sich daran beteiligen zu können. 1993 wurde der erste REIT in den USA angeboten.

REITs bieten bei Erfüllung bestimmter Voraussetzungen steuerliche Vorteile, wie zum Beispiel die Befreiung von der → Körperschaftsteuer. Die Anteile jedes Anlegers sind frei fungibel, das heißt sie können, ähnlich wie Aktien (→ Aktiengesellschaft), gekauft und verkauft werden, jedoch nicht über die Börse, sondern über Banken. Der Anteil ist eine Beteiligung an der Gesellschaft, die die jeweiligen Immobilien besitzt. Man besitzt somit also keinen Anteil an einer Immobilie.

In den USA gibt es neben den herkömmlichen REITs noch die sogenannten Paired-Share REITs. Das heißt der Eigentümer an den Hotelimmobilien und der Betreiber / Manager der Hotels sind zwei verbundene beziehungsweise gegenseitig abhängige Unternehmen. Der Vorteil dieser Konstellation ist eine für die einzelnen Anleger möglichst günstige Gewinnverteilung und ein maximaler Ergebnisausweis.

Joseph-Georg Rauch

Senior Consultant der Pannell Kerr Forster PKF Euroconsult GmbH

Rechnungswesen

Gesamtheit von Verfahren, deren Aufgabe es ist, alle im Unternehmen auftretenden Zahlungs- und Leistungsströme mengen- und wertmäßig zu erfassen und zu überwachen. Das Rechnungswesen besteht aus den vier Bereichen Buchführung und → Jahresabschluß, → Kostenrechnung, Betriebswirtschaftliche Statistik und Vergleichsrechnung sowie Planungsrechnung.

Reede

Ankerplatz vor einem Hafen. Der Transport von Passagieren, Gepäck und Ausrüstung erfolgt mit Hilfe der → Tender.

Reederei

Bezeichnung für Schiffsbetriebsgesellschaft.

Reiseabbruch-Versicherung

→ Reiseversicherungen

Reisebüro

Unternehmen, dessen Kerngeschäft der Verkauf von Leistungen ist, die von → Reiseveranstaltern und Verkehrsunternehmen angeboten werden. → Entwicklungen im Reisebürobereich

Reiseentscheidung

Entscheidung, die eine Person trifft, bevor sie eine Reise antritt. Determinanten der Reiseentscheidung sind gesellschaftliche Rahmenbedingungen, persönliche Reisemotive (→ Reisemotivation), Reiseerfahrungen, Attraktivität und Image verschiedener Destinationen sowie die Verfügbarkeit von Informationen.

Überlegungen hinsichtlich des Problemkreises der Reiseentscheidung haben eine große inhaltliche Nähe zu den Überlegungen, die hinsichtlich des Problemkreises der → Reisemotivation angestellt werden. Diese können als Teil der Überlegungen zum Problemfeld der Reiseentscheidung angesehen werden.

So gehen Untersuchungen hinsichtlich des Untersuchungsgegenstandes der Reiseentscheidung über die Frage nach den Gründen einer Reise hinaus weiteren Fragestellungen nach. Hierzu gehört beispielsweise die Frage, welche Teilentscheidungen - Entscheidungen hinsichtlich des Zeitpunkts der Reise, Entscheidungen hinsichtlich des Reiseziels, Entscheidungen hinsichtlich der Reisedauer, Entscheidungen hinsichtlich des Verkehrsmittels etc. - in welcher Reihenfolge getroffen werden. Eine weitere beispielhafte Fragestellung ist die Frage nach dem Zeitpunkt des Treffens der Reiseentscheidung.

Reisegepäck-Versicherung

→ Reiseversicherungen

Reisehaftpflicht-Versicherung

→ Reiseversicherungen

Reisekranken-Versicherung

→ Reiseversicherungen

Reisemittler

Selbständige Handelsvertreter in Gestalt von → Reisebüros, Agenturen, Verkaufs- und Buchungsstellen, deren Funktion in der Vermittlung von Reiseleistungen besteht.

Reisemotivation

Oberbegriff für die Fragestellung nach den Gründen des Reisens. Bei Untersuchungen des Problemkreises der Reisemotivation wird zwischen beruflich bedingten Reisen und privaten Reisen beziehungsweise Urlaubsreisen unterschieden.

Untersuchungen hinsichtlich der Gründe beruflich bedingter Reisen ermitteln die → Motive von Geschäfts- und Dienstreisen. Hierzu zählen beispielsweise der Besuch einer Messe oder einer Ausstellung und die Durchführung eines Kundenbesuchs.

Die zweitgenannte Gruppe von Reisen wird unter anderem durch übergreifende Motivationsansätze erklärt. Hierzu zählt zunächst die Defizittheorie. Kerngedanke dieses Ansatzes ist, daß Menschen, die zu den sozial benachteiligten Bevölkerungsgruppen zählen, Reisen unternehmen, um sich den negativen Aspekten ihres herkömmlichen Lebensumfeldes zu entziehen.

Hinzu kommt ein Erklärungsmuster, das Reisen als Suche nach Authentizität auffaßt. Dieses Erklärungsmuster ist weiter als die Defizittheorie gefaßt. So ist es ist nicht auf die Erklärung des Reisens sozial benachteiligter Bevölkerungsgruppen begrenzt, sondern gilt für alle Menschen in den modernen Industrie- und Dienstleistungsgesellschaften. Ihnen wird eine Lebenssituation zugeschrieben, die sich durch Entfremdung kennzeichnen läßt. Die Ursachen der Entfremdung sind vielfältig. Beispielhafte Ursachen sind der hohe Technologisierungsgrad und der Zwang, soziale Rollen ausfüllen zu müssen. Authentizität ist das Gegenteil von Entfremdung. Der Begriff der Authentizität beschreibt eine Lebenssituation, die unverfälscht ist. Diese Form des Lebensgefühls wird unter anderem durch Reisen zu erreichen versucht.

Des weiteren existiert der physiologische Erklärungsansatz, der Reisen dadurch motiviert sieht, daß Menschen versuchen, sich durch Urlaub zu erholen.

Darüber hinaus gibt es psychologische Erklärungsansätze. Das erste dieser Erklärungsmuster sieht Reisen auch dadurch motiviert, daß Menschen versuchen, durch Reisen ihr soziales Prestige zu verbessern. Dabei kann es sowohl eine Rolle spielen, ein verbessertes Selbstbild zu erreichen als auch ein verbessertes Fremdbild zu erlangen.

Der zweite psychologische Erklärungsansatz sieht in Reisen den Versuch, einen Kontrast zum Alltag zu erreichen. Hier geht es darum, dem Zustand der psychischen Sättigung zu entfliehen.

Das dritte psychologische Erklärungsmuster erklärt Reisen einerseits als den Versuch, den Ablauf von Zeit langsamer wahrzunehmen, was durch Reisen insofern gelingt, als das Gewinnen neuer Eindrücke das Gefühl mit sich bringt, daß die Zeit langsamer vergeht. Andererseits wird das Nehmen von Urlaub als die Möglichkeit gesehen, zeitliche Fixpunkte zu schaffen und hiermit eine für das Wohlbefinden des Menschen wichtige Strukturierung von Zeit zu erreichen. Im Bewußtsein des kommenden Urlaubs wird der Alltag positiver wahrgenommen.

Literatur: Mundt, 1998

Reisenotruf-Versicherung

→ Reiseversicherungen

Reiserücktrittskosten-Versicherung

→ Reiseversicherungen

Reiseunfall-Versicherung

→ Reiseversicherungen

Reiseveranstalter

Unternehmen, das mindestens zwei Hauptreiseleistungen zu einem Gesamtpaket zusammenfaßt sowie zu einem einheitlichen Preis anbietet. Für das Vorliegen eines Reiseveranstalters ist zudem wesentlich, daß das Unternehmen als solcher nach außen hin auftritt, indem es zum Beispiel Ferienhausaufenthalte in Gestalt eines Katalogs anbietet, auch wenn die Anreise privat vom Kunden organisiert wird.

Reiseversicherungen

"Eigentlich hatte er sich nur ein bißchen in der Türkei umschauen wollen. Doch der Kurzurlaub am Bosporus endete für den deutschen Studenten am Kühlergrill eines entgegenkommenden Autos. Problem für den Mann: Er wollte so schnell wie möglich in eine Spezialklinik seiner Heimat gebracht werden."

Mit solchen Wünschen haben es Reiseversicherer tagtäglich zu tun. Egal, ob es um die Erstattung von Stornokosten (vor der Reise) oder - wie in diesem Fall - um die Organisation und Durchführung eines medizinischen Rücktransportes geht. Wer heute als Reiseversicherer am Markt bestehen will, muß sein Handwerkszeug verstehen - und das geht weit über das übliche Versicherungshandeln hinaus und erfordert spezifische Organisationsformen und -kulturen.

Was versteht man unter Reiseversicherungen? Reiseversicherungen sind Versicherungen für die Reise. Eine solche zirkuläre Definition reicht für den Alltag in den meisten Fällen. Reiseversicherungen sind - wie Lebens- oder Hausratversicherungen - Individualversicherungen: In der Individualversicherung ist man prinzipiell freiwillig versichert. Das Versicherungsprinzip gilt jedoch auch hier: Mehrere Personen (Reisende also) übertragen das finanzielle Risiko des Gefahreneintritts auf den Reiseversicherer und bezahlen ihm dafür einen Beitrag, die Versicherungsprämie: Im Schadenfall erbringt der Versicherer die in den Versicherungsbedingungen versprochenen Leistungen. Die finanziellen Risiken des Gefahreneintritts sind bei den Reiseversicherungen ganz speziell ausgeprägt. Einige seien genannt:

- Stornierung der Reise wegen Krankheit: Übernahme der vom Veranstalter berechneten Stornokosten,
- verspäteter Reiseantritt wegen eines schweren Unfalls: Übernahme der Nachreisekosten bis zur Höhe der Stornokosten,
- Krankentransport in ein Urlaubskrankenhaus: Ersatz der Kosten für das Transportmittel,
- Heilbehandlung auf Reisen: Erstattung der ambulanten oder stationären Behandlungskosten (auch Kostenzusage),
- Diebstahl von Reisegepäck: Entschädigung des Reisegepäcks bis zur Höhe der abgeschlossenen Versicherungssumme (Zeitwertberechnung),
- Tod auf Reisen: Zahlung von Todesfallentschädigungen.

An diesen Beispielen wird sichtbar, daß zur optimalen Vorbereitung auf eine Reise nicht nur

Reiseversicherungen

das Durchblättern farbiger Kataloge gehört und das Reiseziel zu suchen und zu buchen, ebenso ist daran zu denken, daß man sich bei jeder Reise aus seiner vertrauten Umgebung löst. Bei aller Komfortabilität des heutigen Reisens setzt der Mensch sich immer neuen Gefahren aus, die ihn bedrohen und die ihm oftmals völlig fremd sind. Die Aufgabe der Reiseversicherungen ist es, diese Risiken abzudecken.

Welche Versicherer bieten Reiseversicherungen an? In Deutschland bieten die beiden führenden Spezialversicherer, die Europäische Reiseversicherung und die ELVIA Reiseversicherung, beide mit Sitz in München, Reiseversicherungen an. Beide Versicherer decken mit ihren Angeboten die wesentlichsten Bedürfnisse aller Reisenden ab. Weiter bieten noch Kompositversicherer über Ihren Versicherungsvertrieb und Kreditorganisationen vor allem Auslandsreisekrankenversicherungen an. Die Darstellung bezieht diese Angebote nicht ein.

Für die touristischen Organisationen sind die beiden Spezialversicherer richtungsgebend und bedeutend, weshalb hier überblickartig allein deren Produkte und Spezifika behandelt werden.

Welche Reiseversicherungen werden angeboten? Im einzelnen sind die Spezialversicherer mit den folgenden Versicherungssparten am Markt vertreten:

- Reiserücktrittskosten-Versicherung,
- Reiseabbruch-Versicherung,
- Reisekranken-Versicherung,
- Reisenotruf-Versicherung,
- Reiseunfall-Versicherung,
- Reisehaftpflicht-Versicherung,
- Reisegepäck-Versicherung,
- Zusatzhaftpflichtversicherung für Mietwagen im Ausland,
- Autoreisezug- und Fähr-Versicherung,
- Luftfahrtunfallversicherung,
- Autoschutzbriefversicherung.

Dabei haben die letzten vier Sparten untergeordnete Bedeutung. Aus diesem Grund sollen hier auch nur die ersten sieben Sparten kurz charakterisiert werden. Auf sie konzentrieren sich die Verkaufsbemühungen der touristischen Betriebe, vor allem der → Reisebüros und → Reiseveranstalter.

- Reiserücktrittskosten-Versicherung (RRV): Wer eine fest gebuchte Reise nicht antritt,

Reiseversicherungen

sie vorzeitig absagt oder verspätet antritt, muß mit erheblichen Kosten rechnen. In solchen Fällen hilft eine RRV, die für die dem → Reiseveranstalter vertraglich geschuldeten Stornokosten aus dem versicherten Reisearrangement eintritt. Sie versichert somit den Reisevertrag des Kunden. Außerdem werden bei verspätetem Reiseantritt die Mehrkosten der Anreise bis zur Höhe der Stornokosten erstattet. Gerade bei der RRV hat es in der Vergangenheit beträchtliche Marktanpassungen gegeben, die erkennen lassen, wie die Versicherer sich den Kundeninteressen und dem gesellschaftlichen Wandel aktiv stellen. So ist sowohl der Kreis der Risikopersonen deutlich ausgeweitet worden wie auch die Zahl der Risiken. Der Verlust des Arbeitsplatzes aufgrund einer unerwarteten betriebsbedingten Kündigung und die Wiedereinstellung nach vorausgehender Arbeitslosigkeit zählen neben Krankheit, Unfall und Tod etc. zu den Ereignissen, die den Versicherungsfall auslösen können.

- Reiseabbruch-Versicherung (RAV): Zusätzlich zur RRV ergänzt seit der zweiten Hälfte 1998 eine neue Sparte die Leistungspalette der Spezialversicherer, die Reiseabbruch-Versicherung. Sie erstattet die zusätzlichen Rückreisekosten bei nicht planmäßiger Beendigung der Reise und tritt ein für den Wert der nicht genutzten Reiseleistung. Anstelle des Wertes der nicht genutzten Reiseleistung kann die versicherte Person, die auf Reisen einen Unfall erlitten hat oder erkrankt ist, einen Gutschein für eine Wiederholungsreise beanspruchen.

- Reisekranken-Versicherung (RK): Die gesetzlichen und privaten Krankenversicherungen erstatten zwar bei Auslandsreisen Behandlungskosten etc. nach inländischen Gebührensätzen; die Aufwendungen im Ausland liegen aber vielfach weit darüber. Zudem gilt der Auslandskrankenschein der gesetzlichen Krankenkassen nur in bestimmten Ländern (Sozialversicherungsabkommen). Zu beachten ist ferner, daß der medizinische Rücktransport von den gesetzlichen Krankenversicherungen nicht übernommen wird. Die Hauptleistungen der RK erstrecken sich auf Kostenersatz für notwendige Kosten der Heilbehandlung (ambulant und stationär) für auf der Reise im Ausland akut eintretende Krankheiten oder Kosten der Heilbehandlung aufgrund eines Unfalls. Darüber hinaus werden auch die Kosten für den Rücktransport von Erkrankten und Verletzten sowie die Überführungskosten von Toten übernommen. Entschädigungsansprüche sind unter Vorlage der Belege nach Reiserückkehr anzumelden.

- Reisenotruf-Versicherung (RN): Heute hat sich der Begriff Reisenotruf-Versicherung oder Soforthilfe-Versicherung durchgesetzt. Die Leistungen der Reisenotruf-Versicherung sind vor allem komplementär zur Reise-Krankenversicherung zu sehen: Kostenübernahmegarantie gegenüber dem Krankenhaus; Durchführung von Krankenrücktransporten und Überführung von Toten (ersatzweise Bestattung im Ausland), Betreuung bei Krankenhausaufenthalt, Krankenbesuch einer nahestehenden Person, Beschaffung und Versand ärztlich verordneter Arzneimittel. Sogar Such-, Rettungs- und Bergungsmaßnahmen und andere Dienste und Leistungen gehören in den Bereich dieser Versicherungssparte. Wegen des engen Zusammenhangs mit der RK treten die beiden Sparten fast nur noch als Produktkombination auf, was für den Versicherungskunden praktisch bedeutet, daß er vor allem im Falle des stationären Krankenhausaufenthaltes und eines medizinischen Rücktransports keine finanziellen Vorleistungen zu erbringen hat.

- Reiseunfall-Versicherung (RU): Die Reiseunfall-Versicherung ist eine Personenversicherung, die Versicherungsschutz gegen die wirtschaftlichen Folgen eines Unfalls gewährt, der dem Versicherten auf Reisen und bei den damit verbundenen Aufenthalten zustößt, und zwar vom Verlassen der Wohnung bis zur Rückkehr in diese. Da nicht jedes Ereignis, das den Tod oder eine Invalidität nach sich zieht, unter die RU fällt, ist der Unfallbegriff für das Verständnis wichtig: Ein Unfall liegt dann vor, wenn der Versicherte durch ein plötzlich von außen auf seinen Körper wirkendes Ereignis unfreiwillig eine Gesundheitsschädigung erleidet. Auch wenn der

Reiseversicherungen

Versicherte schon eine private Unfallversicherung hat, liegt keine Doppelversicherung vor, sondern die Versicherungssummen erhöhen sich entsprechend. Die Invaliditäts- oder Todesfallentschädigungen bemessen sich nach der abgeschlossenen Versicherungssumme. Der Invaliditätsgrad errechnet sich anhand der sogenannten Gliedertaxe.

- Reisehaftpflicht-Versicherung (RH): Die Reisehaftpflicht-Versicherung deckt Personen- und Sachschäden bis zur Höhe der Versicherungssumme, sofern der Versicherte die entstandenen Schäden verursacht hat und aufgrund gesetzlicher Haftpflichtbestimmungen hierfür verantwortlich gemacht wird. Bestehen die Schadenersatzansprüche Dritter ohne hinreichende Rechtsgrundlage, so übernimmt der Versicherer auch die Abwehr unberechtigter Ansprüche. Kein Versicherungsschutz besteht für Schäden an Gegenständen, die in Obhut genommen wurden; Ausnahme gemietete Räume (vor allem Ferienwohnungen).

- Reisegepäck-Versicherung (RG): Die Reisegepäck-Versicherung versichert das gesamte persönliche Reisegepäck des Versicherungsnehmers auf privaten und beruflichen Reisen. Nicht ersetzt werden Sachen, die berufsbedingt mitgeführt werden (zum Beispiel Laptops, Musterkoffer etc.). Auch heute noch meinen viele Reisende, daß mit der Reisegepäck-Versicherung nur das aufgegebene Gepäck versichert sei. Das ist nicht richtig. Zum Reisegepäck zählen sämtliche Sachen des persönlichen Reisebedarfs, die während einer Reise mitgeführt, am Körper oder in der Kleidung getragen oder durch ein übliches Transportmittel befördert werden. Die RG gilt, wenn der Versicherungsnehmer auf Reisen ist, also praktisch vom Verlassen der Wohnung bis zur Wiederkehr. Sie deckt das Abhandenkommen, die Zerstörung und die Beschädigung der auf der ganzen Reise mitgeführten Gegenstände. Damit ist sowohl der Zeitraum gemeint, in dem das Reisegepäck der unmittelbaren Einwirkungsmöglichkeit des Versicherten entzogen ist (zum Beispiel im Gewahrsam einer → Airline oder eines sonstigen Beförderungsunternehmens), aber auch die gesamte Reisezeit, in der sich das Reisegepäck im persönlichen Gewahrsam befindet. Die Erstattung erfolgt auf der Grundlage einer Zeitwertberechnung bis zur Höhe der abgeschlossenen Versicherungssumme. Beim Abschluß ist auf eine ausreichend hohe Versicherungssumme zu achten, auch besonders unter dem Gesichtspunkt der 50 %-igen Begrenzung für Schmuck, Kostbarkeiten, Pelze, Foto-, Film- und Videoapparate.

Schon seit Ende der 70er Jahre bieten die Spezialversicherer den Reiseversicherungsschutz gebündelt an. Solche "Versicherungs-Bundles", die auch als Versicherungspakete bezeichnet werden, enthalten in unterschiedlichen Kombinationen die vorher erläuterten Einzelversicherungen. Sie unterscheiden sich hinsichtlich folgender Merkmale:

- Reisezeitraum (Intervallstaffelung),
- Reisesumme (wenn die RRV eingeschlossen ist),
- Anzahl der Versicherungssparten,
- Zielgebiet (Europa versus weltweit),
- Personen (einzeln versus Familie).

Da die Pakete hinsichtlich dieser Merkmale jeweils in sich flexibel gestaltet sind, lassen sich gezielt unterschiedliche Bedürfnisse nach Sicherheit auf Reisen abdecken. Außerdem hat der Kunde mit dem Zubuchen eines solchen Paketes einen Prämienvorteil gegenüber dem Abschluß mehrerer Einzelversicherungen. Es ist somit unmittelbar einsichtig, daß der Schwerpunkt des Verkaufs von Reiseversicherungen beim sogenannten Paketverkauf liegt. Lediglich die Reiserücktrittskosten-Versicherung wird als Einzelsparte quantitativ bedeutungsvoll einzeln verkauft.

Wie werden Reiseversicherungen verkauft? Das → Marketing und der Verkauf von Reiseversicherungen ist nicht vergleichbar mit dem von Kompositversicherern, die über eine von ihnen gesteuerte Außendienststruktur verfügen beziehungsweise ihre Produkte über Makler vertreiben. Der Verkauf der Reiseversicherungen erfolgt über fachfremdes Personal in touristischen Organisationen, also vor allem über → Reiseveranstalter und → Reisebüros. Gewissermaßen im Hukkepackverfahren wird das notwendige Versicherungsprodukt mitverkauft. Hohe Abschlußzahlen signalisieren die große Akzeptanz der Produkte auf seiten der Kunden. Die → Expedienten der Reiseversicherer werden durch Schulungen in die Lage versetzt, den Reiseschutz verkaufen zu können. Ergänzend haben die Versicherer einen ständigen Telefon- und Fax-Service installiert, um aktuell im Verkaufsprozeß auftretende Fragen beantworten zu können. Dieser Service orientiert sich an den Öffnungszeiten der touristischen Branche. Präsenz vor Ort bieten die Versicherer außerdem durch ihre regionalen Verkaufsleiter, deren Aufgabe es unter anderem ist, in Einzelgesprächen und Kleingruppenschulungen auf die Bedürfnisse des Verkaufs vor Ort qualifiziert zu reagieren.

Warum müssen Reiseversicherungen angeboten werden? Im touristischen Verkauf werden die Beratungspflichten des → Reisemittlers groß geschrieben. Die Informations-Verordnung verlangt vom → Reiseveranstalter Angaben über den möglichen Abschluß einer Reiserücktrittskosten-Versicherung. Außerdem ist unter Angabe von Name und Anschrift des Versicherers auf eine Versicherung zur Deckung der Rückführungskosten bei Unfall oder Krankheit hinzuweisen. Als Erfüllungsgehilfe des → Reiseveranstalters hat das → Reisebüro diese Pflichten wahrzunehmen. Konkret heißt dies, daß sich der Beratungsservice des → Reisemittlers von den oben genannten sieben Sparten verbindlich auf die Reiserücktrittskosten-, Reisekranken- und Reisenotruf-Versicherung zu beziehen hat. Darüber hinaus hat das → Reisebüro in seiner Eigenschaft als ordentlich handelnder Kaufmann außerdem ausdrücklich auf die anderen oben genannten Sparten hinzuweisen.

Diese Situation vor Augen, müssen Reiseversicherungen als konstitutiver Bestandteil von touristischen Leistungen angesehen werden, der heute in der Regel zwar extra zu verkaufen ist, aber keineswegs den Status einer beliebigen Zugabe darstellt. → Reisevertragsrecht

Literatur: ELVIA Reiseversicherungen, 1998; Nies, 1997

Hans-Dieter Zollondz

Schulungsleiter der Elvia-Reiseversicherungs-Gesellschaft, Lehrbeauftragter an der Ludwig-Maximilians-Universität, München, an der Fachhochschule München, Fachbereich Tourismus und an der Berufsakademie Ravensburg

Reisevertragsrecht

Das Reisevertragsrecht wurde mit Wirkung vom 04. Mai 1979 als Verbraucherschutzgesetz in das Bürgerliche Gesetzbuch, anschließend an das Werkvertragsrecht unter §§ 651a ff. BGB, eingefügt. Die Leistungsbündelung in Pauschalreisearrangements (→ Pauschalreise) und die Tatsache, daß die Leistungen von Flugreisen überwiegend im Ausland erbracht werden, erforderte zum Interessenausgleich zwischen → Reiseveranstaltern und Reisekunden besondere gesetzliche Regelungen. Ergänzungen zur Kundengeldabsicherung wurden auf der Grundlage der Richtlinien des Rates der EG vom 13.06.90 und vom 24.06.94 mit Wirkung zum 01.11.94 umgesetzt, § 651k BGB.

Das Reisevertragsrecht spricht mit den Regelungen des § 651a Abs. 1 BGB ausschließlich Reiseverträge an, die eine Gesamtheit von Reiseleistungen zum Inhalt haben. Darunter versteht die Rechtsprechung die Bündelung von mindestens zwei Hauptreiseleistungen zu einem Gesamtarrangement, zum Beispiel Beförderung und Unterkunft / Verpflegung, Unterkunft und Hobbykurs, Unterkunft und Sport, Unterkunft und Reiseleitung. Analoge Anwendung finden die Regelungen nach der Rechtsprechung auf einzelne Reiseleistungen, die ähnlich → Pauschalreisen in Reiseprospekten zur Buchung präsentiert werden und bei denen die einzelne Reiseleistung für das Gelingen der Reise entscheidend ist, zum Beispiel Ferienwohnung, Yachtcharter (→ Charter), neuerdings auch Wohnmobil. Die Erklärung, nur Verträge mit den Personen zu vermitteln, welche die einzelnen Reiseleistungen ausführen sollen, bleibt unberücksichtigt, wenn aus den sonstigen Umständen der Anschein begründet wird, daß der Erklärende vertraglich vorgesehene Reiseleistungen in eigener Verantwortung erbringt (Vermittlerklausel), § 651a Abs. II BGB. Der Aufdruck auf einem Auftragsformular des → Reisebüros "Wir vermitteln Ihnen folgende (touristische) Leistungen" ist ohne Belang, wenn das betreffende → Reisebüro im folgenden mehrere Hauptreiseleistungen zusammenstellt und einen Gesamtpauschalpreis nennt. Das vermittelnde → Reisebüro sollte daher darauf bedacht sein, die einzelnen Leistungsträger mit Namen, der Rechtsform, und der Erreichbarkeit (Telefon- / Telefaxnummer)

Reisevertragsrecht

genau zu bezeichnen und die Preise für diese Einzelleistungen jeweils gesondert auszuweisen. Entscheidend für die rechtliche Beurteilung der Geschäftstätigkeit ist, daß der Reisekunde den jeweiligen Leistungsträger als Verantwortlichen für die Erbringung der einzelnen touristischen Leistung erkennt.

Der Pauschal- / Reisevertrag kommt durch den Antrag des Reisekunden (Reiseanmeldung) und die Buchungsbestätigung des → Reiseveranstalters zustande. Die Reisekataloge beinhalten rechtlich keine Vertragsangebote. Die Reiseanmeldung und die Reisebestätigung beschreiben jedoch den Inhalt der geschuldeten Reiseleistung mit der Bezugnahme auf den Katalog des → Reiseveranstalters sowie auf die → Allgemeinen Reisebedingungen (Reise-AGB). Die Katalogausschreibung muß daher die in § 1 der Verordnung über Informationspflichten von → Reiseveranstaltern (InfVO) genannten Angaben enthalten. § 2 InfVO bestimmt die Pflichten des → Reiseveranstalters zur Unterrichtung der Reisenden vor Vertragsschluß. Zusatzvereinbarungen, Sonderwünsche und Nebenabreden sind auf dem Buchungsantrag und der Buchungsbestätigung des → Reiseveranstalters zu dokumentieren. Die Aufnahme, Klärung und Dokumentation von Sonderwünschen der Reisekunden ist wesentliche Pflicht der vermittelnden → Reisebüros.

Änderungen des Leistungsinhaltes des Reisevertrages sind nur möglich, wenn sich der Charakter der Reise dadurch nicht wesentlich verändert und wenn der → Reiseveranstalter die Änderungen nicht mutwillig herbeigeführt hat. Führt die Änderung zu einer Verschlechterung der Leistung, stehen dem Reisekunden Gewährleistungsansprüche zu. Änderungen des Reisepreises sind nur bei Buchungen mehr als vier Monate vor Reisetermin und auch dann nur zulässig, sofern die vereinbarten Reise-AGB (→ Allgemeine Geschäftsbedingungen; → Allgemeine Reisebedingungen) einen entsprechenden Hinweis enthalten, die Erhöhung nicht mehr als 5 % des Reisepreises beträgt und bis zum vertraglich vereinbarten Reiseantritt noch mehr als 20 Tage liegen.

Bis zum Reisebeginn kann der Reisende verlangen, daß statt seiner ein Dritter in die Rechte und Pflichten aus dem Reisevertrag eintritt, § 651b BGB. Der Eintretende haftet mit dem ur-

Reisevertragsrecht

sprünglichen Reisebucher als Gesamtschuldner für den Reisepreis. Der → Reiseveranstalter kann dem Eintritt des Dritten widersprechen, wenn jener die Anreiseerfordernisse in das Zielland nicht bis zum Reiseantritt erfüllen kann oder wenn er der betreffenden Reise (zum Beispiel Trekking-Tour) körperlich nicht gewachsen ist oder seine Teilnahme aufgrund seiner Person nach Art der Reise nicht in Betracht kommt (Jugendreise - Teilnahme eines älteren Menschen; Seniorenreise - Teilnahme eines Jugendlichen), § 651b Abs. 1 BGB. Zeitlich ist der Eintritt in den Reisevertrag bis längstens zu dem Zeitpunkt möglich, zu welchem die Reise gebucht werden könnte.

Vor Reiseantritt kann der Reisende jederzeit und ohne Begründung vom Vertrag zurücktreten, § 651i Abs. 1 BGB. Die Rücktrittserklärung ist gegenüber dem → Reiseveranstalter abzugeben. Sie ist formfrei. Zu Beweiszwecken empfiehlt sich dennoch Schriftlichkeit. Das vermittelnde → Reisebüro kann Erklärungsempfänger für den → Reiseveranstalter sein. Aufgrund des Agenturvertrages mit dem → Reiseveranstalter, §§ 84 ff. HGB, ist das → Reisebüro jedoch verpflichtet, die Stornoerklärung unverzüglich dem → Reiseveranstalter zuzuleiten. Der Reisende verliert den Anspruch auf die Reiseleistung. Der → Reiseveranstalter verliert den Anspruch auf den Reisepreis. Er kann jedoch eine angemessene Entschädigung verlangen. Die Höhe der Entschädigung bestimmt sich nach dem Reisepreis unter Abzug des Wertes der vom → Reiseveranstalter ersparten Aufwendungen und dem Erwerb aus anderweitiger Verwendung der Reiseleistung, § 651i Abs. 2 BGB. Die Höhe der Rücktrittskosten kann der → Reiseveranstalter in den Reise-AGB durch einen vom Hundertsatz des Reisepreises, gestaffelt nach der Zeitspanne bis zum vereinbarten Reisetermin, festlegen, § 651i Abs. 3 BGB. Überwiegend machen die → Reiseveranstalter von der rechtlichen Möglichkeit zur Pauschalierung der Rücktrittskosten Gebrauch. Dem Reisenden steht gegenüber der Berechnung der Stornokosten der Einwand anderweitiger Verwendung oder eines geringeren Schadenbetrages offen. Entgegenstehende Reise-AGB (→ Allgemeine Geschäftsbedingungen; → Allgemeine Reisebedingungen) sind unwirksam.

Reisevertragsrecht

Wird die Reise infolge bei Vertragsabschluß nicht voraussehbarer höherer Gewalt erheblich erschwert, gefährdet oder beeinträchtigt, so können sowohl der → Reiseveranstalter als auch der Reisende den Vertrag nach Maßgabe der Rechtsfolgeregelungen des § 651j BGB kündigen. Als höhere Gewalt werden von außen kommende, außerhalb des Risikobereichs des → Reiseveranstalters liegende Umstände verstanden, die der → Reiseveranstalter nicht voraussehen konnte. Dazu zählen insbesondere Naturkatastrophen, Wirbelsturm, Springfluten und Überschwemmungen, Erdrutsche, wie auch politische Risiken, wie zum Beispiel Krieg und Unruhen. Einzelne Terrorakte sind keine höhere Gewalt. Der → Reiseveranstalter verliert den Anspruch auf den Reisepreis. Er kann jedoch für bereits erbrachte oder zur Beendigung der Reise noch zu erbringende Reiseleistungen eine angemessene Entschädigung verlangen. War die Reise bereits angetreten, so hat der → Reiseveranstalter für die Rückbeförderung zu sorgen, soweit eine solche Leistung im Vertrag enthalten war. Die Mehrkosten sind vom → Reiseveranstalter und dem Kunden hälftig zu tragen, § 651j Abs. 2 Satz 2 BGB.

Die Regelungen zur Gewährleistung, §§ 651c-f BGB, enthalten das Kernstück des Reisevertragsrechts. Die Verpflichtung des → Reiseveranstalters, die Reise so zu erbringen, daß sie die zugesicherten Eigenschaften hat und nicht mit Fehlern behaftet ist, die den Wert der die Tauglichkeit zu dem gewöhnlichen oder nach dem Vertrag vorausgesetzten Nutzen aufheben oder mindern, § 651c Abs.1 BGB, wird mit nachstehend genannten Rechten und Pflichten umgesetzt:

- Abhilfe-Verlangen des Reisenden vor Ort gegenüber dem → Reiseveranstalter, § 651c Abs. 2 BGB,
- Rechte des → Reiseveranstalters zur Verweigerung der Abhilfe bei unverhältnismäßigem Aufwand, § 651c Abs. 2 Satz 2 BGB,
- Recht des Reisenden zur Selbstabhilfe nach Fristablauf, § 651c Abs. 3 BGB,
- Ersatz für notwendige Aufwendungen bei berechtigter Selbstabhilfe durch den Reisenden, § 651c Abs. 3 BGB,
- Minderung des Reisepreises bei vorausgegangener Anzeige des Mangels, § 651d Abs. 1, 2 BGB,
- Kündigung wegen erheblicher Reisemängel, § 651e Abs. 1

Reisevertragsrecht

BGB,

- Herabsetzung des Reisepreises proportional zur erbrachten Leistung, insoweit als diese für den Reisenden von Interesse war, § 651e Abs. 3 BGB mit Rechtsverweisung auf § 471 BGB,
- Rückbeförderungspflicht des → Reiseveranstalters, soweit diese Reiseleistung vertraglich vereinbart war, § 651e Abs. 4 BGB,
- Schadenersatz wegen Nichterfüllung und wegen nutzlos aufgewendeter Urlaubszeit, es sei denn, der Mangel der Reise beruht auf einem Umstand, den der → Reiseveranstalter nicht zu vertreten hat, § 651f Abs. 1, 2 BGB.

Die Regelungen der §§ 651c-f BGB beziehen sich stets auf Mängel und Leistungsstörungen, die der → Reiseveranstalter nach dem vereinbarten Reisevertrag zu vertreten hat. Unannehmlichkeiten, Unfälle und Störungen, die dem allgemeinen Lebensrisiko des Reisenden zuzurechnen sind sowie Ereignisse höherer Gewalt hat der → Reiseveranstalter nicht zu vertreten. Zur Geltendmachung von Gewährleistungsansprüchen hat der Reisende stets darzutun, daß die beanstandeten Umstände eine vom → Reiseveranstalter zu vertretende Störung der Reiseleistung darstellt. Zur Bemessung der Minderung hat sich vielfältige Rechtsprechung ergeben. Die Frankfurter Mängeltabelle nach prozentualen Abschlägen hat in der Rechtsprechung geteiltes Echo gefunden. Für die außergerichtliche Kulanzpraxis der → Reiseveranstalter bietet die Tabelle dennoch eine Orientierungshilfe (NJW 85, 97). Die Darlegungs- und Beweislast des Reisenden verlangt zur Geltendmachung von Gewährleistungsansprüchen die konkrete Bezeichnung des Mangels, wie beispielsweise die Buchung eines Einzelzimmers und Leistung eines Doppelzimmers, Ungeziefer - mit Einsatz gesundheitsschädlicher Bekämpfungsmittel, übermäßiger Baulärm, Großbaustelle, Ferienanlage mit Clubcharakter statt Hotel, Streik des Hotelpersonals, zugesagte, aber fehlende Sporteinrichtungen. Ein erheblicher Mangel, der zur Kündigung berechtigt, liegt nach der Rechtsprechung bei einer Beeinträchtigung der Reiseleistung im Gesamtgewicht zwischen 20 % (LG Frankfurt) und 50 % (LG Hannover). Das Risiko, daß ein Mangel als erheblich bewertet wird oder die Reise als unzumutbar erachtet wird, trägt als Anspruchsvoraussetzung der Reisende. Die Rechtsprechung zeigt vielfältige Kasuistik zur Bewertung. Die Kündigungserklärung ist gegenüber dem → Reiseveranstalter beziehungsweise dessen Vertreter vor Ort, dem Reiseleiter, auszusprechen. Schadenersatzansprüche kann der Reisende neben den Ansprüchen auf Abhilfe und Minderung geltend machen, wenn aus dem Reisemangel, den der → Reiseveranstalter zu vertreten hat, ein weiterer Schaden entsteht. Ersatz ist zu leisten für Sachschäden und für Personenschäden einschließlich Mangelfolgeschaden. Wird die Reise erheblich gestört, kann der Reisende außerdem eine angemessene Entschädigung in Geld für nutzlos aufgewendete Urlaubszeit verlangen, § 651f BGB. Anspruch setzt das Verschulden des → Reiseveranstalters oder seiner Erfüllungsgehilfen voraus. Verschulden des → Reiseveranstalters kann sich ergeben aus mangelhafter Reisevorbereitung und Reiseorganisation, insbesondere täuschender, unzutreffender oder unzureichender Informationen über vorhersehbare Ereignisse, wie zum Beispiel Umweltkatastrophen oder politische Unruhen, die die Reise beeinträchtigen können, Verletzung der Verkehrssicherungspflicht - bei der Reisedurchführung, wie beispielsweise verspätete Gepäckbeförderung oder Streik bei den Leistungsträgern des → Reiseveranstalters. Der Reisende kann darüber hinaus Entschädigung für nutzlos aufgewendete Urlaubszeit verlangen, wenn die Reise in ihrem Wert um wenigstens 50 % gemindert ist.

Eine Haftungsbeschränkung ist ausschließlich für nicht Personenschäden zulässig. Der → Reiseveranstalter kann mit den Reise-AGB seine Haftung für Schäden, die nicht Körperschäden sind, auf den dreifachen Reisepreis beschränken, soweit der Schaden des Reisenden weder vorsätzlich noch grob fahrlässig herbeigeführt wird oder soweit der → Reiseveranstalter allein wegen des Verschuldens eines Leistungsträgers verantwortlich ist, § 651h Abs. 2 BGB. Haftungsbeschränkende internationale Übereinkommen für Leistungsträger kommen auch dem → Reiseveranstalter zustatten, § 651h Abs. 2 BGB, wie etwa im Luftverkehr das → Warschauer Abkommen oder in der Seebeförderung die §§ 664 ff. HBG.

Gewährleistungs- und Schadenersatzansprüche hat der Reisende innerhalb eines Monats nach vertraglich vorgesehener Beendigung der Reise gegenüber dem → Reiseveranstalter geltend zu machen. Nach Ablauf der Frist kann der Reisende Ansprüche nur geltend machen, wenn er ohne Verschulden an der Einhaltung der Frist verhindert worden ist, § 651g Abs. 1 BGB. Die Verjährungsfrist für diese Ansprüche beträgt sechs Monate ab dem vertraglichen Reiseende. Erklärungsempfänger für die Geltendmachung von Gewährleistungsansprüchen ist der → Reiseveranstalter. Im Einzelfall kann der → Reisemittler Erklärungsempfänger für den → Reiseveranstalter sein. Die Verjährung ist für die Dauer der Bearbeitung bis zur abschließenden Entscheidung des → Reiseveranstalters gehemmt. Gerichtliche Geltendmachung unterbricht die Verjährung. Die Geltendmachung von Gewährleistungsansprüchen verlangt die genaue Bezeichnung des beanstandeten Mangels und die Höhe des geforderten Geldbetrages. → Wirtschaftsprivatrecht

Dr. Irmtraud Nies

Leiterin der Abteilung Recht und Schaden der Elvia Reiseversicherungs-Gesellschaft

REIT

Abkürzung für → Real Estate Investment Trust.

Relevante Kosten

→ Kosten

Rentabilitätsvergleichsrechnung

→ Investitionsrechenverfahren

Repräsentationsabkommen

→ Strategische Allianzen im Luftverkehr

Reservierungssysteme

Ausgangspunkt für die Entwicklung aller Informations- und Reservierungssysteme (→ Informationstechnologische Systeme) war Mitte der 50er Jahre die weltweite Ausdehnung des Luftverkehrs und die gleichzeitige Zunahme des Leistungspotentials der elektronischen Datenverarbeitung. Die bis dahin manuellen Systeme führten aufgrund von Unstimmigkeiten häufig zu Über- und Unterbuchungen und damit zu einer geringen Auslastung der Flüge. Bereits in den 50er Jahren begannen in den USA erste Überlegungen im Hinblick auf ein technisches System, um die steigenden Verwaltungsarbeiten zu rationalisieren. Ziel einer Kooperation zwischen der International Business Machines Corporation (IBM) und American Airlines (AA) war es, den Buchungsvorgang zu automatisieren und dies den eigenen Reservierungsbüros zur Verfügung zu stellen, um so die Auslastung der Flüge zu steigern. 1964 wurde das erste kommerzielle Echtzeit-Datenfernverarbeitungssystem namens → SABRE von AA und IBM eingeführt. Dieses computergestützte Reservierungssystem (→ Informationstechnologische Systeme), das nach fünfjähriger Forschung entstanden war, ist zeitlich gesehen der Ausgangspunkt für alle weiteren Entwicklungen. Maßgebend für die weitere Entwicklung in der jüngeren Vergangenheit war die in den USA 1978 einsetzende Deregulierung der zivilen Luftfahrt innerhalb der USA. Die Aufhebung der Preisregulierung brachte eine zahlenmäßige Erhöhung der Flugtarife (→ Tarif) sowie häufige Tarifänderungen mit sich. Neue Anbieter kamen hinzu und computergestützte Reservierungssysteme (→ Informationstechnologische Systeme) wurden nun zum unverzichtbaren Instrument bei der Verarbeitung wachsender Datenmengen. Die komplexen Tarifstrukturen machten Computer Reservation Systems (CRS) für die → Reisebüros unentbehrlich und die amerikanischen CRS begannen, erhebliche Gewinne abzuwerfen. In den folgenden Jahren war ein Konzentrationsprozeß bei den unterschiedlichen Systemen zu beobachten, so daß sich nur vier CRS in den USA bis heute durchsetzen konnten.

Europa besteht, anders als die USA, aus verschiedenen, unabhängigen Ländern, die sich wirtschaftlich, sprachlich und kulturell stark voneinander unterscheiden. Dabei besitzen viele Länder eine nationale → Fluggesellschaft, die den Luftverkehr des jeweiligen Landes dominiert. Durch diese Marktstruktur entwickelten sich die Reservierungssysteme in Europa anders und erst später als in den USA. In Deutschland begann Anfang der 70er Jahre eine Studiengesellschaft, die Voraussetzung für eine auf die Belange der → Reisebüros zugeschnittene Nutzung der elektronischen Datenverarbeitung und -übermittlung zu überprüfen. Dann wurde 1979, nach achtjähriger Vorbereitung, das START-System (→ START AMADEUS) in Betrieb genommen. START (→ START AMADEUS) realisierte dabei,

Reservierungssysteme

neben der Anbindung von Leistungsträgern aus den Bereichen Flug, Hotel und Mietwagen, auch die gleichberechtigte Integration weiterer Leistungsträger aus Bahn und Touristik. Das Unternehmen START-Datentechnik für Reise und Touristik GmbH wurde gemeinschaftlich von der Deutschen Lufthansa, der TUI, der damaligen Deutschen Bundesbahn sowie den → Reisebüros abr, Hapag-Lloyd und DER gegründet. START (→ START AMADEUS) bot damit ein einheitliches System für den gesamten Touristikbereich. Ende der 80er Jahre hatten sich die europäischen CRS weitgehend etabliert und nationale → Fluggesellschaften begannen ihre Ausdehnung auf Europa. Zu dieser Zeit unternahmen auch amerikanische → Fluggesellschaften verstärkt Anstrengungen, ihre CRS in Europa zu vermarkten. Die → Fluggesellschaften teilten sich in zwei Gruppen und gaben 1987 die Entwicklung zweier eigenständiger CRS bekannt. Dies waren die Systeme GALILEO (→ Galileo International) und AMADEUS (→ START AMADEUS), die zur Kategorie der globalen Systeme zu zählen sind. Dabei erwarben beide CRS die Systemsoftware amerikanischer Systeme. GALILEO (→ Galileo International) erhielt, gegen Beteiligung von COVIA (APOLLO wurde 1987 unter dem Namen COVIA zur unabhängigen Tochtergesellschaft von United Airlines) die APOLLO Software und AMADEUS (→ START AMADEUS) kaufte das SYSTEMONE-Paket. Mit dieser Entwicklung schafften die → Fluggesellschaften zwei globale Distributionssysteme, die in der Lage waren, sich der amerikanischen Konkurrenz zu stellen und den wachsenden Anforderungen an die Buchung globaler Reisedienstleistungen gerecht zu werden.

Ein computergestütztes Informations- und Reservierungssystem (→ Informationstechnologische Systeme) ist eine Absatzhilfe für die Informationsauswahl und Buchung einer Reiseleistung. Dieser Begriff wird jedoch für eine Vielzahl vollkommen verschiedenartiger Systeme verwandt. Allgemein versteht man unter diesen Systemen Hilfsmittel, mit denen Kunden, → Reisebüros, → Reiseveranstalter, Verkehrsbetriebe sowie Fremdenverkehrsorte und -regionen mannigfaltige Informationen abfragen sowie Kundendaten und Leistungen erfassen und verar-

Reservierungssysteme

beiten können. Hinzu kommt die Unterstützung der internen Aufgaben der angeschlossenen Betriebe (zum Beispiel Fakturierung, Finanzbuchhaltung). Man unterscheidet prinzipiell zwischen Systemen mit Buchungsmöglichkeit und reinen Auskunftssystemen. Für alle Systeme mit Buchungsmöglichkeit hat sich in der angelsächsischen Literatur der Begriff Computer Reservation System (CRS) durchgesetzt. Fälschlicherweise wird dieser Begriff zumeist nur auf Systeme von → Fluggesellschaften bezogen, obwohl die Systeme für die unterschiedlichsten Leistungsanbieter Buchungsmöglichkeiten zur Verfügung stellen.

Ein CRS weist verschiedene Leistungskomponenten auf. Gemeinsam sind allen Arten von Reisevertriebssystemen die Leistungskomponenten Angebotsdarstellung, Tarifierung & Tikketing (→ Ticketing), Reservierung und Zusatzleistungen. Die wichtigste Informationsquelle eines CRS ist die Angebotsdarstellung der Produkte beziehungsweise Dienstleistungen aller Anbieter. Für jede Gruppe von Leistungsanbietern gibt es eigene Bildschirmkategorien, deren Inhalte auf die Komplexität des Angebots und auf spezifische Leistungsmerkmale abgestimmt sind. Während die Beschreibungsbedürftigkeit des Produktes Flug vergleichsweise gering ist, da die Abflug- und Ankunftszeit, die Wegstrecke, die Verfügbarkeit einzelner Buchungsklassen sowie eventuell der Flugpreis ausreichend für eine neutrale Produktbeschreibung ist, können die Produkte anderer Leistungsanbieter mit Hilfe von wenigen Informationen oft nur unzureichend beschrieben werden. So ist für ein Hotelangebot die bisherige Beschreibung durch den Preis, die Größe des Bettes und die ungefähre Lage des Hotels allein nicht aussagekräftig. Aus diesem Grunde wird, speziell im Hotelbereich und bei → Pauschalreisen, eine Verknüpfung des Angebots mit der visuellen Multimediatechnologie angestrebt und teilweise bereits realisiert, um so den Endkunden weitergehend informieren zu können. Ähnlich dem Leistungsangebot ist die Tarifierung (→ Tarif) und Ticket- beziehungsweise Vouchererstellung (→ Voucher) abhängig von der Art und Komplexität des Leistungsangebots. Im Flugbereich gibt es eine große Anzahl unterschiedlicher → Tarife, abhängig von Buchungsklassen, Zeitpunkt der Reise, Buchungs-

Reservierungssysteme

zeitpunkt, Route und Länge des Aufenthalts. Entsprechend müssen die Flugpreise zumeist individuell berechnet werden, wobei diese → Tarife täglich verändert werden können. Bei den anderen Leistungsanbietern sind die Preise hingegen relativ starr, so daß sie zumeist ein originärer Bestandteil des Angebots sind. Für das → Ticketing werden dem → Reisemittler Blankoflugtickets abgezählt zur Verfügung gestellt, die erst nach direkter Bestätigung durch den Leistungsanbieter bedruckt werden können. Der Ausdruck von weiteren Reiseunterlagen wird von den meisten Systemen nicht unterstützt, ist aber zum Beispiel bei einer Hotel- oder Mietwagenbuchung auch nicht zwingend nötig.

Der zentrale Kern und Grund für die Entwicklung aller Reservierungssysteme ist die Reservierung der angebotenen Reiseleistungen. Hierzu wird üblicherweise in den größeren Systemen für jeden Passagier beziehungsweise jede zusammengehörende Gruppe von Passagieren ein sogenannter Passenger Name Record (PNR) aufgebaut, in dem alle leistungsabhängigen Kundeninformationen abgespeichert werden. Die wesentlichen Informationen werden gleichzeitig an die interne Platzbuchhaltung der einzelnen Leistungsanbieter weitergeleitet, um jederzeit den aktuellen Verfügbarkeitsstatus für ein neues Angebot gewährleisten zu können. Kundenbezogen können zusätzlich die einzelnen Reisedienstleistungen, die Bezahlungsart, Serviceinformationen etc. abgespeichert werden.

Durch die zunehmende Konkurrenzsituation wurden die Betreiber der Systeme gezwungen, außer den drei unabdingbaren Komponenten eines Informations- und Reservierungssystems auch Zusatzdienstleistungen anzubieten. Wesentliche Reiseinformationen sind heute direkt abrufbar. Klimatabellen, Messehinweise, Einreisebestimmungen, Veranstaltungskalender etc. werden mittlerweile von allen CRS angeboten. Des weiteren wurden Programme und Schnittstellen entwickelt, welche die interne Verwaltungstätigkeit der → Reisemittler erleichtern sollen. Fakturierung, Finanzbuchhaltung, Kunden- und Kontingentverwaltung verstärken die Abhängigkeit von dem jeweiligen CRS. Schließlich wurde die Benutzerführung erheblich verbessert, um auch dem ungeübten Benutzer den leichten Einstieg in den Reservierungsablauf zu er-

Reservierungssysteme

möglichen.

Eine Differenzierung zwischen regionalen, nationalen und globalen Systemen ist maßgeblich für die gebräuchlichste Klassifizierung der Reisevertriebssysteme. So wird durch das geographische Verbreitungsgebiet eine klare sachliche Trennung der Systeme gefördert und der unterschiedliche Anbieter- und Kundenkreis der Systeme betont.

Regionale Systeme beschränken sich zumeist auf das Übernachtungsangebot einer bestimmten Region, welche von Fremdenverkehrsämtern elektronisch verwaltet werden, um so bei Kundenanfragen direkte Auskunft geben zu können. Bei nationalen Systemen muß man zwischen der Entwicklung in Europa und Nordamerika unterscheiden. In Europa gibt es eine Vielzahl nationaler Systeme, die den heimischen Reisemarkt mit allen relevanten Reisedienstleistungen versorgen konnten. Im Bereich des europäischen und besonders des weltweiten Hotelangebotes mußten die Benutzer dieser Systeme sich herkömmlicher Methoden (Telefon, Telex) bedienen, um Kundenwünsche zu befriedigen. Eine ähnliche Situation bestand auch für den nordamerikanischen Markt. Aufgrund der Größe und des Marktpotentials sind diese Systeme mit den europäischen Systemen allerdings nur schwer vergleichbar, außerdem setzte hier die Weiterentwicklung erheblich früher ein, so daß sich für die amerikanischen sowie für die neuentwikkelten europäischen Systeme AMADEUS (→ START AMADEUS) und GALILEO (→ Galileo International) der Begriff Globale Reisevertriebssysteme beziehungsweise → Global Distribution Systems (GDS) durchgesetzt hat. Regionale, nationale und globale Systeme agieren trotz der sehr unterschiedlichen Anbieter nicht getrennt voneinander, sondern versuchen ihr Angebot in der Bundesrepublik gemeinsam gegenüber den → Reisemittlern zu präsentieren. In Europa sind die globalen Systeme zumeist direkt mit den nationalen Systemen verbunden. So ist das globale System AMADEUS (→ START AMADEUS) aus Sicht der → Reisemittler lediglich ein weiterer Anbieter von Informations- und Buchungsmöglichkeiten im nationalen START-System (→ START AMADEUS).

Auch die regionalen Anbieter versuchen, ihr Angebot über das

START-System (→ START AMADEUS) zu vertreiben. Anders als bei den globalen Systemen vertreiben die → Reisemittler lediglich einen geringen Anteil der Leistungsangebote der regionalen Systeme, aber der Direktvertrieb wird zumeist ganz ohne Zuhilfenahme der Systeme durchgeführt. Der Endverbraucher wendet sich vielmehr mit herkömmlichen Kommunikationsmedien direkt an den Leistungsanbieter, so daß regionale Systeme ein größeres Umsatzpotential unter Einbezug der → Reisemittler haben. Aus diesen Gründen bildet in Europa das jeweilige nationale Vertriebssystem den Knotenpunkt zwischen Systemen, Anbietern und → Reisemittlern. Regionale und globale Systeme haben aufgrund ihres eingeschränkten Leistungsangebots kaum die Möglichkeit, direkt mit den → Reisemittlern zu kommunizieren, sondern bedienen sich der Netzwerke der nationalen Systeme.

Die im deutschen Fremdenverkehr eingesetzten Informations- und Reservierungssysteme bieten vor allem die Möglichkeit, Informationen und Vakanzen abzufragen. Diese abgefragten Vakanzen können direkt über das System gebucht werden. Betreiber dieser Systeme sind häufig die Fremdenverkehrsgemeinden und Fremdenverkehrsregionen selbst beziehungsweise von den Orten / Regionen eingesetzte Betreiber.

Nach der Art der Zugriffsmöglichkeit auf die Daten werden Informations- und Reservierungssysteme mit zentraler und dezentraler Datennutzung unterschieden. Bei einem Reservierungssystem mit zentraler Datennutzung sind alle Stamm- und Bewegungsdaten nur im Rechner der Betreiberzentrale verfügbar. Bei der dezentralen Datennutzung, die häufig bei überregionalen Zusammenschlüssen Anwendung findet, fehlt der zentrale Datenbestand. Es wird mittels eines Kommunikationsrechners auf die Datenbestände der beteiligten Orte zugegriffen. Informations- und Reservierungssysteme können auf örtlicher, regionaler und überregionaler Ebene eingesetzt werden. Ein Informations- und Reservierungssystem, welches das touristische Angebot eines Ortes zusammenfaßt und buchbar macht, ist eine örtliche beziehungsweise lokale Lösung. Ein Informations- und Reservierungssystem, das auf einem zentralen Regionsrechner eingesetzt wird, an dem sich mehrere Fremdenverkehrsorte anschließen, um das regionale Angebot zu bündeln, wird als regionales System bezeichnet. Überregionale Systeme sind zum Beispiel Informations- und Reservierungssysteme, die auf zentralen Landesrechnern eingesetzt werden und an denen sich Fremdenverkehrsorte, Fremdenverkehrsgebiete, Landkreise und Regionen anschließen, um das Angebot eines Bundeslandes buchbar zu machen. Der Markt der Informations- und Reservierungssysteme bietet mittlerweile ein vielfältiges Softwareangebot. Fremdenverkehrsorte und Fremdenverkehrsregionen entscheiden sich für ein ihren Bedürfnissen entsprechendes System. Dabei ist nicht zu vermeiden, daß die unterschiedlichsten Systeme eingesetzt werden. Um nun eine → Kommunikation zwischen all diesen Systemen beziehungsweise einen Anschluß an das nationale Reservierungssystem START (→ START AMADEUS) zu ermöglichen, muß eine einheitliche Codierung festgelegt werden. Diese Aufgabe erfüllt die Touristische Informations-Norm (TIN), deren Entwicklung vom → Deutschen Tourismusverband (DTV) in Auftrag gegeben wurde. Die TIN legt Merkmale zur Beschreibung des touristischen Angebotes fest, definiert und ordnet diese. Sie garantiert somit eine einheitliche Darstellungsform des Angebotes und ermöglicht eine Suchstruktur, die bei allen Informations- und Reservierungssystemen gleich ist. Durch eine vorgegebene Begriffsverwendung wird eine gemeinsame Sprache geschaffen, welche die → Kommunikation zwischen den Benutzern von Informations- und Reservierungssystemen erleichtert. Die Verwendung einheitlicher Begriffe ermöglicht eine einheitliche Gestaltung der Informations- und Reservierungssysteme und somit den Zusammenschluß von Systemen. Die TIN definiert und kategorisiert Unterkunftsarten, damit → Reisebüros, Gäste und die unterschiedlichen Fremdenverkehrsstellen unter gleichen Begriffen auch das gleiche verstehen. → Informationstechnologische Systeme; → Galileo International; → SABRE; → START AMADEUS

Literatur: Schulz, Frank, Seitz, 1996

Prof. Dr. Erwin Seitz

Fachhochschule München, Fachbereich Tourimus

Resort

→ Destinationsmanagement

Restanten

In der Hotellerie übliche Bezeichnung für offene Rechnungen von Gästen, die sich noch im Haus befinden.

Rettungsboot

Von Schiffen mitgeführtes kleines seefähiges Boot, das im Notfall zur Rettung der Passagiere dienen soll.

Return on Equity

→ Eigenkapitalrentabilität

Return on Investment

Kennzahl, die als prozentuales Verhältnis der Summe aus Gewinn und Zinsen zum → Gesamtkapital definiert ist. Return on Investment wird mit ROI abgekürzt.→ ROI-Kennzahlensystem

Return on Sales

→ Umsatzrentabilität

Revenue per available room

→ Umsatz pro verfügbarem Zimmer

REVPAR

Abkürzung für Revenue per available room. → Umsatz pro verfügbarem Zimmer

ROE

Abkürzung für Return on Equity. → Eigenkapitalrentabilität

ROI

Abkürzung für → Return on Investment.

ROI-Kennzahlensystem

Kennzahlensystem, welches die Kennzahl → Return on Investment in ihre Komponenten zerlegt und damit aufzeigt, welche betriebswirtschaftlichen Faktoren in welcher Größenordnung für das Zustandekommen der Kennzahl → Return on Investment bestimmend sind.

Room Service

Auch als Etagenservice bezeichneter Speisen- und Getränkeservice für Gäste, die sich im Hotelzimmer aufhalten. Der Room Service muß in manchen Häusern separat bezahlt werden. Dabei werden teils pauschale Beträge, teils Beträge prozentual vom Bestellwert verlangt.

Rooming

Bezeichnung, welche die nachstehenden hotelbetrieblichen Aktivitäten zusammenfaßt: Begleiten des Hotelgastes zu dessen Zimmer, Information über die Zimmereinrichtung, Information über Leistungen des Hauses sowie weitere Informationen.

Rooms Division

Bezeichnung für die Abteilung von Hotelbetrieben, in deren Aufgabenbereich die Reservierung, die Rezeption und die Telefonzentrale fallen. Diese wird auch als Logisabteilung bezeichnet. In manchen Hotelbetrieben wird auch der → Hausdamenbereich zur Rooms Division hinzugerechnet. Verantwortlicher Leiter der Rooms Division ist der Rooms Division Manager.

Rooms Division Manager

→ Rooms Division

Rotes Lager

In der Touristik gängige Bezeichnung für einen Unternehmensverbund, in dessen Zentrum die → Unternehmensverbindung zwischen den Unternehmen Hapag-Lloyd und TUI steht. → Gelbes Lager

Royality Agreement

→ Strategische Allianzen im Luftverkehr

Rücklagen

Passivposten der Bilanz (→ Jahresabschluß), die zum → Eigenkapital gehören. Zu den Rücklagen zählt die Kapitalrücklage, welche das durch die Eigentümer dem Unternehmen neben dem Nominalkapital zugeführte → Eigenkapital beinhaltet, sowie die Gewinnrücklagen, die aus → Eigenkapital bestehen, das durch Gewinnthesaurierung, das heißt durch Einbehalten von Gewinnen, entstanden ist.

Rückstellung

Passivposten der Bilanz (→ Jahresabschluß), der solche Wertminderungen dem Geschäftsjahr zurechnet, die durch zukünftige Handlungen bedingt werden und deshalb bezüglich ihres Eintretens oder ihrer Höhe nicht völlig, aber dennoch ausreichend sicher sind.

Sabbatical

Zeitraum der Nichterwerbstätigkeit bei Aufrechterhaltung eines bestehenden Arbeitsverhältnisses. Es liegt eine Form der → Arbeitszeitflexibilisierung vor.

SABRE

Der deutsche Markt der Computer Reservation Systems (CRS) (→ Informationstechnologische Systeme; → Reservierungssysteme) befindet sich im Umbruch. Nach Jahren der quasi monopolistischen Dominanz durch den Marktführer gewinnen die Wettbewerber stetig Marktanteile hinzu. Mit einem Anteil von 15 % der gebuchten Segmente hat sich SABRE, das international führende System, in Deutschland zum härtesten Verfolger entwickelt. Weltweit ist SABRE mit über 40.000 angeschlossenen → Reisebüros und mehr als 328 Millionen gebuchten Reise-Segmenten (1997) die Nummer 1 der → Global Distribution Systems (GDS). Das 1963 gegründete Unternehmen ist außerdem führend bei allen Serviceleistungen rund um Reisen und Touristik sowie als Anbieter von informationstechnologischen Lösungen (→ Informationstechnologische Systeme). Die Palette der Serviceleistungen reicht von der Softwareentwicklung über den Produktverkauf bis hin zur Beratung in allen Feldern der Reisebranche.

SABRE steht für Semi Automated Business Research Environment. Zur Gruppe gehören heute vor allem drei Geschäftszweige:

- Reservierungssystem SABRE Travel Information Network (STIN),
- Geschäftszweig SABRE Technology Solutions (STS) und
- SABRE Interactive mit "Travelocity", dem führenden Internet-Angebot für Reisen.

Mehrheitseigner der SABRE-Gruppe ist seit dem Börsengang im Juli 1997 die Muttergesellschaft der American-Airlines AMR Corporation, die ca. 80 % der Anteile an SABRE hält.

SABRE bietet eine Vielzahl technologischer Lösungen. Die nachstehenden Beispiele verdeutlichen dies:

- Mehr als 50 Airlines arbeiten mit SABRE Management Produkten,
- über 60 Airlines nutzen SABRE als eigenes → Reservierungssystem,
- alle Reservierungs- und Abfertigungsagenten von Lufthansa und British Airways setzen eine Airline-Version von Turbo SABRE ein,
- SABRE entwickelte und betreibt das System für den französischen Hochgeschwindig-

keitszug TGV und Unternehmen wie American Airlines, Canadian Airlines und Hyatt Hotels nutzen SABRE für alle technischen Prozesse.

Das → Reservierungssystem ist der bedeutendste Geschäftszweig der SABRE Group mit Sitz in Dallas. Das zentrale Rechenzentrum von SABRE in Tulsa (USA), beherbergt die weltweit größte zivile Datenbank. Das Rechenzentrum umfaßt 17 Zentralrechner mit einer Leistungsstärke von über vier Milliarden Befehlen pro Sekunde und einem Speichervolumen von 15,3 Terabyte. 24 Stunden am Tag und 365 Tage im Jahr bietet es Zugang zu mehr als 700 → Fluggesellschaften, 35.000 Hotels und über 50 Autovermietern.

Im deutschen Markt konnte sich SABRE durch innovative Produkte und ein umfangreiches Leistungsspektrum als zweitwichtigster Anbieter etablieren. Zuletzt gelang es SABRE als erstem der START-Wettbewerber (→ START AMADEUS), das Angebot der Deutschen Bahn für seine Kunden verfügbar zu machen. Damit verfügt SABRE insbesondere für → IATA-Agenturen über ein komplettes Geschäftsreiseangebot. Die Produkte im deutschen Markt im einzelnen:

- Planet SABRE: Graphisch, modern und mit Internet-Zugriff (→ Informationstechnologische Systeme),
- Turbo SABRE: Schnell, für Agenturen mit hohem Geschäftsaufkommen / Reservierungszentralen,
- Connectivity SABRE: Flexibel, zur Einbindung in unterschiedliche Netzarchitekturen.

SABRE bietet seinen deutschen Kunden zusätzlich zum internationalen Leistungsspektrum unter anderem die Buchungsmöglichkeit bei rund 110 → Reiseveranstaltern. Agenturen haben über den SABRE-Partner DCS mit seinem → Reservierungssystem Merlin Zugriff auf alle großen Veranstalter und die Reservierungsleistungen von SABRE in den Bereichen Flug, Hotels und Mietwagen. → Galileo International; → Informationstechnologische Systeme; → Reservierungssysteme; → START AMADEUS

Tasso von Heintschel

Direktor Deutschland, Österreich und Schweiz von SABRE und Geschäftsführer der SABRE Deutschland Marketing GmbH

Sachinvestition

→ Investition

Sales Management in der Hotellerie

Die entscheidenden Erfolgsfaktoren im Verkauf sind Professionalität, Kreativität, Kontinuität und Individualität. Die Gäste kaufen nicht nur unsere Produkte, Dienstleistungen oder Ideen, sie kaufen im Grunde die Vorstellung davon, wie gut sie sich fühlen werden, wenn sie bei uns sind.

Auch traditionelle Betriebe erkennen immer öfter das verborgene Erfolgspotential, das sich aus einem bestimmten Image heraus entwickeln kann. Dabei ist zu beachten, daß eine zündende Idee alleine nicht genügt, um ein Image zu kreieren oder gar aufrecht zu erhalten. Images müssen gepflegt und kommuniziert werden, damit sie den Gast erreichen und sich letztendlich in barer Münze auszahlen. Verkaufen heißt also kommunizieren! Nach außen, um Kunden zu finden und nach innen, um diese Kunden dann zu binden und diese dann im besten Fall zu Stammkunden zu machen. Dabei sollte zuerst der Kontakt und dann eine intensive Beziehung zu den Gästen aufgebaut werden, denn der Gast konsumiert und bezahlt und stellt somit den wichtigsten Kapitalfaktor für einen Hotelbetrieb dar. Wer ist Verkäufer in einem Hotelbetrieb? Im Grunde genommen ist jeder Mitarbeiter ein Verkäufer. Gerade in dieser Situation muß klar definiert werden, wer die jeweiligen Verkaufsaufgaben übernimmt.

Der zwischenmenschliche Bereich spielt im Hotellerie- und Gastronomiebereich, auch als Imagefaktor, eine dominante Rolle. Hier hat der Manager die Chance, seine Mitarbeiter zu beeinflussen, indem er als Vorbildfunktion eine positive Einstellung vermittelt. Eine positive → Unternehmenskultur zeigt ihre Wirkung im gesamten Erscheinungsbild eines Unternehmens. Was heißt das nun in der Praxis? Jeder Mitarbeiter muß sich mit dem Produkt identifizieren, um dieses dann kommunizieren und verkaufen zu können. Voraussetzung dafür ist die → Kommunikation mit allen Mitarbeitern. Hierdurch ist gewährleistet, daß man den Mitarbeitern die Basis für den optimalen Verkauf ebnet. Parallel dazu sind Schulungen nötig, um dem Mitarbeiter zu vermitteln, wie man sich gäste-

Sales Management in der Hotellerie

orientiert verhält. Um diesen vielen unterschiedlichen Gästekontakten gerecht zu werden, sind Produktschulungen notwendig, die permanent wiederholt werden müssen und den Anspruch haben, integraler Bestandteil der Mitarbeiterpolitik des Hotels zu sein.

Darüber hinaus ist in jedem Hotel eine Verkaufsabteilung ein Muß. Die Verkaufsabteilung ist zuständig für die Kundenaquisition und die Kundenbindung. Durch Adressverwaltungssysteme spricht man potentielle Kunden an, versucht durch den persönlichen Kontakt nicht nur das Buchungsaufkommen dieses Kunden heraus zu finden, sondern auch die Person näher kennenzulernen. Mit unkonventionellen Aktionen wird der Kunde an das Haus gebunden. Zum Beispiel zum Frühlingsanfang einen Tontopf mit Gras und Holzkuh oder zu Ostern ein kleines Osternest verschenken. Im Mai mit den Kunden zum Spargelstechen gehen und danach den eigenen Spargel kochen oder zur Sommerzeit Eiscreme verteilen. Zu einer Betriebseröffnung als Eröffnungsgeschenk einmal nicht die Flasche Sekt oder Schokolade, sondern ein Brecheisen mit dem Slogan "Wir brechen jetzt auf!" verschenken. Mit diesen Aktionen ist zwar nicht ein Verkaufsgespräch im herkömmlichen Sinne getätigt, jedoch kann man dadurch die emotionale Ebene ansprechen und unbewußt den Kunden für das Produkt begeistern. Zu bedenken ist, daß die Kunden zwar auf Qualität und Service achten, jedoch muß die Wahrnehmung der Persönlichkeit des buchenden Kunden Priorität haben. Der Prozeß der Kundenbindung muß permanent fortgesetzt werden. Dazu sollte eine entsprechende mittelfristige Planung vorgenommen werden. So ist eine Planung im Herbst für das kommende Jahr ideal, um Ideen und Projekte zu verwirklichen. Von Zeit zu Zeit ist zu prüfen, wer die wichtigen Kunden sind. Das heißt, es ist in regelmäßigen Abständen festzustellen, wer tätigt im Haus welche Umsätze. Diese permanenten Prozesse im Verkauf garantieren, erfolgreich zu sein, hohe Kundenbindung zu erzielen und trotz der Zugehörigkeit zu einer → Hotelkette die Individualität des einzelnen Betriebes zu behalten.

→ Tourismus-Marketing

Karin Hoyler

Direktorin des Mövenpick Hotels, Frankurt / Oberursel

Sanfter Tourismus

Bezeichnung für umweltschonenden Tourismus.

Seat Only-Verkauf

Der Seat Only-Verkauf, der auch als Einzelplatzverkauf bezeichnet wird, dient Charterfluggesellschaften (→ Charter; → Charterflugverkehr) zur Vermarktung von Sitzplätzen, die nicht an → Reiseveranstalter verkauft wurden.

Seebad

Bezeichnung für einen Kurort am Meer mit entsprechenden Einrichtungen.

Seetag

Tag, an dem ein Schiff keinen Hafen anläuft.

Seetouristik

Der Begriff Seetouristik deckt alle Aspekte des Reisens zur See ab. In der Hauptsache werden darunter → Kreuzfahrten verstanden, also mehrtägige Urlaubsreisen mit einem Schiff, während derer mehrere Häfen angelaufen werden. Dort haben die Passagiere die Möglichkeit, → Landausflüge zu unternehmen. Auf → Kreuzfahrtschiffen wird in der Regel ein ausgeprägtes Animations- und Unterhaltungsprogramm (→ Animation) geboten. Restaurants und Bars stehen dem Passagier ebenso wie Sport- und Fitnesseinrichtungen zur Verfügung.

Die → Kreuzfahrt stellt ein touristisches Gesamtkonzept dar, in dem die Reise an sich und das persönliche Entdecken von Reisezielen mit den Annehmlichkeiten einer gleichbleibenden Unterkunft verknüpft werden.

→ Kreuzfahrten als Urlaubsform kamen Mitte des letzten Jahrhunderts auf. Schriftsteller und reiche Abenteurer waren die ersten Passagiere auf Vergnügungsyachten, mit denen Erkundungsfahrten zur See unternommen wurden. Gegen Ende des 19. Jahrhunderts wurden dann Linienschiffe (→ Linienschiffahrt) in den saisonal weniger ausgelasteten Jahreszeiten zu → Kreuzfahrtschiffen umfunktioniert. Das erste Schiff, das ausschließlich für → Kreuzfahrten gebaut wurde, war die Prinzessin Victoria Luise der Hamburg America Linie. Es wurde im Jahr 1900 in Dienst gestellt und wies damals eine Privatsuite für den deutschen Kaiser auf. Zwischen den beiden Weltkriegen wurden

→ Kreuzfahrten in Europa sehr populär. Zwar waren die Schiffsreisen damals nur einer begrenzten gesellschaftlichen Schicht zugänglich, das Konzept war jedoch das gleiche wie heute: Reisen zu verschiedenen Orten, jedoch mit allen Annehmlichkeiten einer gleichbleibenden Unterkunft. In den 30er Jahren dieses Jahrhunderts entstand ein wahrer Wettkampf zwischen den Nationen und → Reedereien um das schönste, größte und schnellste Schiff (Blaues Band). Nach dem zweiten Weltkrieg erholte sich die Schiffahrt als die wichtigste Verbindung nach Amerika rasch. Bis Mitte der 50er Jahre war es billiger, den Atlantik per Schiff zu überqueren als mit dem → Flugzeug. Dies änderte sich jedoch schnell mit der Einführung der modernen Düsenflugzeuge. Nachdem die klassische Überfahrt nicht mehr rentabel war, suchten viele → Reedereien nun einen neuen Zweck für ihre Schiffe. Es entstand eine neue Industrie von reinen Kreuzfahrtreedereien. Nicht zuletzt durch die Entwicklung neuer Konzepte, wie etwa → Fly-and-Cruise, wurde die Kreuzfahrtindustrie zu einem festen Bestandteil des touristischen Gesamtangebotes.
Flußkreuzfahrten finden zwar nicht auf See statt, lassen sich aufgrund der identischen Konzeption jedoch im weitesten Sinne dem Themenbereich der Seetouristik zuordnen. Auf fast allen großen Strömen und Flüssen der Erde können heute → Kreuzfahrten gebucht werden. Dabei gibt es jede Art von Kategorie und Schiffsgröße. Vom Hotelhausboot auf westeuropäischen Wasserstraßen bis hin zu Dampfbooten auf großen Strömen wird dem Urlauber eine riesige Palette unterschiedlichster Konzepte angeboten. 1996 haben ca. 91.000 Deutsche an einer Flußkreuzfahrt teilgenommen, und der Markt ist noch im Wachsen begriffen.

Daneben müssen einige weitere Sonderformen der Seetouristik erwähnt werden. Bei dem sogenannten produzierten Verkehr handelt es sich um ein Konzept zur besseren Auslastung von Fährschiffen (→ Fähre). Hin- und Rückfahrt werden mit einem kurzen → Landausflug im jeweiligen Zielhafen kombiniert und zu einem Paketpreis angeboten. → Kombischiffe sind Fahrgastschiffe mit einem angeschlossenen Frachtbereich. Der Fahrplan wird meist durch die Ladung bestimmt; man spricht von Frachtreiseverkehr.

Seetouristik

Segelyachten und der Betrieb von Motorbooten zählen ebenfalls zum Themengebiet. Die meisten Küstenorte am Mittelmeer können eine → Marina aufweisen. Für Bootsfreunde ohne eigene Yacht gibt es ein großes Angebot für → Charter und betreute Touren. In der Bundesrepublik Deutschland muß man im Gegensatz zu anderen europäischen Ländern immer noch entsprechende Führerscheine aufweisen, um ein Sportboot steuern zu dürfen. Vor kurzem ist eine Diskussion entbrannt, ob es sich hierbei um eine ungerechtfertigte Wettbewerbsbeschränkung für deutsche Vercharterer (→ Charter) handelt.

So finden durchaus unterschiedliche Bedürfnisgruppen ihr Angebot im Bereich Seetouristik. Neben allen Nischen sind jedoch die Hochseekreuzfahrten (→ Kreuzfahrt) weiterhin das Hauptgebiet. Der Markt wächst und die Branche reagiert entsprechend: Die → Reedereien expandieren, die Auftragsbücher der Werften sind bis ins nächste Jahrtausend hinein gut gefüllt.

Dabei vollzieht sich eine Entwicklung hin zu immer schnelleren Schiffen. Neue Antriebssysteme ermöglichen eine Geschwindigkeit von über 25 → Knoten, was sich insbesondere auf den beliebten Langstreckenfahrten vorteilhaft auswirkt.

Wie in der Hotellerie steigen die Standards ständig. Die → Kreuzfahrtschiffe der neueren Generation sind nicht nur in Bezug auf Navigation und Fortbewegung mit den modernsten Geräten ausgestattet. Auch dem Fahrgast stehen neueste Hi-Tech-Produkte zur Verfügung: Videotheken werden durch digitale Video-on-Demand-Programme ersetzt, bei denen per Fernbedienung aus einer großen Auswahl von Filmen gewählt werden kann. Oftmals besteht schon die Möglichkeit, während der → Kreuzfahrt → E-Mails zu empfangen und zu senden.

Bei der Architektur der Schiffe werden heute große Glasflächen eingesetzt. Insbesondere Restaurants und andere Aufenthaltsräume weisen große Panoramafenster auf. Die → Kabinen werden immer größer. Bei der Innenausstattung spielt heute Kunst eine größere Rolle.

Das gastronomische Programm orientiert sich weg von den früher üblichen festen Sitzungen in einem großen Speisesaal und hin

Seetouristik

zu einer Auswahl von unterschiedlichen, kleineren Restaurants. Insbesondere auf Clubschiffen (→ Cluburlaub) oder den großen → Fun Boats verliert dabei das gemeinsame Einnehmen der Mahlzeiten den Charakter des wichtigsten sozialen Treffpunktes.

Die an Bord angebotenen Sporteinrichtungen sind heute sehr viel professioneller als auf älteren Schiffen. Insgesamt gewinnt Sport entsprechend der gesellschaftlichen Entwicklung auch auf modernen → Kreuzfahrtschiffen an Bedeutung, und es wird mehr Platz für die Ausstattung bereitgestellt. So gibt es zum Beispiel auf zwei Schiffen der → Reederei Royal Caribbean International große Minigolfplätze. Manche Schiffe verfügen über eine zusammenklappbare Sportplattform am Heck. Hier besteht die Möglichkeit zu Jet- und Wasserskifahrten. Die Fitnesseinrichtungen werden heute vielfach nicht mehr unter Deck versteckt, sondern nehmen einen Panoramaplatz auf dem Oberdeck ein. Angeschlossen sind meist Kurzentren, Saunas und Schönheitssalons.

1996 haben weltweit insgesamt über 7,1 Millionen Menschen an einer → Kreuzfahrt teilgenommen. Mit viereinhalb Millionen stellten die US-Amerikaner die bei weitem größte Gruppe der Kreuzfahrtpassagiere. Der Markt mit den größten Zuwachsraten ist jedoch Europa. Hier werden jährlich bis zu 15 % Zunahme bei den Passagierzahlen verzeichnet.

Auch als → Fahrtgebiet gewinnt Europa immer mehr an Beliebtheit und steht mit der Ägäis, dem Mittelmeer und der Ostsee nach der Karibik (inklusive Bahamas und Bermuda) mittlerweile an Platz zwei der meist besuchten Kreuzfahrtdestinationen. An dritter Stelle rangieren → Kreuzfahrten nach Alaska, dicht gefolgt vom asiatischen Raum. Insgesamt werden weltweit ca. 500 Häfen von → Kreuzfahrtschiffen angelaufen.

→ Kreuzfahrten sind nicht mehr nur einer kleinen betuchten Schicht der Gesellschaft vorbehalten. Es gibt Angebote in fast jedem Preissegment, und Menschen aus allen soziokulturellen Schichten nehmen heute an einer → Kreuzfahrt teil. Neben Paaren und Einzelreisenden gibt es auch für Familien attraktive Angebote. → Themenkreuzfahrten decken die unterschiedlichsten Interessen ab. Das Durchschnittsalter ist in den letzten Jahren gesunken. Insbesondere die Altersgruppe der unter 35-jährigen hat diese Urlaubsform entdeckt, was unter anderem auch dazu geführt hat, daß Sport- und Fitneßeinrichtungen einen immer höheren Stellenwert auf → Kreuzfahrtschiffen haben.

Weltweit sind in der Kreuzfahrtindustrie derzeit neben über 60.000 Offizieren und Besatzungsmitgliedern an Bord der Schiffe auch 15.000 Angestellte in den Zentralen der Kreuzfahrtreedereien an Land angestellt. Direkt abhängig von der Branche sind eine Vielzahl von Schiffsausrüstern, Cateringfirmen (→ Catering), → Hafenagenturen und Transportgesellschaften.

Die Seetouristik ist im Vergleich zur globalen Tourismusindustrie mit Sicherheit nur ein kleiner Markt. Dennoch handelt es sich um ein rasch wachsendes Segment. Insbesondere Hochseekreuzfahrten gewinnen ständig an Beliebtheit. Die ständig moderner und größer werdenden → Megaschiffe gelten als eines der am meisten erfolgversprechenden Konzepte für den Urlaub der Zukunft: Schwimmende Ferieninseln mit ebenso perfekter wie außergewöhnlicher Ausstattung vermögen die unterschiedlichsten Bedürfnisgruppen anzusprechen.

Benjamin Wolber
Hapag-Lloyd Seetouristik GmbH

Sektor

Bezeichnung für einen einfachen Flug zwischen zwei Städten.

Selbstfinanzierung

→ Finanzierung

Selbstfinanzierungsgrad

Kennzahl, die als das prozentuale Verhältnis von Gewinnrücklagen (→ Rücklagen) und → Eigenkapital definiert ist.

Service Center

Service Center sind abrechnungstechnische Einheiten eines touristischen Leistungsträgers, deren Aufgabe darin besteht, die → Profit Center bei der Erzielung von Gewinnen zu unterstützen.

Service Map-Analyse

Untersuchung, bei der die Ablauforganisation (→ Organisation) des touristischen Leistungsträgers betrachtet wird. Ziel ist es, den Dienstleistungsprozeß systematisch zu erfassen und nach Schwachstellen zu suchen. Dabei wird zwischen Abläufen, die vom Kunden direkt wahrgenommen werden können und Abläufen, die vom Kunden nur in Gestalt eines Ergebnisses wahrgenommen werden können, unterschieden.

Shareholder Value

Bezeichnung für den Wert eines Unternehmens, welcher sich über den Weg der Kapitalwertmethode (→ Investitionsrechenverfahren) als Summe der diskontierten (→ Diskontierung) → Cash Flows, die das Unternehmen in der Zukunft voraussichtlich erwirtschaften wird, bemißt. Der Begriff wird vor allem im Zusammenhang mit der in letzter Zeit zunehmend intensiv geführten Diskussion um die Problematik der → Shareholder Value-orientierten Unternehmenssteuerung verwandt.

Shareholder Value-orientierte Unternehmenssteuerung

Form der Unternehmenssteuerung, die sich vor allem an der Wertigkeit orientiert, welche die Eigentümer eines Unternehmens dem Unternehmen beimessen. Als Steuerungsgröße wird der → Shareholder Value verwandt. Touristische Leistungsträger, die sich der Shareholder Value-orientierten Unternehmenssteuerung verpflichten, bemühen sich um eine Optimierung der Differenzen zukünftiger → Einzahlungen und → Auszahlungen.

Single Aisle Flugzeug

→ Flugzeug

SITA

Abkürzung für → Société Internationale de Télécommunications Aéronautiques.

Slot

Slot ist die Bezeichnung für die einer → Fluggesellschaft im allgemeinen für eine → Flugplanperiode zugeteilten Start- und Landezeiten auf den Verkehrsflughäfen (→ Flughafen). Die Slots werden auf der Flugplankonferenz vergeben. Aufgrund notwendiger Sicherheitsabstände bei Start und Landung, eingeschränkter Abstellflächen und limitierter Abfertigungskapazitäten für → Flugzeuge und Passagiere können Engpässe bestehen, die zu Slotbegrenzungen führen. In den USA ist es möglich und üblich, daß → Fluggesellschaften mit Slots handeln. Eine Gesellschaft, die beispielsweise einen guten Slot innerhalb eines Verkehrsknotens besitzt, kann erwägen, diesen meistbietend zu verkaufen. In der Bundesrepublik ist die → Fluggesellschaft, die einen ihr zugeteilten Slot nicht zu nutzen beabsichtigt, zur entsprechenden Information an den Flugplankoordinator verpflichtet, der ihn dann anders vergeben kann. Die EU-Wettbewerbskommission hat die Ansicht vertreten, daß der Handel mit Slots eher wettbewerbshemmend wirken würde. Es bleibt abzuwarten, ob sich diese gegenwärtige europäische Betrachtungsweise im Laufe der Zeit ändert.

Société Internationale de Télécommunications Aéronautiques

Die Société Internationale de Télécommunications Aéronautiques, die abgekürzt SITA bezeichnet wird, ist eine Organisation, die 1949 von → Fluggesellschaften gegründet wurde. Sie betreibt heute nach eigenen Angaben in 225 Ländern für 600 teilnehmende Unternehmen aus der Luftfahrt ein globales Kommunikationsnetzwerk. Weiterhin bietet sie zahlreiche auf diese Branche zugeschnittene Anwendungen an. Die Nutzung dieser Dienste erleichtert der Branche die weltweite Zusammenarbeit und spart ihr in großem Umfang Kommunikationskosten ein.

Software

Der Begriff Software weist zwei verschiedene Bedeutungsinhalte auf. So beschreibt der Begriff Software zum einen die Gesamtheit aller im Rahmen der elektronischen Datenverarbeitung eingesetzten Programme (→ Standardsoftware). Zum anderen zielt der Begriff der Software auf die weichen Faktoren eines Hotelbetriebs, wie etwa die Atmosphäre des Hauses und das Verhalten des Hotelpersonals, ab. Dem steht die → Hardware des Hotelbetriebs gegenüber.

Solidaritätszuschlag

Als Beitrag zur Finanzierung der deutschen Einheit wird zur → Einkommensteuer (Kapitalertragsteuer und Lohnsteuer) und zur → Körperschaftsteuer nach dem Solidaritätszuschlag der Jahre 1991 und 1992 ab 1995 wiederum ein Solidaritätszuschlag als Ergänzungsabgabe, nunmehr allerdings unbefristet, erhoben.

Derzeit gültig ist das Solidaritätszuschlaggesetz 1995 mit nachfolgenden Änderungen. Abgabepflichtig sind die einkommensteuerpflichtigen natürlichen Personen und die körperschaftsteuerpflichtigen Körperschaften, Personenvereinigungen und Vermögensmassen. Die Bemessungsgrundlage für den Solidaritätszuschlag ist die festgesetzte → Einkommensteuer oder → Körperschaftsteuer. Bei Anwendung der Einkommensteuergrundtabelle wird der Solidaritätszuschlag nur erhoben (Freigrenze für Geringverdiener), wenn die Bemessungsgrundlage für den Solidaritätszuschlag DM 1.836 übersteigt (bei Anwendung der Splittingtabelle verdoppelt sich dieser Betrag). Der Solidaritätszuschlag beträgt derzeit 5,5 v.H. der Bemessungsgrundlage. → Steuern

Rudolf Kollmannsberger

Vereidigter Buchprüfer und Steuerberater, München, Lehrbeauftragter an der Fachhochschule München, Fachbereich Tourismus

Sommelier

Bezeichnung für Weinkellner. Der Sommelier berät die Gäste bei der Wahl des Weines und überprüft die Qualität der Weine.

SOS

1912 auf der internationalen Seerechtskonferenz in Berlin festgelegtes Seenotrettungssignal. Entgegen der landläufigen Meinung handelt es sich nicht um die Abkürzung für "Save our Souls". Vielmehr wurde das Signal wegen der auffallenden Kombination von langen und kurzen Morsesignalen ausgewählt.

Soziologische Aspekte des Tourismus

Die Soziologie ist die Wissenschaft von den sozialen Phänomenen, von den Strukturen, die sie ausbilden, von den Gesetzmäßigkeiten der Interaktion zwischen Menschen. Die sozialen Strukturen sind zwar nicht unabhängig von ökonomischen und technologischen Phänomenen, bilden aber doch eine eigene Realität.

Der Tourismus ist eine sehr komplexe soziale Realität. Sie läßt sich in drei Bereiche von soziologischer Relevanz einteilen:

- die Touristen selbst, ihre Denk- und Verhaltensweisen, ihre Ausdrucksformen,

Soziologische Aspekte des Tourismus

- die Gesellschaft am Zielgebiet, in deren normales Leben die Touristen mehr oder weniger eintauchen, manchmal auch als "Bereiste" bezeichnet und
- die Tourismus-Profis, die Hersteller von Produkten für Freizeit und Urlaub, die selbst ein eigenes soziales System bilden.

Wohlverstandene Soziologie des Tourismus ist keineswegs nur "Nice to know", sondern stellt die entscheidende Grundlage für gezieltes ökonomisches Handeln dar.

Nachstehend wird zunächst auf die Touristen eingegangen. Dann wird die Gesellschaft am Zielgebiet betrachtet. Schließlich werden Tourismuswirtschaft, Tourismusverbände und Tourismusinstitutionen beleuchtet.

Die Touristen: Wie jeder beobachten kann, bilden die Touristen als Akteure ganz eigene Lebensformen aus, die sich zwar von ihrem Alltag nicht radikal, aber doch erheblich unterscheiden: ihr Umgang mit Zeit und Geld, ihre Kleidung, ihr ganzer Habitus. Die Analyse des Verhaltens der Touristen und wenn möglich sogar seine Prognose ist einer der wichtigsten soziologischen Aspekte des Tourismus. Auch die gängige Marktforschung tut dies, häufig jedoch mit Analysekategorien, die nicht ausreichend soziologisch unterfüttert sind, und daher bildet sie dann nur eine Oberfläche ab, die Unternehmensentscheidungen nicht wirklich trägt. Die Beobachtung und Analyse des Verhaltens der Touristen kommt nicht umhin, Theorien über den allgemeinen sozialen Wandel mit aufzunehmen, wie sie auf dem soziologischen Wissensmarkt zur Verfügung stehen. Hier müssen dann Stichworte fallen wie Individualisierung oder Globalisierung und in ihren Konsequenzen für die Touristen bedacht werden. Individualisierung bedeutet, vereinfacht gesagt, daß Menschen heute aus den Lebensformen der industriellen Moderne (Klasse und Schicht, Kleinfamilie, Geschlechter- und Altersrollen, Tradition) entlassen sind und ihre Biographie "frei" selbst basteln können. Positiv daran ist die persönliche Freiheit, sich in der persönlichen Lebensgestaltung relativ wenig anpassen zu müssen, was in ländlichen Regionen (noch) weniger akzeptiert ist als in Städten. Die persönliche Lebensgestaltung im Alltag vollzieht sich allerdings nicht gänzlich frei, sondern unter Bedin-

 Soziologische Aspekte des Tourismus

gungen, die von politischen und wirtschaftlichen Institutionen gesetzt werden (Tarifverträge, Gesetze für fast jede Lebensäußerung etc.). In diesen Bedingungen kann sich der einzelne nicht treiben lassen, sondern er muß ständig aktiv damit umgehen, sie kennen und Entscheidungen treffen, zustimmen, ablehnen. Das Scheitern wiederum kann man niemandem, sondern nur der eigenen Unfähigkeit anlasten. Im viel gebrauchten Wort "Streß" äußert sich das Klagen über diesen ständigen Druck, es richtig zu machen und eine erfolgreiche Biographie abzuleisten. Das Verhalten der Touristen hängt also eng mit ihrer Lebenssituation im Alltag zusammen. Als Tourist kann man auch noch die letzten Zwänge und Erwartungen negieren und sich ungestraft unmöglich kleiden oder gänzlich daneben benehmen. Als Pauschaltourist entfliehe ich dem Streß, es richtig zu machen, in eine Situation, die jemand für mich schon richtig strukturiert hat. Trotz aller Individualisierung bilden sich typische Cluster von Freizeit- und Urlaubsverhaltensweisen, von Konsumpräferenzen, von Vorlieben für Reiseziele (Lebensstilgruppen, Milieus). Die Grenzen zwischen ihnen verlaufen nicht unbedingt entlang von Alter, Einkommen und Bildung, wenn auch diese Variablen nach wie vor eine Rolle spielen. Entscheidender sind jedoch persönliche Einstellungen und Fragen des persönlichen Geschmacks. Es ist Kennzeichen der Individualisierung, daß sich etwa in einer Gruppe von Outdoor-Freaks sowohl ein pensionierter Studienrat als auch eine junge Friseuse zusammenfinden können. Die Charakteristika dieser Lebensstilguppen und Milieus richtig zu bestimmen, ist eine wichtige Aufgabe der Soziologie. Für die Unternehmen der Tourismuswirtschaft ist es besonders wichtig, rechtzeitig über Veränderungen der Merkmale und des Grenzverlaufs informiert zu sein, um nicht mit veralteten Mitteln eine falsche Gruppe anzusprechen. Auch vertragen sich manche Milieus nicht miteinander, wenn sie etwa im gleichen Hotel aufeinandertreffen. Soziale Distinktion ist, trotz aller Demokratisierung des Reisens, nach wie vor ein zentrales Bedürfnis. Tourismus ist ein globales Phänomen und treibt selbst die Globalisierung voran. Verführen die leicht verfügbaren Informationen über weit entfernte Zielgebiete und der Abbau der Angst vor der Entfernung durch Reiseerfahrung

Soziologische Aspekte des Tourismus

zu mehr Fernreisen? Hier ist die soziologische Analyse des Umgangs mit Raum und Zeit in unserer Gesellschaft angesprochen. Schwächt sich die Bindung an ein Territorium durch die Mobilitätsmöglichkeiten ab? Verliert der Nah-Raum seine Funktion der selbstverständlichen Heimat? Werden Entfernungen nicht mehr in Kilometern, sondern in Flugstunden gemessen? Die Antworten auf diese soziologischen Fragen haben für die Tourismuswirtschaft eminente Bedeutung. Wenn Globalisierung nämlich unter anderem heißt, daß sich die Zielgebiete in der Welt langsam in ihrem Aussehen und in ihren Standards angleichen, so werden Destinationen an jedem Ort der Welt reproduzierbar - wie es in Japan schon mit einem Original Tiroler Dorf geschieht. Dann muß man vielleicht in Zukunft gar nicht mehr reisen, um die Welt zu sehen. Soziologisch interessant wäre daran dann wieder, ob die Touristen wirklich zu Hause bleiben, oder ob das Reisen, die Mobilität an sich, eine so starke Verhaltensdisposition geworden ist, daß die Qualität des Ziels nur noch eine untergeordnete Rolle spielt (Moderne Nomaden).

Die Gesellschaft am Zielgebiet: Die Bevölkerung, die in den Gebieten lebt, wohin die Touristen reisen, bleibt davon nicht unberührt. Sie unterliegt charakteristischen Veränderungen, die vielfach von der Tourismuskritik beschrieben worden sind, die aber darüber hinaus Kategorien der systematischen soziologischen Analyse zugänglich sind. Besonders interessant sind die Nachahmungs- und Anpassungsprozesse, die zwischen der Gesellschaft des Zielgebietes und den Touristen stattfinden: etwa die modernere Kleidung oder die Lockerung der Moralvorschriften der einheimischen Bevölkerung in weniger entwickelten Regionen. Diese Identifikations-, Imitations- und Akkulturationseffekte können einen Kulturwandel bewirken, der auf den Tourismus zurückzuführen ist. Allerdings wird, gerade in Entwicklungsländern, der Effekt des Tourismus hier leicht überschätzt. Internationale Handelsbeziehungen und die Medien spielen hier meist eine ebenso große, wenn nicht wichtigere Rolle. Auch hier zeigen sich wieder Folgen der Globalisierung. Auch bei den Touristen selbst zeigen sich Identifikations-, Imitations- und Akkulturationseffekte, deutlich sichtbar vor allem in Kleidung sowie Eß- und Trinkgewohnhei-

Soziologische Aspekte des Tourismus

ten. Teilweise hält diese Anpassung sogar noch zu Hause an. Der Hamburger in bayerischer Tracht oder die Frequentierung italienischer Lokale in Deutschland hätten ohne Tourismus nicht diese Verbreitung. Noch weiter geht zum Beispiel der Übertritt zum Buddhismus nach einer Indienreise.

Tourismuswirtschaft, Tourismusverbände und Tourismusinstitutionen: Mit der Entstehung des modernen Tourismus haben sich Unternehmen und Organisationen herausgebildet, die sich von Unternehmen und Institutionen in anderen gesellschaftlichen Bereichen unterscheiden. Sie können mit organisationssoziologischen Kategorien oder auch mit denen der politischen Soziologie analysiert werden. So läßt sich zeigen, daß die relativ schwache politische und öffentliche Stellung des Tourismus in Deutschland unter anderem darauf zurückgeht, daß er als Arbeitsfeld im Vergleich etwa zur produzierenden Industrie wenig Prestige besitzt. Dies hat seine Gründe im Selbstverständnis als industrielle Arbeitsgesellschaft, in der Freizeit und Urlaub Restgrößen sind. Die professionelle Beschäftigung damit (als Unternehmer, als Beamter, als Politiker) gilt als entsprechend "nebensächlich", auch wenn dies vom Beitrag zum Bruttosozialprodukt schon lange nicht mehr stimmt. In Politik und Verwaltung wurden entsprechend Posten im Tourismus nicht mit dafür besonders qualifizierten Personen besetzt, und Tourismus wird noch heute vielfach nebenbei "mitberücksichtigt". Die Tourismusbranche erzeugt auch selbst soziologisch interessante neue Verhaltensformen. So unterscheiden sich Ablauf und Kommunikationsformen auf einer Tourismus-Messe sicher von denen auf einer Maschinenbaumesse, schon allein, weil die Produkte die zum Beispiel auf der → Internationalen Tourismus-Börse ITB Berlin angeboten werden, hauptsächlich in Katalogen und Plakaten anschaulich und nicht im Maßstab 1 : 1 angefaßt werden können. Die soziologischen Aspekte des modernen Tourismus sind in ihrer Vielfalt noch längst nicht alle ausgelotet. Dies liegt unter anderem daran, daß Tourismus auch im akademischen Betrieb lange Zeit wenig Aufmerksamkeit fand. Entsprechend sind die theoretischen Ansätze und analytischen Instrumente noch nicht so entwikkelt und verfeinert, wie es der Größe und Bedeutung des sozia-

Sportreisen

len Phänomens Tourismus angemessen wäre. Das ändert sich jedoch zur Zeit. → Ökologische Aspekte des Tourismus; → Tourismus-Marketing; → Touristen-Typologien

Prof. Dr. Felizitas Romeiß-Stracke

Fachhochschule München, Fachbereich Tourismus

Sportreisen

Die Produktion und der erfolgreiche Vertrieb von Sportreisen bedürfen einer genauen Marktanalyse. Nach der Erstellung einer Zielgruppendefinition (→ Zielgruppenmarketing in der Touristik) sollte ein Sportreiseveranstalter die spezifischen Motive und Bedürfnisse seiner möglichen Klientel erforschen und eine darauf abgestimmte Produkt- und Marketingstrategie entwickeln. Kenntnisse über Sportaktivitäten in der Gesamtbevölkerung, Trends im Sportbereich und Eignung der Sportarten für den Reisebereich sind mit der von einem Veranstalter benötigten Dienstleistung in Zusammenhang zu bringen. Beispiele:

- Ca. 40 % der Gesamtbevölkerung schwimmt gelegentlich oder regelmäßig - benötigt dazu aber im Urlaub nicht die Dienstleistung eines Sportreiseveranstalters.
- Ca. 7 % der Gesamtbevölkerung spielt gelegentlich oder regelmäßig Tennis. Bei der Ausübung dieser Sportart im Urlaub wird sehr häufig eine Dienstleistung in Form von Platzreservierung oder Tenniskursen gewünscht.
- Über 50 % der Gesamtbevölkerung fährt gelegentlich oder regelmäßig Rad. Eine interessante und lukrative Zielgruppe für einen Sportreiseveranstalter. Hier werden gerne Angebote von → Reiseveranstaltern in Anspruch genommen.

Bei der Produktbestimmung sind also im wesentlichen folgende Fragen zu beantworten:

- Welche Sportarten sind "trendy" und werden von wie vielen Menschen ausgeübt? Welche Gruppe treibt diesen Sport (Geschlecht, Alter, Beruf, Einkommen etc.)?
- Ist für die Ausübung dieser Sportart im Urlaub die Dienstleistung eines Sportreiseveranstalters notwendig, und ist diese Leistung so speziell, daß sie nur von einem Spezialisten erbracht werden kann

Sportreisen

(Materialtransport, Materialbereitstellung im Zielgebiet, spezielle Unterkünfte, Sportanlagen etc.)?

- Wann und wo werden diese Sportarten ausgeübt? Welche Zielgebiete eignen sich dafür? Gibt es starke saisonale Schwankungen?
- Welche Mitbewerber gibt es und wie gut ist deren Angebot? Gibt es Alleinstellungsmerkmale? Welches Markenprofil soll das Produkt haben?
- Wie kann das Produkt verkauft werden? Welche Vertriebskanäle sind am besten dafür geeignet?

In den letzten Jahren haben sich im Sortiment der Sportreiseveranstalter folgende Sportarten behauptet:

- Skifahren: Stagnierend, aber durch die neue Skigeneration des "Carvers" wird ein Aufwärtstrend erwartet. Das hohe Preisgefüge in den Alpen verstärkt im oberen Preissegment den Trend zu Skireisen nach Nordamerika.
- Snowboard: Weiter ansteigend ist "Lifestyle" für die Jugendlichen. Musikevents und Veranstaltungen wie Air & Style Contest tragen dazu bei, den Beliebtheitsgrad bei der überwiegend jugendlichen Zielgruppe zu steigern.
- Tennis: Diese Sportart ist seit mehreren Jahren rückläufig. Eine überalterte Zielgruppe und wenig Interesse bei den Jugendlichen wird auch mittelfristig keine Trendwende bringen.
- Golf: Eine nicht nur bei Sportreiseveranstaltern heiß begehrte Zielgruppe. → Golfreisen sind mittlerweile auch in Katalogen aller Pauschalreiseveranstalter zu finden. Lukrativ sind hier besonders die Einsteiger und Anfänger mit Buchungen für Golfschulen. Buchungen für fortgeschrittene Golfer sind aufwendig und arbeitsintensiv und bringen oft nicht den notwendigen Ertrag.
- Windsurfen: Wenn auch seit einigen Jahren rückläufig, bleibt Windsurfen trotzdem eine feste Größe im Sportreisemarkt. Wird im Selbstfahrerbereich das Angebot eines Veranstalters hauptsächlich im Schulungsbereich in Anspruch genommen, so sind im Flugbereich doch häufig die "Freaks" zu den begehrtesten Spots unterwegs.
- Outdoor (Rafting, Canyoning): Mit starken Zuwachsraten. Die Nachfrage beschränkt sich hauptsächlich auf den Nahbe-

reich, die Aufenthaltsdauer beträgt meist 1 - 3 Tage. Starke Gruppennachfrage von Vereinen und Firmen.

- Tauchen: Erfreut sich wachsender Beliebtheit. Liegt auch bei Frauen voll im Trend. Hoher Fernreiseanteil.
- Rad: Radwandern mit hohen Zuwachsraten, Rennrad ebenfalls ansteigend, aber stark saisonabhängig. Die Mountainbiker greifen nur in geringem Maße auf Veranstalterangebote zurück.

Abschließend ist kurz darauf einzugehen, wie sich der Sportreisemarkt weiter entwickeln wird. Der nun seit Jahren anhaltende Trend zum Körper- und Gesundheitsbewußtsein wird sicher noch weiter wachsen, und die Zielgruppe der Sportreisenden wird sich noch vergrößern. Gleichzeitig wird sich der Anteil des "normalen" Badeurlaubers verringern. Dies führt sicher dazu, daß auch die Großveranstalter noch stärker Ihre Angebotspalette auf die Zielgruppe der Sportreisenden und Aktivurlauber ausrichten. Der Sportreiseveranstalter wird in seiner Preisgestaltung in vielen Bereichen mit den "Großen" konkurrieren müssen oder Segmente, die auch von Großveranstaltern bedient werden können, aus seinem Angebot nehmen. Sportreiseveranstalter unter dem Dach eines Großveranstalters profitieren vom Einkaufsvolumen, von der Fluglogistik und den Zielgebietstrukturen. "Einzelkämpfer" müssen weiterhin versuchen, sich in Nischenmärkten mit Kreativität und Innovation zu behaupten. Für beide werden jedoch die Deckungsbeiträge mittelfristig nicht über die touristische Leistung Transport und Unterkunft, sondern über die Dienstleistung aus der eigenen Produktion - sprich Sportschulen, Trainer und Materialbereitstellung- zu erwirtschaften sein.

Hans Gumpinger

Product Manager, Sport-Scheck Reisen

Sprachkompetenz

Durch die Entwicklung von Technik und Verkehr sowie durch die rasante Verbreitung des Informationsflusses und der internationalen → Kommunikation ist unsere Welt immer kleiner geworden, und die Menschen kamen sich näher. Das Wort "Globalisierung" gilt als Inbegriff des wirtschaftlichen Wandels über die Grenzen hinweg.

Sprachkompetenz

Als die europäischen Entscheidungsträger die neuen Orientierungen in der Bildung ausformulierten, besonders in Bezug auf die Sprachen, meinten sie in erster Linie die aktive Beherrschung von mehreren Sprachen. (→ Sprachpolitik) Die Verständigung in fremden Sprachen sollte man nicht mehr allein den Angehörigen der Fremdsprachenberufe überlassen, denn oft muß bei Verhandlungen schnell entschieden werden. Die fremdsprachliche Verständigung betrifft heutzutage vielmehr alle, die in der Wirtschaft, Wissenschaft und Verwaltung tätig sind, und zwar auf allen Ebenen der Berufsskala sowohl bei mündlicher → Kommunikation als auch bei schriftlicher → Kommunikation.

Vor diesem Hintergrund sprechen wir heute von Sprachkompetenz. Der Begriff "Kompetenz" ist nicht neu, wurde allerdings von den Sprachwissenschaftlern unter verschiedenen Bezeichnungen verwendet. So unterscheidet Ferdinand de Saussure (1857 - 1913) zwischen "Langue" als Sprachbesitz einer Gruppe und "Parole" als Akt der Sprachverwendung oder auch als soziale beziehungsweise individuelle Realisierung von "Langue". Beide stehen in einem wechselseitigen Verhältnis, in dem das eine ohne das andere nicht existieren kann. Der Amerikaner Noam Chomsky verwendet dagegen die Dichotomie "Kompetenz" und "Performanz". Geleitet von seinem mathematischen Hintergrundwissen sieht er die "Kompetenz" als ein "System von Regeln", die Bedeutung erzeugen und die "Performanz" als die konkrete Realisierung eines Sprechaktes.

An dieser Stelle wollen wir aber auf die moderne, allgemeingültige Begriffsverwendung eingehen. Die Sprachkompetenz ist demnach die Fähigkeit eines Individuums, sich selber in einer Fremdsprache zu artikulieren und diese auch zu verstehen. Anhand dieser Definition unterscheiden wir

- rezeptive Kompetenz als Fähigkeit, Geschriebenes und / oder Gesprochenes in einer Fremdsprache zu verstehen und
- produktive Kompetenz als Fähigkeit, selber in einer Fremdsprache zu sprechen und / oder zu schreiben.

Man nennt diese Fähigkeiten auch passiven Sprachbesitz be-

Sprachkompetenz

ziehungsweise aktiven Sprachbesitz.

Diese beiden Vorgänge werden logischerweise ungleich beherrscht. Die rezeptive Kompetenz ist viel umfangreicher, weil das vorhandene (passive) Wissen leichter verfügbar ist, und der Angesprochene sich nicht um das Regelsystem der Sprache kümmern muß.

Die größeren Schwierigkeiten liegen bei der Sprachproduktion, denn hier kommen viele Sprachaspekte wie Wortschatz, Grammatikregeln, phonetische beziehungsweise phonologische Anpassungen, feste Wendungen etc. zusammen.

Nun stellt sich folgerichtig die Frage, ob für jede Sprache eine eigene Kompetenz notwendig ist? Jeder Mensch besitzt die Kompetenz seiner Muttersprache genauso wie der echte Zweisprachige zwei Kompetenzen in einer Person vereint. Also ist die Frage eindeutig mit ja zu beantworten. Muß nun der Studierende bei jeder neu zu erlernenden Sprache sich eine neue Kompetenz aneignen? Bevor auf diese Frage geantwortet wird, folgendes Beispiel: Ein deutscher Student lernt vier Jahre lang aktiv und regelmäßig Italienisch und beherrscht schließlich diese Sprache ziemlich gut. Nun bucht seine Freundin zum Geburtstag eine Reise nach Frankreich, obwohl keiner von beiden Französisch kann. Nach der Reise sind sie der Meinung, daß die Reise abgesehen von den Anfangsschwierigkeiten ein Erfolg war, nicht zuletzt weil unserer Student seine Sprachfähigkeiten vom Italienischen schnell umsetzen konnte. Bei diesem Beispiel ist festzustellen, daß auch ohne eine Sprache gelernt zu haben, die Kenntnisse aus einer anderen verwandten Sprache dazu verhelfen, wenigstens rezeptiv weiterzukommen.

Die Hauptsprachen Europas tragen ein lateinisches Erbe mit sich und haben viele Strukturen, Ausdrücke, Wörter gemeinsam, die man übertragen kann. Teile der vorhandenen Kompetenz beziehungsweise Kompetenzen können verwendet werden. Allerdings entsteht ein neues Problem dabei: die Interferenzen. Diese aufzuzeigen und zu beheben, ist die Aufgabe der kontrastiven Grammatik und Wortschatzanalyse. Die Sprachdidaktik sollte auch im Sinne der neuen beruflichen Erfordernisse die Sprachen nicht mehr als System für sich, sondern als Kommunikations-

Sprachpolitik

mittel und zugleich als Vehikel von menschlicher Kultur und Wissen begreifen. → Sprachpolitik

Prof. Dr. Djamal Benhacine

Fachhochschule München, Fachbereich Tourismus

Sprachpolitik

Wenn wir die Sprachen in den verschiedenen europäischen Schulsystemen betrachten, so stellen wir fest, daß Englisch, Deutsch und Französisch die führenden Sprachen sind. Eine länderbezogene Betrachtungsweise läßt allerdings ein anderes Bild erscheinen. So ist die Reihenfolge in Deutschland Englisch, Latein als Überbleibsel des humanistischen Bildungsideals - wobei diese tote Sprache seit einigen Jahren einen starken Rückgang verzeichnet - und als Schlußlicht Französisch. Englisch ist ein "muß" für jeden, der international wie national erfolgreich Geschäfte abwickeln will. Französisch wurde in dem deutsch-französischen Freundschaftsvertrag von 1962 als Fördersprache aufgenommen. Andere Sprachen läßt das deutsche Schulsystem nur als Wahlsprache zu und so bieten einige Gymnasien noch Italienisch oder Spanisch an, um die wichtigsten zu nennen.

Im Nachbarland Frankreich ist die Sprachenwahl viel breiter gefächert und so können die Schüler zwischen Englisch, Deutsch, Italienisch, Spanisch, Portugiesisch und sogar Russisch wählen, wobei die geographische Nähe zu einem Land eine wichtige Rolle bei der Wahl der Sprache spielt. So wählen zum Beispiel die Dänen in erster Linie Deutsch als Fremdsprache. In Belgien lernen die Schüler mit Französisch als Muttersprache Niederländisch, und umgekehrt lernen die Flamen Französisch als Pflichtsprache. In Luxemburg ist Luxemburgisch die Nationalsprache und Französisch und Deutsch sind gleichermaßen die zwei offiziellen Amtssprachen des Landes, die allerdings als Fremdsprachen Pflicht für alle Kinder zwischen zwölf und fünfzehn Jahren sind. In Irland schließlich müssen alle Schüler Englisch und Gaelisch lernen, so daß kein Platz für eine andere Fremdsprache übrig bleibt. Besonders das Beispiel der drei letztgenannten Länder zeigt, wie eng die Bindung zwischen einer Gemeinschaft und ihrer linguistischen Wurzel ist. Sie entscheidet

Sprachpolitik

letztendlich über den Stellenwert der Sprachen in der Bildung und nicht zuletzt über die Öffnung oder Schließung zu anderen Kulturen. Darüber hinaus verzeichnen wir unter den EU-Mitgliedsstaaten unterschiedliche Sichtweisen, die zu einer mangelnden Harmonisierung der verschiedenen Lernsysteme führen. Die Deutschen plädieren zum Beispiel für eine frühe Einführung der Fremdsprachen: schon in der Grundschule (zwischen sechs und zehn Jahren) kann wahlweise eine Fremdsprache (zur Zeit Englisch oder Französisch) erlernt werden. In Italien können die Kinder ab sieben Jahren zwischen Englisch, Französisch, Deutsch und Spanisch wählen. Andere Länder der EU, wie England und Frankreich, sind vorsichtiger und haben nur probeweise der frühen Einführung einer Fremdsprache in der Grundschule zugestimmt. So haben 1991 / 1992 in Frankreich 78,5 % der Schüler Englisch gewählt, dagegen nur 16,6 % Deutsch, 4,1 % Spanisch und 0,56 % Italienisch. Diese Versuche wurden seitdem mit finanziellen Einbußen verlängert.

In den meisten europäischen Ländern werden im Gymnasium - je nach Schultyp - zwei bis drei Fremdsprachen gelernt. In den Fachoberschulen und Berufsschulen ist eine Fremdsprache Pflicht. Dies ist Englisch, eine zweite wird meistens angeboten, aber der Stundenplan ist so überfrachtet, daß wenig von dieser Möglichkeit Gebrauch gemacht werden kann.

Diese schnelle Übersicht ist notwendig, um die Folgen für den Studierenden und das Studium zu verstehen. Wenn man vom Studium an der Universität absieht, wo die Sprachen - außer in den Geisteswissenschaften - nicht implizit vorgesehen sind, wird der Student an der Fachhochschule in verschiedener Weise damit konfrontiert. Im allgemeinen ist Englisch in allen Studiengängen an der FH vorgesehen, wenn auch als Wahlfach in den technischen Studiengängen. Wer die fortschreitende Globalisierung ernst nimmt und seine Chancen auf dem Arbeitsmarkt vergrößern und sichern will, wählt freiwillig weitere Sprachen und macht vom breiten Angebot an Austauschprogrammen der EU Gebrauch. Seit 1963 fördert der EU-Rat den Austausch von Jugendlichen und Lehrern beziehungsweise Ausbildern mit dem Ziel, die Menschen für ein Europa der Bürger vorzubereiten und ihnen den neugeschaffenen Lebensraum vertraut zu machen. Dies kann nur gelingen, wenn die → Kommunikation und der Dialog zwischen den Beteiligten funktioniert, wozu unter anderem eine bessere Fremdsprachenbeherrschung Voraussetzung ist. Eine Kommission wurde hierfür gebildet, die seit 1983 von den Mitgliedsländern erwartet, daß sie sich dafür einsetzen, Schülern vor Ende der Schulzeit zwei Sprachen anzubieten, davon eine aus dem EU-Raum, und daß sie den Sprachlehrern und den Schülern Sprachaufenthalte im Rahmen der Weiterbildung ermöglichen. 1989 wurde zur "Förderung der Lehre und des Sprachenlernens in der EU" das Programm LINGUA ins Leben gerufen. Die Richtlinie ist dabei klar: weg von der Beherrschung von einer oder zwei wichtigen Sprachen. Es müssen vielmehr alle offiziellen Sprachen der EU gefördert werden, insbesondere die weniger bekannten. Am wichtigsten ist die Entscheidung, die Sprachen in der Berufsausbildung einzuführen und zu verstärken, damit die Unternehmen das Potential des neu gegründeten Marktes ausschöpfen und erschließen können. Auch die Arbeitgeber können sich mit Auslandspraktika daran beteiligen. Im Projekt Nr. 12, 4. Sitzung des Rates für die kulturelle Kooperation, wurde festgehalten:

- Eine Sprache wird gelernt, um sie zu benutzen. Die Hauptanwendung ist die Kommunikation zwischen den Individuen.
- Die Lernziele der Sprachenlehre müssen von den Kommunikationsbedürfnissen (soziale, persönliche, berufliche) der Lernenden im Alltag abgeleitet werden.
- Die Methoden sind so anzulegen, daß die Lernenden die gelernte Sprache effizient einsetzen können.
- Der Schulraum muß der Ort sein, an dem die Schüler lernen, in der Dialogform zu kommunizieren (Rollenspiel, soziale Kompetenz) und wo ihre Sicherheit mit ihrer Kompetenz (→ Sprachkompetenz) steigt.

Um diese Ziele zu erreichen, bedarf es eines ganz neuen Ansatzes und der Schaffung von neuen didaktischen Mitteln, die in der Sprachmethode "Follow me" für Englisch mit Multi-Media mündeten.

Das bereits erwähnte Programm "LINGUA" richtete sich an Schüler sowie an junge Menschen in der Ausbildung. Für die Hochschule wurde am 15.06.1987 das Programm "ERASMUS" (European Community Action Scheme for the Mobility of University Students) beschlossen. Den Studenten soll damit die Finanzierung von Studienaufenthalten in einem anderen EU-Land ermöglicht werden, ohne das Studium unterbrechen oder verlängern zu müssen. Neben dieser Studentenmobilität sollten auch die Hochschullehrer ermutigt werden, sich an der Entwicklung von europäischen Lehrplänen zu beteiligen und selber in Partnerhochschulen zu lehren.

Um diese Mobilität zu ermöglichen und durchführen zu können, war es notwendig, die gegenseitige Anerkennung der im Ausland erbrachten Leistungen zu klären und zu garantieren. Dieses Programm erfreute sich einer sehr großen Beliebtheit und wurde 1997 vom Programm SOKRATES abgelöst, das im wesentlichen ähnliche Ziele verfolgt.

Nicht zuletzt soll für die FH-Studenten des BWL- oder Tourismusstudiums auch erwähnt werden, daß Auslandspraktika vom Programm LEONARDO da Vinci unterstützt werden, um den Teilnehmern die Möglichkeit zu geben, Arbeitspraxis in einem ausländischen Betrieb zu sammeln. Hier wiederum spielen die Sprachkenntnisse eine entscheidende Rolle. → Sprachkompetenz

Prof. Dr. Djamal Benhacine

Fachhochschule München, Fachbereich Tourismus

Staffelprovision

→ Provisionssysteme im Reisebürobereich

Stand-by Tarif

Verbilligter Preis, der von → Fluggesellschaften, → Reedereien und Hotels bei Vorliegen freier Kapazitäten kurz vor Beginn der Reise beziehungsweise im Falle der Hotels zu den späten Abendstunden gewährt wird. Voraussetzung für die Gewährung eines Stand-by-Tarifs ist, daß der Kunde keine Reservierung vorgenommen hat.

Standardsoftware

Softwareprodukt (→ Software), das für den Einsatz bei einer Vielzahl von Nutzern und für eine Vielzahl von Verwendungs-

Standardsoftware

zwecken hergestellt wurde. Standardsoftware ist zudem dadurch gekennzeichnet, daß ihr Einsatz nicht auf eine bestimmte Branche beschränkt ist. Zu den gängigen Standardsoftwareprodukten zählen die nachstehenden Produkte:

- MS-Windows 3.x, MS-Windows 95 und Windows 98: Bei dieser Produktfamilie handelt es sich um graphische Benutzeroberflächen, die gleichzeitig Betriebssysteme sind.
- MS-Word, Lotus-WordPro, Wordstar: Bei diesen Produkten handelt es sich um Textverarbeitungssysteme. Diese versetzen den Anwender in die Lage, Texte am Bildschirm zu verfassen sowie zu bearbeiten. Besonderes Merkmal dieser modernen Textverarbeitungssysteme ist es, daß sie auf der Technik des Desk-Top-Publishing, das heißt auf der Technik der bildschirmorientierten Layoutgestaltung, basieren.
- MS-Excel, Lotus-1-2-3: Diese Produkte sind Tabellenkalkulationsprogramme. Sie dienen als solche der mathematischen und statistischen Erfassung und Bearbeitung umfangreichen Datenmaterials.
- FoxPro, MS-Access, Lotus-AmiPro: Hierbei handelt es sich um Werkzeuge zur Erarbeitung unternehmenseigener Datenbanken.
- CorelDraw, MicrographX, Aldus Freehand: Diese Produkte stellen auf der Technik des Desk-Top-Publishing basierende Graphikprogramme dar.
- Norton, F-Prot: Hierbei handelt es sich um Anti-Viren-Software.
- MS-Internet-Explorer, Netscape Communicator: Diese Produkte stellen Software dar, welche den Zugang zum Internet (→ Informationstechnologische Systeme) ermöglicht.
- MS-Outlook, Symantec-WinfaxPro: Diese Produkte stellen Kommunikationssoftware dar.
- Lotus-Organizer, MS-Outlook: Hierbei handelt es sich um Produkte, die der Termin- und Adreßverwaltung dienen.
- QuarkXPress, MS-Publisher, Adobe Photoshop: Diese Produkte dienen der Herstellung komplexer Veröffentlichungen.

→ Informationstechnologische Systeme

Johann Logins

Inhaber von Logins & Partner, Consulting für Hotellerie und Gastronomie

 Standortentscheidungen in der Hotellerie

Standortentscheidungen in der Hotellerie

Der Standort hat für einen Hotelbetrieb ausschlaggebende Bedeutung. Von ihm ist es weitgehend abhängig, welche Zielgruppen angesprochen werden können. Zu unterscheiden ist zwischen dem Standort generell, das heißt der Gemeinde, in der sich ein Betrieb befindet, und dem Standort im Ort.

Die Bedeutung ergibt sich zum einen, weil in der Hotellerie die Leistungserstellung und die Inanspruchnahme der Leistungen am Standort zusammenfallen und nicht wie in der Industrie getrennt sind. Während in der Industrie die fertigen Produkte zum Kunden transportiert werden, muß in der Hotellerie der Gast zum Hotel kommen, um dessen Leistungen in Anspruch nehmen zu können. Bereits hieraus ergeben sich bestimmte Anforderungen an einen Standort, wie die Erreichbarkeit oder die Entfernung zu wichtigen Herkunftsgebieten der Gäste.

Zum anderen wird das Angebot eines Hotelbetriebes nahezu immer in Verbindung mit den Gegebenheiten seines Standortes gesehen. So erfolgt die Entscheidung eines Gastes, einen bestimmten Ort aufzusuchen, häufig nicht aufgrund der Existenz eines bestimmten Hotels an diesem Ort, sondern aus anderen Gründen; in einem Wintersportort beispielsweise wegen der Schneelage, der Topographie, der Skilifte, der Existenz von Hallenbädern etc. Oder ein Gast sucht einen Ort auf, weil er dort geschäftlich zu tun hat.

Die für Hotelbetriebe wichtigen Angebotsbestandteile eines Tourismusortes werden in das ursprüngliche und das abgeleitete Angebot untergliedert:

Zum ursprünglichen Angebot zählen all diejenigen Angebotsbestandteile, die von ihrem Wesensgehalt her keinen Bezug zum Tourismus haben, die durch ihre Anziehungskraft jedoch zu Objekten des Tourismus werden beziehungsweise die Voraussetzung sind, daß überhaupt Tourismus stattfinden kann.

Zum abgeleiteten Angebot gehören diejenigen, die eigens für touristische Zwecke entstanden sind.

Aus der Bedeutung des örtlichen touristischen Angebotes ergibt sich aus der Sicht eines Beherbergungsbetriebes die Notwendigkeit, die einzelnen Angebotsbestandteile sorgfältig zu analysieren. Diese Angebotsanalyse sollte mit dem Blick auf mögliche Nachfragequellen erfolgen.

Nachfragequellen sind Institutionen, wie zum Beispiel Betriebe und Bildungseinrichtungen und Attraktivitäten, wie etwa Veranstaltungen, Unterhaltungseinrichtungen, Landschaftsattraktionen, die Übernachtungsgäste an den Ort bringen. Sie haben wesentliche Bedeutung für die möglichen Zielgruppen am Ort sowie das Marktpotential.

Weiterhin untersucht werden sollte die derzeitige und zukünftig zu erwartende Nachfrage- und Konkurrenzsituation. Dies geschieht zusammen mit anderen Untersuchungsbereichen, wie zum Beispiel die Kostensituation eines Standortes und steuerliche Bedingungen.

Literatur: Hänssler, 1998

Prof. Karl Heinz Hänssler unter Mitwirkung von Arndt Moritz Jaeschke

Fachleiter der Fachrichtung Hotelmanagement der Berufsakademie Ravensburg

START AMADEUS

Die START Gruppe betreibt das größte deutsche Reisevertriebssystem START AMADEUS. Gegründet wurde das Frankfurter Unternehmen 1971 als "Studiengesellschaft zur Automatisierung für Reise und Touristik GmbH". START AMADEUS liefert umfassende Lösungen für den Vertrieb von Leistungen der Reise-, Freizeit- und Touristikbranche. Das Unternehmen verfügt über eine leistungsstarke und hochentwickelte Technik. Sie ermöglicht den angeschlossenen → Reisebüros und Leistungträgern eine sichere und störungsfreie Nutzung des Systems. START AMADEUS betreibt ein Rechenzentrum und betreut das START Netz - eines der weitgespanntesten EDV-Netzwerke Deutschlands.

Das Unternehmen bietet der Reisebranche und den Verbrauchern vielseitige Dienstleistungen im Reisevertrieb und ermöglicht Informationen und Buchungen für Flüge von rund 740 → Fluggesellschaften, über 45.000 Hotels, ca. 60 Mietwagenunternehmen, mehr als 60 Fährreedereien (→ Reedererei), → Kreuzfahrten, Versicherungen, Eintrittskarten für 250 Event-

Veranstalter (→ Event-Tourismus), Bahnen im In- und Ausland, Busveranstalter, Angebote von Städten, Regionen und Fremdenverkehrsverbänden sowie → Pauschalreisen von über 150 → Reiseveranstaltern.

Neben den Informations- und Buchungsfunktionen bietet START AMADEUS seinen Nutzern ein umfassendes Dienstleistungspaket für das gesamte Reisebüromanagement. Dieses beinhaltet unter anderem Systeme zur Unternehmenssteuerung (Management Informationssystem - MIS), Systemunterstützung für die Buchhaltung (Backofficesystem) und die Zahlungs- und Verkaufsabwicklung.

Die Tochtergesellschaft START Ticket GmbH betreut zwei umfangreiche Produktbereiche. Zum einen den Eintrittskartenvertrieb für Veranstaltungen aller Art, zum anderen die → Reservierungssysteme für Tourismus und Freizeit in Deutschland und Europa. Unter anderem wird der weltweite Eintrittskartenvertrieb der EXPO 2000 von START Ticket abgewickelt. Die Gesellschafter der START Ticket GmbH sind zu 51 % die START AMADEUS GmbH und zu 49 % die Stella AG.

START Media Plus GmbH, eine 100 %-ige Tochter der START AMADEUS GmbH, hat sich zum Ziel gesetzt, dem Endverbraucher attraktive Möglichkeiten zur Buchung von Leistungen aus den Bereichen Reise, Touristik und Freizeit im Internet (→ Informationstechnologische Systeme) zu bieten. Unter "www.start.de" kann man sich jederzeit von dem umfassenden Leistungsangebot einen Eindruck machen. Gleichzeitig liefert das Unternehmen den → Reisebüros beziehungsweise den Leistungsträgern innovative und preisgünstige Lösungen für den Internet-Auftritt (→ Informationstechnologische Systeme), um sich neue Vertriebswege zum Endkunden erschließen zu können. Das Unternehmen baut unter der Adresse "www.deutschlandreise.de" ein Informations- und Buchungssystem im Internet (→ Informationstechnologische Systeme) für den Deutschland-Tourismus auf, das im März 1998 online ging.

In Deutschland arbeiten rund 15.800 → Reisebüros mit mehr als 34.000 START PC. International sind weitere 4.500 START PC in rund 2.200 → Reisebüros installiert. Im Inland hält START AMADEUS einen Marktanteil von ca. 85 %.

Eigentümer der START AMADEUS GmbH sind zu 66 % die Lufthansa Commercial Holding und zu 34 % AMADEUS. Die START AMADEUS GmbH wiederum hält 100 % der Anteile der START Media Plus GmbH und 51 % der Anteile der START Ticket GmbH. Darüber hinaus hält die START AMADEUS GmbH 40,1 % der Anteile von DERDATA.

Mit AMADEUS Global Travel Distribution, dem weltgrößten Computer-Reservierungssystem (→ Informationstechnologische Systeme; → Reservierungssysteme) mit Hauptsitz in Madrid, hat das Unternehmen eine enge strategische Allianz geschlossen. START AMADEUS ist dabei unter anderem für das Marketing und den Vertrieb aller Leistungen von AMADEUS in Deutschland verantwortlich.

AMADEUS ist in 119 Märkten vertreten und hat insgesamt rund 183.000 Terminals in mehr als 40.000 → Reisebüros sowie 8.000 Airline-Verkaufsbüros installiert. AMADEUS ist mit 28 % Marktanteil am weltweiten Markt der Computer-Reservierungssysteme (→ Informationstechnologische Systeme; → Reservierungssysteme) das führende CRS (→ Informationstechnologische Systeme; → Reservierungssysteme). Das Unternehmen hat im Rahmen der Allianz eine Beteiligung von 34 % an der START AMADEUS GmbH übernommen. → Galileo International; → Informationstechnologische Systeme; → Reservierungssysteme; → SABRE

Jürgen Büchy

Vorsitzender der Geschäftsleitung der START Holding GmbH

Statische Investitionsrechenverfahren

→ Investitionsrechenverfahren

Statistische Analyse

Die Statistik ist eine Teildisziplin der Mathematik, eine methodische Hilfswissenschaft. Jede Führungskraft, jeder mündige, kritische Nachfrager und jeder umsichtige, planvolle Anbieter weiß das und hat schon viel mit Statistik und Statistiken zu tun gehabt. Welche spezielle Bedeutung hat nun die Statistik, die statistische Analyse für Tourismus in Lehre und Praxis? Statistische Analyse bedeutet den Einsatz statistischer Methoden mit moderner Technik und in

Statistische Analyse

problemorientierter Art und Weise.

Wer braucht statistische Analysen? Drei typische Anwender seien genannt:

- der Hotelmanager, den die Zufriedenheit seiner Gäste interessiert oder die Altersstruktur seiner Mitarbeiter,
- der Tourismusverband, der wegen des Rückgangs der Anzahl von Übernachtungen in seiner Region beunruhigt ist und
- der Marktforscher (→ Marktforschung im Tourismus), der für einen → Reiseveranstalter den Bekanntheitsgrad bestimmter Angebote ermitteln soll.

Wozu verwendet man statistische Analysen? Statistik kann zunächst rein deskriptiv, also beschreibend eingesetzt werden. So kann die Anzahl der Flugreisenden an einem bestimmten → Flughafen täglich erhoben und in Form einer Tabelle oder Grafik dargestellt werden. Die beschreibende Statistik gibt dann Auskunft über den zeitlichen Verlauf dieser Fluggastzahlen, die Schwankungen innerhalb einer Woche, eines Monats, eines Jahres. Man wird Vergleiche mit anderen → Flughäfen anstellen oder mit anderen Verkehrsträgern, wie zum Beispiel der Bahn. Die deskriptive Statistik will damit dem Management und auch den Kunden objektive Informationen über einen Sachverhalt oder eine Entwicklung liefern. Die schließende Statistik versucht Aussagen aus einer (meist kleinen) Stichprobe über eine (meist sehr große) Grundgesamtheit abzuleiten. Sind die Fluggäste mit dem Service bei Inlandsflügen zufrieden? Welche Attraktionen in einem → Freizeitpark ziehen die Besucher ganz besonders an? Wenn eine Stichprobe von Kunden, Gästen oder Besuchern befragt wird, kann man zunächst - rein beschreibend - die Werte dieser Stichprobe (Summen, Durchschnitte, Streuung etc.) ermitteln. Die schließende Statistik will aber insbesondere sagen, mit welcher Wahrscheinlichkeit dieses Ergebnis repräsentativ und aussagefähig für die Grundgesamtheit (für alle Kunden / Gäste / Besucher) ist. Im Mittelpunkt steht bei der schließenden Statistik die Frage eines signifikanten Ergebnisses, das nicht durch zufällige Einflüsse zustandegekommen ist. So wird das Management einer Airline wissen wollen, ob eine - mit hohen Ko-

Statistische Analyse

sten erzielte - Verbesserung der Servicequalität tatsächlich eine signifikante Erhöhung des Zufriedenheitsgrades erbracht hat. Oder liegt ein in der Stichprobe beobachteter Anstieg (zum Beispiel von 60 % auf 65 %) nur an zufallsbedingten Schwankungen?

Wie führt man statistische Analysen durch? Statistische Analysen beginnen mit der Formulierung eines Untersuchungszieles oder aber sie orientieren sich an einem (vom Auftraggeber) vorgegebenen Ziel. Ein zweiter wichtiger Arbeitsschritt ist die Datenerhebung. Diese kann mittels Fragebogen erfolgen (Primärstatistik) und / oder durch Einbeziehung vorhandener Daten (Sekundärstatistik). Technisch realisiert wird das Ganze - im einen Fall - über die eigene Erhebung, Verschlüsselung und Datenerfassung oder aber - im anderen Fall - als einfache Übernahme vorhandener / verfügbarer Ergebnisdaten aus einer veröffentlichen Tabelle, aus dem Internet (→ Informationstechnologische Systeme), von CD-ROMs oder elektronisch zugänglichen Datenbanksystemen. Die Durchführung der statistischen Auswertung, die eigentliche Analyse, ist der nächste Schritt. Sicherlich kann man eine einfache Untersuchung von Hand auszählen oder mit einem statistisch intelligenten Taschenrechner, einer Formelsammlung und einem Tabellenwerk durchführen. Der Regelfall ist heute aber eine computergestützte Analyse, sei es mit MS-Excel (→ Standardsoftware) oder mit einem speziellen Statistikprogrammpaket, wie zum Beispiel SAS oder SPSS. Schließlich kann die statistische Analyse auch Bestandteil eines komplexen Informationssystems sein und in Form einer interaktiven Analyse am Bildschirm, zum Beispiel als OLAP (Online Analytical Processing) durchgeführt werden. Als letzter Schritt - und während der ganzen Analyse im Auge zu behalten - folgt die Darstellung, die Präsentation der Ergebnisse. Auch hier wird man heute von elektronisch produzierten Folien als Mindeststandard ausgehen, besser noch von Bildschirmpräsentationen mit Produkten wie zum Beispiel MS-Powerpoint (→ Standardsoftware). Und im übrigen: Die Möglichkeiten und Grenzen, die Überzeugungs- oder Manipulationschancen der statistischen Darstellung sind immer dieselben, unabhängig von der Technik, egal ob von Hand gezeichnet oder vom PC geliefert.

Was sind mögliche Ergebnisse der statistischen Analyse? Statistik ist die Lehre von Verteilungen. Die Statistische Analyse ermittelt entweder komplette Verteilungen oder einzelne typische Werte für Lage und Streuung von Verteilungen, Maße für den Zusammenhang von Variablen, Werte für die Zeitreihenanalyse bestimmter Sachverhalte. Wie hoch ist der prozentuale Anteil einzelner Altersklassen an der Gesamtzahl der Besucher eines → Freizeitparks? Ist das Durchschnittsalter der Besucher aufgrund einer speziellen Werbekampagne, die sich an Jugendliche gerichtet hat, tatsächlich zurückgegangen? Was ist der Durchschnittsbetrag, den ein Besucher im Park ausgibt und welche Streuung hat dieser Betrag? Geben tägliche (oder monatliche) Schwankungen der Besucherzahlen Anlaß für eine bestimmte Differenzierung der Eintrittspreise?

Die Statistische Analyse soll es Anbietern und Nachfragern im Tourismus ermöglichen, ihre Entscheidungen und ihr Verhalten auf einer möglichst objektiven, gesicherten Grundlage zu treffen. Besonderheiten und Fehlentwicklungen müssen möglichst frühzeitig erkannt werden. Vergleiche mit anderen Branchen, Unternehmen und / oder Zeiträumen sind regelmäßig anzustellen. Und schließlich kann durch Kundenbefragungen der konstruktive Dialog zwischen Anbieter und Nachfrager zu einer Institution gemacht werden, die Kundenorientierung und Weiterentwicklung im beiderseitigen Interesse fördert.

Prof. Dr. Karlheinz Zwerenz

Fachhochschule München, Fachbereich Tourismus

Stelle

Bezeichnung für einen personenunabhängigen Aufgabenkomplex. Der Begriff wird im Bereich der → Organisation des touristischen Leistungsträgers verwandt.

Steuern

Der Staat braucht zur Erfüllung seiner vielfältigen Aufgaben eine solide finanzielle Ausstattung. Die wichtigste Form der Mittelbeschaffung ist die Erhebung von Steuern und die Kreditaufnahme. Die gesetzliche Definition des Begriffs Steuern ist in § 3 der Abgabenordnung (AO) enthalten. Danach sind Steuern Geldleistungen, die keine Gegenleistung für eine besondere Leistung darstellen und von einem öffentlich-rechtlichen Gemeinwesen zur Erzielung von Einnahmen erhoben werden. Die Erzielung von Einnahmen kann auch nur Nebenzweck sein. Damit können Steuern neben der Einnahmebeschaffung für den Staat als Instrument zur Lenkung der Wirtschaft eingesetzt werden.

Im Steuerrecht wird zwischen allgemeinem und besonderem (materiellem) Steuerrecht unterschieden. Das allgemeine Steuerrecht enthält Regeln, die für alle (zum Beispiel AO) oder für mehrere Steuerarten (zum Beispiel Bewertungsgesetz - BewG -) gelten. Das besondere Steuerrecht enthält das materielle Steuerrecht in einer Vielzahl von Einzelsteuergesetzen (zum Beispiel Einkommensteuergesetz - EStG -; Umsatzsteuergesetz - UStG -; etc.). Die Steuern selbst können nach verschiedenen Kategorien eingeteilt werden. Eine Einteilung gibt das Grundgesetz (GG) vor, nämlich die Einteilung nach dem Gesetzgebungsrecht (Art. 105 GG), nach der Ertragshoheit (Art. 106 GG) und der Verwaltungshoheit (Art. 108 GG). Durchgesetzt hat sich die Einteilung in drei Grundformen: in der Form des Vermögenszugangs (Einkommen), der Vermögensverwendung (Ausgaben) und dem Vermögensbestand (Vermögen). Eine weitere gebräuchliche Einteilung ist jene in Besitz- und Verkehrsteuern. Zu den Besitzsteuern werden dabei alle Steuern gerechnet, deren Bemessungsgrundlage Vermögen und Vermögenszugang sind. Hierunter fallen zum Beispiel die → Einkommensteuer und die Erbschaftsteuer. Zu den Verkehrsteuern gehören jene Steuern, die an Vorgänge des Rechtsverkehrs oder an wirtschaftliche Verkehrsvorgänge anknüpfen. Hierzu sind etwa die → Grunderwerbsteuer und die Umsatzsteuer zu zählen. → Einkommensteuer → Gewerbesteuer → Grunderwerbsteuer → Grundsteuer → Kirchensteuer → Körperschaftsteuer → Solidaritätszuschlag → Umsatzsteuer

Rudolf Kollmannsberger

Vereidigter Buchprüfer und Steuerberater, München, Lehrbeauftragter an der Fachhochschule München, Fachbereich Tourismus

Steward

→ Flugbegleiter

Stewardeß

→ Flugbegleiter

Stille Gesellschaft

Rechtsform, die zu den → Personengesellschaften zählt und dadurch gekennzeichnet ist, daß sich jemand in Form einer Einlage am Handelsgewerbe eines anderen beteiligt. Der als stiller Gesellschafter Bezeichnete tritt nach außen nicht in Erscheinung. Die gesetzlichen Grundlagen sind die §§ 230 bis 237 HGB. Das → Eigenkapital setzt sich aus der Summe der Einlagen der Gesellschafter zusammen. Der stille Gesellschafter ist von der Geschäftsführung ausgeschlossen. Er hat lediglich ein Kontrollrecht. → Geschäftsführungsbefugnis und → Vertretungsmacht liegen, je nachdem an welchem Handelsgewerbe sich der stille Gesellschafter beteiligt, bei dem Einzelunternehmer (→ Einzelunternehmung), den Gesellschaftern der → Offenen Handelsgesellschaft oder den Komplementären (→ Kommanditgesellschaft) der → Kommanditgesellschaft. Der stille Gesellschafter haftet nur in Höhe seiner Einlage. Er haftet nicht gesamtschuldnerisch (→ Gesamtschuldnerische Haftung) und nicht unmittelbar (→ Unmittelbare Haftung). Soweit vertraglich nichts anderes geregelt ist, ist der stille Gesellschafter "den Umständen nach angemessen" am Gewinn zu beteiligen. Eine Beteiligung am Verlust kann vertraglich ausgeschlossen werden.

Stille Reserven

Begriff des → Rechnungswesens. Stille Reserven stellen Differenzen zwischen Marktwerten und Buchwerten von Vermögensgegenständen sowie Differenzen zwischen den tatsächlichen Höhen von Verpflichtungen und deren bilanzierten Höhen dar.

Strategie

Langfristig ausgerichtete unternehmerische Verfahrensweise. Die betriebswirtschaftlichen Strategien können in drei Gruppen eingeteilt werden.

Die erste Gruppe sind die Portfolio-Normstrategien. Hierzu zählen die Desinvestitionsstrategie, die Abschöpfungsstrategie, die Investitionsstrategie und die Segmentationsstrategie. Die Desinvestitionsstrategie zielt auf eine Veräußerung von Teilen des touristischen Leistungsträgers ab, was dem Ziel dient, Ressourcen für alternative Verwendungszwecke freizumachen. Die Abschöpfungsstrategie ist eine Strategie, deren Kerngedanke darin besteht, die bisher erreichte Position zu halten und → Cash Flows ohne zusätzliche → Investitionen zu vereinnahmen. Die Investitionsstrategie beinhaltet hingegen die Entscheidung, zusätzliche Mittelbindungen herbeizuführen. Die Segmentationsstrategie ist eine Strategie, deren Kerngedanke in der Konzentration des touristischen Leistungsträgers auf attraktive Märkte besteht.

Die zweite Gruppe von Strategien sind die Wettbewerbsstrategien. Diese setzen sich aus der Strategie der Kostenführerschaft, der Differenzierungsstrategie sowie der Nischenstrategie zusammen. Die Strategie der Kostenführerschaft besteht darin, sich durch das Bemühen um eine möglichst kostengünstige Dienstleistungsproduktion im Wettbewerb zu behaupten. Durch entsprechend tiefe Preise sollen Wettbewerbsvorteile gewonnen werden. Die Differenzierungsstrategie zielt auf eine Leistungsführerschaft ab. Hier besteht der Kerngedanke der Strategie darin, Wettbewerbsvorteile durch einen besonders hohen Leistungsstandard zu erreichen. Die Nischenstrategie besteht darin, sich auf bestimmte Märkte, Kundengruppen, Technologien oder Regionen zu konzentrieren. Anzumerken ist, daß die Nischenstrategie nicht neben der Strategie der Kostenführerschaft und der Differenzierungsstrategie steht, sondern mit einer dieser beiden Strategien kombiniert auftreten kann. So ist es etwa möglich, daß der touristische Leistungsträger innerhalb einer Nische eine Differenzierungsstrategie betreibt.

Die dritte Gruppe von Strategien sind Produkt-Marktstrategien. Hierzu zählen die strategischen Alternativen der Marktdurchdringung, der Marktentwicklung, der Produktentwicklung und der Diversifikation. Die Strategie der Marktdurchdringung zielt auf eine Intensivierung der bisherigen Marktbearbeitung ab. Die Strategie der Marktentwicklung beinhaltet hingegen das Bemühen des touristischen Leistungsträgers um eine breiter angelegte Bearbeitung des Marktes, auf dem man sich befindet. Die Strategie der Produktentwicklung zielt auf das Schaffen neuartiger Produkte ab. Die Strategie der Diversifikation ist eine Strategie, deren Kerngedanke in dem Vordringen in bisher nicht bearbeitete Märkte besteht. → Strate-

Strategiealternativen von
Reiseveranstaltern

giealternativen von Reiseveranstaltern; → Strategische Unternehmensführung

Literatur: Hopfenbeck, 1998; Steinmann, Schreyögg, 1991

Strategiealternativen von Reiseveranstaltern

Als Ausgangspunkt zur Analyse von Strategiealternativen (→ Strategie) soll hier die Leistungspolitik gewählt werden. Demnach bieten sich einem → Reiseveranstalter grundsätzlich die zwei Alternativen Qualitätsstrategie oder Standardangebot-Strategie an.

Eine Qualitätsstrategie eignet sich vor allem für solche Produkte (Reisen), die aus individueller Kundensicht relativ selten gekauft werden, so daß das Informationsbedürfnis hoch ist, und der zeitliche Beschaffungsaufwand entweder groß sein darf, das heißt der Kunde wünscht das "Kauferlebnis", oder aber dank externer persönlicher Hilfe, zum Beispiel durch einen → Expedienten, gering ist. Die primäre Stoßrichtung der Expansion liegt in diesem Fall in einer qualitativen Erhöhung der Wertschöpfung. Das Selbstverständnis des Veranstalters ist dadurch geprägt, daß er sich als echter "Dienstleister" sieht.

Demgegenüber eignet sich die Standardangebot-Strategie nach Meinung des Verfassers für solche Leistungen, die aus individueller Kundensicht häufiger oder regelmäßig gekauft werden, so daß das Informationsbedürfnis gering ist, und der zeitliche Beschaffungsaufwand niedrig sein soll. Die primäre Stoßrichtung der Expansion liegt hier im Teilnehmerwachstum. Der Veranstalter sieht sich als "industrieller Produzent", der eine möglichst weit standardisierte Ware zu möglichst günstigen Kosten herstellt.

Jedes mittelständische Tourismusunternehmen sollte sich für eine eindeutige Positionierung entscheiden, denn nur diese beiden Extremstrategien bieten, konsequent verfolgt, ein Wachstumspotential. Wer sich "zwischen die Stühle" setzt, also "ein bißchen" Qualität und "ein bißchen" Standard anbieten möchte, wird langfristig im hart umkämpften Reisemarkt nicht überleben können.

Diese beiden Strategiepole unterscheiden sich hinsichtlich der Leistungsgestaltung. Die Quali-

Strategiealternativen von Reiseveranstaltern

tätsstrategie fordert den Aufbau von "echten" Veranstaltermarken (→ Markenbildung in der Pauschaltouristik), die im Bewußtsein des potentiellen Kunden präsent sind und mit denen er sich identifizieren kann. Qualität äußert sich in Individualisierung und Flexibilisierung, und zwar hinsichtlich sowohl der Leistungskombination als auch der zeitlichen Gestaltung einer Reise, wie etwa der Abflugtermine beziehungsweise einer flexiblen Reisedauer. Mehr und mehr Veranstalter verwirklichen diesen Anspruch in Form von Baukastensystemen. Schließlich muß die Leistungsoptimierung im Rahmen der Qualitätsstrategie durch ein umfassendes → Qualitätsmanagement gesichert werden.

Die Standardangebot-Strategie stellt demgegenüber ganz andere Anforderungen an die Leistungsgestaltung. Ziel ist hier eine weitgehende Standardisierung von Leistungsprogrammen, wie wenige Flug-, Unterkunfts- und damit Preiskategorien, geringe zeitliche Flexibilisierung etc. Über ein strenges Kostenmanagement soll möglichst eine Kostenführerschaft (→ Strategie) erreicht werden.

Die Qualitätsstrategie nutzt den durch empirische Untersuchungen mehrfach belegten Umstand, daß der Preis auch als Qualitätsindikator dient, ("was teuer ist, muß ja wohl auch gut sein"). Gerade bei der Einführung neuartiger Angebote, zum Beispiel neuer Zielgebiete oder Reisearten, lassen sich über eine Abschöpfungsstrategie ("Skimming Pricing") diejenigen Käuferschichten ansprechen, die bereit sind, für hohe Qualität und guten Service auch einen angemessenen Preis zu zahlen. Somit bietet die Qualitätsstrategie, verbunden mit einer aktiven Marktsegmentierung, Chancen auf höhere → Deckungsbeiträge.

Bei einer Standardangebot-Strategie müssen Preisdarstellung und -berechnung möglichst einfach und transparent erfolgen, denn der direkt erkennbare, niedrige Preis ist das zentrale Verkaufsargument. Erfolgreich ist der Standardangebotsveranstalter nur dann, wenn es ihm gelingt, die Preisführerschaft zu erreichen beziehungsweise mit nur wenigen anderen Konkurrenten zu teilen. Hierzu bedarf es, wie oben erwähnt, niedriger Kosten - und zwar im touristischen Bereich, wie beispielsweise im Hoteleinkauf etc. sowie in all-

Strategiealternativen von Reiseveranstaltern

gemeinen administrativen Bereichen. Letztlich ausschlaggebend sind im Falle von → Charterketten (Flug-, Buscharter (→ Charter)) die Auslastungsgrade. Um hier eine optimale Auslastung zu erhalten, bedarf es bestimmter Techniken, wie es zum Beispiel das → Yield Management darstellt. Die Standardangebot-Strategie ist somit, soll sie erfolgreich sein, zwangsläufig mit einem Penetration Pricing verbunden, das auf hohe Marktanteile im relevanten Markt und damit auf Erfahrungskurveneffekte abzielt.

Betrachtet man die Anforderungen an die Distributionspolitik, so ist festzustellen, daß bereits in den 80er Jahren in der Handelswelt die polaren Bezeichnungen "Erlebnishandel" und "Versorgungshandel" auftauchten. Heute scheint auch die Reisebürobranche vor diesem Scheideweg zu stehen. → Reiseveranstalter, die eine Qualitätsstrategie verfolgen, müssen den Erlebnishandel nutzen. Dies impliziert den Vertrieb über emotional ansprechende und erklärende Distributionsformen. Die Standardangebot-Strategie baut auf anderen Erfolgsfaktoren des Vertriebs auf. Hier gilt es, den Versorgungshandel zu nutzen: Neben den klassischen → Reisemittlern gewinnen einfache, schnelle Distributionsformen an Bedeutung. Als solche sind unter anderem der telefonische Direktvertrieb (→ Call Center), der Automatenvertrieb, das Home-Shopping, die Handels- / Cover-Marken für den Vertrieb über Handelshäuser und sonstige branchenfremde Verkaufsstellen zu nennen. Der Verkaufsmitarbeiter, am → Counter oder am Telefon, muß sich hier als "Informations-Broker" und "Urlaubstechniker" verstehen, der an der "Reisebörse" mittels modernster EDV- und Kommunikationstechnologien (→ Informationstechnologische Systeme) in kürzester Zeit das günstigste Angebot für den erfahrenen Kunden herausfindet.

Welche der beiden strategischen Stoßrichtungen soll ein mittelständischer Veranstalter nun verfolgen? Auf diese Frage kann es keine allgemein gültige Antwort geben, denn - wie so oft - kommt es auf die spezifische Situation des relevanten Marktes, auf die unternehmensspezifischen Stärken und Schwächen sowie die unternehmerischen Ziele an. Auf jeden Fall können mittelständische → Reiseveranstalter nur in Marktnischen erfolgreich expandieren. Soll eine Qualitätsstrategie verfolgt werden, so empfiehlt sich eine zielgruppenpezifische Definition dieser Nischen. Zielgruppenorientiert, zum Beispiel nach Sozio-Demographika oder Lebensphasen, sollte der Markt aktiv segmentiert werden, um sich auf ein Segment oder allenfalls einige wenige Nischen zu konzentrieren (→ Zielgruppenmarketing in der Touristik).

Auch eine Standardangebot-Strategie kann für mittelständische → Reiseveranstalter opportun sein, wenn sie sich auf Nischen beschränkt. Besonders geeignet erscheint in diesem Fall jedoch eine regionale Marktbegrenzung: Durch Konzentration auf bestimmte, geographisch begrenzte Quell- und / oder Zielmärkte kann hier eine "relative Größe" erreicht werden. Nur Großveranstaltern, wie zum Beispiel Alltours, kann es hingegen gelingen, auf allen Gebieten des Tourismus eine Kostenführerschaft (→ Strategie) zu erreichen und somit eine Abdeckung des Gesamtmarktes durch Standardangebote zu erreichen. → Strategie; → Strategische Unternehmensführung

Literatur: Enzweiler 1990; Hoppe 1990; Kirstges 1992; Kirstges 1994; Kirstges 1996

Prof. Dr. Torsten H. Kirstges

Fachhochschule Wilhelmshaven, Fachbereich Wirtschaft, Studiengang Tourismuswirtschaft

Strategische Allianz

Zusammenarbeit von zwei oder mehreren Unternehmen zur gemeinsamen Nutzung individueller Stärken.

Strategische Allianzen im Luftverkehr

Ursprünglich dienten Kooperationen (→ Unternehmensverbindungen) im Luftverkehr insbesondere der Durchsetzung luftverkehrspolitischer Staatsziele, wie der Sicherung der Gleichberechtigung der Staaten, der paritätischen Marktaufteilung sowie dem Verhindern eines nicht gewünschten Wettbewerbs. Mit zunehmender Liberalisierung der Märkte sind Kooperationen (→ Unternehmensverbindungen) als strategische Option zur Anpassung an den Strukturwandel auf den Märkten zu sehen. Sie gelten als Instrument zur Durchsetzung unternehmensindividueller Wettbewerbsstrategien (→ Strategie). Hauptziele internationaler Allianzen sind die strategische Absicherung von Gewinn, Wachstum und Marktanteilen.

Die → strategische Allianz als Form der zwischenbetrieblichen Kooperation (→ Unternehmensverbindungen) ist gekennzeichnet durch den Erhalt der rechtlichen Selbständigkeit der Partnerunternehmen, die Abgabe von Teilen der Entscheidungsautonomie an die Kooperationsinstanz und die Ausrichtung auf die Erreichung eines bestimmten Ziels. Erfolgsfaktoren für das Gelingen einer Allianz sind insbesondere:

- ein gemeinsames Verständnis in der → Unternehmenskultur,
- eine gemeinsame Qualitätsauffassung,
- ein sich ergänzendes Netzwerk,
- die ganzheitliche Ausrichtung auf den Kundenservice,
- einheitliche Zielsetzungen mit dabei klaren Erfolgskontrollmechanismen und eine vollständige gegenseitige Transparenz,
- eine gemeinsame Vorgehensweise am Markt zum Wohle der gemeinsamen Kunden,
- die finanzielle Stabilität der Partner und
- die Kommunikation einer Allianz mit ihren Vor- und Nachteilen auf allen Ebenen und die Verteilung von Kompetenzen und Verantwortlichkeiten.

Kooperationen (→ Unternehmensverbindungen) können sich auf alle wesentliche Gebiete des Airline-Geschäfts erstrecken. Sie ermöglichen die Nutzung von Konzentrationsvorteilen, ohne deren Nachteile in Kauf nehmen zu müssen:

- Die eigene Identität aller Kooperationsbeteiligten bleibt erhalten,
- komplizierte und langwierige Integrationsprozesse entfallen,
- die Möglichkeit einer späteren Auflösung ist gegeben,
- die Art und Intensität der Zusammenarbeit ist frei wählbar und
- das Risiko und der Kapitaleinsatz sind vergleichsweise gering.

Kooperationen (→ Unternehmensverbindungen) ermöglichen den → Fluggesellschaften den Aufbau neuer Tätigkeitsfelder, die im Wettbewerb eingesetzt werden können. Beispiele hierfür sind:

- Computer-Reservierungssysteme (CRS) (→ Informations-

Strategische Allianzen im Luftverkehr

technologische Systeme; → Reservierungssysteme),
- der Aufbau neuer Knotenpunktsysteme zur Herstellung integrierter Streckennetze sowie
- gemeinsame Kundenbindungsstrategien

Kooperationen (→ Unternehmensverbindungen) können sich durch Synergieeffekte positiv auf die ökonomische Situation der beteiligten Unternehmen auswirken:

- Es erfolgen Ertragssteigerungen durch eine gemeinsame Preis- und Produktpolitik (→ Tourismus-Marketing).
- Eine stärkere Kundenbindung durch ein zusammengesetztes Streckennetz und einen gemeinsam organisierten Absatz ist möglich.
- Eine Qualitätsangleichung am höchsten Serviceniveau wird angestrebt.
- Kostensenkungen durch eine effiziente Nutzung der Flugzeugflotten (→ Flotte; → Flugzeug) und der Bodeneinrichtungen sind denkbar.
- Eine höhere Kapazitätsauslastung der beteiligten Unternehmen führt zu verbesserten Betriebsergebnissen.

Nachstehend sollen die Kosten und die Grenzen von → strategischen Allianzen im Luftverkehr betrachtet werden. Opportunitätskosten sind Kosten einer Kooperation (→ Unternehmensverbindungen), die durch den Verzicht der Unternehmen auf die alleinige Entscheidungsfreiheit des Mitteleinsatzes entstehen. Finanzielle Mittel stehen nicht mehr eigenen Zielen zur Verfügung. Gefahren liegen in einer starken Abhängigkeit von der Kooperation (→ Unternehmensverbindungen) sowie im Verlust des direkten Kontakts zu Kunden und Lieferanten. Mit Transaktionskosten werden die Kosten einer Kooperation (→ Unternehmensverbindungen) bezeichnet, die durch die praktische Organisation und Durchführung der Kooperationsarbeit anfallen. Dazu gehören im wesentlichen:

- Institutionalisierungskosten: Kosten, die für Personal und Gebäude sowie sonstige materielle Ausstattung der Kooperation (→ Unternehmensverbindungen) anfallen.
- Anbahnungskosten: Kosten, die bei der Informationssuche und -beschaffung über geeignete Partner und deren Konditionen entstehen.
- Anpassungskosten: Kosten, die

Strategische Allianzen im Luftverkehr

sich bei der Durchsetzung von Termin-, Qualitäts-, Mengen und Preisänderungen aufgrund veränderter Bedingungen ergeben.

- Vereinbarungskosten: Kosten, die durch Verhandlungen sowie Vertragsformulierung und Einigung entstehen.
- Koordinationskosten: Kosten, die sich bei der laufenden Abstimmung der wirtschaftlichen Transaktionen ergeben.
- Kontrollkosten: Kosten, die für die Sicherstellung und Einhaltung von Termin-, Preis-, Qualitäts-, Mengen- und Geheimhaltungsvereinbarungen anfallen.

Friktionskosten entstehen durch die Komplexitätszunahme und die damit vielfach verbundenen schwerfälligen Entscheidungsstrukturen innerhalb einer Kooperation (→ Unternehmensverbindungen). Weitere Kostenverursacher sind:

- mangelnde Konzeption und Planung der Kooperation (→ Unternehmensverbindungen),
- fehlende Erfahrungswerte und hinreichende Informationen über exogene Faktoren,
- Integration wirtschaftlich angeschlagener Unternehmen sowie
- Verständnisprobleme bei internationalen Kooperationen (→ Interkulturelles Management; → Unternehmensverbindungen)

Verordnungen, Gesetze und Praktiken sind die Rahmenbedingungen zur Bildung von Kooperationen (→ Unternehmensverbindungen). Sofern keine wettbewerbsbeschränkenden Maßnahmen vereinbart sind, fallen Kooperationen (→ Unternehmensverbindungen) nicht unter den Kartellbegriff, insbesondere dann nicht, wenn eine Rationalisierung der Leistungserstellung vereinbart ist, die den Wettbewerb nicht beeinträchtigt. § 1 des Gesetzes gegen Wettbewerbsbeschränkungen (GWB) verbietet Vereinbarungen, die den Wettbewerb beschränken. Nach § 99 GWB findet § 1 GWB keine Anwendung auf Verträge von Luftfahrtunternehmen (→ Fluggesellschaft), soweit diese über die Grenzen der EU hinausgehende Beförderungsleistungen zum Gegenstand haben.

Kooperationen (→ Unternehmensverbindungen) setzen ein ausgeprägtes Vertrauensverhältnis zwischen den Partnern voraus. Vorurteile, Mentalitätsdifferenzen, interkulturelle Unter-

Strategische Allianzen im Luftverkehr

schiede (→ Interkulturelles Management) und interpersonelle Differenzen können dieses Vertrauensverhältnis beeinträchtigen. Die Mitarbeiter- und Kundenakzeptanz ist eine wichtige Voraussetzung für eine Kooperation (→ Unternehmensverbindungen).

Zudem ist auf die in der Praxis vorkommenden Kooperationsformen einzugehen:

Beim sogenannten Handling Agreement übernimmt eine inländische → Fluggesellschaft in ihrem Land die Bodenabfertigung von → Flugzeugen, Passagieren, Fracht und Post für eine in der Regel ausländische Gesellschaft.

Reparatur-, Wartungs- und Instandhaltungsabkommen dienen zur Vermeidung mehrfacher Lagerhaltung, gemeinsamer Flugzeuginspektion und der Aushandlung günstiger Einkaufskonditionen bei der Material- und Ersatzteilbeschaffung. Das ATLAS-Abkommen beispielsweise hat die Zielsetzung

- der gemeinsam durchgeführten, rationellen und arbeitsteiligen Flugbetriebsfertigung einer standardisierten → Flotte,
- des gemeinsamen Betriebes von Flugsimulatoren und
- der Bereitschaft zur gegenseitigen Unterstützung und zur weiteren Kostenreduzierung.

1949 wurde die → Société Internationale de Télécommunications Aéronautiques (SITA) von internationalen Linienflugverkehrsgesellschaften (→ Linienflug; → Linienflugverkehr) gegründet.

Poolabkommen sind Vereinbarungen zwischen zwei oder mehr → Fluggesellschaften über den gemeinsamen Betrieb des Flugverkehrs auf einer Strecke oder in bestimmten Gebieten. Dabei werden das Verkaufsangebot, Kapazitäten und die Aufteilung der Erträge abgesprochen. Bei offenen Pools werden die Erträge nach Angebot ohne Zahlungslimitierung geteilt, bei limitierten Pools werden die Zahlungen durch finanzielle Mindestgarantien oder Obergrenzen für Ausgleichszahlungen modifiziert.

Beim Repräsentationsabkommen tritt eine im jeweiligen Land ansässige → Fluggesellschaft als Repräsentant oder Generalagent einer anderen → Fluggesellschaft auf. Der Generalagent hat einen Anspruch auf Provision.

Strategische Allianzen im Luftverkehr

Interline Agreements sind im Rahmen der → IATA aufgebaute und organisierte Anerkennungsabkommen über die gegenseitige Akzeptanz von Beförderungsdokumenten, Verkaufs- und Beförderungsbedingungen sowie Abrechnungsmodalitäten:

- Flüge der eigenen Gesellschaft können durch die Buchungsstellen anderer → Fluggesellschaften verkauft werden.
- Der Passagier erhält direkten Zugang zum weltweiten Luftverkehrsnetz.
- Flugtickets werden strecken- und wertmäßig von allen beteiligten → Fluggesellschaften anerkannt.
- Trotz Flugunterbrechung werden entfernungsabhängige Preisdegressionen gewährt.

Die Beteiligung am Interline-System ist rückläufig, da → Fluggesellschaften im Rahmen der Liberalisierung → Tarife als Wettbewerbsparameter einsetzen können.

Beim Interchange Agreement wird die Nutzlastkapazität bestimmter → Flugzeuge ganz oder teilweise auf bestimmten Strekken verchartert (→ Charter; → Charterflugverkehr). Die Kooperationsformen hierbei sind:

- On Behalf-Verkehr: Eine → Fluggesellschaft führt auf bestimmten Routen Flüge im Auftrag für eine andere → Fluggesellschaft durch.
- Die zeitlich begrenzte Vercharterung (→ Charter; → Charterflugverkehr): Ein → Flugzeug wird für eine bestimmte Zeit an eine andere → Fluggesellschaft verchartert (→ Charter; → Charterflugverkehr).
- Blocked Space: Ein Teil der Beförderungskapazität wird ständig verchartert (→ Charter; → Charterflugverkehr). Der Partner trägt das Auslastungsrisiko.
- Through Plane beziehungsweise Aircraft Exchange: Das ursprünglich eingesetzte → Flugzeug findet weitere Verwendung für Anschlußflüge einer anderen Gesellschaft.

Royality Agreements regeln den kommerziellen Erwerb von Verkehrsrechten, die nach bilateralen Luftverkehrsabkommen nicht ausgeübt werden können (meist Rechte der 5. Freiheit (→ Freiheiten des Luftverkehrs)). → Fluggesellschaften, die anderen → Fluggesellschaften gestatten, Routen in Konkurrenz in oder aus ihrem Land zu bedienen, erleiden Umsatzverluste. Die

Zahlungen von "Royalities" dienen der Kompensation dieser Verluste.

Code-Sharing ist ein Abkommen zwischen zwei → Fluggesellschaften, einen Flug unter dem eigenen IATA-Code (→ IATA) zu verkaufen, obwohl dieser ganz oder teilweise von der anderen Gesellschaft durchgeführt wird. Man unterscheidet zwischen einem parallel und einem komplementär angelegten Code-Share-Flug. Vorteile des Code-Sharing sind:

- die Erweiterung von Flugplänen ohne Schaffung zusätzlicher Kapazitäten,
- die Ausweitung des Streckennetzes und der Markttransparenz,
- die Markterweiterung über die Schranken des Systems der bilateralen Verkehrsrechte hinaus,
- die dauerhafte Darstellung der Flüge im CRS (→ Informationstechnologische Systeme; → Reservierungssysteme),
- die Verringerung der Wettbewerbsintensität und damit höherer Sitzladefaktoren durch kooperative Strecken- und Frequenzplanung,
- die Produktverbesserung durch Verkürzung der Reisezeit, Ausweitung des Einsatzes von Vielfliegerprogrammen, Nutzung der → Lounges der Kooperationspartner sowie
- die Anwendung von Durchgangsflugpreisen anstellen höherer Kombinationstarife.

Nachteilig bei Code-Share-Flügen ist, daß

- das Gepäck aufgrund von Zoll- und Einreisebestimmungen in der Regel nicht bis zum Zielort durchgecheckt werden kann,
- Serviceunterschiede der Partner bestehen können und
- der Kunde das Ticket einer → Fluggesellschaft erwirbt, mit der er letztlich nicht fliegt.

→ Luftverkehrsmanagement; Erfolgsfaktoren im Management von Fluggesellschaften

Literatur: Sterzenbach, 1999

Prof. Dr. Rüdiger Sterzenbach

Fachhochschule Heilbronn, Studienschwerpunkt Personenverkehr

Strategische Früherkennung

Controllingtechnik (→ Controlling), deren Gegenstand die gedankliche Vorwegnahme strategisch relevanter Veränderungen

Strategische Unternehmensführung

ist. Diese kündigen sich entweder in Form schwacher Signale (Weak Signals) oder in Gestalt starker Signale (Strong Signals) an. Der Unterschied zwischen diesen beiden Formen von Indikatoren besteht darin, daß der touristische Leistungsträger schwache Signale nicht unmittelbar als strategisch relevant einordnen kann, wohingegen starke Signale unmittelbar als für die strategische Entwicklung des Unternehmens bedeutsam identifiziert werden können. Die Technik der strategischen Früherkennung ist dem strategischen Controlling (→ Controlling) zuzuordnen.

Strategische Unternehmensführung

Strategische Unternehmensführung ist die Art zu führen, die alle Komponenten der Führung - die unternehmerische → Vision, die Unternehmungspolitik, die → Unternehmenskultur, die → Strategien, die Direktiven für die Funktionsbereiche und regionalen Einheiten, die → Organisation, das Motivations- und Planungssystem, das → Controlling, die Produkte und Dienstleistungen - koordiniert und harmonisiert.

Sie ist eine integrierte Gesamtheit von Einstellungen, Entscheidungs- und Handlungshilfen, mit denen die Unternehmung in einem turbulenten Umfeld Werte und Nutzen für alle "Stakeholder" schaffen kann.

Die Gesamtkonzeption der strategischen Unternehmensführung beruht auf drei Säulen: dem systemtheoretischen, dem konstruktivistischen und dem anthropologischen Ansatz. Nach dem ersten Ansatz sind die Unternehmungsmitglieder Komponenten eines synreferentiellen sozialen Systems, die gleiche Wirklichkeitskonstruktionen ausgebildet haben und im Hinblick auf diese interagieren.

Nach dem Konstruktivismus ist die Wirklichkeit eine Konstruktion, die in einer soziokulturellen Gemeinschaft interaktiv erzeugt und erprobt wird; die Aussagen über die Wirklichkeit sind das Erleben der Unternehmungsmitglieder. Die Unternehmung wird so zur Deutungsgemeinschaft.

Der anthropologische Ansatz sieht die Unternehmungsmitglieder in ihrer Ganzheit und mit ihrer persönlichen Geschichte und berücksichtigt ihr individuelles Verhalten.

Strategische Unternehmensführung

Eines der wichtigsten Ergebnisse der empirischen Strategieforschung ist, daß die langfristige Performance einer Unternehmung unabhängig von der Branche, von der Intensität des technischen Fortschritts, von der Entwicklung der Nachfrage oder von der Größe des Staates oder der Unternehmung ist. Es gibt eine Art zu führen, die in jeder Situation und für jede Art von Unternehmung anwendbar ist.

Die Erfolgsaussichten der strategischen Führung nehmen in dem Maße zu, wie die Unternehmungsleitung systematisch und gleichzeitig alle Komponenten der Führung verbessert. Alle Komponenten sind untereinander verbunden und bilden eine Gesamtheit, deren Qualität vom schwächsten Glied des Systems bestimmt wird.

Wenn sich die unternehmerischen Veränderungsprozesse nur punktuell auf Kosteneinsparungen im Personalbereich, auf die Verbesserung bestimmter Produkte und Verfahren, auf die Logistik, auf die Prozeßorientierung oder auf die → Finanzierung konzentrieren, ist ein globaler Fortschritt der Unternehmung nicht möglich. Eine aktive Forschungs- und Entwicklungsabteilung bewirkt wenig, wenn sie nicht in die → Strategien der Geschäftseinheiten eingebunden ist; Kosteneinsparungen allein helfen nicht viel, wenn nicht gleichzeitig neue Märkte erschlossen werden. Die Unternehmungsleitung muß, mit anderen Worten, mehrere verschiedene Regelkreise beherrschen und in einer Gesamtkonzeption integrieren, die der Evolution der Umwelt angemessen ist und den Vorstellungen der "Stakeholder" entspricht.

Die strategische Unternehmensführung ist eng mit dem Begriff → Leadership verbunden. → Leadership heißt, neue Möglichkeiten entdecken und umsetzen oder umsetzen lassen sowie die unternehmerischen Veränderungsprozesse so gestalten, daß Werte für die Kunden geschaffen und dadurch auch die übrigen Partner der Unternehmung zufriedengestellt werden. Management heißt, Probleme auf eine kreative Weise lösen. Dafür gibt es eine Vielzahl von Instrumenten, Methoden und Einstellungen, mit denen die Unternehmung Wettbewerbsvorteile erzielen kann. Management läßt sich leichter erlernen als → Leadership, in turbulenten Zeiten ist jedoch → Leadership wichtiger

Strategische Unternehmensführung

als Management, wenn es darum geht, radikale Veränderungen durchzusetzen, um kreative und nachhaltige Leistungsverbesserungen zu erzielen. Die Unternehmung braucht beides, → Leadership und Management, um in turbulenten Zeiten neue Möglichkeiten zu entdecken und die Kunden besser und schneller zufriedenzustellen als dies die Konkurrenten oder andere Referenzunternehmungen tun können. Leadership ist mit dem Beruf eines hochqualifizierten Dirigenten und eines Komponisten, Management mit dem eines Kapellmeisters vergleichbar.

→ Leadership schafft neue Paradigmen, → Management arbeitet innerhalb bestehender Paradigmen. Der Begriff → Führung umfaßt → Leadership und → Management.

→ Leadership ist die natürliche und spontane Fähigkeit, Mitarbeiter anzuregen, zu inspirieren und sie in die Lage zu versetzen, neue Möglichkeiten zu entdekken und umzusetzen sowie sich freiwillig und begeistert für die Verwirklichung gemeinsamer Ziele einzusetzen. Dazu bedarf es einer großen Energie seitens des Unternehmers oder der obersten Führungskräfte, aber auch Respekt und Ehrfurcht vor den Menschen. Leadership-Verhalten und aufrichtiges Interesse für die Menschen gehören zusammen. Die natürliche Autorität und Glaubwürdigkeit der Unternehmer und Führungskräfte hängt davon ab, ob ihre vorgelebte Vision, ihre Strategien und Einstellungen von den Mitarbeitern akzeptiert werden oder nicht. Die wirklichen Wurzeln von → Leadership liegen in Idealen und Werten sowie im selbstlosen Dienen und in einem Einsatz, der über den persönlichen Bereich hinausgeht. Der Kern von → Leadership besteht darin,

- eine gemeinsame Sicht der Zukunft mit den Führungskräften und Mitarbeitern aufzubauen, die den Kundennutzen in den Mittelpunkt stellt (Konstruktivismus),
- alle Komponenten der strategischen Unternehmensführung zu beherrschen (Systemtheorie) und
- allen Unternehmungsmitgliedern Spielraum für eigenverantwortliches Denken und Handeln auf der Basis einer → Vision zu geben, an deren Erfüllung jeder mitzuarbeiten bereit ist (Anthropologischer Ansatz).

→ Denkmodell des ganzheitlichen Management; → Leadership; → Management; → Management im Tourismus; → Strategie; → Unternehmenskultur; → Vision

Literatur: Hinterhuber, 1997; Hinterhuber, Krauthammer, 1998

Prof. Dr. Hans H. Hinterhuber

Universität Innsbruck, Institut für Unternehmensführung

Strategisches Controlling

→ Controlling

Studienreisen

Die moderne Studienreise ist eine intelligente Form des Urlaubs, die eine intensive Auseinandersetzung mit dem Gastgeberland ermöglicht, indem sie die gegenwärtige Lebenssituation und Kultur aufzeigt, Bezug zur Vergangenheit herstellt und dieses Erlebnis an Ort und Stelle vermittelt. Bei Studienreiseveranstaltern (→ Reiseveranstalter), die Verantwortung für die Zukunft übernehmen, kommt noch hinzu, daß sie ihre Reisen so zu gestalten versuchen, daß die Umweltbedingungen und die soziokulturelle Situation im Gastgeberland geschont und - wenn möglich - sogar gefördert werden.

Als Bildungsreise zählt die Studienreise zu den ältesten Reiseformen der Welt und als aktive Urlaubsreise zu den jüngsten zugleich. Immer noch geistern verschiedene Definitionen der Studienreise herum. Ist die Studienreise eine bloße Rundreise, bei der man Sehenswürdigkeit nach Sehenswürdigkeit abhakt? Gilt sie als altbackener Bildungsurlaub einer kleinen Elite? Geißelt man sie zurecht als Trümmertour? Wie steht es um das vielbelächelte "Rollende Seminar"? Über nur wenige Begriffe lassen sich so viele bunte Klischees ausgießen wie über den Terminus Studienreise.

Der Reisegast von heute will seinen "Horizont erweitern", will etwas "für Kultur und Bildung tun", will "ganz neue Eindrücke gewinnen, etwas anderes kennenlernen". Von Jahr zu Jahr finden mehr Menschen, alte wie junge, Geschmack an dieser "Bildung im Urlaub". Rund 300.000 Personen buchen jährlich eine organisierte "Studienreise" und davon etwa die Hälfte bei einem auf Studienreisen spezialisierten Veranstalter.

Studienreisen

Studienreise gleich Erlebnisreise: Die moderne Studienreise ist eine Erlebnisreise. Sie muß sich mitten im zeitgenössischen Leben bewegen, Sehenswürdigkeiten und - abseits der gewohnten Wege - aktuelle Eindrücke des Landes vermitteln. Der Reiseleiter, dessen Aus- und Weiterbildung eine herausragende Bedeutung zukommt, erklärt dabei nicht nur die jeweiligen Attraktionen, sondern stellt alles in einen Sinnzusammenhang und zeigt die Verbindungen von der gelebten Gegenwart zur klassischen Geschichte auf. Die Route einer Studienreise sollte so gewählt sein, daß sie nicht nur ihr geographisches, sondern auch ihr inhaltliches Ziel erreicht: Mehr über ein Land zu erfahren, seine Menschen besser verstehen zu lernen.

Die Studienreise ist eine Gruppenreise: Wer sich für eine Studienreise entscheidet, weiß, daß er in einer Gruppe unterwegs sein wird. Für viele Reiseteilnehmer ist die Gruppe der Grund für ihre Reiseentscheidung, weil sie sich die fachkompetente Führung wünschen, weil sie sich der sicheren Organisation anvertrauen wollen, sich in der Gruppe wohl fühlen und sich über gemeinsame Reiseerlebnisse mit jemandem austauschen können; ferner verspricht die Gruppe Anregung und vermittelt neue Kontakte oder gar Freundschaften.

Der Trend geht zum Aktivurlaub: Von Jahr zu Jahr interessiert sich das Reisepublikum stärker für aktiven Urlaub. Auch hier gibt es verschiedene Möglichkeiten, in der Studienreise aktives Erleben und Besichtigungsprogramm ausgewogen zu kombinieren. Zum Beispiel Fahrrad-Studienreisen, die es zu vielen europäischen Zielen gibt, oder Wander-Studienreisen zu Zielen rund um die Welt. Bei beiden Reisearten geht es nicht um sportliche Höchstleistungen, sondern um das "menschliche Maß", in dem man Natur und Landschaft erlebt, wobei auch genügend Zeit für Führungen und Pausen eingeplant sein sollte. Meistens begleitet ein Bus die Gruppe in gehörigem Abstand und nimmt für die längeren Entfernungen Radler und Wanderer auf.

Die Revolution der Studienreise: Als innovatives Unternehmen hat Studiosus die Studienreise als Gruppenreise revolutioniert. Das Zauberwort heißt "Studienreisen à la carte". Das bedeutet: Die Gäste haben Zeit für sich, für

Aktivitäten, für spontane Entscheidungen. Besichtigungen nur, wenn die Gäste es möchten. Hier handelt es sich um die Kombination aus der Freiheit des individuellen Urlaubs und der Sicherheit einer qualifiziert geführten Studienreise. Der Reisegast bestimmt An- und Abreise sowie die Dauer seiner Reise selbst und schneidert sich aus einem breiten Spektrum von Hotels und Ausflugsangeboten sein Wunschprogramm.

Die Studienreise für junge Leute: Auch junge Menschen wollen Studienreisen, wollen auf intelligente Art Land und Leute kennenlernen, wollen auf gar keinen Fall eine "Trümmertour". Auch sie finden ihre Studienreisenprogramme, zum Beispiel "Young Line", maßgeschneidert für Leute zwischen 20 und 35 Jahren. Wie die Marktakzeptanz beweist, kommt diese Mischung aus spannend geführter Reise, sportlichem Angebot und genug Zeit zum Faulenzen und Träumen gut an.

Peter-Mario Kubsch

Geschäftsführer von Studiosus Reisen München GmbH

Substanzwert

Wert eines Unternehmens, der sich nach der Differenz zwischen dem Wert der Vermögensgegenstände und dem Wert der Verpflichtungen des Unternehmens bemißt.

Suite

Bezeichnung für eine aus mehreren Zimmern bestehende Hotelunterkunft hoher Qualität.

Sustainable Tourism

Der Tourismus wird seit vielen Jahren regelmäßig von neuen Schlagwörtern geprägt, in denen über Formen einer "anderen" Art des Reisens diskutiert wird. Besonderer Beliebtheit erfreute sich der Gedanke eines → sanften Tourismus (und all die sprachlich ähnlichen Mutanten wie alternatives, naturverbundenes Reisen etc.). Geprägt wurde der Begriff 1980 von dem Zukunftsforscher Robert Jungk, der in einer sogenannten Kontrastliste Formen des harten und des sanften Reisens gegenüberstellte. Eine wissenschaftliche Pionierrolle fällt dem Schweizer Jost Krippendorf zu, der in den 80er Jahren die Gefahren eines ausufernden Tourismus zeigte.

Für die inhaltliche Umschreibung des Begriffs "sanfter Tourismus" liegen vielfältige Definitionen vor. Im Prinzip ging es um die Erweiterung zu einem umwelt- und sozialverträglichen Reisen. Obwohl viel darüber geschrieben und diskutiert wurde, ist es beim sanften Tourismus letztendlich bei der Idee geblieben. Die verschiedenen Formen des alternativen Tourismus können nach Meinung der Verfasser keine Lösung anbieten, da sie zum einen selbst auch mit Umweltbelastungen verbunden sind und zum anderen das fundamentale Problem des Tourismus, nämlich sein quantitatives Wachstum ignorieren. Quasi losgelöst vom einzelnen Touristen selbst, wurde dem Pauschalreisenden der "bessere" Individualreisende und der "Small scale" - Tourismus gegenübergestellt.

In den letzten Jahren ist als ein spezielles Marktsegment der "Ökotourismus" entstanden. Der Natur- oder Ökotourismus wurde als der am schnellsten wachsende Sektor in der Tourismusindustrie bezeichnet. In einer verkürzten Sicht wird unter Ökotourismus nur eine "umweltverträglichere Form" des Reisens verstanden, eine Form des Tourismus, die auf der Attraktivität der natürlichen Umwelt basiert, das heißt, bevorzugt in naturnahen Landschaften (auch Schutzgebieten) ausgeübt wird. Wesentliches Kennzeichen solcher umwelt- und sozialverträglicher Reiseangebotsformen ist aber der stärkere Einbezug der Einheimischen bei Einkommenseffekten und Durchführung. Häufig beruhen die Projekte auf genossenschaftlicher Basis: Das Kleingruppenprinzip verlangsamt zwar die Geschwindigkeit der Veränderung, trotzdem besteht ebenfalls die Gefahr der "Vermarktung" und "Nachfrageproduktion" in traditioneller Weise, und es gilt: Je erfolgreicher, desto schneller entstehen die bekannten Probleme der Masse. Der Verkauf einer Ökotour leistet allein noch keinen aktiven Beitrag zur Schonung der Natur. Sanfter Tourismus in Costa Rica per Jet ist pure Illusion.

Auch hier besteht die Gefahr, daß dieses Segment (vor allem von den Großen) nur als weiteres neues Wachstumssegment erschlossen wird, wobei man das Ökologische auf das reduziert, was in die herkömmlichen (wachstums- und rentabilitätsorientierten) Marketingkonzeptionen paßt beziehungsweise Rationalisierungeffekte mit sich bringt: Meistens wird lediglich an Teilaspekten herumgebastelt und damit kommt die Notwendigkeit zu einem grundsätzlich anderen Denkansatz innerhalb einer umweltorientierten Umweltpolitik zu kurz.

Beiträge in der Literatur weisen vor allem darauf hin, daß viele Entwicklungsmodelle von falschen Voraussetzungen über die Einheimischen ausgehen und deren Kultur als eine "Variable" betrachten. Auch der anschließend dargestellte "nachhaltige Tourismus" wird mit den Augen des Westens definiert und dient dessen Zielen.

Auf dem Umwelt-Weltgipfel in Rio 1992 tauchte als neues Schlagwort der 90er Jahre der Begriff "Sustainable Development" auf. Im Deutschen hat sich noch keine gängige Übersetzung durchgesetzt (dauerhafte, nachhaltige oder zukunftsfähige Entwicklung, Entwicklung des tragbaren Ausmaßes etc.); vielfach wird die englische Bezeichnung verwendet.

Auf der Konferenz wurde weltweit erstmals unter anderem eine Agenda 21 als globales Aktionsprogramm unterzeichnet mit dem Ziel, ein "Sustainable development" zu erreichen. Die Agenda 21 fordert mit ihren Programmen (zum Beispiel zur Landwirtschaftspolitik, Armutsbekämpfung, Bevölkerungspolitik, zu Handel und Umwelt, Klima-, und Energiepolitik) alle Regierungen auf, möglichst eigene nationale Umsetzungspläne zu erstellen. Als wohl wesentlichstes Kriterium bleibt die "Erweiterung" der Perspektive beziehungsweise Vernetzung der genannten Aspekte festzuhalten. Diese Dimensionen sind untrennbar miteinander verknüpft und dürfen nicht voneinander abgespalten oder gegeneinander ausgespielt werden. Als eine der Industrien mit dem Potential für einen Beitrag zu Nachhaltigkeit wurde der Tourismus angesehen.

Insbesondere werden detaillierte Handlungsaufträge gegeben, einer weiteren Verschlechterung der globalen Situation entgegenzuwirken und eine schrittweise Verbesserung sowie eine nachhaltige Nutzung der natürlichen Ressourcen zu erreichen. Als Aktionsprogramm ist die Agenda 21 von Seiten des Staates auf mehreren Ebenen umzusetzen. Auf nationaler Ebene ist Deutschland noch in der Zielfindungsphase (ein "Nachhaltiges Deutschland" wurde von Miseri-

or / BUND veröffentlicht). Auf lokaler Ebene sind in Deutschland ca. 120 Kommunen mit Programmen und Projekten an der Umsetzung der Agenda 21 beteiligt. 1996 wurden erste Teile eines von B.A.U.M. erarbeiteten Leitfadens für eine nachhaltige Kommunalentwicklung mit Handlungskonzepten unter anderem zu den Themen Verkehr, Energie, Wasser, Landschaftsplanung / -pflege, Abfall oder Fremdenverkehr und mit konkreten Maßnahmenbeschreibungen vorgestellt. Auf den gleichen Ebenen ist das Aktionsprogramm für die Industrie umzusetzen. Auf der betrieblichen Ebene haben bereits einige Unternehmen Nachhaltigkeit zumindest in ihren Leitbildern verankert oder verwenden es als das Leitmotiv in ihren PR-Anzeigen.

Der Begriff "dauerhafte Entwicklung" war schon im Brundtland-Report 1987 allgemein beschrieben worden. Dort heißt es: "... Entwicklung, die die Bedürfnisse der Gegenwart einlöst, ohne die Fähigkeit der künftigen Generationen, ihre Bedürfnisse zu erfüllen, zu beeinträchtigen." Eine Definition dessen, was eigentlich unter Entwicklung zu verstehen ist, wird erschwert dadurch, daß der Begriff nicht wertfrei interpretiert werden kann, die Zielerreichung selbst anhand verschiedener Indikatoren gemessen werden könnte und nicht klar ist, für wen die Entwicklung gedacht ist. Der Bericht der Bundesregierung "Auf dem Weg zu einer nachhaltigen Entwicklung in Deutschland" von 1997 spricht von einem Zieldreieck der Nachhaltigkeit: Die Verbesserung der ökonomischen und sozialen Lebensbedingungen muß mit der langfristigen Sicherung der natürlichen Lebensgrundlagen in Einklang gebracht werden.

Obwohl ursprünglich weitgehend auf die Industrie bezogen, hat dieses Prinzip inzwischen auch große Bedeutung für den Tourismus erlangt und wird als "das" Leitmotiv eines Managements angesehen, das Naturschutz und wirtschaftliche Entwicklung unter Wahrung der kulturellen Werte der Menschen der Region verbindet. "Sustainable Tourism Development" hat sich seit etwa zehn Jahren als Begriff in der internationalen Diskussion um umwelt- und sozialverträgliche Formen des Reisens etabliert.

Für eine Ausgewogenheit von Tourismusentwicklung und Umweltschutz, das heißt, um langfri-

Sustainable Tourism

stig einen Ausgleich zwischen den ökonomischen Interessen der am Tourismus Beteiligten, den soziokulturellen Erfordernissen der Einheimischen und den ökologischen Erfordernissen der Natur zu finden, empfehlen Hopfenbeck und Zimmer in ihrem Buch "Umweltorientiertes Tourismusmanagement. Strategien - Checklisten - Fallstudien" folgendes Vorgehen:

- Bestimmung des Leitbildes: "Entwicklung gemäß den Prinzipien eines nachhaltigen Tourismus".
- Bestimmung von Zielen und Politiken, die das Leitbild reflektieren: Dies erfordert eine klare strategische Zielformulierung, die Erkenntnis einer gemeinsamen Verantwortung der am System Tourismus Beteiligten und die Bestimmung von Entwicklungs- und Belastungsgrenzen.
- Einsatz des Instrumentariums eines Besuchermanagements: Dies bedeutet eine Spezifizierung der Instrumente je nach Einsatzort, Aufstellung von Maßnahmenkatalogen (für die Bereiche Besuchs-, Verkehrs-, Ressourcen-, Informationsmanagement, Marketing).

Der Ansatz des Sustainable Tourism trägt damit in ähnlicher Weise wie frühere Ansätze des → sanften Tourismus der Tatsache einer quantitativen und qualitativen Beschränkung des Umfangs und der Entwicklung des Tourismus Rechnung. Irreversible Schädigungen und unakzeptable soziale Kosten für zukünftige Generationen sollen vermieden werden. Diese Konzepte führen von einer reaktiven Phase (quasi Reparaturphase der negativen Tourismusauswirkungen) hin zu einer proaktiven Phase, in der Planung und Management einen "dauerhaften Tourismus" gestalten sollen. Dieses Design umfaßt unter anderem Konzepte für bestehende und für neue Tourismusprodukte, die sowohl der steigenden Nachfrage dienen als auch den Erfordernissen der Dauerhaftigkeit genügen.

Die Ressource "Umwelt", von der jede menschliche Aktivität abhängt, soll so (sensitiv beziehungsweise dauerhaft) genützt werden, daß der Tourismus gleichwohl einen Beitrag zum ökonomischen Wachstum leisten kann. In diesem Sinne wird der "nachhaltige und umweltgerechte Tourismus" weitgehend zu einem strategisch orientierten "Ressourcen- und → Qualitätsmanagement". → Tourismus und

Sustainable Tourism

Umwelt sollen sich gegenseitig Nutzen bringen.

Eine sehr ausführliche Definition des Begriffs gibt die Vereinigung Tourism Concern im Auftrag des WWF. Unter der Bezeichnung "Principles for Sustainable Tourism" heißt es:

- Using resources sustainably: The conservation and sustainable use of resources - natural, social and cultural - is crucial and makes long-term business sense.
- Reducing over-consumption and waste: Reduction of overconsumption and waste avoids the costs of restoring long-term environmental damage and contributes to the quality of tourism.
- Maintaining diversity: Maintaining and promoting natural, social and cultural diversity is essential for long-term sustainable tourism, and creates a resilient base for the industry.
- Integrating tourism into planning: Tourism development which is integrated into a national and local strategic planning framework and which undertakes environmental impact assessments, increases the long-term viability of tourism.
- Supporting local economies: Tourism that supports a wide range of local economic activities and which takes environmental costs and values into account, both protects those economies and avoids environmental damage.
- Involving local communities: The full involvement of local communities in the tourism sector not only benefits them and the environment in general but also improves the quality of the tourism experience.
- Consulting stakeholders and the public: Consultation between the tourism industry and local communities, organizations and institutions is essential if they are to work alongside each other and resolve potential conflicts of interest.
- Training staff: Staff training which integrates sustainable tourism into work practices, along with recruitment of local personnel at all levels, improves the quality of the tourism product.
- Marketing tourism responsibility: Marketing that provides tourists with full and responsible information increases respect for the natural, social and cultural environments of destination areas and enhances customer satisfaction.

 Sustainable Tourism

- Undertaking research: Ongoing research and monitoring by the industry using effective data collection and analysis is essential to help solve problems and to bring benefits to destinations, the industry and consumers.

Hansruedi Müller definierte nachhaltige Entwicklung im Tourismus in einem Vortrag zur ITB 1995 als "jene Zunahme der Lebensqualität - das heißt des wirtschaftlichen Wohlstandes und des subjektiven Wohlbefindens (...) - die mit geringerem Einsatz an nicht vermehrbaren Ressourcen, sowie einer abnehmenden Belastung der Umwelt und der Menschen erzielt wird". Für ihn steht im Zentrum der nachhaltigen Entwicklung die "Generationenverträglichkeit".
Es gilt, gleichgestellte Zielsetzungen in Einklang zu bringen (Magische Fünfeck-Pyramide nach Müller): Das Gestaltungsrecht zukünftiger Generationen (intra- und intergenerational), ökonomischer Wohlstand, subjektives Wohlbefinden, optimale Befriedigung der Gästewünsche, intakte Natur / Ressourcenschutz.

In der "Charta für einen nachhaltigen Tourismus" (World Conference of Sustainable Tourism, Lanzarote 1995) wird im § 1 nachhaltiger Tourismus definiert als "langfristig ökologisch tragbar, wirtschaftlich machbar sowie ethisch und sozial gerecht für die ortsansässige Gemeinschaften".

Das Konzept eines "Sustainable Tourism Development" besagt, daß sich ökomomisches Wachstum und Umweltqualität nicht ausschließen müssen. Entscheidend ist die individuell zu bestimmende "Balance". Ungleichgewichte resultieren primär aus einer ausufernden quantitativen Belastung (Touristenzahl, Verkehr) und negativen Umweltauswirkungen auf Natur und Mensch / Bereiste.

Die Grundgedanken des Ökotourismus finden sich hier also wieder, der Akzent verlagert sich allerdings auf den wirtschaftlichen Nutzen, den die Bereisten aus dem Tourismus ziehen können. Der Tourismus wird bejaht, sein Potential als nützliches Instrument des Umweltschutzes und des wirtschaftlichen Fortschritts wird anerkannt.

Wheat nennt die nachstehend aufgeführten Beispiele für Nachhaltigkeit:

Sustainable Tourism

How to be a sustainable business:

- Sie bezahlen faire Preise für touristische Dienstleistungen: Ein fairer Preis schließt einen Beitrag zur Regeneration und Entwicklung der natürlichen und sozio-kulturellen Umwelt sowie zu angemessenen Gehältern und menschenwürdigen Arbeitsbedingungen mit ein.
- Sie schaffen neue oder verbesserte Arbeitsplätze für die lokale Bevölkerung.
- Sie informieren Ihre Kunden über den Umweltschutz und kulturelle Empfindlichkeiten.
- Sie setzen auf Umweltmanagement: Bei Recycling, Abfallentsorgung und Energie- und Wasserpolitik wird Umweltmanagement zur Selbstverständlichkeit in Hotels und Destinationen. Die Beschäftigten in der Tourismusbranche sowie die Urlauber und die lokale Bevölkerung werden involviert.
- Sie fördern Umweltschutzmaßnahmen bei Zulieferern und Geschäftspartnern.
- Sie vermeiden Konflikte an den Destinationen durch mehr Kommunikation zwischen der Reiseindustrie und den Organisationen vor Ort.
- Sie reduzieren den Verbrauch von Importwaren zugunsten der lokalen Landwirtschaft und der heimischen Produkte.
- Sie beziehen die Umwelt und die Kultur in die Vermarktung des touristischen Produkts ein.
- Sie akzeptieren die Beschränkungen der Besucherzahlen, die von lokalen Kommittees, Umweltorganisationen, Regierungen und touristischen Unternehmen festgelegt werden.
- Sie überwachen Ergebnisse, denn das Aufzeigen kontinuierlicher Verbesserungen motiviert alle Beteiligten.

How to be a sustainable tourist:

- Sie wählen einen → Reiseveranstalter mit einem starken ethischen Verhaltenskodex und ausgeprägtem Umweltbewußtsein.
- Sie geben möglichst viel Geld in einheimischen Geschäften aus.
- Sie verschwenden kein Wasser und schalten nur bei Bedarf die Klimaanlage ein.
- Sie informieren sich vor Ihrer Abreise über die lokalen Gepflogenheiten und Kultur.
- Sie schützen die Natur, indem Sie keine Souvenirs aus Elfenbein oder Produkte von geschützten Tierarten kaufen.
- Sie passen sich in Ihrer Klei-

Sustainable Tourism

dung der Ortskultur an. In vielen Ländern ist es nicht akzeptabel, ein ärmelloses Hemd oder eine kurze Hose auf offener Straße zu tragen.

- Sie verteilen keine Süßigkeiten an Kinder, denn damit setzt man sie herab und ermutigt sie nur zum Betteln.
- Stattdessen spenden Sie für ein anerkanntes Projekt oder eine Schule.
- Sie bitten immer um Erlaubnis, bevor Sie Menschen fotografieren oder filmen.
- Sie übernachten in Unterkünften in einheimischem Besitz statt in internationalen Hotels, damit Ihr Geld der einheimischen Bevölkerung zugute kommt.
- Sie respektieren die Landrechte. Obwohl die Landrechte einheimischer Volksgruppen im internationalen Recht anerkannt sind, werden sie oft mißachtet. Sie benehmen sich in einheimischen Schutzgebieten wie ein Gast auf einem privaten Grundstück.

1992 wurde im Rahmen des 5. Aktionsprogramms der Europäischen Gemeinschaft ein 334 Seiten langer Vorschlag über ein Programm "Für Umwelt und Maßnahmen im Hinblick auf eine dauerhafte und umweltgerechte Entwicklung" unterbreitet. Zu den ausgewählten fünf Schwerpunkten zählt auch der Tourismus (neben Industrie, Energie, Verkehr und Landwirtschaft). Der Tourismus wird als ein besonders gutes Beispiel genannt für die grundlegende Verbindung zwischen wirtschaftlicher Entwicklung und Umwelt mit all den dazugehörigen Vorteilen, Spannungen und Konfliktpotentialen.

In den letzten Jahren verstärkten sich weltweit die Aktivitäten für einen nachhaltigen Tourismus. Nachstehend seien hierzu einige Beispiele aufgeführt:

- die Weltkonferenz für nachhaltigen Tourismus in Lanzarote 1995,
- die "Environmental Codes of Conduct for Tourism" des Umweltprogramms der Vereinten Nationen (1995),
- die Alpenkonvention,
- das Umweltschutzprotokoll zum Antarktisvertrag,
- die "Berliner Erklärung: Biologische Vielfalt und nachhaltiger Tourimus",
- der Aktionsplan "Agenda 21 für die Reise- & Tourismusindustrie: Auf dem Weg zu einer umweltbewußten, nachhaltigen Entwicklung" des World Tra-

Sustainable Tourism

vel & Tourism Council, der World Tourism Organization und dem Earth Council (1996) sowie

- die Entwicklung von Programmen in zahlreichen Ländern für einen Tourismus als nachhaltige Perspektive, so beispielsweise in Österreich im Nationalen Umweltplan, in den Niederlanden durch den Verband der → Reiseveranstalter ANVR, in Nepal, Ägypten, Tunesien, Malediven, Costa Rica, Australien, um nur einige zu nennen.

Auf Grundlage der Erkenntnis, daß "das langfristige Kapital zu sichern ist" und daß der Tourismus langfristig sowohl ökologisch als auch ökonomisch tragfähig sein soll sowie ethisch und sozial verträglich sein soll, wurde am 8.10.1997 von den Spitzenverbänden und Spitzenorganisationen des deutschen Tourismus eine "Gemeinsame Umwelterklärung der Deutschen Tourismuswirtschaft" als eine Art freiwillige Selbstverpflichtung abgegeben. Darin bekennt sich die deutsche Tourismuswirtschaft zu einer besonderen Verantwortung Deutschlands als "Reiseweltmeister" und zu einem nachhaltigen Tourismus als grundlegendem Leitbild für die zukünftige Entwicklung der Branche.

Danach sollen zur Maxime ihres umweltbezogenen Handelns unter anderem werden:

- Aufbau und Ausbau des betrieblichen Umweltmanagements und umweltorientierter Organisationsstrukturen,
- umweltgerechte Planung unter Berücksichtigung der ökologischen Tragfähigkeit der Tourismusregionen,
- nachhaltige Gestaltung der "Produkte" (etwa die möglichst umweltschonende An- und Abreise in den Zielgebieten, Minimierung des touristisch bedingten Ressourcenverbrauchs, Informationen für die Reisenden),
- Einsatz marktwirtschaftlicher Instrumente (Wettbewerbe, Umweltsiegel, Öko-Audit),
- Förderung der Kooperation und des Dialogs (zum Beispiel offene Tourismusforen), des internationalen Informationsaustausches, Know-how- und Technologietransfer,
- Erfassung und Bewertung der Auswirkungen touristischer Entwicklungen auf Umwelt und Natur sowie
- Unterstützung der Entwicklung international harmonisierter

Sustainable Tourism

Regelungen für eine nachhaltige Tourismusentwicklung.

Hamerle forderte auf dem Ecotrans Forum ITB (→ Internationale Tourismus-Börse ITB Berlin) 1997 für eine nachhaltige Tourismusentwicklung meßbare Umweltindikatoren, quantifizierbare Verbrauchs- oder Belastungsziele, die zu veröffentlichen sind, um den Zielerreichungsgrad feststellen zu können. Dies sind vor allem ökologische Meßgrößen (wie zum Beispiel Energie- oder Wasserverbrauch pro Gast / Übernachtung, Stromverbrauch pro Gast, Abfallmenge pro Gast, Transportenergieverbrauch für die Anreise, Anteil der Gäste an den verschiedenen Anreiseverkehrsmittel etc.; Schlüsselindikator: Transportenergieverbrauch pro Aufenthaltsdauer). Daneben stehen soziale / kulturelle / wirtschaftliche Meßgrößen.

Nach dem Nationalen Umweltplan 1996 für Österreich muß ein Handlungskonzept für eine ökologisch beziehungsweise ökonomisch nachhaltige Entwicklung des Tourismus folgende planbare Bedingungen beinhalten: Bewältigung der Freizeitmobilität, Verringerung des Flächenverbrauchs für Freizeitinfrastruktur, Einführung einer umweltverträglichen Freizeitinfrastruktur, Bewahrung natürlicher beziehungsweise naturnaher Landschaftsformen, Verringerung der Übernutzung von Naturräumen, Vermeidung der Überlastung von Landschaften und Biotopen, ein durch Sorgsamkeit gekennzeichnetes Betretungsrecht der Landschaft.

Die Prinzipien des Sustainable Developments folgen einem holistischen Grundsatz und gehen auf alle Stakeholders (die Bereisten, die Reisenden und die Tourismusindustrie) ein, behalten vor allem die lokale Bevölkerung der Tourismusdestination immer im Auge.

Man setzt nicht auf das wünschenswerte aber nicht erzwingbare öko-sensible Verhalten des einsichtigen Ökotouristen, sondern auf die Nachhaltigkeit in der Gestaltung des Angebots, um langfristiges Nutzen für möglichst viele zu erreichen. Somit stehen neben dem sensiblen Umgang mit der Natur und mit den sozialen und kulturellen Voraussetzungen der Region vor allem drei Aspekte im Vordergrund.

Zunächst ist die sogenannte "Carrying Capacity" zu nennen. Bestimmung einer "Belastungskapazität", das heißt, Beantwortung der Frage, ab welcher Entwicklung eine negative Belastung für Umwelt und soziokulturelles Umfeld zu erkennen ist. Hierbei geht es darum, den tolerierbaren Grad der Einwirkung oder tolerierbaren Grad der Schädigung festzulegen, ohne daß damit die lebenserhaltende Kapazität der Umwelt und die potentiellen Bedürfnisse zukünftiger Generationen zu stark beeinflußt werden. Bei "Überschreiten" oder "Nichteinhaltung" dieser Prinzipien eines nachhaltigen Tourismus entstehen die bekannten Probleme wie ausufernder Erschließungskreisel, zunehmender Verkehr, Nutzungskonflikte verschiedener Interessengruppen oder Umweltschäden. Ähnlich dem Konzept der Carrying Capacity ist das sogenannte Zoning. Hier wird ein Gebiet in verschiedene Zonen der Nutzung / des Schutzes unterteilt (Kern-, Pufferzone, Entwicklungsraum).

Hinzu kommt "Benefit Retention", das heißt der Erhalt der wirtschaftlichen Erträge.

Zudem ist zu nennen: "Involvement of the local population", das heißt Einbeziehung der örtlichen Bevölkerung. Jede touristische Entwicklung kann nur für die bereisten Menschen und mit ihnen geplant und durchgeführt werden. Das bedeutet, die ortsansässige Bevölkerung sollte möglichst der Eigentümer der touristischen Anlagen sein und möglichst umfassend und frühzeitig in die Planung einbezogen werden. Tourismusprojekte generell, insbesondere aber die Planung und Implementierung der Maßnahmen eines Visitor Management, sind ohne den Einbezug der davon Betroffenen in Planungs- und Entscheidungsprozesse nicht denkbar. Akzeptanz setzt den Einbezug Betroffener voraus.

Nachhaltiger Tourismus als Leitmotiv geht also wesentlich "tiefer" als nur das "grüne" Anstreichen eines "Öko-Angebotes": Es erfordert Partnerschaft, Integration, Mitarbeit, eine Form des "Stewardship" (umfassende Verantwortung).

Österreich, das als eines der wenigen Ländern die Forderung des Umweltgipfels von Rio 1992 nach Erstellung nationaler Umweltpläne erfüllt hat, gibt im Nationalen Umweltplan 1996 einen ausführlichen Katalog von Instrumenten und Maßnahmen für eine nachhaltige Tourismus-

Sustainable Tourism

und Freizeitwirtschaft:

- Tourismuspolitische Instrumente: Qualitätstourismus, Professionalisierung, Entzerrung der Reiseströme, Flexibilisierung der Reisezeiten, Besucherlenkung, Besuchermanagement, Angebotsgestaltung,
- umweltpolitische Instrumente: Kapazitätsgrenzen ("Carrying Capacity"), Indikatoren, Ganzheitliche Entwicklungskonzepte, Ökologische Produktbewertung,
- energiepolitische Instrumente,
- verkehrspolitische Instrumente: Maßnahmen zur Vorbeugung von freizeitbedingtem Verkehr, Verkehrsinfrastruktur, Verbesserung der Angebote des öffentlichen Verkehrs für die An- und Abreise sowie die Mobilität vor Ort, Verkehrsberuhigung, Verkehrslenkung,
- raumplanerische Instrumente: Raum- und Umweltplanung, Schaffung von Ruhezonen und -gebieten, regionale und kommunale Konzepte, Ortsbildschutz sowie
- bildungs- und forschungspolitische Instrumente: Bewußtseinsbildung, Information und Beratung, Berufliche Aus- und Weiterbildung, Forschung.

Das "Aktionsfeld Tourismus" umfaßt eine große Anzahl von Betroffenen, so die Reisenden selbst, Betriebe unterschiedlichster Art und Größe, private Haushalte, Behörden, lokale Verwaltungen etc., regionale Verbände, Bundesstellen, freiwillige Organisationen und Verbandsorganisationen. Diese Zersplitterung macht folgende Handicaps verständlich: Das Fehlen explizit formulierter Grundsätze, Ziele, Strategien etc., die Dominanz von Einzelinteressen und verschiedener Prioritäten, der fehlende Versuch, die unterschiedlichen Interessen unter ein gemeinsames Dach zu integrieren und abzustimmen, die mangelnde Erkenntnis einer gemeinsamen Verantwortung.

Übergreifende, integrierte Lösungen erfordern zwingend die Zusammenarbeit auf verschiedenen Ebenen. Viele Agenda 21 Projekte bestätigen, daß der Prozeß primär als ein Koordinations- und Kooperationsproblem anzusehen ist. Erst wenn auf nationaler Ebene, regionaler Ebene, Landesebene und kommunaler Ebene klare Politiken bestehen und diese Politiken und Ziele die Prinzipien eines nachhaltigen Tourismus reflektieren, ist eine Ausgewogenheit erzielbar. →

Ökologische Aspekte des Tourismus; → Tourismus und Umwelt

Literatur: East, Luger, Inmann, 1998; Ecotrans, 1997; Gustedt, 1997; Hopfenbeck, Zimmer, 1993; Iwand, 1998; Middleton, 1998; Österreichische Bundesregierung, 1996; Wheat, 1998

Prof. Dr. Patricia East, Prof. Dr. Waldemar Hopfenbeck

Fachhochschule München, Fachbereich Tourismus, Fachbereich Betriebswirtschaft

Szenario-Technik

Prognoseverfahren, dessen Inhalt darin besteht, alle denkbaren Entwicklungen, die in der Zukunft eintreten können, zu ermitteln.

Tagesrate

Auf → Kreuzfahrtschiffen der auf den einzelnen Urlaubstag umgerechnete Gesamtpreis.

Tarif

Gesamtheit der Bestimmungen, die sich auf eine standardisierte Leistung und die sie betreffende Preisberechnung beziehen.

Taxi-Airline

→ Fluggesellschaft, die Passagiere ohne Vorausbuchung jederzeit an den gewünschten Ort befördert.

Teilkostenrechnung

→ Kostenrechnung

Teilpauschalreise

→ Pauschalreise

Telearbeit

Telearbeit ist ein Arbeitsmodell, dessen besondere Eigenschaft darin besteht, daß Mitarbeiter in ihrem privaten Umfeld arbeiten und hierbei über Informations- und Kommunikationstechnik (→ Informationstechnologische Systeme) mit ihrem Unternehmen verbunden sind.

Eine der Branchen, in denen Erfahrungen mit diesem neuartigen Arbeitsmodell vorliegen, ist die Reiseveranstalterbranche (→ Reiseveranstalter). Die dort gemachten Erfahrungen wurden durch eine am Fachbereich Tourismus der Fachhochschule München im Jahre 1998 durchgeführte empirische Studie erhoben.

Die Studie zeigte, daß die Branche insgesamt geteilter Meinung ist, was die breite Anwendung von Telearbeit im Reiseveranstalterbereich angeht. So waren 46 % der befragten Veranstalter der Meinung, daß es zu einer starken Verbreitung von Telearbeit kommen wird. Dem standen 41 % gegenüber, die diesbezüglich anderer Meinung waren. Rund 13 % gaben an, daß sie die Entwicklung nicht abschätzen könnten. Rund ein Drittel der Unternehmen, die sich an der Umfrage beteiligten, hatten Telearbeit in ihren Häusern bereits eingeführt. Die überwiegende Anzahl der Unternehmen, die Telearbeit bereits durchführen, berichteten von positiven bis sehr positiven Erfahrungen (78 %). Dem standen rund 20 % gegenüber, die in einer insgesamten Beurteilung der Auswirkungen zu dem Schluß kamen, daß die erreichten Vorteile durch die eingetretenen Nachteile ziemlich genau aufgehoben werden. Die Zahl der → Reiseveranstalter, die in einer Gesamtbetrachtung der Auswirkungen von Telearbeit von schlechten Erfahrungen sprachen, lag bei ca. 2 %.

Telearbeit kann in verschiedenen Modellformen realisiert werden. Insofern war es interessant festzustellen, daß das Modell der alternierenden Telearbeit, das heißt, der Mitarbeiter arbeitet teilweise im Büro und teilweise zu Hause, alle anderen Formen, wie etwa die reine Telearbeit, bei weitem überwiegt. Des weiteren zeigte sich, daß die meisten Telearbeiter als Arbeitnehmer beschäftigt werden. Andere arbeitsrechtliche Formen, wie etwa das Modell des selbständigen Mitarbeiters, werden im Vergleich dazu nur sehr selten angewandt. Des weiteren zeigte sich, daß die Überführung traditioneller Arbeitsplätze in Telearbeitsplätze nicht auf bestimmte Tätigkeiten beschränkt wird. So findet sich Telearbeit bereits jetzt in nahezu allen Tätigkeitsbereichen der → Reiseveranstalter. Das Spektrum reicht vom Hoteleinkauf bis hin zum → Marketing.

Literatur: Gewald, Schrott, 1998

Tender

Motorboot, welches der Beförderung von Personen von einem auf → Reede liegenden Schiff an Land beziehungsweise von Land zu einem auf → Reede liegenden Schiff dient.

Themenhotels

Hotels, die Teile ihrer Poduktpolitik für eine gewisse Zeit nach

Maßgabe einer bestimmten inhaltlichen Schwerpunktsetzung ausrichten.

Themenkreuzfahrt

→ Kreuzfahrt, die unter ein bestimmtes Motto gestellt ist, an dem sich Fahrtroute und Unterhaltungsprogramm ausrichten.

Themenpark

Betriebsform von → Erlebnisparks. Besonders aufwendig dekorierte Freizeitanlagen, die nicht aus wahllos verteilten Attraktionen und anderen Einrichtungen bestehen, sondern bei denen die angebotenen Einrichtungen in gezielt konzipierten und räumlich abgegrenzt gestalteten Themenbereichen zusammengefaßt sind. Diese Themenbereiche gehen auf die Vorstellung der ersten Disney-Parks zurück und sollten nach Disney beim Besucher eine Ablenkung vom Alltag herbeiführen und durch gezielte Illusionen noch verstärken.

In Europa haben sich Themenparks nur sukzessive und meist nicht mit einem allumfassendem Thema, wie bei Disneyland, entwickelt. Bisher wurden in den einzelnen → Freizeitparks und → Erlebnisparks nur Themenbereiche (zum Beispiel Alt-Berlin in Phantasialand, italienische Stadt im Europa-Park, etc.) gestaltet. Eine konsequente Langzeitstrategie ist derzeitig lediglich im Europa-Park (Aufbau von typischen "europäischen Städtelandschaften") zu sehen. Weitere Ansätze ergeben sich bei Fort Fun (Westernstadt), Phantasialand (Chinesische Stadt) und Holiday-Park (Pfälzer Dorf).

Die einzelnen Themenbereiche können bei sorgfältiger Planung auch theaterähnliche Funktionen übernehmen. Dann wird in einem Themenpark eine bestimmte Folge präsentiert, die im Gegensatz zum Theater nicht an einem sitzenden Besucher "durch Szenenwechsel vorbeiläuft", sondern die der Besucher durch seinen Rundgang "erwandert". Der Themenbereich mit eingegliederten Fahrgeschäften, musealen Einrichtungen, Shows, Gastronomiebetrieben, Geschäften etc. hat sich bei aufwendiger Dekoration auch in Europa zur beliebtesten Erlebnispark-Betriebsform entwickelt. Weitere Neuplanungen auf dem Gebiet der → Erlebnisparks werden sich daher voraussichtlich von Anfang an stark an diese Konzeption anlehnen, wobei in ihrer weiteren Evolutionsstufe auch andere traditionelle → Erlebnisparks um die dekorative Aufarbeitung ihres Angebotes in Themenbereichen nicht herumkommen. → Erlebnispark; → Freizeitpark

Dr. Heinz Rico Scherrieb

Geschäftsführer des Verbandes Deutscher Freizeitunternehmen e.V.

Themenrestaurant

Restaurant, das Teile seiner Produktpolitik für eine gewisse Zeit nach Maßgabe einer bestimmten inhaltlichen Schwerpunktsetzung ausrichtet.

Through Plane

→ Strategische Allianzen im Luftverkehr

Ticketing

Bezeichnung für das Ausstellen von Flugscheinen.

Time Table

International übliche Bezeichnung für → Flugplan und Fahrplan.

Timesharing

Timesharing steht im Hotel- und Touristikbereich für die zeitanteilige Nutzung einer Wohneinheit in einer Ferienanlage. Neben der Bezeichnung Timesharing werden oft auch Begriffe wie Ferienwohnrecht, Wohnnutzungsrecht oder, angelehnt an die juristische Definition, Teilzeitnutzungsrecht verwendet.

Diese Timesharing-Rechte können sehr unterschiedlich gestaltet werden, und die Konzepte variieren meist von Anbieter zu Anbieter. Alle Ferienwohnrechte haben generell folgendes gemeinsam: Der Kunde erwirbt für eine bestimmte Kaufsumme das Recht, jedes Jahr wiederkehrend zu einer bestimmten Zeit ein Apartment / Hotelzimmer zu bewohnen. Dieses Recht kann von wenigen Jahren bis unendlich ausgeübt werden - je nach Anbieter und Konzept. In der Regel hat der Ferienwohnrechtsbesitzer entsprechend seinem Anteil auch die allgemeinen Betriebs-, Verwaltungs- und Instandhaltungskosten (Servicegebühren) zu tragen, die jährlich abzuführen sind. Die Laufzeiten liegen im deutschsprachigen Raum meistens bei 30 - 50 Jahren. In der Regel werden ganze Wochen verkauft, das heißt eine fixe Woche (sieben Übernachtungen), zum Beispiel die Kalenderwoche 32, ist jedes Jahr für den Timeshare-Besitzer auf 50

Jahre fest reserviert.

Diese Nutzungsrechte können auch vererbt, verkauft, verschenkt oder weitervermietet werden und sind meistens über einen Club oder Treuhänder im Grundbuch verankert. Die meisten Timeshare-Einheiten sind Apartments mit Küchen oder Küchenzeilen für zwei, vier oder sechs Personen und befinden sich in Hotelanlagen mit umfangreicher Infrastruktur. Die Preisspanne für solche Ferienwochen beträgt je nach Anbieter, 8.000 - 35.000 DM.

Neben dem Erwerb von festgelegten Urlaubswochen, haben sich auch Konzepte auf flexibler Wochenbasis oder auf Punktebasis durchgesetzt. Dadurch sind die Ferienwohnrechtsbesitzer nicht mehr auf eine feste Kalenderwoche festgelegt, sondern können entsprechend den erworbenen Saisonzeiten ihre Ferienwoche reservieren lassen. Bei einem Punktesystem bekommen die Erwerber jährlich entsprechend ihrem erworbenen Ferienwohnrechtsanteil Punkte zugeteilt, die sie dann entsprechend einer Punktetabelle "abwohnen" können: In der Hochsaison müssen mehr Punkte eingelöst werden als in weniger gefragten Zeiten, größere Apartments kosten mehr Punkte als kleinere. Vor allem wenn der Ferienwohnrechtsanbieter bereits über mehrere Resortanlagen verfügt, zu denen die Kunden Zugang haben, ist ein solches flexibles System oft attraktiver. Der Vertrieb dieser Produkte wird von den Timeshare-Anbietern in der Regel durch eigene Vertriebsabteilungen organisiert.

Nahezu alle Timeshare-Anbieter weltweit haben ihre Resorts bei einem der beiden internationalen Tauschpools, Interval International oder RCI, angeschlossen. Durch den Anschluß an diese Unternehmen haben die Timeshare-Besitzer die Möglichkeit, ihre Ferienwochen durch deren hochentwickelte → Reservierungssysteme weltweit zu tauschen, was die Flexibilität und Attraktivität des Produktes steigert.

Timesharing hat sich mittlerweile als eines der schnellst wachsenden Segmente im Tourismus etabliert. Vor allem in den USA hat die Branche durch gesetzliche Rahmenbedingungen für die Anbieter und durch die steigenden Aktivitäten von namhaften Anbietern wie zum Beispiel Marriott, Hyatt, Disney,

Hilton, Four Seasons sehr an Ansehen gewonnen. Ähnliche Entwicklungen sind in Europa zu verzeichnen. Innerhalb der Europäischen Union ist bereits eine Richtlinie erlassen worden, die in den Mitgliedstaaten in Länderrecht umgewandelt wird (wie zum Beispiel das TzWrG in Deutschland).

Bis Ende 1997 wurden weltweit rund 4.800 Timeshare-Anlagen gezählt und knapp 3,8 Millionen Familien, die Timeshares besitzen. Der größte Anteil der Timesharebesitzer lebt in den USA. Der Umsatz des Jahres 1997 wurde auf weltweit sechs Milliarden US-Dollar beziffert. Im deutschsprachigem Raum sind vor allem die Anbieter Hapimag AG (Schweiz), Metro Ferienclub (Deutschland) und Club Cordial (Österreich) aktiv.

Joachim Mezger

Regionaldirektor der Interval International GmbH

Total Quality Management

Beim Total Quality Management, abgekürzt als TQM bezeichnet, handelt es sich keineswegs um einen völlig alternativen Managementansatz zum → Qualitätsmanagement, wie viele oftmals euphorisch behaupten. Umfassendes → Qualitätsmanagement ist ein alle Bereiche der Organisation umfassendes → Qualitätsmanagement. Das ist die Kurzdefinition, die im Jahr 2000 international offiziell abgestimmt sein wird.

Ausführlich heißt es bei Graebig: "Auf die Mitwirkung aller ihrer Mitglieder gestützte Managementmethode einer Organisation, die Qualität in den Mittelpunkt stellt und durch Zufriedenstellung der Kunden auf langfristigen Geschäftserfolg sowie auf Nutzen für die Mitglieder der Organisation und für die Gesellschaft zielt."

Der aufmerksame Leser von oftmals vielversprechenden Publikationen wird folgende Stellungnahme von Geiger nachempfinden: "Beim umfassenden → Qualitätsmanagement werden die bewährten Gedankenmodelle und Arbeitstechniken des → Qualitätsmanagements auf eine größere Anzahl von Einheiten in allen Bereichen und Hierarchieebenen der Organisation angewendet, als es beim herkömmlichen → Qualitätsmanagement mit Bezug allein auf die Angebotsprodukte üblich ist." Das Neue beim umfassenden → Qualitätsmanagement ist also die Frage, welche Einheiten zusätzlich betrachtet werden sollen. Es wird sehr schnell klar, daß es vor allem um Einheiten geht, die im wesentlichen die Mitarbeiterseite betreffen. Die oberste Leitung eines jeden Unternehmens hat zu entscheiden, welche Einheiten mit einbezogen werden sollen.

Zum Total Quality Management haben verschiedene Organisationen ausgearbeitete Modelle vorgelegt, die oftmals als Bewertungsgrundlage der sogenannten Qualitätspreise dienen. Auch dies findet auf internationaler Ebene statt. Fast jede Industrienation hat ihren Qualitätspreis, so beispielsweise Japan (Deming-Preis), USA (Malcolm Baldrige National Award), Europa (European Quality Award) und Deutschland (Ludwig-Erhard-Preis).

Die Beschreibungen in diesen Modellen verwenden eigene, oftmals viele neue Begriffe, die sich nicht systematisch an den genormten Begriffen orientierten, von denen oben eine Auswahl vorgeführt wurde. Zum Verständnis muß man somit in der Regel die Originalbeschreibungen der Awards zum Verständnis hinzuziehen. Die folgende Aufzählung der Kriterien des EFQM-Modells (Modell der European Foundation for Quality Management in Brüssel), die als Bewertungsgrundlage für den European Quality Award dienen, zeigt beispielhaft welche Hauptbewertungskriterien in Qualitätsmodelle einfließen. Hier sind zu nennen: Führung, Mitarbeiterorientierung, Politik und Strategie, Ressourcen, Prozesse, → Kundenzufriedenheit, Mitarbeiterzufriedenheit, Gesellschaftliche Verantwortung sowie Geschäftsergebnisse.

Solche Modelle sind zwar hilfreich als Orientierungsmarke. Wer sein Unternehmen in Richtung Total Quality Managment beziehungsweise wie es neuerdings heißt, darüber hinaus zu Business Excellence ausrichten will, ist jedoch auf sogenannte Umsetzungsmodelle angewiesen. Ein solches Modell wurde 1997 von Gerd F. Kamiske, dem Herausgeber der deutschen Qualitätszeitschrift QZ, und seinem Forschungsteam vorgestellt. Es ist unter dem Begriff Berliner TQM-Umsetzungsmodell in der Fachöffentlichkeit auf breite Resonanz gestoßen. Mit diesem Modell wird versucht, den konkreten Übergang zum EFQM-

Tourismus und Umwelt

Modell systematisch vorzubereiten und zu erreichen.

Literatur: Zollondz, 1999; Geiger, 1998; Graebig, 1998; Radtke, 1998

Hans-Dieter Zollondz

Schulungsleiter der Elvia Reiseversicherungs-Gesellschaft, Lehrbeauftragter an der Ludwig-Maximilians-Universität, München, an der Fachhochschule München, Fachbereich Tourismus und an der Berufsakademie Ravensburg

Tourismus und Umwelt

Die Produktion des touristischen Leistungsbündels mit seinen zahlreichen Komponenten bedingt den Einsatz der Produktionsfaktoren Arbeit, Kapital und Umwelt. Zwar sind diese Faktoren grundsätzlich für alle Produktionsaktivitäten erforderlich, im Tourismus jedoch steht der Produktionsfaktor Umwelt an vorderster Stelle. Umwelt als Produktionsfaktor ist im Tourismus umfassend zu sehen. Er bezieht sich auf:

- die natürliche Umwelt, die weitgehend vom Menschen unbeeinflußt von der Natur zur Verfügung gestellt wird, wie zum Beispiel Hochgebirge, Meeresküsten,
- die Man-Made Umwelt als vom Menschen gestaltete Natur, wie zum Beispiel die von den Bauern gestaltete alpine Kulturlandschaft sowie
- das gesellschaftliche Umfeld, aus dem vor allem die Tourismusgesinnung und in weiterer Folge die Gastfreundschaft der einheimischen Bevölkerung als wesentlicher Attraktionsfaktor hervorzuheben ist.

Der Faktor Umwelt bildete bislang in den meisten Tourismusdestinationen zweifellos die Basis bei der Produktion der touristischen Dienstleistung. Die zahlreich vorliegenden empirischen Untersuchungen belegen nachhaltig seine Bedeutung. Unabhängig von möglichen Entwicklungen anderer, vielleicht weniger von den erwähnten natürlichen Angebotsfaktoren abhängigen Nachfragesegmenten (Kulturtourismus (→ Studienreisen), Städtetourismus etc.), wird die Umwelt auch weiterhin diese dominierende Rolle einnehmen. Es ist eine Illusion, davon auszugehen, daß in Zukunft dieses klassische Angebotselement durch einen anderen Produktionsfaktor, insbesondere durch Kapital wie zum Beispiel bei der Vermittlung synthetischer Naturerlebnisse, umfassend substi-

Tourismus und Umwelt

tuierbar ist. Dem widersprechen die mit zunehmender wirtschaftlicher Entwicklung steigende Umweltsensibilisierung und der Wunsch nach Authentizität (→ Reisemotivation). Beides ist zudem bei den reisefreudigen Bevölkerungsgruppen mit höherem Einkommen überdurchschnittlich ausgeprägt. Eine Trendumkehr weg vom Wunsch nach hoher Umweltqualität ist beim gegenwärtigen nach wie vor stark umweltbelastenden ökonomischen System keinesfalls zu erwarten.

Der Faktor Umwelt ist folglich qualitativ abzusichern, wenn die Zielsetzung des Tourismus, Schaffung von Einkommen und Beschäftigung für die regionsansässige Bevölkerung, nachhaltig abgesichert werden soll. Die anderen Produktionsfaktoren (Arbeit, Kapital) können ihre Wertschöpfungswirksamkeit im Tourismus nur dann entfalten, wenn der fundamentale Produktionsfaktor den Vorstellungen der Gäste entspricht. Wenn man - wie bereits erwähnt - zum Produktionsfaktor Umwelt zudem noch das gesellschaftliche Umfeld (Kultur, Tourismusgesinnung etc.) hinzuzählt, dann ist es letztlich nur der Faktor Umwelt, der für die einzelne Tourismusdestination - selbstredend in Kombination mit den anderen Produktionsfaktoren - eine herausragende Positionierung am Tourismusmarkt zuläßt.

Die Notwendigkeit der Absicherung des Produktionsfaktors Umwelt ist bei den Touristikern und den Tourismuspolitikern unbestritten, in der konkreten Umsetzung der dafür notwendigen Maßnahmen stößt man jedoch auf große Schwierigkeiten. Sie liegen letztlich darin begründet, daß die Umwelt (nicht nur als touristischer, sondern als universeller Produktionsfaktor) im Gegensatz zu den beiden anderen Produktionsfaktoren Arbeit und Kapital besondere Eigenschaften aufweist: Der touristische Produktionsfaktor Umwelt ist ein öffentliches Gut.

Die beiden beschriebenen Phänomene öffentlicher Güter, die bei den vorhandenen öffentlichen Gütern (die natürliche Umwelt) zu deren Übernutzung, bei den produzierten öffentlichen Gütern (die Man-Made Umwelt) zu einer Unterversorgung führen, bilden den Kern für mögliche Störungen der grundsätzlich symbiotischen Beziehung zwischen Tourismus und Umwelt.

Tourismus und Umwelt

Die natürliche Umwelt als touristischer Produktionsfaktor ist ein vorhandenes öffentliches Gut, das zunächst jeder touristisch nutzen kann. Die Kombination natürliche Umwelt, Arbeit und Kapital führt über die Entlohnung von Arbeit und Kapital zu den touristischen Einkommen. Bis zur Kapazitätsgrenze bleibt die harmonische Beziehung aufrecht. Ein Überschreiten der Kapazitätsgrenze aber führt zur Qualitätsminderung der natürlichen Ressource und hat negative Konsequenzen für den touristischen Erfolg. Bereits Anfang der 70er Jahre, also bei einem vergleichsweise niedrigen Niveau der touristischen Entwicklung, kam in der Tourismusdiskussion der Aphorismus "Tourismus zerstört Tourismus" auf und erfuhr durch Krippendorf in seinem Buch "Die Landschaftsfresser" auch starke Verbreitung.

Das Erreichen von Grenzen bei der Inanspruchnahme der Umwelt signalisiert Knappheit an diesem touristischen Produktionsfaktor. Wie immer bei Auftreten von Knappheitssituationen wird es daher auch beim Faktor Umwelt notwendig, eine Entscheidung über seine konkrete Nutzung herbeizuführen. Bei den knappen Produktionsfaktoren Arbeit und Kapital übernimmt in Marktwirtschaften der Preis diese Steuerungsfunktion. Bei Auftreten von Knappheit steigen deren Preise, und sie werden dort eingesetzt, wo die gesellschaftliche Wertschätzung bereit ist, den hohen Preis zu bezahlen. Jene Einsatzmöglichkeiten müssen zurückgestellt werden, bei denen die Zahlungsbereitschaft nicht ausreicht. Bei vielen Umweltressourcen existiert nun infolge ihrer Eigenschaft als öffentliches Gut kein Preis. Daher kann der Preismechanismus nicht greifen. Es sind daher andere Entscheidungsverfahren für die konkrete Nutzung der Umwelt zu suchen. Ohne solche Verfahren kommt es zu Fehlnutzungen der Umwelt, die besonders dann fatale Folgen haben, wenn irreversible Eingriffe erfolgen, deren Korrektur nicht oder nur mit unvertretbar hohem Aufwand möglich ist.

Die Gefahr der Überschreitung von Kapazitätsgrenzen läßt sich leicht begründen. Zunächst besteht große Uneinigkeit über die Kapazitätsgrenze selbst. Die Frage "Wann stößt eine Tourismusregion an ihre Kapazitätsgrenzen, die eine Degradierung der Umweltressourcen nach sich zieht?" läßt sich mit wissenschaftlich exakten Methoden nicht beantworten. Folglich können objektiv nachvollziehbare Prozesse nicht die Grundlage der Festlegung von Kapazitätsgrenzen sein. Vielmehr treten die verschiedenen Interessen an den natürlichen Ressourcen in Konkurrenz zueinander, wobei deren Vorstellungen über die Kapazitätsgrenze weit auseinanderklaffen. Es ist also ein Wettstreit zwischen den verschiedenen Interessen, der letztlich über die Höhe der Kapazitätsgrenze und damit über das Ausmaß der touristischen Nutzung entscheidet. Dabei spielen nicht nur Sachargumente, sondern vor allem auch wirtschaftliche und politische Interessen sowie Gruppeninteressen eine herausragende Rolle. Der Streit zwischen all den beteiligten Personen und Gruppen führt bis dato oft auch dazu, sich über konkrete, im vorhinein zu bestimmende touristische Beschränkungen hinwegzusetzen.

Der Konflikt bei der Festlegung von Kapazitätsgrenzen besteht zunächst zwischen dem touristischen Interesse und anderen Interessen, insbesondere dem Naturschutz. Die Wurzel des Konflikts liegt in der Unmöglichkeit des direkten Vergleichs der konkreten Nutzen aus den verschiedenen Verwendungen der Umweltressourcen. Während die regionsansässige Bevölkerung durch eine touristische Nutzung der Umwelt über die produzierte touristische Dienstleistung Einkommen erzielt und daher der Nutzen in monetären Größen quantifiziert werden kann, manifestiert sich der Nutzen beim Naturschutz vorwiegend in nichtmonetären Kategorien. Von der Konstellation der regionalen Interessenlage her ist somit verständlich, daß beim Konflikt zwischen Naturschutz und Tourismus die touristische Nutzung der Umwelt die Oberhand behält.

Die Ursache für diese spezifische Konstellation läßt sich in der Unterscheidung zwischen produktiver und konsumptiver Nutzung der Umwelt finden. Im Zuge der produktiven Nutzung geht die Umwelt in Kombination mit den beiden anderen Produktionsfaktoren als Input in das marktfähige Produktionsergebnis ein. Die Produktion der touristischen Dienstleistung erfordert neben Umwelt auch Arbeit und Kapital, die marktmäßig entlohnt werden. Daraus entstehen die Einkommen. Die Umwelt aber ist wesentlicher Einsatzfaktor der Produktion. Er wird nicht direkt abgegolten, ermöglicht aber Arbeits- und Kapitaleinkommen

Tourismus und Umwelt

und trägt somit indirekt zur Schaffung regionaler Einkommen bei. Bei der rein konsumptiven Nutzung der Umwelt - zum Beispiel im Zuge der Ausweisung eines Naturschutzgebietes - bedarf es keiner weiteren Produktionsfaktoren. Hier schlägt nun die Eigenschaft der Umwelt als öffentliches Gut voll durch. Jeder kann Nutzen aus dem Naturschutzgebiet ziehen, ohne dafür bezahlen zu müssen. Und da keine anderen Produktionsfaktoren notwendig sind, um den Nutzen aus dem Naturschutz konkret werden zu lassen, bietet sich auch keine indirekte Möglichkeit an, über den Einsatz von Arbeit und Kapital ein entsprechendes Einkommen zu erwirtschaften.

Die Auseinandersetzung im Zuge der touristischen Nutzung der Umwelt existiert aber auch innerhalb des Tourismus selbst. Ein die Natur in hohem Maß in Anspruch nehmender Tourismus gerät in Widerspruch mit den Möglichkeiten eines naturnahen Tourismus. Dabei hat jedoch unter Marktbedingungen der naturnahe Tourismus zwei wesentliche Nachteile: Zum einen verträgt er nur eine vergleichsweise geringe Gästezahl. Die Einkommen aus dem Tourismus müssen daher mit wenigen Gästen erwirtschaftet werden. Der Mengeneffekt als Basis der touristischen Einkommen ist also niedrig und müßte durch einen hohen Ausgabeneffekt kompensiert werden. Relativ hohe Ausgaben pro Gast lassen sich aber aufgrund des zweiten Nachteils des naturnahen Tourismus nicht realisieren. Das durch diese Gästeschicht in erster Linie nachgefragte Produkt - die Natur - hat die Eigenschaften öffentlicher Güter. Die hohe Präferenz für die Natur äußert sich daher - ähnlich der Nachfrage nach Naturschutz - nicht in einer hohen Zahlungsbereitschaft. Wenn die Anbieter produzierter touristischer Dienstleistungen (Beherbergung, Verpflegung etc.) in naturbelassenen Regionen für den relativ geringen Einsatz von Arbeit und Kapital eine hohe Entlohnung verlangten, würden sich die Gäste auf den Konsum der Natur beschränken, für den aber wiederum kein unmittelbares Entgelt verlangt werden kann. Insgesamt bleiben daher die Einkommen im Vergleich zu umwelt- und landschaftsintensiven Tourismusformen niedrig.

Der konsumptive Nutzen der natürlichen Umwelt überwiegt beim naturnahen Tourismus.

Tourismus und Umwelt

Demgegenüber sind die Möglichkeiten der produktiven Nutzung der Umwelt in jenen Tourismusformen mit vergleichsweise hohem Arbeits- und Kapitaleinsatz weit größer. Die Einkommenswirksamkeit für die einheimische Bevölkerung ist somit höher. Allerdings nimmt dadurch auch der Druck auf die Umwelt zu. Ohne beschränkende Maßnahmen kommt es unweigerlich zur Übernutzung der Basisressource des Tourismus. Die politische Umsetzung aber stößt auf die schon zuvor erwähnten Schwierigkeiten: fehlende objektiv nachvollziehbare Anhaltspunkte der Kapazitätsgrenze der Umweltressourcen und Aufeinanderprallen verschiedener Interessen, die die politische Entscheidung mit beeinflussen.

Die natürliche Umwelt als touristischer Attraktionsfaktor ist der Tendenz zur Übernutzung ausgesetzt. Demgegenüber besteht bei der Man-Made Umwelt die Gefahr, daß sie in zu geringem Ausmaß bereitgestellt wird. Ein herausragendes Beispiel dafür ist die alpine Landwirtschaft. Sie stellt die Kulturlandschaft bereit, die im alpinen Tourismus neben der Naturlandschaft zentraler Attraktionsfaktor ist. Die Bereitstellung und Pflege der Kulturlandschaft war sehr lange gleichsam ein Nebenprodukt der alpinen Landwirtschaft. Unter Einsatz der Produktionsfaktoren Arbeit und Kapital produzierten die alpinen Bauern Nahrungsmittel, deren Erlöse die Kosten des Produktionsfaktoreinsatzes abdecken konnten. Durch die zunehmende Verschlechterung der Wettbewerbsposition der alpinen Landwirtschaft und die drastische Reduktion der Preisstützungen für landwirtschaftliche Produkte geraten die alpinen Bauern unter Kostendruck. Dadurch steigt die Wahrscheinlichkeit der Betriebsauflassung, die jedoch in weiterer Folge zur Degradierung der Kulturlandschaft und damit zur Verminderung der touristischen Attraktivität des Alpenraums führt.

Bislang profitierte der alpine Tourismus kostenlos von der Landschaftspflege der Bergbauern. Der Hauptgrund dafür liegt wiederum im öffentlichen Gut-Charakter der Landschaftspflege beziehungsweise deren Produkt, der Kulturlandschaft. Jeder kann dieses Gut nutzen, ohne dafür ein Entgelt entrichten zu müssen. Im Gegensatz zur natürlichen Umwelt, die vorhanden ist, fallen für die Bereitstellung der Kultur-

Tourismus und Umwelt

landschaft aber Kosten an. Solange die Bauern diese Kosten durch den Verkauf marktfähiger Produkte abdecken konnten, solange konnte auch der Tourismus das Nebenprodukt Landschaftspflege kostenlos nutzen. Die Krise der alpinen Landwirtschaft birgt die große Gefahr in sich, daß ein wesentlicher Anziehungsfaktor nur mehr unzureichend zur Verfügung steht. Ohne entsprechende Kompensation werden die Bauern auf Dauer nicht mehr bereit sein, die hohen Kosten für die Bereitstellung der Kulturlandschaft auf sich zu nehmen. Der einzelne Tourismusanbieter geht aber in seinen Überlegungen davon aus, daß er den Nutzen aus diesem Gut hat, ohne dafür bezahlen zu müssen; er kann, sofern das Gut bereitgestellt wird, nicht ausgeschlossen werden. Diese Situation aber führt dazu, daß jeder einzelne hofft, daß andere für die Kompensation der Bauern sorgen werden. Da aber alle Tourismusanbieter in diesem Sinn denken, unterbleibt die Kompensation; alle verhalten sich als Trittbrettfahrer, die ein Gut nutzen, dafür aber nichts bezahlen wollen. Der Weg zur Degradierung dieses Faktors beziehungsweise die zu geringe Bereitstellung ist also von der öffentlichen Gut-Eigenschaft der Man-Made-Umwelt vorgezeichnet, wenn es nicht gelingt, dem durch politische Korrekturen entgegen zu steuern.

Schließlich profitiert der Tourismus auch vom gesellschaftlichen Umfeld, der positiven Tourismusgesinnung der einheimischen Bevölkerung. Sie äußert sich in der Gastfreundschaft. Hier gilt ebenfalls, daß ein Inputfaktor in der Produktion des gesamten touristischen Leistungsbündels vorhanden ist, ohne daß dieser Faktor dem einzelnen Anbieter der touristischen Dienstleistung etwas kostet. Er ist ein öffentliches Gut, das alle Tourismusanbieter nutzen können. Die Gefahr der Degradierung ergibt sich hier unter Umständen daraus, daß das Niveau des Tourismus zu hoch wird und dadurch die Tourismusgesinnung umschlägt. Letztlich gilt es also auch hier, auf Kapazitätsgrenzen - nämlich jener der einheimischen Bevölkerung - zu achten.
→ Ökologische Aspekte des Tourismus; Sustainable Tourism

Paul Tschurtschenthaler

Institut für Wirtschaftstheorie und Wirtschaftspolitik der Universität Innsbruck

Tourismus-Marketing

Tourismus-Marketing

Der Verdrängungswettbewerb in den Tourismus-Märkten nimmt zu, der Verbraucher ist hinsichtlich seiner Reiseentscheidungen immer weniger berechenbar und die politischen und wirtschaftlichen Rahmenbedingungen (zum Beispiel Harmonisierung der EU-Gesetzgebung, Liberalisierung des Luftverkehrs) verändern sich rasch. Dementsprechend sind nun auch Tourismus-Verbände und -unternehmen, die lange Zeit von einem überdurchschnittlichen Wachstum und Verkäufermärkten mit beträchtlichen Nachfrageüberhängen profitierten, gezwungen, ein konsequentes Marketing zu betreiben.

→ Marketing ist in diesem Zusammenhang nach Haedrich / Tomczak zu verstehen als "eine Unternehmensfunktion, die das Ziel verfolgt, Bedürfnisse von Markt und Gesellschaft frühzeitig zu erkennen und auf Basis der eigenen Stärken und Schwächen im Verhältnis zum Wettbewerb Strategien zur aktiven Gestaltung der Beziehungen zwischen Organisation und Umwelt zu entwickeln und zu implementieren".

Dabei erfordern die besonderen Eigenschaften der touristischen Dienstleistung eine Abkehr von der funktionsbezogenen hin zu einer prozessorientierten Organisation, die alle an der Marktleistung beteiligten Mitarbeiter einbezieht und eine starke Verknüpfung von Produkt- und Kundendenken gewährleistet.

Idealerweise definiert ein Unternehmen oder ein Verband eine Unternehmensphilosophie als Grundlage und übergeordnete Zielsetzung für die unternehmerische Tätigkeit. Dabei ist die Frage zu beantworten: Welches ist die Leitidee für die Zukunft unseres Unternehmens und mit welchen entscheidenden Fähigkeiten können wir den langfristigen Erfolg unserer Unternehmung sichern? Die Unternehmensphilosophie ist wiederum Grundlage für die → Corporate Identity.

→ Marketing als Unternehmensfunktion bedarf einer Konzeption, nach Becker eines umfassenden gedanklichen Entwurfes, der sich an einer Leitidee orientiert und sowohl Handlungsrahmen, wie auch die operativen Handlungen (Instrumente) zu einem schlüssigen Plan zusammenfaßt. Wir unterscheiden im Rahmen der Planung der Marketing-Konzeption fünf Stufen:

Tourismus-Marketing

- Situationsanalyse und Evaluierung des Informationsmaterials mit dem Ergebnis der Stärken / Schwächen- und der Chancen / Risiken-Definition,
- Zielsetzung,
- Entwicklung alternativer Strategien, Evaluierung hinsichtlich ihrer Realisierungschancen sowie Entscheidung für die geeignete Strategie,
- Festlegung des Marketing-Mix, das heißt Wahl der geeigneten Instrumente und deren Kombination, Detailfestlegung der Instrumente sowie
- Realisierung.

Die Situationsanalyse ist Ausgangspunkt und Grundlage der Marketing-Konzeption. Hier sind alle für die spezifische Situation eines Unternehmens kennzeichnenden und im Rahmen der Marketing-Orientierung wichtigen Informationen zu erheben und auszuwerten. Im Rahmen der Stärken / Schwächen- und Chancen / Risiken-Analyse oder der Portfolio-Methode als integrative Analysen wird eine Vielzahl von Informationen und Daten auf die wenigen, entscheidenden Faktoren reduziert. Auf Basis der Situationsanalyse und der darin enthaltenen Bewertung und Gewichtung der Informationen lassen sich realistische Marketing-Ziele für Unternehmen oder Verbände formulieren.

Marketing-Ziele geben vor, welches Ergebnis durch ein bestimmtes Verhalten im Markt erzielt werden soll. Marketing-Ziele müssen operational, das heißt meß- und nachprüfbar formuliert werden. Das ist gegeben, wenn Zielgröße und Zielausmaß, Objekt (zum Beispiel welches Produkt oder Angebot), Käufersegment (Zielgruppe) und Zeitbezug eindeutig definiert sind.

Während die Ziele vorgeben, wohin sich das Unternehmen entwickeln möchte, legt die Marketing-Strategie den Weg fest, der zur Zielerreichung eingeschlagen werden muß. Dabei müssen folgende Entscheidungen getroffen werden:

- Marktfeldstrategien: Mit welchem Produkt oder Angebot ist welcher Markt zu bedienen?
- Marktstimulierungsstrategien: Wie sind die ausgewählten Marktfelder zu beeinflussen?
- Marktsegmentierungsstrategien: Wie differenziert sind diese Märkte zu bearbeiten?
- Marktgebietsstrategien: Für welches Absatzgebiet ist zu planen?

Tourismus-Marketing

Die Entscheidungen auf diesen vier Ebenen ergeben ein Strategieprofil, das Unternehmen in die Lage versetzt, den Einsatz der Instrumente im Sinne der Marketing-Zielsetzung zu steuern. So wird beispielsweise ein Unternehmen, das sich für Marktentwicklung, Marktstimulierung durch Qualität, Segmentierung und ein nationales Vorgehen entscheidet, andere Marketing-Instrumente einsetzen als ein Unternehmen, das sich zu einer Preis-Mengen- und Massenmarkt-Strategie mit regionalem Schwerpunkt bekennt.

Nach der Festlegung der Strategie beziehungsweise des Strategie-Profils ist im nächsten Schritt, auf der operativen Ebene, über die Marketing-Instrumente und ihre Kombination, den Marketing-Mix zu entscheiden.

Grundsätzlich stehen die drei Instrumente Leistungspolitik, Kommunikationspolitik und Distributionspolitik zur Verfügung. Zunächst ist die Frage zu beantworten, welche Instrumente in der jeweiligen Situation zur Verfügung stehen, welche, ausgehend von Zielen und Strategie, einzusetzen und welche Schwerpunkte innerhalb der Instrumente zu bilden sind. Häufig zu beobachten ist die Kombination Leistungs- und Kommunikationspolitik, besonders, wenn durch die Leistungspolitik ein qualitativ hochwertiges Angebot festgelegt ist. Dann muß dieses auch den Zielgruppen (→ Zielgruppenmarketing in der Touristik) vermittelt werden.

Unter Leistungspolitik versteht man das bewußte Gestalten der Unternehmensleistung. Zentrales Anliegen ist der Kundennutzen, der sich möglichst eigenständig und unverwechselbar darstellen sollte. Lange Zeit verstand man darunter Angebot, Programm oder Sortiment, Service und Kundendienst, Marke und Preis. Die zuverlässige Erfüllung der Kernleistung ist zwar noch immer zentraler Qualitätsfaktor, doch wird sie inzwischen als selbstverständlich angesehen, so daß sich die Beurteilung der Qualität heute vor allem auf den Dienstleistungsprozeß bezieht. Dabei ist die Art und Weise, wie die Dienstleistung erbracht wird, die "Verrichtungsqualität", zum entscheidenden Erfolgsfaktor geworden.

Eine wichtige Funktion im Rahmen der Leistungspolitik hat die Marke (→ Markenbildung in der Pauschaltouristik). Eine aktiv

Tourismus-Marketing

geführte Marke, durch → Kommunikation bekannt gemacht und mit einem Image ausgestattet, ist in der Lage,

- ein Angebot gegenüber dem Wettbewerb zu differenzieren,
- die Identifikation eines Angebotes gegenüber der Zielgruppe zu erleichtern und
- dem Angebot in der Vorstellung der Zielgruppe ein Profil zu geben (Positionierung).

Fester Bestandteil der Leistungspolitik ist auch die Preis- und Konditionen-Politik, die nicht mehr als eigenständiges Instrument neben Leistungs-, Kommunikations- und Distributionspolitik gesehen wird. Der Grund liegt darin, daß die Parameter der Leistungspolitik durch die Marketing-Strategie vorgegeben sind (zum Beispiel Qualitäts- oder Preis-Mengen-Strategie) und daß damit der preispolitische Spielraum eingeschränkt wird.

Unter Kommunikationspolitik ist das bewußte Vermitteln und Interpretieren der Unternehmensleistung gegenüber einer näher zu definierenden Öffentlichkeit (Zielgruppe) zu verstehen - mit dem Ziel, Wissen, Einstellungen und Verhalten im Sinne kommunikativer Zielsetzungen zu beeinflussen. Die Kommunikationspolitik hat für den Tourismus erheblich an Bedeutung gewonnen, weil

- die Zahl der Anbieter stark gewachsen ist und damit die Notwendigkeit der Profilierung zugenommen hat,
- die Leistungsangebote immer austauschbarer werden und damit der Kommunikationspolitik die Aufgabe der Differenzierung zufällt und
- die Märkte in immer kleinere Segmente aufgeteilt werden, was eine zielgruppenspezifisch genaue Ansprache erforderlich macht.

Unter den Kommunikationszielen wird zwischen ökonomischen und außerökonomischen (kommunikativen) Zielen unterschieden. Da die ökonomischen Ziele meist Marketing-Ziele sind und ein Erfolg nicht allein der → Kommunikation zugerechnet werden kann, fehlt die Voraussetzung der Operationalität. Deshalb sind die kommunikativen Ziele, die nachstehend aufgeführt sind, entscheidend:

- die Bekanntmachung des Unternehmens, Verbandes (Bekanntheitsgrad),
- der Aufbau von Wissen über

Tourismus-Marketing

das Unternehmen und die angebotenen Leistungen sowie

- die Imagebildung, Entwicklung oder Veränderung des Vorstellungsbildes bei der Zielgruppe.

Für die Umsetzung der Kommunikations-Ziele stehen den Unternehmen Instrumente zur Verfügung, die, je nach Zielsetzung, mit unterschiedlicher Gewichtung und aufeinander abgestimmt im Sinne einer "integrierten Kommunikation" eingesetzt werden müssen. Kommunikations-Instrumente sind:

- Mitarbeiter-Kommunikation, das heißt Maßnahmen, die der Information und Motivation der Mitarbeiter dienen,
- Werbung, vermittelt über die Einschaltung von Werbeträgern Produktbotschaften, wendet sich aber auch an die Zielgruppen direkt,
- Public Relations, das vornehmlich Vertrauen und Verständnis für die Belange des Unternehmens entwickeln will sowie
- Verkaufsförderung, die der Effizienzsteigerung der eigenen Vertriebsorganisation sowie dem Abverkauf auf der Absatzmittlerstufe dient.

Eine bedeutsame strategische Entscheidung im Rahmen der Kommunikation ist die Festlegung der Positionierung. Darunter versteht man differenzierende und alleinstellende Eigenschaften oder Merkmale, die für eine Marke oder ein Angebot mit Hilfe der Kommunikation in der Vorstellung der Zielgruppe durchgesetzt werden sollen.

Die Bedeutung einer eindeutigen, möglichst alleinstellenden Positionierung ist für den Marketing-Erfolg heute unabdingbar, weil,

- die Zahl der Wettbewerber in den einzelnen Marktfeldern des Tourismus erheblich zugenommen hat,
- damit zwangsläufig auch die Zahl gleichwertiger, austauschbarer Angebote gewachsen ist,
- der Käufermarkt dem Kunden die Wahl zwischen vielen attraktiven Angeboten bietet,
- die Informationsüberlastung den Verbraucher veranlaßt, Informationen selektiv zu nutzen und
- das Involvement, das heißt das Informationsinteresse für viele Angebote, insbesondere touristische Standard-Angebote, abgenommen hat.

Tourismus-Marketing

Unter Distributionspolitik verstehen wir die bewußte Einflußnahme auf die nachgelagerten Distributionsstufen im Sinne der Marketing-Zielsetzung. Dabei ist der Erfolg von der Effizienz der eigenen Distributionsorgane und, sofern die Entscheidung für Fremdvertrieb gefallen ist, von der Effizienz und Leistungsfähigkeit der eingeschalteten Absatzmittler abhängig. Das Ergebnis findet seinen Ausdruck in dem gegebenen aquisitorischen Potential und der Verfügbarkeit des Angebotes im Markt.

Die Vertriebsstruktur in den touristischen Märkten wird von folgenden Fragen bestimmt:

- Kann die Distributionsfunktion durch den Leistungsträger selbst ausgeführt werden (Eigenvertrieb) oder muß sie wirtschaftlich und rechtlich selbständigen Absatzmittlern übertragen werden (Fremdvertrieb)?
- Welches Leistungsprofil sollen die einzuschaltenden Absatzmittler aufweisen?
- Können die Marketing-Ziele und die sich daraus ergebenden distributionspolitischen Ziele mit rechtlich selbständigen Absatzmittlern verwirklicht werden?
- Sind die alternativen Distributionswege - falls notwendig - auch zu kombinieren, um die Verfügbarkeit des Angebotes im Markt sicherzustellen?

Im Rahmen der direkten Distribution setzen touristische Leistungsträger ihr Angebot direkt an den Endabnehmer ab, ohne Einschaltung von Absatzmittlern (Eigenvertrieb). Das kann dezentral über eigene Filialen und Buchungsstellen erfolgen oder zentral über einen Direktabsatz im Rahmen von Direktmarketing-Aktivitäten (Katalog, Telefon). Bei der indirekten Distribution arbeiten touristische Leistungsträger mit Absatzmittlern zusammen (Fremdvertrieb). Zu unterscheiden ist hier zwischen brancheneigenen (→ Reisebüros, → Reiseveranstalter) und branchenfremden (zum Beispiel Vereine, Zeitschriften, Lotterieannahmestellen) Absatzmittlern.

Zunehmende Bedeutung für die Distribution touristischer Angebote gewinnt das → Direct Marketing. Die Gründe liegen in

- der fortschreitenden Verkleinerung der Marktsegmente,
- der Notwendigkeit individueller und persönliche Ansprache des Kunden im Sinne einer

Tourismus-Marketing

verstärkten Kundenorientierung,

- den Konzentrationstendenzen auf der Absatzmittlerstufe, die es für kleinere Anbieter immer schwerer macht, aufgrund der geringeren Umsätze in das Sortiment der → Reisebüros aufgenommen zu werden oder dort zu verbleiben,
- den steigenden Kosten in den klassischen Medien und
- der rasanten Entwicklung der Computertechnik mit den kostengünstigen Möglichkeiten des Aufbaus einer Datenbank zur Steuerung der Direktmarketing-Aktivitäten.

Mit dem Internet (→ Informationstechnologische Systeme) und der Möglichkeit der Online-Buchung von Flugtickets und Reisen entwickelt sich ein neuer Distributionskanal. Experten schätzen den Flugticket-Umsatz schon für das Jahr 2001 auf knapp eine Milliarde DM weltweit.

Tourismus-Marketing ist einzelwirtschaftliches Marketing, wenn das Marketing der → Reiseveranstalter, der Verkehrsträger-Unternehmen und der Reisebüroorganisationen gemeint ist; es ist Branchenmarketing, wenn wir vom Marketing nationaler, regionaler und lokaler Tourismus-Verbände sprechen. Während im ersten Fall ein Unternehmen autonom entscheiden kann, daß, ausgehend von einer Leitidee Ziele, Strategien und der Einsatz der Instrumente zu einem schlüssigen Plan zusammengefaßt und realisiert werden, ist es im anderen Fall meist schwierig, die in einem Verband zusammengeführten, unabhängigen Leistungsträger auf gemeinsame Ziele, Strategien und Handlungen festzulegen. Deshalb bleibt es hier meist bei einer kollektiven Marketing-Empfehlung für die Leistungsträger, die dann darüber entscheiden, ob sie sich gemeinsam durchgeführten Aktionen anschließen wollen oder nicht. → Hotel-Marketing; → Marketing; → Sales Management in der Hotellerie; → Soziologische Aspekte des Tourismus; → Zielgruppenmarketing in der Touristik; → Zielgruppenorientiertes Airlinemanagement

Literatur: Becker 1993; Birgkit, Stadler 1992; Haedrich, Tomczak 1990; Roth, Schrand 1999

Prof. Peter Roth

Fachhochschule München, Fachbereich Tourismus

Tourismusförderung

Unternehmerische Eigenverantwortung und Wettbewerb sind die zentralen Steuerungsmechanismen einer Sozialen Marktwirtschaft. Das Leitbild der Sozialen Marktwirtschaft ist seit Gründung der Bundesrepublik unumstrittenes Erfolgsrezept deutscher Wirtschaftspolitik. Staatliche Eingriffe in den Marktprozeß sollen demzufolge grundsätzlich so weit wie möglich vermieden werden. Sowohl wirtschaftswissenschaftliche Theorie als auch geschichtliche Erfahrung lehren, daß Entscheidungen über Kapitaleinsatz, Produktionstechniken, Preise und Marktstrategien am besten unmittelbar den Marktteilnehmern überlassen sein sollten und nicht staatlichen Planungsstäben, die am "grünen Tisch" sitzend nur Marktinformationen aus zweiter Hand haben und vom Erfolg oder Mißerfolg ihrer Entscheidungen nicht selbst betroffen sind. Deswegen besteht auch Interesse daran, das staatliche Subventionswesen auf einem möglichst niedrigen Niveau zu halten, zumal Subventionen wiederum über Steuern finanziert werden müssen, die ihrerseits als Kostenbelastung das Marktergebnis negativ beeinflussen. In der marktwirtschaftlichen Wirtschaftsordnung der Bundesrepublik ist es die Aufgabe der Unternehmen, Strukturveränderungen und Marktchancen frühzeitig zu erkennen und sich durch Produktinnovationen sowie organisationale Anpassungsleistungen selbständig möglichst frühzeitig darauf einzustellen. Zumindest in den mittelständischen Branchen - wie beispielsweise der Tourismuswirtschaft - sind die unternehmerischen Entscheidungsträger in der Regel mit dem Unternehmenseigentümer weitgehend identisch. Sie müssen nicht nur mit ihrer beruflichen Position, sondern auch mit ihrem Privatvermögen für die Konsequenzen ihrer Investitionsentscheidungen geradestehen. Dies reduziert die Wahrscheinlichkeit von Fehlentscheidungen.

Tourismusförderung, die in bezug auf das Leitbild der Sozialen Marktwirtschaft systemkonform ausgestaltet ist, greift daher nicht primär zu finanziellen Zuwendungen. Sie schöpft vielmehr zunächst Möglichkeiten aus, für die Tourismuswirtschaft Rahmenbedingungen zu schaffen, unter denen sich unternehmerisches Handeln in dieser Branche möglichst optimal entfalten kann. Darüber hinaus kann es aus wirt-

Tourismusförderung

schaftspolitischer Sicht aber durchaus auch als zweckmäßig erscheinen, die nachteiligen Wirkungen der Subventionsbewirtschaftung in Kauf zu nehmen, wenn der dadurch entstehende Nutzen höher eingeschätzt wird als die Beeinträchtigung. Was den Nutzen einer auch durch finanzielle Zuwendungen forcierten Förderung der Tourismuswirtschaft betrifft, spielen dabei vor allem folgende Aspekte eine Rolle:

- Verbesserung der Marktverfassung im Zuge der Mittelstandsförderung: Die Tourismuswirtschaft ist mit einem Anteil mittelständischer Unternehmen von bundesweit 99 % sehr stark mittelständisch geprägt. Politik zur Festigung und zum Ausbau mittelständischer Strukturen ist vor allem unter wettbewerbspolitischen Gesichtspunkten zweckmäßig, da durch eine größere Anzahl kleinerer und mittlerer Unternehmen die Marktverfassung in Richtung vollständiger Konkurrenz positiv beeinflußt wird und somit ein besseres Marktergebnis zu erwarten ist. Eine breitere mittelständische Basis gibt darüber hinaus einer größeren Anzahl von Erwerbspersonen die Möglichkeit zu selbstbestimmter unternehmerischer Tätigkeit. Zudem ist der Mittelstand in seiner Gesamtheit erfahrungsgemäß besser in der Lage, sich mit Blick auf die Produktpalette und die Produktionstechnologie flexibel Veränderungsprozessen der Märkte anzupassen.

- Regionalpolitische Bedeutung des Tourismus: Der Tourismus ist ein Wirtschaftszweig, der sich - abgesehen vom Geschäftsreiseverkehr und dem Städtetourismus - typischerweise gerade außerhalb der städtischen und industriellen Agglomerationen hervorragend entwickelt. Die touristisch interessanten Regionen fallen oft mit den ansonsten wirtschaftlich schwächeren Regionen zusammen. Der Tourismus trägt Wachstum und Beschäftigung gerade auch in ländliche Regionen, in denen sich außer in der - rückläufigen - Landwirtschaft relativ wenig Beschäftigungsmöglichkeiten ergeben. Auf diese Weise kommt dem Tourismus eine besondere regionalpolitische Bedeutung zu. Beispielsweise hatte der Arbeitsamtsbezirk Traunstein im Jahre 1950 eine Arbeitslosigkeit, die mit 19,3 % weit über dem damaligen bayerischen Durchschnitt von 13,6 % lag. Heute hat dieser Arbeitsamtsbezirk mit einer Arbeitslosenquote von 5,8 % im September 1998 (Bayern: 7,3 %) die drittniedrigste Arbeitslosigkeit in ganz Deutschland. Allein im Zeitraum von 1982 bis 1997 ist dort die Zahl der sozialversicherungspflichtig Beschäftigten um 16,6 % angewachsen. Die Region Traunstein, die im bayerischen Raumordnungsbericht als "sonstige ländliche Region" ausgewiesen ist, hat dieses relativ große Maß an erreichter wirtschaftlicher Stabilität sehr stark dem Tourismus zu verdanken.

- Wirtschaftliches Gewicht des Tourismus: Nach Schätzungen des → Deutschen Wirtschaftswissenschaftlichen Instituts für Fremdenverkehr an der Universität München (DWIF) belaufen sich die Bruttoumsätze deutscher und ausländischer Reisender in Deutschland auf rund 157 Milliarden DM. Dabei ist die Tourismuswirtschaft naturgemäß eine sehr arbeitsintensive Branche, da die persönliche Dienstleistung stark im Vordergrund steht. Allein im bayerischen Gastgewerbe sind 1998 rund 343.000 Arbeitnehmer beschäftigt; wegen des hohen Anteils von Saison- und Teilzeitarbeit errechnen sich hieraus ca. 190.000 Vollzeitarbeitsplätze. 11.100 Jugendlichen bietet die Branche in Bayern einen Ausbildungsplatz. Das DWIF (→ Deutsches Wirtschaftswissenschaftliches Institut für Fremdenverkehr an der Universität München) geht davon aus, daß die Zahl der Vollzeitarbeitsplätze, die in Bayern vom Tourismus abhängen, auf ca. 300.000 geschätzt werden kann. Von der Lebensmittelproduktion (Landwirtschaft) und -verarbeitung über den Einzelhandel und über das Transportgewerbe bis hin zu den Kraftfahrzeugherstellern oder auch der Werbebranche profitieren auf einer ganzen Reihe von Märkten Unternehmen und deren Arbeitnehmer vom Tourismus. Manche Branchen, wie beispielsweise Boots-, Campingbus- und Wohnwagenhersteller sowie deren Ausstatter oder auch Hersteller von Andenken und Freizeitsportartikeln, haben sich hauptsächlich im Fahrwasser der Tourismuswirtschaft entwickelt.

Tourismusförderung

- Bedeutung des Tourismus für den strukturellen Wandel: Der Tourismus ist eine ausgesprochene "Zukunftsbranche", die im Bewußtsein der Öffentlichkeit jedoch stark im Schatten industrieller Wachstumsmärkte steht. Allein im Zeitraum von 1987 bis 1997 sind die Gesamtausgaben der Deutschen auf Auslandsreisen um 37,7 Milliarden DM beziehungsweise 89 % angestiegen. Dabei waren auch in Jahren mit stagnierenden Konsumausgaben noch Zuwächse zu verzeichnen. Die Welttourismusorganisation rechnet bis zum Jahr 2010 weltweit mit einer Verdoppelung des internationalen Reiseverkehrs. Aus diesen Potentialen ergeben sich bereits dann interessante Perspektiven für Wachstum und Beschäftigung, wenn es gelingen sollte, wenigstens die Zuwächse stärker an deutsche Reiseziele zu binden.

Eine positive Wirkung der Tourismusförderung für die gesamte heimische Wirtschaft läßt sich außerdem auch daraus ableiten, daß die touristische Attraktivität einer Region als sogenannter "weicher Standortfaktor" bei Standortentscheidungen von Unternehmen unterschiedlichster Branchen eine Rolle spielen kann. Insbesondere haben Unternehmen, die in touristisch attraktiven Regionen mit großem Angebot an Freizeitaktivitäten ansässig sind, verbesserte Möglichkeiten, qualifizierte Arbeitskräfte zu gewinnen und zu halten.

Durch Tourismusförderung im weitesten Sinne können Chancen für Wachstum und Beschäftigung, die sich aus dem Tourismus ergeben, stärker genutzt werden. Ein breit angelegtes Verständnis von Tourismusförderung beschränkt sich daher nicht nur auf die Bereitstellung finanzieller Hilfen, sondern umfaßt jegliches Handeln staatlicher Einrichtungen, das Einfluß auf den Erfolg der Tourismusbranche hat. Staatliche Tourismusförderung läßt sich definieren als das Handeln staatlicher Träger und Organe, durch das die für die Entwicklung des Tourismus in einem bestimmten Gebiet relevanten Bestimmungsfaktoren positiv beeinflußt werden. Dieser Definition liegt ein Verständnis von Tourismus zugrunde, bei dem nicht nur der private Urlaubs- und Wochenendreiseverkehr unter den Begriff Tourismus subsumiert ist, sondern auch der gesamte Geschäftsreiseverkehr.

In der Tat hat eine ganze Anzahl verschiedener Politikbereiche in bezug auf das Ziel "positive Beeinflussung von Bestimmungsfaktoren des Tourismus" eine instrumentelle Funktion. Beispielsweise prägen die Raumordnungspolitik, die Landwirtschafts- und Forstpolitik sowie baurechtliche Bestimmungen das Landschaftsbild beziehungsweise den Charakter unserer Dörfer und Städte. Vor allem der Städtetourismus profitiert von den Ressourcen, die für Denkmalschutz sowie auch für kulturelle Einrichtungen und Veranstaltungen und die gesamte Kulturpflege zur Verfügung stehen. Von den Lehrplänen der Schulen hängt es schließlich ab, in welchem Maße Fremdsprachen und Aufgeschlossenheit gegenüber Fremden beziehungsweise Gästen verbreitet sind. Touristisch von besonderer Bedeutung sind die Bereiche der Verkehrspolitik, Umweltpolitik und Gesundheitspolitik:

- Verkehrspolitik: Es ist selbstredend, daß die Erreichbarkeit von Reisezielen tourismuspolitisch besonders wichtig ist. Andererseits sollten Eingriffe in das Landschaftsbild möglichst weitgehend vermieden werden. In diesem Spannungsverhältnis ist nicht zuletzt auch die Leistungsfähigkeit des öffentlichen Personennahverkehrs von Bedeutung. Für manche Reisende ist gerade auch "der Weg das Ziel": Dies gilt für die Möglichkeiten von Besichtigungstouren, die Verfügbarkeit von interessanten Touristikstraßen, wie etwa die "Romantische Straße", den Einsatz von Sonderzügen und den Passagierverkehr auf den großen Seen und Wasserstrassen. In jüngerer Zeit erfreut sich der Radtourismus zunehmender Beliebtheit, weswegen Bestrebungen in Gang sind, verstärkt überregionale und grenzüberschreitende Radwegenetze einzurichten und auszubauen.

- Umweltpolitik (→ Tourismus und Umwelt): Vor allem in den Flächenländern steht der Erholungs- und Naturtourismus stark im Vordergrund. Intakte Umwelt ist daher eine wichtige Wirtschaftsgrundlage des Tourismus. Aus diesem Grund besteht auch aus ökonomischer Perspektive Interesse daran, auf Nachhaltigkeit im Tourismus (→ Sustainable Tourism) hinzuwirken, da sich ein übermäßig umweltschädigender Tourismus seiner eige-

Tourismusförderung

nen Existenzgrundlage berauben würde. → Tourismus und Umwelt stehen aber in einer schwierigen Wechselwirkung. Einerseits belastet der Reiseverkehr die Umwelt; dies gilt insbesondere für touristische "Hot-spots", wie beispielsweise die Zugspitzregion. Andererseits profitiert der Umweltschutz vom Tourismus, weil durch den Reiseverkehr auf regionaler und überregionaler Ebene Ressourcen erwirtschaftet werden, die wiederum für Umweltschutzmaßnahmen eingesetzt werden können, und weil das touristische Nutzungsinteresse die Sensibilität für Umwelt- und Landschaftsschutz verstärkt. Aktiver Umweltschutz ist in vielen Bereichen (Beispiel Mülltrennung) eine Angelegenheit, die nur erfolgversprechend ist, wenn sie von der breiten Öffentlichkeit mitgetragen wird. Bereitschaft zu Umweltschutz hat dabei auch viel mit dem emotionalen Bezug der Menschen zur Umwelt zu tun. Diesen Bezug kann man am besten dadurch herstellen, daß man den Menschen die Möglichkeit von Naturerlebnissen eröffnet, sie an die Natur heranführt und sie nicht durch restriktiven Umweltschutz von der Natur abschottet. Eine Reihe umweltpolitischer Maßnahmen zielen darauf ab, die Belange des Tourismus und des Umweltschutzes zweckmäßig aufeinander abzustimmen. Auf Bundesebene gehören hierzu beispielsweise die rechtliche Regelung des Immissionsschutzes, Informationskampagnen für das Gewerbe und die Initiierung von Zertifizierungsverfahren. Die durch die Bundesländer ausgewiesenen Naturparks und Landschaftsschutzgebiete umfassen rund ein Drittel der Fläche der Bundesrepublik. Aus touristischer Sicht besonders interessant und gleichzeitig ökologisch sehr empfindlich ist der Alpenraum. Die Bayerische Staatsregierung hat daher bereits 1972 in ihrem Landesentwicklungsprogramm Schutzzonen im Alpenraum ausgewiesen: In 42 % der Fläche (Zone C) ist jede Erschließungsmaßnahme (Ausnahme Forst- und Almwege) landesplanerisch unzulässig; in weiteren 23 % (Zone B) kommen Erschließungsmaßnahmen nur nach sorgfältiger und eingehender Abwägung mit anderen Belangen, insbesondere des Natur- und Landschaftsschutzes in Betracht. Mitte der 80er

Tourismusförderung

Jahre hat auch Österreich in seinem Alpenraum vergleichbare Schutzzonen eingerichtet.

- Gesundheitspolitik: Für die Nachfrage im Heilbäder- und Kurbereich (→ Kur- und Bäderwesen) sind die in § 40 Sozialgesetzbuch V geregelten Bestimmungen für Leistungen der gesetzlichen Krankenkassen bei medizinischen Rehabilitationsmaßnahmen von Bedeutung, da die Sozialkurgäste mit 38 % in Westdeutschland beziehungsweise 47 % in Ostdeutschland (1996) nicht unwesentlichen Anteil an der Gesamtnachfrage haben. Dabei besteht allerdings die Notwendigkeit, das Leistungsrecht der gesetzlichen Krankenkassen soweit zu begrenzen, daß deren Leistungsfähigkeit vor dem Hintergrund des kostenintensiven medizinisch-technischen Fortschritts und demografischer Veränderungen langfristig gesichert ist. Gerade auch die Tourismuswirtschaft, die sehr arbeitsintensiv strukturiert ist, profitiert von niedrigen Beitragssätzen der gesetzlichen Krankenkassen, beziehungsweise niedrigen Lohnnebenkosten. Für die Anbieter im Kur- und Heilbäderbereich (→ Kur- und Bäderwesen) ist es sinnvoll, sich wirtschaftlich möglichst weitgehend von den Sozialkassen abzukoppeln, Kameralistik durch betriebswirtschaftliche Strukturen zu ersetzen und sich durch modernes → Marketing sowie Produktdiversifizierung den Zugang zu einem breiteren Markt zu verschaffen.

Das Trägersystem der Förderpolitik im Tourismus erstreckt sich quer durch die föderale Struktur von den Kommunen und Bezirksregierungen über die Landes- beziehungsweise Staatsregierungen der Bundesländer bis hin zur Bundesregierung und den Organen der Europäischen Union. Dabei ist allerdings gerade der Tourismus ein Bereich, in dem unter Berücksichtigung des Subsidiaritätsprinzips die Kompetenzen stark in die Hände der Länder gelegt sind. Der Tourismus profitiert sehr stark von den vielfältigen kulturellen Besonderheiten der Länder und Regionen; "Lokalkolorit" ist touristisches Kapital, mit dem die Länder selbst am besten umgehen können.

Im Hinblick auf die tourismuspolitischen Aktivitäten der Europäischen Union gilt es einerseits, die Chancen des europäischen

Einigungsprozesses zu nutzen, andererseits Verletzungen des Subsidiaritätsprinzips durch Eingriffe in die Länderzuständigkeiten zu vermeiden. Die Staats- und Regierungschefs der Mitgliedsstaaten haben auf dem Amsterdamer Gipfel vom 16. / 17. Juni 1997 die Einrichtung einer eigenständigen EU-Kompetenz für die Tourismuspolitik abgelehnt. Für Maßnahmen im Bereich Tourismus gilt daher nach wie vor das Einstimmigkeitserfordernis des Art. 235 EGV. Vorrangiges Aktionsfeld der EU sollte die Schaffung einheitlicher Rahmenbedingungen und eine stärkere Angleichung der Wettbewerbsvoraussetzungen auf international wettbewerbsfähigem Niveau sein. Dabei ist allerdings zu vermeiden, daß beispielsweise im Umweltschutz eine Harmonisierung nach unten in Gang gesetzt wird.

Der Bund ist für die Tourismuswirtschaft hauptsächlich in den Bereichen Mittelstandsförderung, Regionalförderung und im → Tourismus-Marketing aktiv. Da die Mittelstandsförderung primär die Aufgabe der Länder ist und zudem im Tourismus bei der Produkterstellung und -vermarktung regionalspezifische Besonderheiten eine große Rolle spielen, hat allerdings die Länderebene bei der Durchführung von Förderprogrammen ein größeres Gewicht.

- Mittelstandsförderung: Im Rahmen der Mittelstandsförderung des Bundes stehen zinsgünstige Kredite aus ERP-Programmen zur Verfügung. Als Maßnahmen der Eigenkapitalhilfe wurden von 1990 bis 31.08.1997 rund 18.500 Kreditzusagen mit einem Kreditvolumen von 2,6 Milliarden DM gewährt. Gleichzeitig wurden im Zuge des ERP-Existenzgründungsprogramms rund 18.400 Kreditzusagen mit einem Kreditvolumen von 3,6 Milliarden DM zugesagt. Zur Verbesserung der Wettbewerbsfähigkeit mittelständischer Unternehmen unterstützt der Bund Maßnahmen zur Beratung und Qualifizierung. Hierzu gehören Unternehmensberatungen für kleine und mittlere Unternehmen, Informations- und Schulungsveranstaltungen für Fach- und Führungskräfte kleiner und mittlerer Unternehmen sowie die Mitfinanzierung des Deutschen Seminars für Fremdenverkehr als Fortbildungseinrichtung für alle Bereiche des Tourismus. Darüber hinaus werden im Zuge der Absatzförderung Zuschüsse für Messebeteiligungen geleistet, die im Zeitraum von 1993 bis 1996 einen Gesamtumfang von knapp einer Million DM hatten.

- Regionalförderung: Die Gemeinschaftsaufgabe (GA) von Bund und Ländern "Verbesserung der regionalen Wirtschaftsstruktur" umfaßt sowohl die Förderung des Gewerbes als auch Maßnahmen zur Förderung der touristischen Infrastruktur. Mit der gewerblichen Förderung wurde von 1991 bis 1997 ein Investitionsvolumen von 15 Milliarden DM durch Zuschüsse in Höhe von 3,3 Milliarden DM angestoßen. Befristet bis 2001 sind im Rahmen eines Pilotprojektes auch nichtinvestive Maßnahmen förderfähig (Beratungs- und Schulungsleistungen, Förderung qualitativer Verbesserung der Personalstruktur, Vorhaben im Bereich der angewandten Forschung und Entwicklung). Aufgrund der bestehenden Fördergebietskulisse profitieren vor allem die neuen Bundesländer von Maßnahmen zur Förderung der touristischen Infrastruktur im Zuge der GA; 1991 bis 1997 wurden 94 % der GA-Fördermittel in den neuen Ländern investiert. Insgesamt hat die Gemeinschaftsaufgabe Infrastrukturmaßnahmen von 6,1 Milliarden DM in Höhe von 4,2 Milliarden DM gefördert.

- → Tourismus-Marketing: Den Entscheidungsträgern von Bund und Ländern ist in den vergangenen Jahren die Notwendigkeit zur Gestaltung eines wirksamen → Tourismus-Marketing zunehmend bewußt geworden. Der Tourismus ist eine Branche, die in hohem Maße die Auswirkungen der Globalisierung zu spüren bekommt: Der Einsatz moderner Kommunikationstechnologien ermöglicht es, daß selbst entfernteste Destinationen von jedem Reisebüro oder gar über Internet (→ Informationstechnologische Systeme) vom Wohnzimmer aus buchbar sind. Reisebeschränkungen werden weltweit abgebaut; sinkende Flugpreise lassen die Welt "kleiner" werden. Die Dienstleistungsbilanz der Bundesbank weist für den touristischen Reiseverkehr im Jahr 1997 Ausgaben in Höhe von 75,7 Milliarden DM und Einnahmen in Höhe von 24,8 Milliarden DM aus; damit werden schätzungsweise 500.000 Arbeitsplätze in das Ausland exportiert. Die Ausgaben waren allein 1997 trotz des ansonsten angespannten Konsumklimas um über 4,7 % angestiegen. Dem → Tourismus-Marketing kommt die Aufgabe zu, angesichts des Trends zum "schnellen Billigurlaub" im Ausland der heimischen Tourismuswirtschaft Marktanteile zu sichern, indem für die heimische Tourismusregion geworben wird. Der Bund trägt maßgeblich zur Durchführung des Auslandsmarketings der → Deutschen Zentrale für Tourismus e.V. (DZT) bei.

Die Förderpolitik der Länder wird nachfolgend exemplarisch anhand der Situation in Bayern dargestellt. Bayern ist mit einem Anteil von über 23 % des statistisch erfaßten deutschlandweiten Übernachtungsvolumens das größte Tourismusland.

Förderung des Tourismus-Marketing:

Die Bayerische Staatsregierung hat für den Tourismus eine neue Marketingkonzeption entwickelt, mit deren Umsetzung 1999 begonnen wird. Folgende Eckpunkte lassen sich festhalten:

- Dachmarkenmarketing: Mit der Dachmarkenstrategie wird der Bekanntheitsgrad und der Sympathiewert Bayerns deutschland- und weltweit genutzt. Nach außen tritt die Dachmarke Bayern mit einer einheitlichen "Wort-Bild-Marke" (Logo) und einem verbindlichen Mindeststandard in der Gestaltung (Corporate Design) (→ Corporate Identity) auf. Die Einmaligkeit und Güte des bayerischen Tourismusproduktes muß bekannt und eindeutig erkennbar sein. Inhaltlich wird sie definiert durch das gesamte bayerische Tourismusangebot. Die Dachmarke soll zukünftig stärker genutzt werden.

- Neuorganisation der Marketingaufgaben (→ Marketing): Marketingerfolge können nur erzielt werden, wenn alle Beteiligten arbeitsteilig eine gemeinsame Strategie im Angebotsvergleich und in der Vermarktung durchsetzen. Zum 1.1.1999 wird eine Tourismusmarketing-Gesellschaft in der Rechtsform einer GmbH gegründet, die für Werbung und Vertrieb der Dachmarke Bayern im In- und Ausland zuständig sein wird. Die bayerischen Regionalverbände (Franken, Ostbayern, München-Oberbayern, Allgäu / Bayerisch Schwaben) erhalten als regionale Kompetenzzentren die Aufgaben der Angebotsgestaltung, des Qualitätsmanagements sowie der Preisgestaltung und Qualifizierung. Sie entwickeln regionale Werbeinhalte, die durch die Tourismusmarketing-GmbH aufeinander abgestimmt werden.

- Neue Vertriebswege: Die im November 1997 auf Initiative der Bayerischen Staatsregierung gegründete Bayern Tourismus Line GmbH (BTL) betreibt ein touristisches Informations- und Reservierungssystem (www/btl.de) (→ Informationstechnologische Systeme, → Reservierungssysteme). Über das → Reservierungssystem sind die beteiligten Beherbergungsunternehmen von den deutschen → Reisebüros aus buchbar. Im Frühjahr 1999 wird eine Internetbuchung freigeschaltet, die den Direktzugang zum Angebot ermöglichen wird (→ Informationstechnologische Systeme).

Förderung der kommunalen touristischen Infrastruktur:

Zur kommunalen Infrastruktur zählen alle Einrichtungen, die auf kommunaler Ebene in öffentlicher Trägerschaft stehen. Mit dem Aufbau und der Ergänzung touristischer Infrastruktur wird den wachsenden Ansprüchen der Gäste Rechnung getragen. Durch die Verbesserung des Erholungswertes der Fremdenverkehrsgebiete soll die Wettbewerbsposition der Tourismuswirtschaft ausgebaut und die Wirtschaftskraft der Region gefestigt werden. Außerdem zielt dieser Förderbereich darauf ab, durch die Schaffung von Einrichtungen zur Saisonverlängerung und zur Überbrückung von Schlechtwetterperioden die Urlaubsqualität zu erhöhen. In einer schwierigen Situation befindet sich der Kurbereich (→ Kur- und Bäderwesen). Die zum 1.1.1997 in Kraft getretenen Leistungseinschränkungen im Bereich der gesetzlichen Krankenversicherung und die Haltung von Ärzten und Patienten führte zu einem Nachfragerückgang sowohl bei den stationären Maßnahmen als auch bei den - von der Gesetzgebung nicht betroffenen - ambulanten Kuren. Die Heilbäder und Kurorte (→ Kur- und Bäderwesen) sind aufgefordert, ihre wirtschaftliche Abhängigkeit von sozialversicherungsfinanzierten

Leistungen zu reduzieren. Dabei spielt die Akquisition neuer Märkte ebenso eine Rolle, wie die Produktdiversifizierung im Bereich von Fitness-, Wellness- und Beauty-Angeboten (→ Gesundheit und Tourismus). Für die "klassischen" Infrastrukturprojekte wie Hallenbäder, Häuser des Gastes, Kongreßzentren (→ Kongreßmanagement), Kurhäuser, Kurmittelhäuser sowie Tagungs- und Veranstaltungsräume besteht in Bayern heute kaum noch Bedarf an Neubauten. Deswegen ist die weitere Qualitätsverbesserung durch Generalinstandsetzungen, Umbau- und Modernisierungsmaßnahmen Förderschwerpunkt. An das Tourismusvolumen im Einzugsbereich der Infrastrukturprojekte werden hohe Ansprüche gestellt, weil infrastrukturelle Tourismuseinrichtungen den kommunalen Maßnahmenträgern in der Regel hohe Folgelasten auferlegen.

Förderung des Tourismusgewerbes:

Staatliche Finanzierungshilfen stellen darauf ab, in struktur- und wirtschaftsschwachen Räumen Investitionsanreize zu setzen. Dabei wird generell davon ausgegangen, daß die bayerische Tourismuswirtschaft bereits über ausreichende Kapazitäten verfügt. Fehlgeleitet wären Fördermaßnahmen, die lediglich zu einer Umverteilung von Nachfragepotentialen führen würden. Bei einem derartigen Nullsummenspiel wäre gesamtwirtschaftlich nichts hinzugewonnen; dem "Gewinner" stünde ein Betrieb gegenüber, der auf Umsätze verzichten müßte. Auch wäre es ordnungspolitisch äußerst problematisch, wenn durch den Einsatz von Steuergeldern über Umverteilungen von Nachfragepotential zuungunsten einzelner Unternehmen in den Wirtschaftsprozeß eingegriffen werden würde. Die Förderung erfolgt ohne Rechtsanspruch im Rahmen der verfügbaren Haushaltsmittel. Angesichts prinzipiell ausreichender Beherbergungskapazitäten steht die Förderung qualitätsverbessernder Maßnahmen im Vordergrund. Qualitätsverbessernde Maßnahmen sind von zentraler Bedeutung, um die internationale Wettbewerbsfähigkeit des Tourismusstandortes zu sichern (→ Qualitätsmanagement). Es gelten im einzelnen folgende Bestimmungen:

- Vorrangig gefördert werden Maßnahmen zur Qualitätsverbesserung, Modernisierung und Rationalisierung von Beherbergungs- und Gastronomiebetrieben sowie zur Verbesserung beziehungsweise Erweiterung der Angebotspalette. Maßnahmen, die zu einer Erhöhung der Beherbergungskapazität führen, werden nur gefördert, sofern neue beziehungsweise nicht ausgeschöpfte Nachfragepotentiale vorhanden sind.

- In geeigneten Fällen ist die Errichtung, Erweiterung beziehungsweise Modernisierung oder Rationalisierung von Speise- und Schankwirtschaften möglich.
- Förderfähig sind auch Investitionen für Campingplätze, deren Stellplätze überwiegend touristisch genutzt werden, das heißt einem ständig wechselnden Gästekreis zur Verfügung stehen.
- Sonstige Maßnahmen zum Auf- oder Ausbau regionalwirtschaftlich bedeutsamer touristischer Einrichtungen, insbesondere solcher tourismusfördernder Einrichtungen, die der qualitativen Verbesserung des Tourismusangebotes beziehungsweise der Saisonverlängerung dienen, sind förderfähig, sofern Träger der Maßnahme ein Gewerbebetrieb ist.
- Nicht förderfähig sind demgegenüber Krankenhäuser, Kliniken, Jugendherbergen, Kindererholungsheime, Altenheime oder ähnliche Einrichtungen. Vereine können keine Fördermittel erhalten. Voraussetzung für die Förderung ist, daß mit dem Investitionsvorhaben in den Fördergebieten neue Dauerarbeitsplätze geschaffen oder vorhandene gesichert werden. Bestimmte Kosten sind von der Förderung ausgenommen. Dies sind: Kosten des Grundstückserwerbs, Investitionen, die der Ersatzbeschaffung dienen, die Anschaffungskosten beziehungsweise Herstellungskosten für Pkw, Kombi-Fahrzeuge, Lkw, Omnibusse, Luftfahrzeuge und Schienenfahrzeuge sowie sonstige Fahrzeuge, die im Straßenverkehr zugelassen sind und primär dem Transport dienen.

In Bayern sind die Bezirksregierungen für die Antragsprüfung und für die Abwicklung der Förderverfahren zuständig. Die Fördermittel werden von dort als Investitionszuschuß oder als Zinszuschuß ausgereicht; Kombinationen beider Förderarten sind möglich. Außerdem besteht

Tourismusförderung

die Möglichkeit, über die Kreditgarantiegemeinschaft des Hotel- und Gaststättengewerbes in Bayern GmbH Bürgschaften zu beantragen, die bis zu 80 % des zu übernehmenden Risikos gegenüber den Hausbanken abdecken. Damit wird Betrieben die Aufnahme von Bankkrediten ermöglicht, die ansonsten über keine ausreichenden Sicherheiten verfügen. Im Hinblick auf die Förderfähigkeit eines Vorhabens müssen folgende Kriterien geprüft werden:

- Das Investitionsvorhaben muß grundsätzlich innerhalb von 36 Monaten durchgeführt werden.
- Die Mittel des bayerischen Fremdenverkehrsförderungsprogrammes sind stets als zusätzliche Hilfen zu verstehen. Der Antragsteller hat entsprechend seiner Vermögens-, Liquiditäts- und Ertragslage für die Finanzierung in angemessenem Umfang Eigenmittel einzusetzen.
- Antragsteller können nicht berücksichtigt werden, wenn im Hinblick auf deren eigene Finanzierungskraft der Zuschuß unerheblich wäre, oder wenn im Hinblick auf das Gesamtvolumen des Vorhabens der Anteil der Förderung unerheblich ist. Unter diesen Umständen kann davon ausgegangen werden, daß die Maßnahmendurchführung auch ohne Förderung erfolgen kann.
- Die Gesamtfinanzierung des Vorhabens muß gesichert sein.
- Mit dem Vorhaben darf zum Zeitpunkt der Antragstellung bei der zuständigen Regierung noch nicht begonnen worden sein; Beginn ist grundsätzlich der Abschluß eines der Ausführung zuzurechnenden Lieferungs- oder Leistungsvertrages. Bei Baumaßnahmen gelten Planung, Bodenuntersuchung und Grunderwerb nicht als Beginn des Vorhabens.
- Die Gewährung von Mitteln zur Ablösung von Bankkrediten und zur Sanierung ist ausgeschlossen.
- Die Vorhaben müssen so weit vorbereitet sein, daß sie nach der Bewilligung der beantragten Mittel kurzfristig in Angriff genommen werden können.
- Förderfähig sind nur Investitionsvorhaben, denen keine öffentlich-rechtlichen Hindernisse entgegenstehen und die mit den Belangen des Umweltschutzes sowie der Raumordnung und Landesplanung im Einklang stehen.

Bei der Antragsprüfung treten

Tourismusförderung

Probleme am häufigsten dadurch auf, daß Antragsteller wichtige betriebswirtschaftliche Fragen des Vorhabens im Vorfeld noch nicht geklärt haben. Insbesondere sind die Angaben zur Gesamtfinanzierung des Projektes und zur Marktanalyse oft unvollständig. Formblätter für die Beantragung einer Förderung sind bei den Hausbanken, den Regierungen, der Landesanstalt für Aufbaufinanzierung sowie den Industrie- und Handelskammern beziehungsweise den Handwerkskammern erhältlich. Dem Antrag ist eine Erklärung der Hausbank beizufügen, mit der diese bestätigt, daß die Durchfinanzierung des Vorhabens bei Gewährung der Förderung unter wirtschaftlichen Gesichtspunkten langfristig gesichert ist.

Förderung von Fortbildungs- und Beratungsmaßnahmen:

Fortbildungsbedarfe entstehen in der Tourismusbranche hauptsächlich durch folgende Entwicklungstendenzen:

- Der Markt ist aufgrund sich wandelnder Kundenwünsche auf der Nachfrageseite Veränderungsprozessen unterworfen, die von der Angebotsseite mitvollzogen werden müssen. Dabei geht es zum einen um inhaltliche Aspekte, wie beispielsweise die zunehmende Nachfrage nach aktiven, sport- und kulturorientierten Freizeitangeboten oder nach Pauschalangeboten. Zum anderen werden auch in bezug auf das Niveau zunehmend qualitativ hochwertige Leistungen nachgefragt.

- Bedingt durch den technischen Fortschritt stehen dem Gewerbe im Bereich der Leistungserstellung, im Vertrieb und in der Verwaltung neue Technologien zur Verfügung. Beispielsweise wird der Einsatz moderner Informationstechnologien, insbesondere von Informations- und Reservierungssystemen (→ Informationstechnologische Systeme; → Reservierungssysteme), immer mehr zu einer marktüblichen Praxis, der sich der einzelne Anbieter nur auf Kosten seiner Wettbewerbsfähigkeit entziehen kann.

Vor dem Hintergrund eines hohen und in der Tendenz weiter steigenden Wettbewerbsdrucks seitens der Auslandsmärkte steigen Fortbildung und Beratung in ihrer Bedeutung als existenzsichernde Maßnahme. Weiterbildungsangebote werden zweckmäßigerweise durch die Fachverbände, die in engem Kontakt mit den Unternehmen stehen, entwickelt und umgesetzt. Beispielsweise hat der Bayerische Hotel- und Gaststättenverband sein Seminarangebot insbesondere um Themen aus dem Bereich der Qualitätsverbesserungen erweitert. Unter finanzieller Beteiligung des bayerischen Wirtschaftsministeriums hat der Bayerische Hotel- und Gaststättenverband ein EDV-gestütztes Lernprogramm (CD-ROM) entwickelt, das als "Hilfe zur Selbsthilfe" das Management der Unternehmen in die Lage versetzt, selbständig und zeitlich ungebunden wesentliche Entscheidungsprozesse und Vorgänge der Betriebsführung zu erlernen und praktisch umzusetzen. In Bayern werden außerdem Existenzgründerworkshops und eine EDV-Hotline für Existenzgründer eingerichtet. → Tourismuspolitik: Das Beispiel Schweiz

Literatur: Bundesministerium für Wirtschaft, 1998; Lampert, 1997

Dr. Peter Stein

Regierungsrat, Bayerisches Staatsministerium für Wirtschaft, Verkehr und Technologie

Tourismuspolitik: Das Beispiel Schweiz

Der Begriff der Tourismuspolitik wird von Krapf als "Handeln organisierter Gemeinschaften im Fremdenverkehr zur Förderung seiner Ertragsfähigkeit und seiner außerwirtschaftlichen Ziele" definiert. Auf eine Definition von Kaspar zurückgreifend, könnte eine allgemeine, das heißt nicht nur wirtschaftlich orientierte Begriffsumschreibung lauten: "Unter Tourismuspolitik verstehen wir die bewußte Förderung und Gestaltung des Tourismus durch Einflußnahme auf die touristisch relevanten Gegebenheiten seitens von Gemeinschaften." Zudem kann zwischen direkter und indirekter Tourismuspolitik unterschieden werden.

Die direkte Tourismuspolitik oder Tourismuspolitik im engeren Sinne umfaßt alle tourismusspezifischen Aktionen, die hauptsächlich oder ausschließlich aus dem Tourismus heraus begründet werden.

Die indirekte Tourismuspolitik oder Tourismuspolitik im weiteren Sinne umfaßt alle jene Maßnahmen, die nicht in erster Linie den Tourismus zum Gegenstand haben, diesen aber - über bloße

Tourismuspolitik: Das Beispiel Schweiz

Einzelprobleme hinausgehend - als Wirtschaftszweig maßgeblich tangieren. Indirekte Tourismuspolitik kann somit Konjunkturpolitik, Währungspolitik, regionale Strukturpolitik, Verkehrspolitik, Bodenpolitik, Umweltpolitik, Kulturpolitik etc. sein.

Betrachtet man die Entwicklung der schweizerischen Tourismuspolitik, lassen sich in Anlehnung an Kaspar fünf Entwicklungsperioden unterscheiden:

- die Periode des touristischen Laisser-faire: bis gegen Ende des 19. Jahrhunderts. Diese Periode ist durch das völlige Fehlen tourismuspolitischer Ansätze gekennzeichnet,
- die Periode der Organisation des Tourismus, die bis Ende des 19. Jahrhunderts dauerte und die durch starkes Anwachsen der Hotelkapazitäten verursacht wurde,
- die Periode des Interventionismus: ab Anfang des 20. Jahrhunderts. Die Ursache dieser Periode ist im 1. Weltkrieg zu finden,
- die Periode des Abbaus staatlicher Zwangseingriffe und verstärkter Selbsthilfe. Diese Periode beginnt ab den 50er Jahren. Sie wurde durch den nach dem 2. Weltkrieg eingetretenen wirtschaftlichen Aufschwung begründet,
- die Periode gezielter ordnungs- und strukturpolitischer Eingriffe. Dieser Periode ist der Zeitraum ab Mitte der 60er Jahre zuzuordnen. Die Ursache ihrer Entstehung ist in der verstärkten internationalen Konkurrenz zu sehen. Hinzu kommen die am Markt eingetretenen Sättigungserscheinungen.

Im Bericht über die Tourismuspolitik des Bundes aus dem Jahre 1996 ist zum Thema "Möglichkeiten und Grenzen der Tourismuspolitik" nachzulesen:

- Die Verantwortung für das operationelle touristische Geschäft ist in erster Linie von den Unternehmen und den führenden Kräften in den zahlreichen touristischen Organisationen und Verbänden zu tragen.
- Der Stellenwert einer eigenständigen Tourismuspolitik ist damit zu begründen, daß Staaten mit einer aktiven Tourismuspolitik im internationalen Standortwettbewerb die besten Ergebnisse erzielen. Die Schweiz hat auf dem verzerrten Tourismusmarkt einen spürbaren Wettbewerbsnachteil, da erst Ansätze zu einer

Tourismuspolitik: Das Beispiel Schweiz

konsequenten Tourismusförderung bestehen.

- Der Staat ist in allen Tourismusländern der unerläßliche Katalysator für die überbetrieblichen Initiativen der touristischen Leistungsträger und Organisationen. Er ist auch Garant der touristischen Standortattraktivität.

Die Tourismuspolitik wird damit klar als Gemeinschaftsaufgabe verstanden.

Wendet man sich den Zielen der Tourismuspolitik zu, ist festzustellen, daß Grundlage der schweizerischen Tourismuspolitik seit langer Zeit das Schweizerische Tourismuskonzept aus dem Jahre 1979 ist. Das Konzept baut auf einem ganzheitlichen Bezugsrahmen auf und deckt die tourismuspolitisch bedeutsamen Aspekte im Gesellschafts-, Wirtschafts- und Umweltbereich ab. Die im Konzept enthaltenen tourismuspolitischen Ziele wurden aus folgenden übergeordneten Zielen abgeleitet und sollen zu deren Verwirklichung einen Teilbeitrag leisten:

- Gesellschaftsbereich: Förderung der Freizeit als Voraussetzung menschlicher Selbstverwirklichung, Verbesserung der körperlich-seelischen Gesundheit des Menschen, gerechtere Verteilung des Einkommens und der freien Zeit - Verbesserung der Lebensbedingungen im In- und Ausland sowie Förderung der Verständigung und Zusammenarbeit zwischen den Völkern,
- Wirtschaftsbereich: Erhaltung der Vollbeschäftigung, Steigerung des wirtschaftlichen Wachstums, Ausgleich der Zahlungsbilanz und Verwirklichung eines möglichst stabilen Preisniveaus,
- Umweltbereich: Sicherung eines stabilen ökologischen Gleichgewichts, Gewährleistung einer schonenden und geordneten Nutzung der Umwelt und Erhaltung harmonischer Landschaftsräume - sparsamer Verbrauch beschränkter Güter.

Das Gesamtziel der schweizerischen Tourismuspolitik kann laut dem Schweizerischen Tourismuskonzept wie folgt umschrieben werden: "Gewährleistung einer optimalen Befriedigung der vielfältigen touristischen Bedürfnisse für Menschen aller Volksschichten im Rahmen leistungsfähiger touristischer Einrichtungen und einer intakten Umwelt. Dabei sind die Interessen der ortsansässigen Bevölkerung zu berücksichtigen." → Tourismus und Umwelt; → Tourismusförderung

Literatur: Bundesamt für Arbeit und Wirtschaft (BWA), 1996; Kaspar, 1996; Krapf, 1996; Müller, 1997; Schweizerisches Tourismuskonzept 1979, 1979

Prof. Dr. Hansruedi Müller

Direktor des Forschungsinstituts für Freizeit und Tourismus (FIF) der Universität Bern

Touristen-Typologien

Der Tourismus ist ein breites Anwendungsfeld für Typisierungen der Leistungsträger, wie zum Beispiel bei Reiseverkehrsmitteln (Klassen), Hotels (Sterne) (→ Deutsche Hotelklassifizierung) und Tourismusorten (Prädikatisierung). Hinzu kommen noch spezifische Typisierungen für nahezu alle touristischen Leistungsträger nach Qualitätskriterien (DIN ISO EN 9000 ff.) und Umweltkriterien (Umweltgütesiegel). Diesen touristischen Leistungsgruppierungen auf der Angebotsseite steht auf der Nachfrageseite die Konstruktion von Touristen-Typologien gegenüber. Mit der Zusammenführung der beiden Marktteilnehmergruppen soll eine möglichst zielgruppengerechte Akzeptanz und ein hohes Zufriedenheitsniveau der Touristen mit dem Angebot erreicht werden.

In einer klassischen psychologischen Definition, die auf Rohracher zurückgeht, wird der Begriff des Typus wie folgt definiert: "Theoretisch bedeutet Typus den konstruierten Idealfall eines Menschen, der alle charakteristischen Merkmale seiner Gruppe, und nur sie, besitzt; praktisch bedeutet Typus einen wirklich einzelnen Menschen, der die charakteristischen Merkmale seiner Gruppe in besonders großer Häufung und großer Ausprägung aufweist.". Diese Definition orientiert sich weitgehend an Max Webers Unterscheidung vom Idealtypus und Realtypus. Analog hierzu kann man Touristen-Typologien und Touristen-Typen wie folgt definieren: Eine Touristen-Typologie teilt eine heterogene Touristenpopulation nach spezifischen Kriterien der psychosozialen Differenzierung in verschiedene, in sich relativ homogene Gruppen von Touristen ein; dabei besteht eine Touristen-Typologie in der Regel aus vier bis sechs Touristen-Typen. Ein Touristen-Typ ist innerhalb einer Touristen-Typologie ein empirisch gewonnenes idealtypisches Konstrukt einer Anzahl von Touristen mit ähnlichen touristischen Motiven, touristischen Verhaltensweisen und präferierten Tourismusformen.

Touristen-Typologien kann man dort besonders gut konstruieren, wo sich touristische Prozesse besonders stark räumlich konzentrieren, wie zum Beispiel bei Gruppenreisen, Bus-, Rund- und → Studienreisen, → Kreuzfahrten, Jugend- und Seniorentourismus, Campingplatz, Cluburlaub (→ Clubreisen), All-Inclusive-Anlagen, massentouristischen Mega-Resorts. Grundsätzlich gibt es zwei Ansätze, Touristen-Typologien zu entwikkeln:

- Mathematisch-statistische Methoden (→ Statistische Analyse) beziehungsweise quantitative Methoden und Techniken der empirischen Sozialforschung: Aus dem Datenmaterial aus schriftlichen beziehungsweise Face-to-face-Befragungen werden mit Faktoren- und / oder Clusteranalysen Touristen-Typologien gebildet sowie
- Methoden und Techniken der qualitativen empirischen Sozialforschung: Qualitatives Interview, teilnehmende und nicht-teilnehmende Beobachtung, Gruppendiskussion, Biographische Methode und Oral History-Approach.

Touristen-Typologien verändern sich permanent durch den sozialen Wandel und sind ein Reflex auf die jeweilige vorherrschende Gesellschaftsformation (Vormoderne, Moderne, Postmoderne). Auch ein interkultureller Vergleich kann aufschlußreich sein. So finden wir zum Beispiel in Japan gänzlich andere Touristen-Typologien vor als in den USA.

Die Konstruktion von Touristen-Typologien hat sich in den letzten Jahren zu einem Lieblingskind der Tourismusforscher entwickelt. Dieser Trend kann unter anderem mit einer Bedeutungszunahme des strategischen Marketing (→ Tourismus-Marketing) hinsichtlich erhöhter Wettbewerbsintensität auf den sich differenziert entwickelnden spezifisch touristischen Käufermärkten erklärt werden. Insofern wird der Konstruktion von multidimensionalen Touristen-Typologien immer mehr Beachtung geschenkt, zumal die klassischen monodimensionalen soziodemografischen Segmentierungskrite-

Touristen-Typologien

rien wie Geschlecht, Alter, Familienstand, Bildung, Beruf, Einkommen an Erklärungswert verloren haben. So können beispielsweise zwei Personen, die zwar beide einer Schicht angehören, zwei gänzlich verschiedene Reiseerwartungen und Reiseverhaltensweisen zeigen. Es müssen also verstärkt Ansätze zum tragen kommen, welche die sich immer mehr ausdifferenzierende Gesellschaftsstruktur und die daraus resultierende zunehmende Individualisierung des Reiseverhaltens, berücksichtigen.

Ein wichtiger Ansatz in diesem Zusammenhang ist der in den letzten Jahren sehr populär gewordene Lifestyle-Approach, der durch die AIOV-Komponenten (Activities, Interests, Opinions, Values) charakterisiert werden kann, und an dem sich auch Touristen-Typologien stark orientieren. Touristen-Typologien und Lebensstile artikulieren sich nach Romeiß-Stracke auf drei Ebenen:

- im Denken, in Interessen und Wertvorstellungen,
- im Verhalten in Arbeit und Freizeit sowie
- in materieller und kultureller Ausstattung der persönlichen Lebensführung.

Zunächst ist auf die allgemeinen Touristen-Typologien einzugehen. Hier geht es um eine Grobeinteilung der Reisebevölkerung in meistens vier bis sechs Grundtypen, wobei die einzelnen Touristen-Typen ausführlich charakterisiert und ihre absolute und relative Häufigkeitsverteilung angegeben werden. Teilweise werden hier auch Konsumenten-Typologien aus der Marktforschung übernommen. Allgemeine Touristen-Typologien sind in einer großen Anzahl in den letzten 30 Jahren konstruiert und immer wieder durch den sozialen Wandel verfeinert worden und werden heute bei der Marktsegmentierung und Zielgruppenbestimmung (→ Zielgruppenmarketing in der Touristik; → Zielgruppenorientiertes Airlinemanagement) massentouristischer Leistungsträger herangezogen. Zur Anführung von Beispielen für allgemeine Touristen-Typologien kann auf die Einteilung der Österreich Werbung zurückgegriffen werden. Diese unterscheidet die nachstehenden Typen: Junger Genuß-Urlauber, junge Familie, vorsichtiger Erholungs-Urlauber, anspruchsvoller Erlebnis-Urlauber, klassischer Kultur-Urlauber.

Zudem gibt es spezielle Touristen-Typologien. Im Gegensatz zu den allgemeinen ganzheitlichen Touristen-Typologien fokussieren diese Touristen-Typologien nur eine spezifische Dimension von touristischen Mentalitäts- und Verhaltensweisen. Zur Veranschaulichung soll die Einteilung von Becker dienen, der Reisefanatiker, Ständig-Reisende, Intervall-Reisende, Häufig-Reisende, Wenig-Reisende und Selten-Reisende unterscheidet.

Schließlich sind die Typ im Typ-Touristen-Typologien zu nennen. Hier wird ein spezifischer Touristen-Typ mit einer Präferenz für spezifische Tourismusformen noch einmal in seinen Ausprägungsvarianten ausdifferenziert. Der Typ im Typ-Approach kann hilfreich sein für touristische Leistungsträger mit spezifischen Zielgruppen-Angeboten (Special Interest-Hotels, Spezial-Reiseveranstalter, Destinationen). Eine beispielhafte Typ im Typ-Touristen-Typologie ist die Einteilung von Brämer, der den Wander-Touristen wie nachstehend wiedergegeben einteilt: Landschaftswanderer, Naturwanderer, Fitnesswanderer, Geselligkeitswanderer, Kulturwanderer, Abenteuerwanderer.

Literatur: Becker, 1992; Brämer, 1996; Österreich Werbung, 1990; Romeiß-Stracke, 1989; Rohracher 1948; Weber, 1978

Axel Schrand

Lehrbeauftragter an der Fachhochschule München, Fachbereich Tourismus und an der Berufsakademie Ravensburg

TQM

Abkürzung für → Total Quality Management.

Travel Management

Heute ist Travel Management ein Modewort in der Industrie geworden und soll alles, was mit Bewegung im Unternehmen zu tun hat, in einer Geschäftsaufgabe vereinen. Um zu verhindern, daß aus Travel Management ein "Trouble Management" wird, ist eine der wichtigsten Aufgaben die klare Definition eines Geschäftsauftrages und die eindeutige Entwicklung von Geschäftszielen. Travel Management bedeutet, und das ist der wesentliche Unterschied zu Reisestellen im Unternehmen, die strategische Ausrichtung der Reisemittelbeschaffung und der Einkaufsvoraussetzungen und nicht die operative Beschaffung von Reiseunterlagen. Steuerung und

Controlling des Reiseetats sind die hauptsächlichen Schwerpunkte in der Aufgabenstellung eines Travel Managers, eine Funktion, die wegen der Vielseitigkeit der Ansprechpartner im Unternehmen auf der einen und der Spezialisierung im Einkaufsbereich auf der anderen Seite eine große Herausforderung im Management darstellt. Neben dem Verständnis für → Unternehmenskultur und Komplexität der Firma ist ein Travel Manager die zentrale Ansprechperson, die ebenso das Individuum "Mitarbeiter" begreifen muß. Geschäftsreisen sind mit der zunehmenden Globalisierung eine Selbstverständlichkeit geworden, die eine Unterstützung der jeweiligen Geschäftsabschlüsse bedeuten. Leider wurde in den vergangenen Jahren die Professionalität bei der Organisation und dem Einkauf von Geschäftsreisen vernachlässigt. Dies hat verschiedene Ursachen, die einmal bei den Unternehmen liegen und zweitens auf die Veränderungen auf der Anbieterseite bei → Fluggesellschaften und Hotelunternehmen zurückzuführen sind. Es wird deutlich, daß zukünftig die Aufgabe des Travel Management eine besondere Schnittstellenfunktion sein wird, die Prozeßeinsparungen definiert und Rationalisierungspotentiale aufdeckt. Häufig werden Travel Management - Aufgaben reduziert auf reine Einkaufstätigkeiten, was deutlich wird in der hierarchischen Aufhängung im Unternehmen. Der erste Schritt zu einer erfolgreichen Funktionalität beginnt also bei der Zuordnung im Organigramm und, wie Benchmark-Untersuchungen zeigen, im Reporting zu ersten und zweiten Linien der Unternehmensleitung. Die Schwerpunkte einer organisatorischen Zuordnung liegen bei erfolgreichen Lösungen entweder in Finanzbereichen oder im Einkauf mit Logistik-Verantwortung auf Corporate-Level. Die Auswahl bei den Mitarbeitern sollte sich konzentrieren auf dienstleistungserfahrene und international ausgerichtete Persönlichkeiten. Eine gute Kenntnis der Unternehmensorganisation ist ebenso Voraussetzung wie Führungsqualitäten und Teamfähigkeit. Unterstützend ist die Erfahrung aus früherer Tätigkeit bei Lieferanten entweder in der Travel Industrie oder bei Dienstleistern aus ähnlich organisierten Industrien. Die Methodik dieser Vertriebsorganisationen muß bekannt sein, nicht unbedingt der Inhalt. Eine weitere Bedingung ist die Kenntnis über Angebotstechniken im Multimedia-Bereich, Erfahrung bei der Verwendung moderner Kommunikationsmittel und vor allem ein gewisses technisches Verständnis. In enger Zusammenarbeit mit zentralen Personalstellen bei der Ausarbeitung der Travel Policy und der Travel Rules - häufig wird in Deutschland beides vermengt unter dem Begriff Reiserichtlinien - sollten verantwortliche Travel Manager über Grundkenntnisse des Arbeits- und Steuerrechts verfügen. Nach einer Grundanalyse der Ausgabepositionen muß eine strategische Vorgabe erarbeitet werden, wie das Ziel des Geschäftsauftrages zu erreichen ist, eine Arbeit, die heute in den meisten Unternehmen mangels Fach- und Sachkenntnissen nicht erfolgt. Die Konfliktpotentiale in Unternehmen sind beim Thema Travel Management besonders hoch, egal wie stark der Organisationsgrad schon ausgeprägt ist. Meine Standarderläuterung hierzu ist sehr einfach: Der Deutsche versteht alles vom Fußball, der Werbung und vor allem von Flugreisen. Wenn das Berufsbild eines Travel Managers sich zukünftig in den Unternehmen so durchsetzt wie Fachleute in Steuer- und Rechtsabteilungen und nicht nur reduziert wird auf das Thema Travel, dann können ganz erhebliche Einsparungen erzielt werden.

Lutz Stammnitz

Leiter der Abteilung Travel Management der Siemens AG

Trends im deutschen Tourismus

Die Deutschen gehören zu den Reiseweltmeistern. Im Jahr 1995 haben fast 80 % der erwachsenen Deutschen mindestens eine längere Reise mit fünf Übernachtungen und mehr unternommen. Auch unter dem Eindruck von Massenarbeitslosigkeit und stagnierenden beziehungsweise sinkenden Realeinkommen ist dieser Anteil nicht wesentlich gesunken. Das Reisen hat sich als konjunkturstabiles Konsumgut erwiesen.

In der Öffentlichkeit wird durch die Berichterstattung in den Medien der Eindruck erweckt, daß sich die Deutschen ausschließlich von Deutschland weg in ferne, zumindest aber sonnige Länder bewegen. Dieser Eindruck war und ist falsch. Deutschland ist nach wie vor das beliebteste Urlaubsreiseziel der Deutschen. 31,4 % aller Urlaubs-

Trends im deutschen Tourismus

reiseziele liegen in Deutschland, dies sind 19,5 Millionen Reisen, die in einheimische Ferienregionen führen. Das beliebteste ausländische Reiseziel Spanien folgt in weitem Abstand mit 13,4 % (8,3 Millionen Reisen). Deutschland hat ein herausragendes Image als Industrie- und Exportnation. Die Produktivität deutscher Unternehmen (und deren Mitarbeiter) und die Qualität deutscher Industrieerzeugnisse haben Weltniveau. Im Ausland setzt sich die Erkenntnis, daß Deutschland auch ein überaus lohnendes, attraktives und abwechslungsreiches Reiseziel ist, langsam aber sicher durch. Wir sind zwar noch nicht unter den zehn Top-Destinationen, aber immerhin im Jahr 1997 auf Rang 6 in der Rangfolge der einnahmestärksten Tourismusländer weltweit vorgestoßen.

Betrachtet man die Entwicklung des Reisens der Deutschen, ist festzustellen, daß die Geschichte des Reisens und die Entwicklung des Reiselandes Deutschland eng verknüpft mit der zunehmenden Mobilität der Menschen ist. Bis zum zweiten Weltkrieg war Reisen eine Angelegenheit Privilegierter, das heißt von Leuten mit Zeit und Geld. Reisen als Massenphänomen entwickelte sich erst nach dem zweiten Weltkrieg, dann aber mit rasender Geschwindigkeit. Auch heute nehmen längst nicht alle Länder an dieser Art der Völkerwanderung teil. Neben Zeit und Geld war es vor allem der problemlose Transport mittels PKW, Bus, Bahn und → Flugzeug, der die Reiseintensität verstärkte. Bis Ende der 50er Jahre verbrachten rund 90 % der Deutschen ihren Urlaub im eigenen Land. Die ersten Auslandsreiseziele waren die Alpenländer und vor allem Italien. Mit dem Boom des Flugtourismus rückten entferntere Reiseziele in greifbare Nähe: Vor allem die Mittelmeerländer Spanien und Griechenland. Der Anteil von inländischen zu ausländischen Urlaubsreisezielen lag noch in den 70er Jahren bei 50:50. Seit den 80er Jahren sind nahezu alle Regionen dieser Erde mit dem Flieger preisgünstig erreichbar, viele davon zu Dumpingpreisen. Der Anteil Deutschlands an den Urlaubsreisezielen ist im Jahr 1996 auf den bisherigen Tiefstand von knapp über 30 % gesunken. Im Jahr 1997 konnte wieder ein Prozentpunkt zugelegt werden.

Die Tourismusbranche gehört zu den bedeutendsten Wirtschafts-

Trends im deutschen Tourismus

zweigen in der Bundesrepublik. Ihre Entwicklung in den vergangenen Jahren ist ein deutliches Indiz für den Strukturwandel von einer produktionsintensiven Industriegesellschaft hin zu einer dienstleistungsorientierten Wirtschaft. Mit rund 200 Milliarden Mark Umsatz werden sowohl Land- und Forstwirtschaft als auch Bergbau und selbst die Chemische Industrie übertroffen. Im Tourismus arbeiten in Deutschland mit nahezu zwei Millionen Menschen (Teilzeitkräfte und Saisonkräfte mitgerechnet) mehr Menschen als in der Automobilindustrie und dem Bauhauptgewerbe. Trotzdem spielt diese Branche im öffentlichen Bewußtsein nicht immer die Rolle, die ihr aufgrund ihrer Wirtschaftskraft zukommt. Die Hauptakteure im deutschen Tourismus sind kleine und mittelständische Betriebe des Gastgewerbes, die oftmals im Schatten der bekannten Unternehmen Lufthansa, Deutsche Bahn und der großen → Reiseveranstalter stehen. Die Arbeitsplätze im Tourismus verteilen sich auf rund 228.000 Betriebe des Gastgewerbes, auf Messe- und Kongreßgesellschaften, Kureinrichtungen, touristische Organisationen auf kommunaler, regionaler, Landes- und Bundesebene, das Taxigewerbe, den Einzelhandel, die verschiedensten Verkehrsträger und eine Vielzahl nachgeordneter Bereiche. Erst in den letzten Jahren ist der Tourismus von der Politik als bedeutender Wirtschaftsfaktor im eigenen Land entdeckt worden. Dies hängt vor allem damit zusammen, daß die Tourismusbranche krisensichere, konjunkturunabhängige Arbeitsplätze anbieten kann.

Nicht nur Urlaubsreisen gehören zu den statistisch erfaßten Reisebewegungen. Die Palette der Reiseanlässe ist überaus vielfältig. Von den Umsätzen her ist vor allem der Markt der Geschäftsreisen interessant. Im Jahr 1996 gingen einer Stichprobe der Forschungsgemeinschaft Urlaub und Reisen F.U.R. zufolge 8 % der erwerbstätigen Bevölkerung mindestens einmal im Jahr aus dienstlichem Anlaß auf Reise. Bei zwei Dritteln handelt es sich um geschäftsorientierte Tagesreisen. Die 3,6 Millionen Reisenden, die nach dieser Hochrechnung übernachteten, absolvierten 20 Millionen Geschäftsreisen. Eine verhältnismäßig kleine Gruppe im oberen Management absolviert sehr viele Geschäftsreisen mit Übernachtung. Eine Umfrage der Deutschen Gesell-

Trends im deutschen Tourismus

schaft für Konsumforschung (GFK) ermittelte für das Jahr 1995 Reisekosten von ca. 75 Milliarden DM für inländische Geschäftsreisen. Das Umsatzvolumen ausländischer Firmen für Reisen nach Deutschland wird auf rund 45 Milliarden DM geschätzt. Gesicherte Zahlen liegen für den deutschen Kongreß- und Tagungsmarkt vor: Rund 55 Millionen Personen nehmen pro Jahr an Tagungen und Kongressen, Seminaren und Schulungen teil. Über 6.000 Hotels und rund 350 Hallen und Kongreßzentren bieten entsprechende Tagungsräumlichkeiten an. Der aus dem Geschäftsreisesegment resultierende Umsatz erreicht 45 Millionen Mark pro Jahr und damit - so die Unternehmensberater Dr. Gugg & Dr. Hank-Haase in ihrer Untersuchung - eine der gesamten Hochbaubranche vergleichbare Größenordnung. Kurzreisen (zwei bis vier Tage) sind ein sehr konjunkturanfälliges Reisesegment. Die Zahl der von den Marktanalytikern erfaßten Kurzreisen schwankt zusätzlich wegen der Lage der gesetzlichen Feiertage (Brückentage) von Jahr zu Jahr. Im Jahr 1996 zählte F.U.R. 58 Millionen Kurzreisen, in 1997 waren es 76 Millionen. Kurzreisen sind in aller Regel zusätzliche Reisen. Es steht zu erwarten, daß eine grundsätzliche Nachfrage nach Kurzreisen anhalten wird. Bedürfnisse nach Erholung und den "kleinen Fluchten" aus dem Alltag sowie der Wunsch, neue Eindrücke zu sammeln, sprechen dafür. Für das Reiseziel Deutschland spielen Kurzreisen wegen der leichen Erreichbarkeit eine besonders große Rolle. Viele Hoteliers haben sich mit Wochenendpauschalen auf diesen Trend eingestellt. Neben den längeren Reisen mit Übernachtung spielt der Tagestourismus eine oft unterschätzte Rolle. Besonders für die Städte und im Bereich der Naherholung ist der Tagestourismus (privat oder geschäftlich motiviert) von eminenter Bedeutung. Im Jahr 1994 machten rund 70 Millionen Deutsche durchschnittlich 30 Tagesausflüge. Während dieser Ausflüge (→ Freizeitpark, Zoobesuch, Wanderausflug, Besichtigungstouren etc.) gaben sie pro Jahr ca. 80 Milliarden Mark aus. Davon flossen 32 Milliarden Mark in die Kassen des Einzelhandels, 28 Milliarden blieben in den gastronomischen Betrieben. Ein noch relativ unerforschtes Reisesegment sind die unzähligen Besuche bei Verwandten und Bekannten, die im Umfeld zu hohen touristischen Umsätzen

Trends im deutschen Tourismus

führen, von denen allerdings das gewerbliche Beherbergungsgewerbe nicht profitiert. Der Deutsche Reisemonitor - ein Marktforschungsinstrument, das alle Reisen mit mindestens einer Übernachtung erfaßt - zählte in 1997, daß bei über einem Drittel aller Reisen bei Verwandten und / oder Bekannten übernachtet wird. Rund ein Drittel aller Übernachtungen wurde in der Vergangenheit in den 310 deutschen Kurorten und Heilbädern (→ Kur- und Bäderwesen) erzielt. Dies hängt zum einen mit der Dauer der klassischen Kur zusammen, zum anderen auch mit der Häufigkeit von Verwandtenbesuchen während der Kurmaßnahmen. Durch die Umsetzung der verschiedenen Stufen der Gesundheitsreform hat sich dies grundlegend geändert. Die Heilbäder und Kurorte waren maßgeblich für den Einbruch bei den Übernachtungszahlen im Jahr 1997 verantwortlich. Bis Mitte 1998 haben rund 250 Kliniken schließen müssen. 30.000 größtenteils hochqualifizierte Arbeitsplätze sind bereits verlorengegangen. Die Kurtaxe-Einnahmen, die der Er- und Unterhaltung der kurspezifischen Einrichtungen dienen, sind als Folge um 30 % gesunken. Kuren sind als medizinische Präventions- und Rehabilitationsmaßnahmen ein Teilbereich des Gesundheitswesens. Die Kurorte haben sich von glanzvollen Treffpunkten gehobener Bevölkerungsgruppen hin zu Gesundheitszentren mit hoher medizinischer Kompetenz gewandelt. Möglich wurde dies durch eine Öffnung der Kur für alle Bevölkerungsschichten, finanziert durch Krankenkassen und Rentenversicherungen. Um die Voraussetzungen für die Anerkennung als Kurort oder Heilbad zu erlangen, sind diese Kommunen gezwungen, neben hohen Anforderungen an die Umweltqualität sowohl medizinische als auch touristische Infrastruktur vorzuhalten: Neben Bewegungshallen und Thermalbädern, Kurparks und Kurmittelhäusern also auch Sport- und Freizeiteinrichtungen, Tennis- und Golfplätze sowie ein entsprechend gepflegtes Ortsbild. Diese Einrichtungen werden durch die vielgescholtene Kurtaxe unterhalten. Die Heilbäder und Kurorte haben auf diese gesetzlichen Einschränkungen natürlich reagiert. Sie bemühen sich um neue Zielgruppen und selbstzahlende Gäste. Gesundheits-, Fitneß- und Beautyangebote wurden geschnürt, neue Vertriebswege erschlossen. Diese Angebote werden, vor allem

Trends im deutschen Tourismus

wenn sie originell und innovativ sind, vom Markt gut angenommen. Dieser Erfolg kann jedoch nicht darüber hinwegtäuschen, daß ein Kurort eine spezifische Infrastruktur hat, die nicht mit der einer klassischen Tourismusgemeinde vergleichbar ist.

Kürzer, öfter, unberechenbarer und die Reisekasse im Auge behaltend. So reisten die Deutschen in den letzten Jahren. Nur wenige Reiseziele können sich der ewigen Treue ihrer Kunden sicher sein. Zu sehr wird das Reiseverhalten durch äußere Einflüsse bestimmt (Naturkatastrophen, kriegerische Auseinandersetzungen, hohe Kriminalitätsrate, Währungsschwankungen). Das Reiseziel Deutschland hat mit diesen externen Problemen weniger zu kämpfen, eher macht ihm die riesige, leicht erreichbare und auch bezahlbare weltweite Konkurrenz zu schaffen. Darüber hinaus stagniert die Nachfrage nach Reisen. Dabei sind die Gäste reiseerfahren, teils weltgewandt, sie vergleichen kritisch Preis mit Leistung und reisen mit hohen Erwartungen (einmal richtig auftanken, alle Alltagssorgen vergessen, unvergeßliche Erlebnisse gewinnen) an ihr Urlaubsziel. Die Gäste wollen ein sich deutlich vom Alltagserleben abgrenzendes Reiseerlebnis in Gastronomie, Architektur, Klima, Mentalität, Inszenierung und Zeitempfinden. Im Urlaub sollte einfach alles anders sein als sonst. Dies bleibt die größte Herausforderung für alle Touristiker.

Deutschland als Destination ist nicht out. Es existiert aber eine sehr große und außerordentliche Konkurrenz im nahen und fernen Ausland, die um die Gunst der Gäste buhlt. Viele Länder können die Erwartungen der Gäste nach Abwechslung, Spaß, Sonne, Exotik, Erholung, Ruhe, Auftanken, neuen Erlebnissen oder Abenteuern erfüllen. Die Marktforschung (→ Marktforschung im Tourismus) kommt zum Ergebnis, daß die Urlauber, die sich Deutschland als Reiseziel aussuchen, weniger an Sommer, Sonne, und Exotik interessiert sind, sondern das Naturerlebnis, Ruhe und Erholung suchen. Dies bedeutet aber nicht, daß man als Tourismusmanager keine Ideen mehr entwickeln muß und die Gäste ausschließlich Landschaft pur genießen wollen. Das zunehmende Interesse an Events (→ Event-Tourismus), an Kultur, am Faktor Genuß und Erlebnis zeigt, wohin die Reise in den nächsten Jahren voraussichtlich gehen wird: Sich öfter mal etwas gönnen; die Seele baumeln lassen und was für die Gesundheit, die Schönheit und die (auch geistige) Fitneß tun; neue Ziele entdecken; mit dem Trend gehen (Musicals, Sportveranstaltungen und In-Events besuchen); schnell mal raus aus dem Alltag; etwas Neues ausprobieren (Climbing, Power Walking, Rafting etc.); einfach nur ausspannen und sich verwöhnen lassen (mal Gast im Schloß sein, ein Gourmetwochenende, Langschläfertage etc.) Das alles kann man in deutschen Städten und Regionen erleben und zwar ohne weite Anfahrtswege und in einer Vielzahl unterschiedlicher Betriebe des Gastgewerbes und privater Anbieter in allen Preiskategorien.

Claudia Gilles

Hauptgeschäftsführerin des Deutschen Tourismusverbandes e.V.

Trolley

Bezeichnung für einen Transportwagen für Gepäck beziehungsweise für lose Fracht.

Two-Letter-Code

→ Airline-Code

Two-Step-Flow of Communication

→ Opinion Leader

Überführungsfahrt

Fahrt eines → Kreuzfahrtschiffes zum Wechsel des → Fahrtgebietes, zum Beispiel nach Abschluß der Sommersaison im Mittelmeer in karibische Gewässer oder aus der Ostsee durch den Nord-Ostsee-Kanal in die Nordsee.

Umlaufvermögen

Gesamtheit der Vermögensgegenstände, die nicht zum → Anlagevermögen gehören. → Jahresabschluß

Umsatz pro verfügbarem Zimmer

Kennzahl, die als das Verhältnis von Beherbergungsumsatz und Anzahl verfügbarer Zimmer definiert ist. Die Kennzahl, die auch als Revenue per available room sowie als Yield bezeichnet wird, ist ein hotelbetrieblicher Begriff.

Umsatzrentabilität

Bezeichnung für das prozentuale Verhältnis zwischen → Jahresüberschuß und Umsatz. Die Umsatzrentabilität wird im angloamerikanischen Sprachraum als Return on Sales bezeichnet.

Umsatzsteuer

Das Umsatzsteuerrecht ist in diversen Gesetzen und Verordnungen geregelt. Hierzu zählen unter anderem das UStG 1993 in der Fassung der Bekanntmachung vom 27.4.1993 mit nachfolgenden Änderungen und die Umsatzsteuer-Durchführungsverordnung (UStDV) 1993 in der Fassung der Bekanntmachung vom 27.4.1993 mit nachfolgenden Änderungen. Die Umsatzsteuer besteuert wirtschaftliche Verkehrsvorgänge, die Umsätze (Warenlieferungen, Werk- und Dienstleistungen). Sie ist daher gesetzestechnisch als Verkehrsteuer ausgestaltet. Da sie immer im Preis auf den Abnehmer einer Warenlieferung oder Dienstleistung abgewälzt wird, wird nur der Endverbraucher von Gütern und Dienstleistungen endgültig mit der Umsatzsteuer belastet. Die Umsatzsteuer gilt daher auch als Verbrauchsteuer. Da die Umsatzsteuer die Umsätze auf allen Wirtschaftsstufen erfaßt und auf jeder Stufe durch die Möglichkeit zum Vorsteuerabzug im Ergebnis nur der auf der jeweiligen Wirtschaftsstufe hinzugefügte Wert (Mehrwert) erfaßt wird, wird sie auch als Allphasen-Nettoumsatzsteuer mit Vorsteuerabzug bezeichnet. Gemeinhin wird die Umsatzsteuer auch nur Mehrwertsteuer genannt, obwohl das UStG diesen Ausdruck nicht verwendet und die Steuer durch den Gesetzgeber als Umsatzsteuer bezeichnet wird.

Völlig unberücksichtigt bleiben die persönlichen Verhältnisse des Unternehmers und / oder des Abnehmers von Gütern und Dienstleistungen. Fragen nach dem Wohnsitz, der Nationalität, dem Familienstand, der Anzahl der Kinder etc. stellen sich im Umsatzsteuerrecht nicht. Anknüpfungspunkt für die Umsatzsteuer ist allein die Ausführung eines Umsatzes. Die Umsatzsteuer nimmt auch keine Rücksicht auf die wirtschaftliche Leistungsfähigkeit des Abnehmers von Gütern oder Dienstleistungen; sie belastet den Sozialhilfeempfänger und den Einkommensmillionär gleichermaßen. Aus sozialpolitischen Gründen hat das Umsatzsteuerrecht aber eine Vielzahl von Umsätzen zur Deckung existentieller Grundbedürfnisse gänzlich von der Umsatzsteuer befreit oder zumindest eine Reduzierung der steuerli-

Umsatzsteuer

chen Belastung (ermäßigter Steuersatz 7 v.H. gegenüber dem allgemeinen Steuersatz von 16 v.H., der seit 1.4.1998 gilt), vorgenommen. So sind beispielsweise die Vermietungen von Grundstücken (Wohnungen etc.) und die Leistungen im Bereich der Gesundheitsfürsorge und die Heilbehandlungen umsatzsteuerfrei und die Umsätze von Grundnahrungsmitteln, Wasser, Zeitungen und Bücher nur mit dem ermäßigten Steuersatz belastet.

Bei der Umsatzsteuer ist der Unternehmer der Steuerschuldner. Führt er einen Umsatz aus, gibt er die hierfür entstandene Umsatzsteuer mit dem Preis an den Abnehmer weiter. Träger der Umsatzsteuer (wirtschaftlich Belasteter) ist daher der private Abnehmer, der mit dem Preis auch die darin enthaltene Umsatzsteuer zu tragen hat. Die Umsatzsteuer ist deswegen im Gegensatz zur Einkommensteuer (direkte Steuer) eine indirekte Steuer. Steuerschuldner und wirtschaftlicher Träger der Steuerbelastung sind verschiedene Personen. In der vorsteuerabzugsberechtigten Unternehmerkette ist die Umsatzsteuer grundsätzlich kein Kostenfaktor; sie hat den Charakter eines durchlaufenden Postens. Wird eine Ware vom Hersteller über den Großhändler und den Einzelhändler an den Endverbraucher veräußert, so beträgt die Umsatzsteuer bei einem Steuersatz von 16 v.H. insgesamt genau 16 v.H. des vom Endverbraucher an den Einzelhändler zu entrichtenden Entgelts (ohne Umsatzsteuer). Dies wird dadurch erreicht, daß jeder Unternehmer in der Kette der Warenbewegung grundsätzlich die ihm von seinen Vorlieferanten in Rechnung gestellte Umsatzsteuer als Vorsteuer von seiner eigenen Umsatzsteuer abziehen kann. Somit entsteht für den vorsteuerabzugsberechtigten Unternehmer wirtschaftlich keine Belastung, weil er die gezahlte Vorsteuer als Anspruch gegenüber dem Finanzamt geltend machen kann und die Umsatzsteuer für den eigenen Umsatz auf seinen Abnehmer überwälzt. Nur der nicht vorsteuerabzugsberechtigte Endverbraucher wird letztlich mit der Umsatzsteuer wirtschaftlich belastet.

In § 25 enthält das UStG eine Sondervorschrift für die Besteuerung von Reiseleistungen, die sogenannte Margenbesteuerung. Sie wurde im Rahmen der Umsatzsteuerharmonisierung zur Angleichung des deutschen UStG an die in Art. 26 der 6.

EG-Richtlinie enthaltenen Sonderregelungen eingefügt. → Reiseveranstalter im Sinne von § 651a BGB ist jeder, der eine Gesamtheit von Reiseleistungen als eigene anbietet, wobei es zivilrechtlich nicht darauf ankommt, daß er dies nachhaltig, wiederholt oder in Gewinnabsicht tut. Die Margenbesteuerung nach § 25 UStG gilt für alle Unternehmer (also nicht nur für → Reiseveranstalter), die im eigenen Namen Reiseleistungen an Endverbraucher erbringen, soweit sie dabei Lieferungen oder sonstige Leistungen anderer Unternehmer in Anspruch nehmen, die den Reisenden unmittelbar zugute kommen. Die Vorschrift hat besondere Bedeutung für Veranstalter von → Pauschalreisen. Es ist aber nicht erforderlich, daß der Unternehmer ein Bündel von Einzelleistungen erbringt. Eine Reiseleistung im Sinne der Margenbesteuerung liegt auch vor, wenn der Unternehmer nur eine Leistung erbringt, zum Beispiel die Vermietung von Ferienwohnungen ohne Anreise und Verpflegung. Die Margenbesteuerung kann auch für Sprach- und → Studienreisen in Betracht kommen. Reiseleistungen sind insbesondere folgende Leistungen: Beförderung zu den einzelnen Reisezielen, Transfer, Unterbringung und Verpflegung, Betreuung durch Reiseleiter, Durchführung von Veranstaltungen. Leistungsempfänger ist der Besteller der Reiseleistung. Der Leistungsempfänger und der Reisende brauchen nicht identisch zu sein, zum Beispiel ein Vater schenkt seiner Tochter eine → Pauschalreise. Die Margenbesteuerung ist nicht anzuwenden, soweit Reiseleistungen eines Unternehmers für das Unternehmen des Leistungsempfängers bestimmt sind (insbesondere für Geschäftsreisen). Für diese Reiseleistungen gelten die allgemeinen Vorschriften, das heißt jede einzelne Reiseleistung ist gesondert nach dem Leistungsort auf ihre Steuerbarkeit und Steuerpflicht hin zu beurteilen. Für das Unternehmen des Leistungsempfängers bestimmt sind insbesondere auch Reiseleistungen, die der erwerbende Unternehmer zwar nicht selbst zum Beispiel für eigene Geschäftsreisen unternimmt, sondern im Rahmen seines Unternehmens weitergibt (zum Beispiel Kettengeschäfte und Incentive-Reisen (→ Incentives)). Bei Kettengeschäften kauft ein Unternehmer (U) von einem anderen Unternehmer (U^1) komplette → Pauschalreisen oder einzelne Reiseleistungen, wie zum Bei-

Umsatzsteuer

spiel Plätze in einem Beförderungsmittel, die er dann im eigenen Namen verkauft. Leistungen des U[1] an U sind nicht nach der Margenbesteuerung, sondern nach den allgemeinen Vorschriften zu besteuern. Die Leistung des U an die Reisenden (Endverbraucher) unterliegt dann der Margenbesteuerung.

Als Incentive-Reisen (→ Incentives) werden solche Reisen bezeichnet, die ein Unternehmer bei einem → Reisebüro oder einem → Reiseveranstalter bestellt und seinen Arbeitnehmern für ein dem eigenen Unternehmen förderliches Verhalten zuwendet. So ist es zum Beispiel bei Betriebsausflügen oder bei Reisen, die ein Unternehmer seinen Arbeitnehmern als Belohnung zuwendet. Wird die Reise einem Betriebsangehörigen als Sachzuwendung (ohne daß der Arbeitnehmer etwas aufwendet) oder gegen Entgelt überlassen, so bewirkt der Unternehmer damit eine Reiseleistung, die der Margenbesteuerung unterliegt. Im Falle einer Sachzuwendung ergibt sich jedoch keine Marge, weil sich die als Entgelt anzusetzenden Kosten mit den Aufwendungen des Unternehmers für die Reise decken. Das gleiche gilt, wenn eine Barzahlung des Arbeitnehmers für die Reise die Aufwendungen des Unternehmers für den Erwerb der Reise nicht übersteigt. Der Abzug der auf den Erwerb der Reise entfallenden Vorsteuer ist in diesen Fällen ausgeschlossen.

Wird die Reise nicht gegen Entgelt oder als Sachzuwendung weitergegeben, sondern im Unternehmen verwendet, zum Beispiel für Dienstreisen von Angestellten, als Kundengeschenk, als Prämie für Handelsvertreter etc., so bewirkt der Unternehmer keine Reiseleistung. Er kann in diesem Falle die auf den Erwerb der Reise entfallende Vorsteuer unter den allgemeinen Voraussetzungen absetzen. Bei Zuwendung der Reise an einen Geschäftsfreund ist jedoch die Eigenverbrauchsbesteuerung vorzunehmen. Alle bei Durchführung der Reise erbrachten Leistungen gelten als einheitliche sonstige Leistung des → Reiseveranstalters an den Leistungsempfänger, soweit der → Reiseveranstalter gegenüber dem Leistungsempfänger in eigenem Namen auftritt und für die Durchführung der Reise Lieferungen und sonstige Leistungen Dritter (Reisevorleistungen) in Anspruch nimmt. Die sonstige Leistung wird an dem Ort ausgeführt, von dem aus der

→ Reiseveranstalter sein Unternehmen betreibt. Wird die sonstige Leistung von einer Betriebsstätte des → Reiseveranstalters ausgeführt, gilt der Ort der Betriebsstätte als Leistungsort. Die Margenbesteuerung kommt nicht in Frage, wenn der Unternehmer Reiseleistungen durch Einsatz eigener Mittel (zum Beispiel eigene Beförderungsmittel, eigenes Hotel, Betreuung durch angestellte Reiseleiter) erbringt. In diesen Fällen gelten die allgemeinen umsatzsteuerlichen Vorschriften. Bei Reisen, die sich auch auf das Ausland erstrecken, unterliegen der Besteuerung daher die jeweiligen im Inland erbrachten Einzelleistungen. Dabei sind die dafür geltenden umsatzsteuerlichen Vorschriften (§§ 3a Abs. 1 bei Betreuung durch angestellte Reiseleiter, 3b Abs. 1 und 26 Abs. 3 für Beförderungsleistungen, § 3a Abs. 2 Nr. 1 Buchst. a für Beherbergungsleistungen und § 3 Abs. 6 UStG für Verpflegungsleistungen) zu beachten.

Reisevorleistungen sind alle Leistungen, die von einem Dritten erbracht werden und dem Reisenden unmittelbar zugute kommen. Das sind alle Leistungen, die der Reisende in Anspruch nehmen würde, wenn er die Reise selbst durchführen würde, insbesondere Beförderung, Unterkunft und Verpflegung. Keine Reisevorleistungen sind zum Beispiel die folgenden Leistungen dritter Unternehmer, die nur mittelbar dem Reisenden zugute kommen: Ein selbständiges → Reisebüro vermittelt die → Pauschalreisen des → Reiseveranstalters. Eine Kraftfahrzeugwerkstatt setzt auf einer Busreise das Fahrzeug instand. Gemischte Reiseleistungen liegen vor, wenn der Unternehmer sowohl Leistungen mit eigenen Mitteln erbringt (zum Beispiel Beförderungsleistungen mit eigenen Beförderungsmitteln) als auch Reisevorleistungen (zum Beispiel Unterkunft und Verpflegung) in Anspruch nimmt. Die Margenbesteuerung beschränkt sich in diesen Fällen auf die Reisevorleistungen, soweit der Unternehmer gegenüber dem Leistungsempfänger hinsichtlich der Reisevorleistungen in eigenem Namen auftritt. Für die im Rahmen einer solchen Reise erbrachten Leistungen mit eigenen Mitteln gelten die allgemeinen Vorschriften. Nach § 25 Abs. 2 UStG ist eine einheitliche Reiseleistung umsatzsteuerfrei, soweit die ihr zuzurechnenden Reisevorleistungen ausschließlich im Drittlandsgebiet (außer-

Umsatzsteuer

halb der Europäischen Union) erbracht werden. Die einheitliche Reiseleistung ist insgesamt steuerpflichtig, wenn die der Reiseleistung zuzurechnenden Reisevorleistungen ausschließlich im Gemeinschaftsgebiet (innerhalb der Europäischen Union) bewirkt werden. Werden die Reisevorleistungen nur zum Teil im Drittlandsgebiet, im übrigen aber im Gemeinschaftsgebiet erbracht, so ist die einheitliche Reiseleistung nur insoweit steuerfrei, als die Reisevorleistungen auf das Drittlandsgebiet entfallen. Abweichend von der allgemeinen Entgeltsregelung ist bei der Margenbesteuerung die Bemessungsgrundlage lediglich die Differenz (Marge) zwischen dem Betrag, den der Leistungsempfänger entrichtet, und den Aufwendungen für die Reisevorleistungen, jedoch abzüglich der Umsatzsteuer. Treffen bei einer Reise Leistungen des Unternehmers mit eigenen Mitteln und Leistungen Dritter zusammen, sind bei der Berechnung der Marge die eigenen Leistungen grundsätzlich im prozentualen Verhältnis zu den Fremdleistungen auszuscheiden. Für die eigenen Leistungen gelten die allgemeinen Bestimmungen; bei der Entgeltbemessung sind die dafür aufgewendeten Kosten anzusetzen. Ist die einheitliche Reiseleistung teils steuerfrei und teils steuerpflichtig, so ist die Marge im Verhältnis der Reisevorleistungen aufzuteilen.

Da die Errechnung der Marge bei → Pauschalreisen häufig mit erheblichen Schwierigkeiten verbunden sein kann, gibt es für die Ermittlung der Marge bestimmte Erleichterungen, die in Abschnitt 274 Abs. 4 UStR näher erläutert sind. Im Rahmen der Margenbesteuerung ist der Abzug der Vorsteuern, die auf Reisevorleistungen entfallen, generell ausgeschlossen. Dies hat seine Ursache darin, daß im Rahmen der Margenbesteuerung nicht das gesamte Entgelt für die Reiseleistung, sondern nur die Marge (Entgelt für die Reiseleistung abzüglich der Reisevorleistungen, das heißt die eigene Leistung) besteuert wird. Nicht eingeschränkt ist der Vorsteuerabzug auf Eingangsleistungen, die keine Reisevorleistungen sind. Abziehbar bleiben somit Vorsteuern aufgrund von Bürokosten, Fahrtkosten des Unternehmers oder seiner Angestellten sowie aus dem Erwerb von Büroeinrichtungsgegenständen. Abziehbar sind auch Steuerbeträge, die dem Unternehmer für Vermittlungsleistungen oder die

Lieferung von Katalogen oder Prospektmaterial in Rechnung gestellt werden und die Vorsteuerbeträge aus empfangenen Leistungen, mit deren Hilfe der Unternehmer Eigenleistungen erbringt.

→ Reisebüros, die nicht selbst als → Reiseveranstalter tätig sind, handeln zivilrechtlich beim Verkauf einzelner Fahr-, Schiffs- und Flugkarten nur als Verkaufsstelle, Vermittler oder Vertreter, zum Beispiel der Deutschen Bahn AG, der → Reederei oder → der Fluggesellschaft. Das gleiche gilt regelmäßig, wenn ein → Reisebüro die Bestellung einer Reise erkennbar für einen anderen → Reiseveranstalter annimmt, die von diesem zusammengestellt und nach einem von diesem herausgegebenen Prospekt angeboten wird. → Reisebüros erhalten in diesen Fällen regelmäßig Provisionen (→ Provisionssysteme im Reisebürobereich) vom Beförderungsunternehmer oder → Reiseveranstalter, dessen Leistungen sie vermitteln. Die Leistung des → Reisebüros (Vermittlers) gegenüber dem von ihm vertretenen Unternehmer (zum Beispiel Deutsche Bahn AG, → Reederei, → Fluggesellschaft, → Reiseveranstalter) ist eine sonstige Leistung, wobei Steuerbarkeit und Steuerpflicht dieser Vermittlungsleistung nach den allgemeinen Vorschriften des UStG zu beurteilen sind. Soweit Reisebüros Reiseleistungen vermitteln, ist die Bestimmung des Leistungsortes nach § 3a Abs. 2 Nr. 4 Satz 1 UStG von besonderer Bedeutung. Danach wird eine Vermittlungsleistung an dem Ort erbracht, an dem der vermittelte Umsatz ausgeführt wird. Wird der vermittelte Umsatz im Ausland ausgeführt, so ist die Vermittlungsleistung nicht umsatzsteuerbar.

Beim grenzüberschreitenden Luftverkehr erbringen die → Fluggesellschaften umsatzsteuerlich sonstige Leistungen. Ein Teil der sonstigen Leistungen wird im Luftraum über dem Bundesgebiet, also im Inland ausgeführt und ist deshalb steuerbar. Zur Behebung der Schwierigkeiten, die sich bei der Besteuerung dieser sonstigen Leistungen ergeben, ist das Bundesfinanzministerium ermächtigt, die Umsatzsteuer für die Beförderung von Personen im grenzüberschreitenden Luftverkehr zu erlassen, bei ausländischen → Fluggesellschaften jedoch nur dann, wenn in dem Land, in dem das ausländische Unternehmen seinen Sitz hat, von bundesdeutschen → Fluggesellschaften auch keine Umsatzsteuer (oder ähnliche Steuer) erhoben wird (Gegenseitigkeit). In einem vom Bundesfinanzministerium herausgegebenen Verzeichnis sind die Länder aufgeführt, bei denen die Gegenseitigkeit festgestellt ist. → Steuern

Rudolf Kollmannsberger

Vereidigter Buchprüfer und Steuerberater, München, Lehrbeauftragter an der Fachhochschule München, Fachbereich Tourismus

Umwelt

→ Tourismus und Umwelt

Unbeschränkte Haftung

Gesellschaftsrechtlicher Begriff für eine Haftungsform, die dadurch gekennzeichnet ist, daß die Haftung sich sowohl auf das Betriebsvermögen als auch auf das Privatvermögen von Gesellschaftern bezieht.

Unbundling

Bezeichnung für die Trennung von bisher gemeinsam angebotenen Produkten zu einzeln angebotenen Produkten.

Undistributed Operating Expenses

Begriff des → Uniform System of Accounts for the Lodging Industry, welcher diejenigen hotelbetrieblichen Aufwandsarten (→ Aufwand) beschreibt, die dem operativen Geschäft zuzuordnen sind, aber nicht einem → Profit Center zugerechnet werden können. Hierzu zählen die Positionen Administrative and General, Marketing, Property Operation and Maintenance und Utility Costs.

UNESCO-Programme

Die internationale Sonderorganisation der Vereinten Nationen für Bildung, Naturwissenschaften, Kultur und Kommunikation hat Programme entwickelt, die für den Tourismus von besonderer Bedeutung sind. Hierzu zählen vor allem die Programme "Das Weltkulturerbe" und "Der Mensch und die Biosphäre". Beide Programme sollen nachstehend vorgestellt werden. Zunächst wird das Programm "Das Weltkulturerbe" dargestellt.

Was verbindet die Pyramiden Ägyptens mit dem Grand Canyon des Colorado oder den Mont Saint-Michel mit dem Tadsch Mahal, die Inkastadt

UNESCO-Programme

Machu Picchu in Peru mit dem Ngogongoro-Krater in Tansania? Es sind Zeugnisse vergangener Kulturen und einzigartige Naturlandschaften, deren Schutz und Bewahrung sich die UNESCO zu eigen gemacht hat. Aus diesem Grund haben die Mitgliedsstaaten 1972 die Internationale Konvention für das Kultur- und Naturerbe der Menschheit beschlossen, die inzwischen 152 Staaten ratifiziert haben. Sie verpflichten sich zu fortdauernden Schutz- und Erhaltungsmaßnahmen. Über die Aufnahme von Denkmälern in die Liste des Welterbes entscheidet das UNESCO-Welterbekomitee, das prüft, ob die von den Unterzeichnerstaaten vorgeschlagenen Denkmäler die in der Konvention festgelegten Kriterien erfüllen. Hierzu zählen die "Einzigartigkeit" und die "Authentizität" (→ Reisemotivation), das heißt historische Echtheit eines Kulturdenkmals oder die "Integrität" eines Naturdenkmals. Außerdem muß ein überzeugender Erhaltungsplan vorliegen. Von Anfang an haben die UNESCO und die zur Umsetzung der Konvention eingerichteten Institutionen - wie etwa der zwischenstaatliche Rat für Kultur- und Naturdenkmäler ICOMOS - ihren Beitrag zur Aufrechterhaltung des Weltkulturerbes darin gesehen, den kulturellen Reichtum in seiner Vielfalt über die Bewahrung hinaus einem interessierten Publikum zugänglich zu machen. Als weltweite Organisation sichert die UNESCO eine interkulturelle Zusammenarbeit mit dem Ziel, ein Geschichts- und Kulturbewußtsein lebendig zu halten. Insofern trägt das Weltkulturerbe-Programm bewußt zur Bildung bei, zu dem auch Reisen und Tourismus ihren Beitrag leisten können. Dies erfordert eine Gestaltung des Welterbes einerseits und einen sorgsamen Umgang damit von seiten der Touristen andererseits.

Nun soll das Programm "Der Mensch und die Biosphäre" vorgestellt werden. Die Idee der Biosphärenreservate betrifft eine der wichtigsten Fragen, denen die Welt heute gegenübersteht. Wie können wir den Schutz der biologischen Vielfalt und der biologischen Ressourcen mit ihrer nachhaltigen Nutzung in Einklang bringen? Ein leistungsfähiges Biosphärenreservat erfordert die Beteiligung von Natur- und Sozialwissenschaftlern, Naturschutz- und Entwicklungsgruppen, Behörden und lokalen Gemeinschaften ebenso wie eine

UNESCO-Programme

Orientierung des Tourismus an Kriterien der langfristig tragfähigen Entwicklung.

Das Programm "Der Mensch und die Biosphäre" und die Idee der Biosphärenreservate gehen auf das Jahr 1974 zurück, 1976 wurde das Weltnetz gegründet. Es ist ein Schlüssel für das Ziel des Programms, ein nachhaltiges Gleichgewicht zwischen den bisweilen widersprüchlichen Zielen der Erhaltung der biologischen Vielfalt, der Förderung der wirtschaftlichen Entwicklung und der Wahrung zugehöriger kultureller Werte zu verwirklichen. Biosphärenreservate sind Orte, an denen dieses Ziel geprüft, gestaltet und vorgestellt wird. Ein Meilenstein zur Erhaltung und weiteren Gestaltung des Programms "Der Mensch und die Biosphäre" stellt das Übereinkommen über biologische Vielfalt auf dem sogenannten "Erdgipfel" 1992 dar, der Konferenz der Vereinten Nationen für Umwelt und Entwicklung in Rio de Janeiro. Die drei Hauptziele sind demnach die Erhaltung der biologischen Vielfalt, die nachhaltige Nutzung ihrer Bestandteile sowie die gerechte und ausgewogene Aufteilung der sich aus der Nutzung der Ressourcen ergebenden Vorteile. Die Biosphärenreservate fördern diesen integrierten Ansatz und sind damit besonders geeignet, zur Umsetzung dieses Übereinkommens beizutragen. Dem ständigen beratenden Ausschuß für die Biosphärenreservate obliegt es, die Aktionsprogramme umzusetzen und Strategien für das 21. Jahrhundert zu entwickeln. Ein besonderer Impuls für die Verknüpfung des Programms der Biosphärenreservate mit dem tragfähigen Tourismus, dem sogenannten → Sustainable Tourism, ging von der Weltkonferenz in Sevilla 1995 aus, die eine Gesamtstrategie für das Programm "Der Mensch und die Biosphäre" erarbeitete. Sie enthält die Aufforderung, die Rahmenbedingungen dafür zu schaffen, ökonomischen Nutzen, soziale Verantwortung und Umweltschutz miteinander in Einklang zu bringen.

Sowohl das Welterbe- als auch das Programm "Der Mensch und die Biosphäre" stehen immer mehr im Zusammenhang des langfristig tragfähigen Tourismus, den die UNESCO mit einem umfassenden und weltweiten Aktionsprogramm seit ihrer Konferenz in Lanzarote 1995 zu diesem Thema in den Blickpunkt des Interesses gerückt hat. Sie tragen dazu bei, eine Bereitschaft für neue Entwicklungen einzuleiten, für die es auch einen institutionellen Rahmen gibt. Die international ausgehandelten Strategien haben in den einzelnen Mitgliedsstaaten eine konkrete Umsetzung erfahren, die auch auf die Tourismusindustrie einen unmittelbaren Einfluß ausübt.

Prof. Dr. Irmela Neu

Fachhochschule München, Fachbereich Tourismus, Mitglied der Deutschen UNESCO-Kommission

Uniform System of Accounts for the Lodging Industry

Das Uniform System of Accounts for the Lodging Industry ist das international bedeutendste hotelbetriebliche Rechnungslegungssystem. Dieses System ist in einem Handbuch zusammengefaßt, das sowohl zu Zwecken der externen Rechnungslegung als auch zu Zwecken der internen Rechnungslegung verwendet werden kann. Das Handbuch ist in verschiedene Abschnitte unterteilt. Der erste Abschnitt umfaßt die für Hotels wichtigen Financial Statements. Hierzu zählt zunächst die Komponente Balance Sheet. Dieses Financial Statement entspricht weitgehend der Bilanz, wie sie unter Anwendung des Rechnungslegungssystems → US-GAAP allgemein aufzustellen ist. Das zweite Financial Statement ist das Statement of Income. Dieses weist eine Struktur auf, die ausdrücklich zwischen → Profit Center und → Service Center unterscheidet. Zu den → Profit Center zählen vor allem die Bereiche Beherbergung und F & B (→ Food & Beverage). Ein beispielhaftes → Service Center ist etwa der Bereich Marketing.

Die nächsten Financial Statements sind das Statement of Owners' Equity, das Statement of Cash Flows sowie die Komponente Notes. Diese Statements entsprechen wieder weitgehend den entsprechenden allgemeinen US-GAAP-Statements.

Dem schließt sich der Teil Departmental Statements an. Diese Financial Statements können insofern als Detaillierungen des Statement of Income aufgefaßt werden, als es sich im Fall der → Profit Center um Ergebnisrechnungen, im Fall der → Service Center und anderer Abrechnungseinheiten um Aufwandsrechnungen (→ Aufwand) handelt.

An den Abschnitt Financial Statements schließt sich der Teil Financial Analysis an. Hier finden sich verschiedene Inhalte wieder, die von ausführlichen Kennzahlendefinitionen bis hin zu Ausführungen über Formen der Verteilung von → Gemeinkosten reichen. Am Ende des Handbuchs befinden sich schließlich die Abschnitte Recording Financial Information, Expenses Dictionary und Sample Set of Uniform System Statements.

Literatur: Educational Institute of the American Hotel & Motel Association, 1996; Gewald, 1999

Unmittelbare Haftung

Gesellschaftsrechtlicher Begriff für eine Haftungsform, die dadurch gekennzeichnet ist, daß Gläubiger die Bezahlung ihrer Forderungen von jedem beliebigen Gesellschafter verlangen können.

Unternehmenserscheinungsbild

→ Corporate Identity

Unternehmenskommunikation

→ Corporate Identity

Unternehmenskultur

Bezeichnung für die Gesamtheit von Wertvorstellungen, die ein Unternehmen und dessen Verhalten ausmachen. → Unternehmensleitbild

Unternehmensleitbild

Bezeichnung für eine schriftliche Abbildung der → Unternehmenskultur und Zielsetzungen des Unternehmens. Leitbilder erweisen sich nur dann als sinnvoll, wenn erstens die obersten Führungskräfte diese Werte leben und zweitens diese Werte von den Mitarbeitern getragen und unterstützt werden. Aufgabe der → Führung ist es, die Kernwerte zu kommunizieren und zwar nicht, indem sie diese zum Maß aller Dinge erheben, sondern indem sie diese immer wieder in Frage stellen. Nur im kritischen Diskurs mit den Mitarbeitern, im couragierten Offenlegen von Wertekonflikten und der selbstkritischen Überprüfung von vermeintlichen und tatsächlichen Werten im täglichen Handeln werden Werte zum stabilisierenden Element der Unternehmensentwicklung - eben weil sie durch die Motivation der Mitarbeiter getragen werden. Gertraud Höhler sieht in jeder Leistungskultur auch eine Vertrauenskultur, wenn alle ihr Bestes geben. Im Hinblick auf den Unternehmenserfolg von Unternehmungen des Tourismus haben folgende kulturelle Werte besondere Bedeutung:

- Kundenorientierung: In besonders erfolgreichen Unternehmungen genießt der Gast eine besondere Wertschätzung. Ein Gast bedarf des besonderen Elements der Gastlichkeit. Eine auf echter und tief verwurzelter Servicementalität aufbauende → Unternehmenskultur wird zunehmend zum Erfolgsfaktor.
- Mitarbeiterorientierung: Mitarbeiterorientierung äußert sich in zufriedenen, engagierten, leistungs- und lernbereiten Mitarbeitern, die sich in einer offenen Vertrauenskultur entfalten und fachlich wie persönlich wachsen können. Durch ihre positive Einstellung "zum Dienen" entsteht eine hohe Servicequalität und damit wird das Unternehmen unverwechselbar.
- Innovationsorientierung: Diese zeigt sich in einer positiven Grundhaltung gegenüber Neuerungen und Verbesserungsvorschlägen sowie einer Veränderungsbereitschaft.
  Man ist neuen Ideen gegenüber offen, hat eine gewisse Risikobereitschaft, darf Fehler machen, um daraus zu lernen. Durch ein offenes und freies Kommunikationsverhalten können viele Innovationspotentiale ausgeschöpft werden.
- Resultats- und Leistungsorientierung: Eine ausgeprägte Forderung nach Leistung und permanenter Verbesserung gehört zu den Grundsätzen moderner Mitarbeiterführung. Durch ständiges Lernen und Selbstverantwortlichkeit können die Kernkompetenzen des Unternehmens und damit die Wettbewerbsfähigkeit verbessert werden.

Literatur: Hilb, 1994; Höhler, 1998

Prof. Annemarie Pircher-Friedrich

Fachhochschule München, Fachbereich Tourismus

Unternehmensverbindungen

Oberbegriff für alle Formen der Kooperation und der Konzentration von Unternehmen.

Eine Kooperation liegt vor, wenn die eine Unternehmensverbindung eingehenden touristischen

Leistungsträger ihre rechtliche Selbständigkeit behalten sowie in den nicht der vertraglichen Zusammenarbeit unterworfenen Bereichen auch wirtschaftlich selbständig bleiben.

Eine Konzentration liegt hingegen vor, wenn die eine Unternehmensverbindung eingehenden touristischen Leistungsträger ihre wirtschaftliche Selbständigkeit verlieren, wobei es zusätzlich hierzu noch zu einem Verlust der rechtlichen Selbständigkeit kommen kann.

Darüber hinaus unterscheidet man horizontale, vertikale und diagonale Unternehmensverbindungen. Eine horizontale Unternehmensverbindung liegt vor, wenn touristische Leistungsträger der gleichen Produktionsstufe eine Unternehmensverbindung eingehen. Ein Beispiel hierfür ist die → Hotelkooperation. Eine vertikale Unternehmensverbindung liegt vor, wenn touristische Leistungsträger, die auf jeweils verschiedenen Produktionsstufen arbeiten, eine Unternehmensverbindung eingehen (→ Vertikale Integration). Ein Beispiel hierfür ist eine Unternehmensverbindung zwischen einem → Reiseveranstalter und einer → Fluggesellschaft. Eine diagonale Unternehmensverbindung liegt vor, wenn weder eine horizontale Unternehmensverbindung noch eine vertikale Unternehmensverbindung gegeben ist. Ein Beispiel hierfür ist eine Unternehmensverbindung zwischen einem Industrieunternehmen und einem → Reiseveranstalter. → Konzern

Unternehmensverhalten

→ Corporate Identity

Variable Kosten

→ Kosten

Verkaufsorientierte Mitarbeitermotivation im Gastgewerbe

"Mein Mitarbeiter - der beste Verkäufer" ist eine Zielsetzung, die bei einer positiven Unternehmensstruktur durchaus realisierbar ist. Sie beschert wachsende Umsätze und proportional sinkende Personalkosten. Bei 40 - 50 % Personalkosten im deutschen Gastgewerbe ist Personaloptimierung angesagt. Doch wie motiviere und schule ich meine Mitarbeiter, damit sie voll Freude beim Gast "Dienst leisten" und zur Umsatzsteigerung aktiv beitragen? Nur ein Motor, der geölt ist, läuft rund. Nur begeisterte Mitarbeiter können den Gast überzeugen. Aufgabe jeder

Verkaufsorientierte Mitarbeitermotivation im Gastgewerbe

Führungskraft ist es, seine Fußballmannschaft, denn nichts anderes ist ein Team in einem Hotel / Gaststätte, zum Erfolg zu bringen. Um dieses Ziel zu erreichen, helfen zum Verständnis folgende Grundüberlegungen.

Ausgangspunkt ist eine vereinfacht dargestellte Theorie der menschlichen Bedürfnisstruktur aus der Verhaltensforschung. Diese belegt, daß Mitarbeiter, abgesehen von physischen Bedürfnissen, die Befriedigung der Urtriebe Neugierde, Anerkennung und menschliche Bindung als Voraussetzung für ein zufriedenstellendes Arbeitsklima empfinden. Neugierde ist die Triebfeder des Fortschritts. In jedem Menschen steckt der Wunsch nach Herausforderung durch neue Aufgaben. Entscheidend dabei ist, daß sich der Mensch aus der Sicherheit bekannter Situationen heraus an die Erforschung neuer Bereiche heranwagen kann. Zuviel Neues oder völlig Unüberschaubares im Arbeitsprozeß überfordern und lassen ebenso resignieren wie Monotonie. Das Grundbedürfnis nach Anerkennung für gut geleistete Arbeit steht bei Mitarbeiterbefragungen an erster Stelle, erst an fünfter Stelle kommt das Einkommen. Anerkennung wird in seiner Wirkung sträflich unterschätzt. Studien am Arbeitsplatz belegen, welch eklatante Leistungssteigerung durch Akzeptanz und Wertschätzung erreicht werden kann. Es versteht sich von selbst, daß nur ernst gemeintes Lob bei Mitarbeitern ankommt. Der dritte Grundpfeiler des vereinfachten Bedürfnisprofils ist der Wunsch nach menschlicher Bindung, also Integration im Team. Wesentlich ist, daß jedes Teammitglied seinen definierten Platz in der Mannschaft hat. Optimalerweise erhält das Teammitglied einen eigenen, wenn auch noch so kleinen Verantwortungsbereich. Die Einbindung eines Mitarbeiters verlangt von der Führungskraft Sensibilität, denn gerade das soziale Miteinander bringt die größten Reibungspunkte. Unstimmigkeiten können Mitarbeiter derart beeinträchtigen, daß deren Energie nicht mehr in die Arbeitsleistung fließt.

Diese Erkenntnisse aus der Verhaltensforschung gilt es nun in der täglichen Arbeit umzusetzen. Ziel ist es, die Servicebereitschaft und verkaufsorientierte Handlungsweise der Mitarbeiter zu fördern und gleichzeitig auf die genannten Bedürfnisse nach Anerkennung, Neugierde und

Verkaufsorientierte Mitarbeitermotivation im Gastgewerbe

menschlicher Bindung einzugehen.

Oberstes Gebot für den Erfolg aller Maßnahmen im Rahmen der verkaufsorientierten Mitarbeiterführung ist ein angstfreies Arbeitsklima. Mit Angst im Rücken kann kein Mitarbeiter als kompetenter Berater entspannt dem Gast gegenübertreten. Mangelnde Höflichkeit und unzureichende Disziplinierung der eigenen Launen bei Führungskräften sind hierbei die größte Hürde. In einem Klima der Intrigen und lautstarken Beschimpfungen von Teammitgliedern, möglichst noch in Anwesenheit des Gastes, wird kein gehobenes Verkaufsgespräch stattfinden. Ist der Chef jedoch guter Dinge, fällt es dem Mitarbeiter leichter, diese Stimmung an den Gast weiterzureichen. Begeisterung ist übertragbar. Nur ein respektierter Mitarbeiter kann ein guter Verkäufer sein. Die grundsätzliche Einstellung zum Mitarbeiter bedarf vielerorts der Reform. Ein Unternehmer, der dies erkannt hat, weiß, daß seine Mitarbeiter wichtige Geschäftspartner bei der Gästeakquisition und Gästebetreuung darstellen. Er wird sein Unternehmen zur angstfreien, jedoch nicht respektlosen Zone erklären. Unter diesen Voraussetzungen zeigen die nachstehenden kleinen Maßnahmen große Wirkung.

- Köchin rührt Werbetrommel? Jeder Mitarbeiter ist ein ernstzunehmender Geschäftspartner, der bei Freunden, Familie, oder beim Arzt, kurz überall, wo man ihn nach seinem Beruf fragt, als Sprachrohr seines Betriebes auftritt. Selbstverständlich hat jedes Teammitglied, auch zum Beispiel die Köchin, eine Firmenvisitenkarte mit Privatadresse. Automatisch steigert dies die Identifikation mit dem Betrieb und das persönliche Selbstwertgefühl. Die Köchin wird ihre Visitenkarte stolz verteilen, natürlich mit dem Hinweis: "Falls Sie etwas zu feiern haben, kommen Sie doch zu uns. Wir werden Sie besonders gut betreuen."
- Verkosten der Speise- und Tageskarte: Eine Verkostungsrunde vor Servicebeginn wirkt Wunder. Wissen ist Macht und gibt Sicherheit. Der Servicemitarbeiter wird überzeugend dem Gast Empfehlungen aussprechen können. Er weiß nämlich, wovon er spricht.
- Internes Vorschlagswesen: Nur was der Chef will, wird gemacht! Warum sollte sich ein

Verkaufsorientierte Mitarbeitermotivation im Gastgewerbe

Mitarbeiter noch Gedanken machen? Ein internes Vorschlagswesen jedoch, bei dem Verbesserungen tatsächlich gewünscht sind, bringt Innovationen zum Nulltarif. Die beste Idee des Monats wird prämiert und mit einem Abend im Restaurant honoriert. Hierbei kann der pfiffige Kollege aus einer Liste der besten Konkurrenzbetriebe wählen. Das erweitert den Horizont des Mitarbeiters und schärft den Blick für Fehler. Springt dabei am Ende noch eine Idee für den eigenen Betrieb heraus, um so besser. Für etwaige Änderungen sind kleine Projektteams zuständig.

- Offenes Ohr für Gästeerwartungen: Die gute alte Frage "War´s recht so?", ermuntert nur wenige Gäste, ernsthaft ihre Meinung zu äußern. Dagegen spürt der Gast ehrliches Interesse durch Fragen wie: "War das Gericht nach Ihren Vorstellungen? - Fühlen Sie sich wohl bei uns? Haben Sie Anregungen für Verbesserungen?". Der Servicemitarbeiter entscheidet, wann der richtige Zeitpunkt für derartige Fragen ist. Die Vorschläge der Gäste werden vom Serviceteam notiert und gemeinsam besprochen. Der Unternehmer fördert damit die Kommunikation mit dem Gast und erhält oftmals wertvolle Anregungen aus neutraler Sicht. Obendrein wird erreicht, daß Gästemeinungen bis zur Entscheidungsebene gelangen.
- Reklamationen konfliktfrei bearbeiten: Bilden Chef und Mitarbeiter ein Team, bei dem nicht Angst, sondern ein vertrauensvolles Miteinander den Alltag bestimmen, müssen Fehler beim Gast nicht vertuscht werden. Der Mitarbeiter kann Fehlleistungen, die schließlich jedem passieren können, dazu nutzen, einen verärgerten Kunden in einen treuen Stammgast zu verwandeln. Jede Beschwerde ist ein kostbares Geschenk des Gastes. Denn sie gibt Hinweise auf Schwachstellen im Betrieb. Schließlich reklamiert nur jeder 20. unzufriedene Gast, 19 Gäste gehen künftig zum Mitbewerber. Sachlicher und professioneller Umgang mit Beschwerden kann gelernt werden und ist die Basis jeder verkaufsorientierten Mitarbeiterschulung.
- Erfolg durch Schulung: Interne und externe Schulungen kosten Geld. Sie bringen Gewinn, das übersieht mancher Unternehmer. Clever ausgedachte Ver-

kaufspakete scheitern, weil nicht alle im Betrieb intern geschult, informiert und mit Verkaufsargumenten bestückt wurden. Mitarbeiter mit Gästekontakt, und das sind eigentlich alle, müssen von Zeit zu Zeit ihre Batterien der Freundlichkeit aufladen. Das kann nur durch Urlaub, Anerkennung und Seminare geschehen. Dort erhalten sie Impulse und erlernen Techniken im Umgang mit dem Gast. Kein Mensch würde ohne Fahrstunden ein Auto fahren, auf Kunden jedoch wird man ohne Anleitung losgelassen. Bewältigung von Gästesituationen im Rollenspiel oder Methoden zur Überwindung von Hemmungen in Verkaufssituationen geben Sicherheit. Was man kann, macht Spaß.

- Das Ergebnis zählt: In einem Klima des gegenseitigen Respektes und Vertrauens innerhalb des Teams wird auch ein Gast spürbare Wärme erfahren, die ihm finanzielle Fragen zweitrangig erscheinen lassen. Nachweislich ist in einem Umfeld des Wohlbefindens die Bereitschaft, Geld auszugeben, höher. Diese Erkenntnis machen sich zum Beispiel auch Kaufhäuser im Hinblick auf die musikalische Beschallung zu Nutze.

Erreicht ein Unternehmer durch marketingorientierte Mitarbeiterführung, daß jeder Gast ein bißchen mehr konsumiert, haben er und sein Team es geschafft. → Motivation; → Motivation im Arbeitsprozeß; → Motivation von Mitarbeitern; → Personalführung

Susanne Droux

Bayerischer Hotel- und Gaststättenverband e.V.

Verkehrsflugzeug

→ Flugzeug

Vertikale Integration

Bezeichnung für das Entstehen vertikaler → Unternehmensverbindungen. Die Strategie der vertikalen Integration gewinnt an Bedeutung. Bekannte Beispiele hierfür sind die von der WestLB-Beteiligung Preussag vorgenommene Vereinigung von Europas größtem → Reiseveranstalter TUI mit dem Ferienflieger Hapag-Lloyd (→ Rotes Lager), die Zusammenführung von Condor und NUR Touristik zum Touristikunternehmen C&N

Touristik (→ Gelbes Lager).

Vertretungsmacht

Bezeichnung für die im → Außenverhältnis bestehende Befugnis, Geschäftsführungsmaßnahmen wahrnehmen zu dürfen.

Vision

Visionen sind Bilder, die wir uns von der Zukunft unserer Unternehmung machen, Bilder davon, wie wir sie gestalten möchten. Visionen setzen Kräfte frei. Die Vision vermittelt der Unternehmensleitung und den Mitarbeitern Sinn für ihre Arbeit und ist für beide eine permanente Herausforderung für bessere Leistungen und ständiges Lernen. Mitarbeitern und Gästen vermittelt sie eine klare Orientierung. Wir brauchen also eine Vision in kraftvollen Bildern, denn diese ermöglicht jedem einzelnen Unternehmensmitglied eine positive Sinnantwort auf die Frage "Warum tue ich das eigentlich?" Walter Berger meint dazu: "Wenn Sie sich mit einer Vision identifizieren, mit ihr identisch sind, dann sind Sie kein Paket aus Fleisch, Knochen und Eitelkeiten mehr, dann sind Sie Ihre Vision." Die Verfasserin schließt sich der Auffassung der beiden langjährigen Unternehmensberater Hendricks und Ludeman an: "Erfolgreiche Manager im Unternehmen des 21. Jahrhunderts werden spirituelle Führungskräfte sein, Menschen, die auf dem Boden der Integrität vorgehen, ihre Visionen leidenschaftlich und einfühlsam umsetzen und das volle Potential derer wecken, mit denen sie in Berührung kommen." Eine Vision entfacht Energie und ist die Voraussetzung für → Motivation. Gerade im Hinblick auf die Forderung nach Markenbildung im Tourismus erhöht sich die Notwendigkeit einer Vision. Nur wer eine konkrete persönliche Vision, ein klares Konzept und die Unterstützung und das Engagement der Mitarbeiter hat, kann sich von der Konkurrenz abheben.

Literatur: Berger, 1996; Hendriks, Ludeman, 1997

Prof. Annemarie Pircher-Friedrich

Fachhochschule München, Fachbereich Tourismus

Volkswirtschaftliche Aspekte des Tourismus

In weltweiter Betrachtung ist der Tourismus die größte Exportbranche, noch vor den Erdölpro-

Volkswirtschaftliche Aspekte des Tourismus

dukten und den Straßenfahrzeugen. Die Bedeutung des Tourismus für die nationale und internationale Entwicklung von Volkswirtschaften ist damit offensichtlich.

Die volkswirtschaftlichen Aspekte des Tourismus sind Teil einer ökonomisch orientierten Betrachtungsweise des Tourismus. Mit Tourismusökonomik kann man - ähnlich wie in der Dienstleistungs-, der Bildungs-, der Umwelt- oder der Gesundheitsökonomik - eine Teildisziplin identifizieren, die Angebot und Nachfrage nach Tourismusgütern analysiert und auch die Bereiche → Tourismus-Marketing und Tourismusmanagement (→ Management im Tourismus) umfaßt.

Sowohl theoretisch als auch durch die praktische Bedeutung motiviert, kommen die volkswirtschaftlichen Aspekte des Tourismus dadurch zum Ausdruck, daß man die klassischen Methoden der Nationalökonomie auf den Tourismussektor anwendet. Dies beginnt mit Überlegungen zum Bedürfnis des Reisens, zum Produkt Reise, zu Produktionsprozeß und -funktion des Tourismusanbieters. Fragen des touristischen Marktes und der Marktform (mit derzeit starken Konzentrationstendenzen (→ Unternehmensverbindungen)) sowie der Preisbildung (unter teilweise monopolistischen Bedingungen) sind hier ebenso von Bedeutung wie Fragen einer nationalen oder europäischen Fremdenverkehrspolitik. Zusätzlich sind die Geld- und Währungspolitik, die konkreten Auswirkungen der europäischen Währungsunion und die Problematik von Wechselkursschwankungen für den Tourismus einzubeziehen. Angebot und Nachfrage im Tourismus unterliegen konjunkturellen Schwankungen und sind Faktoren für volkswirtschaftliches Wachstum und strukturelle Veränderungen.

Bei Tourismusprojekten wird man schließlich auch Kosten-Nutzen-Analysen anstellen. Man wird die positiven gesellschaftlichen und ökonomischen Auswirkungen, aber auch negative Wirkungen und Nebenwirkungen auf die Volkswirtschaft, auf Bevölkerung und Umwelt in Betracht ziehen, bis hin zu Fragen der Wirtschaftsethik.

Führungskräfte im Tourismus müssen in der Lage sein, neben den innerbetrieblichen Fragen die volkswirtschaftlichen Zusammenhänge zu verstehen und zu berücksichtigen. Was betriebswirtschaftlich positiv gesehen wird (zum Beispiel niedrige Lohnkosten durch maßvolle Tarifabschlüsse), kann volkswirtschaftlich negativ zu bewerten sein (Rückgang der Kaufkraft, auch für Tourismus und Freizeit). Was als volkswirtschaftlich notwendige Maßnahme angesehen wird (Kürzung der Ausgaben für Kuren), kann sich sowohl betriebswirtschaftlich negativ auswirken (Rückgang der Kapazitätsauslastung) als auch volkswirtschaftlich (Erhöhung der Arbeitslosigkeit in Kurregionen) (→ Kur- und Bäderwesen).

Der Tourismus hat, wie jeder andere Wirtschaftszweig, seine Eigenheiten, was Problemlösung und → Management angeht. Der Tourismus steht aber - weltweit gesehen - in einer besonderen ökonomischen und auch ökologischen (→ Tourismus und Umwelt) Gesamtverantwortung.

Prof. Dr. Karlheinz Zwerenz

Fachhochschule München, Fachbereich Tourismus

Vollkostenrechnung

→ Kostenrechnung

Vollpauschalreise

→ Pauschalreise

Vorteile der Direktwerbung im Hotel- und Gaststättengewerbe

Direktwerbung weist eine Reihe von Vorteilen auf. So spricht Direktwerbung den Empfänger persönlich an. Im Gegensatz zur anonymen Medienwerbung, die sich mehr oder weniger gezielt an nicht namentlich bekannte Werbesubjekte wendet, sind die Adressaten der Direktwerbung bekannt. Die Adressen der Zielgruppen können entweder von Direktwerbeagenturen geliehen oder aufgrund der eigenen ständig aktualisierten Adressendatei ermittelt werden.

Ein weiterer Vorteil ist die durch Direktwerbung erzielte Aufmerksamkeitswirkung.

Weiterhin ist vorteilhaft, daß Direktwerbung nachhaltig wirken kann. Wie bei jeder anderen Art der Werbung beruht auch bei der Direktwerbung die Wirkung auf einem Lernprozeß des Werbesubjektes. Aus der Lerntheorie weiß man, daß der Mensch aus wiederholter Erfahrung lernt. Insofern sollte eine Mailingaktion im Idealfall kontinuierlich erfolgen.

Vorteile der Direktwerbung im Hotel- und Gaststättengewerbe

Hinzu kommt, daß Direktwerbung von der Konkurrenz nicht leicht zu durchschauen ist. Nicht nur der Umworbene hört und sieht bei Medienwerbung Anzeigen, TV- und Hörfunkspots, sondern auch die gesamte Konkurrenz des Werbenden hat zum selben Zeitpunkt wie der Werbegemeinte diese Möglichkeit. Die Mitbewerber können folglich den Zeitpunkt, den Rhythmus und den Umfang sowie die regionale Abdeckung der Werbung erkennen. Aus der Wahl des jeweiligen Werbeträgers beziehungsweise Werbemittels läßt sich außerdem problemlos der Kreis der potentiellen Gäste erkennen. Bei Direktwerbung dagegen können Konkurrenten, selbst wenn sie durch Zufall oder Hilfe von Freunden oder Bekannten von der Aktion erfahren und das Material in Händen halten, nicht den Streubereich des Mailings erkennen. Außerdem wissen sie nicht, welcher Zielgruppe welches Package zu welchem Preis angeboten wurde.

Zu den genannten Vorteilen kommt der Vorteil hinzu, daß Direktwerbung vergleichsweise gut kontrollierbar ist.

Des weiteren ist anzuführen, daß Direktwerbung vielfältige Gestaltungsmöglichkeiten bietet. Variationsmöglichkeiten bieten sich hinsichtlich der drei Elemente Kuvert, Briefbogen und Beigaben.

Ein zusätzlicher Vorteil der Direktwerbung ist die terminliche Unabhängigkeit. Im Gegensatz zur Medienwerbung, die im Bereich der Printmedien an Erscheinungs- und Anzeigenschlußtermine gebunden ist und im Sektor der elektronischen Medien ebenfalls von TV- beziehungsweise Hörfunkwerbezeiten und Annahmeschlußzeiten abhängt, ist Direktwerbung jederzeit verfügbar. Diese Unabhängigkeit der Terminierung läßt das Mailing zu einem geeigneten Werbeinstrument bei plötzlich erforderlichen werblichen Aktionen werden.

Schließlich ist darauf hinzuweisen, daß Direktwerbung auch für kleine Werbebudgets geeignet ist. Direktwerbung bietet die weitestgehende Möglichkeit der regionalen Selektion von Werbesubjekten. Im Extremfall bedeutet dies, nur einen Adressaten mit einem Mailing zu bedenken. Dies gilt beispielsweise für die individuelle Werbeaktion, bei der der Empfänger einen Geburtstagsgruß eventuell verbunden mit einem kleinen Geschenk erhält.

Aufgrund der enormen Selektionsmöglichkeiten der Direktwerbung sowohl nach soziodemographischen als auch nach Konsumverhaltensmerkmalen entstehen hier tendenziell relativ geringe Streuverluste, so daß bei sachgerechtem Einsatz eine effiziente Nutzung möglich wird. → Direct Mailing; → Direct Marketing

Literatur: Grothues, Dany, Schmitz, 1997

Ulrich Grothues

Dozent für Marketing an der Wirtschaftsfachschule für das Hotel- und Gaststättengewerbe in Dortmund

Voucher

Reisegutschein, der zur Wahrnehmung von Dienstleistungen bei verschiedenen touristischen Leistungsträgern, wie zum Beispiel bei Hotelbetrieben, zur Einlösung vorgelegt werden kann.

Walk-Ins

In der Hotellerie übliche Bezeichnung für Gäste ohne Reservierung.

Warschauer Abkommen

Bezeichnung für das Abkommen zur Vereinheitlichung der Regeln im internationalen Luftverkehr. Das Warschauer Abkommen wird mit WA abgekürzt.

Wechsel

Zahlungsversprechen, das Wertpapiercharakter besitzt. Hierbei werden zwei Grundformen unterschieden. Der Solawechsel ist ein Zahlungsversprechen des Wechselausstellers über eine bestimmte Geldsumme. Hier sind Aussteller und Bezogener, das heißt letztlich aus dem Wechsel Verpflichteter, identisch. Der gezogene Wechsel ist dadurch gekennzeichnet, daß Aussteller und Bezogener nicht zusammenfallen. Der gezogene Wechsel stellt eine Anweisung des Ausstellers an den Bezogenen dar, eine bestimmte Geldsumme an ihn oder einen Dritten zu zahlen.

Weltreise

Reisen auf → Kreuzfahrtschiffen mit einer Dauer zwischen 80 und 130 Tagen ohne Wiederholung eines Hafens. Teilstrecken können einzeln gebucht werden. Weltreisen finden meist in der Wintersaison oder in Verbindung mit → Überführungsfahrten statt.

Werft

Gewerblicher Betrieb für Schiffbau und Schiffsreparaturen.

Wertewandel

Bezeichnung für die im Laufe der Zeit eingetretene Veränderung der von breiten Teilen der Gesellschaft vertretenen Werthaltungen. Hierzu zählen beispielsweise die nachstehenden Trends: Betonung eigener Selbstentfaltung und des eigenen Lebensgenusses, abnehmende Bereitschaft zur Unterordnung, sinkende Bedeutung der Arbeit als Pflicht, Höherbewertung von Freizeit, Hochschätzung unzerstörter Natur und Bewahrung der eigenen Gesundheit.

Wertschöpfung

Bezeichnung für die in Geldeinheiten ausgedrückte Summe der erstellten Leistungen abzüglich der in Geldeinheiten gemessenen Summe der Vorleistungen, die ein Unternehmen nicht selbst erstellt hat.

Wertschöpfungskette

Transformationsprozeß, den eine Leistung innerhalb einer Branche auch über mehrere Unternehmen hinweg durchläuft. Die Wertschöpfungskette eines touristischen Leistungsträgers beginnt bei der Beschaffung touristischer und sonstiger Vorleistungen und endet mit der Leistungserbringung.

Whitney-System

Aus verschiedenen Stecktafeln bestehendes Reservierungssystem in Hotelbetrieben.

Windjammer

Großsegler mit drei oder vier Masten.

Wirtschaftlichkeit

Bezeichnung für das Verhältnis von → Ertrag und → Aufwand. Die Größe Wirtschaftlichkeit kann als die mit Preisen bewertete → Produktivität angesehen werden. Ein touristischer Leistungsträger, der wirtschaftlich arbeitet, weist ein als positiv anzusehendes Verhältnis zwischen der mit Preisen bewerteten Menge produzierter Dienstleistungen und der mit Preisen bewerteten Menge hierfür erforderlicher Einsatzfaktoren auf.

Wirtschaftsprivatrecht

Das Wirtschaftsprivatrecht umfaßt diejenigen Gebiete, welche die Teilnahme der Unternehmen am Markt, den Austausch von

Gütern und Dienstleistungen sowie die eigene Organisation der Unternehmungen betreffen. Wirtschaftsprivatrecht ist somit in erster Linie die Anwendung des Bürgerlichen Gesetzbuches, greift aber über dieses weit hinaus. Das HGB als das Sonderrecht des Kaufmanns gehört ebenso dazu wie das vielfach unterschätzte Gesetz zur Regelung des Rechts der → allgemeinen Geschäftsbedingungen. Zum Wirtschaftsprivatrecht zählen das Verbraucherkreditgesetz wie das Wettbewerbsrecht, das Recht der Personen- wie der → Kapitalgesellschaften, gleichgültig, ob im BGB, im HGB oder in Sondergesetzen geregelt wie zum Beispiel in dem GmbH-Gesetz. Die Beispiele verdeutlichen es: Der Begriff des Wirtschaftsprivatrechts beschreibt den rechtlichen Handlungsrahmen der Unternehmen. Es umfaßt alle Teile des formellen und materiellen Zivilrechts, die von betriebswirtschaftlicher Relevanz sind. Es begleitet die Unternehmen von ihrer Gründung an über die Teilnahme am Markt bis hin zur letztlichen Veräußerung, Liquidation oder Insolvenz (→ Insolvenz des Unternehmens und Insolvenzverwaltung). Die genaue Kenntnis der rechtlichen Handlungsbedingungen ist somit Voraussetzung einer erfolgreichen Unternehmensführung. In diesem Sinne geht es um die Fungibilität des rechtlichen Rahmens, so daß Recht, Wirtschaftsprivatrecht im besonderen, sich auch als eine Grundbedingung wirtschaftlich erfolgreichen Handelns darstellen läßt.

Aufgabe der Unternehmensleitung ist es, den rechtlichen Handlungsrahmen und dessen Erfordernisse zu erkennen sowie gesichert organisatorisch innerhalb der betrieblichen Einheit zu bewältigen. So ist es allgemeine Erkenntnis, daß es zur Gründung zum Beispiel einer → Kapitalgesellschaft wie der → GmbH der notariellen Beurkundung bedarf. Die zu errichtende Satzung sollte fungibel und vielleicht flexibel für die Zukunft sein. Die Erstellung oder die Annahme von Angeboten durch Stellvertreter bedürfen der klaren Regelung. → Allgemeine Geschäftsbedingungen sollen Gefahren der Vertragsgestaltung abwehren und günstige Konditionen für das eigene Unternehmen dauerhaft und rechtlich zuverlässig sichern.

Kurzum: Die wirtschaftlich getroffene Entscheidung darf an rechtlichen Voraussetzungen und Bedingungen nicht scheitern, im

Wirtschaftsprivatrecht

Gegenteil: Voraussetzung und Funktion des Wirtschaftsprivatrechts ist es, die unternehmerischen Entscheidungen gesichert zu ermöglichen und dauerhaft umzusetzen. Unter dieser Prämisse ist es müßig, zu entscheiden, ob das Arbeitsrecht unter das Wirtschaftsprivatrecht fällt oder als Sonderrecht der Arbeitnehmer eine eigene Position behauptet.

Die Umsetzung dieser Prämissen führt nicht zum Juristen als Unternehmer und umgekehrt. Es genügt, wenn der Unternehmer dialogfähig ist, in der Lage, die wesentlichen Sachverhalte zu erkennen, im Zweifel selbstständig kostengünstig zu realisieren und zu organisieren, im vorher erkannten Konfliktfall rechtzeitig Rat zu holen.

Die Anforderungen sind dennoch hoch. Im Zuge der Globalisierung und Internationalisierung des Wettbewerbs spielen zunehmend internationale Fragestellungen eine Rolle. Ins Recht übersetzt, bedeutet dies, daß Fragen des internationalen Privatrechts an Bedeutung gewinnen. Es ist für den Einzelfall der unternehmerischen Entscheidung schon von Bedeutung, ob deutsches Recht zur Anwendung kommt, ob nach deutschem Recht die ausgeurteilte Forderung vollstreckt werden kann, oder ob es der vielleicht nicht oder nicht ausreichend geregelten Vollstreckungshilfe des ausländischen Staates bedarf. Hier wird vielfach zu wenig nachgedacht, zu wenig verbindlich und im Vorfeld geregelt, mit zum Teil verheerenden Folgen im Konfliktfall. Die rechtzeitige Erkenntnis der fatalen Folge rechtlicher Ungewißheit führt dagegen zum Beispiel zur stringenten Besicherung des im Ausland abzuwickelnden Geschäfts, mit der Folge, daß Rechtswahlfragen oder Fragen bestehender Vollstreckungsabkommen mit dritten Staaten faktisch irrelevant werden.

Ebenso gilt es, das Augenmerk vermehrt auf Fragestellungen der - zunehmend international eingesetzten - neuen Medien und Datenverarbeitung zu richten. Ganz selbstverständlich, ohne daß es selbstverständlich wäre, gehen die wirtschaftlichen Akteure von einer Verbindlichkeit zum Beispiel per Telefax übermittelter Erklärungen, im Internet (→ Informationstechnologische Systeme) mit Ausländern abgeschlossener Verträge oder erteilter oder erhaltener Ermächtigungen zum Beispiel zum Forderungseinzug aus. Auch hierin liegen Risiken, die sich im Konfliktfall nachträglich rechtlich möglicherweise nicht mehr bewältigen lassen.

In größeren Unternehmenseinheiten werden die angesprochenen Rechtsfragen organisatorisch im Sinne der Institutionalisierung bewältigt. Es gibt eben die Rechtsabteilung, die ihre Unterstützungsleistung erbringt. Im mittelständischen Bereich wird die Problemstellung vielfach gravierend unterschätzt. Die Durchsetzung der eigenen Position ist aber (dauerhaft) beschädigt, wenn die davorliegenden Prämissen rechtlich gesichert nicht bewältigt sind. Die vorausschauende Bewältigung rechtlicher Risiken liegt im ureigensten Interesse der Unternehmer. Grundlegende Kenntnisse im Wirschaftsprivatrecht sind somit unabdingbar. → Reisevertragsrecht

Prof. Dr. Gerd Lederer

Fachhochschule München, Fachbereich Tourismus

Working Capital

Kennzahl, die als die Differenz zwischen → Umlaufvermögen und kurzfristigen Verbindlichkeiten definiert ist.

World Tourism Organisation

Organisation mit Sitz in Madrid, deren Aufgaben unter anderem in der touristischen Entwicklungshilfe und der Liberalisierung des Reiseverkehrs besteht. Mitglieder sind über 100 Staaten. Abkürzung: WTO.

World Travel and Tourism Council

Organisation mit Sitz in London, deren Aufgabe in einer Koordination der verschiedenen Interessen des Tourismus besteht. Mitglieder sind → Fluggesellschaften, → Reiseveranstalter und → Hotelketten. Abkürzung: WTTC.

WTO

Abkürzung für → World Tourism Organisation.

WTTC

Abkürzung für → World Travel and Tourism Council.

Yacht

Kleineres Schiff oder Boot ausschließlich zur Nutzung in der Freizeit ohne gewerblichen

Zweck. Man unterscheidet zwischen Motor- und Segelyachten. Als Yachten können - je nach Größe - Schiffe mit oder ohne → Crew bezeichnet werden.

Yield

→ Umsatz pro verfügbarem Zimmer

Yield-Management

Das aus dem US-amerikanischen Airline-Bereich stammende Yield-Management steht für ein spezielles ertragsorientiertes → Management mit dem Ziel der Umsatzoptimierung. Frei aus dem Englischen übersetzt sind die Worte Ertrag oder Ernte für Yield zu nennen.

Yield-Management stellt dem auf gegebenen Kapazitäten (insbesondere Transport- und Übernachtungskapazitäten) beruhenden Fixkostenblock (→ Kosten) einen möglichst großen Ertragsblock (→ Ertrag) gegenüber. Auf der Basis dieses Vergleichs wird durch Ertragssteuerung versucht, aus den gegebenen Kapazitäten einen möglichst hohen → Ertrag zu erwirtschaften, denn eine kurzfristige Veränderung der meisten → Kosten ist nicht beziehungsweise nur sehr eingeschränkt möglich. Da Yield-Management nicht generell auf alle Bereiche eines Unternehmens angewendet werden kann, wird der → Ertrag spezifiziert, zum Beispiel pro Hotelzimmer.

Der Gedanke dieser Managementform ist nicht neu, denn unterschiedliche Preisofferten haben inzwischen Tradition. Der Wandel vom Verkäufer- zum Käufermarkt, und dies vor dem Hintergrund zunehmender Konkurrenz, hat Yield-Management jedoch zu einem preispolitischen Instrument werden lassen. Die Hauptaufgabe dieser Preisdifferenzierung ist, eine ertragsorientierte Preis-Mengen-Steuerung vorzunehmen. Das Realisieren dieser Zielsetzung hat sich zwischenzeitlich auch im deutschen Sprach- und Handlungsgebrauch als Yield-Management etabliert.

Das Hilfsmittel EDV spielt für diese Führungsform eine besondere Rolle. Daher wird Yield-Management interpretiert als ein EDV-gestütztes Expertensystem zur Optimierung eines preisgesteuerten Kapazitätsmanagements. Über ein Yield-Management-System ist es möglich, für eine vorgegebene Kapazität - unter Berücksichtigung der Nachfragestruktur, von Preis-Nachfrage-Funktionen sowie

Yield-Management

darüber hinaus gehender externer Rahmenbedingungen (politische Entwicklungen, Katastrophen, Verhalten der Konkurrenten) - einen maximalen Ertrag zu realisieren. Yield-Management ist demnach ein Ertragsmanagement, das durch Lenkung von Angebot und Nachfrage eine Umsatzoptimierung in Verbindung mit einer maximalen Kapazitätsauslastung anstrebt.

Dem verschärften Preiswettbewerb, sowohl in der deutschen als auch in der internationalen Tourismusindustrie, wird in der Branche durch gezielte Preisdifferenzierung entgegengetreten. Doch hier kommt es zunächst darauf an, die Leistungen der einzelnen Betriebe spezifisch auf die Bedürfnisse und Erwartungen der Zielgruppen abzustimmen. Somit drängt sich die Notwendigkeit auf, den Markt nach differenzierten Kriterien aufzuteilen, und zwar nach dem Reisezweck (Urlaubs-, Geschäftsreise, Sport- oder Info-Touren), nach der Reisezeit (Wochentage, Wochenende, Feiertage, Haupt- oder Nebensaison), nach dem beziehungsweise den Reisenden (Einzel-, Familien- oder Gruppenreisen), nach der Aufenthaltsdauer (Kurz- oder Langzeitaufenthalte) sowie nach der Gästestruktur (Geschäftsleute, Senioren, Familien oder Paare).

Aufgrund dieser Segmentierung ergeben sich, bedingt durch die unterschiedlichen Zielgruppen, durchaus voneinander abweichende Vorstellungen, zum Beispiel in Bezug auf die Übernachtungspreise und die damit verbundenen Leistungen. Eine Preisdifferenzierung bietet sich daher an. Um die dazu erforderliche Angebotstransparenz herzustellen, müssen dem Gast die unterschiedlichen Nutzungs- und Belegungskonditionen (nach Menge, Art, Zeit und Buchungsweg) plausibel gemacht werden. Das Ergebnis der Preisdifferenzierung ist eine Vielzahl von Preisen, die nicht nur durch ein qualitativ unterschiedliches Angebot zustande kommen, sondern vor allem aus der marktgerechten Anpassung an die Nachfrage resultieren. In der Praxis werden daher nach Gugg Selektierungen nach den Kriterien temporäre Termine (Messe-, Saison-, Wochenend- und Ferientarife), Buchungstermine (Früh-, Stand by- und Dauertarife), Buchungsart (Eigen-, Reisebüro- oder Reservierungssystem-Buchung), Umsatzvolumina (Gruppen-, Unternehmens- oder Dauertarife (→ Tarif)) sowie Gästebezug (Senioren, Vereine, Familien oder Singles) vorgenommen.

Zweck des Yield-Management ist es, diesen Preis-Mix zu einer Umsatz-Optimierung einzusetzen, so daß das richtige Absatzvolumen der richtigen Zielgruppe zum erzielbaren Preis verkauft wird.

Die Tourismuswirtschaft bietet vielfältige Möglichkeiten zur Durchführung dieser Strategie, mit dem Ziel, die derzeit sehr oft vorzufindende starre Kapazität und den dadurch viel zu hohen Kostenanteil in den Griff zu bekommen. Durch die unterschiedlichen Marktsegmente schwankt die Nachfrage und reagiert sensibel auf Preisänderungen. Dennoch sollte die Preisgestaltung für den Gast eine möglichst problemlos zu durchschauende Tarifstruktur darstellen. Neben einer Aufschlüsselung nach unterschiedlichen Preisniveaus stehen in sehr vielen Tourismusbetrieben auch angebotsbezogene Differenzierungen, wie First-, Business- und Economy-Tarife für die Gäste zur Auswahl.

Die Thematik soll an einem vereinfachten Beispiel aufgezeigt werden. So sollen von einem touristischen Leistungsträger 100 verkaufbare Einheiten, wie zum Beispiel Flugsitze oder Hotelbetten, zur Verfügung stehen, denen zu den aufgeführten Preisen 130 Nachfrager gegenüberstehen. Die Nachfrager lassen sich in drei Kategorien einteilen. In der ersten Kategorie, in der der Preis je Flugsitz 1.000 DM und der Preis je Hotelbett 240 DM beträgt, sind 20 Nachfrager zu verzeichnen. In der zweiten Kategorie, in der der Preis je Flugsitz 600 DM und der Preis je Hotelbett 200 DM beträgt, sind 45 Nachfrager zu verzeichnen und in der dritten Kategorie, in der der Preis je Flugsitz 500 DM und der Preis je Hotelbett 160 DM beträgt, sind 65 Nachfrager zu verzeichnen. Die Nachfrage übersteigt in beiden Fällen (Flugsitze und Hotelbetten) das Angebot. Wenn die Nachfragekapazitäten voll zur Verfügung stehen würden, wäre der Maximalumsatz zu erzielen (Flugsitze 79.500 DM, Hotelbetten 24.200 DM). Im günstigsten Fall könnten bei diesem Beispiel zunächst die hochpreisigen Nachfragen voll und die niedrigpreisigen nur teilbefriedigt werden (20 Nachfragen Kategorie 1, 45 Nachfragen Kategorie 2 und 35 Nachfragen Kategorie 3). Das Ergebnis wären folgende Umsätze: Flugsitze 64.500 DM und Hotelbetten

19.400 DM. Tritt aufgrund der Nachfragekonstellation der ungünstigste Fall ein (65 Nachfragen Kategorie 3 und 35 Nachfragen Kategorie 2), dann würde dies folgende Umsätze ergeben: Flugsitze 53.500 DM und Hotelbetten 17.400 DM. Es stellen sich die Fragen, welche Nachfragesituation die wahrscheinlichere ist, und wie unter den wechselnden Umständen möglichst der maximale Umsatz erreicht werden kann. Da die Nachfrage nicht nur vom preislichen Angebot, sondern auch vom Zeitpunkt abhängt, gilt es, so viele Plätze (oder Hotelbetten) wie möglich zu verkaufen, aber dennoch genug Kapazität für die Nachfrage zu höheren Preisen zur Verfügung zu halten. Während Privatleute aufgrund langfristiger Planungen ihre Flugwünsche frühzeitig und zu günstigen Preisen buchen wollen, sind es Geschäftsleute, die in der Regel bereit sind, durch kurzfristige Buchungsentscheidungen den vollen Preis zu zahlen.

Viele Betriebe tragen aus strukturellen oder unternehmenspolitischen Gründen eine hohe Fixkostenbelastung (→ Kosten), das heißt, die angebotenen Leistungen (zum Beispiel Flugsitze oder Hotelbetten) verfallen bei Nichtnutzung für einen bestimmten Angebotszeitpunkt. Um hier entgegenzusteuern, sind Last-Minute-Angebote (→ Last Minute-Reisen), Frühbucherrabatte oder Wochenendangebote preispolitische Mittel, die die Frequenz beeinflussen.

Die wesentliche Prämisse für die Anwendung von Yield-Management ist dann gegeben, wenn eine Frequenzsteuerung durch eine variable Preisstruktur möglich ist. Zudem ist eine temporäre Nachfragebefriedigung, bei der das angebotene Dienstleistungsprodukt für verschiedene Nachfrager zu unterschiedlichen Zeiten einen differenzierten Wert aufweist, die Voraussetzung für zufriedenstellende Kapazitätsauslastung. Hier erfordert Yield-Management insoweit ein Umdenken, als keine schnellstmögliche Auslastungsmaximierung, sondern vielmehr eine zeitlich gesteuerte Auslastungsoptimierung das Ziel dieser Strategie ist.

Im Yield-Management haben nicht die noch vorhandenen Leerkapazitäten und deren baldiger Verkauf Priorität, sondern das noch zu erwartende Nachfragepotential und die dafür benötigten Kapazitäten. Nur so kann durch Voll- und Teilzahler ein gewinnoptimierendes Verhältnis erreicht werden.

Durch den gezielten Einsatz von Verkaufsförderungs-Aktivitäten werden Yield-Management-Maßnahmen erfolgsverstärkend unterstützt. Im Rahmen des Marketingmanagements sollten geschulte Mitarbeiter die ertragsorientierte Preis-Mengen-Optimierung nicht nur selbständig bedienen, sondern den Gästen die Preise auch erklären.

Literatur: Dettmer, Finck, Hausmann, Knabner, Meisl, 1996; Dettmer, Hausmann, Kaspar, Oppitz, Schneid, 1999; Freyer, 1997; Hausmann, 1998; Kirstges, 1994; Schaetzing, 1996 (d); Zehle, 1991

Thomas Hausmann

Wissenschaftlicher Angestellter der Fachhochschule Stralsund, Fachbereich Wirtschaft

Zahlmeister

→ Purser

Zahlungsmittelbestand

Bestandsgröße, welche die Summe aus Kassenbeständen und jederzeit verfügbarem Bankguthaben ist.

Zero-Based-Budgeting

Verfahren des → Controlling, dessen Ziel es ist, Gemeinkosten zu senken. Grundlegender Gedanke der Methode ist es, von einem unternehmerischen Neubeginn auszugehen und budgetwirksame Entscheidungen so zu behandeln, als wenn sie innerhalb des touristischen Leistungsträgers erstmalig zu treffen wären. Durch das Verfahren wird ein Legitimierungsdruck für Gemeinkostenbudgets touristischer Leistungsträger geschaffen.

Zielgruppenmarketing in der Touristik

Wenn man Zielgruppenmarketing in der Touristik erklären möchte, muß man das Wort "Zielgruppenmarketing" zunächst in seine zwei Teile gliedern und sich über die Einzelteile aus touristischer Sicht Gedanken machen. Zielgruppen in der Touristik zu segmentieren, ist kein einfaches Geschäft. Zwei öffentliche Studien stehen dabei zur Verfügung, die RA (ReiseAnalyse) und das TouristScope. Daneben hat vermutlich jeder Veranstalter weitere Studien insbesondere qualitativer Art, welche die Motive und Wünsche der Verbraucher in den Mittelpunkt stellen. Zielgruppen nach so-

Zielgruppenmarketing in der Touristik

ziodemographischen Merkmalen zu bestimmen, ist nur teilweise sinnvoll. So werden zwar Studienreisen im Schwerpunkt von Personen ab 50 Jahren genutzt und auch Familien haben besondere Ansprüche an den Urlaub. Aber der 38-jährige Single fühlt sich im 4 Sterne-Hotel auf Mallorca ebenso wohl wie das 52-jährige Paar. Hier trennt die Soziodemographie nicht. Urlauber nach ihren Reisezielen zu segmentieren, ist nahezu sinnlos. Das Verhalten ist kaum vorhersehbar. Ein Jahr fährt jemand nach Österreich, im nächsten Jahr leistet er sich eine Fernreise nach Asien, und danach entdeckt er die Schönheit der Heimat und macht Urlaub in Mecklenburg. Nur etwa 10 % aller Reisenden sind wirklich Jahr für Jahr auf ein Zielgebiet fixiert. Sinnvoller erscheint es, Zielgruppen nach ihren Urlaubsmotiven einzuteilen: Sporturlaub oder Relaxen, neue Kulturen kennenlernen. Einige Motivbündel sind "massenfähig" und stellen das wichtigste Entscheidungskriterium für den Urlaub dar. Dazu zählen Sport, Wellness oder auch das Erleben einer Stadt. Und hierfür gibt es auch spezifische Angebote und Hotels. Aber es gibt Grenzen dieser Strukturierung. Unterschiedliche Motive beseelen den Urlauber. Er will den "Tapetenwechsel", er möchte am Strand liegen und entspannen, aber Tagesausflüge in das Inland sollen ihm das Urlaubsland näher bringen. Und einmal im Urlaub möchte er richtig " auf die Pauke hauen". Welches Motiv ordnet man diesem Urlauber zu? Relativ trennscharf sind die Hotelkategorien und der Buchungszeitraum sowie die Reisezeit. Die Hotelkategorie hängt von dem eigenen Standard zu Hause ab und von dem, was man sich im Urlaub leisten möchte. Dies ist relativ konstant. Der Buchungszeitraum trennt immer schärfer zwischen Frühbuchern und "Last Minute Kunden", die Reisezeit ist oft aus persönlichen Gründen fixiert. Dies sind also Kriterien, die man für eine Definition der Zielgruppe auf jeden Fall heranziehen muß. Alleine reichen sie zum Zielgruppenmarketing nicht aus. Erst der mühsame Weg der Kombination verschiedener Betrachtungsweisen ermöglicht eine Eingrenzung von Zielgruppen. So stellt man fest, daß mit bestimmten Reisezielen Motivbündel verknüpft sind. Die Balearen befriedigen primär das Bedürfnis nach Sonne und Strand. Bestimmte Bildungsschichten (verknüpft mit Einkommen) bevorzugen in Spanien Finkas im Lan-

Zielgruppenmarketing in der Touristik

desinneren, weil sie von dem Motiv "Entspannen in der originären Atmosphäre des Gastlandes" geleitet werden. So setzt ein kreativer Prozeß ein, in dem man Kombinationen sucht und dann methodisch mit Mitteln der Marktforschung verifizieren oder falsifizieren läßt.

Nachdem nun Zielgruppe und Potentiale ermittelt sind, nachdem die Konkurrenzanalyse erfolgt und Ziele definiert sind, entsteht die zentrale Frage nach der Marke (→ Markenbildung in der Pauschaltouristik). Baut man nun für die entdeckte Zielgruppe eine eigene Marke auf, oder läßt sie sich unter einer bestehenden Marke bedienen? An dieser Stelle würde es aber zu weit führen, das Thema "Marke" intensiv zu erläutern. Nur soviel sei gesagt: Marken dienen als "Markierung" im Dschungel der Angebote. Und diese "Markierung" beinhaltet neben der reinen Produktsicht eine auf die Zielgruppe abgestimmte Markenwelt oder auch Markenpersönlichkeit der Marke. Häufig ist diese emotional geprägt und dient der Identifizierung und Bindung des Kunden über die rationale Ebene hinaus. Doch weiter mit der Frage, welche Instrumente dem → Marketing zur Verfügung stehen, um die definierte Zielgruppe zu erreichen. Vier wesentliche Instrumente werden unterschieden: Produkt, Preis, Distribution und Kommunikation. Aufgabe des Veranstalters oder Hoteliers ist es, durch intelligente Kombination von Leistungen (Hotels, Ausflüge etc.) ein zielgruppengerechtes Angebot zu erstellen (Beispiel airtours "Golfreisen" oder Neckermann "Young & Sports"). Doch das ist oft nicht einfach, denn nicht immer bietet der Markt, was der Veranstalter sucht. Es ist aber erkennbar, daß immer mehr Hotels mit Schwerpunkten im Angebot auftreten, wie zum Beispiel Wellness-Bereiche mit Massagen und Therapien oder Familien-Hotels mit Windeln inklusive. Aber für das Hotel ist es ein Risiko, mit einer allzu spitzen Zielgruppe eine ganzjährige Auslastung zu erreichen. Daher schrecken viele vor dieser Spezialisierung zurück. Der Preis wird durch starken Wettbewerb beeinflußt und orientiert sich zur Zeit in der Branche weniger an der Frage, was der Gast bereit wäre zu zahlen, als an der Frage, was andere Hotels oder Veranstalter verlangen. Die Distribution ist ein entscheidender Faktor, läßt sich aber zielgruppenspezifisch kaum aussteuern. Somit kommt der

Zielgruppenmarketing in der Touristik

Kommunikation eine sehr wichtige Rolle im Zielgruppenmarketing zu.

Hier unterscheidet man zwischen der klassischen Kommunikation (TV, Funk, Print) und below-the-line-Maßnahmen (Mailings, Promotions etc.). TV und Funk als Massenkommunikationsmittel sind nur bedingt zielgruppengerecht auszusteuern. TV mit der Ansprache zweier Sinne transportiert Emotionalität und ist daher wichtig für die Touristik, da das emotionale Erleben im Urlaub eine zentrale Rolle spielt und sich außerdem Markenpersönlichkeiten aufbauen lassen. TV ist aber auch eine Gießkanne über die gesamte Bevölkerung, die nur bei nationalem Engagement ihre Kosten rechtfertigt. Funk ist aktuell und regional, letztlich aber auch eine Gießkanne. Der Streuverlust ist bei eng definierten Zielgruppen sehr groß. Der Einsatz des Mediums Print konzentriert sich heute auf Anzeigen mit dem Schwerpunkt Preis (sogenannte Schweinbauchanzeigen) in der Tagespresse. Dabei ist Print durch die Flut der Innovationen der letzten Jahre gerade bei Special Interest Titeln für die Kommunikation mit spezifischen Zielgruppen interessant geworden. In sogenannten "affinen" redaktionellen Umfeldern plaziert man Anzeigen und erfährt so eine erhöhte Aufmerksamkeit. So findet man in der Zeitschrift "vital" das gleichnamige Angebot der TUI. Oder in der Tauchzeitung "Scuba Diving" findet man Anzeigen von "FreeWorld". Die Reichweite dieser Titel ist aber begrenzt, und so kann es sein, daß trotz einer Kombination von Special Interest Titeln nur 30 % der gewünschten Zielgruppe erreichbar sind. Below-the-line Marketing kann am differenziertesten auch auf noch so kleine Zielgruppen eingehen. Hier unterscheidet man im wesentlichen Mailings, Kundendialog via Schrift oder Telefon sowie Promotions. Below-the-Line Marketing via Mailing ist ein Standardtool der großen Veranstalter und oft der Hotellerie. Doch sind hier die zugrundeliegenden Daten der begrenzende Faktor. Man weiß, welche Adresse jemand hat, seinen Namen und seine Buchungshistorie. Motive, Einstellungen, sogar das Alter sind Daten, die nicht zur Verfügung stehen. So kann zwar eine Zielgruppe aus Marktsicht klar definiert sein, sie läßt sich aber über die vorhandenen Daten des Direkt Marketing nicht abbilden. Daher arbeitet man zur Zeit mit

Zielgruppenmarketing in der Touristik

den vorhandenen Selektionskriterien und versucht, über die klar abgrenzenden Merkmale Hotelkategorie, Buchungszeitraum und Reisezeitraum möglichst nah die individuellen Kundenbedürfnisse anzusprechen. In Zukunft möchte die Branche aber mehr über den Kunden wissen, um ihn noch gezielter anzusprechen. Der Kundendialog ist die direkteste Art, aber sicher auch die teuerste, mit dem Kunden zu kommunizieren. Letztlich ist es aber stärker ein Instrument der Kundenbindung als des Zielgruppenmarketings. Promotions sind in der Markenartikelindustrie der Konsumgüter ein am Point of Sale stark genutztes Kommunikationsmittel. In der Touristik wird dieses Mittel weitgehend stiefmütterlich behandelt. Promotions konzentrieren sich heute vornehmlich auf den → Expedienten und dabei auf die Vorstellung neuer Programme, Kataloge oder ähnliches. Beispiele für Promotions, die sich an Zielgruppen ausrichten, sind die Massagen für Expedienten bei der Einführung der Marke TUI vital, Beachvolleyball-Turniere auf Marktplätzen für "Young & Sports" oder die Promotion unter dem Titel "FreeWorld Tour '98" bei großen Events. Dieses Instrument wird in Zukunft an Bedeutung gewinnen, da eine emotionale erlebbare Markenwelt aufgebaut werden kann und gezielte Aussteuerung der Zielgruppe über die Orte der Promotion möglich ist.

Fazit der Betrachtung der Marketinginstrumente ist, daß es keine Patentlösung gibt. Je nach Schwerpunkt der Botschaft, je nach Größe der Zielgruppe und ihren Motiven gilt es, einen Mix der Instrumente und besonders der Kommunikationsmittel zusammenzustellen. Und deshalb ist Zielgruppenmarketing ein strategisches Instrument im harten Wettbewerb. Es gibt keine Patentrezepte. Deshalb erfordert es Know-how, kreative Mitarbeiter und eine fundierte Marktforschung. Ein Faktormix, der einen Wettbewerbsvorteil darstellt und schwer zu kopieren ist.

Was bringt die Zukunft? Der Markt wird sich in zwei Teile splitten. Zum einen wird ein großer Teil des Marktes über den Preis bestimmt. Hierbei spielt Zielgruppenmarketing keine wesentliche Rolle. Bei dem anderen Teil des Marktes geht es darum, die Wünsche der Verbraucher zu kennen und zu erfüllen. Dabei werden die großen Veranstalter mit professionellen Marketing-Abteilungen am

Zielgruppenorientiertes Airlinemanagement

Markt agieren und die beschriebenen Marketing-Instrumente immer stärker im Kampf um den Kunden einsetzen. Der Druck auf Hotels und Leistungsträger wird wachsen, zielgruppenspezifische Leistungen anzubieten - und dies möglichst exklusiv für einzelne Veranstalter. Die Kommunikation wird neben dem weiter wachsenden TV-Budget stärker auf below-the-line Maßnahmen setzen, wie in der Konsumgüterindustrie schon lange praktiziert. In diesem Teil des Marktes wird man in Zukunft die kleineren Teilnehmerzahlen, aber die größeren Margen erwirtschaften. Auch deshalb ist Zielgruppenmarketing für die Zukunft der Touristik der wesentliche Schlüssel zum Erfolg. → Tourismus-Marketing; → Zielgruppenorientiertes Airlinemanagement

Wigand Maethner

Brand-Manager, TUI Deutschland GmbH & Co. KG

Zielgruppenorientiertes Airlinemanagement

Die Airlineindustrie zählt zu den Wachstumsbranchen der letzten Jahrzehnte mit ausgeprägt guten Potentialen auch für das beginnende 21. Jahrhundert. So hat sich die Zahl der Passagiere der in der → IATA zusammengeschlossenen Linienfluggesellschaften (→ Linienflugverkehr) von 1970 bis heute verfünffacht. Der Luftverkehr gilt trotz aller Beschränkungen, wie beispielsweise den zunehmend begrenzten Kapazitäten der Flughäfen, als Branche mit starkem Wachstumspotential auch im nächsten Jahrtausend. Die Ursache dieser Entwicklung hat eine Vielzahl von Gründen. Wesentlicher Faktor ist aber die Tatsache, daß sich in rasanter Weise Zielgruppenstrukturen verschoben haben. An Bord eines → Flugzeuges sitzen heute vielfach völlig andere Menschen als noch vor zehn Jahren. Sehr anschaulich läßt sich diese Entwicklung an den Urlaubsreisen ablesen. Vom Traumurlaub mit VW Käfer und Hauszelt in den 60er Jahren über die ersten Flugreisen nach Spanien in den 70er und 80er Jahren ist es heute für Menschen aller Altersklassen und fast aller sozialer Schichten möglich, einen Karibikurlaub zu bezahlen. Ein weit weniger dynamisches Volumenwachstum hat es auf dem Markt der innerdeutschen Flugreisen gegeben. Die Gründe hierfür sind vielfältig - neben der bis 1992 (dem Jahr des Starts der

Zielgruppenorientiertes
Airlinemanagement

Deutschen BA) geringen Wettbewerbsintensität sind hier als weitere Einflußgrößen das größere Angebot alternativer Verkehrsmittel (Auto und Bahn) sowie die geringere Streckenlänge im Vergleich zu internationalen Verbindungen zu nennen. Nichtsdestotrotz haben sich auch im innerdeutschen Flugverkehr die Zielgruppenpotentiale deutlich verschoben, vor allem dort, wo die Deutsche BA im Wettbewerb mit der Lufthansa steht. Fliegen ist zwar weniger elitär als früher - trotzdem bleiben Markt und vor allem auch die Zielgruppe relativ klein. 18,8 Millionen → Sektoren war der Markt in Deutschland 1997 groß - davon sind gut vier Millionen Umsteigerverkehr, das heißt, ein Fluggast fliegt innerhalb Deutschlands, um seinen Langstreckenflug zu erreichen. Der relevante Markt für die Deutsche BA ist somit also rund 14 Millionen → Sektoren groß. Die Zielgruppe für die innerdeutschen Flüge umfaßt rund 3,5 Millionen Personen, das heißt nur rund 5 % der Bevölkerung fliegen mindestens einmal im Jahr auf einer innerdeutschen Strecke.

Wie setzen sich diese 3,5 Millionen Personen zusammen? Zunächst unterscheiden wir zwischen Privat- und Geschäftsreisenden - etwa 2,7 Millionen Privatreisenden stehen rund 800.000 Geschäftsreisende gegenüber. Die Umsatzverteilung ist jedoch genau umgekehrt: gut 20 % der Reisenden (die Geschäftsreisenden) machen rund 80 % der innerdeutschen Flugumsätze. Dies entspricht in fast schon klassischer Weise dem Pareto-Prinzip, wonach 20 % der Kunden, 80 % der Umsätze generieren. Innerhalb der Geschäftsreisenden gibt es noch die Zielgruppe der Vielflieger - diese bilden eine Untergruppe von ca. 50.000 Personen und sind für etwa 40 % der gesamten innerdeutschen Flugumsätze verantwortlich.

Unser Marketingkonzept berücksichtigt in hohem Maße diese Zielgruppenkonstellation. Die Kernzielgruppe der Geschäftsreisenden erwartet hohe Flexibilität, also eine angemessene Anzahl an Verbindungen zwischen den wichtigsten Städten; dazu Zuverlässigkeit und Pünktlichkeit, einen angemessenen Service (Zeitungs- und Getränkeangebot) sowie die Erfüllung von Basisanforderungen an eine ernstzunehmende Alternative zur Konkurrenz. Hier sind Begriffe wie Sicherheit, Sauberkeit und techni-

Zielgruppenorientiertes Airlinemanagement

sche Zuverlässigkeit zu nennen. Zudem will der Geschäftsreisende schnell von A nach B fliegen. Geschwindigkeit am Boden und in der Luft ist daher ein zentraler Erfolgsfaktor.

Diese Anforderungen erfüllt die Deutsche BA. Wir bieten die entsprechende Anzahl an Verbindungen (wir fliegen sieben der elf wichtigsten innerdeutschen Strecken mit sechs bis neun Verbindungen je Richtung am Tag), eine hohe Zuverlässigkeits- und Pünktlichkeitsrate (mit einer durchschnittlichen Verspätung im Abflug und Ankunft von 1,6 Minuten führte die Deutsche BA im Januar 1998 die Pünktlichkeitsstatistik des Flugzeugherstellers Boeing im innerdeutschen Verkehr deutlich an), dazu erfüllen wir die Erwartungen der Kunden in puncto Technik, Sauberkeit und Sicherheit. So hat unsere Flugzeugflotte von 18 Boeing 737-300 ein Durchschnittsalter von nur 2,5 Jahren.

Zur Profilierung gegenüber dem Wettbewerb setzen wir auf zwei Faktoren: Service und Geschwindigkeit. Beim Service profilieren wir uns durch Softfactors, sprich unser bekannt freundliches und hilfsbereites Personal und Hardfactors wie beispielsweise Frühstück für alle Fluggäste. Das Thema Geschwindigkeit lösen wir durch Technik, die das Fliegen erleichtert (fast jederzeit telefonisch direkt buchen, ticketlos einchecken etc.) und durch neue technische und organisatorische Abläufe, die uns zur pünktlichsten → Fluggesellschaft Deutschlands gemacht haben.

All diese Anstrengungen haben wir primär im Hinblick auf die Kernzielgruppe unternommen. Zur Erschließung neuer Zielgruppen (primär Privatreisende) setzen wir auf ein gutes Preis- / Leistungsverhältnis, denn der Privatreisende entscheidet sich für eine → Fluggesellschaft primär über den Preis, solange die Hygienefaktoren, wie Sicherheit und Technik stimmen.

Entsprechend setzen wir auch unsere Marketinginstrumente ein. In der Kommunikation setzen wir zur Imagebildung und zur effizienten Steigerung der Bekanntheit auf das Basismedium TV; die Zielgruppe der Geschäftsreisenden erreichen wir über Werbung in zielgruppenaffinen Magazinen; Vielflieger sprechen wir über Direktmarketing an; der Privatreisende wird über taktische Kampagnen in schnell wirksamen Medien wie Tageszeitung, Funk oder Plakat erreicht.

Unsere Preispolitik basiert auf zwei Prinzipien: Einfachheit - es gibt bei uns nur vier bis fünf verschiedene → Tarife sowie Transparenz - unser höchster → Tarif, das sogenannte Flexiticket, bietet dem Geschäftsreisenden echte Flexibilität, da es jederzeit und kostenlos umgebucht und storniert werden kann. Unser günstigster Standardtarif, das Supervalue-Ticket, hingegen ist mit einer Vorausbuchungsfrist und einem Mindestaufenthalt konditioniert, dafür aber besonders preiswert. Besonders mit dem preiswerten Supervalue-Ticket haben wir völlig neue Zielgruppen erschlossen, die bislang das → Flugzeug als Verkehrsmittel nicht in Betracht gezogen haben.

Zusammenfassend läßt sich sagen, daß mit einer genauen Zielgruppenanalyse und mit dem gezielten Einsatz von Marketinginstrumenten auch bei vermeintlich nur wenig differenzierten Produkten (wir fliegen zum Teil die selben Flugzeugtypen wie unser Wettbewerber, haben eine sehr ähnliche Bestuhlung der Maschinen und fliegen von den selben → Flughäfen zu ähnlichen Zeiten) sich Märkte positiv bewegen lassen und neue große Zielgruppen erschlossen werden können. → Tourismus-Marketing; → Zielgruppenmarketing in der Touristik

Carl Michel

Hauptgeschäftsführer der Deutschen BA Luftfahrtgesellschaft mbH

Zodiac

Großes Schlauchboot mit Außenbordmotor, wird insbesondere auf Expeditionsschiffen (→ Expeditionskreuzfahrt) für Ausflugsfahrten sowie statt → Tendern eingesetzt.

Zukünftige Entwicklungen im Personalmanagement

Krisenhafte Erschütterungen, hohe Arbeitslosigkeit, Globalisierung, härtester Wettbewerb sind Zeichen für einen dramatischen Wandel im weltpolitischen und weltwirtschaftlichen System. Es ist im wirtschaftlichen Bereich keine "Welt in Auflösung", aber vieles wird nicht mehr so sein wie bisher. Regionale Märkte und regionalen Wettbewerb gibt es nicht mehr. Welt-

Zukünftige Entwicklungen im Personalmanagement

weite Informationssysteme und Transportstrukturen, die kurzfristige Präsenz in allen Teilen der Welt möglich machen, weltweite Marktvergleiche teilweise in Sekunden zwingen Führung und Mitarbeiter, Planer und Strategen, Produzenten und Dienstleister zu neuem Denken und Handeln.

Die kommenden Jahre werden geprägt sein durch stärkste internationale Konkurrenz, weitere Globalisierung, wachsende ökologische Anforderungen, veränderte sozialpolitische Auseinandersetzungen, Neuausrichtung der Gewerkschaften, neue Arbeits- und Organisationsformen und - wie schon gesagt - durch einen weiteren Wandel der Werte im gesellschaftspolitischen und privaten Bereich. Wie das Unternehmen mit dem Wandel umgeht, wie es die sozialen Prozesse steuert, und wie es das in der Öffentlichkeit kommuniziert wird von immenser Bedeutung sein.

Kundenerwartungen und Kundenverhalten werden sich ändern, das Bewußtsein der Öffentlichkeit gegenüber Industrie und Wirtschaft weiter sensibilisiert. Die Führung von Menschen - das betrifft Politiker und Manager gleichermaßen - erfordert neue Ansätze und neue Vielfalt.

Die Zukunft wird neue Herausforderungen an die Unternehmensleitungen stellen und somit auch den Personalverantwortlichen alles abverlangen. Wandel, Wettbewerb, Qualität und Kosten prägen das magische Viereck, innerhalb dessen der Erfolg erzielt werden muß. Die Kosten beziehen sich auf Sachkosten und Personalkosten sowie die Produktivitätsverbesserung (→ Produktivität). Die Qualität im Spannungsfeld zwischen Produkt und Mensch wird immer gemessen als erfülltes Versprechen gegenüber dem Kunden. Im Wettbewerb wird der Markt immer globaler und der Arbeitsmarkt internationaler, und der Wandel muß vor allem im mentalen Bereich stattfinden. Wandlungsprozesse, Reorganisationen und Personalanpassungen werden kein Einmalakt bleiben, sondern ein kontinuierlicher Prozeß.

Die Unternehmen müssen sich auf neues Denken einstellen, ein neues Denken der Mitarbeiter aber auch der Öffentlichkeit. Unternehmenserfolg wird nicht nur nach ökonomischen Grundsätzen bewertet, sondern auch nach politischen Grundsätzen.

Zukünftige Entwicklungen im Personalmanagement

Wenn das politische, soziale und ökologische Umfeld nicht mit in Betracht gezogen wird, kann selbst die Unternehmensleitung eines wirtschaftlich gesunden Unternehmens scheitern.

Viele Unternehmen haben bereits erkannt, daß konventionelle Organisationsformen nicht weiterhelfen und im globalen Wettbewerb nicht bestehen können. Reduzierung der Komplexität, Netzmanagement, schlanke oder virtuelle Organisation, neue Führung oder → "Leadership" sind neue Synonyme unserer Zeit - nicht als moderner Trend, sondern als lebenswichtige Voraussetzung, um im Wettbewerb bestehen zu können.

Neue Manager sind gefragt. Autorität durch Persönlichkeit - nicht durch Funktion - ist ein Muß. Der Manager der Zukunft wird nicht der Manager einzelner Funktionen und Aktionen sein, sondern Manager permanent fließender Prozesse.

Die Bildungspolitik muß den neuen Anforderungen entsprechen. Sie muß integriert sein in die Unternehmens- und Personalpolitik, die die Koordination aller Bildungsaktivitäten auf die Unternehmensziele hin wahrnimmt. Es wird die Aufgabe der Führungs- und Bildungsverantwortlichen sein, die Mitarbeiter auf geänderte Arbeits- und Laufbahnbedingungen vorzubereiten. Für den einzelnen bedeutet das geänderte Umfeld geänderte Lebensperspektiven und damit die Notwendigkeit neuer Karrierestrategien. → Karrieren der Zukunft werden nicht mehr länger auf einen Arbeitgeber oder eine Funktion ausgerichtet sein. Dabei benötigen sie Unterstützung und Orientierungshilfe. Die lebenslange Beschäftigung in einem Unternehmen wird zunehmend ersetzt durch den Zwang oder die Bereitschaft zur Gestaltung mehrerer Laufbahnen in unterschiedlichen Unternehmen. Wenn die Unternehmen den Mitarbeitern aber keine lebenslange Beschäftigung mehr in Aussicht stellen können, ist es ihre große - auch gesellschaftspolitische - Verantwortung, die Chancen durch persönliche Qualifizierung und Entwicklung auf dem Arbeitsmarkt zu verbessern.

Das veränderte Umfeld bestimmt die Herausforderungen an das → Personalmanagement. Die Unternehmen müssen auf den Wandel vorbereitet sein beziehungsweise vorbereitet werden. Die Personalfunktion ist Dienstleistungsfunktion als Partner des Managements an den Brennpunkten der Unternehmensprozesse, dort, wo konfliktlösende, professionelle Unterstützung im Bereich Human Resources (→ Human Resource Management) gefordert ist. Der Personalleiter steht im Spannungsfeld zwischen Rezession und Innovation, zwischen Personalabbau und → Personalentwicklung, zwischen kleinen Verteilungsspielräumen und → Motivation. Die Personalfunktion muß die Verantwortlichen im Unternehmen beraten und unterstützen, den Wandel der sozialen Prozesse zu realisieren.

Die Personalfunktion hat eine implementäre Aufgabe. Sie muß den Wandel mit Innovation und Aktion selbst gestalten.

Die Personalfunktion hat eine strategische Aufgabe. Sie muß integrierter und integrierender Teil der Unternehmensstrategie (→ Strategie) und der Unternehmenspolitik sein. Ihr kommt eine entscheidende Rolle bei der Gestaltung der → Wirtschaftlichkeit und Wettbewerbsfähigkeit des Unternehmens zu.

→ Personalmanagement muß vor allem Unternehmenskommunikation (→ Corporate Identity) sein, → Kommunikation nach innen und außen, denn ohne Akzeptanz für die Entscheidungen der Unternehmensleitung im Betrieb und in der Öffentlichkeit kann es keinen Erfolg geben. Die Personalfunktion muß durch ihr Handeln die Führungs- und Dialogkultur im Unternehmen prägen.

Die Personalfunktion hat eine gesellschaftspolitische Aufgabe. Die Personalverantwortlichen sind die Fachleute in den Diskussionen der Verbände und der Öffentlichkeit. Sie müssen mitarbeiten an den Lösungen der gesellschaftspolitischen Probleme, ihre Innovation mit einbringen zur Neugestaltung der deutschen und europäischen Arbeitswelt. → Human Resource Management; → Personalführung; → Personalmanagement; Strategische Unternehmensführung

Dr. Heiko Lange

Mitglied des Vorstands der Deutschen Lufthansa AG

Zusatzprovision

→ Provisionssysteme im Reisebürobereich

Literaturverzeichnis

Arbeitsgemeinschaft Deutscher Verkehrsflughäfen: Luftfahrt und Umwelt, Stuttgart 1996

Arthur Andersen (Hrsg.): Fachwörterbuch Rechnungslegung, Steuern, Bankwesen, EDV, 4. Aufl., Stuttgart 1996

Ballwieser, W. (Hrsg.): US-amerikanische Rechnungslegung, 2. Aufl., Stuttgart 1996

Bamberg, G., Baur, F.: Statistik, 9. Aufl., München, Wien 1996

Barsky, D., Labagh, R.: A Strategy for Customer Satisfaction, in: The Cornell Hotel and Restaurant Administration Quarterly, October 1992, Vol. 33 / No. 5, S. 32 - 40

Barth, K., Benden, S., Theis, H.-J.: Hotel-Marketing, Wiesbaden 1994

Bastian, H., Born, K., Dreyer, A. (Hrsg.): Tourismus: Kundenorientierung, München 1998

Becker, C.: Lebenslanges Urlaubsreiseverhalten - Erste Ergebnisse einer Pilotstudie, in: Erhebungsmethoden und ihre Umsetzung in Tourismus und Freizeit, hrsg. v. C. Becker, Trier 1992, S. 70 - 82

Becker, J.: Marketing-Konzeption, 5. Aufl., München 1993

Bellgardt, P.: Flexible Arbeitszeitsysteme: Entwicklung und Einführung, Heft 13 der Reihe Arbeitshefte Personalwesen, Heidelberg 1987

Belobaba, P.P.: Airline Yield Management, An Overview of Seat Inventory Control, in: Transportation Science, Vol. 21, No. 2 / 1987 vom 2.5.87, S. 63 - 73

Berger, W.: Business Reframin - Das Ende der Moden und Mythen im Management, Wiesbaden 1996

Beritelli, P.: Relevanz und Nutzen des Lebenszykluskonzeptes für touristische Destinationen, Bamberg 1997

Bethge, H.-J., Gross, W.H., Wolf, K.: Heidelberger Handbuch, Stuttgart 1993

Bieger, T.: Bewältigung des strategischen Wandels in Tourismusorten - Change-Management in Destination, St. Gallen 1997 (a)

Bieger, T.: Management von Destinationen, 3. Aufl., München, Wien 1997 (b)

Bieger, T., Laesser, C.: Neue Strukturen im Tourismus - der Weg der Schweiz, Bern u.a. 1998

Birgkit, K., Stadler, M.M.: Corporate Identity, Landsberg 1992

Bisani, F.: Personalbeschaffung und Personalbeschaffungsplanung, in: Handwörterbuch des Personalwesens, 2. Aufl., hrsg. v. E. Gaugler und W. Weber, Stuttgart 1992, Sp. 1619 - 1631

Bleicher K.: Das Konzept des integrierten Managements, 2. Aufl., Frankfurt, New York 1992

Bösenberg, D., Metzen, H.: Lean Management, Vorsprung durch schlanke Konzepte, Landsberg a.L. 1992

Born, K.: Rechnungslegung international, Stuttgart 1997

Bortz, J.: Statistik für Sozialwissenschaftler, 4. Aufl., Berlin u.a. 1993

Bortz, J., Döring, N.: Forschungsmethoden und Evaluation für Sozialwissenschaftler, 2. Aufl., Berlin u.a. 1995

Brämer, R.: Wandern neu entdeckt, Cölbe-Schönstadt 1996

Braun, O.L.: Reiseentscheidung, in: Tourismuspsychologie und Tourismussoziologie, hrsg. v. H. Hahn und H.J. Kagelmann, München 1993, S. 302 - 307

Brenneis, F.J.: EDV-Einsatz in Hotel- und Gastronomiebetrieben, Band 6 der Schriftenreihe Hotel- und Restaurant-Management der Fachhochschule München, Stuttgart 1996

Bruhn, M.: Kommunikationspolitik, München 1997

Bruhn, M., Stauss, B. (Hrsg.): Dienstleistungsqualität, Wiesbaden 1991

Bühner, R.: Strategie und Organisation: Analyse und Planung der Unternehmensdiversifikation mit Fallbeispielen, 2. Aufl., Wiesbaden 1993

Bundesamt für Arbeit und Wirtschaft (BWA): Bericht über die Tourismuspolitik des Bundes, Bern 1996

Bundesministerium für Wirtschaft: Tourismusbericht der Bundesregierung, Bonn 1998

Carlzon, J.: Alles für den Kunden, Frankfurt, New York 1988

Carnegie, D.: Durch Menschenführung zum Erfolg, Düsseldorf, München 1995

Coenenberg, A.G.: Jahresabschluß und Jahresabschlußanalyse, 16. Aufl., Landsberg a.L. 1997

Coltman, M.M.: Hospitality Management Accounting, 5. Aufl., New York 1994

Dettmer, H. (Hrsg.): Gastgewerbliche Berufe in Theorie und Praxis, 2. Aufl., Hamburg 1994

Dettmer, H., Finck, D., Hausmann, T., Knabner, F., Meisl, H.: Betriebswirtschaftslehre für das Gastgewerbe, Hamburg 1996

Dettmer, H., Hausmann, T., Kaspar, C., Oppitz, W., Schneid, W.: Tourismusbetriebswirtschaft 2, Managementformen im Tourismus, Wien u.a. 1999

Deutsche Lufthansa AG: Umweltbericht 1997/98, Frankfurt a.M. 1998 (a)

Deutsche Lufthansa AG: Zahlen, Daten, Fakten, Köln 1998 (b)

Dichtl, E.: Marketing, in: Allgemeine Betriebswirtschaftslehre, Band 3: Leistungsprozeß, hrsg. v. F.X. Bea, E. Dichtl und M. Schweitzer, 7. Aufl., Stuttgart 1997, S. 133 - 204

Domsch, M., Gerpott, T.J.: Personalbeurteilung: Handwörterbuch des Personalwesens, 2. Aufl., hrsg. v. E. Gaugler und W. Weber, Stuttgart 1992, Sp. 1631 - 1641

Dreyer, A., Dehner, C.: Kundenzufriedenheit im Tourismus, München, Wien 1998

Dreyer, A., Flentge, C.: Servicequalität von Tourismus-Informationsstellen, 2. Aufl., Braunschweig 1998

Dries, F.: Prüfungsfragen für den Hotelfachmann, Gießen 1993

Dries, F., Metz, R.: Die junge Hotelfachfrau, der junge Hotelfachmann, Gießen 1993

Drumm, H.J.: Personalwirtschaftslehre, 2. Aufl., Berlin u.a. 1992

Dubs, R.: Human Resource Management - Meilensteine im Management, Wien 1997

East P., Luger K., Inmann K.: Himalayan Tourism on the sustainable Trail, in: Sustainability in Mountain Tourism, Delhi, Innsbruck 1998, S. 1 - 14

Ecotrans (Hrsg.): Nachhaltiger Tourismus - Schlüssel zum Erfolg, Tagungsbericht zum Ecotrans Forum ITB '97, o.O. 1997

Educational Institute of the American Hotel & Motel Association (Hrsg.): Uniform System of Accounts for the Lodging Industry, 9. Aufl., East Lansing 1996

Ehbrecht, O., Weithöner, U.: Konzept zur regionalen Integration örtlicher Informations- und Reservierungssysteme und Nutzung serviceorientierter internationaler Vertriebswege für das Gebiet der Nordsee Tourismus Marketing GmbH, in: Tourismus Jahrbuch, 2. Jg., Heft 1, 1998, S. 129 - 144

Eilenberger, G.: Bankbetriebswirtschaftslehre, 7. Aufl., München 1997

ELVIA Reiseversicherungen (Hrsg.): ELVIA Counter-Info, Reiseversicherungen von A - Z, 6. Aufl., München 1998

Enzweiler, T.: Wo die Preise laufen lernen, in: Manager Magazin, 20. Jg., Nr. 3 / 1990, S. 247 - 253

Förschle, G., Kroner, M., Mandler, U.: Internationale Rechnungslegung: US-GAAP, HGB und IAS, 2. Aufl., Bonn 1996

Frei, A.: Ein Instrument, das die Umwelt managt?, in: Politische Ökologie, Tourismus Special: Ökologisches Reisen '98, München 1998, S. 18 - 20

Freyer, W.: Tourismus-Marketing, München, Wien 1997

Freyer, W., Meyer, D. (Hrsg.): Events - Wachstumsmarkt im Tourismus?, Dresden 1998

Friedrichs, J.: Methoden empirischer Sozialforschung, 14. Aufl., Opladen 1990

Fuchs, E., Neumann-Cosel, R. v.: Kostenrechnung, 6. Aufl., München 1988

Gabele, E.: Führungsmodelle, in: Handwörterbuch des Personalwesens, 2. Aufl., hrsg. v. E. Gaugler und W. Weber, Stuttgart 1992, Sp. 948 - 965

Gälweiler, A.: Strategische Unternehmensführung, Frankfurt, New York 1987

Geiger, W.: Qualitätslehre, 3. Aufl., Wiesbaden 1998

Gewald, S.: Hotel-Controlling, München, Wien 1999

Gewald, S., Schrott, A.: Veranstalter setzen zunehmend auf die Telearbeit, in: FVW International Nr. 14 vom 12.06.1998, S. 49 - 50

Grabherr E.: Luftverkehrsgesetz - Kommentar, 2. Aufl., München 1997

Graebig, K.: Qualitätsmanagement, Statistik, Umweltmanagement, Anwendungshilfen und Normensammlungen, Berlin u.a. 1998

Großmann, M., Rochlitz, M.: Mobilität (räumliche), in: Tourismuspsychologie und Tourismussoziologie, hrsg. v. H. Hahn und H.J. Kagelmann, München 1993, S. 180 - 183

Grothues, U., Dany, B., Schmitz, R.: Direktwerbung für Hotellerie und Gastgewerbe, Hamburg 1997

Gustedt, E.: Ökotourismus - die Zauberformel für Entwicklungsprozesse in Entwicklungsländern?, in: Tourismus Journal, Heft 1 / 1997, S. 71 - 89

Haedrich, G., Tomczak, T.: Strategische Markenführung, Bern, Stuttgart 1990

Hänssler, K.H., u.a.: Management in der Hotellerie und Gastronomie, 2. Aufl., München, Wien 1998

Hamerle, H.: Das Buch der sieben Siegel, Umweltauszeichnungen im Tourismus, Internationaler Überblick und Entwicklungen, München 1994

Hammer, M., Champy, J.: Business Reengineering: Die Radikalkur für das Unternehmen, Frankfurt, New York 1994

Harlander, N., Heidack, C., Köpfler, F., Müller, K.-D.: Personalwirtschaft, 3. Aufl., Landsberg a.L. 1994

Hausmann, T.: Tourismusmarketing; in: Tourismus 1, Tourismuswirtschaft, hrsg. v. H. Dettmer, Köln 1998, S. 131-166

Heinen, E.: Industriebetriebslehre als entscheidungsorientierte Unternehmensführung, in: Industriebetriebslehre, hrsg. v. E. Heinen, 9. Aufl., Wiesbaden 1991, S. 1 - 71

Heinen, E., Dietel, B.: Kostenrechnung, in: Industriebetriebslehre, hrsg. v. E. Heinen, 9. Aufl., Wiesbaden 1991, S. 1157 - 1313

Hendriks, G., Ludeman, K.: Visionäres Management als Führungskonzept der Zukunft - Wirtschaftlicher Erfolg durch Integrität, Intuition und Spiritualität, München 1997

Hentze, J.: Personalwirtschaftslehre 1, 6. Aufl., Bern u.a. 1994

Hilb, M.: Integriertes Personalmanagement, Neuwied u.a. 1994

Hilb, M.: Management der Human Resourcen - Neue Führungskonzepte im Praxistest, Neuwied 1998

Hill, W., Fehlbaum, R., Ulrich, P.: Organisationslehre, Band 1, 4. Aufl., Bern, Stuttgart 1989

Hinterhuber, H.H.,: Strategische Unternehmensführung, Band II: Strategisches Handeln, 6. Aufl., Berlin, New York 1997

Hinterhuber, H.H., Krauthammer, E.: Leadership – Mehr als Management, Wiesbaden 1998

Höflich, J.: Opinion Leader, in: Tourismuspsychologie und Tourismussoziologie, hrsg. v. H. Hahn und H.J. Kagelmann, München 1993, S. 184 - 189

Höhler, G.: Herzschlag der Sieger - Die EQ-Revolution, Düsseldorf, München 1998

Holleis, W.: Controlling in der Hotellerie, Bern u.a. 1993

Hopfenbeck, W.: Allgemeine Betriebswirtschafts- und Managementlehre, 12. Aufl., Landsberg a.L. 1998

Hopfenbeck, W., Jasch, C., Jasch, A.: Öko-Audit, Der Weg zum Zertifikat, Landsberg a.L. 1995

Hopfenbeck, W., Zimmer, P.: Umweltorientiertes Tourismusmanagement, Strategien - Checklisten - Fallstudien, Landsberg a.L. 1993

Hoppe, M.: Communication to Profitability, in: IATA Review, Nr. 7 / 1990, S. 18 - 20

Horváth, P.: Controlling, 6. Aufl., München 1996

Inden, T.: Alles Event? Erfolg durch Erlebnismarketing, Landsberg a.L. 1993

Inskeep, E.: Tourism planning - An integrated and sustainable approach, New York 1991

Internationales Institut für Hotel & Restaurant Administration (IHRA): Tele-Management - Training zum Food & Beverage Management im Internet, website: http://members.tripod.com/%7eIHRA/index.html oder e-mail: IHRA@rocketmail.com

Iwand, W.M.: Destinationen für Generationen, Nachhaltige Umsetzung der Agenda 21, in: Politische Ökologie, Tourismus Special: Ökologisches Reisen ´98, München 1998, S. IV - VIII

Jennings, K., Westfall, F.: Benchmarking for Strategic Action, in: The Journal of Business Strategy, May / June 1992, Vol. 13 / No. 3, S. 22 - 25

Jung, H.: Personalwirtschaft, München, Wien 1995

Kaspar, C.: Einführung in das touristische Management, Bern, Stuttgart 1990

Kaspar, C.: Management im Tourismus, Bern u.a. 1995

Kaspar, C.: Die Tourismuslehre im Grundriß, 5. Aufl., Bern u.a. 1996

Kaspar, C.: Management des Wandels als Teilstrategie des integrierten Managements der Verkehrsunternehmung, St. Gallen 1997

Kaspar, C.: Management der Verkehrsunternehmungen, München, Wien 1998

Kaub, E.: Erfolg in der Gastronomie: Betriebstypen- und Absatzplanung, Franchise-Systeme, Brauerei-Kooperationen, Preis- und Vertragsgestaltung, Dynamik gastgewerblicher Betriebstypen, 2. Aufl., Frankfurt a. M. 1990

Kirstges, T.: Chancen und Probleme der Realisierung eines ökologieorientierten und sozialverträglichen Tourismus durch deutsche Reiseveranstalter, München, Wien 1992

Kirstges, T.: Management von Tourismusunternehmen, München, Wien 1994

Kirstges, T.: Expansionsstrategien im Tourismus, 2. Aufl., Wiesbaden 1996

Kossbiel, H.: Personalbedarfsermittlung, in: Handwörterbuch des Personalwesens, 2. Aufl., hrsg. v. E. Gaugler und W. Weber, Stuttgart 1992 (a), Sp. 1596 - 1608

Kossbiel, H.: Personaleinsatz und Personaleinsatzplanung, in: Handwörterbuch des Personalwesens, 2. Aufl., hrsg. v. E. Gaugler und W. Weber, Stuttgart 1992 (b), Sp. 1654 - 1666

Kotler, P., Haider, D., Rein, I.: Marketing places: attracting investment, industry and tourism to cities, states and nations, New York 1993

KPMG (Hrsg.): Rechnungslegung nach US-amerikanischen Grundsätzen, Berlin 1996

Krapf, K.: Fremdenverkehrspolitik in schweizerischer Sicht, in: Zeitschrift für Fremdenverkehr, Bern 1996, Nr. 1 / 61, S. 7 ff.

Krauß, H.: Motivationspsychologie, in: Tourismuspsychologie und Tourismussoziologie, hrsg. v. H. Hahn und H.J. Kagelmann, München 1993, S. 85 - 91

Kürpick, H.: Das Unternehmenswachstum als betriebswirtschaftliches Problem, Betriebswirtschaftliche Studien Nr. 106, Berlin 1981

Kürpick, H.: Personalverwaltung, in: Handwörterbuch des Personalwesens, 2. Aufl., hrsg. v. E. Gaugler und W. Weber, Stuttgart 1992, Sp. 1805 - 1815

Kunz, B.R.: Hotel-Rechnungswesen, 4. Aufl., Bern, Stuttgart 1986

Lampert, H.: Die Wirtschafts- und Sozialordnung der Bundesrepublik Deutschland, 13. Aufl., München 1997

Lang, H.-R., Eberle, G., Bartl, H.: TourLex, 2. Aufl., Darmstadt 1991

Leiderer, W.: Kennzahlen zur Steuerung von Hotel- und Gaststättenbetrieben, 4. Aufl., Band 2 der Schriftenreihe Hotel- und Restaurant-Management der Fachhochschule München, Stuttgart 1995

Martinek, M.: Moderne Vertragstypen, Band II: Franchising, Know-how-Verträge, Management- und Consultingverträge, München 1992

Maschke, J., Möller, A., Scherr, S.: Hotel-Betriebsvergleich 1995, München 1997

Meffert, H.: Marketing, 8. Aufl., Wiesbaden 1998

Meffert, H., Bruhn, M.: Dienstleistungsmarketing, 2. Aufl., Wiesbaden 1997

Meyer, A., Westerbarkey, P.: Zufriedenheit von Hotelgästen - Entwurf eines selbstregulierenden Systems, in: Kundenzufriedenheit, hrsg. v. H. Simon und C. Homburg, Wiesbaden 1995, S. 389 - 402

Middleton, V.: Sustainable Tourism, A Marketing Perspective, Oxford 1998

Müller, H.: Freizeit und Tourismus - Eine Einführung in Theorie und Politik, in: Berner Studien zu Freizeit und Tourismus, Nr. 28, Bern 1997

Müller-Stewens, G., Spieckers, J. (Hrsg.): Unternehmerischen Wandel erfolgreich bewältigen, Wiesbaden 1995

Mundt, J.W.: Einführung in den Tourismus, München, Wien 1998

Nickel, O. (Hrsg): Eventmarketing. Grundlagen und Erfolgsbeispiele, München 1998

Nies, I.: Die Beratungspflichten des Reisebüros, in: NJW 11 / 97, S. 214

Österreich Werbung: Marketing 2000, Grundlagen für die Tourismuswirtschaft, Wien 1990

Österreichische Bundesregierung: Nationaler Umweltplan, Wien 1996

Olfert, K., Steinbuch, P.A.: Personalwirtschaft, 6. Aufl., Ludwigshafen 1995

Opaschowski, H.W.: Freizeitökonomie. Marketing von Erlebniswelten, Opladen 1993

Opaschowski, H.W.: Events im Tourismus. Sport-, Kultur- und Städtereisen, B.A.T. Grundlagenstudie zur Tourismusforschung, Hamburg 1997

Opaschowski, H.W.: Vom Versorgungskonsum zum Erlebniskonsum: Die Folgen des Wertewandels, in: Eventmarketing, hrsg. v. O. Nickel, München 1998, S. 25 - 38

Panse, W., Stegmann, W.: Kostenfaktor Angst, Landsberg a.L. 1997

Paul, H.: Marketing für Fremdenverkehr, Eschborn 1983

Pepels, W.: Praxiswissen Marketing, München 1996

Perridon, L., Steiner, M.: Finanzwirtschaft der Unternehmung, 9. Aufl., München 1997

Peters, T.: Der Wow! Effekt, Frankfurt a.M., New York 1995

Picot, A.: Organisation, in: Vahlens Kompendium der Betriebswirtschaftslehre, hrsg. v. M. Bitz, K. Dellmann, M. Domsch, H. Egner, Band 2, 3. Aufl., München, S. 101 - 174

Pieper, R. (Hrsg.): Lexikon Management, Wiesbaden 1992

Pompl, W.: Touristikmanagement, Band 2, Berlin, Heidelberg 1996

Pompl, W.: Luftverkehr, 3. Aufl., Berlin, Heidelberg 1998

Preißler, P.R. (Hrsg.): Controlling, 6. Aufl., Landsberg a.L. 1996

Pümpin, C.: Management strategischer Erfolgspositionen, 3. Aufl., Bern, Stuttgart 1986

Radtke, P.: Das Berliner Modell zur Umsetzung von TQM, in: Der Weg zur Spitze, Mit TQM zu Business Excellence - der Leitfaden zur Umsetzung, hrsg. v. G.F. Kamiske, München 1998

Reber, G.: Führungstheorien, in: Handwörterbuch des Personalwesens, 2. Aufl., hrsg. v. E. Gaugler und W. Weber, Stuttgart 1992, Sp. 981 - 996

Reuss, T. (Hrsg.): Jahrbuch der Luft- und Raumfahrt, Mannheim 1998

Rohracher, H.: Kleine Charakterkunde, Wien 1948

Romeiß-Stracke: Neues Denken im Tourismus, ADAC-Publikation, München 1989

Rosenstiel, L. v.: Grundlagen der Organisationspsychologie, 3. Aufl., Stuttgart 1992

Roth, P., Schrand, A.: Touristik-Marketing, 3. Aufl., München 1999

Sabathil, S.: Lehrbuch des Linienflugverkehrs, Frankfurt a.M. 1998

Hopfenbeck, W., Zimmer, P.: Umweltorientiertes Tourismusmanagement, Strategien - Checklisten - Fallstudien, Landsberg a.L. 1993

Schaetzing E.E., Marketing Hotellerie und Gastronomie, in: Zur Bedeutung des Dienstleistungsmarketing, hrsg. v. B. Falk, Landsberg a.L. 1980, S. 117 - 142

Schaetzing E.E.: Personaleinsatz - Training - Food & Beverage Administration, Frankfurt 1987

Schaetzing E.E.: Food Management - Beverage Management - Bankette, 2.Aufl., Frankfurt 1992

Schaetzing, E.E.: Checklisten für das Hotel- und Restaurant-Management, 4. Aufl., Landsberg a.L. 1996 (a)

Schaetzing, E.E.: Management in Hotellerie & Gastronomie, 5. Aufl., Frankfurt a.M. 1996 (b)

Schaetzing, E.E.: Systematisches Yield Management zur Erhaltung und Steigerung des Marktanteils in der Hotellerie, in: Hotel & Restaurant, Januar 1996 (c), S. 92 - 99

Schaetzing, E. E.: Change-Management mit Internet in Hotellerie und Gastronomie; in: Hotel & Restaurant, April 1996 (d), S. 108 - 112

Schaetzing, E.E.: Qualitätsorientierte Marketingpraxis in Hotellerie und Gastronomie, 3. Aufl., Band 2 der Schriftenreihe Hotel- und Restaurant-Management der Fachhochschule München, Stuttgart 1997 (a)

Schaetzing, E. E.: Wege im Change-Management zur lernenden Organisation in Hotellerie und Gastronomie; in: Hotel & Restaurant, Mai 1997 (b), S. 82 - 85

Schaetzing E.E.: Ist Target Costing die Antwort auf die Probleme der Preispolitik für Hotellerie und Gastronomie im Rahmen des Destination Managements?, in: Hotel & Restaurant, August 1998, S. 126 - 133

Schaetzing, E.E., Englisch, K.: Fachwörterbuch für Hotellerie & Gastronomie, 4. Aufl., Frankfurt a.M. 1994

Schmidgall, R.S.: Managerial Accounting, 3. Aufl., East Lansing 1995

Schober, R.: Atmosphäre, in: Tourismuspsychologie und Tourismussoziologie, hrsg. v. H. Hahn und H.J. Kagelmann, München 1993, S. 119 - 121

Scholz, J.M. (Hrsg.): Internationales Change-Management, Stuttgart 1995

Schroeder, G.: Lexikon der Tourismuswirtschaft, hrsg. v. TourCon Hannelore Niedecken GmbH, 2. Aufl., Hamburg 1995

Schuler, K., Fürst, W., Bamberger, G.: Gastgewerbliche Berufe, Fachbildung, Hannover 1991

Schulz, A.: Tourismus und EDV, München 1996

Schulz, A., Frank, K., Seitz, E.: Tourismus und EDV, Reservierungssysteme und Telematik, München 1996

Schulze, G.: Zukunft der Erlebnisgesellschaft, in: Eventmarketing, hrsg. v. O. Nickel, München 1998, S. 303 - 316

Schwanninger, M.: Integrale Unternehmensplanung, Frankfurt, New York 1989

Schweizerisches Tourismuskonzept 1979: Grundlagen für die Tourismuspolitik, hrsg. v. Beratende Kommission für Fremdenverkehr des Bundesrates, Bern 1979

Schwenk, W.: Handbuch des Luftverkehrsrechts, 2. Aufl., Köln 1996

Seitz, G.: Hotelmanagement, Berlin u.a. 1997

Seitz, E., Meyer, W.:Tourismusmarktforschung, München 1995

Spielberger, M.: Pauschalreise subventioniert viele Geschäftsbereiche, in: FVW International Nr. 14 vom 12.06.1998, S. 8 - 10

Statistisches Bundesamt: Fachserie 8, Reihe 6 Luftverkehr, Wiesbaden 1998

Steinecke, A.: Die Delphi-Umfrage, in: Tourismuspsychologie und Tourismussoziologie, hrsg. v. H. Hahn und H.J. Kagelmann, München 1993, S. 536 - 538

Steinle, C.: Führungsstil, in: Handwörterbuch des Personalwesens, 2. Aufl., hrsg. v. E. Gaugler und W. Weber, Stuttgart 1992, Sp. 966 - 980

Steinmann, H., Schreyögg, G.: Management, 2. Aufl., Wiesbaden 1991

Sterzenbach, R.: Luftverkehr, 2. Aufl., München, Wien 1999

Teuscher, W.: Zur Liberalisierung des Luftverkehrs in Europa, Göttingen 1994

Thom, N.: Personalentwicklung und Personalentwicklungsplanung, in: Handwörterbuch des Personalwesens, 2. Aufl., hrsg. v. E. Gaugler und W. Weber, Stuttgart 1992, Sp. 1676 - 1690

Tichy, N.M.: The Leadership engine how winning companies build leaders at every level, New York 1997

Töpfer, A.: Benchmarking, in: WiSt, 26. Jg., Heft 4, April 1997, S. 202 - 205

Tormyn, G., Große-Boymann, A.: Gaststätten- und Hotelrecht, Frankfurt a.M. 1996

Ulrich, H.: Die Unternehmung als produktives soziales System, Bern, Stuttgart 1968

Vester, H.G.: Crowding, in: Tourismuspsychologie und Tourismussoziologie, hrsg. v. H. Hahn und H.J. Kagelmann, München 1993 (a), S. 125 - 126

Vester, H.G.: Kulturschock, in: Tourismuspsychologie und Tourismussoziologie, hrsg. v. H. Hahn und H.J. Kagelmann, München 1993 (b), S. 171 - 174

Waak, D.: Hotel-Marketing, Wiesbaden 1978

Weber, M.: Gesammelte Aufsätze zur Wissenschaftslehre, Tübingen 1978

Weinberg, P., Nickel, O.: Grundlagen für die Erlebniswirkungen von Marketingevents, in: Eventmarketing, hrsg. v. O. Nickel, München 1998, S. 61 - 75

Weinert, A.B.: Motivation, in: Handwörterbuch des Personalwesens, hrsg. v. E. Gaugler und W. Weber, 2. Aufl., Stuttgart 1992, Sp. 1429 - 1442

Weithöner, U.: Informationsmanagement im Deutschland-Tourismus, in: Tourismus 1 - Tourismuswirtschaft, hrsg. v. H. Dettmer, Köln 1998 (a), S. 94 - 129, S. 347 - 351

Weithöner, U.: Grundlagen des elektronischen Handels via World Wide Web und Integration der Reisemittler, in: Tourismus Jahrbuch, 2. Jg., Heft 1, 1998 (b), S. 27 - 42

Weithöner, U.: Informationsmanagement und Informationssysteme im Tourismus-Marketing, in: Dettmer, H. u.a.: Tourismus-Marketing-Management, 1998 (c)

Weithöner, U.: Informationssysteme und neue Medien, in: Reisebüro-Management, hrsg. v. W. Freyer, W. Pompl, München, Wien 1999

Welge, M.K.: Führungskräfte, in: Handwörterbuch des Personalwesens, 2. Aufl., hrsg. v. E. Gaugler und W. Weber, Stuttgart 1992, Sp. 937 - 947

Wheat, S.: Ecotourism, Ethical Tourism?, in: Green Futures, March / April 1998, S. 24 - 27

Witt, F.-J.: Lexikon des Controlling, München 1997

Wöhe, G.: Einführung in die Allgemeine Betriebswirtschaftslehre, 19. Aufl., München 1996

Wörner, G.: Handels- und Steuerbilanz nach neuem Recht, 5. Aufl., Landsberg a.L. 1998

Wolf, J., Seitz, E., Neumaier, H.G.: Marketing, München 1989

Wolfert, K.-J.: Buchführung für das Hotel- und Gaststättengewerbe, 3. Aufl., Rinteln 1995

World Tourism Organisation (WTO): Sustainable tourism development: Guide for local planers, Madrid 1993

Wunderer, R.: Führungsgrundsätze, in: Handwörterbuch des Personalwesens, 2. Aufl., hrsg. v. E. Gaugler und W. Weber, Stuttgart 1992, Sp. 923 - 937

Zehle, K.-O.: Yield-Management - Eine Methode zur Umsatzsteigerung für Unternehmen der Tourismusbranche, Hamburg 1990

Zehle, K.-O.: Yield-Management - Eine Methode zur Umsatzsteigerung für Unternehmen der Tourismusindustrie, in: Tourismusmanagement und -marketing, hrsg. v. E. Seitz,, Landsberg a.L. 1991, S. 483 - 504

Zollondz, H.-D. (Hrsg.): Lexikon Qualitätsmanagement, München, Wien 1999

www.ingramcontent.com/pod-product-compliance
Lightning Source LLC
LaVergne TN
LVHW010554300926
849162LV00002B/328